Ein unordentliches Leben

Felix von Eckardt

Ein unordentliches Leben

Lebenserinnerungen

Econ-Verlag
Düsseldorf · Wien

81. Tausend bis 83. Tausend, Januar 1976

Gesetzt aus der 9/12 Punkt Walbaum der Linotype GmbH
Gesamtherstellung: Druck- und Buchbinderei-Werkstätten
May & Co Nachf., Darmstadt
ISBN-Nr. 3 430 12310 0.

Dieses Buch
ist meiner Familie gewidmet

Einleitung

Den Zeitgenossen, der den durch nichts gerechtfertigten Entschluß fassen sollte, dieses Buch zu lesen, bin ich verpflichtet zu warnen. Es wird ein unordentliches Buch sein, das ich mich zu schreiben anschicke. Unordentlich nicht etwa, weil ich selbst ein übermäßig unordentlicher Mensch bin, sondern weil das Leben meiner Generation unordentlich war und weil ich glaube, daß der Versuch, die Zeitspanne von 1903 bis 1961 systematisch zu schildern, einen falschen Eindruck vom Verlauf meines Lebens geben würde. Ohne Zweifel wird es den Historikern gelingen, auch in dieses krause Geschehen, das von Wilhelm II. bis Konrad Adenauer reicht, Ordnung zu bringen, alles fein säuberlich in Kapitel einzuteilen, die Zwangsläufigkeit der Entwicklung nachzuweisen und der ehrfürchtig studierenden Nachwelt vorzurechnen, daß alles so, und nur so, ablaufen konnte und mußte.

Mag sein, daß diese ordentlichen Menschen recht haben, aber ich selbst habe ein tiefes Mißtrauen gegen diese Ordnungsliebe, vielleicht weil ich viele der auf der Weltbühne agierenden Personen aus zu großer Nähe gesehen, zu oft erlebt habe, wie die Verknüpfung von tausend Nebensächlichkeiten, menschlichen Unzulänglichkeiten, aber auch aus dem Augenblick geborenen Entscheidungen das Leben des einzelnen und ganzer Völker bestimmte. Die ordnungsliebenden Menschen mögen es bedauern, daß sich die Politik nicht in ein klar gegliedertes System einordnen läßt, oder versuchen, ihr ein solches System aufzuzwingen. Ich selbst kann es nicht bedauern, sondern erlebe täglich wieder, zornig oder befriedigt, daß alles anders kommt als vorausberechnet, daß selbst im Zeichen der Automation sich die Politik nicht durch eine Maschine errechnen läßt, sondern von Menschen gemacht wird, die einmal gut, einmal schlecht gelaunt sind, die ihre kleinen und großen Eigenschaften haben, die ihre Entschlüsse fassen aus einem Gemisch von sachlichen Erwägungen, persönlichem Ehrgeiz, aus Sympathien und Antipathien oder einfach, weil sie an diesem Tage Lust- oder Unlustgefühle haben. So wenigstens erscheint das Leben dem aufmerksam beobachtenden Zeitgenossen.

Dem Historiker in den nächsten 100 Jahren mag sich dies alles in eine bestimmte Ordnung eingliedern. Vielleicht hat er sogar das Recht, wenn er, in großen Zeitabständen rechnend, diese Ordnungsprinzipien zu erkennen glaubt oder Menschen und Ereignisse oft recht gewaltsam in diese von ihm gewählte Ordnung hineinpreßt. Damit bekommen nicht nur die Dinge selbst ihre Ordnung, sondern auch das Gehirn des wissensdurstigen Lesers. Alles in allem tut er also ein gutes Werk.

Unordentlich wird dieses Buch aber auch aus einem anderen Grunde sein, denn es schildert ein unordentliches Leben, nicht nur weil die Zeitläufe es so mit sich brachten für diese Generation, sondern weil der Autor sich nur mit schwachen Kräften dieser Unordnung entgegenstemmte, sich niemals einem Berufsstand wirklich eingeordnet hat. Er war und ist, ob er den Beruf gerade ausübte oder nicht, ein Journalist, und das sagt eigentlich genug. Er mußte in seinen jungen Berufsjahren den unerfreulichen Anblick der Stätte eines Raubmordes schildern oder dem Treiben der Berliner Unterwelt nachspüren und hat wenige Jahre später Stresemann und Briand interviewt und – viel später – bei der Königin von England gespeist. Er hat sich als junger Journalist einen Frack geborgt, um in Gesellschaft mit Marlene Dietrich in einer teuren Bar zu Abend zu essen; heute ziert dieses Kleidungsstück eine Anzahl von Großkreuzen, sich und der Umwelt damit einigen Respekt abnötigend. Zwischen all dem krausen Zeug liegt aber eine Fülle von Arbeit, die, rückwirkend betrachtet, wohl zu achtzig Prozent überflüssig war; aber auch von den restlichen zwanzig Prozent ist einiges zu berichten, das dem ordnungsliebenden Leser ein wenig Trost bereiten wird, denn schließlich mündet alles in eine Tätigkeit ein, die lebendigste Gegenwart ist und die bestimmt wurde von einem Manne, der das Leben des freien Deutschland nach dem 2. Weltkrieg gestaltete: von Dr. Konrad Adenauer..

Die Vorfahren

Es ist eine weitverbreitete Unsitte der Memoirenschreiber, ihre Leser mit Geschichten aus der Kinder- und Jugendzeit zu langweilen, die nur die eigene Familie interessieren können. Ich kann nicht umhin, diese Unsitte in bescheidenem Maße mitzumachen, weil ich der Auffassung bin, daß nicht nur der Autor Arbeit zu leisten hat, sondern auch der Leser einige Mühe aufzuwenden verpflichtet ist, den Selbstbiographen und seine Familie kennenzulernen. Zudem macht es dem Schreibenden Spaß, von diesen Dingen zu reden. Meine Familie ist sowohl väterlicher- wie mütterlicherseits recht interessant; schon in meinen Kindheitsjahren spielten einige Personen eine Rolle, die der Geschichte angehören.

Mein Vater wurde noch in Riga geboren, mein Großvater Julius von Eckardt verließ Ende der sechziger Jahre Livland, um dem politischen Druck der Russen zu entgehen. Er war ein Mann der Politik und der Feder. Außer einer großen Zahl von Büchern, die sich mit der Geschichte der baltischen Staaten und der Situation des Deutschtums in diesen Staaten befaßten, schrieb er Lebenserinnerungen, die noch heute mit Interesse zu lesen sind und die jeder Balte kennt, der mit der Politik seines Geburtslandes vertraut ist. Julius von Eckardt war der erste politische Schriftsteller und Journalist der Familie und auch der erste, der zwischen Journalismus und Diplomatie hin und her pendelte. Er lieh von Zeit zu Zeit Bismarck seine Feder, war dabei Generalkonsul in Tunis, Stockholm und Zürich. Er bekleidete aber auch trotz seiner baltischen Abstammung einige Jahre das Amt des Senatssyndikus in Hamburg, gab nach seiner Einwanderung nach Deutschland mit Gustav Freytag die »Grenzboten« heraus, war Chefredakteur des »Hamburgischen Correspondenten« und starb als Generalkonsul. Wie man sieht, ein vielseitiger Mann, dem aber dennoch alles Abenteurertum fehlte. Er verfügte über ein immenses Wissen, eine nach dem damaligen Geschmack glänzende Feder und war dabei die Korrektheit selbst. Ich habe ihn nicht mehr bewußt kennengelernt, denn er starb 1908.

Durch seine Frau war Julius von Eckardt mit dem gesamten Adel des Baltikums verwandt. Ihre Großeltern stammten aus der Familie von Liphart-Ratshof, die große Besitzungen in Livland hatten und dazu wegen ihrer Kunstsammlungen bei Kennern in Europa über einen guten Ruf verfügten. Schloß Ratshof ist heute Ethnologisches Museum; nur ein kleiner Teil seiner Kunstschätze überstand die Revolution. Durch Julius von Eckardts Frau kam aber auch noch ein anderes Element in die Familie. Ihr Vater, nicht nur ein Mäzen der bildenden Künste, sondern auch der Musik, unterhielt auf Schloß Rathshof ein Kammerorchester. Eines Tages wurde ihm ein junger Musiker empfohlen, dem er die Leitung seines Orchesters anvertraute. Daß dieser eine seiner Töchter heiraten würde, war allerdings nicht die Absicht des livländischen Adelsmarschalls. Es war Ferdinand David, später einer der großen Geiger seiner Zeit. Nach seiner Violinschule haben Generationen sich bemüht, dieses schwierige Instrument zu beherrschen; er war Konzertmeister am Leipziger Gewandhaus, eng mit Felix Mendelssohn befreundet und in den Konzertsälen von Petersburg bis London zu Hause. Auf seiner Guarneri, der weltberühmten »David-Geige«, erklang zum ersten Mal Mendelssohns Violinkonzert im Gewandhaus. Einige Tage später schrieb er an Felix, von dem mein Vater und ich selbst diesen Vornamen haben, sein Violinkonzert sei ein »hübscher Erfolg« gewesen. Zu seinen Schülern gehörten Joachim und Wilhelmi, die größten Geiger ihrer Epoche.

Es gibt ein kleines Buch, in dem ein Teil des Briefwechsels zwischen Felix Mendelssohn und Ferdinand David veröffentlicht ist. Die Original-Briefe waren in meinem Besitz. Sie wurden mit dem gesamten schriftlichen Nachlaß meiner Familie 1945 in die Öfen unseres Landhauses in Mecklenburg gesteckt. Die sowjetischen Soldaten wollten es warm haben, was begreiflich ist. Mit Mendelssohns Briefen verschwanden auch zahllose andere, höchst interessante politische Briefe in den Öfen. Sie stammten – ich meine die Briefe – von Kaiser Friedrich und der Kaiserin Augusta, vom Fürsten Bülow, von Albert Ballin, vom Zaren Ferdinand von Bulgarien, Maximilian Harden und vor allem auch von Geheimrat von Holstein. In den düsteren letzten Kriegswintern habe ich viel in diesen Briefen gelesen und kann daher ermessen, welches unschätzbare politische Quellenmaterial in den behaglichen Kachelöfen verkohlte.

Übrigens ist es nicht ganz richtig, wenn ich meinen Großvater Julius als ersten Schriftsteller der Familie bezeichne. Zu meiner Familie väterlicherseits gehörte auch J. M. R. Lenz, der sogenannte »Goethe-Lenz«, ein Dichter von Rang und mit Goethe in dessen Straßburger Zeit eng befreundet. Außerdem hatten sie auch einige gemeinsame und sich anscheinend überkreuzende Schwierigkeiten mit einer jungen Dame.

Wer nun glaubt, diese schreibenden väterlichen Vorfahren seien eigentlich genug Belastung für die Nachkommen, der irrt. Eine Familie kann und muß noch viel mehr aushalten.

Mütterlicherseits sieht die Sache nicht besser aus. Meine Mutter war Hamburgerin; sie stammte aus einer alten hanseatischen Patrizierfamilie namens Geffcken. Eine Geffckenstraße gibt es noch heute in Hamburg. Sie zeugt von dem freundlich-traditionsreichen Geist dieser Stadt. Unter den Vorfahren dieser Familie gab es eine große Anzahl wohlhabender Kaufleute, Senatoren, Juristen und was es sonst noch an ehrenwerten Berufen gibt. Mein Großvater aber heiratete das einzige Kind des Dichters Karl Immermann. Ich sehe meine Mutter noch an Immermanns Schreibtisch sitzen und ihre weitverzweigte Korrespondenz erledigen. Dieser Großvater meiner Mutter, der sehr früh – ein Jahr nach seiner Eheschließung – starb, war einige Jahre der in Deutschland bekannteste Theaterdirektor, und zwar in Düsseldorf, und Bearbeiter klassischer Bühnenliteratur.

Über einen anderen Vorfahren mütterlicherseits schreibt Thomas Mann in seinem »Dr. Faustus«: »Zu Halle an der Saale finden sich theologische und philologisch-pädagogische Überlieferungen vielfach verschränkt, vor allem in der historischen Figur August Hermann Franckes, des Schutzheiligen der Stadt, sozusagen jenes pietistischen Erziehers, der dort Ende des XVII. Jahrhunderts, also kurz nach der Gründung der Universität, die berühmten ›Franckeschen Stiftungen‹, nämlich Schulen und Waisenhäuser, schuf und in seiner Person und Wirksamkeit das gottselige Interesse mit dem humanistisch-sprachwissenschaftlichen verband.«

Wenn Thomas Mann über ein Mitglied der Familie etwas Positives schreibt, soll man nicht versäumen, es zu zitieren.

Der Großvater Geffcken ließ es aber nicht dabei bewenden, mit der Tochter eines Dichters verheiratet zu sein. Nein, er schrieb auch selbst Aufsätze in politischen Zeitschriften und manches andere, das nun wirklich kein Mensch mehr liest. Kaufmännisch betätigte er sich nicht mehr, da er wohlhabend genug war, sondern widmete sich der Politik, und zwar in einer äußerst gefährlichen Weise. Er war ein Liberaler und gehörte zum intimen Kreis um den Kronprinzen Friedrich, zur Zeit der Bismarckschen Herrschaft ein geradezu tollkühnes Unternehmen. Er hat für seine politische Überzeugung schwer gebüßt, ja, sie mit dem Leben bezahlt. Kronprinz Friedrich vertraute ihm sein Tagebuch aus dem deutsch-französischen Krieg 1870/71 und der Periode der Reichsgründung an. Friedrich bestieg todkrank 1888 den deutschen Kaiserthron. Mein Großvater war unter anderem Professor der Geschichte an der neugegründeten

Universität Straßburg gewesen; als der Kaiser nach 99 Tagen qualvoller Regierungszeit starb, veröffentlichte Großvater Geffcken das Tagebuch des Kaisers in den »Deutschen Monatsheften«.

Bismarck, damals mit dem jungen Kaiser Wilhelm II. ein Herz und eine Seele, einig im Haß gegen den »liberalen« Kaiser Friedrich und noch mehr gegen die Kaiserin, die »Engländerin«, schlug nun zu, um die liberale Opposition zu vernichten, die, von ihrem geliebten Kaiser Friedrich verlassen, noch wie betäubt auf das Trümmerfeld ihrer politischen Hoffnungen starrte. Das »Tagebuch« des toten Kaisers versetzte Bismarck in blinde Wut. Sein Zorn war übrigens begreiflich, denn diese Aufzeichnungen würden, wenn sie in das Bewußtsein des deutschen Volkes wirklich Eingang gefunden hätten, die Legende der Reichsgründung, wie sie Anton von Werner auf seinem berühmten Kolossalgemälde dargestellt hat, zerstört haben. Die deutschen Fürsten in schöner Einmütigkeit dem deutschen Kaiser huldigend? Niemand wußte besser als Bismarck, daß dies eine Legende und die Reichsgründung ein wenig anders zustande gekommen war.

Maßlos wie in allem war Bismarck auch in seiner Rache. In einem Immediatsbericht an den jungen Kaiser Wilhelm beschuldigte er meinen Großvater nicht nur des Landesverrats – eine juristisch vielleicht sogar vertretbare Auffassung –, sondern er behauptete, das Tagebuch sei gefälscht. Diese ungeheuerliche und entehrende Anklage gegen einen ordentlichen Professor der Geschichte und angesehenen Mann sollte Bismarck später eine schwere politische Niederlage eintragen. Zunächst wurde die Veröffentlichung aber beschlagnahmt und versank damit ins Nichts. Mein Großvater aber, nervenleidend und kopflos geworden, versuchte nach Helgoland – damals noch englischer Besitz – zu fliehen. Er wurde verhaftet und ins Gefängnis geworfen. Bismarck lehnte die Haftentlassung des kranken Mannes trotz eines Kautionsangebotes von 500 000 Mark (Gold!) ab. Es kam zum Prozeß vor dem erst kurz zuvor in Leipzig eingesetzten Reichsgericht. Der Prozeßverlauf erwies aber, daß es noch wirklich unabhängige Richter gab und daß Bismarcks maßlose Anklage ihn um seine Rache brachte. Es gab einen glatten Freispruch. Während der »Spiegel«-Affäre wurde häufig an diesen berühmten Fall von literarischem »Landesverrat« durch die Presse erinnert. Wochen und Monate hatte dieser Skandal die Presse nicht nur in Deutschland, sondern besonders auch in England beschäftigt. Die liberale, englisch geborene Kaiserinmutter schrieb unzählige Briefe über diese Angelegenheit an die Verwandten in London. Manches aus diesen Briefen wurde später veröffentlicht. Politisch-historisch entscheidend aber ist, daß weder das Tagebuch Friedrichs noch der Spruch des Reichsgerichtes, der das »Tagebuch« zu einem authentischen Dokument erklärte, irgendeine nachhaltige Wirkung erzielte. Die Legende war stärker.

Was aber wurde aus dem unglücklichen Großvater? In der Gefängniszelle in Leipzig, wo die Wärter an ordentlichen Professoren der Geschichte als Häftlinge nicht gewöhnt waren, gab man ihm Schlafmittel, gutmütig und gegen gute Bezahlung. Wieder in Freiheit, nervlich völlig zerrüttet, blieb er bei den schlaf- und ruhespendenden Tabletten. Bald darauf warf er eines Nachts die Petroleumlampe auf seinem Nachttisch im Tiefschlaf um. Das Zimmer geriet in Brand, und er fand den Erstikkungstod.

Die Familientragödie um den Großvater Geffcken spiegelt »en miniature« eine der großen Tragödien des deutschen Volkes wider. Ein kleines Krebsgeschwür im Kehlkopf des »liberalen Kaisers« brachte das ganze deutsche Volk um jenen gesunden demokratischen Liberalismus, der aus England das machte, was noch heute die britische Demokratie auszeichnet. In einem einzigen Jahr starben der alte Kaiser Wilhelm I., der noch im 18. Jahrhundert geboren und den Ideen dieser Epoche verhaftet war, und sein Sohn, der davon träumte, aus Deutschland eine echte Demokratie zu machen, und seinem Volk, etwas verspätet, den liberalen Geist schenken wollte, den Preußen und Deutschland so dringend zu ihrer Entwicklung brauchten. 28 Jahre alt, bestieg im gleichen Jahre 1888 Wilhelm II. den Thron. Diesen Bruch in seiner Geschichte konnte das deutsche Volk niemals überwinden. Bismarck, der bedeutendste außenpolitische Kopf seines Zeitalters, der innenpolitisch aber alle natürlichen Entwicklungen unterdrückte, scheiterte selbst an dem jungen Kaiser, den er noch in seinem Geiste zu formen versuchte. Unverzeihbarer außenpolitischer Dilettantismus einiger seiner Nachfolger ließ Bismarcks Werk der Einigung der deutschen Staaten in zwei furchtbaren Kriegen zerbrechen. Aber erst der 2. Weltkrieg fegte aus den Köpfen der Deutschen jene unheilvolle Legende von »Kaiser und Reich«, vom »Volk in Waffen«, vom fehlenden »Lebensraum« und wie jene Schlagworte der Unduldsamkeit alle hießen, hinweg. Die Geschichte der ersten zehn Jahre der deutschen Bundesrepublik hat gezeigt und zeigt uns täglich wieder, daß der »Lebensraum« der Weimarer Republik dem deutschen Volk alles gibt, was es zu einem glücklichen und friedlichen Leben braucht. Aber bis zu dieser Erkenntnis war es ein schmerzvoller und auch schmachvoller Leidensweg, über den es noch manches zu berichten gibt. Vorerst einmal war der Großvater Geffcken tot.

Die Kindheit

An einem schönen Sommertag des Jahres 1906 »sprang« ich an der Hand meines Vaters die Oberstraße in Hamburg entlang. Als Kind »ging« ich niemals, wie mein Vater behauptete, sondern »sprang«, mußte also durch die väterliche Hand gezügelt werden wie heute unser Dackel durch die Leine, wenn ich mit ihm spazierengehe. Dieser Sommertag des Jahres 1906, dieser Weg an der Hand meines Vaters, ist meine früheste Jugenderinnerung. Bei jedem Hause, an dem wir vorbeikamen, fragte ich ungeduldig: »Ist es dies?« Drei Jahre war ich alt und kam aus Berlin, wo ich in Wilmersdorf, am Kaiserplatz, das Licht der Welt erblickte. Meine Eltern waren nach Hamburg gezogen. Nun sollte ich zum ersten Mal das Haus – Nr. 60 – sehen, das mein Vater gekauft hatte. Als jüngstes von vier Kindern hatte man mich während des Umzugs bei Freunden oder Verwandten abgestellt. Das Haus Nr. 60 war eine jener bescheidenen, aber »an-*st*-ändigen« Villen, von denen es in Hamburg viele tausend gibt. »Man« wohnte zu dieser Zeit im Stadtteil Harvestehude.

Der Umzug nach Hamburg und in dieses Haus veranschaulichten den angenehmen Wohlstand, der über unsere Familie hereingebrochen war. In München und Leipzig, wo meine älteren Geschwister zur Welt kamen, und auch in Berlin war es wesentlich bescheidener zugegangen. Mein Großvater Julius von Eckardt war durch seine politische und publizistische Tätigkeit zwar bekannt geworden, aber die sieben Geschwister meines Vaters hatten den klugen, unendlich fleißigen Mann nicht zu einem irgendwie beträchtlichen Vermögen kommen lassen. Allerdings baute er im Fischerdorf Timmendorf an der Ostsee das erste Sommerhaus, in dem wir später oft die Ferien verbrachten. Den heute überfüllten großen Ferienort hatte damals noch niemand entdeckt. Fünf Töchter waren zu verheiraten gewesen. Ein Sohn wurde Diplomat, der zweite Offizier und mein Vater Altphilologe. Sein »Summa cum laude« des bayerischen Staatsexamens hat er aber nur wenige Jahre als Gymnasiallehrer genutzt. Es trieb ihn, wie den Vater, zur Politik und zum Journalismus. So wagte er in München den Sprung in die Redaktion der »Münchener Neuesten Nachrichten«.

An diesem schönen Sommertag des Jahres 1906 bekleidete er nun die Stellung des Chefredakteurs beim »Hamburgischen Correspondenten«, der ältesten und angesehensten Tageszeitung in Hamburg. Dieser Sprung nach Hamburg bedeutete Wohlstand, denn eine solche Stellung war damals mit 30 000 Mark dotiert, 30 000 Mark in sehr kaufkräftigem Gold! Und die Steuern? Ich kann mich nicht erinnern, daß je von Steuern die Rede war. Das mochte Geschäftsleute interessieren, aber ein festes Einkommen wie das meines Vaters wurde mit nicht mehr als etwa zwei Prozent besteuert.

Man hatte meinen Vater nach Hamburg berufen, weil er sich als politischer Journalist einen Namen gemacht hatte. Der Großvater Julius war einst – wohl ein Kuriosum für einen waschechten Balten – Senatssyndikus gewesen und später dann ebenfalls Chefredakteur des »Hamburgischen Correspondenten«. Er hatte an dem gleichen Schreibtisch die Nachricht über den Ausbruch des Krieges 1870 redigiert, an dem mein Vater nun saß und acht Jahre später, 1914, die Depesche »Krieg« in die Setzerei schicken sollte. Vielleicht hatte bei der Berufung meines Vaters nach Hamburg auch der Umstand eine Rolle gespielt, daß meine Mutter aus einer alten hamburgischen Familie stammte. So war also alles zum besten bestellt, als mein Vater vor dem Hause Nr. 60 in der Oberstraße endlich sagte: »Hier ist es!«

Der Leser möge nun nicht befürchten, daß ich ihn durch die peinlich genaue Aufzeichnung meines Lebenslaufes langweilen werde. Aber gerade wenn man sich der Politik oder dem politischen Journalismus verschrieben hat, ist die Herkunft selten ohne Bedeutung. Doch ich will versuchen, nur dann von längst vergangenen Zeiten zu berichten, wenn sie in irgendeinem Bezug zu dem Selbsterlebten stehen. Vielleicht ist aber aus der Oberstraße noch zu berichten, daß mir Haus und Garten sehr gefielen und daß ich dort im Alter von vier Jahren mein hoffnungsvolles Leben fast beendet hätte. Das Wichtigste für meinen vier Jahre älteren Bruder Ferdinand und mich war ein großer Sandhaufen im Garten. Dieser Sand regte meinen äußerst unternehmungsfreudigen, oft tollkühnen Bruder zu architektonischen Meisterleistungen an. Einmal baute er einen Tunnel durch den ganzen Berg, und ich mußte hindurchkriechen. Das ging vorzüglich und machte mir auch nach einigem vorsichtigen Zögern Spaß. Bald war mein Bruder aber bereits durch andere Unternehmungen im Garten gefesselt. So bemerkte er erst nach geraumer Weile, daß der Sandberg über mir eingestürzt war. Schließlich grub er mich aus, ehe ich vollends erstickte. Natürlich durfte ich den Eltern nichts erzählen.

Dieser warnende, oft drohende Ausspruch meines Bruders: »Schwöre, daß du nichts erzählst!« war der Leitspruch meiner ersten Jugendjahre. Ich liebte meinen Bruder abgöttisch, besonders weil er mich, den so viel Jüngeren, absolut für voll nahm. Für seine phantasiereichen Unternehmungen war ich niemals »zu klein«. Bei allem mußte ich dabeisein, und er ließ mich auch niemals im Stich. Trotzdem war dieses Zusammenleben für mich recht anstrengend, denn ich verfügte über ein normales Maß an Angst, während er keine Furcht kannte. Sein beliebtestes Angriffsziel waren Polizisten. Er beschoß sie aus nächster Nähe durch ein Blasrohr mit Erbsen oder mit Hilfe einer Schleuder mit Kastanien. Da er niemals sein Ziel verfehlte, hieß es eben weglaufen vor dem wütend mit dem Säbel fuchtelnden Hüter des Gesetzes. Aber meine Beine waren nur halb so lang wie seine! Einmal erwischte mich ein Polizist. Als er begann, mich zu verprügeln, kehrte mein Bruder sofort um, schoß den wütenden Mann mit Erbsen mitten ins Gesicht, bis er von mir abließ und sich auf ihn stürzte. Aber meinen Bruder zu erreichen, war ein hoffnungsloses Beginnen. So entkamen wir beide, denn instinktiv hatte mein Bruder bereits den wichtigen militärischen Grundsatz erkannt: »Man muß die Kräfte des Gegners zersplittern!« Mehr sei über diese Friedensidylle der Jugend nicht berichtet. Obwohl ich »nichts sagen« durfte, litt mein Vater viele Jahre unter den Beschwerden der Polizei, der Nachbarn, von Lehrern, Straßenbahnschaffnern und anderen Zeitgenossen. Er pflegte diese Geschichten einem befreundeten Redakteur seiner Zeitung zu erzählen. Und so erschien zu einem Weihnachtsfest ein kleiner Band, in dem viele dieser Streiche standen. Mein Bruder blätterte das Büchlein durch und sagte nur verächtlich: »Der Mann hat keine Ahnung!« Die besten »Stücke« kannten ja auch nur wir.

Ein charakteristisches Unternehmen meines Bruders spielt allerdings schon etwas in die Politik hinein. Es mag 1911 gewesen sein, als uns Kindern mitgeteilt wurde, wir hätten uns an diesem Nachmittag »anständig« zu benehmen und den Besuch zweier bedeutender Persönlichkeiten durch einen »Diener« zu quittieren. Einer der Besucher wurde uns mit Namen genannt: der Ex-Reichskanzler Fürst Bülow. Die Herren kamen zu meinem Vater zum Tee. Bülow war eine imposante Erscheinung, mit weißem Schnurrbart und rosiger Gesichtsfarbe. Neben dem Fürsten wirkte der zweite Besucher eher schmächtig, dunkel und wohl zwei Köpfe kleiner. Sein Name blieb ungenannt. Wir wurden ins Kinderzimmer verbannt und versuchten, uns anständig zu benehmen. Plötzlich verschwand mein Bruder; als er zurückkehrte, hatte er den Hut des Fürsten Bülow auf dem Kopf! Ich sehe diesen Hut noch vor mir: sehr hell, mit Seidenband, heute würde man ihn als grauen »Homburg«

bezeichnen. Meine Schwestern und ich flehten meinen Bruder an, den Hut in die Garderobe zurückzubringen. Nichts half. Mit dem viele Nummern zu großen Hut saß er lässig auf einem Kinderstuhl. Dann hörten wir die Geräusche des Aufbruchs. Mein Bruder zeigte keinerlei Reaktion. Die Tür fiel ins Schloß, aber der Hut saß noch immer auf seinem Kopf. Wie war das zu erklären? Während meine Schwestern weinten, lachte er aus vollem Halse. Nur er hatte entdeckt, daß mein Vater einen ganz ähnlichen Hut besaß. Während uns der Angstschweiß auf der Stirne stand, hatte er die ganze Zeit mit dem Hut meines Vaters bei uns gesessen! Noch heute beruht der durchschnittliche Schwank auf dem gleichen Verwechslungstrick.

Wer aber war der andere Herr? Einige Jahre später sollte ich es erfahren. Es war kurz vor dem Krieg, als mein Vater aus der Redaktion anrief und mich fragte, ob es mir Spaß machen würde, in einem Auto nach Hamfelde, dem Landsitz Albert Ballins, mitzufahren. In einem *Auto!* Kein Kind unserer Tage kann ermessen, welche Sensation dieses Wort für einen Zehn- oder Elfjährigen damals bedeutete. Ich sauste in die innere Stadt; dort stand das Märchengefährt. Es war sehr groß, offen und ganz aus Mahagoni. Wir hielten zuerst am Hauptbahnhof, und mein Vater sagte zu dem würdigen Chauffeur: »Ich werde Herrn Harden am Zug abholen.« Schließlich erschienen beide Herren, und ich erkannte sofort den Unbekannten wieder, der mit Bülow zum Tee war.

Als ich zehn Jahre später meinen Vater auf diese Episode ansprach, berichtete er mir, er habe die Bekanntschaft zwischen Bülow und Harden vermittelt. Wer die Geschichte des deutschen Kaiserreiches in den Jahren vor dem 1. Weltkrieg kennt, weiß, was dieses Kennenlernen von Bülow und Harden für eine Rolle gespielt hat. Während des gleichen Gesprächs berichtete mir mein Vater, die ersten Beziehungen zwischen Maximilian Harden und dem Geheimrat von Holstein seien im Hause des Schwagers meines Vaters, des Generalkonsuls Knappe, in Berlin arrangiert worden. Hier schließt sich ein Kreis von Beziehungen – Bülow, Harden, Holstein –, aus dem mehr oder weniger die sogenannten »Harden-Prozesse« entsprangen.

Es ist hier nicht der Raum, auf Art und politische Zielsetzung dieser Prozesse einzugehen. Aber sicher ist, daß die Aufdeckung skandalöser Zustände an dem sonst so prüden Kaiserhof den monarchischen Gedanken in Deutschland tief erschütterte. Der intimste Freund des Kaisers, Fürst Philipp zu Eulenburg, konnte sich von der Anklage des Meineides, mit dem er seine homosexuellen Jugendneigungen zu verdecken suchte, nicht reinigen. Er starb vor dem Ende der sich jahrelang hinziehenden Strafverfahren, Beleidigungsprozesse, Duelle und Selbstmorde.

Der Kaiser selbst war völlig ahnungslos, trieb Eulenburg und andere dazu an, gegen Harden und seine Artikel in der »Zukunft« zu klagen, und machte damit alle Versuche unmöglich, ohne öffentliches Aufsehen seine Umgebung von einigen untragbaren Persönlichkeiten zu befreien. Es steht heute fest, daß der große, allerdings reichlich temperamentvolle Publizist Harden bereit war, auf alle persönlichen Angriffe gegen den Fürsten Eulenburg zu verzichten, wenn dieser vielseitig begabte Freund des Kaisers, Standesherr und Diplomat, der dazu als Dichter und Komponist (»Rosenlieder«) dilettierte, den politischen Einfluß am Kaiserhof aufgäbe.

Ich erinnere mich an eine Unterhaltung zwischen Harden und meinem Vater auf einem Spaziergang am Timmendorfer Strand, in der Harden meinem Vater von seinen Bemühungen um eine stille Beilegung des »Falles Eulenburg« erzählte. Ich glaubte Harden diese Erzählung eigentlich nicht ganz, denn er selbst wirkte kaum weniger selbstbewußt und eitel als sein Gegner Eulenburg. Die zahlreichen Veröffentlichungen – noch bis in die jüngste Zeit – lassen aber keinen Zweifel darüber, daß er ungefähr die Wahrheit sagte. Bülow hielt sich in der ganzen Angelegenheit zurück, obwohl er zweifellos die Möglichkeit gehabt hätte, vermittelnd und reinigend einzugreifen. Sein Einfluß auf den Kaiser war zu dieser Zeit ausschlaggebend. Es gab nur einen Konkurrenten für ihn – eben seinen Freund »Phili« Eulenburg –, und so mag er hin- und hergerissen gewesen sein zwischen dem Wunsch, Eulenburgs Einfluß auf den Kaiser und die Politik einzuschränken, oder den Kaiser, dem er zu dieser Zeit noch loyal diente, aus der Schußlinie herauszuhalten – bei Hardens Aggressivität und Kompromißlosigkeit, des Kaisers schwankender Haltung und Eulenburgs Geltungssucht ein allerdings schwieriger Versuch.

Doch kehren wir zu dem Auto Albert Ballins zurück, das in »rasender« Fahrt, sicherlich oft 50 Stundenkilometer erreichend, dem Sachsenwalde zustrebte. Die Unterhaltung der Herren im Fond des Wagens interessierte mich überhaupt nicht. Dagegen erschien mir der Chauffeur als eine Art überirdisches Wesen. Erstens war er überaus prächtig anzusehen in seiner Livree mit Schnüren und Tressen, zweitens war er rastlos mit Händen und Füßen tätig. Als er meine zögernd vorgebrachten Fragen über Sinn und Zweck seiner verschiedenen Handgriffe auch noch freundlich beantwortete, hätte ich ihn am liebsten gegen meinen Vater ausgetauscht, den ich zwar sehr bewunderte, der aber mit diesem höheren Wesen doch nicht konkurrieren konnte.

Zu meiner Kinderzeit beherrschten den hamburgischen Straßenverkehr noch der Einspänner, die zweispännige Equipage und die mietbare

Droschke. Im übrigen fuhr man mit der Straßenbahn, in der man täglich bekannten und sehr wohlhabenden Kaufleuten begegnete.

Innerhalb der hamburgischen Gesellschaft nahm Albert Ballin eine Sonderstellung ein. Er kam aus ganz kleinen Verhältnissen und hatte sich in Jahrzehnten zum Generaldirektor der »Hamburg-Amerika-Linie« emporgearbeitet. Ballin war Jude, hatte in keine »Familie« eingeheiratet, seinem Äußeren fehlte jede Eleganz. Sein Erfolg beruhte allein auf seiner außerordentlichen Persönlichkeit, seiner absoluten Souveränität als Reeder und Kaufmann, Eigenschaften, die mit großer menschlicher Güte gepaart waren. Sehr bezeichnend dafür war eine Geschichte, die sich bei der Einweihung eines Bäderdampfers der Hapag abspielte. Ballin saß im Kreise seiner Gäste, als der schon recht alte Kapitän an den Tisch trat und seine Meldung mit den Worten: »Wenn ich stören darf, Herr Generaldirektor...« begann. Als der Kapitän sich entfernt hatte, sagte Ballin: »Diesen guten Mann kenne ich schon seit meiner Jugend. Wenn ich als armer Auswanderer-Agent frierend auf Deck stand – einen Wintermantel besaß ich nicht – kam er und sagte: ›Na, mein »klein« Ballin... denn komm man in mein' Kajüte... sollst woll 'nen Grog haben!‹«

Meinen Vater verband eine enge Freundschaft mit Ballin. Sie führten lange politische Gespräche, deren Zeuge ich häufig war. Einige Jahre übte der Reeder großen politischen Einfluß aus, denn der Kaiser schätzte ihn sehr.

Wenn Wilhelm II. alljährlich zur Derby-Woche für einen Tag nach Hamburg kam, pflegte er vor dem Rennen im kleinen Kreise bei Ballin zu frühstücken. Ballin versuchte seinen ganzen Einfluß auf den Kaiser geltend zu machen, um das Verhältnis zu England zu verbessern, was nur durch eine vernünftige deutsche Flottenpolitik möglich gewesen wäre. Er verfügte über wichtige politische Beziehungen in London, aber auch zum Auswärtigen Amt. Er unterstützte alle Bemühungen, entgegen der Flottenpolitik des Großadmirals von Tirpitz einen Ausgleich in dieser für England lebenswichtigen Frage zu suchen. Er wußte, daß das ganze Gerede vom englischen »Handelsneid« Unfug war, denn das kaiserliche Deutschland und Großbritannien waren damals untereinander die bedeutendsten Handelspartner der Welt. Der Größenwahn von Tirpitz und Wilhelm II., neben der stärksten Armee der Welt auch noch eine bedeutende Schlachtflotte aufbauen zu wollen, trieb England in die Arme Frankreichs und schließlich auch Rußlands. Er besiegelte das Schicksal des Deutschen Reiches und der Hohenzollern-Monarchie.

Natürlich wußte ich von diesen Zusammenhängen als Knabe nichts. Ich trabte neben meinem Vater her, wenn er mit Ballin spazierengehend diskutierte. Aber trotz der Unmöglichkeit, das Gehörte zu verstehen, ließ ich nicht ab, die Ohren zu spitzen und täglich die Zeitung zu lesen. Mein Vater besaß eine unendliche Geduld, meine tausend Fragen zu beantworten, und das kindliche Gedächtnis war noch so unbelastet, daß ich mich an manches damals Aufgeschnappte besser erinnere als an vieles, das mir als älterem Menschen begegnete.

Über meine Schulzeit möchte ich mit wenigen Bemerkungen hinweggehen. Ich ging äußerst ungern zur Schule, woran nur zu einem geringen Teil die Lehrer, zum ganz überwiegenden Teil ich selbst die Schuld trug. Abgesehen von einigen kurzen Perioden, war ich ein schlechter Schüler, weil ich das ganze Unternehmen weitgehend als eine Belästigung ansah. Zwar gab es Fächer, in denen ich immer eine Eins hatte (Deutsch, Geschichte, Religion), aber sonst habe ich meine Schulzeit in wenig guter Erinnerung. Sie bestand in der Hauptsache aus schlechtem Gewissen! Im Unterricht spitzte ich allerdings die Ohren, und das rettete mich so eben und eben über die Versetzungsklippen, denn ich lernte leicht und hatte ein gutes Gedächtnis; aber Schularbeiten aus freien Stücken zu machen, lehnte ich einfach ab. Fußball, Tennis, Bücher usw. waren mir wichtiger. Für meinen Vater war meine Schulzeit – bis ich meinem Bruder in das Kadettenkorps folgte – eine ziemliche Qual. Als glänzender Altphilologe und einstiger Gymnasiallehrer fühlte er sich verpflichtet, meine lateinischen und später griechischen Schulaufgaben zu überwachen. Das ging auf etwas eigenartige Weise vor sich: Meine Eltern standen damals inmitten des gesellschaftlichen Lebens Hamburgs und waren fast jeden Abend eingeladen. So konnte mir mein Vater nur während des Badens und Umkleidens bei den Schulaufgaben helfen. Ich mußte dann auf einem Schemel vor der Badezimmertür hocken, ihm Übungssätze auf deutsch aus dem »Ostermann« (später aus: Caesars »de bello gallico«) durch die Türe zubrüllen. Dann folgte meine Übersetzung. Ich höre noch heute die gequälten Aufschreie meines Vaters, die bei jedem meiner zahlreichen Schnitzer durch Wasserrauschen und geschlossene Türe zu mir herausdrangen. Im Nebenzimmer wurde meine Mutter von einer Friseuse behandelt, die glaubte, in ein Tollhaus geraten zu sein.

Als der k. u. k. Thronfolger Franz Ferdinand im Juni 1914 ermordet wurde, waren meine Eltern, wie jedes Jahr, auf der Kieler Woche. Mein Vater befand sich auf der kaiserlichen Yacht »Meteor«, als sich eine Marine-Barkasse in schneller Fahrt näherte. Bei starkem Seegang konnte der Offizier nicht auf die »Meteor« übersetzen. Deshalb warf er sein Zigaretten-Etui über die Reling. Es enthielt das Telegramm: »Erzherzog Franz Ferdinand und seine Gemahlin in Sarajewo ermordet.« Der Kaiser ließ die Regatta sofort abbrechen. Wie so oft hatte dieser ungewöhnlich begabte, aber ebenso unbeständige Monarch instinktiv das richtige Gefühl für die drohende Gefahr. Wer die große Publikation des Auswärtigen Amtes zur Vorgeschichte des 1. Weltkrieges aufmerksam durchgearbeitet hat, wird meine Auffassung teilen, daß der Kaiser in seinen – allerdings oft reichlich saloppen – Randbemerkungen häufig die politische Situation viel klarer erkannte als seine Ratgeber. Leider war er weder charakterstark genug, seine Auffassung durchzusetzen, noch an eine kontinuierliche Arbeit gewöhnt, um seine mehr instinktiven Erkenntnisse durch klare Argumentation zu unterbauen. Nur rechthaberisch zu sein, genügt in der Politik nicht, und rechthaberisch war Wilhelm II. in hohem Maße. Dafür ein anekdotisches Beispiel: Ein Jahr vor diesen tragischen Ereignissen segelte mein Vater, wie alle Jahre, als Gast bei Krupp von Bohlen und Halbach auf dessen Jacht »Germania« die große Unterelbe-Regatta mit. Mein Vater hatte von diesem Sport keine Ahnung, und so versäumte er es, ins Gespräch mit einem hamburgischen Senator vertieft, auf die seemännischen Kommandos zu achten. Bei einer starken Bö rutschte er in voller Fahrt über das spiegelblanke Deck hinunter in die rauschenden Gewässer der Unterelbe. Krupp ließ sofort beidrehen: »Mann über Bord!« Mit einiger Mühe wurde mein Vater gerettet, der, Kopf unter Wasser, an einer Trosse der Jacht mitgeschleift worden war. Abends war Galadiner auf der »Hohenzollern«. Der Kaiser hörte von dem Zwischenfall, der übrigens seiner Jacht den Sieg gebracht hatte. Er ließ meinen Vater zu sich kommen und beglückwünschte ihn mit großer Herzlichkeit zu der Rettung. Dann entspann sich folgender Dialog:

Kaiser: Na, Eckardt, wie hat Ihnen denn das Wasser der Unterelbe geschmeckt?

Vater: Salzig, Majestät!

Kaiser: Salzig? Ausgeschlossen! Auf der Unterelbe?

Vater: Majestät! Ich habe einige Liter davon geschluckt!

Kaiser: Nee, nee, mein liebes Kind, das weiß ich besser! Salzig? – Ausgeschlossen!

Mein Vater kehrte auf die Nachricht von der Ermordung des österreichischen Thronfolgers sofort an seinen Redaktionstisch zurück. Mein kindlicher Instinkt ließ mich seine Besorgnis spüren, obgleich in seinen Leitartikeln die Sorgen nur vorsichtig angedeutet wurden. Die gedrückte Stimmung in unserem Hause verstärkte sich, besonders als der Kaiser seine Nordlandreise abbrach und nach Berlin zurückkehrte. Später erzählte mir mein Vater die Szene, die sich abgespielt hatte, als der Reichskanzler von Bethmann-Hollweg, der dem zurückkehrenden Kaiser entgegengefahren war, seinem Monarchen gegenüberstand. Der Kaiser habe ihn heftig angefahren: »Da lassen Sie mich in der Weltgeschichte herumfahren, und dabei stehen wir vor Ausbruch eines Krieges!« Bethmanns Antwort soll gelautet haben: »Ich gebe zu, die Lage nicht richtig beurteilt zu haben, und bitte Eure Majestät um meinen Abschied!« Der Kaiser wütend: »Nee, nee, mein Lieber! Die Suppe, die Sie da eingebrockt haben, die löffeln Sie man auch aus!« Zutreffend ist auf alle Fälle, daß der Kaiser in richtiger Erkenntnis der Gefahr nicht auf die Nordlandreise gehen wollte. Der Reichskanzler war es, der ihn bewog, die Reise nicht abzusagen, um die Weltöffentlichkeit zu beruhigen. Aber wie charakteristisch ist dieser Dialog mit Bethmann, mag er nun genau wie berichtet oder nur ähnlich verlaufen sein. Als ob es in diesem Moment darauf angekommen wäre, wer »die Suppe auszulöffeln« haben würde! Auf jeden Fall doch das deutsche Volk und nicht zuletzt der Kaiser selbst. Die Beschreibung dieser Szene stammt übrigens aus dem Munde des Kronprinzen, den mein Vater nach Kriegsende in dessen Exil auf der Insel Wieringen besuchte.

Meine Mutter und wir vier Kinder verlebten den Juli 1914 auf dem Gut einer Tante in Ostpreußen, der Schwester des Schauspielers Paul Wegener. Alles, was mit Landwirtschaft zu tun hatte, begeisterte mich sehr. Diese Leidenschaft für das Landleben hat mich nie verlassen. Sie ließ mich viel später – zu etwas Geld gekommen – einen Hof in Mecklenburg kaufen, von dem ich 1945 mit meiner Familie durch die anrückende russische Armee vertrieben wurde. Damals in Ostpreußen stand ich jeden Morgen um 5 Uhr vor der Türe des Gutsverwalters, um ihn bis zum Mittag auf seinem Inspektionsritt zu begleiten. Die Freude am Pferd und an der so unendlich schwierigen Kunst des Reitens ist mir bis heute geblieben. So vergaß ich alle politischen Gefahren, die mir keineswegs unbekannt waren, denn wie immer, wenn ich meinen Vater fragte, suchte er dem interessierten Kind klarzumachen, worum es ging. So hatte er mir auch vor unserer Reise in sehr vereinfachter Form zu erklären versucht, welche Gefahren in der seit Jahren sich verhärtenden Situation zwischen dem Dreibund und der Entente cordiale steckten. Aber alles dies vergaß ich, unermüdlich mit der Roggenernte auf Groß-Köwe bei Tapiau in Ostpreußen beschäftigt.

Da kam ein Telegramm meines Vaters – der verdeckende Code war mit meiner Mutter verabredet – und rief uns zurück. Noch heute sehe ich den ersten deutschen Soldaten in Feldgrau vor mir. Der überfüllte Zug nach Berlin hielt in der Nähe von Schneidemühl. Durch das Fenster erblickte ich einen Soldaten auf dem Dach eines Hauses, das Fernglas vor den Augen. Der heutigen Generation wird es fast unglaubhaft erscheinen, daß ich bis zu diesem Tage Soldaten nur in bunten Uniformen gesehen hatte. Das Grau war bedrückend, aber bald vergessen, denn unser Vater holte uns in Berlin ab. Dort erlebten wir den aufregendsten Tag vor Kriegsausbruch mit, eng eingekeilt in einer riesigen Menschenmenge vor dem Schloß. Es wurde viel geschrien und gejubelt, und natürlich schrie ich mit. Spät am Abend waren wir in Hamburg und aßen – auch das eine Sensation – im Restaurant »Jalant« in der Mönckebergstraße. Draußen wogte eine erregte Menschenmenge auf und nieder, im Lokal sprangen Leute auf den Tisch und hielten »zündende« Ansprachen. Mein Vater drängte zum Aufbruch. Ich spürte, das ihn das lärmende Treiben bedrückte. Am nächsten Tag war der Krieg da!

Besonders im Gedächtnis blieb mir der 4. August. Mein Vater erhielt einen Anruf seiner Redaktion, den er schweigend entgegennahm. Dann ließ er sich mit dem Fürsten Bülow verbinden, der wie jedes Jahr den Sommer in seiner Villa im Jänischpark an der Elbe verbrachte. Als der Fürst am Apparat war, sagte mein Vater ohne Einleitung: »Durchlaucht, England hat den Krieg erklärt!« Es folgte eine Pause, dann legte mein Vater den Hörer auf. Ich fragte ihn: »Was hat der Fürst gesagt?« »Finis Germaniae«, wiederholte mein Vater und verließ – ein wenig gebückt, so schien mir – das Zimmer. Ob Bülow in diesen Stunden seine Politik England gegenüber, ob er die Flottenpolitik, die er unterstützt hatte, überdachte? Es ist wenig wahrscheinlich, denn wer seine »Denkwürdigkeiten« gelesen hat, von denen noch die Rede sein wird, weiß, daß er niemals eine Schuld bei sich gesucht oder etwa gar gefunden hat.

Der 1. Weltkrieg

Zwei Kriege habe ich bewußt miterlebt, beide nicht als Soldat. Wenn ich an die Tage, in denen der 1. Weltkrieg begann, zurückdenke und sie mit denen des 2. Weltkrieges vergleiche, dann glaube ich, einen wichtigen Unterschied hervorheben zu müssen. Die Volksstimmung war grundverschieden. Die Menschenmassen jubelten in den Augusttagen 1914 den ausrückenden Soldaten in echter vaterländischer Begeisterung zu. Man hatte ein gutes Gewissen, man glaubte wirklich, einen Verteidigungskrieg zu führen. Es ist hier nicht der Platz, die Kriegsschuldfrage im einzelnen zu erörtern, es gibt darüber eine umfangreiche Literatur. Doch ist es vielleicht erlaubt, ein kurzes Fazit zu ziehen: Die These von der »Alleinschuld« Deutschlands am 1. Weltkrieg ist unhaltbar. Wollte man diese sehr komplizierte Frage in der Terminologie eines Strafprozesses abhandeln, wäre die deutsche Schuld am ersten Krieg eher als »fahrlässig«, die am zweiten Kriege dagegen als »vorsätzlich« zu bezeichnen. In der nach Bismarck folgenden Periode der deutschen Politik gab es sicher starke nationalistische Strömungen in Deutschland, aber der Kreis der Menschen, die einen Krieg anstrebten, war sehr klein. Man wollte »Weltgeltung«, man trieb, wenn auch in bescheidenem Maße, Kolonialpolitik und geriet dabei in vielerlei Konflikte in Nordafrika, in Ost- und Westafrika, in China usw. Man trieb eine imperialistische Politik, aber in England, Rußland, Frankreich und Österreich-Ungarn waren gleiche oder ähnliche Kräfte am Werk. Die deutsche Politik war auf Festigung, auch Ausdehnung der deutschen Position in der Welt bedacht, doch wollte man diese Ziele erreichen, ohne Krieg zu führen. Es wurden dabei große Fehler, wohl noch größere Unterlassungssünden begangen. Aber wer wollte damals wirklich den Krieg?

Das Deutsche Reich stand 1914 innerlich sehr gefestigt da. Es gab keine so schwerwiegenden inneren Probleme, als daß man eine Flucht in außenpolitische Erfolge auch nur in Betracht zog. Deutschland erlebte unter Bismarck und in den Jahrzehnten nach seinem Sturz einen unerhörten Aufstieg als Großmacht auf politischem, militärischem und ökonomischem Gebiet. Sicher spielte es dabei vielfach die Rolle des

Störenfrieds unter den übrigen Großmächten, die mehr oder weniger saturiert waren. Es spielte diese Rolle mit wenig Geschick, aber die Methoden seiner Politik waren im Grundsatz nicht anders als die der führenden europäischen Mächte. Alle wandten die gleichen Methoden an. Dabei waren Deutschlands Ambitionen auf kolonialem Gebiet relativ bescheiden, zwangsläufig bescheiden, denn die koloniale Welt war bereits weitgehend aufgeteilt.

Es kommt nicht von ungefähr, daß der heutige Antikolonialismus Deutschland kaum betrifft; seine Rolle auf diesem Gebiet war zu klein und zu kurz. Dagegen bestand eine latente Kriegsgefahr am Anfang des Jahrhunderts durch die innere Schwäche der habsburgischen Monarchie und auch des Zarenreichs. Dort spielte man, um die innere Schwäche zu verdecken, mit dem Gedanken an kriegerische Erfolge, ohne allerdings die Gefahr eines »Welt«-Krieges bewußt einzukalkulieren. Unter den Diplomaten am Zarenhofe und in Wien gab es Strömungen, die darauf abzielten, vor einem Kriege nicht zurückzuschrecken, wenn es darum ging, den Bestand der Reiche im Inneren und nach außen zu sichern. In der Krise von 1914 wurde in Wien und Petersburg mit geradezu unbegreiflichem Leichtsinn Prestigepolitik betrieben. Studiert man dagegen sorgfältig die deutschen diplomatischen Dokumente von 1870 bis 1914, so ist das Bestreben zur Machtvergrößerung unverkennbar, doch immer unter dem übergeordneten Aspekt der Vermeidung eines großen Krieges. England suchte den »großen« Krieg ebensowenig; es war mehr als jede andere Großmacht auf Erhaltung des Besitzstandes ausgerichtet. In Frankreich war der Gedanke an Elsaß-Lothringen sehr lebendig, ja, es gab echte »Revanche«-Politiker, doch wollte man das Risiko eines Krieges, der nicht eine absolut sichere Siegeschance bot, vermeiden. Will man die Schuld am Ausbruch des 1. Weltkrieges gerecht verteilen, so liegt sie zu etwa gleichen Teilen in Wien, Petersburg und Berlin. Allerdings ist Ungeschick und Fahrlässigkeit in der Politik auch unter den Begriff »Schuld« einzuordnen. In dieser Hinsicht trug Deutschland mehr Schuld als alle anderen Mächte.

Diese kurzen Bemerkungen sollen die These stützen, daß das deutsche Volk im August 1914 ein reines Gewissen hatte und seiner Führung vertrauensvoll folgte. Natürlich gab es vom ersten Tage des Krieges an viele Menschen in Deutschland, die die Gefahr für das Reich richtig einschätzten. In Hamburg wurde der Eintritt Englands in den Krieg mit tiefer Niedergeschlagenheit aufgenommen. Die Hanseaten wußten die Macht Großbritanniens richtig einzuschätzen.

Kurz vor dem 1. Weltkrieg begann in meiner kindlichen Phantasie ein Mann eine Rolle zu spielen, der zu den merkwürdigsten Erscheinungen der europäischen Politik gehörte. Auf dem Schreibtisch meines Vaters stand, in Silber gerahmt, das Bild des Zaren Ferdinand von Bulgarien. Als mein Vater 1936 starb, telegraphierte der König: »Nach mehr als 50jähriger Freundschaft...« In der Tat gingen die Beziehungen zu diesem eigenartigen Mann auf die Zeit nach dem glänzend bestandenen Staatsexamen meines Vaters zurück. Er nahm damals für einige Zeit die Stellung eines Prinzenerziehers im Hause des Herzogs Max Emanuel in Bayern an. Es galt, die jungen Herren durchs Abitur zu bugsieren. Mein Vater hat diese Zeit oft als die glücklichste seines Lebens bezeichnet. Sie brachte ihm den Umgang mit der »großen Welt«. Viele damals geknüpfte Beziehungen bestanden bis zu seinem Tode. Man lebte in München, in Schloß Biederstein oder in Possenhofen. Die familiären Beziehungen der Wittelsbacher reichten in fast alle regierenden Häuser Europas. Bis zu seinem Tode standen meinem Vater Zimmer im Schloß Tegernsee zur Verfügung, und ich habe mit ihm dort manche Ferienwoche verlebt.

Im Kreise der herzoglichen Familie lernte mein Vater nun den etwa gleichaltrigen Prinzen Ferdinand von Coburg kennen. Der elegante, großgewachsene Prinz war ein Sohn der Prinzessin Klementine von Orléans, Tochter des letzten französischen Königs Louis Philippe und Erbin eines sehr bedeutenden Vermögens. Auch diese alte Dame besuchte Schloß Tegernsee, als sich die beiden jungen Männer kennenlernten und ihre ersten Gespräche über Politik führten. Von der Mutter Klementine wußte mein Vater nicht mehr zu berichten, als daß sie für sehr klug, ja für gerissen gehalten wurde, aber stocktaub war und bei jeder Mahlzeit Unmengen von Speisen zu verschlingen pflegte. Sie war darauf aus, ihrem Sohn einen Thron zu verschaffen, eine in der coburgischen Familie beliebte Beschäftigung. Ihr Augenmerk muß rechtzeitig auf das bulgarische Fürstentum gefallen sein, denn schon zur Zeit, da der Prinz Alexander von Battenberg noch diesen Thron innehatte, lernte Ferdinand von Coburg fleißig Bulgarisch. Als der »Battenberger« aus Bulgarien vertrieben wurde, bot man Ferdinand die Krone an. Der Coburger soll tief in die Verschwörung verwickelt gewesen sein.

Als mein Vater den Fürsten Ferdinand nach der Thronbesteigung zum ersten Mal in Sofia besuchte, fiel sein erstaunter Blick auf ein lebensgroßes Porträt des Prinzen zu Battenberg, das über dem Schreibtisch hing. In seiner stets etwas theatralischen Sprache meinte der Fürst: »Täglich sehen meine Minister dieses Bild. Die Schamröte soll ihnen ins Gesicht steigen, daß sie diesen herrlichen Jüngling vertrieben haben!« Unterdessen war Bulgarien ein Königreich geworden. Ferdinand hatte sein kleines Land durch alle balkanischen Wirren und Kriege gesteuert mit einer Mischung aus modernster Diplomatie und der moralischen Unbekümmertheit der Borgia – für ein Balkanland um die Jahrhundertwende eine recht brauchbare Mischung.

Das Bild dieses Mannes erregte meine kindliche Phantasie, denn es war immerhin ein Zar, dessen Fotografie, recht prächtig anzusehen, auf dem Schreibtisch meines Vaters stand. Da ich schon als Kind ein wenig den Privatsekretär meines Vaters zu spielen hatte, gehörte es zu meinen Aufgaben, in der Redaktion anzurufen, wenn in unserem Hause Telegramme oder irgendwie beachtenswerte Briefe eintrafen. Bald lernte ich die winzige Schrift Maximilian Hardens von der des Fürsten Bülow zu unterscheiden. Von Zeit zu Zeit gab ich Telegramme per Telefon an meinen Vater durch, die aus Sofia datiert und mit »Graf Muranyi« unterzeichnet waren. Ich bohrte nach und erfuhr, daß der Zar seine Telegramme mit diesem Pseudonym zu unterzeichnen pflegte. Der Sinn der Telegramme blieb für mich dunkel. Sie beschäftigten sich meist mit dem Wetter, einer Landschaft und ähnlichem. Doch mein Vater schien diese Texte in das politische Geschehen zu übersetzen, denn fast immer nach Eintreffen solcher Telegramme spielten die Verwicklungen auf dem Balkan eine Rolle in seinen Leitartikeln. Den Zaren, der das Meisterwerk vollbrachte, seinen Thron ganz kurz vor dem Zusammenbruch 1918 an seinen Sohn Boris zu vererben, habe ich in den zwanziger Jahren kennengelernt. Doch davon später.

Sommer und Herbstanfang des Jahres 1914 brachten der deutschen Armee gewaltige Erfolge. Es folgte Sieg auf Sieg. Allerdings blieb die Siegesserie nicht ungetrübt. Bei uns zu Hause war die Stimmung recht wechselnd. Das Zimmer meines Vaters lag stets voll von ausländischen Zeitungen. Die »Times«, der »Figaro« u. a. kamen täglich und wurden von meinem Vater studiert. So drangen detaillierte Angaben über die Marneschlacht zu uns in die Wohnung. Den Gesprächen meiner Eltern konnte ich entnehmen, daß manches nicht nach Wunsch ging. Doch schon damals lernte ich durch die Ermahnungen meines Vaters, über politische Informationen den Mund zu halten. Nur der »Figaro« war mir im Laufe des Krieges recht nützlich. Mein Französisch-Lehrer hatte eine Französin zur Frau, und so brachte ich ihm die nicht mehr benötigten Exemplare mit zur Schule. Der wohltätige Einfluß auf meine Zensuren war unverkennbar!

1915 besann sich das Auswärtige Amt auf die Möglichkeit, die engen persönlichen Beziehungen meines Vaters zum Zaren Ferdinand von Bulgarien auszunutzen. Man war in Berlin außerordentlich nervös, da der Zar seit Wochen den deutschen Gesandten nicht mehr empfangen hatte. Man wußte auch, daß die Entente mit allen Mitteln und mit verlockenden Angeboten den Zaren zum Eintritt in den Krieg gegen die Mittelmächte zu bewegen suchte. Für diese hingegen war es fast eine Lebensfrage, daß der Zar sich auf ihre Seite schlug. Die Reise nach Sofia, die mein Vater nach einigem Zögern antrat, war mitten im Kriege ein abenteuerliches Unternehmen. Das Auswärtige Amt wollte ihn dazu bewegen, der Liste territorialer Angebote auch noch eine bedeutende Summe für die Privatschatulle des Zaren hinzuzufügen. Mein Vater erklärte sich aber nur bereit, ein Geschenk mitzunehmen, das dem Zaren, der ein weltbekannter Ornithologe war, Freude machen würde. So reiste er mit zwei prächtigen Königspfauen für den Privatzoo des Königs ab. Die Tiere brauchten natürlich einen Extra-Waggon, denn sie mußten auf der endlosen Reise nach Sofia gefüttert und getränkt werden. Doch sie trafen wohlbehalten in Bulgarien ein, während meinem Vater das ganze Gepäck gestohlen wurde, so daß er im Reiseanzug mit braunen Schuhen im Hotel saß, als der Hofmarschall ihm einen Besuch abstattete. Die Situation spitzte sich weiter zu, als der Hofmarschall von den Pfauen erfuhr und schreckensbleich erklärte: »Dieses Geschenk ist unmöglich, denn Pfauen gelten in Bulgarien als Unglücksbringer.« Also kein Gepäck und dazu zwei Unglücksvögel. Doch dieser peinliche Anfang der politischen Mission löste sich befriedigend. Die Pfauen wurden im städtischen Zoo gegen einen jungen Löwen umgetauscht, und auf der Diner-Einladung des Zaren stand gegen jede Etikette als Vorschrift verzeichnet: »Reise-Anzug«.

Nach dem Essen blieb der Zar mit meinem Vater allein und begann die Unterhaltung sofort mit den Worten: »Nun, was hat das Auswärtige Amt Ihnen aufgetragen?« Alle Einwände, die Reise sei ganz privat, fruchteten nichts. Der Zar wollte wissen, woran er war. Mein Vater skizzierte das deutsche Angebot. Anschließend zog der Zar ein Dokument aus der Tasche: »Hier, lesen Sie das! Es ist das Angebot der Entente. Sie müssen mir aber versprechen, den Inhalt nicht gleich nach Berlin zu telegraphieren!« Mein Vater nahm das Wörtchen »gleich« wörtlich. Er zog die Besprechung in die Länge, um den recht komplizierten Text auswendig zu lernen. Er telegraphierte ihn dann auf der Rückreise von Bukarest aus nach Berlin. Bei der Abfahrt von Sofia erschien Kronprinz Boris auf dem Bahnsteig, um meinem Vater den höchsten bulgarischen Orden zu überreichen.

Nach eingehenden Verhandlungen unter den Diplomaten trat Bulgarien an der Seite der Mittelmächte in den Krieg ein. Der Zar, sehr auf Einhaltung des Protokolls bedacht, vermerkte es allerdings ungnädig, daß der Kaiser seiner Ordensverleihung an meinen Vater nicht auch auf deutscher Seite entsprach. Gegen den Wunsch meines Vaters war es aber doch mit dem Zaren zwangsläufig zu einem finanziellen Gespräch gekommen, denn als Chef des Hauses Coburg und Verwalter des orléans'schen Vermögens saß der Zar in einer bösen Klemme. Etwa 20 Millionen Mark waren bei der Bank von England deponiert. Der Zar hätte sie als Treuhänder der Familie vor der Kriegserklärung aus London abziehen müssen, wodurch die Entente frühzeitig gewarnt worden wäre. Das schien unmöglich. Das Deutsche Reich verpflichtete sich daher, ihm diese Summe auf jeden Fall zu garantieren. Dann ging der Krieg verloren, die deutsche Monarchie zugrunde. Mitte der zwanziger Jahre entschloß sich die Weimarer Republik, dem Zaren, der in Coburg lebte, wenigstens einen Teil dieser Summe zurückzuerstatten. Während dieser Finanzverhandlungen erschien der Zar eines Tages im Schloß Tegernsee, um die Unterstützung meines Vaters in dieser Frage zu erhalten. So lernte ich diese einmalige Erscheinung unter den europäischen Herrschern in den Ferientagen von 1925 selbst kennen. Der Zar machte auf mich einen tiefen Eindruck. Auch in späteren Jahren, als ich einige Herrscher kennenlernte, die bekanntesten Diplomaten häufig zu Gesprächspartnern hatte, ist mir niemals wieder ein Mann begegnet, der so viel Klugheit und geistige Eleganz mit einem unbeugsamen Willen zu verbinden verstand. Ich sollte ihm einige Jahre später noch einmal in München begegnen.

Der Krieg verlor im Laufe der Jahre an Glanz und Farbe. Die deutschen Siege wurden seltener und brachten keine echten Entscheidungen. Die politische Führung entglitt den Händen des Kaisers, der sich mehr und mehr von den Geschäften zurückzog. Immer seltener trat er im Großen Hauptquartier auf. Von Zeit zu Zeit besuchte er einzelne Truppenteile, um Auszeichnungen zu verteilen; einen großen Teil des Jahres verbrachte er bei der Kaiserin in Homburg. Berlin schien ihm noch mehr zuwider zu sein als das Hauptquartier, in dem schließlich nicht nur die militärischen, sondern auch die politischen Entscheidungen getroffen wurden. Von diesen Entwicklungen erfuhr ich als stiller Zuhörer der Gespräche zwischen Bülow und meinem Vater.

Mein Vater besaß viele Briefe, die ihm Bülow während der kurzen Zeit (1915) geschrieben hatte, als er Italien wenigstens zu einer wohlwollenden Neutralität zu bewegen suchte. Man hatte den verzweifelten und viel zu späten Versuch gemacht, Bülows glänzende Beziehungen in Rom zu diesem Zweck zu nutzen. Er ging für einige Monate als Botschafter nach Rom, wohnte in seiner herrlichen Villa Malta auf dem Pincio, wo ich ihn später, nach dem Kriege, mehrmals besuchte. Aber, wie gesagt, es war zu spät. Italien hatte sich bereits zum Eintritt in den Krieg auf der Seite der Entente entschieden. Ein Versuch, die

Italiener durch beträchtliche Konzessionen der k. u. k. Monarchie umzustimmen, scheiterte an der Halsstarrigkeit Wiens, wo man glaubte, den Bestand der Monarchie durch solches Entgegenkommen zu gefährden. So trat Italien in den Krieg ein, und Bülow kehrte nach Deutschland zurück.

In späteren Jahren hatte ich mit meinem Vater oft lange Gespräche, fast Auseinandersetzungen, über Bülow. Er vertrat die Auffassung, Bülow sei ein bedeutender Staatsmann gewesen, der sicherlich, wie auch die größten unter ihnen, Fehler gemacht habe, doch sah er in ihm den fähigsten Reichskanzler nach Bismarck. Ich konnte diese Auffassung nicht teilen. Für mich war Bernhard von Bülow zweifellos der fähigste Diplomat der wilhelminischen Ära. Aber ein Staatsmann? Natürlich wäre es ungerecht, Bülow mit heutigen Maßstäben zu messen. Die Monarchie, die schwierige Persönlichkeit des Kaisers, mußten von ihm als gegebene Größe im politischen Spiel einkalkuliert werden. Niemand dachte ernstlich an die Möglichkeit, die Hohenzollern-Monarchie zu stürzen. Jeder Kanzler, der Erfolg haben wollte, mußte auch Hofmann sein und die Gabe haben, den Kaiser richtig zu behandeln. Doch nach meiner Auffassung versagte Bülow in der entscheidenden Frage, nämlich in seiner England-Politik. Nicht zuletzt unter dem Einfluß des im Auswärtigen Amt allmächtigen Geheimrats von Holstein geriet er in das Fahrwasser der Flottenpolitik des Kaisers und des Großadmirals von Tirpitz. Ich glaube, daß er die Gefahr durchaus erkannte und diesen Weg nur widerwillig ging. Seinem scharfen Verstand konnte nicht entgehen, daß ein Einschwenken Englands in die französisch-russische Richtung eine tödliche Gefahr für das deutsche Volk bedeutete. Holstein glaubte bis zu seinem Tode, der britisch-russische Gegensatz – in der Türkei, in Persien, im Fernen Osten – sei zu stark, als daß diese beiden Mächte je zueinander finden konnten. Es gibt Beweise genug, daß Bülow diese Auffassung Holsteins nicht ganz teilte, doch er vertraute seinem eigenen diplomatischen Geschick und glaubte, im gegebenen Moment Rußland und Großbritannien doch immer wieder gegeneinander ausspielen zu können. Sein stärkstes Motiv aber war letztlich, es auf keinen Konflikt mit dem Kaiser ankommen zu lassen, denn er wollte sich an der Macht halten.

Ob ein Politiker und Diplomat auch das Format eines Staatsmannes hat, ist letztlich eine Charakterfrage. Nach meiner Auffassung war Bülow mit großer Intelligenz und außerordentlichen diplomatischen Fähigkeiten ausgestattet, aber eben kein starker Charakter, der, wenn nötig, auch vor dem Konflikt mit dem Kaiser, mit Tirpitz und dem »Flottenverein« nicht zurückschreckte. Dieser meiner Ansicht widersprach mein

Vater mit der Behauptung, unter Bülows Kanzlerschaft wäre Deutschland nicht in den 1. Weltkrieg »hineingeschlittert«. Daran war zweifellos etwas Richtiges. Es ist kaum vorstellbar, daß Bülow in der Weltkrise, die dem Attentat von Sarajewo folgte, eine solche Unsumme von diplomatischen Fehlern gemacht hätte wie sein Nachfolger von Bethmann-Hollweg, der über nicht sehr weitgehende außenpolitische Erfahrungen verfügte. Aber nicht weniger unbestreitbar ist, daß Bülow seinem Nachfolger eine europäische Konstellation hinterließ, die das Reich in Gegensatz zu den *drei* mächtigsten Staaten der Erde brachte, zu Frankreich, Rußland und England. Bülow war nie ein Kämpfer, immer ein Mann des »Finassierens«. Er wich dem Konflikt mit mächtigen Strömungen im deutschen Volk aus, immer nur auf sein diplomatisches Geschick vertrauend. Es ist durchaus denkbar, daß er den Kriegsausbruch 1914 verhindert hätte, aber sicherlich nicht ohne einen schrecklichen Verlust für die Stellung und das Ansehen des Reiches in der Welt.

Von dem umfangreichen Briefwechsel zwischen Bülow und meinem Vater fand sich jetzt nach dem Kriege ein einziger Brief des Reichskanzlers wieder, und zwar im Archiv des »Hamburger Fremdenblattes«. Der Verleger Axel Springer stellte mir freundlicherweise diesen Brief zur Verfügung, der hier im Wortlaut folgen soll.

Rom, den 8. Mai 1914

»Lieber Herr von Eckardt

Für Ihre freundlichen Glückwünsche zu meinem Geburtstag besten Dank und den Ausdruck des Wunsches, daß bei Ihnen alles gut stehen möge. Wir haben einen angenehmen Winter verbracht, vielen Besuch gehabt und namentlich in den letzten Wochen eine große Anzahl Landsleute bei uns gesehen. Rom war noch nie so voll wie in diesem Jahr.

Die Verschlechterung unserer Beziehungen zu Rußland wird hier sehr beachtet. Auch wenn man annimmt, daß das sogenannte Potsdamer Abkommen bei uns über seine tatsächliche Bedeutung hinaus aufgebauscht worden ist – Russen behaupten, daß es sich in Wirklichkeit nur um unverbindliche Redensarten gehandelt habe – und weiter der Ansicht ist, daß die (von Kiderlen[1] widerratene) Kanzlerfahrt nach Björkö, Petersburg und Moskau in ihrer Wirkung sehr überschätzt wurde, bleibt es doch seltsam, daß wir ohne Anlaß, unmittelbar nachdem wir Kokowzow und Sasonow[2] mit Empressment bei uns empfangen

[1] Alfred von Kiderlen-Wächter, Staatssekretär im Auswärtigen Amt
[2] russische Minister

haben, von den Russen mit Unfreundlichkeit behandelt werden, eine Unfreundlichkeit, die durch Beschönigungsversuche nicht aus der Welt geschafft wird, und der gegenüber eine reine Vogel-Strauß-Politik auch nicht indiziert ist, denn sie geht Hand in Hand mit dem gewaltigen und militärischen Erstarken unseres russischen Nachbarn. Was hört man über das deutsch-englische Abkommen? Der Moment für ein solches ist selten günstig: England steckt in inneren Schwierigkeiten politischer, sozialer und wirtschaftlicher Natur, es hat Sorgen um Indien, in Ostasien und in Amerika, überall braucht es uns und sieht überall, daß es sich durch ein schlechtes Verhältnis mit uns ins eigene Fleisch schneidet, wir dagegen sind mit unserer Flottenpolitik aus der Gefahrzone heraus und brauchen uns nicht zu billig wegzugeben. Hoffentlich wird eine so günstige Konjunktur nun auch ausgenützt. Die Voraussetzung dafür ist freilich, daß wir uns nicht anlehnungsbedürftiger hinstellen als wir sind, uns nicht heranschmeißen, und nicht den Engländern nachlaufen und nicht zu blöde in unseren Forderungen auftreten.

In Kleinasien wie in Afrika haben wir mit dem Vertrag von 98 und dem Bagdadbahnunternehmen festen Boden unter den Füßen. Das Ende vom Liede darf nicht sein, daß England aus der ihm jetzt unbequemen Stellung des Sekundanten von Frankreich in diejenige des Schiedsrichters einrückt, der die letzte Entscheidung in der Hand hält, und wir außerdem in Spezialabmachungen wieder angeschmiert werden wie vor vier Jahren beim Marokkoabkommen.

Wir denken im Juni in Hamburg einzutreffen, wo meine Frau sich an die Einrichtung der Elbparkvilla machen wird. Herzliche Grüße von meiner Frau an Sie und Ihre liebe Frau und aufrichtig

Ihr

Bülow«

Ich glaube, dieses Dokument beweist, daß mein Urteil, Bülow sei kein wirklicher Staatsmann gewesen, richtig ist.

Ich möchte hier das Thema Bülow abschließen, indem ich der Zeit ein wenig vorgreife. Mitte der zwanziger Jahre verlebte ich einen Urlaub in Rom und wohnte einige Tage bei Bülows in der Villa Malta. Das Ehepaar Bülow war dem jungen Mann gegenüber von bezaubernder Liebenswürdigkeit. Zu jener Zeit erschien die große Dokumentensammlung des Auswärtigen Amtes über die Vorgeschichte des Krieges von 1870 bis 1914. Bülow und auch ich hatten alle bis dahin erschienenen Bände sorgfältig gelesen. Dem Fürsten gefiel die ganze Publikation nicht, denn als alter Diplomat war er gegen Veröffentlichungen geheimer diplomatischer Schriftstücke. Ich erinnere mich, daß er seine

Kritik einmal kurz zusammenfaßte: »Was will man damit erreichen? Man will beweisen, daß die These von der Alleinschuld Deutschlands am Kriege nicht richtig ist. Man wird das auch erreichen, aber nur um den Preis, vor aller Welt als Dummkopf dazustehen. Ist das wirklich ein guter Tausch?«

Mit wirklicher Liebe und Verehrung hing ich an der Fürstin, die eine bezaubernde alte Dame war. Sie hatte sich vom Gesandten Graf Dönhoff scheiden lassen, um Bernhard von Bülow, den Legationssekretär, zu heiraten. Ihre Mutter, Donna Laura Minghetti, war eine europäische Berühmtheit durch den internationalen Salon, den sie in Rom in ihrem Hause unterhielt. Ihr erster Mann, Minghetti, gehörte zu den engsten Mitarbeitern des Grafen Cavour, dem Italien seine Einigung verdankt. Selbst Bismarck fürchtete diesen Salon der Donna Laura, in dem man anti-bismarckisch war. Die Fürstin, die ihren Mann in der Fähigkeit, amüsante Geschichten zu erzählen, noch weit übertraf, berichtete mir über eine Begebenheit aus ihrer Jugendzeit. Sie weilte mit ihrer Mutter zur Kur in Baden-Baden – oder war es Karlsbad? –, als sie die Nachricht bekamen, auch Bismarck sei dort eingetroffen. Der gefürchtete Preuße ließ fragen, wann er Donna Laura seine Aufwartung machen dürfe. Dann erschien er und blieb zwei Stunden. Als seine Equipage endlich davonrollte, stürzte die junge Marie – übrigens eine Tochter Donna Lauras aus ihrer zweiten Ehe mit dem Prinzen Camporeale – zu ihrer Mutter: »Mama, wie war er denn?« Donna Laura antwortete tief beeindruckt: »Mein Kind, heute habe ich den vollendetsten Kavalier Europas kennengelernt!« Bismarck hatte seinen ganzen Charme entwickelt und wie so oft die Partie gewonnen.

Es kann nicht das Anliegen dieses Buches sein, den Verlauf des Krieges zu schildern. Das ist von zahlreichen Historikern in der Welt geschehen. Noch heute wird immer neues Material über diese Zeit von den Geschichtsschreibern oder den Herausgebern von Schriftstücken und Briefwechseln zusammengetragen. Wie aber sah es bei uns zu Hause aus? Mein Bruder war schon vor Ausbruch des Krieges preußischer Kadett geworden, und ich wartete sehnsüchtig auf die Ferientage, in denen er nach Hause kam. Dann ging ich stolz neben ihm durch die Straßen Hamburgs, stolz auf seine schöne blaue Uniform mit dem roten Kragen und den Gardelitzen. Er trug nun den »Rock des Königs« und benahm sich entsprechend würdevoll. Die Zeiten, in denen wir Polizisten mit Erbsen beschossen, waren leider vorbei. Aber auch sonst verdüsterte sich die Atmosphäre im Hause. Die Lebensmittel wurden knapper, die Rationen auf Karten schmaler. Am Nachmittag war es meine Aufgabe, bei Läden »anzustehen«, in denen es etwas Eßbares zu kaufen gab.

Meine beiden Schwestern wurden um ihre besten Jugendjahre betrogen.

Die Nachrichten von den Kriegsschauplätzen ließen erkennen, daß der Krieg sich lange hinziehen würde, denn die Armeen gruben sich ein. Um ein paar Quadratmeter Boden in Frankreich und Flandern wurden erbitterte Schlachten geführt. Die Listen der Gefallenen verlängerten sich von Tag zu Tag. Im 1. Weltkrieg beschönigte man diese Verluste nicht, wie es unter Hitler später geschah. Auch der »Heeresbericht« war im allgemeinen zuverlässig. Jeder konnte das blutige Geschehen dieses Krieges verfolgen. Das gesellschaftliche Leben in Hamburg war erloschen. Man sah sich nur noch in kleinstem Kreise. Ab und zu ging ich neben Albert Ballin und meinem Vater her, wenn sie sich zu einem Spaziergang trafen. Der einst so viel Aktivität ausstrahlende Herrscher der Hamburg-Amerika-Linie war still geworden. Von Monat zu Monat wurde sein Gang schleppender, seine Haltung gebückter. Dieser Krieg, der seine stolzen Schiffe von den Weltmeeren vertrieben hatte, brach ihm langsam und quälend das Herz. In den Gesprächen zwischen den beiden Herren spielte die Frage des U-Boot-Krieges eine große Rolle. Ballin hielt es für eine Illusion, mit dieser Waffe den Krieg gewinnen zu wollen. Seine Verbindungen zum Kaiser waren praktisch abgebrochen, da die Umgebung des Monarchen diesen lästigen Warner vom Hofe fernhielt. Majestät brauche Aufmunterung, hieß es. Als die Revolution 1918 ausbrach, nahm Ballin dann eine Überdosis Schlafmittel und starb.

Doch in meinen Gedanken bin ich noch im Jahre 1917. Mein Bruder hatte sein Fähnrich-Examen gemacht und war bei den 1. Badischen Grenadieren in Karlsruhe aktiv geworden. Bevor er an die Westfront fuhr, war er noch zu einem kurzen Urlaub in Hamburg. Meine Eltern, meine beiden Schwestern und ich standen auf dem Dammtorbahnhof und winkten ihm nach, als er in seiner feldgrauen Uniform langsam unseren Blicken entschwand. Wir haben ihn nicht wiedergesehen. Am Morgen vor seinem Abschied hatte er mir gesagt: »Ich weiß, daß ich fallen werde, aber es macht mir nichts aus!«

Doch bevor der 18jährige im Kampf um einen Grabenabschnitt sein kurzes Leben beendete, kam es noch zu einem merkwürdigen, beinahe tragikomischen Zwischenfall. Unangemeldet erschien der Kaiser zu einem Besuch in Hamburg. Er besichtigte eine »Volksküche«; mein Vater hatte mich dorthin mitgenommen. Ich sehe noch heute den Kaiser vor mir in der Felduniform, den Helm unter einem grauen Überzug. Er wirkte fast geistesabwesend, als man ihm die Einrichtungen der Küche zeigte. Ab und zu nahm er einen Löffel in die Hand und ließ ihn wieder zurückfallen. Ich stand ganz in seiner Nähe, und als ich einen tiefen »Diener« machte, legte er zwei Finger grüßend an den Helmrand. Ich sah den Kaiser nur aus der Ferne, viele Jahre später, in Holland noch einmal.

Am Nachmittag dieses Tages gab es einen Empfang beim preußischen Gesandten in Hamburg, dem Grafen Quadt. Mein Vater war eingeladen. Der Kaiser sprach von den Kämpfen um Verdun. In diesem Gespräch ließ mein Vater die Bemerkung fallen, daß auch sein Sohn an diesem Frontabschnitt kämpfe. Als der Kaiser sich anderen Gästen zuwandte, kam einer der Adjutanten des Kaisers, der aus einer hamburgischen Familie stammte, zu meinem Vater und fragte ihn, ob es ihn wohl freuen würde, noch heute eine Nachricht zu bekommen, wie es dem Sohn ginge. Besonders in Gedanken an meine Mutter, die sich in Angst und Sorge verzehrte, bejahte mein Vater mit herzlichem Dank. Und richtig, noch in den frühen Abendstunden kam ein Telegramm: »Befinden Fähnrich von Eckardt ausgezeichnet«. Unterschrift: »Großes Hauptquartier«. Wir waren alle selig und verlebten seit langem wieder einen fröhlichen, gelockerten Abend. Doch bald darauf kam ein Feldpostbrief meines Bruders, der meinen Vater weidlich beschimpfte. Was war passiert? Zum vordersten Graben des Kampfabschnittes, der unter beständigem Feuer lag, hatte sich ein Hauptmann durch den zerwühlten Boden gerobbt. Im Graben schrie er: »Fähnrich von Eckardt!« Als sich mein Bruder meldete, fauchte er ihn an: »Das Kaiserliche Hauptquartier, das sich zur Zeit in Hamburg befindet, fragt an, wie es Ihnen geht!« Mein Bruder ganz verdattert: »Ausgezeichnet, Herr Hauptmann.« Rot vor Wut und Anstrengung brüllte der Hauptmann: »Majestät werden über diese Nachricht entzückt sein!« Sagte es und machte sich auf den gefahrvollen Rückweg zu seinem Befehlsstand. Wenige Wochen später kam das gefürchtete Telegramm des Regiments: »Gefallen.« Meine Eltern hatten schon ihren ältesten Sohn im Alter von sieben Jahren an Scharlach verloren. Nun betteten wir den Sohn und Bruder auf dem Regimentsfriedhof in Karlsruhe zur letzten Ruhe. Die Familie begann sich aufzulösen. Meine Mutter ging mit meinen Schwestern nach Süddeutschland in der Hoffnung, sie dort besser ernähren zu können. In Hamburg hatte mein Vater streng verboten, irgendwie zu versuchen, gegen die Lebensmittelbestimmungen zur Selbsthilfe zu greifen. Der »Steckrübenwinter« von 1917 hatte uns alle das Hungern gelehrt. Ich selbst folgte den Spuren meines Bruders in das preußische Kadettenkorps, Vorkorps Karlsruhe.

Doch ein Vorgang aus dieser Zeit ist mir noch lebhaft in Erinnerung. Es war – glaube ich – an einem Sonntagvormittag. Ganz gegen seine

Gewohnheit, sein Schlafzimmer nie anders als angezogen zu verlassen, ging mein Vater nervös im Schlafrock durch die Zimmer. Was war der Grund? Während des ganzen Krieges blieb mein Vater bis nachts 3 Uhr in seinem Lehnsessel. Er ging erst bei Redaktionsschluß für das Morgenblatt zu Bett. Keinen seiner Redakteure wollte er mit der Verantwortung belasten. In dieser Nacht nun, während wir alle schliefen, kam aus der Redaktion die Reuter-Meldung: »Die Vereinigten Staaten haben die diplomatischen Beziehungen mit Deutschland abgebrochen und dem deutschen Botschafter die Pässe zugestellt.« Mein Vater versuchte nun, in der Nacht eine Bestätigung für diese Meldung zu bekommen, die nach Verkündung des uneingeschränkten U-Boot-Krieges nicht unerwartet kam und für den Ausgang des Krieges entscheidend werden sollte. Das Wolffsche Telegraphen-Büro, die offiziöse deutsche Nachrichten-Agentur, hatte keine Meldung vorliegen. Die französische Nachrichten-Agentur Havas schwieg. In Berlin war in der Nacht niemand zu erreichen. In letzter Minute vor Redaktionsschluß gab mein Vater – der übrigens 1915 als Chefredakteur zu der größten hamburgischen Zeitung, dem »Fremdenblatt«, übergewechselt war – die Meldung frei. So erschien sie im Morgenblatt in fünfspaltiger Überschrift. Mein Vater telefonierte ununterbrochen mit dem Auswärtigen Amt, mit den Auslandskorrespondenten seiner Zeitung. Niemand hatte sich getraut, die unbestätigte Nachricht zu bringen. Keine deutsche Zeitung hatte sie »aufgemacht«. Es wurde Mittag. Schließlich sprach er per Telefon mit einem Vertrauten des Kronprinzen Ruprecht von Bayern, der eine Armee befehligte, setzte ihm seine Lage auseinander und bat für den Fall, daß er eine Fehlentscheidung getroffen habe, um Verwendung als bayerischer Reserveoffizier im Stabe des Kronprinzen. Endlich, ich glaube, es war schon Nachmittag geworden, kam die Bestätigung aus Berlin. Die Nachricht traf zu. Ich habe meinen Vater gefragt, was ihn bewogen habe, dieses Risiko einzugehen. Seine Antwort war: »Reuter beteiligt sich zwar kräftig an der antideutschen Greuelpropaganda, aber eine solche Tatsachenmeldung der bedeutendsten Nachrichten-Agentur der Welt konnte nicht falsch sein!« Aus dieser Nachrichtenbewertung habe ich für mein künftiges journalistisches Leben viel gelernt. An jenem Samstagmorgen aber hatte das »Hamburger Fremdenblatt« eine Weltnachricht allein gebracht. Bald darauf fuhr mein Vater dem aus den USA zurückkehrenden Botschafter Graf Bernstorff in das neutrale Ausland entgegen und veröffentlichte dann ein damals sensationell wirkendes Interview. Schon einmal hatte ein Interview meines Vaters den Weg um die Welt gemacht. 1909 erläuterte ihm der Reichskanzler Fürst Bülow die Gründe und Hintergründe seines Sturzes. Von diesem Tage an datierten die engen politischen und persönlichen Beziehungen, die bis zum Todes des Fürsten unverändert blieben.

Über das Leben im preußischen Kadettenkorps ist viel geschrieben worden. In der kaiserlichen Zeit gab es manche verherrlichende oder sentimentale Schilderung, nach 1918 ebensoviel herbe Kritik. Ich will diesen Schilderungen keine neuen hinzufügen. Das Leben im Korps war hart, besonders im Kriege. Selbst im Feindesland dürften nirgendwo junge Menschen, viele noch Kinder, so gehungert und gefroren haben wie die Kadetten in den Voranstalten und in der Hauptkadettenanstalt in Lichterfelde. Ich selbst litt am meisten an aufplatzenden Frostbeulen an Füßen und Händen. Noch heute glaube ich, das Wohlbehagen zu spüren, als mich der Stabsarzt endlich für eine Woche ins Lazarett steckte. Da lag ich mit eingeschmierten und verbundenen Händen im Bett und bekam viel besser zu essen als bei der Kompanie. Noch einmal habe ich solche selige Behaglichkeit verspüren dürfen, als mich die Diphtherie packte. Ich residierte in einem »Isolierhaus« des Lazaretts in Lichterfelde und bekam durch irgendeinen Regiefehler so große Essensportionen, daß nicht einmal mein hungriger Kadettenmagen sie aufnehmen konnte. Was tat ich? Es ist besser, wenn jetzt alle Mediziner ein bißchen weghören. Durch einen »Kassiber« verständigte ich meine Stubenkameraden von diesem Tatbestand, und so kamen sie denn nach Dunkelheit an die Hintertüre meiner »Villa«, aßen mit meinem Löffel alles ratzekahl auf, unterhielten sich mit mir und revanchierten sich mit Zigaretten. Keiner erkrankte; nur einer kam für ein paar Tage als »verdächtig« zu mir. Ich muß gestehen, daß mir das allerdings nicht sehr paßte, denn eine junge, sehr freundliche Schwester versorgte mich. Ich glaubte, vor Liebe zu ihr zu vergehen. Den Stubenkameraden – der übrigens noch heute ein Freund von mir ist – empfand ich als lästige Konkurrenz, denn er war viel größer als ich.

Alles zusammen war ich trotz der Härten gern im Kadettenkorps. Die ganze Form der Selbsterziehung der Jüngeren durch die Älteren gefiel mir. Die zum Teil großartigen jungen, meist wegen ihrer Verwundung zum Korps abkommandierten Offiziere schwebten über dem ganzen Betrieb, der sich nach langer, echter Tradition herausgebildet hatte. Über allem stand eine durch nichts zu erschütternde Kameradschaft, die man erlebt haben muß, um ihren Wert ganz zu ermessen. Dazu kam, daß ich mein »schlechtes Gewissen« im Unterricht verlor, denn es war nun einmal jeden Nachmittag zwei Stunden »Arbeitsstunde«. Und da man doch nichts anderes tun konnte, machte ich eben auch meine Schulaufgaben. So konnte ich sogar einmal eine Klasse überspringen. Die Wahrheit erfordert allerdings hinzuzufügen, daß ich vor der Kadettenzeit ein Jahr »kleben« geblieben war. Noch etwas gefiel mir: Bei aller preußischen Zucht war man in geistigen und politischen Dingen liberal. Die private Lektüre wurde nur auf eventuelle Unsittlichkeit geprüft. Ich konnte in den »Beschäftigungsstunden« am Abend meiner kindlichen politischen Leidenschaft frönen, wie ich wollte. Kein Offizier beanstandete, daß ich u. a. Schriften von Lassalle las. Dabei ist es klar, daß wir Kadetten Monarchisten waren. Es gehörte zu unseren Pflichten, die Mitglieder des Kaiserhauses sämtlich auswendig hersagen zu können; nicht ganz einfach bei der Kinderzahl im Hohenzollernhause. Aber wenn man das konnte, so kümmerte sich kein Mensch darum, welche politische Lektüre man bevorzugte. In meinem »Spind«, das häufig kontrolliert wurde, verwahrte ich einen Karikaturenband über Wilhelm II. mit dem Titel »Ta-Tü, Ta-Ta« (Hornsignal des kaiserlichen Automobils). Niemand beanstandete dieses »gefährliche Buch« mit den glänzenden Zeichnungen von Thöny, Th. Th. Heine, Karl Arnold u. a. aus dem »Simplizissimus«, Künstler von großem Rang, die ich später in München noch kennenlernen sollte.

Ein Jahr nach Unterzeichnung des Versailler Vertrages wurde das Kadettenkorps als militärische Anstalt aufgelöst. Ich habe die berühmte Schlußparade in Lichterfelde mitgemacht, bin mit fast tausend Kadetten bis »Unter den Linden« marschiert, um befehlsgemäß die alten Fahnen des Korps im Kriegsministerium zu übergeben. Viele hundert alte Offiziere, weißhaarige Generale, berühmte Heerführer beteiligten sich an der Parade und dem Marsch in das Zentrum der Stadt. Die Bevölkerung Berlins sah erstaunt auf die Kadetten in bunten Uniformen. Viele jubelten begeistert, denn sie glaubten, die Revolution sei nun zu Ende. Ich blieb noch einige Zeit in Lichterfelde, wo das Korps als ziviles Internat fortgeführt wurde. Die Geschichte des preußischen Kadettenkorps, das der Armee nicht nur unzählige Frontoffiziere, sondern auch fast alle bedeutenden Generalstäbler gestellt hatte, war zu Ende.

Während der Weimarer Republik

Man möge mir nun einen größeren zeitlichen Sprung erlauben. In den ersten Jahren nach dem Kriege wurde ich etwas herumgestoßen. Mit einem ehemaligen Kadetten wußte man nichts Rechtes anzufangen. Kommunistenaufstände in Sachsen und München erschütterten das junge Staatsgebilde und ließen das deutsche Volk nicht zur Ruhe kommen. Der von Monarchisten getragene »Kapp-Putsch« war zu lächerlich und dilettantisch, als daß er die Republik gefährden konnte. Ich selbst war politisch, soweit man das von einem so jungen Menschen sagen kann, hin- und hergerissen. Woran die Monarchie gescheitert, warum der Krieg verloren worden war, schien mir klar. Ich glaubte, daß man der jungen Republik eine Chance der Bewährung geben sollte. So viel guter, ehrlicher Wille war bei vielen der neuen Politiker zu spüren; allen voran bei Friedrich Ebert. Auf der anderen Seite hatte ich den konservativen monarchistischen Geist des Kadettenkorps noch nicht überwunden.

Durch meine älteste Schwester Isabella, die im Reichstag arbeitete, bekam ich einige Verbindungen zu den rechtsstehenden Deutschnationalen. Für den Fraktionsvorsitzenden, Graf Westarp, fühlte ich große Verehrung. Er war ein Mann, der die besten Seiten der preußischen Tradition verkörperte. Im Kampf um die erste Reichstagswahl begleitete ich ihn oft zu Versammlungen, auf denen es recht turbulent zuging. Seine historischen Kenntnisse, auch sein politisches Wissen waren bemerkenswert. So folgte ich ihm oft als »kleiner Adjutant«.

Mit meinem Vater hatte ich viele freundliche, gleichzeitig aber auch hartnäckige Auseinandersetzungen. Ich wollte Journalist werden wie er und wie zeitweilig auch mein Großvater. Er war wie die meisten Journalisten dagegen, daß der Sohn den Beruf des Vaters ergriff, und steckte mich in eine Banklehre. Das ging auch ganz gut und war während der fortschreitenden Inflation sogar ziemlich aufregend. Zu jener Zeit lernte ich meine spätere Frau kennen. Sie war die Tochter eines hamburgischen Kaufmanns, der von Zeit zu Zeit auch einige Devisen einnahm. Er hatte den Sinn der Inflation nicht erfaßt, und so schickte er seine Tochter häufig zu mir, um 20 oder 50 Dollar zu wechseln. Aber ich weigerte mich, solche »enormen« Summen auf einen Schlag einzutauschen. »Nur ein Dollar wird von Zeit zu Zeit gewechselt, mehr nicht!« verkündete ich als erfahrener »Bankier«. Auf diese Weise brachte ich meine zukünftige angeheiratete Familie ganz gut durch.

Wir jungen Leute in der Firma »spekulierten« auf Deubel komm raus, ich selbst ausschließlich in Devisen. Das Geschäft war nicht gerade schwierig, denn es gab kaum etwas anderes, als die Mark »à la baisse« zu legen. Wenn meine spätere Frau und ich abends ausgingen, nahm ich einen Dollar mit. Auch wenn es noch so spät wurde, kam ich schließlich noch mit einem Berg deutschen Papiergeldes nach Hause. Ohne daß es mein Vater wissen durfte, steckte ich auch meiner Mutter manchen Dollar zu. So ging es trotz Inflation zu Hause ganz leidlich weiter. Wäre ich meiner »Nase« gefolgt, hätte ich mit 21 Jahren ein wohlhabender Mann sein können. Aber einen richtigen Entschluß faßte ich doch. Mit dem Tage der Einführung der Rentenmark verließ ich das Bankgeschäft, denn ich sah für die kleinen Unternehmen die kommenden kritischen Zeiten voraus. Nun durfte ich endlich in das »Hamburger Fremdenblatt« eintreten.

Mein Vater stellte allerdings die Bedingung, daß ich erst einige Zeit die Drucktechnik erlerne. Er hatte es immer als einen Mangel empfunden, auf diesem Gebiet wenig Erfahrung zu besitzen. Mir gefiel das nicht sehr, denn ich fühlte mich zu »Höherem« berufen, möglichst zum politischen Leitartikel. Den einen oder anderen hatte ich schon im Organ ehemaliger Kadetten veröffentlicht. Nun, die Zeit im Setzersaal und in der Rotation ging auch vorüber, ebenso eine recht interessante Zeit in der Tiefdruck-Ätzerei. Das »Hamburger Fremdenblatt« brachte als erste deutsche Zeitung eine tägliche Bildseite in Kupfertiefdruck heraus, weil der Verleger, Albert Broschek, ein großer Kenner auf diesem Gebiet war. Auch die Bild-Telegraphie wurde von ihm eingeführt. Es war eine Sensation, daß das »Fremdenblatt« um 16 Uhr die ersten Bilder vom am Morgen erfolgten Start des Luftschiffs »Graf Zeppelin« am Bodensee auf der Straße verkaufen konnte. Vom Bodensee bis Hamburg ein Bild in wenigen Stunden!

Schließlich kam der Tag, an dem ich in der Lokalredaktion den Händen von Otto Erich Kiesel übergeben wurde, der aus mir einen Journalisten machen sollte. Er war ein Mann mit einem weichen Herzen, aber einem recht hemdsärmeligen äußeren Gebaren. Der dritte im Zimmer war ein älterer Redakteur, genannt »Veddel-Hartmann« – weil er im Stadtteil Veddel wohnte. Dieser freundliche Mann redigierte täglich zahllose Lokalnotizen, während ich vom »Chef« meistens irgendwo herumgejagt wurde. Er verlangte »Beute« von mir, Lokalneuigkeiten. So lernte ich, eine »Reportage« zu machen. Ich habe O. E. Kiesel viel zu verdanken, denn er lehrte mich, Tatsachen zu sammeln und sie dann klar und verständlich aufzuschreiben. Kein wirklicher Journalist kann eine solche Schulung entbehren. Er lehrte mich auch, daß eine Meldung zuerst aus klaren Angaben über Zeit, Ort und Vorgang bestehen müsse. Der »Kommentar« war eine andere Sache. Wir vertrugen uns gut, leider nur in einem Punkte nicht. Von Schlaflosigkeit geplagt, erschien er zu sträflich früher Stunde in der Redaktion. Ich aber hatte schließlich auch am Abend und oft während der Nacht »was vor«. So erschien ich nach seinen Vorstellungen immer zu spät. War es nach 8.30 Uhr, dann pflegte er mich im reinsten hamburgischen Dialekt zu begrüßen: »Na, da bist du ja, du transusiges Schwein! Zur Strafe setz dich auf dein M... und schreib'n Spitze!« Für die Lokalspitze aber mußte einem etwas einfallen, und so lernte ich unter dieser freundlichen Anleitung, aus kleinen Lokalnachrichten kritische Glossen zu machen.

So ging das eine Weile, dann hielt man einen »Tapetenwechsel« für angezeigt. Man schickte mich nach München in die Redaktion der »Münchener Neuesten Nachrichten«. Die Wahl des Ortes war nicht zuletzt darauf zurückzuführen, daß meine Schwester Isabella, die für mich schon seit der Babyzeit so etwas wie eine »Vizemama« darstellte, dort im Archiv der Zeitung arbeitete. Meine Schwester war kein Kind von Traurigkeit, und so zogen wir zusammen in eine nette Wohnung. Die Arbeit in der Zeitung erwies sich zuerst als Enttäuschung. Wieder wurde ich in den lokalen Teil gesteckt, in dem es aber keineswegs so munter zuging wie in Hamburg. Einen Teil meiner Arbeitszeit hatte ich auf die redaktionelle Bearbeitung der Viehmarktberichte zu verwenden. Häufig waren »Schweine lustlos« notiert, und meine Laune war auch nicht besser. Gottlob zeigte sich München keineswegs als lustlos; Fasching, Bockbierfeste usw. brachten einige fröhliche Wochen.

Doch dann kam der Umschwung. Eines Tages wurde ich abkommandiert, um Segelflug-Kunststücke des berühmten Kriegsfliegers Udet zu beschreiben und zu fotografieren, und zwar für die im gleichen Verlag erscheinende »Münchener Illustrierte«. Die Sache war gar nicht einfach, denn Udet hatte sich – wie häufig in ernster Geldverlegenheit – verpflichtet, vom Zugspitzhaus über den höher gelegenen Zugspitzgrat hinwegzusegeln. Als er oben auf der Zugspitze angekommen war, gefiel ihm das Ganze gar nicht. Wenn die erwarteten Aufwinde ausbleiben sollten, war wenig Hoffnung, ohne – günstigstenfalls – gebrochene Knochen aus der Sache herauszukommen. Mir gefiel die Sache ebensowenig, denn als passioniertem Fotografen war mir klar, daß nicht viel auf den Fotos drauf sein würde. Vorläufig aber richteten wir uns erst einmal gemütlich ein. Udet war ein sehr amüsanter Gesellschafter, und ich schrieb möglichst lustige Feuilletons, mit Karikaturen von Udet bereichert. Aber es geschah nichts. Allmählich kamen etwas ungeduldige Anrufe des Verlages, wann es denn nun losgehe. Udet aber segelte nicht, und mir ging langsam der Stoff für brauchbare Glossen aus. Erst als die Situation brenzlig wurde, riß Udet sich zusammen, trank einige große Kognaks, ließ sich anschleppen und schwebte los. Fünf Minuten später war er tatsächlich mit Aufwind über den Grat geschrammt und heil im Tal gelandet.

Für mich brachte die Geschichte eine große Veränderung. Mein Verlag Knorr & Hirth gab außer den genannten Blättern noch eine Abendausgabe der »Münchener Neuesten Nachrichten« heraus, die »Telegramm-Zeitung«. Als Alleinredakteur fungierte ein sehr erfahrener Wiener Journalist, Dr. Bittner. Anscheinend hatte ihm gefallen, wie ich die endlosen Tage auf der Zugspitze journalistisch überbrückt hatte, und so forderte er mich als Gehilfen für sein vier- bis sechsseitiges Blatt an. Bei diesem Mann habe ich wirklich etwas gelernt, denn er ließ mich an alle Arbeiten heran, endlich auch an die Politik. Nach einiger Zeit riskierte er es, mir, da er verreisen mußte, für einige Tage die Redaktion allein zu überlassen. Ich gab mir alle erdenkliche Mühe und schrieb sogar einen kurzen politischen Leitartikel. Bittner war, als er zurückkam, mit der Arbeit zufrieden. Schließlich setzte er es durch, daß ich auch auf eine Reise gehen durfte. In Bern interviewte ich den Staatspräsidenten Motta, denn die Schweiz hatte erheblichen Ärger mit Sowjetagenten, die Unruhe stifteten. Mit Herzklopfen betrat ich die Villa des Präsidenten, wurde aber gleich ruhiger, denn eine schier unzählbare Kinderschar tobte durch das Haus, verfolgt von dem Staatsoberhaupt, das die Rangen weidlich auf italienisch beschimpfte.

Motta gab mir alle Auskünfte, die ich mir nur wünschen konnte. Zwischendurch rannte er ein paar Male zur Tür, um die Kinder zu beruhigen, die einen infernalischen Lärm machten. Das Interview gefiel. Eine große Bereicherung war auch die Bekanntschaft mit dem hervorragenden deutschen Gesandten Dr. Müller. Von Bern ging es nach Genf. Meine Aufgabe bestand darin, einen Artikel über das Internationale Arbeitsamt zu schreiben. Der Leiter dieser Behörde, der Franzose Albert Thomas, gab mir ebenfalls ein sehr ausgiebiges Interview. Es wurde eine schöne runde Reportage.

Nun ging es mit der Arbeit rasch aufwärts. Mein Chef Bittner setzte es durch, daß ich viermal im Jahr zu den Tagungen des Völkerbundrates und der Vollversammlung nach Genf zur Berichterstattung fahren durfte. Genf war wirklich eine harte politisch-journalistische Schule, denn zu den Tagungen versammelten sich dort nicht nur die politische, sondern auch die journalistische Crème. Hier hieß es, an den Ereignissen zu bleiben, Informationen zu bekommen, die kein anderer hatte, und das Erforschte auch zu kommentieren. Die journalistische Konkurrenz war hart, aber fair. Viele der älteren Journalisten haben mir entscheidend geholfen, darunter vor allem die ersten Leute der großen Berliner Verlage Scherl, Ullstein und Mosse. Mit vielen, die mehr als doppelt so alt waren wie ich, schloß ich Freundschaft, und wenn es wirklich einmal brannte, ließ man mich nicht im Stich. In Genf fand ich Anschluß an den nationalen und internationalen Journalismus, knüpfte Fäden zu den europäischen Delegationen, vorsichtig mit den stets so wichtigen Sekretären beginnend. Damals habe ich gelernt, daß man als Journalist vom zweiten oder dritten Mann einer Delegation häufig besser informiert wird als durch Minister und Staatssekretäre. Unvergeßlich sind mir die Tage, in denen ich Männer wie Aristide Briand, Sir Austin Chamberlain, den Belgier van der Velde, den ungarischen Grafen Apponyi, den Rumänen Titulescu u. a. zum ersten Mal im diplomatischen Kampf am Ratstisch des Völkerbundes erlebte.

Für den Journalisten war Genf eine einmalige Schule. Täglich galt es Meldungen, vertrauliche Informationen und Kommentare per Telefon durchzugeben. Ich lernte, wie man das Material zusammentragen und es mehr als einmal auf seinen tatsächlichen Gehalt überprüfen mußte, ehe man die Meldung durch den Draht schickte. Es gab aber auch wirklich »große Tage«. Als nach einem vergeblichen Anlauf Deutschland endlich in den Bund aufgenommen wurde, war der Jubel der Versammlung echt und eindrucksvoll. Stresemann, dem ich später noch politisch und menschlich nähertreten durfte, hielt eine glänzende, ständig durch Beifall unterbrochene Rede. Er spielte sich damit in die erste Reihe der europäischen Politiker. Während einiger Jahre war das Trio Briand–Chamberlain–Stresemann im Völkerbund tonangebend. Stresemann wurde vor allem von Briand gestützt. Ich habe diesen einmalig wirkungsvollen Redner noch lässig, ohne eine einzige Notiz in der Hand, auf dem Podium der Vollversammlung auf und ab gehen sehen. Und mit dem warmen Celloton seiner Stimme zog er die Zuhörer, abgebrühte Politiker und Diplomaten, in seinen Bann. Doch dann blieb er plötzlich stehen und schmetterte zum Abschluß seiner großen Friedensrede die Worte: »A bas les canons! A bas les mitrailleuses!« durch den Saal. Jubelnder Beifall umrauschte diesen großen Zauberer des Wortes und der Stimme.

Das war die »hohe« Zeit des Völkerbundes. Staatsmänner und Diplomaten, Journalisten und Schlachtenbummler trafen sich nach der Arbeit

Abend für Abend in der Kneipe »Bavaria«. Die politischen Bonmots flogen von Tisch zu Tisch. Die Wände waren – und sind noch heute – von den glänzenden Karikaturen der beiden Ungarn Kélén und Derso bedeckt. Kaum eine Nacht hörte das Gespräch dort vor ein oder zwei Uhr früh auf.

Aus dieser Zeit bewahre ich eine Karikatur von Kélén, die den damals ältesten Staatsmann, den Grafen Apponyi, mit mir, dem jüngsten Journalisten in Genf, zeigt. Die Zeichnung entstand während eines Interviews, das ich mit dem ungarischen Grafen machte. Es ging um die Frage, wie lange wohl die »politische Ewigkeit« dauere. Präziser ausgedrückt hieß das, wie lange bleibt ein für die Ewigkeit abgeschlossener Vertrag wirksam. Der 86 Jahre alte Staatsmann, der übrigens viermal im Jahr in einem Abteil 3. Klasse von Budapest nach Genf reiste, um seinem armen Land Kosten zu ersparen, antwortete nach einigem Überlegen: »15 Jahre!« Es bleibt dem interessierten Leser überlassen, nachzurechnen, wie recht – natürlich etwas über den Daumen gepeilt – der alte Herr hatte.

In meine Münchener Zeit fiel ein politisches Ereignis, das mir als jungem Journalisten deutlich machte, zu welchen schrecklichen Konsequenzen innerpolitische Kämpfe führen können. Der Schauplatz des blutigen Geschehens lag nicht im Reich, sondern in Österreich. Um die Mittagsstunde des 15. Juli 1927 stand ich im Setzersaal des Verlages Knorr & Hirth und bemühte mich, mit einem äußerst originellen Metteur eine möglichst attraktive erste Seite der »Telegramm-Zeitung« zusammenzubauen. Mit dem alten Metteur, dessen Hobby die Oper war, spielte ich, wie oft, wenn wir Zeit hatten, ein Spiel, das außer uns niemand verstand. Ich nannte ihm den Titel einer Oper oder den Anfang einer Arie, und er suchte unter den schon gesetzten Meldungen diejenigen heraus, die man mit der genannten Oper in irgendeine Verbindung bringen konnte. Mitten in dieses Spiel hinein klingelte das Telefon. Es meldete sich unser Vertreter in Wien. In abgerissenen Sätzen berichtete er: »Revolution in Wien ... der Justizpalast brennt ...« Da gab es einen Knacks in der Leitung, und jedes Bemühen, die Verbindung wieder herzustellen, war vergeblich. Ganz Österreich wurde durch einen Generalstreik lahmgelegt. Von keiner Nachrichtenagentur waren irgendwelche Einzelheiten zu bekommen. Nach kurzer Beratung mit dem Chefredakteur und dem Verlag beauftragte man mich, zu versuchen, per Auto nach Wien zu gelangen und zu berichten. Es wurde eine abenteuerliche Fahrt.

Schon an der Grenze gab es Schwierigkeiten. Schließlich ließ man mich passieren. Dann kam dichter Nebel auf, und immer wieder wurde der Wagen aufgehalten. Männer in Zivil mit roten Armbinden tauchten aus den Schwaden auf und wollten Papiere sehen. Nach endloser Nachtfahrt rollten wir – mein Fahrer und ich – endlich gegen Morgen durch die Vorstädte Wiens. Außer einigen Patrouillen, einmal reguläre Polizei, einmal Männer mit roten Armbinden, war die Stadt wie ausgestorben. Im Hotel »Bristol« wurde mir klargemacht, daß auch die Angestellten streikten. Ich bekam ein Zimmer, aber es war nicht aufgeräumt, das Bett des Vorgängers nicht gemacht, Frühstück nicht zu bekommen. Das Telefon blieb tot.

In der Pressestelle des österreichischen Bundeskanzlers gab es nur eine Auskunft: »Der Ministerrat tagt in Permanenz!« Nach mühseligen Recherchen ergab sich folgendes Bild: Linkssozialisten und Kommunisten hatten einen Aufstand gegen die Regierung organisiert und als Fanal den Justizpalast in Brand gesteckt. Heftige Straßenkämpfe zwischen den Aufständischen und der Polizei tobten in den Arbeitervierteln. Im Stadtteil Hernals geriet ich in eine heftige Schießerei. Tote lagen auf der Straße, Blutlachen zeugten von der fanatischen Erbitterung, mit der gekämpft wurde. In einer neuen Arbeitersiedlung hatte die Regierung leichte Artillerie aufgefahren. Obwohl ich manche harte Auseinandersetzung zwischen Regierung und Spartakisten im Reich miterlebt hatte, war ich zutiefst erschrocken über die Brutalität, mit der hier Bürgerkrieg geführt wurde. Hier war von dem »goldenen Wiener Herz« nichts spürbar.

So gut es ging versuchte ich, mir ein Bild vom Verlauf der Ereignisse zu machen. Die Pressestelle blieb bei der stereotypen Auskunft: »Der Ministerrat tagt in Permanenz!« In diesen Tagen in Wien wurde mir so richtig klar, wie hilflos ein Journalist ohne Telefon ist. So gut es eben ging, versuchte ich täglich einen Bericht über die Ereignisse zusammenzubauen. Dann ging es nach Preßburg, da Wien von jeder telefonischen Verbindung mit dem Ausland abgeschnitten war. Von Preßburg über Prag gelang es mir von Zeit zu Zeit, meine Münchener Redaktion zu erreichen und wenigstens in Stichworten einige Meldungen abzusetzen. Die wenigen Telefonleitungen in Preßburg wurden von den Vertretern der Weltpresse belagert. Größere und kleinere Geldscheine flossen in die Hände der Portiers und der Telefonistinnen in den Hotels. Während der Nacht ging es dann wieder zurück nach Wien. An Schlaf war nicht zu denken. Allerdings erwies sich dadurch die Tatsache, daß auf meinem Hotelbett immer noch die Wäsche des Vorbewohners lag, als bedeutungslos. Schließlich setzte sich die Regierung unter Einsatz aller Machtmittel durch. Die Kämpfe wurden eingestellt, der Generalstreik abgeblasen. Ich aber war mit meiner journalistischen Arbeit nicht zufrieden.

Es fehlte mir eine zusammenhängende Darstellung dessen, was sich wirklich ereignet hatte. Nach langem Zergrübeln des unausgeschlafenen Gehirns fiel mir ein Mann ein, den ich bei einem früheren Besuch in Wien kennengelernt hatte: der Gesandte Baron Seidler. Nach mühseligem Hin- und Herfahren entdeckte ich ihn im Kurort Baden bei Wien. Als erfahrener Diplomat hatte er sich allen Auseinandersetzungen entzogen und hier einen stillen Winkel gefunden. Er selbst wußte über die »Revolution« noch weniger als ich, aber als ich auf die Unmöglichkeit zu sprechen kam, den Wiener Polizeipräsidenten Schober zu Gesicht zu bekommen, meinte er: »Ah – der Schober – ein alter Spezi von mir!« Er gab mir ein Billett an Schober mit. So gelang es mir, die Sekretärin des Polizeipräsidenten zu bewegen, den Brief dem Allgewaltigen in sein Arbeitszimmer zu bringen. Während ich auf den Erfolg dieser Aktion wartete, schlief ich im Stuhl sitzend sofort ein. Schließlich weckte mich die Sekretärin: »Der Herr Präsident läßt bitten!«

Und nun spielte sich eine Szene ab, die nur in Wien möglich ist. Schober, ein kleiner, gedrungener Mann, saß hinter seinem Schreibtisch. Der »Arbeitermörder«, der »Schlächter von Wien« – wie ihn die Revolutionäre nannten – machte einen ganz gemütlichen Eindruck. Man sah ihm die Härte, mit der er den Aufstand niedergeschlagen hatte, nicht an. Ein Interview lehnte er mit der Begründung ab: »Wissen S', Herr Baron, i' bin einfach zu müd!« Mir ging es nicht anders, doch er dachte nach, wie er mir helfen könne. Plötzlich faßte er einen Entschluß: »Sehen S', hier ist mein Bericht an die Regierung. Ich hab' ihn noch nicht bearbeitet. Setzen Sie sich ins Vorzimmer und schreiben Sie sich 'raus, was Sie brauchen können!« Selig zog ich mit dem wohl 20 bis 30 Seiten langen Bericht ins Vorzimmer ab und begann meine Arbeit. Doch ich kam nicht vorwärts, denn alle paar Minuten fiel mir der Kopf auf die Brust; ich schlief ein. Da faßte ich mir ein Herz, ging noch einmal in die Höhle des Löwen und bat ihn, mir das Exemplar des Berichtes zu überlassen, da ich nicht mehr fähig sei, richtig zu lesen. Erst schaute mich Präsident Schober entgeistert an, dann sagte er müde: »Machen S' mit der Schreiberei, was Sie wollen, ich habe Ihnen den Bericht nicht gegeben. Und nun schaun S', daß Sie weiterkommen! Habe die Ehre!« Die Wiener Redaktion meines Verlages hatte die Arbeit inzwischen auch wieder aufgenommen. Ich legte den Herren den Bericht auf den Tisch mit der Weisung, ihn als meinen eigenen Bericht redigiert nach München durchzugeben. Vor der Tür stand mein Wagen. Ich ließ mich zum Bahnhof fahren, empfahl dem Chauffeur, sich gründlich auszuschlafen und dann nach München zu kommen. Für viel Geld und gute Worte bekam ich einen Schlafwagenplatz. Ich schlief wie ein Toter, bis man mich am

Münchener Hauptbahnhof weckte. »Mein« Bericht füllte mehrere Zeitungsseiten, es war ein voller, wenn auch ziemlich unverdienter journalistischer Erfolg. Aber in diesem Beruf von Zeit zu Zeit Glück zu haben, gehört zu den wesentlichen Elementen des Erfolges. Es ist wie bei den Generalen und Politikern. Ohne »fortune« ist alle Mühe vergebens. –

Es müßte nun einen ganz falschen Eindruck erwecken, wenn ich bei der Schilderung meiner Münchener Jahre nur von Politik und journalistischer Arbeit berichten würde. Im München der zwanziger Jahre lebte es sich einfach herrlich. Im Sommer und Winter sind tausend Möglichkeiten gegeben, hinauszufahren in eine herrliche Natur. Jeder Art von Sport kann man in München und dem bayerischen Land frönen. Aber das weiß schließlich jeder Mensch. Alle Welt reist heutzutage landauf, landab, während die Kunst, ein Automobil zu lenken, Mitte der zwanziger Jahre nicht gerade eine Seltenheit, doch immerhin bemerkenswert war. Ich hatte sie schon früher in Hamburg gelernt und trage noch heute den rund 40 Jahre alten Führerschein stolz in der Tasche. Ein Auto zu besitzen, war hingegen schon viel schwieriger, aber es gelang mir, meine Zeitungsredaktion dazu zu bewegen, für Selbstfahrer einen Opel »Laubfrosch« anzuschaffen. Der einzige »Selbst«-Fahrer der Redaktion war aber ich. So war dem Drange, im Land herumzufahren, kaum eine Grenze gesetzt.

Viel schwieriger dagegen war es, in der geistigen Welt Münchens Fuß zu fassen. Durch das Haus meines Onkels, des Malers Professor Geffcken, knüpften sich einige Fäden zur Familie Thomas Mann, doch war die Freundschaft meines Onkels mit dem großen Mann schon etwas getrübt. Thomas Mann blieb im persönlichen Umgang stets der zurückhaltende hanseatische Patrizier. Sein Werk stand in einem eigenartigen Gegensatz zu seinem persönlichen Gehabe, das immer ganz Korrektheit, fast Steifheit ausstrahlte. Gleiches ist übrigens auch über seinen Bruder Heinrich Mann zu sagen, den ich später in Berlin kennenlernte. In seinem Werk war er ein Radikaler, beinahe ein Revolutionär. In seinem persönlichen Auftreten wirkte er wie ein lübeckischer Senator, dem jede Art von Unordnung und Inkorrektheit äußerst zuwider war.

Es ist nicht ganz leicht zu definieren, was Schwabing für München, ja auch für das übrige Deutschland eigentlich bedeutete. Es gab in den zwanziger Jahren eine ganze Anzahl verschiedener Schwabings. Räumlich lebten diese unterschiedlichen Spielarten zwar alle in einem Stadtteil, aber sie hatten kaum nähere Beziehungen zueinander. Einmal spielte sich in Schwabing ein Teil des Münchener Nachtlebens ab. Hier müßte man aber schon scharf trennen zwischen dem Nachtbetrieb, der mehr oder weniger für Fremde da war, und den stillen Kneipen, in denen sich Maler, Schriftsteller, Journalisten und auch akademische Lehrer trafen, in denen das Gespräch bis tief in die Nacht oder bis zum Morgen die streitenden Geister an einen Tisch fesselte. In diesen Kreisen fand man wenig Münchener, kaum gebürtige Bayern. Mein Freund Walter Kiaulehn hat den Streit um Schwabing einmal so formuliert: »Alles sollen die Bayern haben, wenn sie uns Preußen nur Schwabing lassen.« Unter »Preußen« muß man in diesem Falle alle Nicht-Bayern verstehen. Für einen jungen Mann, mochte er aus Berlin, Hamburg, Leipzig oder sonstwo herstammen, war es aber doch sehr schwierig, in dieses geistig lebendige Schwabing Einlaß zu finden. Nun gab es in Schwabing einen glänzenden Feuilletonisten, Walter Foitzick, dessen geschliffene Glossen ich sehr liebte. Es gelang mir, ihn für die Mitarbeit an der »Telegramm-Zeitung« zu gewinnen. Jeden Sonntagabend erschien er in meinem Redaktionszimmer und brachte mir für die Montagfrüh-Ausgabe einen »Sonntags-Spaziergang«. Diese regelmäßig erscheinenden Feuilletons waren bei den Lesern sehr beliebt. Der Oberflächliche fand stets eine umwerfend komische Formulierung, der Anspruchsvollere eine Fülle von Aperçus, die das umfassende Wissen des Autors ahnen ließen. Foitzick kam stets in der letzten Minute vor Redaktionsschluß mit seiner Arbeit an, ganz erschöpft vom Zwang des Schreibens auf die festgelegte Minute. Niemand ahnte, welche Mühsal in diesen so spielerisch leicht wirkenden Arbeiten steckte.

Walter Foitzick unternahm nun eines Tages den tollkühnen Versuch, mich in seinen Kreis in Schwabing »probeweise« einzuführen. Kein Garderegiment der wilhelminischen Zeit konnte exklusiver sein als solche anspruchsvollen Kreise in Schwabing. An einem Sonnabendnachmittag nahm er mich zum Kaffee in die Wohnung des Schriftstellers C. G. von Maaßen mit. Dieser Samstagkaffee war seit vielen Jahren eine ständige, sehr exklusive Institution. Der Hausherr, kurz »C. G.« genannt, war einer der schrulligsten Menschen, die mir jemals begegneten. Sein Großvater, preußischer Finanzminister, gab der Maaßenstraße in Berlin seinen Namen. »C. G.« hauste in einer geräumigen Vierzimmerwohnung. Alle Zimmer waren von der Decke bis zum Boden mit Büchern tapeziert, denn er besaß als ein bis zur Inflation wohlhabender Mann eine Bibliothek, die auf deutsche Romantiker spezialisiert war und wohl 20 000 Bände umfaßte. Keine bedeutende Erstausgabe fehlte in dieser Schatzkammer. Wovon er nach der Inflation lebte, die sein ganzes Vermögen verschlang, war nicht zu erforschen, denn er schrieb selten etwas und dann auch meist schwer zu veröffentlichende Arbeiten über einen der unbekannteren Romantiker. Nur seine Feuilletons, die sich mit der Kochkunst beschäftigten, ließen sich in den Zeitungen unterbringen.

Kurze Zeit ging es ihm ganz gut, denn er hatte eine kritische Gesamtausgabe der Werke E. T. A. Hoffmanns übernommen. Nach Erscheinen einiger Bände gab der Verlag das Rennen auf, denn »C. G.«s Arbeitsweise war er nicht gewachsen. Auf drei Zeilen Text des Dichters pflegten drei Zeilen Bemerkungen zu kommen. »C. G.« wußte einfach zu viel über den großen Romantiker.

Abwechselnd brachte einer aus dieser Stammrunde Kuchen mit, »C. G.« spendierte den Kaffee, der in einer Emaillekanne, deren Deckel durch eine kunstvoll am Griff vertäute Gabel festgehalten wurde, auf dem Tisch stand. Zu den ständigen Gästen gehörten die Brüder Strich. Der ältere, genannt der »Schnuhn«, war außerordentlicher Professor für Literaturgeschichte an der Universität, der jüngere, Fritz, Privatgelehrter der Philosophie.

Immer anwesend war Graf Klinkowström, der sich auf die Geschichte der Technik spezialisiert hatte. Ich stehe noch heute mit ihm in Verbindung. Die Malerei vertraten Professor Max Unold und Rolf von Hörschelmann. Über Max Unold braucht dem Kenner nichts gesagt zu werden. Er ist bekannt als einer der Vorkämpfer der »Neuen Sachlichkeit«. Im persönlichen Umgang war er etwas schwierig, weil er, nach Einnahme einer größeren Menge Alkohols, darauf bestand, auf der Dachrinne seines Gastgebers spazierenzugehen. Natürlich schwitzten wir dann Blut und Wasser vor Angst. Es gab aber eine Methode, ihn schließlich doch ins Zimmer zurückzulocken, nämlich, keinerlei Notiz von diesen halsbrecherischen Ausflügen zu nehmen. Die Sache wurde ihm dann einfach langweilig. Der Maler »Rolli« von Hörschelmann unterschied sich hingegen von seinen Mitmenschen zuerst einmal durch sein Äußeres. Er war für einen Mann winzig klein, vielleicht 1,40 bis 1,45 m. Er trug stets einen großen runden Schlapphut, und sein Gesicht zierte auch noch ein Spitzbart. Seine Zeichnungen hatten alle etwas von der Skurrilität der Arbeiten Alfred Kubins. Sein Bruder, den ich später in Berlin kennenlernte, der Mathematiker war und mich für das Problem der »Dicke der Zeit« zu interessieren suchte, maß übrigens 1,90 m. Professor Wolfskehl kam auch ziemlich regelmäßig, dazu der eine oder andere der berühmten Mitarbeiter des »Simplizissimus«. Fast jeder in dieser Kaffeerunde hätte mein Vater sein können. Trotzdem nahmen sie mich in ihrem Kreise auf; ich durfte nun jeden Samstagnachmittag kommen.

Bei aller äußeren oder inneren Schrulligkeit war jeder einzelne dieser Männer eine bemerkenswerte Persönlichkeit. Stunde um Stunde vergingen in Gesprächen, die oft zu heftigen Debatten führten, aber niemals ins Banale abglitten. Bis gegen 10 Uhr abends dauerte die Kaffeerunde, dann trieb uns der Hunger und noch mehr stechender Durst in irgendeine Kneipe. Endeten die Gespräche in einer heiteren Atmosphäre, so brachen wir häufig zum Kabarett, dem »Simpl«, auf, um dort, bei der berühmten Kathi Kobus, Joachim Ringelnatz und andere Größen der Kleinkunst zu treffen. Waren die Probleme noch nicht erschöpfend diskutiert, einigte man sich auf eine stille Kneipe, oft auf die »Osteria Bavaria«, die später von Hitler und seinen Leuten zum Stammlokal ausersehen wurde. Auf jeden Fall trank man bis in die Morgenstunden viel, sehr viel Wein.

Wo soll man anfangen, wo aufhören, über das Leben in München in diesen Jahren zu berichten! Da gab es noch die regelmäßigen Zusammenkünfte mit den großen Zeichnern des »Simplizissimus«, mit Thöny, Thomas Theodor Heine, Karl Arnold, Gulbransson und vielen anderen. Zu Gulbransson als Mensch und Künstler hatte ich eine besondere Zuneigung. Ich verehrte ihn mit jugendlichem Enthusiasmus, selbst wenn ich ihn an einem heißen Sommertag völlig nackt in einem Baum seines Gartens hockend antraf. Der Anblick war nicht besonders erfreulich. Aber in seinem Atelier gab es immer herrliche neue Zeichnungen zu bewundern. Thöny und Arnold spießten sich die Tagesereignisse – Thöny die im ganzen Reich, Arnold mehr die bayerischen – auf ihre spitzen Zeichenfedern.

Während der Faschingszeit liefen große Feste im »Deutschen Theater« und kleine Atelierfeste bunt durcheinander. Jeden Tag leistete ich mir selbst tausend Eide, einmal früh ins Bett zu gehen, doch wenn es dunkel wurde, verblaßten die Schwüre. In irgendeinem rasch zusammengestoppelten Kostüm oder auch im Frack ging ich doch wieder den Weg des geringeren inneren Widerstandes. Das Oktoberfest ist tausendmal beschrieben worden. Nicht zu beschreiben ist aber ein ausführlicher Gang mit Münchens populärstem Schauspieler Gustl Waldau über die »Wies'n«, oder mit Karl Valentin, der mit tiefernstem Gesicht das Treiben um sich her betrachtete. Einmal habe ich auch einen Wiesenbummel mit C. G. von Maaßen gemacht, an den sich eine lange, etwas aufregende Nacht schloß. Wir landeten gegen Morgen im »Donisl«, wo die Leute wie immer an langen Tischen saßen, Leute, die auf dem Markt zu tun haben und Würste verzehrten, während andere Gäste eine lange Nacht beschlossen. An unserem Tisch gerieten zwei Bayern in Streit und beschimpften sich in für norddeutsche Ohren unverständlichen Lauten. Das übrige Publikum ermunterte die Streitenden zu ernsteren Taten. Die Männer standen sich Auge in Auge gegenüber. Da ergriff der eine seinen Maßkrug und zertrümmerte ihn auf dem Schädel seines Gegners. Der Getroffene sank langsam in die Knie und schließlich unter den Tisch. Der Sieger ergriff den Bierkrug seines Gegners und nahm befriedigt einen tiefen Schluck. Der Getroffene aber kam langsam unter dem Tisch hervor, richtete sich zu voller Größe auf und knallte mit den Worten: »So mag i's« nun seinen Krug auf den Schädel des sich zu früh als Sieger wähnenden Gegners. Dann verschwanden beide Kampfhähne endgültig in den Bierlachen auf dem Fußboden. Nur bayerische Köpfe können derartige Erschütterungen aushalten.

Mit »C. G.« verließ ich die Kampfstätte. Ich glaubte, die Nacht hätte nun Sensationen genug geboten. Dies war ein Irrtum. »C. G.« erwies sich an der frischen Luft als wesentlich betrunkener, als ich annahm. Die Rauferei hatte ihn fröhlich gestimmt, und so ging er an meiner Seite durch die Straßen und ratschte mit seinem Spazierstock an den Rolläden vor den Geschäften auf und nieder. Es war ein infernalischer Lärm. Plötzlich stand vor uns ein Polizist. Zwischen ihm und Maaßen entspann sich folgender Dialog:

Polizist: »Herr! Das ist sozusagen grober Unfug.«
Maaßen: »Grober Unfug, Herr Polizeipräsident? Inwiesofern dieses?«
Polizist: »Nacht ist, die Leute wollen noch schlafen!«
Maaßen: »Schlafen? Woher wissen Sie das? Ich bin dabei, die Bürger dieser Welt zu wecken!«
Polizist: »Genug, ich schreibe Sie auf wegen groben Unfugs! Ihre Personalien!«
Maaßen: »Was kann mich das denn kosten?«
Polizist: »Nicht unter drei Mark!«

Maaßen blickte den Uniformträger lange an, dann sagte er: »Drei Mark? Viel Geld! Da laufe ich lieber weg!« Sprach's und rannte, schneller als ich es ihm zugetraut hätte, die Straße hinunter. Nun wollte der Polizist »C. G.'s« Personalien von mir haben, aber ich hatte natürlich diesen »leicht besoffenen« Herrn erst vor einer halben Stunde im »Donisl« kennengelernt. Ich bedauerte zutiefst, der Staatsgewalt nicht behilflich sein zu können.

Die Münchener Theater hatten Weltruf, besonders die Oper. Sie lagen in Ideal-Konkurrenz mit dem sich fast hektisch entwickelnden Berliner Theaterleben. Besondere Beziehungen verbanden mich mit den Kammerspielen unter der Leitung von Otto Falckenberg. Dieser Intendant hatte eine besondere Gabe, junge Talente aufzuspüren, ihnen eine Chance zu geben und ihre Entwicklung zu fördern. Falckenberg war neben diesen Fähigkeiten aber auch ein geistvoller Gesellschafter. Mit ihm und seiner reizenden Frau gab es unvergeßliche Premierenfeiern, bei denen die ersten großen Erfolge von Heinz Rühmann, Käthe Gold, Maria Bard und vielen anderen im Mittelpunkt standen. Falckenberg selbst war bei diesen Festen meist in heiter-melancholischer Stimmung. Er freute sich seiner und der Schauspieler Erfolge, wußte aber, daß er die besten von ihnen nicht für lange Zeit an seine Bühne fesseln konnte. Berlin und Max Reinhardt trugen schließlich stets den Sieg davon.

Die langen Nächte, die den Premieren folgten, gewannen ihren einmaligen Reiz durch die Mischung von Ernst und ausgelassener Fröhlichkeit, man ist versucht zu sagen geistvoller Alberei. Während in einer Ecke der wie ein Urwesen wirkende Billinger »letzte Probleme« hinter seinem niemals leerem Glase zu lösen trachtete, Max Halbe einem Kreise ehrfurchtsvoll lauschender junger Menschen von seinem schon etwas vergilbten Theaterruhm erzählte, schminkte der Maler Max Unold eine Horde ausgelassener Mitmenschen zu einer improvisierten Aufführung »lebender Bilder«, die dann von dem Philosophen Fritz Strich am Klavier begleitet wurden. Meine Rolle war fast immer die des verbindende Texte sprechenden Conférenciers. Keine immer ganz leichte Aufgabe, wenn sich zum Beispiel Carl Georg von Maaßen, bereits voll des süßen Weines, in den Kopf gesetzt hatte, daß es die Pflicht aller sei, neben der Premiere auch den 2. September und damit den Jahrestag der Schlacht bei Sedan gebührend zu feiern. So trat dann in wechselnden Bildern Max Unold als Bismarck auf, der sichtbar über die Gründung des Deutschen Reiches nachdachte, während Joachim Ringelnatz in der Rolle Napoleons III. – mit prächtig gezwirbeltem Schnurr- und Spitzbart – umgeben von einigen etwas leichtfertig geschürzten Damen, glaubhaft den französischen Staatsschatz verjubelte. Doch bald saß man wieder beisammen in leidenschaftlich diskutierenden Gruppen, die sich nicht einig darüber werden konnten, ob der Dichter X oder der Dichter Y für die deutschen Bühnen Bedeutenderes geschrieben oder die Malerei überhaupt noch Existenzberechtigung habe. Schließlich blickten sich Max Halbe und Billinger nur noch dumpf brütend über ihre Gläser hinweg in die Augen. Man sah ihnen an, was sie dachten: Halbe war davon überzeugt, daß seine Dramen »Jugend« und »Strom« die letzten aufführenswerten Bühnenstücke überhaupt seien, während Billinger entschlossen war, ihn mit seiner »Rauhnacht« endgültig zu verschlingen. Oft blieb nur noch gerade so viel Zeit für mich, nach Hause zu eilen, um pünktlich in menschenwürdigem Zustand in der Redaktion der »Telegramm-Zeitung« zu erscheinen.

Von Zeit zu Zeit tauchte der eine oder andere der Schriftsteller aus diesem Kreise auch bei mir im Redaktionszimmer auf. Diese Besuche hatte ich nicht besonders gern, denn ich erkannte bald, daß sie nur dann zu mir kamen, wenn sie etwas besonders Unverkäufliches, meist auch nicht besonders Gutes, geschrieben hatten. Vor allem gefürchtet waren bei mir die Besuche C. G. von Maaßens. Nur der absolute Geldmangel trieb ihn zu mir. Einmal saß er, wie immer würdig im Stehkragen, mit steifem Hut und Spazierstock neben meinem Schreibtisch, auf dem seine letzte Produktion lag. Das Feuilleton hatte den Titel: »Das Käsebein des Conquistadore«. Ich las und verstand kein Wort. »Das macht nichts«, meinte »C. G.« nachsichtig, »das kann man auch gar nicht verstehen!« »Aber warum soll ich das dann veröffentlichen?« Maaßen dachte eine Weile nach und verkündete dann ernsthaft: »Das Ganze ist nur ein Traum. Es gibt *ein* Mädchen auf der Welt, das versteht alles, aber ich glaube, es lebt schon lange nicht mehr in München!« Als ich München verließ, habe ich ganze Stöße solcher und ähnlicher von mir angekaufter und nie veröffentlichter Manuskripte verbrannt.

In meine Münchener Zeit fällt auch meine erste Begegnung mit Max Reinhardt. 1926 schrieb und fotografierte ich für die »Münchener Illustrierte« über Reinhardts Proben zum »Jedermann« in Salzburg. Plötzlich erschienen unsere hohen Verlagsdirektoren ebenfalls in Salzburg, und am Abend gab es ein Essen in Reinhardts Schloß Leopoldskron. Es waren noch einige andere finanzkräftige Herren geladen. Reinhardt empfing sie mit seiner Frau Helene Thimig wie ein regierender Monarch. Nach Tisch zog er sich mit diesen Männern in einen Salon zurück. Ich hatte keine Ahnung, worum es ging, sondern freute mich an der kultivierten Umgebung und der Atmosphäre, die der geniale Zauberer des Theaters zu verbreiten verstand. Schließlich fuhren wir nach Salzburg ins Hotel zurück. Die Inhaber meines Verlages machten ernste Gesichter. Einer von ihnen meinte schließlich in leichter Melancholie: »Es war ein schöner, aber auch ein teurer, sogar sehr teurer Abend!« Reinhardt hatte es anscheinend wieder verstanden, eines seiner Theaterprojekte zu finanzieren.

In München sollte ich übrigens dem Zaren Ferdinand von Bulgarien zum letzten Mal begegnen. Als regelmäßiger Besucher der Oper kam er häufig von der Feste Coburg nach München. Er empfing mich eines Tages in seinem Hotel-Appartement. Als ich im Salon wartete, fiel mir ein silbergerahmtes Bild auf dem Flügel auf. Es zeigte einen jungen Mann und die Unterschrift: Harry Domela. Um diesen jungen Menschen, der als falscher Hohenzollernprinz die Boulevard-Presse wochenlang beschäftigt hatte, war ein großer Skandal entstanden. Hier stand er nun als Symbol des Hasses, den der entthronte König gegen Wilhelm II. empfand, dessen oft saloppe Art gegenüber Herrschern kleinerer Länder ihn tief verletzt hatte.

Die schöne Zeit in München sollte ziemlich plötzlich zu Ende gehen. Bei der Frühjahrstagung des Völkerbundrates 1928 nahm mich der bekannte Ullstein-Journalist Gustaf Kauder eines Tages beiseite. Unter dem Siegel der Verschwiegenheit teilte er mir mit, daß der Verlag Ullstein die Absicht habe, ein neues Nachmittagsblatt in Berlin herauszubringen. Er selbst, bisher der leitende Kopf der »BZ am Mittag«, werde die Chefredaktion übernehmen. Das Blatt war als Gegenstück zu Scherls »Nachtausgabe« gedacht. Nur mühsam beherrschte ich meine Erregung, denn diese vertraulichen Mitteilungen mußten doch irgendeinen Sinn haben. Schließlich kam er mit der Frage heraus, ob ich bereit sei, in die neue Redaktion als »diplomatischer Korrespondent« einzutreten. Ich ließ mir meinen inneren Jubel nicht anmerken, versuchte kühl und überlegt zu bleiben, obwohl dieses Angebot für mich jungen Journalisten nicht weniger bedeutete als für meine Freunde am Theater ein Angebot von Reinhardt. Schon in dieser Besprechung wurde der Aufgabenkreis einigermaßen abgesteckt. Ich sollte enge Beziehungen zum Diplomatischen Korps in Berlin pflegen und möglichst täglich kurze politische Stimmungsbilder aus diesem Kreis schreiben. Dazu kam eine scharf pointierte Berichterstattung aus dem Reichstag und vielleicht weiterhin Berichterstattung über die großen Tagungen in Genf. Kollegial gab mir Kauder den Rat, 1 200 Mark Monatsgehalt zu verlangen, dann würde man mir 1 000 Mark geben. Nach Abschluß der Genfer Tagung gab es noch einen kurzen Briefwechsel hin und her, dann hatte ich meinen Vertrag in der Tasche. Noch einige gewaltige Abschiedsfeiern rundeten die Münchener Zeit ab, und dann hieß das Ziel: Berlin!

Berlin 1927–1929

Mit stolzgeschwellter Brust warf ich mich in den Trubel der Reichshauptstadt, in das Zentrum der deutschen Politik des Jahres 1927. In meiner Münchener Zeit hatten mich eigentlich nur die Genfer Tagungen mit der großen Politik in Verbindung gebracht. Jetzt sollte ich regelmäßig mit Ministern, Botschaftern und gewichtigen Parlamentariern Fühlung halten. Zuerst hieß es aber, nun die Herausgabe des Blattes vorbereiten, das im Stil der englischen Boulevardpresse aufgemacht werden sollte. Das bedeutete, daß aktuellen Bildern viel Raum zu geben war, daß alle Meldungen sehr kurz gefaßt werden mußten, daß für eine gründliche Behandlung eines politischen Themas wenig Platz blieb. Es gab journalistisch sehr viel zu lernen. Gustaf Kauder war ein immer ruhiger, freundlicher und sehr sachkundiger Lehrmeister. Das Ullstein-Haus selbst gefiel mir, sowohl was die Organisation als auch die dort arbeitenden Menschen anlangte. Schließlich kam der Tag, an dem das neue Blatt »Tempo« erschien. Um es gleich vorweg zu sagen: Es war kein wirklicher Erfolg. Sei es, daß der Zeitungsmarkt gesättigt war, sei es, daß der Typ des Blattes, der in mancher Hinsicht mit der heute erscheinenden »Bild«-Zeitung zu vergleichen ist, noch nicht dem Geschmack der damaligen Leser entsprach, kurz, das Ziel, die »Nachtausgabe« von Scherl zu überflügeln, wurde nicht erreicht.

Ich will offen gestehen, daß das Blatt mir selbst auch nicht sehr gefiel. Unter den Kollegen des Ullstein-Hauses fühlte ich mich wohl, auch unter den engeren Kollegen der »Tempo«-Redaktion. Mein politisches und journalistisches Streben ging aber eigentlich zu einem anderen Zeitungstyp. Nicht, daß ich damals und heute der Ansicht bin, über alles und jedes müsse in einer Zeitung erschöpfend berichtet, die politischen Ereignisse müßten lang und breit kommentiert werden – keineswegs. Aber diese Schlagzeilensprache war und ist eigentlich nicht meine Sprache. Noch heute empfinde ich bei der Lektüre deutscher und ausländischer Boulevardblätter Unlustgefühle. Die Ereignisse, die eine Tageszeitung dem Leser zu vermitteln und, wenn notwendig, zu erklären hat, verlagern in diesen Blättern fast immer ihr spezifisches Gewicht. Selbst das intensive Bemühen um die Wahrheit führt in dieser Form zwangsläufig zu einer Halbwahrheit. Letztlich krankt jede Tageszeitung an diesem Übel, aber die typische Boulevardpresse verschiebt alle Maße und Gewichte, zumindest im politischen Geschehen.

Der Nutzen meiner Berliner Zeit lag daher weniger im journalistischen Bereich als vielmehr im politischen. Hier in Berlin wurde die Politik gemacht, hier saßen die Regierung, der Reichstag, das Diplomatische Korps. Berlin war eine echte Weltstadt, in mancher Beziehung einige Jahre lang vielleicht die interessanteste, lebendigste Stadt der Welt überhaupt. Gewiß spielten auch in jenen Jahren die Vereinigten Staaten eine bedeutsame Rolle in Europa, vor allem in wirtschaftlicher Hinsicht, aber Europa wurde nicht von ihnen überschattet. Die USA hatten auch gar nicht die Absicht, in Europa die Rolle des Schiedsrichters zu spielen. Sie waren dem Genfer Völkerbund nicht beigetreten, obwohl Präsident Wilson ihn als einen echten Weltbund erdacht und ins Leben gerufen hatte. Sein Volk war ihm aber auf diesem Wege nicht gefolgt, es zog sich vielmehr politisch nach dem 1. Weltkrieg in weitem Maße aus den europäischen und internationalen Affären wieder zurück. Die Durchschnitts-Amerikaner hielten es nicht für wünschenswert, sich in die europäischen Auseinandersetzungen einzumischen, politische Engagements einzugehen, die ihnen nicht abschätzbar erschienen. Sie waren bereit zu helfen, mehr in karitativem als in politischem Sinne. Sie stellten Finanz- und Wirtschaftsexperten zur Verfügung, um Ordnung in die verknäulte und unsinnige Reparationspolitik der Siegermächte gegen Deutschland zu bringen. Sie waren auch bereit, mit Anleihen zu helfen, natürlich auch Geschäfte zu machen, aber mit den Problemen selbst wollten sie mehr oder weniger nichts zu tun haben. Sie hatten den Versailler Vertrag nicht unterschrieben und wollten daher auch die Verantwortung für dieses harte und unkluge Dokument nicht tragen.

Es mag für die junge Generation im heutigen Europa kaum verständlich sein, daß die Vereinigten Staaten den 1. Weltkrieg zwar durch ihren Einsatz von frischen Truppen und riesigen Mengen Kriegsmaterial gegen Deutschland entschieden hatten, daß die breite Masse des amerikanischen Volkes sich der eigenen Macht aber gar nicht bewußt war. Für die Amerikaner bestand Europa aus zwei Teilen, dem Kontinent und Großbritannien mit seinem weltweiten Empire. Der Kontinent war ein schwer überschaubares Wirrsal von mittleren und kleineren Staaten, die zu Hause und in der übrigen Welt Unruhe stifteten, sich verbündeten, Kriege führten, Intrigen spannen, anstatt an der wirtschaftlichen Entwicklung zu arbeiten. Die jahrhundertealte Geschichte dieser Staaten und Nationen war schwer begreifbar und mehr die Angelegenheit amerikanischer Universitätsprofessoren als der Politiker und der Geschäftsleute. Natürlich gab es auch unter den Politikern Fachleute in europäischen Fragen, aber sie bildeten eine winzige Minderheit. Eine Ausnahme für die USA blieb Großbritannien, das als Weltmacht und echter Partner anerkannt wurde. Um England zu retten, waren die USA eigentlich in den Krieg eingetreten, alle anderen Staaten spielten im Bewußtsein des Durchschnitts-Amerikaners nur eine zweitrangige Rolle.

Man muß sich diese Dinge vergegenwärtigen, um die Entwicklung der Politik nach dem 1. Weltkrieg überhaupt zu verstehen. Amerika wandte Europa nach dem Kriege wieder den Rücken zu, um sich der Lösung der eigenen inneren Probleme zuzuwenden, vor allem der wirtschaftlichen Entwicklung. In Europa selbst waren durch das Ende des Krieges die politischen Verhältnisse verworrener geworden als vorher. Die Auflösung der österreichisch-ungarischen Monarchie brachte dem Kontinent noch größere Instabilität als vor dem Kriege. Polen, die Tschechoslowakei und Ungarn wurden selbständige Staaten, der Balkan spielte seine Rolle als Unruheherd weiter. Die bolschewistische Revolution in Rußland, das von Krisen, Unruhen und Hungersnöten geschüttelt wurde, rundete das Bild der Verwirrung ab. Die meisten Menschen auf der Welt glaubten nicht an den Bestand der sich nur sehr langsam konsolidierenden Sowjetunion. Als Militärmacht spielte Rußland keine Rolle. Frankreich war die erste Militärmacht des Kontinents, England und Amerika beherrschten die Weltmeere. Dazwischen gab es ein besiegtes, abgerüstetes Deutschland, das vom Subjekt zum Objekt der Weltpolitik geworden war, und schließlich gab es noch ein paar Staaten unterschiedlicher Bedeutung. Alle diese Staaten stellten aber eher Karten im Spiel der Großen dar, also vor allem Englands und Frankreichs, als selbständige Machtfaktoren. Ihre stärkste Bedeutung lag noch darin, daß sie eine Stimme im Völkerbund, einige sogar im Völkerbundrat hatten und mit diesem Pfunde mehr oder weniger geschickt wucherten. Im Völkerbund selbst aber fehlten in den Anfangsjahren Amerika, Rußland, Deutschland und Japan. Naturgemäß mußte diese als Weltbund geplante Organisation dadurch mehr und mehr ein Verein zur Niederhaltung und Ausplünderung Deutschlands werden. So war es wenigstens bis zur zweiten Hälfte der zwanziger Jahre. Als man endlich erkannte, daß die Siegermächte sich durch dieses System, das mit dem Versailler Vertrag eng gekoppelt war, selbst ruinierten, gab es auf dem verhängnisvollen Weg kaum noch eine Umkehr. Deutschland, Rußland und Japan stießen zu spät zum Völkerbund, und Deutschland kam auch nur als Mitglied zweiter Klasse hinein, eben weil der Versailler Vertrag Bestandteil des Völkerbund-Paktes blieb und eine normale Entwicklung hemmte. Wie nach dem 2. Weltkrieg schleppten sich die Abrüstungsverhandlungen Jahre ohne Resultat dahin, in erster Linie, weil Deutschland allein mit seinem 100 000-Mann-Heer der Abrüstungsforderung des Genfer Paktes entsprach, während alle anderen Staaten in der Kommission reine Verschleppungstaktik betrieben. Man möge mich nicht mißverstehen. Diese Feststellungen können nicht als Entschuldigung für das furchtbare Gewaltregime des Nationalsozialismus dienen. Wer aber diese Grundkonstellation der Politik nach dem 1. Weltkrieg nicht in Betracht zieht, wird niemals verstehen, wie es zum 30. Januar 1933 kommen konnte. Es bleibt noch genug Unerklärbares und niemals Begreifbares übrig.

In München hatte ich natürlich von diesen Dingen gewußt, sogar darüber geschrieben. In Berlin aber gewann ich tiefere und mich bestürzende Einblicke in die Weimarer Republik. Die Zusammensetzung der rasch aufeinanderfolgenden Reichsregierungen mit wechselnden Majoritäten ließ die Schwäche des Regimes erkennen. Dieser ständige Wechsel, der zu keiner Stabilisierung der Regierungsgewalt führte, zeigte das große politische Elend dieser »Demokratie aus der Retorte« auf. Nur wer die erste deutsche Republik miterlebt hat, kann ermessen, welchen ungeheuren Wert die Stabilität der Bundesrepublik nach dem 2. Weltkrieg darstellt.

Wollte man überpointieren, so könnte man sagen, daß die physischen Verhältnisse im Hause Hohenzollern das große Unglück des deutschen Volkes waren. Der Sprung von Wilhelm I., der noch im 18. Jahrhundert wurzelte, zu dem 28 Jahre alten Wilhelm II. unterdrückte jede kontinuierliche Entwicklung. In der Weimarer Nationalversammlung baute man eine mehr als perfektionistische demokratische Verfassung zusammen, mit der das Volk nichts anzufangen wußte. Die konservativ-monarchistischen Kräfte wollten nicht glauben, daß ein einziger verlorener Krieg ihre Weltanschauung als Opfer verlangte. Die Sozialisten linker Prägung fühlten sich um die Früchte der Revolution von 1918 betrogen, die keine Revolution, eher eine Liquidation war. Zwischen diesen radikalen Flügeln eingeklemmt, kämpfte die demokratische Mitte einen verzweifelten Existenzkampf. Kein Geringerer als Friedrich Ebert, der erste Präsident dieser Republik, hatte das alles kommen sehen. So versuchte er im Herbst 1918, ohne harte Zäsur den Übergang zu neuen modernen politischen Lebensformen für das deutsche Volk zu finden. Was er anstrebte, war eine konstitutionelle Monarchie etwa nach englischem Muster. Er bot dem Kaiser seine Hilfe an, die Thronfolge durch den Enkel Wilhelms II. zu sichern. Den Kronprinzen hielt er für nicht tragbar. Er, der Sozialist, wußte um die Notwendigkeit einer gesunden Fortentwicklung des politischen Lebens in seinem Volke. Der letzte kaiserliche Reichskanzler, Prinz Max von Baden, versuchte in den letzten Kriegsmonaten, die Monarchie auf der Linie Friedrich Eberts zu retten. Ebert und seine Freunde wollten Prinz Max bewegen, nach Abdankung des Kaisers als Reichsverweser für den noch unmündigen ältesten Sohn des Kronprinzen die Spitze des Reiches zu übernehmen. Prinz Max glaubte, diesem Ruf ohne Einwilligung des Kaisers nicht folgen zu können. Die engste Umgebung des Kaisers verhinderte diese Möglichkeit. Es wurde häufig darüber gestritten, ob diese Darstellung der Ideen Eberts richtig sei. Der Kronprinz hat sie meinem Vater in Wieringen im Exil bestätigt. Ebert war ein Deutscher durch und durch. Er haßte die Revolution, er haßte Unordnung und Undiszipliniertheit.

Kaum jemand konnte in den Jahren 1928/29 in Berlin daran glauben, daß die wirtschaftliche Blüte, die fast hektisch durch amerikanische Anleihen über das Reich, die Länder und Gemeinden gekommen war, schon wieder einer gefährlichen Entwicklung Platz machte. Nur einige Finanz-Experten machten sich Sorgen darüber, da die Anleihen meist sehr kurzfristig liefen. Diese Verschuldung überstieg um rund das Doppelte die deutschen Auslandsguthaben. Die Arbeitslosenzahlen waren noch nicht beängstigend, erreichten aber fast die Zwei-Millionen-Grenze. Ein leichtes Zittern des Fundaments, auf dem dieses glitzernde Gebilde des Wohlstandes ruhte, empfand der Feinnervige unter den Politikern mehr gefühls- als verstandesmäßig. Klarer wurden schon all denen die heraufziehenden Gefahren, die mit der Außenpolitik zu tun hatten. Woran waren sie erkennbar?

Schon um die Jahreswende 1928/29 konnte der Eingeweihte nicht mehr übersehen, daß die von Briand und Stresemann verkörperte deutsch-französische Versöhnungspolitik gescheitert war. Durch den Vertrag von Locarno entstand die Hoffnung in der Welt, daß durch Aussöhnung zwischen Frankreich und Deutschland ein echter europäischer Friede möglich sei. Doch die nationalistischen Kräfte in Deutschland und Frankreich waren stärker als die politische und auch menschliche Freundschaft zwischen Stresemann und Briand. Die greifbaren Erfolge des Locarno-Vertrages blieben aus. Man versuchte den Ausgleich auf der politischen Ebene, statt erst den Versuch zu machen, gemeinsame wirtschaftliche Verflechtungen zu schaffen. Auf der einen Seite kämpften Poincaré und seine Anhänger erbittert gegen den versöhnlichen Briand, auf der anderen Seite die Deutschnationalen und die noch weiter rechts stehenden Parteien gegen Stresemann und die anderen »Erfüllungspolitiker«.

Schon mein Vater hatte nahe Beziehungen zu Gustav Stresemann, die sich bis zu einem gewissen Grade auch auf mich übertrugen. Dazu vertrat ich während der Genfer Tagungen nicht nur das »Tempo«, sondern auch die Ullstein-Blätter »Morgenpost« und »BZ am Mittag«. Das gab mir die nötige Position, um häufig mit Stresemann in enge Verbindung zu treten. In den Jahren als Außenminister kämpfte Stresemann immer an zwei Fronten, unter denen die innerpolitische für ihn die gefährlichste war, da die Siegermächte, besonders Frankreich, ihm keine echten Erfolge gönnten, mit denen er seine Gegner im Inneren hätte zum Schweigen bringen können. Dieser Kampf nach außen und innen zermürbte ihn seelisch und gesundheitlich. Dabei war er von Natur aus ein zum Optimismus neigender Mann, der das Leben liebte, der zur Entspannung die Gesellschaft der Künstler suchte. Oft habe ich es erlebt, daß er noch zu später Stunde im »Bühnen-Club« auftauchte, um mit Schriftstellern und Schauspielern zu diskutieren, zu lachen und sein geliebtes Pilsener zu trinken. Aber von Jahr zu Jahr gewann die Verbitterung in ihm mehr und mehr die Oberhand. Ganz gegen seine Natur lernte er politische Gegner hassen.

Diesem trüben Bild der Verhältnisse sei eine heitere Geschichte gegenübergestellt, die Stresemanns Witz und Schlagfertigkeit beleuchtet. Es war eine stürmische Sitzung in Genf gewesen, stürmisch, weil der polnische Marschall Pilsudski persönlich erschienen war, um im polnisch-litauischen Konflikt den litauischen Außenminister Woldemaras zu zerschmettern. Der Mann aus Litauen kämpfte wie David gegen Goliath, nur eben mit umgekehrtem Effekt. Zum Schluß fehlten ihm Schleuder und Stein. Zwei Stunden sprach er, glänzend in der Argumentation und Form, für seine Sache. Alles wartete gespannt auf die Antwort des polnischen Marschalls, der während der ganzen Rede unbeweglich wie ein Tiger das Lamm fixiert hatte. Die Antwort war ebenso kurz wie durchschlagend: »Wollen Sie Krieg oder Frieden, Herr Woldemaras? Oui ou non?« Woldemaras beeilte sich, den Frieden zu wollen, worauf Pilsudski die Anschuldigungen des auch körperlich kleinen Gegners für erledigt hielt. Sie waren es in der Tat. Am Abend traf ich Stresemann im Hotel. Ich erklärte ihm meinen Reiseanzug – er selbst war im Frack – mit der Notwendigkeit, sofort nach Hause fahren zu müssen. Leider gäbe es keinen Schlafwagen, fügte ich bedauernd hinzu. Da beugte sich Stresemann zu meinem Ohr und meinte verschmitzt: »Mit dem gleichen Nachtzug geht auch der Salonwagen des Marschalls!« – »Nun, ich glaube nicht, daß er ein Abteil für mich frei hat!« Stresemann: »Ein Abteil? Nein! Aber vielleicht tritt er Ihnen wenigstens den Korridor ab.« Der polnische Korridor nach Danzig vergiftete das deutsch-polnische Verhältnis.

Doch zurück zur Politik. Aus der Realität des Locarno-Vertrages hatte man sich in den »Geist von Locarno« geflüchtet. Weder damals noch heute führt ein solcher Weg zu brauchbaren Resultaten. Im Gegenteil, er endet mit absoluter Sicherheit bei neuen Spannungen. Zu den Verträgen, die mehr von einem »Geist von...« als von echter politischer Substanz getragen waren, gehörte auch der Kellogg-Pakt. Er sprach einen allgemeinen Verzicht auf Krieg als Werkzeug internationaler Politik aus. In den Jahren 1928/29 unterzeichneten schließlich 54 Staaten diesen »Kriegsächtungspakt«. Sein praktischer Nutzen war gleich Null; das Ganze mehr eine Demonstration als eine politische Tat. Der Vertrag sah keinerlei Sanktionen gegen einen Angreifer vor. Der Verteidigungskrieg blieb erlaubt.

Auch Stresemann fuhr nach Paris, um für das Deutsche Reich im August 1928 mit den ersten 15 Nationen den Pakt zu unterschreiben. Er maß ihm nur geringe Bedeutung bei. Poincaré hatte in Frankreich als Ministerpräsident wieder die Macht in den Händen und hinderte Briand an einer gemäßigten Politik. Er war ein harter Gegner der Versöhnungspolitik Briands mit Deutschland. Im Grunde genommen fuhr Stresemann in der Hauptsache nach Paris, um mit Poincaré zu sprechen, einen letzten Versuch zu machen, den Löwen in seiner Höhle selbst von der Aufrichtigkeit der deutschen Politik zu überzeugen. Wir standen am Bahnhof Zoo und warteten am Salonwagen auf den Außenminister. Schließlich erschien Stresemann, trotz der Augustwärme im Mantel, sehr elend und bleich aussehend. Sein Arzt, Professor Zondeck, erzählte mir, der Minister habe ziemlich hohes Fieber, bestehe aber gegen seinen ärztlichen Rat auf der Reise nach Paris.

Nach der Unterzeichnung des Paktes fand sich Poincaré zu einer Unterredung mit Stresemann bereit. Professor Zondeck hatte aber als äußerste Belastung für den Minister ein 20-Minuten-Gespräch zugestanden. Stresemann blieb mit Poincaré in dessen Amtszimmer allein. Er tastete sich langsam an die eigentlichen Probleme heran, doch als er endlich den großen Gegner gestellt hatte, brachte der Diener einen Zettel des Arztes in das Beratungszimmer. Der Zettel war für Stresemann bestimmt und mahnte ihn an die 20-Minuten-Erlaubnis. Doch der Zettel geriet in die Hand Poincarés, der sich sofort erhob und mit höflichen Floskeln über die Allgewalt der Ärzte die Unterredung nur allzu gerne beendete. Bleich, mit Schweißperlen auf der Stirn, verließ Stresemann den Raum und ging wortlos, tief enttäuscht, keinen Herrn seiner Umgebung beachtend, zu seinem Wagen. Der letzte Versuch, die Briand-Stresemann-Politik zu retten, war gescheitert. Nur sein Arzt wußte wohl, daß er mit einem todgeweihten Mann den Rückweg ins Hotel antrat.

In den Herbst 1928 fiel ein Ereignis, das damals in seiner ganzen Bedeutung noch nicht zu erkennen war. Ende Oktober wurde Hugenberg zum Vorsitzenden der Deutschnationalen Volkspartei gewählt. Das bedeutete eine Kampfansage der nationalen Opposition gegen Stresemann und die Große Koalition unter dem SPD-Reichskanzler Müller, die von der Deutschen Volkspartei bis zur Sozialdemokratie reichte. Hugenberg hatte sich die Aufgabe gestellt, diese Regierung, in der Stresemann Außenminister blieb und die seinen Kurs konsequent fortsetzte, zu stürzen. Alfred Hugenberg kam aus der Schwerindustrie, hatte enorme Finanzmittel hinter sich, die ihn in die Lage versetzten, den Scherl-Verlag mit seinen Massenblättern (Lokalanzeiger, Nachtausgabe, Die Woche, usw.) zu finanzieren. Auch die größte deutsche Filmproduktionsfirma, die UFA, hatte er in seinen Konzern eingegliedert. Dazu kaufte er das Nachrichten-Büro »Telegraphen-Union« und das große Anzeigenunternehmen »Ala«.

Es läßt sich nicht leugnen, daß Hugenberg ein bedeutendes Finanztalent war. Diese Fähigkeit verband sich mit einer ebenso großen politischen Skrupellosigkeit und einem völligen Mangel an politischem Wirklichkeitssinn. Sein Zeitungsreich baute er in schnellem Tempo über ganz Deutschland aus. Eine Unmenge von Provinzzeitungen versorgte er mit seinen Artikeldiensten; die UFA produzierte »nationale« Filme, in denen der populäre und dazu hervorragende Schauspieler Otto Gebühr als »Fridericus Rex« einem Millionen-Publikum eine Welt vorzauberte, die längst versunken war. Dieser ständige Appell an historische Sentiments sollte die Deutschen über ihre durch die Kriegsniederlage hervorgerufenen Minderwertigkeitskomplexe hinwegtäuschen. Ein parteipolitisch raffiniertes Spiel, das außenpolitisch verheerende Folgen hatte. Der leider schwach entwickelte Sinn der Deutschen für politische Realitäten wurde vollends vernebelt. Für mich war Hugenberg eine politisch beinahe unerträgliche Figur. Sein geschäftlicher Realismus, sein krankhafter persönlicher Geiz waren mit einer politischen Instinktlosigkeit und völligem Mangel an Skrupeln gepaart.

Anfang des Jahres 1929 mehrten sich die Anzeichen der heraufziehenden Krise. Der Haushalt war nicht ausgeglichen, die Kassenbestände des Reiches wiesen eine beängstigende Ebbe auf. Es kam da und dort, in Industrie- und Hafenstädten, zu Ausschreitungen. Der Druck der zwei Millionen Arbeitslosen verstärkte sich. Das Frühjahr 1929 brachte keine saisonmäßige Erleichterung. Schließlich, am 1. Mai 1929, kam es zu schweren Ausschreitungen. Die Polizeikräfte in Berlin konnten die kommunistischen Attacken kaum unter Kontrolle halten, es gab nach längerer Zeit wieder Straßenkämpfe und Tote. Am Bülowplatz in Berlin bewunderte ich – im Gegensatz zu meinen Erfahrungen in Wien – die Disziplin der Berliner Polizei, die, von den Kommunisten schwer bedrängt, die Ruhe bewahrte. Schließlich aber mußte sie energisch durchgreifen. Tote und Verletzte steigerten die Erbitterung.

Seit dem Putsch und dem »Marsch auf die Feldherrnhalle« im November 1923 in München begannen nun auch die Nationalsozialisten unter dem wieder freigelassenen Hitler stärker in Erscheinung zu treten. Überall dort, wo es zu Ausschreitungen kam, waren sie dabei. Die Polizei hatte nach zwei Seiten zu kämpfen. So recht ernst nehmen wollte allerdings immer noch niemand die Hitler-Leute, und in der Bevölkerung mehrten sich die Stimmen, die die Braunhemden als ein ganz brauchbares Gegengewicht zu den Kommunisten schätzten. Man hoffte, sie würden sich gegenseitig aufreiben. Das Entscheidende aber, die ständig weiter abbröckelnde Macht der Regierung, wollten die wenigsten in ihrer ganzen Tragweite sehen. Mit der Macht der Regierung schwand auch die außenpolitische Autorität Stresemanns dahin, der immer häufiger ärztliche Behandlung brauchte. Vergeblich kämpfte er gegen den nahen Tod an. Seine Stellung war erschüttert, da – mit Ausnahme der Engländer – niemand unter den Siegermächten erkannte, daß mit dem Scheitern seiner Außenpolitik der Radikalismus im Innern immer stärker werden mußte. Deutschland trug zu schwer an wesentlichen Bestimmungen des Versailler Vertrages, als daß mit dieser Last auf der Volkswirtschaft der Nationalismus wirklich erfolgreich bekämpft werden konnte. Hätte die Entente der Regierung der Großen Koalition nur zehn Prozent der Zugeständnisse gemacht, die sie später Adolf Hitler machte, ich glaube, das Reich hätte sich auch durch diese Krise als demokratischer Staat hindurchretten können. Aber man wählte den anderen, den harten Weg gegen Deutschland, nicht erkennend, daß auf diese Weise keine demokratische Regierung auf längere Sicht festen Boden unter die Füße bekommen konnte.

So waren guter Wille und ehrliche Verständigungsbereitschaft der wirklichen Patrioten in Deutschland, die dem gesamten Volkskörper eine dauerhafte Gesundung bringen wollten, vergeblich. Dabei verfügte die Große Koalition nicht nur über guten Willen, sondern auch über eine große Zahl bedeutender Politiker. Von Stresemanns Deutscher Volkspartei über das Zentrum bis zu den Sozialdemokraten gab es Männer von wirklichem Format, Männer wie Stresemann und Curtius, wie Marx, Prälat Kaas und Dr. Joos vom Zentrum, Ebert, Wels und Dr. Breitscheid von den Sozialdemokraten, um nur einige zu nennen. Sie alle wandten unendliche Mühe auf, um mit dem Erbe des verlorenen Krieges fertig zu werden. Doch ohne die politische und moralische Unterstützung des Auslandes konnte ihnen kein Erfolg beschieden sein. So lauerten, attackierten, diffamierten die Radikalen von Links und Rechts pausenlos die Regierung. Nur wenige sahen in den kurzsichtigen, unsinnigen Bestimmungen des Friedensvertrages die Folge des verlorenen Krieges und der Revolution von 1918. Die Masse der Deutschen fühlte sich von bösartigen Feinden umgeben und von Männern regiert, die nicht fähig waren, diese Verhältnisse zu ändern.

Da die Regierung nach Westen hin ohne Erfolg operierte, versuchte sie, ein gewisses Gegengewicht durch die Beziehungen zu Rußland zu schaffen. Dieses Spiel nach zwei Seiten hatte 1922 mit dem Abschluß des Rapallo-Vertrages begonnen. Er war nicht mehr als die Manifestierung gleicher Interessen der »Habenichtse« gegen die Sieger des 1. Weltkrieges. Gegenseitige diplomatische Anerkennung und Verzicht auf alle Ansprüche aus dem Krieg brachten rein äußerlich die beiden Staaten einander näher. Das war im Grunde genommen nur möglich, weil sie zu geschwächt waren, um sich gegenseitig zu bedrohen. Für Deutschland bildete der Rapallo-Vertrag einen verzweifelten Schritt, um sich aus der Umklammerung der Siegermächte zu lösen. Aber schließlich konnte auch dieses Spiel zu nichts führen. Die bolschewistische Doktrin besaß noch ihren ganzen Elan, und im Kreml wußte man, daß ein kommunistisches Deutschland den Weg zur Herrschaft über ganz Europa frei machen würde. So entstand die beinahe groteske Situation, daß Deutschland Anlehnung an Rußland suchte, daß deutsche Offiziere in der Sowjetunion an Waffen ausgebildet wurden, die der Versailler Vertrag dem Reich verbot, daß die deutsche Wirtschaft sich durch große Geschäfte mit Rußland am Leben zu halten suchte, während die Machthaber im Kreml alles taten, um Deutschland im Innern zu unterhöhlen, es für den Bolschewismus sturmreif zu machen. In diesem Spiel betrog man sich gegenseitig, denn die Russen fürchteten zu jener Zeit das militärische und wirtschaftliche Potential der Westmächte viel mehr als das deutsche. Man wollte in Moskau Zeit gewinnen, um stark zu werden, denn man glaubte an einen neuen unvermeidlichen Zusammenstoß Deutschlands mit Frankreich, an einen neuen Krieg, dessen Schlachtfeld Deutschland sein sollte. Die weitere Entwicklung sollte zeigen, daß es schwerhält, in jeder Phase festzustellen, wer wen betrog.

Diese nur in Schlaglichtern aufgezeichnete Entwicklung der politischen Verhältnisse könnte den Eindruck erwecken, als ob der Berliner Alltag in jenen Jahren grau und trübe gewesen sei. Ganz im Gegenteil! Wer damals in Berlin wohnte und dem Leben aufgeschlossen war, lebte fast in einem Strudel von pulsierendem Kulturleben. Die »Goldenen zwanziger Jahre« sind in letzter Zeit oft gepriesen worden. Es sollte sich später zeigen, daß sie politisch und wirtschaftlich nicht aus Gold, sondern aus Doublé waren. Für den Liebhaber des Theaters, der Musik, der bildenden Kunst gab es aber eine Blüte, die nie wieder erreicht wurde. Am Tage gab es für den politischen Journalisten Sorgen genug, aber wenn in Berlin am Abend die Lichter angingen, ja, dann war es wirklich eine Lust zu leben. Nach getaner Arbeit stürzte ich mich Tag für Tag in diesen Strudel. Am späten Nachmittag traf »man« sich im Romanischen Café. Hier wurde verhältnismäßig wenig über Politik debattiert, vielmehr mußte beraten werden, wie der Abend einzuteilen sei. Theater oder ein Film waren selbstverständlich. Hinterher traf man sich dann in den verschiedensten Kreisen und Lokalen, und die Debatten über das Erlebte hatten kein Ende.

Alle, die Berlin damals den Glanz gaben, habe ich gekannt. Viele trieb der Nationalsozialismus später aus Berlin hinaus; viele, sehr viele in den Tod, andere in die Emigration. Von den letzteren habe ich nach dem 2. Weltkrieg manche wiedergetroffen, mit einigen die alte Freundschaft erneuert. Nur zwei kurze Jahre habe ich damals in Berlin gelebt, aber es war eine unvergeßliche Zeit. Vielleicht war mein Leben noch bunter als das vieler, die allein im kulturellen Leben wirkten, denn zwischen Theaterpremieren und anschließenden Festen, zwischen Konzerten, durchdiskutierten Nächten, wundervoll berlinerischen Aufregungen wie dem Sechstagerennen brachte mich die Politik nach Paris, nach Genf, nach London und vielen anderen Städten, in denen auf internationalen Konferenzen keine Fortschritte und niemals Lösungen der Probleme erzielt wurden. Mitten in dieses erfüllte Leben kam für mich eine große Veränderung. Ich erwähnte schon, daß mich meine journalistische Arbeit beim »Tempo« nicht befriedigte. Dies muß irgendwie dem Pressechef der Reichsregierung, Dr. Zechlin, zu Ohren gekommen sein. Ich bewunderte diesen Mann sehr, der später Vorbild für meine Arbeit in Bonn werden sollte. Täglich besuchte ich seine Pressekonferenzen am Wilhelmsplatz. Eines Tages fragte er mich, ob ich wohl Lust hätte, als Presse-Attaché nach Moskau zu gehen. Russische Sprachkenntnisse seien im Anfang nicht erforderlich. Und ob ich Lust hatte! Ich sagte sofort zu, kündigte im Ullstein-Haus und bereitete mich auf die Abreise vor. Doch es sollte anders kommen. Der deutsche Botschafter in Moskau, Herr von Dirksen, versöhnte sich mit seinem Pressemann. Dr. Zechlin war in großer Verlegenheit. Schließlich bot er mir Brüssel an. Ich war etwas enttäuscht, doch ich sollte den Tausch nicht bereuen.

Mein letzter Tag in Berlin war ein Trauertag. Ich wohnte schon abfahrtbereit im Hotel, als früh das Telefon ging: Gustav Stresemann war in der Nacht des 3. Oktober 1929 gestorben. Diese mich tief erschütternde Nachricht erschien mir wie ein Schlußpunkt unter meiner Berliner Zeit, wie der Schlußpunkt hinter einer politischen Periode, die mit soviel Hoffnungen begonnen hatte und so enttäuschend endete. Mit Stresemann ging die letzte Hoffnung auf eine friedliche Entwicklung in Europa dahin. Einige Abschiedsbesuche füllten den Tag aus, der letzte am späten Nachmittag galt Frau Käthe Stresemann, die ihrem Mann unermüdlich helfend zur Seite gestanden und deren Vermögen die Außenministerzeit aufgezehrt hatte. Wie oft hatten wir in Genf bis lange in die Nacht tanzend alle Sorgen vergessen. Ich sollte Frau Stresemann erst etwa 25 Jahre später in New York wiedersehen.

Brüssel 1929–1931

Der Wechsel von Berlin und dem Ullstein-Haus zur deutschen Gesandtschaft in Brüssel und zum Wolffschen Telegraphenbüro war sehr einschneidend. In der damaligen Zeit war der Posten des Vertreters der offiziösen deutschen Nachrichtenagentur in allen Hauptstädten mit dem des Presse-Attachés gekoppelt. Das Reich war an der Agentur beteiligt, einige Herren aus der Bankenwelt hielten die anderen Anteile in Händen. Zu diesen gehörte auch mein neuer Chef, der Gesandte Alfred Horstmann, der mit einer Tochter des Bankiers Paul von Schwabach (Bankhaus Bleichröder & Co.) verheiratet war.

Man nahm mich auf der Gesandtschaft freundlich auf. Das diplomatische Personal war nicht zahlreich. Der Gesandte Horstmann selbst war in seiner Art eine außergewöhnliche Persönlichkeit. Weit davon entfernt, ein bedeutender Diplomat oder gar Politiker zu sein, war er doch für diesen Posten sehr geeignet. Die führenden Kreise in Brüssel, besonders auch die des Hofes, hielten sich von der Gesandtschaft fern, denn die Erlebnisse des Krieges und der deutschen Besatzung waren weder vergessen noch verziehen. Horstmann, allgemein »Freddy« genannt, verfügte über sehr enge Beziehungen zur internationalen Gesellschaft, denn er war sehr reich und wußte mit seinem Reichtum etwas anzufangen. Nun spielt in Belgien das Geld eine große Rolle. Die Brüsseler Gesellschaft begann neugierig zu werden auf diesen Mann, der einzigartige Sammlungen aus dem 18. Jahrhundert, besonders Porzellan und Silber, sein eigen nannte, der das ziemlich häßliche Gesandtschaftsgebäude mit herrlichen Möbeln ausstattete und dazu einen Koch aus Paris hatte, von dem man Wunderdinge erzählte. So dauerte es nicht lange, und ganz Brüssel verkehrte in der deutschen Gesandtschaft. Horstmann wählte stets den Umweg über die gesellschaftliche Stellung zur Politik. Er selbst war dabei ein fleißiger Mann, der sehr sorgfältig zu arbeiten verstand. Seine Frau »Lally«, viel intellektueller als ihr Mann, sorgte für jenen Schuß künstlerischen Blutes in der Geselligkeit, das ein Abgleiten in den Snobismus verhinderte.

Wir jungen Leute, mein Freund Ulrich Doertenbach als Attaché und ich selbst, hatten es gut im Horstmannschen Hause, denn der Gesandte liebte es, sich mit Jugend zu umgeben und auch mit ihr zu arbeiten. Als Gesandtschaftsrat fungierte Gustav Braun von Stumm, ein kurioser Mann. Er war als Neffe des Industriekönigs Stumm aus dem Saargebiet noch reicher als unser Chef, hatte eine bezaubernde italienische Marquesa zur Frau, besaß unschätzbare Kunstwerke und sammelte als eine Art politisches Hobby nationale Minderheiten. Diese Leidenschaft sollte mich noch in manche prekäre Situation bringen. Den vierten im Bunde spielte Carl von Campe, ein immer freundschaftlicher, loyaler Mann, der in der Hauptsache Wirtschaftsfragen zu bearbeiten hatte. Campe wiederum wurde von seiner lebenslustigen böhmischen Frau glänzend unterstützt, deren Humor unverwüstlich schien. Wir alle bildeten wirklich eine Familie, die zwar eine Menge zu arbeiten hatte, aber am Abend das Leben zu genießen wußte.

Meine Arbeit unterschied sich allerdings sehr wesentlich von der Berliner Tätigkeit. Schreiben gehörte nicht mehr zu meinen Aufgaben, mit Ausnahme der Abfassung von ergänzenden Telegrammen zu den Berichten der belgischen Nachrichtenagentur »Belga«, die direkt nach Berlin übermittelt wurden. Mein Chef zog mich mehr und mehr zu politischer Arbeit heran. So lernte ich, einen diplomatischen Bericht über politische Vorgänge in Belgien abzufassen. Ich lernte es, mich vorsichtig auszudrücken, alle Entwicklungsmöglichkeiten offenzulassen, kurz, ich begann, das Handwerk des Durchschnittsdiplomaten zu beherrschen.

Dazwischen stand das Hobby des Gesandtschaftsrats von Stumm. Mit aller Leidenschaft hatte er seine privaten Interessen – offiziell war das unmöglich – auf die deutsche Minderheit im Gebiet von Eupen-Malmedy konzentriert. Zu seinem Schmerz konnte er nicht selbst in diesem Gebiet agitatorisch tätig werden. Nun glaubte er, in mir einen geeigneten Zwischenträger gefunden zu haben. So reiste ich einige Male »inkognito« nach Eupen, um mit den dortigen Führern des Deutschtums Gespräche zu führen. Doch es erwarteten mich Enttäuschungen. Als ich gut getarnt das Haus eines dieser Vorkämpfer des Deutschtums betrat, hörte ich ihn laut und energisch mit seinen Kindern schelten. Ich verstand kein Wort. Er sprach mit seinen Kindern wallonisch! Damals lernte ich, deutsche Minderheiten und ihre Führer mit einer Portion Skepsis zu betrachten. Sicherlich gab es in vielen Ländern Männer, denen das Eintreten für die Minderheitsrechte eine wirklich ernste Aufgabe bedeutete. Aber ich lernte auch langsam, solche Leute von den »Berufsminderheiten«, die von ihrer Sonderstellung recht gut lebten, zu unterscheiden. Schon in Berlin fiel mir auf »Saarkundgebungen« auf, daß man dort häufig die gleichen Gesichter sah. Es gab Leute, für die zum einträglichen Beruf wurde, »abgetretener Saarländer« zu sein.

Es galt also, Vorsicht walten zu lassen. Das Hobby des Herrn von Stumm brachte mich schließlich in einen Gewissenskonflikt, denn er betrieb es hinter dem Rücken des Gesandten. Aus dieser Tatsache rührte dann auch die einzige ernste Verstimmung im Kreise der Gesandtschaft her, denn ich fühlte mich verpflichtet, Horstmann über diese Vorgänge aufzuklären. Die Verstimmung ebbte wieder ab, und schließlich kam die erste diplomatische Mission meines Lebens dabei heraus.

Eines Tages erhielt ich einen Anruf des sehr einflußreichen katholischen Politikers, des Père Rütten, der mich um eine Unterredung bat. Ich informierte Horstmann und hatte dann eine zweistündige Unterredung mit diesem führenden Mann der Katholischen Partei in Belgien. Der ganze Vorgang ist heute nicht mehr von Bedeutung, aber immerhin resultierte aus dieser Besprechung eine Reise nach Berlin, eine ausführliche Unterredung mit dem Zentrumsabgeordneten Brüning, der unterdessen Reichskanzler geworden war, und schließlich eine Zusammenkunft katholischer Politiker aus Deutschland und Belgien in der Nähe von Aachen. Ich ließ die Herren unter sich. Diese erste Besprechung, die eine Einigung über die Minderheitenrechte der Deutschen in Eupen-Malmedy einleiten sollte, verlief recht hoffnungsvoll. Es gab aber niemals eine zweite Besprechung. Irgendeine Sonntagsrede des deutschnationalen Ministers Treviranus, der von der Angelegenheit nichts wußte, zerschnitt den feingesponnenen Faden.

Das recht vergnügte Leben in Brüssel konnte aber über den Ernst der politischen Entwicklung nicht hinwegtäuschen. Hugenberg und Hitler rückten in den Jahren 1930/31 immer enger zusammen, nachdem sich die gemäßigten Deutschnationalen unter Führung von Treviranus als Volkskonservative Partei abgespalten hatten. Sie gehörten zum ersten Kabinett Brünings. Gleich nach meinem Eintreffen in Brüssel am 24. Oktober 1929 brach der »schwarze Freitag« über die New Yorker Börse herein. Die Folgen wirkten sich verheerend aus, nicht nur in Amerika, sondern auch in Europa, wohl am schlimmsten in Deutschland. Die New Yorker Banken gerieten in Liquiditätsschwierigkeiten und mußten die Anleihen in Deutschland kündigen. Nun zeigte sich die ganze Gefahr, die in dieser kurzfristigen Finanzierung lag. Die deutsche Finanzwirtschaft wurde bis in die Gemeinden hinein erschüttert, die natürlich durchweg zahlungsunfähig wurden. Die Bankrotte setzten sich wie eine Kettenreaktion durch Deutschland und einen Teil des europäischen Kontinents fort.

Es begann die Ära der Notverordnungen der Regierung Brüning. Ohne die SPD hatte sie keine Mehrheit im Parlament, und so konnte sie nur unter Ausnutzung der verfassungsmäßigen Rechte des Reichspräsidenten von Hindenburg mit Duldung der Sozialdemokraten regieren. Im Juli 1930 aber wurde nun die ganze Gefahr, die von den Nazis drohte, offensichtlich. Ein Antrag der SPD gegen Brüning führte zur Auflösung des Reichstages und zu Neuwahlen. Gewinner waren die Kommunisten und in sensationeller Weise die Nationalsozialisten. Die Zahl ihrer Mandate stieg von 12 auf 107! Brüning bemühte sich weiter, dem sich ausbreitenden Chaos, der rasch ansteigenden Zahl der Arbeitslosen, der immer größer werdenden Verzweiflung aller im Wirtschaftsleben stehenden Menschen mit seiner »Präsidialregierung« durch immer neue Notverordnungen Herr zu werden. Ohne Mehrheit im Reichstag blieb ihm nur dieser Ausweg. Die politische Auseinandersetzung verlagerte sich mehr und mehr auf die Straße.

Auf außenpolitischem Gebiet war ebenfalls wenig Erfreuliches zu vermelden, obwohl ganz leise spürbar wurde, daß es einflußreiche Kreise in Paris und vor allem in London gab, die die verheerenden Folgen der Reparationspolitik Deutschland gegenüber erkannten. Doch die Erkenntnis breitete sich zu langsam aus, um das Verhängnis noch abwenden zu können. Stresemanns Nachfolger, Dr. Curtius, ein kluger, aber nicht sehr phantasievoller Politiker, mochte diesen Wandel gespürt haben. Er glaubte, das schwer angeschlagene Prestige der Regierung durch einen außenpolitischen Erfolg ein bißchen aufpolieren zu können. So mag ihm der Gedanke an eine deutsch-österreichische Zollunion gekommen sein. Der »Anschluß« war durch den Versailler Vertrag verboten, aber eine Zollunion? Das war die Frage. Ein Gelingen des Planes hätte vielleicht das Prestige der Regierung Brüning im Volke gehoben, das Übel der galoppierenden Wirtschaftskrise hätte aber auch die Zollunion nicht aufhalten können. Das Ganze endete mit einer schweren außenpolitischen Niederlage. Der »kleine Anschluß« wirkte sich in Frankreich und der Kleinen Entente verheerend aus und zog wirtschaftliche Maßnahmen nach sich, die die Situation in Deutschland und Österreich noch verschlimmerten. England suchte zu vermitteln. Der Streitfall kam vor den Haager Gerichtshof, der mit einer Stimme Mehrheit gegen die Zollunion votierte. Im Mai 1931 brach dann die Katastrophe aus. Die Österreichische Kreditanstalt wurde zahlungsunfähig; im Juli schloß die Darmstädter und Nationalbank im ganzen Reich ihre Schalter. Wellenförmig nach allen Seiten breiteten sich die Bank- und Konzernzusammenbrüche aus. Noch in der Rückschau auf diese Zeit verschlägt es einem den Atem, wenn man sich diesen Wettlauf zwischen Katastrophen und langsam sich ausbreitender Vernunft wieder vergegenwärtigt.

Man hat oft davon gesprochen, daß Brüning »hundert Meter vor dem Ziel« von den Nationalsozialisten verdrängt, vom Reichspräsidenten von Hindenburg im Stich gelassen wurde. Jetzt, im Frühsommer 1932, begann jene »100-m-Strecke«. Auf englische Initiative hin kam es zur Liquidation der Reparationspolitik gegen Deutschland. Wir sollten noch eine letzte Zahlung von drei Milliarden leisten und damit, außer der Verzinsung der Dawes- und Younganleihe, frei von allen Belastungen sein. Jetzt wäre es möglich gewesen, langsam wieder festen Boden zu gewinnen. Die Politik in Deutschland wurde aber nicht mehr in Beratungszimmern nach demokratischen Regeln gemacht, sondern durch blutige Auseinandersetzungen auf der Straße.

Noch einmal möchte ich kurz zurückblenden in das Jahr 1930. Einen wenn auch verspäteten Erfolg hatte die deutsche Regierung doch erzielt: die Räumung des Rheinlandes. Ich habe diese Tage miterlebt. Eine Gruppe belgischer Journalisten wurde mir anvertraut. Sie wollten über die Räumungsfeierlichkeiten berichten, und ich sollte sie heil wieder nach Hause bringen. Obwohl die nationalen Leidenschaften hoch gingen, gelang mir das, ohne daß es irgendwo Krach oder Ärger gegeben hätte. Ich ließ meine Schäflein sogar einige Stunden allein, um die Einladung des Reichskommissars für die besetzten Gebiete, des Botschafters von Langwert-Simmern, zu einem Frühstück mit den scheidenden französischen und belgischen Kommandeuren anzunehmen. Die Atmosphäre am Tisch war nicht gelockert, eher mißtrauisch gespannt. Das Rheinland, nun von Franzosen und Belgiern geräumt, wurde nicht von Reichswehrtruppen besetzt, sondern blieb »entmilitarisierte Zone«. Den ganzen Tag verfolgten mich die Gedanken an den verstorbenen Gustav Stresemann. Auf diesen Tag, auf die endgültige Räumung des deutschen Territoriums, hatte er mit seiner ganzen Energie und politischen Phantasie hingearbeitet. Doch die vorzeitige Räumung kam politisch zu spät. Sie konnte die nationalistische Welle in Deutschland nicht mehr eindämmen.

Das Jahr 1932 überschlug sich in Hiobsbotschaften. Die Zahl der Arbeitslosen überstieg die Sechs-Millionen-Grenze! Notverordnungen über Notverordnungen folgten in immer schnellerem Tempo, konnten aber das über mehr als 20 Millionen Deutsche heraufziehende Elend nicht lindern. Mitten in diese Fieberkrämpfe, die das ganze Volk durchschüttelten, fiel die Reichspräsidentenwahl. Die demokratisch-republikanischen Parteien einigten sich auf den Monarchisten Paul von Hindenburg; letztlich ein Verzweiflungsakt. Die Nationalsozialisten stellten zum ersten Mal Hitler selbst zur Wahl, die Kommunisten ihren Parteiführer Thälmann und die Deutschnationalen Duesterberg, den Führer der Frontkämpfer-Organisation »Der Stahlhelm«. Hitler gelang der ersehnte Durchbruch nicht, er blieb mit 11,3 Millionen gegen 18,7 Millionen Stimmen hinter dem Marschall zurück. Die Kommunisten konnten 5 Millionen Stimmen für sich buchen. Im April kam es zu dem notwendigen zweiten Wahlgang, in dem Hindenburg mit 19,4 Millionen Stimmen vor Hitler mit 13,4 Millionen zum zweiten Mal Reichspräsident wurde. Es war ein klares Votum gegen Hitler, den die Mehrheit des Volkes nicht an der Spitze des Staates sehen wollte. Doch bedeutete Hindenburgs Sieg auch ein Austreiben des Teufels durch Beelzebub. Im gleichen Monat April fanden auch noch Landtagswahlen in mehreren deutschen Ländern statt. Die NSDAP gewann gewaltig an Stimmen, aber das schlimmste Resultat brachten die Wahlen in Preußen. Nationalsozialisten und Kommunisten zusammen erreichten die Mehrheit im Landtag und stürzten den sozialdemokratischen Ministerpräsidenten Braun, der seit 1925 ohne Unterbrechung die Koalition der Mitte in Preußen geführt hatte. Einen Monat später ließ Hindenburg den Reichskanzler Brüning fallen. Wie ein Löwe hatte dieser ruhige, kluge und auch mutige Mann für Hindenburgs Wiederwahl gekämpft.

In jenen Tagen wurde ich lebhaft an 1925 und meinen Vater erinnert. Als Reichspräsident Ebert starb, hatte das deutsche Volk zwischen dem alten Feldmarschall und dem Führer des Zentrums, Dr. Marx, als Nachfolger zu wählen. In einer stürmischen Redaktions- und Verlagskonferenz im »Hamburger Fremdenblatt« setzte es mein Vater durch, daß sich das große Blatt gegen Hindenburg und für Marx aussprechen sollte. Mein Vater wußte, daß diese Entscheidung die Zeitung viele Leser kosten würde. Ich höre ihn noch, wie er Hindenburg einen alten »Meineidbauern« (Volksstück von Anzengruber) nannte, der den Kaiser miserabel beraten und schließlich im Stich gelassen hätte. Er würde, so meinte mein Vater, auch die Republik verraten. Er sollte recht behalten. Hindenburg war zudem sehr alt geworden und nur noch beschränkt arbeitsfähig. Er hörte nur noch auf einen kleinen Kreis von Menschen, besonders auf Hugenberg, der durch seine verbrecherische Allianz mit Hitler längst nicht mehr frei in seinen Entschlüssen war; er hörte auf den General von Schleicher und noch auf einen Mann, den in Deutschland kaum jemand kannte, auf Franz von Papen.

Ich selbst war Papen ein paarmal als Gast im »Union-Club« in Berlin begegnet, wo ich mich von Zeit zu Zeit mit ein paar Pferdefreunden traf. Papen war zeitweilig Vorsitzender des alten Clubs und für diese Stellung auch recht geeignet. Ich glaube, daß wenigstens 40 Millionen Menschen in Deutschland vor Erstaunen der Mund offenstehen blieb, als sie in der Zeitung lasen, daß der Feldmarschall zum Nachfolger Brünings Franz von Papen erwählt hatte. Selbst die Mitglieder des Union-Clubs waren äußerst erstaunt. Wer kannte Herrn von Papen? Wer war das überhaupt? Niemand konnte diese Frage so recht beantworten.

Ich kann der Versuchung nicht widerstehen, noch einmal weit in die Geschichte zurückzugehen, um zu berichten, wie der Kronprinz im Exil in Wieringen meinem Vater die Geschichte der Ernennung des Reichskanzlers Dr. Michaelis erzählte. So der Kronprinz: »Im Juli 1917 hörte ich, daß Bethmann-Hollweg nicht mehr gegen den Einfluß der Obersten Heeresleitung, sprich Hindenburg und Ludendorff, zu halten sei. Mein Vater, der Kaiser, hatte seine Ablösung beschlossen. Ich begab mich sofort ins Hauptquartier des Kaisers, um ihn zu bewegen, Fürst Bülow zum Kanzler zu machen, denn er allein schien mir in der Lage, den unglückseligen und schon verlorenen Krieg zu beenden. Ich traf meinen Vater«, so berichtete der Kronprinz, »in sehr übler Laune an. Er hörte sich mein Plädoyer für Bülow ohne Einwände an, und ich hoffte schon, mein Ziel zu erreichen. Da sagte er plötzlich: Laß man, mein Junge! Es ist zu spät! Wir haben schon einen neuen Kanzler! Einen neuen Kanzler? Ja wen denn? Der Kaiser: Herrn Dr. Michaelis. Dr. Michaelis? Ja, wer ist denn das, um Gottes willen? Resigniert antwortete der Kaiser: Ja, mein Junge, ganz genau kann ich dir das auch nicht sagen!« Das Ganze spielte sich 1917 ab, dem Jahre, in dem sich das Schicksal Deutschlands, seines Heeres und seines Monarchen entschied. An diese Geschichte mußte ich lebhaft denken, als ich hörte: von Papen Reichskanzler! Auch in diesem Jahre, 1932, wurden die Weichen gestellt. Sie führten auf einem kurzen Umweg zur Machtergreifung Adolf Hitlers.

Diesen Umweg sollte ich nun aus der Ferne erleben. In Brüssel hatte sich einiges verändert. Der Gesandte Horstmann war plötzlich nach Lissabon versetzt worden, um dem Gesandten Graf Lerchenfeld, der wiederum den Posten in Wien räumen mußte, Platz zu machen. Lerchenfeld, einst langjähriger Vorsitzender der Bayerischen Volkspartei, wäre ganz gern nach München gegangen, aber dort wollte man ihm das Präsidium der Partei nicht geben. Er war ein umfassend gebildeter Mann und verbrachte seine Mußestunden bei Mitarbeit am Herderschen Lexikon. Dabei hatte er die Unbekümmertheit der großen Herren. Nur mit Mühe konnte ich ihn davon abhalten, morgens im »Bois de la Cambre«, wo die elegante Welt sich zu Pferde ein Stelldichein gab, seine Radfahrkünste vorzuführen. Seine Frau, eine sehr gebildete Amerikanerin, hatte schon abgelehnt, mit ihm Tandem zu fahren. Wir verstanden uns eigentlich recht gut, aber gleich nach seiner Ankunft hatte er mir in anerkennenswerter Offenheit gesagt, daß er meinen Posten mit einem ihm ergebenen und befreundeten jungen Mann aus Bayern zu besetzen wünsche. So wußte ich, woran ich war.

Ich verließ Brüssel eigentlich ziemlich leichten Herzens. Beim Grafen Lerchenfeld konnte ich nicht bleiben; Herr von Stumm war durch einen ungewöhnlich unbegabten Diplomaten, Herrn Bräuer, ersetzt worden. Wir konnten uns nicht ausstehen. Später wählte ihn das Schicksal dafür aus, Hitlers Kriegserklärung an Frankreich als deutscher Geschäftsträger in Paris überreichen zu müssen. Auch mein Freund Doertenbach hatte Brüssel verlassen. Ich sollte ihn bald in Buenos Aires wiedersehen. Leicht wurde mir der Abschied besonders deswegen, weil man mir als nächsten Posten Paris versprochen hatte. Da ich mich aber noch einige Monate gedulden mußte, ergriff ich Zeit und Gelegenheit zu einer mehrmonatigen Reise nach Südamerika.

Der große Umschwung

Den ganzen Herbst 1932 bis zum Weihnachtsfest trieb ich mich in Argentinien, Brasilien, Paraguay und Chile herum. Der interessanteste Teil der Reise mit meinem Freund Ulrich Doertenbach führte uns durch die damals noch selten besuchten nördlichen Provinzen Argentiniens. Wie richtige Trapper erforschten wir das Land, nächtigten häufig im Freien am offenen Feuer, überquerten die Anden auf Maultieren und lernten so die Landbevölkerung, in der Hauptsache Indios, gut kennen. Allein reisend besuchte ich die Hauptstadt Paraguays, Asunción. Der Krieg mit Bolivien war ausgebrochen, und ich sah die Soldaten Paraguays fröhlich, in nach deutschem Muster geschnittenen Uniformen, allerdings ohne Schuhe, in den Krieg ziehen. Ich begab mich, streckenweise auf einem Ochsenkarren reisend, in die Nähe des Kriegsgeschehens. Da allerdings konnte einem die Fröhlichkeit vergehen. In der Nähe des Äquators bedeutete schon die kleinste Verwundung den sicheren qualvollen Tod. Es war ein schrecklicher Krieg.

Als ich am Morgen des Weihnachtsfestes mit dem herrlichen Passagierdampfer »Cap Arcona« in Hamburg eintraf, fand ich eine sehr veränderte Szenerie in Deutschland vor. Papen hatte sich als Reichskanzler erwartungsgemäß nicht bewährt. Hindenburg ersetzte ihn durch den General von Schleicher, der die Krise in der NSDAP, die von einer Spaltung durch Gregor Strasser bedroht war, auszunutzen versuchte. Schleicher wollte sich auf die Gewerkschaften stützen, doch sein Plan schlug fehl, während es Hitler gelang, die Spaltung seiner Partei zu verhindern. Im Januar 1933 reiste ich von Hamburg nach Berlin. Die Atmosphäre hatte sich dort seit meinem letzten Besuch bedrohlich verdüstert. Auf den Ministersesseln fand ich neue Leute vor, in der Presseabteilung der Reichsregierung wurde ich höflich, doch kühl aufgenommen. Ganz augenscheinlich war mein Typ nicht mehr gefragt. An den Stammtischen der Literaten, Maler und Schauspieler fand ich die alten Freunde vor. Sie schienen die Veränderung, die im Gange war, noch nicht zu begreifen.

Und dann kam der 30. Januar 1933, der Tag der »Machtergreifung«. Ich wohnte wie immer in einem kleinen Zimmer im Hotel

Adlon und konnte das Treiben im Regierungsviertel beobachten. Es gab an diesem Tage immerhin noch mehr ernste als freudige Gesichter. Doch auch diejenigen, die eine Vorstellung davon hatten, was eine Kanzlerschaft Hitlers bedeuten könnte, verfügten über keine so ausschweifende Phantasie, als daß sie sich das Kommende wirklich vorzustellen vermochten. Am Abend brachten dann SA und SS ihrem »geliebten Führer« einen riesigen Fackelzug. In nicht enden wollenden Reihen zogen diese »alten Kämpfer« vieler brutaler Saalschlachten an der Reichskanzlei vorbei. Hitler nahm die Huldigungen strahlend entgegen. Er war am Ziel! Die Straße hatte gesiegt.

Sah man sich die Kabinettsliste dieser ersten Regierung Hitlers an, so konnte es den Anschein haben, als ob es Papen gelungen sei, Hitler durch die Zahl der bürgerlichen Minister einzukreisen. Aber in einem Kabinett geht es weniger um die zahlenmäßige Aufteilung der Sitze als um die Qualität der Ressorts. Papen selbst war Vizekanzler, Hugenberg Wirtschafts- und Freiherr von Neurath Außenminister. Neurath sollte das Ausland beruhigen, und es ließ sich auch beruhigen, obwohl durch General von Blomberg die Reichswehr, durch Frick als Innenminister und Göring als Minister ohne Geschäftsbereich, aber bald Luftfahrtminister und preußischer Ministerpräsident, die Macht in die Hände der Braunhemden übergegangen war. Wer die Reichswehr, die Polizei und Preußen in der Hand hatte, besaß praktisch die Möglichkeit, alle anderen Ministerien zu überspielen. Die Machtergreifung mit Hilfe der Waffenträger der Nation, Reichswehr und Polizei, wurde schnell und konsequent durchgeführt. Zwei Monate später hätte jeder erkennen können, wohin die Fahrt ging. Goebbels, zum Propagandaminister ernannt, trommelte pausenlos durch Presse, Rundfunk und Film auf das Volk ein, nachdem ihm der Reichstagsbrand die Munition zu diesem schmutzigen inneren Kampf geliefert hatte.

Die Reichstagswahlen im März brachten Hitler zwar neuen Zulauf, aber doch nicht die absolute Mehrheit. Es blieb bei 44 Prozent der Stimmen in dieser letzten einigermaßen freien Wahl. Nach den Wahlen zog Hindenburg aber nicht die Konsequenzen aus diesem Votum des Volkes, sondern bot ihm ein Schauspiel, das für jeden geschichtlich denkenden Menschen an Widerlichkeit und Abstrusität kaum zu übertreffen war. Ich meine den sogenannten »Tag von Potsdam«. In der Garnisonkirche schlossen Hindenburg und Hitler den Pakt zwischen Preußentum und Nationalsozialismus. Wenn die Geschichte Sinn für dramatische Effekte besäße, hätten die Glocken herabstürzen und diese beiden Männer unter sich begraben müssen. Preußentum und Nationalsozialismus hatten nichts, aber auch gar nichts miteinander gemein. Preußen hatte viele Gegner im Innern und in der ganzen Welt, aber niemand sprach dem Preußentum die Ehrenhaftigkeit ab. Ich mußte, als ich in der Wochenschau die Bilder aus Potsdam sah, wieder lebhaft an meinen Vater und seine Prophezeiungen denken. Mir war nur nicht klar, ob der »Meineidbauer« noch wirklich erfaßte, was er tat.

Ich möchte nun in keiner Weise den Anschein erwecken, als ob ich in meiner unübertrefflichen Weitsicht wirklich eine Vorstellung von dem hatte, was kommen würde. Weit gefehlt. Allerdings teilte ich nicht die Hoffnung derer, die glaubten, Hitler würde sich schon mit der Zeit abschleifen, sein Programm modifizieren und den Tatsachen Rechnung tragen. Trotzdem glaubte auch ich 1933 nicht an eine lange Dauer des Hitlerregimes. Meine Hoffnungen stützten sich auf die militärische Schwäche Hitlers, der über keine echten Machtmittel verfügte. Ich hatte »Mein Kampf« gelesen und glaubte, daß die Großmächte dem ganzen Spuk ein schnelles Ende bereiten würden, sobald Hitler sich anschickte, seine Pläne zu verwirklichen. Hitler schien zu dieser Zeit seine Macht nach außen selbst sehr gering einzuschätzen, denn er stürzte sich mit aller Vehemenz auf die Festigung seiner Stellung im Innern. Neurath und das Auswärtige Amt bemühten sich erfolgreich, das Ausland zu beruhigen. Hitler unterstützte sie dabei mit friedliebenden Worten. Er betrieb auch noch keine Aufrüstung in größerem Stil. Im Inneren aber setzte er seinen Willen durch. Die Kommunisten wurden aus dem Reichstag ausgeschlossen, und so wagte Hitler im März 1933, dem Reichstag das »Ermächtigungsgesetz« vorzulegen. Alle Parteien außer den Sozialdemokraten stimmten dem Gesetz zu und gaben damit Hitler freie Hand, zu schalten und zu walten, wie er wollte. Die Ablehnung des Gesetzes durch die SPD und die mutige Rede ihres Vorsitzenden Otto Wels werden für immer ein Ruhmesblatt in der Geschichte dieser Partei bleiben.

Zunächst schaltete Hitler die Länder gleich und setzte als oberste Gewalt des Reiches überall Reichsstatthalter ein; im Frühsommer lösten sich nach dem Verbot der KPD und SPD alle Parteien außer der NSDAP selbst auf, natürlich unter entsprechendem Druck. Stück um Stück verlor das deutsche Volk die Freiheit des Individuums und auch der politischen, wirtschaftlichen und kulturellen Kollektive. Den Weg, den das Reich unter Hitler im Inneren ging, kennt heute jeder Mensch.

In diesem Buch soll von meinem Lebensweg im Rahmen der politischen Ereignisse gesprochen werden. So muß ich dem Leser auch mitteilen, daß ich unterdessen ein verheirateter Mann geworden war und meine Frau Edith mir unseren ersten Sohn geschenkt hatte. Meine Frau und ich hatten uns kennen- und liebengelernt, als wir sehr jung waren. 1934 wurde unser zweiter Sohn Konstantin geboren, in einer Zeit, in der unsere äußere Lage schon prekär war, denn ich konnte keine Arbeit finden. Das Presseamt der Reichsregierung hatte ich seit meiner Rückkehr aus Südamerika nicht mehr aufgesucht, denn das wäre sinnlos gewesen. Man kannte dort meine politische Vergangenheit. Dazu hatte mein Vater die Leitung der Redaktion des »Hamburger Fremdenblattes« freiwillig niedergelegt. Mit meiner und meiner Familie politischen Vergangenheit war im Dritten Reich kein Staat zu machen. Nach Gründung der Reichspressekammer wurde mir auch noch schriftlich mitgeteilt, daß ich von dieser Organisation ausgeschlossen sei. So war auch für eine unpolitisch-journalistische Tätigkeit kein Spielraum. Dazu täuschte ich mich leider in der Dauerhaftigkeit des Regimes. Ich dachte, daß wir die kurze Zeit schon durchkommen würden, und behielt unseren Lebensstil bei, sogar meine Leidenschaft für die Pferde und das Dressurreiten.

Dieses Hobby hätte mich um ein Haar in Teufels Küche gebracht. In den Tattersall Beermann brach die braune, besser gesagt die schwarze Welle auch ein. Es wurde eine SS-Reiterstandarte aufgestellt; die Menschen, die eigene Pferde besaßen, waren sehr gefragt. So machte man mich in »Gleichschaltung« einer Herren-Quadrille zu einem Anwärter für diese Standarte. Aber dann forschte man ein wenig nach, interviewte unseren Hauswart, unser Hauspersonal usw. und teilte mir dann mit, daß ich mit 1,69 m um einen Zentimeter zu klein sei. Ich hätte nie gedacht, wie wertvoll ein Zentimeter zuwenig sein könnte. Damit hatte die Sache ein Ende. Ich gab bis auf weiteres die Reiterei auf. Übrigens wurde diese Reiterstandarte bald als »Hort der Reaktion« aufgelöst.

Dieser Vorgang war in jeder Hinsicht ein Glück, denn meine Hoffnung, daß das Ausland dem Regime ein Ende machen würde, trog. Obwohl Hitler allmählich die Vorsicht nach außen hin aufgab, geschah nichts. Ganz vereinzelt konnte ich einmal eine Arbeit ins Ausland verkaufen oder etwas Feuilletonistisches im Inland veröffentlichen. Einige äußerst ungemütliche Tage verlebte ich im Zusammenhang mit dem »Röhm-Putsch« am 30. Juni 1934. Es war ein herrlicher Sommertag. Ich saß nichtsahnend auf der Terrasse des Romanischen Cafés, als mir ein Freund das Extrablatt überbrachte, in dem zu lesen stand, welche seiner ehemaligen Freunde Hitler hatte erschießen lassen. Etwas lauter als angezeigt meinte ich dazu, nach meinem Geschmack seien es eigentlich noch viel zu wenige. Die Bemerkung erregte – die Terrasse gehörte eigentlich nicht wirklich zum »Romanischen« und seinem Geist – Unwillen, und ich zog mich eilig, wenn auch nicht allzu eilig, zurück.

Als ich im Gewühl der Tauentzienstraße untergetaucht war, begegnete ich einem Bekannten aus der Wilhelmstraße, der schon mehr wußte, als in dem Extrablatt stand. Er berichtete mir, daß die SS auch General von Schleicher und seine Frau ermordet hatte. Er erwähnte auch so nebenbei, daß es Treviranus gelungen sei, erst einmal zu entkommen. Er würde gesucht. Als ich das hörte, war ich stark beunruhigt. Aus purer Neugierde – ich wollte einmal von informierter Seite hören, was eigentlich politisch vorging, hoffte wohl auch, daß Treviranus mir in meiner Misere einen beruflichen Tip geben könne – hatte ich ihn am Tag zuvor angerufen und mich mit ihm für den 1. Juli in seiner Wohnung verabredet. Jetzt war er weg. Die Frage war, ob er wohl auch seinen Terminkalender mitgenommen hatte. Das war nicht sehr wahrscheinlich. Später habe ich von seiner abenteuerlichen Flucht, direkt vom Tennisplatz weg, gehört und wundere mich noch heute, daß die politische Polizei seinem Terminkalender keine Aufmerksamkeit schenkte, denn es geschah nichts, obwohl die SS über hundert politische Morde beging.

Noch im gleichen Jahr starb Generalfeldmarschall und Reichspräsident von Hindenburg. Hitler drängte sich ungebeten an das Totenbett dieses Mannes, der viel Unglück über Deutschland gebracht hatte, und übernahm kurzerhand auch sein Amt. Seit diesem Tage war Hitler »Führer und Reichskanzler« und damit unbeschränkter Diktator über alle Deutschen – vorläufig wenigstens nur Deutschen.

Alle diese Vorgänge erfuhr ich aus der Zeitung, ergänzt von Zeit zu Zeit durch einige mündliche Berichte von Freunden aus dem Auswärtigen Amt oder jüngerer Diplomaten, wie zum Beispiel Roland de Margerie, der, während ich diese Zeilen schreibe, französischer Botschafter in Bonn ist. 1954 sollte ich ihn auf der Berliner Konferenz zum ersten Mal nach der Hitler-Zeit wiedersehen.

1934 waren die Zeitungen übrigens noch recht interessant, zumindest zwischen den Zeilen. Die »Frankfurter Zeitung« bot dem erfahrenen Leser noch allerlei Wissenswertes, auch die »DAZ« in Berlin. Aber ein anderes Problem wurde immer bedrohlicher: das Schicksal der Juden. Diejenigen, die sich politisch betätigt hatten, waren entweder im Gefängnis oder hatten zur richtigen Zeit Deutschland verlassen. Wenn wir unsere zahlreichen jüdischen Freunde trafen, war ich stets bestürzt darüber, daß viele die ihnen drohenden Gefahren nicht sehen wollten. Sie glaubten einfach nicht daran, daß sie keine Deutschen mehr sein sollten. Sie meinten, schlimmstenfalls würde sie für einige Zeit nur das Schicksal treffen, als Parias in ihrem Vaterland zu leben. Besonders die im Wirtschaftsleben Stehenden und die Intellektuellen glaubten, das Regime in Deutschland überleben zu können. Es spricht nur für die Juden, daß sie so dachten, daß sie nicht glauben wollten, Hitler würde alle seine Ankündigungen gegen das Judentum in »Mein Kampf« wahr machen, ja noch in unvorstellbarer Weise übertreffen.

Auch unter den »Linksintellektuellen« wütete der braune Terror. Obwohl ich selbst nie zu den Sozialisten oder Kommunisten gehörte, hatte ich doch Freunde unter ihnen, zumeist Künstler und Literaten, mit denen ich heftig zu streiten pflegte, was aber die persönlichen Beziehungen nicht störte.

Zu einem von ihnen, zu Erich Mühsam, Kommunist oder Anarchist, fühlte ich eine besondere Zuneigung, denn eigentlich war er nur ein Romantiker. Ich will hier eine Geschichte aus jenen Tagen von ihm erzählen, die mich sehr gerührt hat. Eines Tages traf ich ihn – lange vor der Hitlerzeit – im Romanischen Café. Bärtig saß er da und brütete dumpf vor sich hin. Erst wollte er nicht mit der Sprache heraus, was ihn bedrückte, aber dann erzählte er das Ungeheuerliche: Er hatte spät geheiratet und daher noch eine kleine Tochter, die etwa vier Jahre alt war. Er liebte sie abgöttisch und las ihr viele Märchen vor. Ich konnte daran nichts Schreckliches finden, aber dann berichtete er: »Heute war ich im KADEWE (Kaufhaus des Westens). Sieh dir dieses Paket an, du kannst nicht erraten, was drin ist!« Ich konnte es wirklich nicht! »Eine Königskrone« schrie er verzweifelt, »ich konnte nicht widerstehen! Die Kleine verlangt von mir, daß ich in allen Märchen den König spiele – ich – Erich Mühsam!« Diesen bei aller Schrulligkeit unendlich gütigen Menschen haben die Nazis im KZ mit Knüppeln totgeschlagen.

Als Hitler 1936 den Locarno-Vertrag kündigte und die Reichswehr unter Vertragsbruch das bis dahin »entmilitarisierte« Rheinland besetzte, glaubte ich, die große Wende sei nun endlich da. Ich konnte mir nicht vorstellen, daß Frankreich, das einmal das demokratische Deutschland durch die Besetzung des Ruhrgebietes bis zum wirtschaftlichen Zusammenbruch getrieben hatte, jetzt tatenlos zusehen würde. Mit ein oder zwei Divisionen hätte in diesen Tagen Frankreich Adolf Hitler erledigen können, denn einen schmählichen Rückzug vor den französischen Truppen konnte er als »Führer« nicht durchstehen. Heute wissen wir, daß die Kommandeure von ihm Befehl hatten, es auf keinen Fall zu Kriegshandlungen mit Frankreich kommen zu lassen. Aber nichts geschah. Die französischen Divisionen blieben in ihren Garnisonen.

Für Hitler war die militärische Besetzung des Rheinlandes ein gewaltiger Triumph. Schon im Sommer des gleichen Jahres kam die halbe Welt nach Berlin zu den Olympischen Spielen. Sportgrößen, Diplomaten, Staatsmänner huldigten diesem Mann, der mit seiner wiedererstandenen Armee glaubte, der ganzen Welt trotzen zu können. Alle bewunderten die mustergültige Organisation der Weltspiele, hinter deren Fassade die Nazis mit verbissener Energie am Aufbau ihrer äußeren Macht arbeiteten.

In jedem modernen Geschichtsbuch kann man die Stationen am Wege Hitlers zur größten Militärmacht Europas nachlesen. Mir selbst wurde 1936 klar, daß nur noch ein großer Krieg Hitler in seinem Siegeszug aufhalten konnte.

Bis zum Kriege

In unseren persönlichen Verhältnissen war unterdessen ein Umschwung eingetreten. Ein naher Freund von mir, Dr. Fritz Wendhausen, Theater- und Filmregisseur, sah, wie meine Frau und ich uns abquälten, um zu erträglichen Lebensumständen zu kommen. Als er einen neuen Filmauftrag abschloß, beredete er den Produzenten, mich als einen Mann, »dem manchmal ganz lustige Dinge einfallen«, als Mitautor am Drehbuch zu engagieren. Der Film basierte auf dem Stück »Kolportage« von Georg Kaiser und erhielt schließlich den Titel »Familien-Parade«. Die eigentlichen Autoren waren Ernst Hasselbach und Per Schwenzen! Hasselbach hatte schon eine Menge Drehbücher geschrieben, Per Schwenzen einige Zeit vorher mit seinem Stück »Am Himmel Europas« Erfolg gehabt. Wieviel ich zu diesem im übrigen nicht besonders guten Drehbuch beigetragen habe, weiß ich nicht mehr. Mir war das wichtigste, den »alten Hasen« die Technik des Drehbuchschreibens abzugucken. Das gelang mir auch ganz gut, denn ich hatte bald heraus, daß man das Filmtechnische in dieser Arbeit ziemlich überschätzte. Man konnte das schnell erlernen. Nicht erlernbar ist es dagegen, dramaturgische Einfälle zu haben und einen guten, einen dramatischen oder komischen Dialog zu schreiben. Es sollte sich herausstellen, daß ich, fern davon, ein wirkliches dramatisches Talent zu besitzen, doch in der Lage war, dem Publikum zu liefern, was es sehen wollte, besonders wenn es darum ging, es zum Lachen zu bringen. So kam ich zu einem neuen Beruf.

Als ich meinen dritten Filmvertrag mit noch relativ bescheidener Gage in der Tasche hatte, zog ich die Konsequenz aus der politischen Entwicklung. Ich wußte, es würde Krieg geben. So kaufte ich für wenig Geld einen kleinen Hof zwischen Fürstenberg und Neustrelitz in Mecklenburg. Obwohl ich diesen kleinen Besitz mit einem mehr als bescheidenen Haus, das nicht einmal elektrisches Licht hatte, auch keine Wasserleitung, allmählich vergrößerte und sehr viel im Film verdientes Geld hineinsteckte, am Kriegsende aber alles wieder verlor, habe ich diesen Entschluß nie bereut. Ich selbst lebte und lebe noch heute am liebsten auf dem Land mit möglichst vielen Tieren um mich herum.

Der Hof lag bezaubernd an einem See, über dem Abend für Abend in immer wechselnden Färbungen die Sonne unterging. Elektrischer Strom kam ins Haus, eine Wasserleitung und schließlich sogar ein Badezimmer. Die Kinder gingen in die Dorfschule und führten ein freies unbelastetes Leben. Solange noch Frieden war, lag zwischen unserer Berliner Wohnung und dem bescheidenen und doch so geliebten mecklenburgischen Paradies nur eine Autostunde. Natürlich mußte ich den größten Teil der Woche in Berlin arbeiten, aber die Wochenenden gehörten dem Hof und der Familie.

Hitler holt Österreich »heim ins Reich«, nichts geschieht außer ein paar lahmen Protesten. Dann schlägt die Stunde für die Tschechoslowakei. 1938 ist es soweit, der Krieg scheint unvermeidlich. Noch immer werden »Nichtangriffspakte« geschlossen, Konferenzen abgehalten, doch Hitler, einmal im Zuge, geht aufs Ganze. Da schaltet sich der britische Premierminister Neville Chamberlain ein. Er kennt die militärische Schwäche Englands, das nicht in der Lage ist, seine Verpflichtungen auf dem Kontinent, besonders Frankreich und Belgien gegenüber, einzuhalten. Er glaubt Hitler beschwichtigen, ihn vom Angriff auf die Tschechen abhalten zu können. Niemand will Krieg, nicht einmal die Franzosen, deren enges Bündnis mit der Kleinen Entente ihnen große Beistandsverpflichtungen auferlegt. Chamberlain kommt zu Hitler auf den Obersalzberg und später nach Godesberg, doch der Diktator ist unerbittlich. Er verlangt das Sudetenland, das nie zum Deutschen Reich Bismarcks gehörte. In letzter Minute schaltet sich Mussolini ein, der einmal glaubte, Hitler wie seinen faschistischen Lehrling behandeln zu können, aber längst zum Gefangenen der »Achse Berlin–Rom« geworden ist. Am 29. September 1938 kommt es zur Konferenz in München, an der Mussolini, Hitler, Daladier und Chamberlain teilnehmen. Das Wort »München« ist unterdessen zum Begriff schmählicher Unterwerfung geworden. Hitler setzte seine Forderung auf das Sudetenland durch, Chamberlain unterzeichnete noch schnell eine Nichtangriffserklärung zwischen England und Deutschland und glaubte Hitler, der schon mehrfach erklärt hatte, Deutschland sei jetzt in seinen Grenzen saturiert und habe keine Ansprüche mehr. Man tut Chamberlain unrecht, wenn man ihn für den einzigen Mann des Jahres 1938 hält, der an Hitler glaubte. Ich sehe noch das Bild in der Wochenschau, auf dem er das von Hitler unterzeichnete Stück Papier hoch über seinem Kopf schwingt und der Menge zuruft: »Peace in our time.« Die halbe Welt dachte nicht anders als er, obwohl eigentlich niemand Hitler traute, und sicher viele daran dachten, daß das wirkliche Unrecht, das man Deutschland territorial in Versailles angetan hatte, noch nicht bereinigt war. Danzig und der Korridor waren nicht nur ein Unrecht, sie waren auch eine politisch wirklich unsinnige Konstruktion. Eigentlich konnte niemand glauben, daß Hitler unbedingt das Sudetenland haben mußte, aber auf die Abrechnung mit Polen verzichten würde.

Natürlich wußte ich nicht, wie lange die Atempause dauern würde. Instinktiv aber richtete ich den kleinen Hof in Mecklenburg auf die kommenden Ereignisse aus. Ich ließ in Ordnung bringen, was irgend möglich war, kaufte Vieh, ließ das Dach decken, die Wasserversorgung herrichten, verwendbar mit und ohne elektrischen Strom usw. Das Anwesen sollte für den Krieg gerüstet sein. Ich schrieb ein Drehbuch nach dem anderen.

Vielleicht ist hier ein Wort über die Art meiner Filme am Platze. In den drei Jahren vor Ausbruch des Krieges lernte ich sehr viel von diesem Metier. Ich wandte, was nur wenige Autoren taten, viel Zeit dafür auf, selbst in die Filmateliers zu gehen, um zu sehen, wie so ein Buch in die »wirkliche Unwirklichkeit« von Regisseuren und Technikern umgesetzt wurde. Mein Lehrmeister war häufig der Regisseur Karl Anton, ein technisch besonders begabter Mann. Es kam mir darauf an, Bücher zu liefern, die sich leicht verfilmen ließen, denn solche Bücher waren verkäuflich und in der »Branche« sehr beliebt.

Bis zum Ende des Krieges habe ich etwa 25 Drehbücher geschrieben, die nicht nur auf dem Papier standen, sondern auch ins Atelier gingen und tatsächlich auf der Leinwand erschienen. Sollte ich die Titel aller dieser Filme heute noch aufzählen, ich käme in Verlegenheit. Als nach dem Kriege die Zeit der Fragebogen kam, gelang es mir noch, sie lückenlos aufzuzählen. Die USA-Kontrolloffiziere gaben alle wieder für die Aufführung frei. Vielleicht darf ich schon hier ein Wort einflechten über Filme, die man mir heute noch im Osten als »böse, hetzerische und faschistische Machwerke« vorwirft. Einer meiner ersten Filme war ein Reißer mit dem Titel »Weiße Sklaven«, der während der russischen Revolution spielte. Er war, wenn man so will, ein antikommunistischer Film, obwohl die politische Tendenz eigentlich nur eine untergeordnete Rolle spielte. Aber das ist einerlei, denn ich war, bin und werde ein Antikommunist sein, solange ich lebe. Als der Film fertig war, gab es übrigens dauernd Ärger, denn je nachdem, wie die Politik damals gegen oder für die Sowjetunion lief, wurde er zugelassen, verboten und wieder zugelassen. Die Russen vergessen heute gern und ihre Satelliten in Pankow noch lieber, daß es einmal einen Molotow-Ribbentrop-Pakt gab zur Aufteilung Polens.

Schon bei der Herstellung des Films gab es Schwierigkeiten, denn er spielte schließlich während einer Revolution, und zwar zum Teil auf einem Kriegsschiff. Bei den Aufnahmen an Bord mußte zwangsläufig die militärische Ordnung unterminiert werden. Der Regisseur Karl Anton demoralisierte eine ganze jugoslawische Schiffsbesatzung mit schönem Realismus. Schließlich war der Film doch fertig – da ließ Goebbels sagen, der Film sei ganz gut, aber der Hauptrevolutionär dürfe nicht dauernd mit einem kleinen Hund auf dem Arm herumlaufen, das mache ihn zu sympathisch. Der Hund müsse 'raus! Goebbels hatte im Grunde genommen keine Ahnung vom Film und seiner Technik, denn den Hund, der in jedem zweiten Bild herumwimmelte, herauszunehmen, hieß praktisch den ganzen Film noch einmal zu drehen. Der Produzent, der viel Geld aufgewendet hatte, lief mit bleichem Gesicht herum. Doch mir fiel ein Ausweg ein. Der Hund blieb drin, nur eine winzige Szene wurde dazugedreht, in der der »Revolutionär« seinem Vertrauten erklärte: »Tierliebe ist immer sehr populär!« Goebbels scheint die Ironie und die mögliche Parallele zu den Größen des Dritten Reiches nicht aufgefallen zu sein.

Von einem anderen Film, dem einzigen historisch-politischen Film von mir, nämlich der »Entlassung«, wird noch die Rede sein, denn er brachte mich mit Emil Jannings in enge Verbindung. Es handelte sich dabei um Bismarcks Entlassung durch Wilhelm II. Eigentlich müßte er nach seiner Tendenz den Russen auch heute noch sehr gefallen.

Der Krieg

Im Sommer 1939 wurde es nun wirklich ernst. Wie zu erwarten war, setzte Hitler den Polen die Daumenschrauben an, und die Engländer und Franzosen hatten ihnen gegen jede Aggression Beistand zugesagt. Es war klar, daß sie ihr Wort nicht brechen konnten. Falls Hitler also Ernst machte, war der Krieg nun unvermeidlich. Merkwürdigerweise hatte Hitler in seiner Weltfremdheit die Vorstellung, Frankreich und England würden es niemals zum Kriege kommen lassen, einfach weil sie »feige und degeneriert« seien. In dieser Fehleinschätzung zeigte sich, daß Hitler die Welt und auch die Geschichte, vor allem die Englands, nicht kannte. Er hatte sich wirklich eingebildet, daß man ihn auf dem Kontinent ungehindert machen lassen würde, was immer er wolle. Nur so ließ sich das geradezu kindische Angebot Hitlers an England erklären, das darauf hinauslief, daß England Hitler auf dem Kontinent freie Hand ließ, während Hitler Englands Besitzstand garantieren wollte. Nur ein Mann, dem die primitivsten Kenntnisse der Geschichte Englands und seiner Rolle auf dem Kontinent fehlten, konnte ein so unsinniges Angebot machen. Nur eine Karte besaß Hitler in seinem Spiel, und die hatte ihm Stalin gegeben. Als der Krieg ausbrach, war er mit Hitler verbündet, um sich mit Deutschland die polnische Beute zu teilen. Die Sowjets tun heute so, als hätte es diesen Pakt nie gegeben, aber damit ist die Tatsache nicht aus der Welt zu schaffen, daß Rußland Hitler gegen Polen Rückendeckung gab und damit den Krieg überhaupt erst ermöglichte.

Ende August 1939 war ich mit meinem Freund Karl Anton für einige Tage in Travemünde. Es war ein herrlicher Sommer, aber die politischen Wolken wurden immer düsterer. Das Kurhaus leerte sich mitten in der Saison. Die Menschen strebten nach Hause, wohl spürend, daß das Unheil diesmal nicht aufzuhalten war. »München« ließ sich nicht wiederholen. Schließlich machten wir uns in unserem Wagen auch auf den Rückweg nach Berlin. Ich werde den Moment nicht vergessen, in dem wir aufbrachen, fast als letzte Gäste, und der Chefkellner einen riesigen Vorhang zuzog und damit den Blick auf den Festsaal des Kurhauses versperrte. Es schien mir wie eine symbolische Handlung. Ein anderer Vorhang sollte sich wenige Tage später zu einem grausigen, blutigen Drama heben. Nur mit Mühe gelangten wir nach Berlin. Die Straßen waren durch eine ganze, nach Osten rollende Panzerdivision blockiert.

In jenen Tagen hätte ich nicht geglaubt, daß ich inmitten des kriegerischen Geschehens meinen neuen, durch das Naziregime entstandenen Beruf weiter ausüben könnte. Wir waren, als der 2. Weltkrieg ausbrach, in Berlin. Aber welch ein Unterschied zu 1914! Damals glaubte das Volk an einen gerechten Krieg. Es fühlte sich eingekreist und angegriffen. 1939 jedoch glaubte nur ein winziger Bruchteil der Bevölkerung, in einen gerechten Krieg zu ziehen. Die Aggression Hitlers war zu offenkundig, als daß er mit seiner »Verteidigungspropaganda« irgend jemand hätte täuschen können. Jeder wußte, hier ging es um Machterweiterung, um Eroberungen! Selbst denen, die Hitler in den letzten Wahlkämpfen aus verschiedenen Gründen ihre Stimme gegeben hatten, war ein neuer Krieg unheimlich und zutiefst zuwider. Man wollte die gewisse Stabilisierung der wirtschaftlichen Situation ausbauen nach all den langen Jahren der Depression, der Arbeitslosigkeit und Armut. So breitete sich in den ersten Septembertagen 1939 eine gedrückte Stimmung aus. Selbst Goebbels gelang es nicht, Kriegsbegeisterung zu entfachen. Hitler gab in kleinerem Kreise seiner tiefen Enttäuschung über den Mangel an »Heroismus« Ausdruck. Deutschland nahm diesen Kriegsausbruch hin wie eine Schicksalsfügung.

Joachim von Ribbentrop ist übrigens der einzige unter den »Großen« des Hitlerreiches, mit dem ich einmal gesprochen habe. Es muß im Februar oder März 1933 gewesen sein, als ich mich in Berlin nach einer Beschäftigung umsah. Mein ehemaliger Botschaftsrat Braun von Stumm lud mich zu einem Frühstück ein, an dem einige Herren des Auswärtigen Amts teilnahmen. Neben mir saß ein Herr von Ribbentrop, dessen Namen ich vorher noch nie gehört hatte. Nach dem Essen kam der Gastgeber zu mir und fragte: »Nun, wie fanden Sie ihn?« Da ich nicht verstand, was er meinte, fügte er hinzu: »Ich meine Ribbentrop. Er ist der außenpolitische Berater des Führers!« Ich war entsetzt: »Der? Mit diesem Mann müßte man sich monatelang auf eine einsame Insel zurückziehen, um ihm die Grundelemente europäischer Politik beizubringen!« Herr von Stumm warnte mich vor solchen Äußerungen, denn Ribbentrop habe enormen Einfluß auf Partei und Regierung. Ich verließ die Gesellschaft tief deprimiert. Ich hatte geglaubt, Ribbentrops unsinniges Gerede nicht ernst nehmen zu müssen, denn ich wußte ja nicht, daß dieser Mann von irgendeiner Bedeutung war. Dummes Zeug muß man schließlich häufig auf gesellschaftlichen Veranstaltungen über sich ergehen lassen. Dieser Mann hatte Hitler eingeredet, er könne ruhig gegen Polen ziehen, denn die Westmächte dächten gar nicht daran, ihre Verpflichtungen Warschau gegenüber einzuhalten, denn sie seien feige, degeneriert und außerdem nicht gerüstet. Das letztere stimmte zum Teil, besonders was England anging. Vielleicht wußte Ribbentrop aber selbst nicht, daß auch Hitlers Armee keinesfalls einen Zweifrontenkrieg führen konnte. Aber die Franzosen, denen nur wenige deutsche Divisionen gegenüberstanden, griffen nicht an. Sie blieben in der Maginotlinie.

Zwischen dem 1. und 28. September wurde Polen zu Boden geschlagen und dann zwischen Hitler und Stalin geteilt. Die Heimat spürte vom Kriege noch wenig. Es gab Lebensmittelkarten, die aber noch zu recht reichlichen Rationen berechtigten. Zu meinem großen Erstaunen wurde ich in diesen Wochen weder gemustert noch eingezogen. Dagegen ging die Filmproduktion munter weiter. Während in großen Kesselschlachten die polnische Armee vernichtet wurde, drehten wir, d. h. der Regisseur Karl Anton und ich, den Film »Stern von Rio«. Ein Idol der deutschen Kinobesucher, La Jana, spielte und tanzte die Hauptrolle. Der Streifen war einer der üblichen Unterhaltungsfilme, erwies sich aber als großer Diamant, denn er brachte der Tobis einen enormen Kassenerfolg.

Die ganze Situation in den ersten Kriegswochen hatte für mich etwas Gespenstisches. Sondermeldungen über die Kriegsereignisse unterbrachen unsere Aufnahmen, die sich mit Gauchos, Gangstern, Musik- und Tanzaufnahmen befaßten. Wir taten so, als ob dieser Schmarren das wichtigste auf der Welt sei. Es sollte einige Zeit dauern, ehe ich mich an diese Gegensätze, die von Kriegsjahr zu Kriegsjahr krasser wurden, gewöhnte. Obwohl ich damals 36 Jahre alt und gesund war, kümmerte sich keine militärische Stelle um mich. Dagegen schien es für die Staatsführung ungeheuer wichtig, daß der »Stern von Rio« fertig wurde. So zauberte denn Karl Anton die Atmosphäre von Rio de Janeiro in das Berliner Atelier. La Jana tanzte recht hübsch und kämpfte gleichzeitig mit den Dialogsätzen des Drehbuchs, denn sie war alles andere als eine Schauspielerin. Sympathisch an dieser herzensguten jungen Frau war vor allem, daß sie es auch wußte und sich daher brav bemühte, alles so zu sprechen, wie man es ihr vormachte. Der »Stern von Rio« war einer der letzten Filme La Janas. Sie starb nicht lange darauf an einer Lungenentzündung. Ich denke noch heute häufig an sie, wenn ich auf dem Fernsehschirm die Produktion mehr oder weniger hübscher Mädchen betrachte. Ob einige von ihnen wohl auch die Selbsterkenntnis besitzen, daß sie nur ein bißchen tanzen, wenig singen und gar nicht spielen können? Wenn es so sein sollte, wäre es ein kleiner Trost!

Der Winter 1939/40 ging ziemlich ereignislos dahin, sieht man von etlichen Friedensbemühungen ab, die alle zum Scheitern verurteilt waren. Militärisch wurden nur die Russen tätig, die Finnland zermürbten und schließlich im Frühjahr einem Diktatfrieden unterwarfen. Während dieses Winters tauchten auch allerlei entferntere Verwandte aus den baltischen Staaten auf, die Hitler in einem Abkommen mit Stalin dem Bolschewismus ausliefern wollte. Die Westfront war und blieb ruhig während des ganzen Winters. In aller Stille verlegte Hitler seine Divisionen von Polen an den Westwall und brachte dazu die Waffenproduktion auf höchste Touren. Bombenangriffe gab es noch keine. Unsere kleine Landwirtschaft, besonders der sehr große Gemüsegarten, ernährte die Familie ausreichend. Dafür wurden Filme produziert, das heißt von mir geschrieben und dann produziert. Jede freie Stunde verbrachte ich im Garten oder im Stall, fleißig unterstützt von unseren Jungen, während meine Frau für Familie und Hofpersonal kochte und sorgte.

Erst im Frühjahr kam Bewegung in das Kriegsgeschehen. Im April 1940 fielen Norwegen und Dänemark in die Hände Hitlers, bis schließlich am 10. Mai das Ungewitter über Belgien, die Niederlande und Frankreich hereinbrach.

Nun tauchten Tag für Tag die Namen von Städten im Heeresbericht auf, durch die wir in friedlichen Zeiten im Auto gefahren waren, deren Kirchen und Museen wir besucht und bewundert hatten. Zeit meines Lebens bin ich ein Antiquitäten-Stöberer gewesen; ich kannte daher nicht nur in Deutschland, sondern gerade auch in Belgien und Frankreich zahllose Boutiquen, die ich bis in den letzten Winkel zu durchforschen pflegte. Oft war meine Frau verzweifelt über mich, da ihr zwar die erhandelten Stücke gefielen, ihre Unterbringung aber immer schwieriger wurde. Jetzt tobte in diesen Städten und kleinen Ortschaften der Krieg.

Die Ortsnamen aus dem polnischen Feldzug sagten mir nicht viel, denn bis auf einen Blitzbesuch bei Jan Kiepura und seiner Frau Martha Eggerth in Krynica, einem bekannten polnischen Winterkurort, kannte ich Polen nicht. Übrigens sollten die beiden Stars in einer Filmoperette von mir singen und spielen. Aus dem Engagement wurde nichts, und so sang die männliche Hauptrolle in dem Film »Immer nur Du« Johannes Heesters, einer der sympathischsten Stars des deutschen Films. Wir haben uns noch oft wiedergesehen, und dann war es immer ein fröhlicher Abend, denn er war und ist nicht nur ein besonders reizender Mensch, sondern auch ein sehr gewissenhafter Künstler. Noch heute sehe ich ihn gerne in Frack und Zylinder auf der Bühne oder am Bildschirm. Er ist der letzte Operetten-Tenor mit echtem Charme.

Vor dem Krieg lag auch meine erste Begegnung mit meinem Freund Victor de Kowa, für den ich eine Reihe von Filmen schrieb. »Mit versiegelter Order« war ein schöner Erfolg; besonders reizvoll war unsere Zusammenarbeit an dem Film »Ich liebe Dich«, in dem nur zwei Personen, Victor de Kowa und Luise Ullrich, spielten, dazu ein Hund und eine Katze. Später kamen noch manche andere Filme dazu. Lagen die ersten Titel noch vor dem Krieg, so war »Peter Voss der Millionendieb« der letzte Film vor dem Zusammenbruch. Wir, das heißt Victor de Kowa und seine japanische Frau und meine Frau, sind bis zum heutigen Tage in enger Freundschaft verbunden.

Der Westfeldzug, der nur wenige Wochen dauerte, brachte meine erste und letzte Begegnung mit dem deutschen Militär. Irgendwann hatte ich einen Fragebogen ausfüllen müssen und dabei unter »Fremdsprachen« Französisch angegeben. Gegen Ende des Westfeldzuges bekam ich eine Aufforderung, mich einer Prüfung zu unterziehen. Der Tag ist mir lebhaft in Erinnerung, da er mir interessante psychologische Erkenntnisse vermittelte. Ich war entschlossen, bei dieser Prüfung schlecht abzuschneiden, da ich keinerlei Neigung in mir verspürte, gerade Franzosen, deren Land ich so sehr liebte und noch liebe, als »Sieger« gegenüberzutreten. Da saß ich nun in einer Schulbank und mußte den Leitartikel der »DAZ« über die Eroberung von Paris ins Französische übersetzen. Nichts wäre leichter gewesen, als Fehler in so großer Zahl einzustreuen, daß man auf meine weitere Mitwirkung verzichten würde. Aber es scheint so eine Art Psychologie der Schulbank zu geben, denn ich streute eben doch keine absichtlichen Fehler in die Arbeit ein. Man mag sich eben nicht gerne blamieren. Zudem waren die Offiziere, alle viel älter als ich, sehr nette Leute. Kurzum, die Übersetzung muß nicht schlecht gewesen sein, denn auf die Prüfung folgte eine Musterung, bei der ich auch nicht den geringsten Körperschaden anzumelden hatte.

Viele nackte Männer wurden untersucht, die meisten klagten über diesen oder jenen gesundheitlichen Schaden. In meiner besonderen Gemütsverfassung, einer Art Galgenstimmung, schlug ich eine andere Taktik ein: Ich sagte die Wahrheit. Während der Stabsarzt mich umschlich, entspann sich etwa folgender Dialog: »Augen?« – »Sehr gut«. – »Wie sind Sie zu Fuß?« – »Prächtig.« – »Herz und Lunge?« – »Prächtig, prächtig« usw. Mit jeder meiner Antworten wurde der Stabsarzt mißtrauischer. Er horchte vorn und hinten, klopfte und fühlte mich von Kopf bis Fuß ab. Da plötzlich entdeckte er eine lange Narbe an meinem linken Arm. »Was ist das?« – »Ach«, meinte ich gleichgültig, »eine Operation nach einem Armbruch! Aber alles prächtig verheilt!« – »Sie müssen doch dadurch behindert sein?« – »Nein, nicht im geringsten!« Ich demonstrierte ihm durch allerlei Bewegungen, was für ein vorzüglicher Arm das sei, und so gab er sich geschlagen und schrie wütend: »KV!« Na also! Ich wußte das schon vor der Untersuchung.

Bald darauf kam dann auch wirklich eine Einberufung, und zwar als Dolmetscher für ein Lager für französische Kriegsgefangene in der Mark. Ich begab mich zur Tobis, für die ich gerade an einem Film schrieb, und erklärte kühl, daß man sich den Film an den Hut stecken könne, denn ich sei von morgen früh 9 Uhr an im Gefangenenlager X. Großes Wehgeschrei, denn das ginge auf keinen Fall. Der Film sei schon im Bau usw. Mit stoischer Ruhe erklärte ich, das ginge mich alles gar nichts an, denn ich sei von morgen früh 9 Uhr an... usw. Man wollte mich zu irgendeinem Ministerialrat ins Propagandaministerium schicken, der für »UK-Stellungen« zuständig sei. Ich weigerte mich: »Nein, morgen früh um 9 Uhr...« usw. Damit entschritt ich erhobenen Hauptes, obwohl ich mich gar nicht so besonders wohl fühlte. Doch meine Taktik sollte richtig sein, denn am Nachmittag kam ein Soldat auf einem Motorrad und brachte mir den Befehl, am nächsten Morgen um 9 Uhr *nicht*... usw.

Bis zur Bildung des Volkssturmes in unserem Dörfchen sollte ich während des ganzen Krieges nichts mehr vom Militär hören. In gleichmäßigen Abständen kamen die UK-Stellungen per Post zu mir ins Haus. Obwohl ich niemals zu Goebbels befohlen wurde, niemals einen Brief oder irgendeine andere Lebensäußerung von ihm erhalten habe, schien er »seine« Filmproduktion gegen alle Anfechtungen von militärischer Seite zu verteidigen. Ich kenne Autoren, die in fünf Kriegsjahren keine drei Filme geschrieben haben und doch, genau wie ich, während des ganzen Krieges vom Militärdienst befreit waren. Das Ganze ist charakteristisch für das Naziregime. In irgendeiner Weise waren die großen Herren und mit ihnen die Bürokratie, die sie beherrschten, miteinander verfeindet. Jeder verteidigte seine Sparte gegen die andere mit Verbissenheit, und alle zusammen waren sie gegen die reguläre Armee, Hitler mit eingeschlossen, der zumindest das aktive Offizierskorps nicht leiden konnte. Er witterte, übrigens völlig zu Recht, daß diese Männer, mit einigen Ausnahmen, ihn ebenfalls nicht ausstehen konnten. Er hatte ihnen die Möglichkeit geschaffen, eine große neue deutsche Armee aufzubauen, aber sie waren in ihrer Majorität mißtrauisch gegen die Art, wie er sie verwenden wollte. SS, Gestapo und die echten Militärs waren sich spinnefeind. Göring und Goebbels bekriegten sich bei jeder sich bietenden Gelegenheit. Goebbels ärgerte sich darüber, daß die preußischen Staatstheater Göring unterstanden, und um Goebbels zu ärgern, ließ Göring dem Intendanten Gründgens völlig freie Hand und schützte sogar die Schauspieler, die nicht ganz »arisch« oder mit jüdischen Frauen verheiratet waren, vor Goebbels und Himmler. Göring wiederum ärgerte sich, daß Goebbels den Film in der Hand hatte, und versuchte, wo er konnte, ihm Schwierigkeiten zu machen.

Ich kenne aus tausend Berichten, die zu uns, die wir Filme machten, drangen, diese speziellen Rivalitäten. Ich glaube, daß es im gesamten Staatsgefüge des Hitlerreiches nicht anders war. Talleyrand hat einmal gesagt: »In Rußland herrscht der Absolutismus, gemildert durch Meuchelmord«; er wollte damit sagen, daß der Zarenmord der einzige Ersatz für eine Verfassung gewesen sei. Das Naziregime dagegen wurde durch zwei Faktoren hin und wieder abgemildert: Durch die Rivalität der Hitlergrößen untereinander und durch eine gewaltige Korruption. Im Gegensatz zum bolschewistischen Regime herrschte in den einzelnen Organisationen Hitlers eine Korruption, die durch alle Schichten des Regimes ging. Wie konnte es auch anders sein, da Hitler sich in Ausübung seiner Macht ständig bereicherte, Göring in jede Kasse faßte, die er zugänglich fand, und auch Goebbels einen enormen Aufwand trieb. Himmler war der gefährlichste der Paladine, denn er war wohl unbestechlich. In allen Organisationen setzte sich die Gier nach Geld und Besitz von oben nach unten fest, und Hitler versuchte alles, selbst die Generalität durch Korruption in seine Hand zu bekommen. Wer Geld nimmt, ist gefügig, mag er nicht zu Unrecht gedacht haben. Während des Krieges führte er das System der Dotationen für die hohe Generalität ein, sich wie ein absoluter Monarch des 18. oder 19. Jahrhunderts gebärdend. Es gab Generäle, die die Weihnachts- oder Geburtstagsschecks zurückschickten, aber andere haben sie genommen.

In der SS mag es auch korruptionsfreie Elemente gegeben haben, besonders in der Waffen-SS. In der allgemeinen SS hingegen reichte die Korruption von der Spitze bis in die Leutnantsränge herab, wobei die Preise mit der Höhe des Ranges stiegen. Auch hier gab es natürlich Ausnahmen. Die Korruption wies vielfache Gestalt auf. Nicht immer handelte es sich um bares Geld, sondern vielmehr um Vergünstigungen der verschiedensten Art. Während des Krieges verlagerte sich das Korruptionssystem mit größer werdendem Mangel an allem und jedem auf das Gebiet der Naturalien, für normale Menschen unerreichbare Dienstleistungen, auf Automobile, Benzin usw. Bis in die letzten Tage des Krieges war der höheren SS-Führung noch beinahe alles erreichbar, woran die Bevölkerung schon lange nicht einmal mehr zu denken wagte. Die Korruption reichte bis in die Konzentrationslager. An einem Fall war ich am Rande beteiligt. Es gelang, einem norwegischen Theaterintendanten, dem Bruder meines Freundes Per Schwenzen, der in Sachsenhausen eingesperrt war, Urlaub zu verschaffen und den Urlaub durch immer wieder neue Anlieferung von Kognak und Nahrungsmitteln auf Jahre hinauszuziehen, so daß der »Häftling« schließlich in einem Häuschen in Bayern von den Amerikanern endgültig befreit wurde, ohne das KZ je wiedergesehen zu haben. Ich glaube, daß dieser Fall nicht vereinzelt war. Bei der SS war kein Ding unmöglich, bei entsprechenden Beziehungen und Leistungen, wobei – wie schon gesagt – der Bargeldverkehr möglichst vermieden wurde.

Ehe ich auf meine persönlichen Erlebnisse in der Filmindustrie während des Krieges wieder zu sprechen komme, treibt es mich, den seelischen Konflikt in der Erinnerung wiederzubeleben, der sicher nicht nur mich, sondern ungezählte Tausende Deutscher während des Krieges belastete. Es waren sicher sogar Millionen, die dem Hitlerregime ein möglichst schnelles Ende wünschten, denn die Zeit, in der man einer revolutionären Bewegung zur Not Auswüchse, Machtmißbrauch, ja Brutalitäten nachsehen konnte, war nicht kurz und eruptiv, sondern erwies sich als lang andauernd und sich von Jahr zu Jahr in ihrer Schrecklichkeit steigernd. Mehr und mehr drangen mit der Zeit die Nachrichten über unvorstellbare Grausamkeiten in den Konzentrationslagern in die Bevölkerung. Die Ermordung der Juden wurde weitgehend bekannt, wenn auch einige Millionen Deutsche vielleicht nichts Genaues wußten. Auch Soldaten auf Urlaub berichteten in vertrautem Kreise über das, was sich besonders in den eroberten Ostgebieten abspielte, und verdüsterten damit das Bild einer sieggewohnten Armee.

Besonders einem nicht direkt beteiligten Ausländer ist die seelische Verfassung eines Volkes schwer verständlich zu machen, dessen Jugend von Norwegen bis Afrika, von Rußland bis zum Atlantik und den Pyrenäen in einem erbitterten Kampf stand. Millionen haßten das Hitlerregime. Aber es ist schwer für ein Volk, die eigene Niederlage im Felde zu wünschen. Es soll nicht meine Aufgabe sein, den äußeren Verlauf des Krieges zu beschreiben, denn ich habe an diesem Krieg nicht teilgenommen und bin auch kein Historiker, der mit unbeteiligter Distanz den Ablauf der Ereignisse schildert. Ich selbst habe den Krieg nur in der Form der unerbittlichen Bombenangriffe auf Berlin und andere Städte als Zerstörungsvorgang miterlebt. Alle anderen Kriegsereignisse wurden mir nur durch Zeitungen und Rundfunk nahegebracht.

Hunderttausende, vielleicht Millionen, hörten ausländische Sender, besonders den Londoner Rundfunk. Wenn wir draußen in Mecklenburg auf unserem Hof waren, bildeten die Sendungen der BBC unsere Hauptinformationsquelle. Das die Nachrichten einleitende Motiv aus Beethovens Fünfter habe ich noch heute in den Ohren, nicht weniger die

Stimme des Kommentators Hugh Carleton Greene, dem ich nach dem Kriege noch häufig begegnen sollte. Wer diese Sendungen regelmäßig hörte, konnte über das deutsche Schicksal nicht im unklaren sein. Ja, heute im Rückblick habe ich es mir damals noch furchtbarer vorgestellt, als es nachher Wirklichkeit wurde. Ein jahnzehntelanges Nichtexistieren deutscher Staatlichkeit stand mir immer vor Augen, wenn ich diese und andere ausländische Nachrichten und Kommentare hörte. Nur so ist es verständlich, daß es für den Denkenden und Fühlenden ein Hin- und Hergerissensein gab. Das Verhängnis war unausweichlich, früher oder später. Ja, das eben war jenes schreckliche Dilemma: »früher oder später«. Der Verstand sagte einem, je früher, desto besser. Aber das Gefühl verfiel der Versuchung, die Katastrophe hinauszuschieben, jede Atempause ungewollt als Erleichterung zu verspüren. Aber der Gedanke an die furchtbaren Blutopfer auf allen Seiten lag wie ein Alptraum über allen Gedanken und Gefühlen. Hunderttausende tot oder verstümmelt, das staatliche Nichts als Alternative, ein Ende mit Schrecken oder ein Schrecken ohne Ende? Ein Teufelskreis ohne Hoffnung auf Entrinnen.

Allein der 20. Juli 1944 versprach für einige Stunden Aussicht auf ein rasches Ende. Der späte Zeitpunkt des Attentats gab zwar keine Hoffnung auf ein milderes Schicksal des deutschen Volkes, aber eben doch die Möglichkeit, daß das mörderische Gemetzel aufhören würde. In den wenigen Stunden der Ungewißheit über den Ausgang des Attentats gingen mir tausend Gedanken durch den Kopf. Vielleicht fänden sich entschlossene Heerführer, die an der West- und Südfront nur einen dünnen Truppenschleier stehen lassen würden, um jede verfügbare Division nach Osten zu werfen. Die deutsche Zukunft schien mir erträglicher gestaltbar, wenn man die Truppen der Westmächte bis nach Ostpreußen vorstürmen ließe und in der Zwischenzeit das sowjetische Vordringen nach Mitteleuropa abstoppte. Mir waren – aus den BBC-Sendungen – die Abmachungen der Alliierten über ein Deutschland nach dem Kriege bekannt, auch die Aufteilung des Landes in drei Besatzungszonen. Aber ich konnte mir vorstellen, daß die völlige Eroberung Deutschlands durch die Engländer und Amerikaner diese Abmachungen doch erheblich verändern würde. Der Terror im Inneren wäre zu Ende gegangen, Millionen Juden vor der Vernichtung bewahrt worden und das Schreckgespenst, daß Hitlers Diktatur von der Stalins abgelöst würde, vielleicht noch zu bannen gewesen. Es war nur ein kurzer Traum. Hitlers Stimme drang aus dem Lautsprecher, der Kelch mußte bis zum letzten bitteren Tropfen geleert werden. Blutigste sadistische Rache wurde an allen geübt, die von dem Attentat vorher gewußt hatten. In Deutschland verlosch der letzte Hoffnungsschimmer. Noch im Herbst 1944 zog ich in den persönlichen Dingen die notwendigen Konsequenzen. Meine alte Mutter, deren Wohnung in der Hamburger Schreckensnacht ausgebombt worden war und die mit einer meiner Schwestern auf unserem Hof Zuflucht gefunden hatte, wurde zu meiner älteren Schwester nach Hamburg zurückexpediert. Bald darauf kamen die ersten deutschen Flüchtlinge als Einquartierung bei uns an.

Doch ich bin den Ereignissen weit vorausgeeilt. Wie schon berichtet, schrieb ich teils in Berlin, teils in Mecklenburg meine Filme. Lustspiele, Komödien, Kriminalreißer. Ich kümmerte mich um unsere Landwirtschaft, die Pferdezucht und kämpfte dabei mit all den Schwierigkeiten, die mit der Verknappung notwendiger Güter zusammenhingen.

Das Leben wurde äußerlich dürftiger, die Umstände schwieriger, doch vieles ging fast seinen gewohnten Gang. Ich hatte es mir zur Gewohnheit gemacht, zu festen Stunden am Vormittag und Nachmittag meine Drehbücher zu diktieren, und zwar in täglich fast gleichbleibender Quantität. Was die Qualität anlangte, gab es allerdings erhebliche Unterschiede, über die ich mir aber keine sehr tiefgehenden Gedanken machte, denn ich habe diese Art schriftstellerischer Tätigkeit immer nur als einen Übergang empfunden. Mein Interesse, meine private Lektüre konzentrierte sich beinahe unverändert auf die Politik und die Geschichte.

Die Abende waren, wenn auch unter veränderten äußeren Umständen, dem Zusammensein mit unseren Freunden gewidmet. »Man« traf sich meist nach Theater- oder Filmbesuch bei »Jonni« (Jonnis kleinem Künstlerrestaurant), Ecke Kurfürstendamm und Waitzstraße. Heute ist dieser Freundeskreis über Deutschland verstreut, aber noch bis in das letzte Kriegsjahr trafen wir uns regelmäßig. An verschiedenen Tischen fand man den Vater Heinrich Schroth und seine Frau Käthe Haack, Walter Janssen – seine weibliche Begleitung wechselte –, Karl Schönböck, Walter Kiaulehn mit ihren Frauen, und bald nach Mitternacht tauchte dann Erich Kästner auf, um sein Lieblingsgetränk – Pilsener mit Sekt – in beachtlichen Mengen zu vertilgen. Zu essen gab es meistens etwas, zu trinken immer ausreichend. Im Verlauf des Krieges zogen wir immer häufiger in gleicher Zusammensetzung bei Luftalarm in den Keller, der allerdings auch gegen die kleinste Bombe kaum Schutz geboten hätte. Dafür rückte man den Getränken etwas näher.

Die Gespräche drehten sich natürlich viel um Krieg und Politik, aber nicht weniger um beruflich-künstlerische Fragen. Ja, je mehr sich die Kriegsschrecken häuften, desto weniger bildete der Krieg den Gesprächsstoff. Es gab nicht mehr viel darüber zu sagen. Ähnlich ging es uns und wohl vielen anderen mit den Luftangriffen. Die ersten relativ harmlosen standen noch im Mittelpunkt des Interesses, später, als sie härter und immer schrecklicher wurden, interessierten sie mehr und mehr nur noch im persönlichen Bereich. Wer war ausgebombt worden? Wo konnte man die Betroffenen unterbringen? Darum drehten sich die Gespräche. Langsam lichtete sich auch der Kreis, denn manche verließen die Großstadt und fanden Unterkunft in der Provinz oder auf dem Lande. Wir selbst hatten das Erhaltenswerte, vor allem die umfangreiche, hauptsächlich ererbte Bibliothek, in unser Landhaus gebracht. Sachen von Freunden kamen dazu, so daß das bescheidene Haus bald mehr einem Möbellager als einem Wohnhaus glich. Bombenangriffe sind häufig beschrieben worden. Ich kann dazu nur sagen, daß man sich auch daran gewöhnt. Darum will ich zu diesem Thema nur weniges hinzufügen.

Nur noch eine Luftangriff-Geschichte. Eines Morgens kam ich mit dem Schlafwagen – das gab es auch noch im Kriege – in München an. Die schöne Stadt war noch so gut wie intakt, und so ging ich mit meinem Köfferchen wohlgemut aus dem Bahnhof. Da begannen die Sirenen zu heulen. Die Leute rannten durch die Straßen, doch ich wußte nicht, wohin ich mich wenden sollte. Plötzlich entdeckte ich Stufen, die unter die Erde führten, eilte hinunter, denn es krachte rundherum schon sehr beachtlich. Ich befand mich in einem großen langgestreckten Gewölbe, das einen sehr vertrauenerweckenden Eindruck machte. Unterdessen rollte draußen ein schwerer Luftangriff ab. Es krachte und bumste, wie ich es selten gehört hatte. Schließlich fiel mir auf, daß ich in diesem Gewölbe ganz allein war. Es spricht nicht für meine Intelligenz, daß mir das erst ziemlich spät auffiel, zu spät, um noch eine andere Unterkunft aufzusuchen. Nach fast zwei Stunden ununterbrochenem Krachen und Tosen kam die Entwarnung und ich selbst wieder an das Tageslicht. Da stellte ich fest, daß ich diesen, den schwersten Angriff auf München, in einem unvollendeten U-Bahn-Bau überstanden hatte, über mir nichts als die dünne Straßendecke. Der Hauptbahnhof, aus dem ich nicht lange vorher so munter geschritten war, existierte übrigens nicht mehr.

Nichts liegt mir ferner als Frivolität. Die Zerstörung der deutschen Städte aus der Luft war ein grausiger Vorgang, eine geradezu alttestamentarische Vergeltung auf die deutschen Luftangriffe gegen englische Städte, gegen Rotterdam und viele andere offene Städte. Ich bin mir allerdings nicht sicher, ob die Alliierten nicht auch ohne diese deutschen Angriffe den Luftkrieg gegen die deutsche Zivilbevölkerung begonnen hätten, einfach als ein legales oder auch illegales Mittel des modernen totalen Krieges. Der U-Boot-Krieg, die Blockade sind schließlich in gleicher Weise legale oder illegale Methoden der Kriegführung und stammen bereits aus dem 1. Weltkrieg. Ich darf dabei bemerken, daß ich schon als Knabe, als preußischer Kadett, in Karlsruhe die ersten Luftangriffe im Keller sitzend erlebte und daß es in Karlsruhe einen Friedhof gibt, auf dem eine große Zahl von Kindern liegt, die bei einem Luftangriff elend in einem Zirkuszelt umkamen. Das geschah bereits im Jahre 1916 oder 1917.

Allerdings glaubte ich nicht, daß der 2. Weltkrieg durch diese Art Luftangriff entschieden werden würde. Viele Menschen in Deutschland, aber auch im alliierten Lager waren anderer Ansicht. Man hielt mich im Freundeskreis für hoffnungslos unmodern, wenn ich zur Stützung meiner These von der langen Dauer des Krieges behauptete, daß auch in unserem Zeitalter die Eroberung des feindlichen Landes für einen endgültigen Sieg notwendig sei. Man kann noch so viele Städte zerschlagen, der Krieg geht weiter, bis die feindliche Streitmacht besiegt ist. Das Gegenbeispiel des 1. Weltkrieges, in dem Deutschland um Frieden bat, ehe die Heere des Gegners deutschen Boden betraten, ist kein schlagender Gegenbeweis. Hindenburg und Ludendorff verlangten einen Waffenstillstand – um später übrigens diese Tatsache zu leugnen und die »Dolchstoßlegende« zu erfinden –, weil der Einbruch der feindlichen Heere in deutsches Gebiet unmittelbar bevorstand und militärisch nicht mehr zu verhindern war. Sie kamen also der Eroberung durch den Gegner durch Kapitulation zuvor. Damit war im totalitären Hitlerregime nicht zu rechnen. Ich gehe soweit, zu behaupten, daß nicht einmal heute durch Atomschlag und Gegenschlag ein Krieg wirklich zu entscheiden ist. Die physische Anwesenheit des Gegners im Feindesland und damit die Ausschaltung der politischen Führung des Volkes scheint mir auch heute noch, im Zeitalter der Atomwaffen, von entscheidender Bedeutung. Ihre Beseitigung ist allerdings auch durch eine Revolution möglich. Doch davon wird vielleicht noch später die Rede sein müssen, wenn mir der Leser in die Problematik der jüngsten Militärpolitik zu folgen bereit ist.

Aus dem Rahmen meiner üblichen Produktion von Unterhaltungsfilmen riß mich gegen meinen Willen ein nächtliches Gespräch im Hause eines Freundes. Der Produktionsleiter der Tobis berichtete über das Projekt der Firma – es gab nur noch dem Staat gehörende Produktionsfirmen –, einen Film über den Geheimrat von Holstein zu drehen. Titel natürlich »Die graue Eminenz«. Er entwarf den Aufriß des Films. Seine Erzählung zeigte mir, daß wirklich blutige historische Laien am Werk waren. Ich konnte mich nicht zurückhalten, nun von mir aus ein Bild dieses so umstrittenen Staatsmannes zu improvisieren und dabei die Geschichte der Entlassung Bismarcks durch Wilhelm II. zu erzählen und die Rolle Holsteins zu charakterisieren. Es dauerte nicht lange, und man legte mir das bisher verfertigte Manuskript für den Film mit der Frage vor, ob ich bereit sei, das Drehbuch zu schreiben. Ich wollte es eigentlich nicht tun, obwohl mich dieser Stoff aus meinem speziellen Interessengebiet sehr reizte. Schließlich sagte ich zu, die Geschichte der Entlassung Bismarcks als Film zu schreiben und damit das Fach meiner leichten Muse zu verlassen. Dabei war eine Überlegung für mich ausschlaggebend. Wollte man sich auch nur ungefähr an den geschichtlichen Ablauf halten, so konnte daraus niemals ein Nazi-Film werden. Bismarcks Persönlichkeit war dazu einfach ungeeignet, ja, es mußte eigentlich so etwas wie das Gegenteil herauskommen.

Der Weg, den dieses Filmprojekt dann nahm, sollte mir recht geben. Als der Film projektiert wurde, lebten Deutschland und Rußland noch im Frieden, aber schon während ich an dem Buch arbeitete, sollte sich das ändern. Vorerst einmal fuhr ich an den Wolfgangsee zu Emil Jannings, der die Figur Bismarcks verkörpern sollte. Mitleidige Blicke und Reden meiner Autoren-Kollegen trafen mich, bevor ich mich auf die Reise machte, denn Jannings galt als außerordentlich schwierig in der gemeinsamen Arbeit. Er pflegte, ehe ein Buch wirklich drehreif war, meist ein halbes Dutzend Autoren zu verbrauchen. Und er war in der Tat ein schwieriger Mann, bei dem auch Sympathien und Antipathien ganz persönlicher Art eine große Rolle spielten. Doch zwischen ihm und mir entstand fast sofort ein Vertrauensverhältnis.

Unter etwas günstigeren klimatischen Verhältnissen hätte man Jannings' Besitz am St. Wolfgangsee nur als ein Paradies bezeichnen können. Das bequeme und von Gussy Jannings mit erlesenem Geschmack eingerichtete Landhaus Stroblhof lag in einem sehr großen Park mit herrlichen alten Bäumen und einem prachtvollen Blick über den See und auf die Berge. Im allgemeinen waren wir sehr fleißig, doch häufig angelten wir vom Bootshaus aus oder glitten, den »Blinker« hinter dem Boot ausgeworfen, über das glatte klare Wasser des Wolfgangsees. Zu meinem Erstaunen hatte Emil beschlossen, nicht einen, sondern zwei Filme zu machen. Einen Bismarck-Film hatte es schon gegeben. Er schloß mit dem Frieden zwischen Preußen und Österreich nach dem Kriege 1866. In diesem Film hatte Paul Hartmann die Rolle Bismarcks verkörpert. Jannings schwebte nun eine Art Trilogie vor, erst einmal ein zweiter Teil, der den Reichskanzler auf dem Gipfel seiner Macht in Deutschland und Europa zeigen sollte, also etwa von 1878 bis 1880. Ich machte mich an die Arbeit, und es entstand ein Drehbuch, das in der Verquickung der Gefahr eines neuen Krieges mit Frankreich und dem persönlichen Liebesdrama des ältesten Sohnes des Kanzlers, Herbert von Bismarck, seinen Reiz hatte. Die Handlung, sowohl die politische als auch die private, wurde von mir in das Jahr 1878 zusammengedrängt, in dem durch den französischen Revanchismus erneut eine ernste Kriegsgefahr zwischen Frankreich und Deutschland entstand. Bismarcks diplomatischer Meisterschaft gelang die Erhaltung des Friedens. Ich arbeitete mit dem Schriftsteller Curt I. Braun zusammen, und es entstand unter der Oberleitung von Emil Jannings ein wirklich gutes Buch, zweifellos ein wirklich spannender historischer Film. Nach monatelanger Arbeit war er endlich fertig. Dann aber kam die große Enttäuschung. Die Leitung der Tobis war begeistert, doch Goebbels weigerte sich ihr gegenüber, das Buch überhaupt zu lesen. Er erklärte, er habe »Die Entlassung« bestellt und wolle nichts anderes als diesen einen Film haben. So ist dieses Buch nie in das Atelier gekommen; ich besitze es auch nicht mehr. Als ich am Ende des Krieges vor der russischen Armee flüchtete, ließ ich es wie alle anderen Bücher in Mecklenburg zurück.

Nun mußte also »Die Entlassung« in Angriff genommen werden. Einige Millionen Kinobesucher haben diesen Film gesehen, denn er wurde auch nach dem Kriege von den Alliierten bald freigegeben und geisterte noch jahrelang durch die deutschen Filmtheater. Alles zusammengerechnet habe ich mich wohl ein halbes Jahr in St. Wolfgang aufgehalten. Entgegen allen Prophezeiungen kam ich mit Emil und Frau Gussy glänzend aus. Ich wohnte für mich allein in St. Wolfgang, aber tagsüber arbeitete ich in dem sogenannten »Dichterhaus«, in einer zweiten, zum Besitz gehörenden Villa. Mittags und abends waren wir fast immer zusammen, über die Filmarbeit und tausend andere Dinge sprechend. Hin und wieder kam Besuch, am häufigsten Alexander Lernet-Holenia, der in St. Wolfgang lebte und eigentlich auch an dem Film arbeiten sollte. Er beschränkte sich aber darauf, das Produzierte großartig zu finden und erst nach einigen Tagen wiederzukommen. Rudolf Forster, Käthe Dorsch und Werner Krauß, der am Mondsee ein Haus hatte, kreuzten auf, von Zeit zu Zeit auch Wolfgang Liebeneiner, der als Regisseur »Die Entlassung« später in Szene setzte. So verging ein langer Sommer, in dem meine Frau die ganze Last der Bewirtschaftung des Hofes allein zu tragen hatte. Ich erinnere mich noch lebhaft an ihre verzweifelte Stimme am Telefon, wenn ich wieder und wieder anrief, um zu fragen, ob das Heu nun wirklich eingefahren sei oder nicht. Was konnte die arme Frau dafür, daß der Regen die Heuernte immer wieder verhinderte? Nichts, absolut nichts konnte sie dagegen tun. Ich selbst aber, der ich mich mit der Charakterisierung Bismarcks, Holsteins und Wilhelms II. abplagte, stand unter dem Alpdruck eines Winters mit 16 oder 18 Pferden im Stall ohne Heu. Jannings spürte natürlich die Sorgen, die mich plagten, und nannte Szenen, die ihm nicht gefielen,

»Heu-Szenen«. Nun, das Buch wurde fertig, und das Heu kam auch noch in die Scheune.

Emil Jannings war in diesen Kriegsjahren der einzige deutsche Filmschauspieler von Weltrang. Das Propagandaministerium und Goebbels behandelten ihn daher mit einiger Vorsicht, obwohl zwischen den beiden Männern geradezu eine Todfeindschaft herrschte. Aber man brauchte Jannings, und Jannings selbst, der die Nazigesellschaft haßte, wollte seine Ruhe haben. Den Film »Ohm Krüger« hat er nur äußerst widerwillig gemacht, aber da es schlechterdings von der ganzen Figur her eine andere Besetzung nicht gab, konnte er sich dem Druck schließlich nicht mehr entziehen, wollte er es nicht zum Bruch kommen lassen. Nach dem Ende des Krieges hat man Jannings als angeblich enragiertem Nazi viel Schwierigkeiten gemacht. Das war absoluter Unsinn. Er war zum Märtyrer nicht geboren, sondern dem Wohlleben äußerst zugeneigt. Ich habe seine inneren Kämpfe oft deutlich gespürt, wenn es trotz aller Schwierigkeiten etwas besonders Gutes zu essen gab und er sich nun entscheiden sollte, ob er mich lieber mit am Tisch haben oder das Delikate allein verspeisen wollte. Er rang mit sich, aber ich muß sagen, daß er sich dann schließlich doch stets dafür entschied, lieber zu teilen als allein zu genießen. Immer wieder hatte ich ein inniges Vergnügen daran, wenn sich Emil und Gussy gegenseitig, halb im Ernst, halb im Scherz, beschuldigten, mich in unverantwortlicher Weise zu verwöhnen. Übrigens konnte er auch von Zeit zu Zeit recht grantig sein, und dann war schwer mit ihm auszukommen. Aber auch dagegen hatte ich ein Mittel. Für einige Tage verfiel ich in eine Art melancholischer Unproduktivität. Das half immer, und bald war die Harmonie wiederhergestellt.

Mein enges Verhältnis zu Jannings beruhte aber im Grunde auf meinem Respekt vor seiner Leistung. Wie alle großen Künstler machte er sich die Arbeit nicht leicht. Seine schauspielerischen Fähigkeiten kennt jeder vom Theater oder der Leinwand. Nein, ich meine die Unsumme von Arbeit, die er leistete, ehe er sich entschloß, mit einem Film ins Atelier zu gehen. Er gehörte zu den wenigen im Film, die die Bedeutung des Manuskriptes richtig einschätzten. Damals und heute glauben viele Stars, daß man durch eine starke schauspielerische Leistung aus einem schwachen Drehbuch einen guten Film machen kann. Nicht zuletzt ist an dieser Auffassung die deutsche Nachkriegsproduktion gescheitert. Die Dinge liegen umgekehrt. Man kann durch eine falsche Besetzung der Rollen und eine unzureichende Regie ein gutes Drehbuch kaputtmachen, aber man kann aus einem schlechten Buch durch Starbesetzung keinen wirklich guten Film machen. Jannings wußte das. Zuerst brauchte man eine filmisch brauchbare Geschichte, zu deutsch: Story. Dann muß dieser Stoff filmisch und im Dialog zu einem guten Buch verarbeitet werden, und schließlich braucht man für die Rollen die adäquate schauspielerische Besetzung. Jannings verfiel aber auch nicht in den Fehler vieler Stars, die glauben, wenn sie eine gute Rolle haben und dazu beim Publikum beliebt sind, wird der Film ein Erfolg. Jannings beschäftigte sich in gleich penibler Weise mit den Rollen seiner Mitspieler. Vor allem war ihm auch für die kleinste Rolle die beste Besetzung gerade gut genug. In diesem künstlerischen Verantwortungsbewußtsein und in dieser Klugheit waren seine großen Erfolge begründet. Wenn er den Bismarck spielte, verlangte er für die Rolle des Geheimrats von Holstein niemand anderen als Werner Krauß, für den jungen Wilhelm II. Werner Hinz. Er konnte noch im Atelier einen Diener, der kein Wort zu sprechen hatte, umbesetzen, weil ihm der Typ nicht zu passen schien. Und weil es eine Freude ist, mit Menschen zu arbeiten, die ihr Metier bis in das kleinste Detail verstehen, darum habe ich mit Emil Jannings gerne gearbeitet, wenn auch oft mit Zähneknirschen über seine Pedanterie. Ich habe manchmal eine Szene zehnmal neu geschrieben, weil sie ihm immer noch nicht bis ins letzte ausgefeilt erschien. Er holte alles aus den Menschen, die mit ihm arbeiteten, heraus und hatte recht. Seine Erfolge bewiesen es.

Während wir an der »Entlassung« arbeiteten, stürmten die deutschen Heere durch Rußland. Schließlich verkündete Hitlers »Reichspressechef« Dr. Otto Dietrich prahlerisch, Rußland sei besiegt, die sowjetischen Heere für immer vernichtet. Jannings glaubte es nicht. Unsere gemeinsame Einschätzung des NS-Regimes war natürlich eine große Erleichterung für unsere Arbeit und unser Zusammenleben. Als ich in Strobl ankam, wußte ich nicht, wie er eingestellt war. Aber schon der erste Abend beruhigte mich. Während des Essens verschwand der Diener Franz für einige Zeit, erschien dann mit einem Zettel, ergriff Emils Lesebrille, die auf dem Tisch lag, und verkündete ohne Zögern, daß Radio Beromünster folgende Abendnachrichten verbreite. Gemeinsam pflegten wir BBC-London zu hören, und wenn die Nachrichten mit dem deutschen Heeresbericht nicht übereinstimmten, pflegte er zu zitieren: »Es stinkt in der Registratur!« Zitate liebte er überhaupt sehr. Sein Diener Franz hieß nie anders als »Franz heißt die Kanaille!« Er hatte auch viel Selbsthumor. Einmal regte er sich schrecklich über die Tochter Ruth auf, die sich trotzig zeigte. In seiner aufbrausenden Art zwängte er sich mit seinem dicken Leib hinter dem Schreibtisch hervor, um der Fliehenden wild schreiend nachzusetzen: »Ruth, spiel nicht erwachendes Ungarn!« Die Szene war für mich von so überwältigender Komik, daß ich laut loslachte. Nichts hätte näher gelegen, als jetzt wütend auf mich zu sein, aber er ließ von der Tochter ab, warf sich von der Anstrengung erschöpft in einen Sessel und lachte mit. Der erschrocken herbeieilenden Mutter Gussy erklärte er, er brauche sofort eine Flasche Champagner, der ihm wegen seiner Leibesfülle eigentlich verboten war. Um keine neuen Zornesausbrüche hervorzurufen, bekam er sie auch. Wenn Frau Gussy zu Einkäufen nach Salzburg fuhr, benahm er sich überhaupt wie ein Schuljunge. Schon um 11 Uhr vormittags klopfte er mit seinem Knotenstock an die Fensterscheibe meiner Arbeitsstube und rief: »Kommen S' heraus, Herr Baron! Es ist Zeit zum Gabeln!« Unter diesem österreichischen Ausdruck verstand er ein gutes Zwischenfrühstück, zu dem er eigenhändig aus dem Keller eine Flasche französischen Champagner holte.

Über die Dreharbeiten zu dem Film »Die Entlassung« ist noch etwas zu berichten, das beinahe einen schlimmen Ausgang genommen hätte. Wir drehten in Berlin, die Dekoration des Plenarsaals des Reichstages war aufgebaut, und ich hatte dem sozialistischen Gegner Bismarcks, August Bebel, eine große Szene geschrieben, in der ich ganze Teile einer seiner Reden im Wortlaut verwendet hatte. Als der Bebel-Darsteller seine Rede beendete, klatschte das ganze Personal des Ateliers – besonders die Techniker – demonstrativ Beifall. Sehr schnell war die Gestapo im Atelier, und es gab eine hochnotpeinliche Untersuchung. Schließlich gelang es uns, diesen Hitler-Schergen einzureden, daß der Beifall ausschließlich der großartigen schauspielerischen Leistung des Bebel-Darstellers gegolten habe. Es war nicht sehr glaubwürdig, aber es gelang, die wilden Männer zu beruhigen, da alle im Atelier kameradschaftlich zusammenhielten. Aber schon dieser Vorfall zeigte die ganze Problematik des Filmvorhabens.

Als der Film endlich fertig war, gab es einen wilden Kampf aller gegen alle; ich meine aller Nazigrößen gegeneinander. In diesem Kampf ging es um die Außenpolitik. Neben den innerpolitischen Auseinandersetzungen zwischen Bismarck und Wilhelm II. handelte es sich um die Einstellung des Reiches Rußland gegenüber. Nun erfordert jede Dramatisierung der Geschichte eine Konzentration auf einige wenige Probleme. Hier in diesem Film stand Bismarcks »Cauchemar des Coalitions«, die Angst vor dem Zweifrontenkrieg, im Mittelpunkt. Als der Film projektiert wurde, galt noch der Stalin-Hitler-Pakt. Als der Film fertig war, tobten die großen Kesselschlachten in Rußland. In dieser Situation hackten nun die Nazigrößen aufeinander ein. Ribbentrop setzte ein Verbot des Films durch, Goebbels kämpfte dagegen. Göring mischte sich ein usw. Mehr als ein halbes Jahr blieb der Film nach seiner Fertigstellung verboten, dann setzte sich Goebbels bei Hitler selbst durch, der Rußland bereits für geschlagen hielt und damit das Zweifrontenproblem für gegenstandslos erklärte. Während dieser Kampf der Meinungen tobte, war die Situation für die Hauptbeteiligten an dem Film gar nicht besonders angenehm. Siegte die Anti-Filmpartei, mußten doch auf jeden Fall ein oder mehrere Schuldige gefunden werden, da die »Großen« natürlich nicht schuld sein konnten. Mit großer Propaganda war der Film angekündigt worden. Er hatte etwa vier Millionen Mark gekostet, und nun lag er verboten im Panzerschrank. Goebbels soll gesagt haben, es gäbe nur zwei Möglichkeiten: Entweder müsse er die Beteiligten einsperren oder aber den Film zum »Film der Nation« erklären. Obwohl weder Jannings noch mir an diesem Prädikat etwas lag, waren wir doch erleichtert, als man sich endlich zur Uraufführung entschloß, denn an einem Aufenthalt im KZ konnte uns nichts liegen. Also startete der Film mit großem Pomp, und Bismarck erklärte von der Leinwand herab dem erstaunten Publikum – und zwar in sehr eindrucksvoller Weise –, daß es nur ein Verbrechen in der deutschen Außenpolitik gäbe, nämlich Krieg nach Ost und West gleichzeitig zu führen. Hitler hatte zwar schon für einige Fronten mehr gesorgt, aber da es schon lange keine freie Presse, keine freie Kritik in Deutschland mehr gab, blieb diese Tatsache in den Besprechungen unerwähnt. Übrigens war auch die Bebel-Szene nicht geschnitten worden. Nur am Schluß des Films hatte Goebbels angefangen, selbst zu dichten, was viele Jahre später in meinem Berufsleben noch eine Rolle spielen sollte.

Die ganzen Vorgänge um die »Entlassung« hatten mir nun endgültig jede Neigung zum »großen« Film verleidet, und so kehrte ich in mein Komödien-, Lustpiel-, Kriminal- und Possenmilieu zurück. Die Operette »Immer nur Du« lief jahrelang, der Zirkusfilm »Die große Nummer« ebenfalls, und die Melodien aus dem Film »Stern von Rio« sind noch heute nicht vom Schallplattenmarkt verschwunden.

Ehe ich das Kapitel Film abschließe, will ich noch eine kleine Begebenheit erzählen, die für alle Beteiligten – außer für mich – recht belustigend war. Während des ganzen Krieges habe ich nur einen Film im Ausland gedreht, und zwar in Prag. Es gelang mir bis dahin, solchen Möglichkeiten auszuweichen. Besonders in Paris wollte ich nicht drehen, um nicht der Peinlichkeit ausgesetzt zu sein, alten französischen Freunden etwa auf den Champs Elysées zu begegnen. Nun hatte ich einen kleinen Lustspielfilm »Die schwache Stunde« geschrieben, und ein deutsch-tschechischer Regisseur begann in Prag mit den Aufnahmen. Es stellte sich bald heraus, daß seine deutschen Sprachkenntnisse nicht ausreichten, um mit der Dialogregie fertig zu werden.

Kurz, es gab kein Ausweichen, ich mußte nach Prag, wenn nicht sehr große Kosten entstehen sollten.

Das Ende meines kleinen anspruchslosen Lustspiels, in dem drei junge Ehepaare aus mancherlei Gründen kreuz und quer in Flirt-Konflikte geraten waren, erforderte ein äußeres Ereignis, um die Paare, so wie sie nach Standesamt und Liebe zusammengehörten, wieder in die zärtlich geöffneten Arme zu jagen. Hierzu benötigte ich einen Löwen, der aus der Tierklinik eines Zoologie-Professors plötzlich im Wohnzimmer erschien und alle drei Frauen schutzsuchend wieder in die Arme der geliebten Ehemänner trieb. So weit, so gut. Eine sehr ernste Erfahrung aus meinem Zirkusfilm »Die große Nummer« – der Dompteur hätte bei den Aufnahmen beinahe den Tod gefunden – hatte mich Vorsicht gelehrt. Der Löwe mußte zwar aus den erwähnten dramaturgischen Gründen plötzlich in der Wohnzimmertür stehen, aber ich hatte angeordnet, daß eine Spezialglasscheibe beschafft würde, die für das Kinopublikum unsichtbar und durch die hindurch das wilde Tier zu fotografieren sei. Alles war vorbereitet. Ich ließ das Atelier von allen Mitarbeitern räumen, stellte mich dann hinter die Kamera, um die Wirkung des Arrangements zu prüfen, und der Löwe wurde hereingelassen.

Durch die Kamera beobachtete ich das schöne Tier, das die Glasscheibe mißtrauisch beroch und betrachtete, und dann gab es plötzlich ein Krachen und Splittern! Der Löwe stand, durch das Objektiv der Kamera betrachtet, zwar völlig unscharf, aber nichtsdestoweniger direkt vor meinem Apparat. Mit seinem Kopf hatte er die Scheibe eingedrückt und war neugierig durch die Glassplitter hindurch in die gute Stube getapst. Es war nicht erfreulich. Sicher hat der Leser genügend Phantasie, um sich vorzustellen, wie mir bei diesem Tête-à-tête zumute war. Ich blieb ganz ruhig stehen, bis der Löwe sich damit zu vergnügen begann, über das Salonmobiliar zu springen, die Bezüge abzureißen und allerlei andere Kurzweil zu treiben. Mit ganz kleinen Schritten verschwand ich langsam in der Dekoration und gelangte zur Ateliertür. Ich hatte sie vorsichtshalber abschließen lassen, aber endlich kam ich doch hinaus und stärkte mich mit einem Kognak, während der Dompteur sein Tier wieder einfing. Passiert war das Ganze, weil der Herr Aufnahmeleiter keine Spezialscheibe hatte kommen lassen, sondern eine gewöhnliche Schaufensterscheibe für ausreichend sicher hielt.

Kaum hatte ich mich von meinem Schrecken erholt, bemerkte ich eine besonders aufgeräumte Stimmung unter den Darstellern, die auf Tagesgage verpflichtet waren. Mein Freund Walter Janssen, der wie fast immer bei meinen Filmen mit von der Partie war, erfaßte die Situation von ihrer kommerziellen Seite her sofort und erklärte: »Heute kann die Szene nicht mehr gedreht werden, also gibt es noch eine ›Tüte‹ (Tagesgage) mehr!« Ich war verbittert. Anstatt daß alle noch nachträglich um mein Leben gebangt hätten, dachten sie nur an den schnöden Mammon. Aber ich habe ihnen dann ihre Gewinnsucht versalzen. Es wurde gedreht! Nach alter Stummfilmmanier, der Löwe vor einem schwarzen Tuchhintergrund postiert usw. Technische Einzelheiten seien dem Leser erspart. Die Hauptrolle des Films spielte übrigens nicht der Löwe, sondern die blutjunge Hannelore Schroth, deren schauspielerische Sicherheit mich immer wieder verblüffte.

Es sei mir erlaubt, jetzt einen großen zeitlichen Sprung zu machen. Der Krieg ging, für alle erkennbar, seinem furchtbaren Ende entgegen. Eigentlich wußte jeder Mensch in Deutschland, daß die Katastrophe unabwendbar war. Rückzüge, Rückzüge, natürlich »planmäßig und in voller Ordnung«, waren das tägliche Brot der Leser des offiziellen Heeresberichtes. Aus allen Himmelsrichtungen drangen die Feinde nach der gelungenen Invasion in Frankreich auf die Reichsgrenzen zu. Ich habe nur einen Menschen gekannt, der nicht nur vom »Endsieg« sprach – das taten alle Nazis –, sondern auch wirklich an ihn glaubte. Es war der Mühlenbesitzer und Schankwirt nahe unserem Hof in Mecklenburg. Ich sehe den Mann noch vor mir hinter der Theke stehen, als er mir gläubig erklärte: »Der Führer hat das alles geplant! Die Feinde sollen in einen Sack marschieren, und dann macht der Führer den Sack einfach zu, und alle sind verloren!« Als ich mit ganz ernsthafter Miene fragte: »Und wo sind wir? Auch im Sack?«, warf er mir nur einen irritierten Blick zu: »Auch dafür hat der Führer schon richtig vorgesorgt!« Mir fiel keine andere Antwort ein als: »Na denn Prost!«

Geradezu gespenstisch waren die Drehbuchsitzungen in der Tobis und den anderen Produktionsfirmen. Die Beteiligten saßen – noch Anfang des Jahres 1945 – ganz ernsthaft um einen Tisch und diskutierten Pläne für Filmlustspiele. Jeder wußte, daß diese Filme niemals gedreht werden würden, aber alle taten so, als ob es daran gar keinen Zweifel gäbe. Im Winter 1944/45 wurde mein letztes Drehbuch »Peter Voss der Millionendieb« tatsächlich noch verfilmt und sogar aufgeführt. Aber das war nun auch endgültig der letzte Film aus meiner Feder.

Unterdessen füllte sich unser kleines Landhaus mit Flüchtlingen. Wir brachten sie unter, so gut es ging. Anstatt am Schreibtisch sinnlose Arbeit zu verrichten, bauten wir ihnen Öfen und Herde, versorgten sie wenigstens mit Kartoffeln und Gemüse aus unseren Vorräten. Daß die russische Armee früher oder später auch in unserer Gegend auftauchen würde, darüber gab es für mich keinen Zweifel. Also mußten meine Frau und die beiden Jungen weg, und zwar möglichst, ehe der große

Treck aus Pommern und Mecklenburg begann. Dazu hatte man unseren ältesten Sohn mit seinen 15 Jahren bereits zum Volkssturm bestimmt, sogar schon einmal vorübergehend eingezogen. Als er noch einmal für einige Tage auf unserem Hof war, kam unseren Plänen ein Zufall zu Hilfe. Meine Frau begegnete in Berlin einem Schweden, der ihr seine Sorgen klagte. In Pommern gäbe es ein schwedisches Damenstift, das evakuiert werden müsse, aber er könne keinen Lastwagen auftreiben, um den alten Damen die Mitnahme wenigstens des notwendigsten Gepäcks zu ermöglichen. In meiner Scheune aber stand ein kleiner Lastwagen, natürlich ohne Nummer und Zulassung. Ohne einen Gedanken daran zu verschwenden, wie merkwürdig es sei, daß es bis in unsere Tage in Pommern ein schwedisches Damenstift gab, wurden wir handelseinig. Er bekam den Lastwagen von mir geschenkt unter der einzigen Bedingung, daß er meine Frau und die beiden Jungen mit einem Personenwagen nach Hamburg brächte.

Eines Tages war es dann soweit. Ich sehe noch das alte klapprige Fahrzeug, natürlich völlig überlastet, schwankend von unserem Hof rollen. Ich selbst konnte nicht weg, denn man hatte mich zum Volkssturm eingezogen. Ich war dazu ausersehen, eine kleine Holzbrücke über die Lusebek, ein Bächlein von vielleicht fünf Meter Breite, gegen die russische Panzerarmee zu verteidigen. Ich habe niemals geglaubt, daß die russischen Panzer ihren Weg ausgerechnet über diese schwankende Holzbrücke nehmen würden. Ich habe sie auch nicht verteidigt, denn als die russische Armee zu Ostern wirklich bei uns eintraf – übrigens ohne Panzer –, war ich nicht mehr da.

Da wir gerade vom Volkssturm sprechen, so muß ich noch berichten, daß er bei uns auf dem Lande einen Vorläufer hatte, der sich, so glaube ich, Landwacht nannte. Es war eine Art Aufsichtsdienst bei Luftangriffen, ein Schutz gegen Sabotageakte u. ä. Seit dieser Zeit besaß ich eine Pistole. Einmal in diesem 2. Weltkrieg bin ich, die Pistole tatsächlich in der Hand, militärisch tätig geworden. Eines Morgens, es wurde gerade hell, weckte mich mein Verwalter, ein echter Berliner namens Franz Gohlke, genannt der »olle Johlke«. Er brachte mich mühsam aus dem Bett, denn bei einem unserer Nachbarn war tags zuvor eine alkoholische Sendung eingetroffen, zu deren Vertilgung wir geeignete Schritte unternommen hatten. Es muß sich zu jener Zeit überhaupt so etwas wie ein überfeinerter Geruchssinn entwickelt haben, denn jedesmal, wenn es mir nach Mühen gelang, etwas Trinkbares aufzutreiben, fanden sich auch bei uns alle Nachbarn blitzschnell ein.

Vier Männer und unser Dackel »Herr Knopp« machten sich nun auf den Weg, denn bei dem Luftangriff der vergangenen Nacht auf Berlin sollte die Flak eine Maschine abgeschossen haben und die Besatzung mit Fallschirmen abgesprungen sein. Ich hielt die ganze Sache für ein Märchen und tappelte mit den anderen Dorfbewohnern mißmutig los. Doch es sollte anders kommen. Plötzlich entdeckten wir auf einer Wiese einen Fleck, der sich beim Näherkommen als ein schöner seidener Fallschirm entpuppte. Wir umstanden ihn staunend und dachten, glaube ich, alle das gleiche: Wie viele schöne und dringend benötigte Hemden ließen sich aus dieser Seide nähen! Aber keiner traute dem anderen, und so wurde er sorgfältig zusammengerollt und später abgeliefert. In meinem Dackel aber war der Jagdeifer erwacht. Mit der Nase am Boden sauste er hier- und dorthin, um schließlich vor einem großen Heuhaufen laut bellend wie angewurzelt zu verharren. Es dauerte nicht lange, und oben aus dem Heuhaufen krabbelte ein junger Mann in Fliegerkombination heraus. Ich forderte ihn, besagte Pistole in der Hand, auf, herunterzukommen: »For you the war is over!« Das Bürschchen war wohl kaum 20 Jahre alt und fror schrecklich. Mit einiger Mühe gelang es mir, meine Mitkämpfer zur Besonnenheit zu bringen, denn in ihrer Verbitterung wollten sie den jungen Soldaten für die Zerstörung Berlins verantwortlich machen. Natürlich war das ein häßlicher Gedanke. Aber er war zur Not verständlich bei der furchtbaren Hetze, die Goebbels gegen die feindlichen Flieger betrieb. Dazu hatten wir Dorfbewohner unzählige Male auf einer kleinen Anhöhe gestanden und den schaurigen Lichtschein des brennenden Berlins gesehen, das Dröhnen der an- und abfliegenden Maschinen gehört. Wir lagen mit unserem Dorf etwa 90 Kilometer von Berlin entfernt, aber es war möglich, mit ziemlicher Genauigkeit den Stadtteil Berlins auszumachen, über dem die markierenden »Tannenbäume« leuchteten. Immer stand mir dann das herzzerreißende Bild der mit ihren Kindern in die Bunker flüchtenden Mütter vor Augen, die, atemlos einen Kinderwagen schiebend, einen Koffer schleppend, das Leben ihrer Kinder und ihr eigenes zu retten suchten. Die drohende Gefahr hat mir dabei immer einen weniger tiefen Eindruck gemacht als die menschliche Erniedrigung, die darin lag, daß Mütter um das Leben ihrer Kinder laufen mußten.

Schließlich saß der junge Flieger, ein Kanadier, in unserer Wohnstube. Meine Frau gab dem nassen und durchfrorenen Krieger einen Teller heiße Suppe, was übrigens auch verboten war. Ich selbst versuchte, mit ihm ein Gespräch anzuknüpfen, doch er blieb äußerst einsilbig. Nur als ich ihn fragte, wie oft er mit seinem Bomber Berlin schon angeflogen habe, meinte er lakonisch: »Einmal zuviel!« Der von mir verständigte Stadtkommandant von Neustrelitz ließ ihn dann in einem Wehrmachtsfahrzeug holen. Ich war erleichtert, denn die Gestapo hatte ihr Erscheinen auch schon angekündigt. Ich hoffe, der blonde junge Kanadier hat das Ende des Krieges in einem Gefangenenlager gut überlebt.

Da ich eben die Gestapo erwähnte, treibt es mich zu einem ganz persönlichen Wort, das ich dem Leser schuldig zu sein glaube. Ich kann von ihm nicht verlangen, daß er meine Art und mein Wesen genug kennt, um das, was ich über den Naziterror schreibe, richtig einschätzen zu können. Wenn mich etwas zutiefst bewegt und erschüttert, wenn ich fühle, daß Haß und Verachtung in mir emporsteigen, wenn ich glaube, die Beherrschung zu verlieren und mir Tränen der Wut in die Augen steigen, dann flüchte ich mich in einen bitteren Humor, ja, in etwas, das wie Zynismus erscheinen mag. Ich habe vieles, ja das Entsetzliche gewußt, was von Gestapo und SD in Deutschland und in den besetzten Gebieten getrieben wurde, aber ich habe nie anders darüber sprechen können als in diesem Ton des verachtenden Zynismus, in den ich mich flüchtete. Später, als ich aktiv im politischen Geschehen stand, wußten nur meine engsten Mitarbeiter, daß ich immer dann zu scherzen pflegte, wenn es mir um eine Sache bitter Ernst war. Mir steht in Momenten der Gefahr oder auch tiefer Niedergeschlagenheit nur diese Ausdrucksform zur Verfügung.

So mag es also auch verstanden werden, wenn ich von einer Begegnung mit der Gestapo berichte, die schließlich fast einen belustigenden Ausgang nahm, über den ich aber auch deswegen berichte, weil man aus der Erzählung über den kanadischen Flieger und die Haltung der Dorfbewohner vielleicht den Schluß ziehen könnte, daß diese Bauern alle besonders böse Menschen gewesen seien. An einem Montagmorgen bekam ich eine Vorladung für den folgenden Mittwoch zur Gestapo. Das war ein bedrohliches Schriftstück. Ich ließ also alle staatsfeindlichen Äußerungen, meine Korrespondenz mit dem Ausland und ähnliches vor meinem Gedächtnis Revue passieren. Besondere Sorge bereitete mir meine Korrespondenz mit unserem lieben alten Freund Jacques Fränkel, einem Ullstein-Redakteur, der verborgen in Prag lebte und die Gewohnheit hatte, seine naturgemäß sehr harten Urteile über Hitler und das Regime auf offener Postkarte an mich zu äußern.

Kurz entschlossen fuhr ich sofort zur angegebenen Dienststelle der Gestapo. Den unfreundlichen Empfang suchte ich durch möglichst forsches Auftreten zu kompensieren. Zu meinem größten Erstaunen ging es bei der Vernehmung gar nicht um Politik, Schwarzhören, Landesverrat oder Wehrzersetzung, sondern um ein Ferkel! Was war geschehen? Da es kein Hauspersonal gab, hatten wir für unsere Berliner Wohnung eine Art Diener engagiert, der vor allem die Wohnung bewachen sollte, wenn wir auf dem Lande waren. Er stammte aus dem polnischen Bevölkerungsteil Oberschlesiens und hatte einen unaussprechlichen Namen. Eines Tages war er verschwunden und hatte alle Schuhe und Kleider meiner Frau mitgenommen, dazu auch noch die Hausschlüssel. Meine Frau war zutiefst erbittert und verständigte die Polizei, sehr gegen meinen Willen, denn ich wollte während der Hitlerzeit mit keiner dieser Organisationen etwas zu tun haben. Aber die Polizei hatte den Mann tatsächlich gefaßt – leider die Kleidungsstücke nicht mit – und so stand ich nun im Zimmer der Gestapo, denn der Dieb hatte sich durch eine Anzeige gegen uns gerächt. Es entspann sich ein äußerst prekärer Dialog zwischen dem Gestapobeamten und mir:

Gestapo: »Der X gibt an, Sie hätten ein geschlachtetes Ferkel vom Lande in Ihre Stadtwohnung gebracht und dort mit ihm verzehrt!« (Diese Behauptung war das einzig wahre Wort, das der Mann bei seiner Vernehmung gesprochen hatte.)

Ich: »Ein Ferkel? Völlig ausgeschlossen! Es muß sich hier um einen reinen Racheakt handeln.«

Gestapo: »Sie behaupten also, der X habe eine verleumderische Behauptung gegen Sie aufgestellt? Also eine weitere Straftat begangen?« (Jetzt war größte Vorsicht am Platze, denn die Frage des Ferkels durfte möglichst nicht vertieft werden.)

Ich: »Das will ich nun auch nicht behaupten. Der X mag sich als typischer Städter getäuscht haben. Von Zeit zu Zeit bringe ich ein geschlachtetes Kaninchen mit nach Berlin«.

Gestapo: »Haben Sie denn überhaupt Ferkel auf Ihrem Hof?«

Ich: »Gewiß, sogar mit der dazugehörigen Muttersau! Sie hat kürzlich neun Ferkel geworfen, die ich alle an meine Nachbarn verkauft habe!«

So ging es noch eine Weile hin und her; schließlich unterschrieb ich ein zu 75 Prozent verlogenes Protokoll. Als wir am Wochenende aufs Land kamen, berichtete der Verwalter aufgeregt, daß die Gestapo von Haus zu Haus Nachforschungen wegen meiner Ferkel angestellt habe. Das Resultat war verblüffend, und aus diesem Grunde erzähle ich diese Geschichte, die unsere Nachbarn in einem erfreulichen Licht zeigt. Tatsächlich hatte die Sau elf Ferkel geworfen – eine erstaunliche Leistung ihrer Fruchtbarkeit. Neun Ferkel hatte ich tatsächlich verkauft, zwei hatten wir verspeist. Das macht zusammen elf. Als der Gestapo-Beamte aber nach Befragung der Nachbarn Bilanz zog, hatte er 13 Aussagen beisammen. Alle 13 schworen, ein Ferkel von mir gekauft zu haben. Vor diesem Wunder der Natur kapitulierte selbst die Gestapo, und ich hörte in dieser Sache nichts mehr von ihr. Heute klingt das alles recht humoristisch, aber damals stand auf Schwarzschlachten die Todesstrafe. Ich halte nicht allzuviel von meinem Kopf, aber im Austausch mit einem Ferkel hätte es mir doch leid um ihn getan.

Meine Frau und unsere Söhne waren Anfang 1945 nach abenteuerlicher Fahrt in Hamburg bei der Schwester meiner Frau eingetroffen und provisorisch untergekommen. In langen durchwachten Nächten hatte ich darüber nachgegrübelt, wohin ich meine Familie evakuieren sollte, wenn die russische Armee sich Mecklenburg nähern würde. Ich kannte aus den ausländischen Sendern die alliierten Beschlüsse über die Aufteilung Deutschlands in drei Besatzungszonen und auch ungefähr die Grenzziehung für diese Zonen. Bestimmend für meine Entscheidung war aber schließlich die Überlegung, daß weder die Engländer noch die Amerikaner die Nordseehäfen Hamburg und Bremen den Russen überlassen würden. Darin war ich mir absolut sicher.

Von Hamburg aus, wo die Familie und die Bekannten meiner Frau mich für hysterisch hielten – denn man glaubte nicht an die Möglichkeit, daß die Russen je nach Mecklenburg und nach Berlin kommen würden –, ging die kleine Familie in ein Landhaus in der Lüneburger Heide. Es war mir unverständlich, wie man daran zweifeln konnte, daß die Russen die östlichen Provinzen, daß sie die Mark Brandenburg und Berlin besetzen würden. Wer sollte sie eigentlich daran hindern? Nachdem Hitler sich entschieden hatte, die entweder verbrecherische oder idiotische Offensive durch die Ardennen zu starten, statt alle verfügbaren Truppen nach Osten zu werfen, konnte über den Ausgang des Krieges kein Zweifel mehr herrschen. Daß die Generalität auch in diesem Stadium des Krieges Hitlers Befehlen noch folgte, ist mir stets ein Rätsel geblieben. Alle Generale wußten, daß der Krieg verloren war und daß es eigentlich nur noch eine Frage gab, wie tief nach Mitteleuropa man die Russen hineinlassen würde. Aber nichts geschah, was im Rahmen der Katastrophe noch irgendwie vernünftig erschienen wäre. Erbittert kämpfte man im Westen weiter, ließ zerstören und zerstörte selbst deutsche Städte. Es war alles völlig unbegreiflich, und niemals wird es mir jemand erklären können.

Allmählich wurde es nun auch für mich Zeit, unseren Hof zu verlassen, denn ich war entschlossen, wenn irgend möglich, eine direkte Berührung mit den Russen zu vermeiden. Es waren nicht etwa Haßgefühle, die mich beseelten. Die Russen hatten ihr Land verteidigt und waren nun im siegreichen Vormarsch. Wer sollte ihnen das verübeln? Ich versprach mir nur nichts Gutes von einer direkten Berührung mit der russischen Armee. Ich hätte mich mit den Soldaten und Kommissaren nicht verständigen können, denn ich verstehe kein Wort Russisch. Dazu wußte ich nicht, wieweit die Dorfbewohner, bangend um ihr Leben, zu dem einzigen »Kapitalisten« im Dorf halten würden. Vielleicht würden sie der Versuchung nicht widerstehen können, Wut und Erbitterung der sowjetischen Soldateska auf mich abzulenken, dem einzigen im Dorfe, der dazu nicht Parteigenosse war. Es kam schließlich auch noch schlimm genug. Zwar wurde im Dorf niemand getötet, aber die Männer mußten das Vieh zu Fuß nach Rußland treiben. Für zwei von ihnen waren die Strapazen zu groß. Sie starben an Überanstrengung.

Ich mußte also weg, und so ging ich denn eines Morgens mit einer Aktentasche aus dem Hause, so wie ich es zu tun pflegte, wenn ich nach Berlin fuhr. Es war kurz vor Ostern. Ich habe unseren Hof niemals wiedergesehen. Die Flucht war organisiert. Beim Volkssturm hatte ich mir für einige Tage Urlaub genommen, und in der Nacht vor der Flucht hatten mein »oller Johlke« und der nette polnische Lehrer, der bei uns mit seiner Frau auf dem Hof arbeitete, ein paar Koffer, Kisten und Kasten per Pferdefuhrwerk auf das Nachbargestüt gebracht. Unser polnischer Freund – man kann ihn wirklich nur so bezeichnen – hatte uns zur Flucht geraten. Solange er da sei, so meinte er, würde er dafür sorgen, daß man uns kein Haar krümme. Aber er hatte die Absicht, so bald wie möglich nach Polen zurückzukehren.

Der Besitzer des Nachbargestüts war reich und noch reicher an Beziehungen, und so fuhren wir mit einem Holzgas-Lastwagen los. Er saß vorne beim Fahrer, ich lag auf Ballen und Teppichen im Inneren des Planwagens. So ging es auf überfüllten Straßen den ganzen Tag Richtung Hamburg–Bremen. Es mag 10 Uhr abends gewesen sein, als es im Inneren des Wagens anfing brenzlig zu riechen. Die Rauchentwicklung steigerte sich rapide, aber die Fahrer vorn schienen nichts zu bemerken. Im Wagen war noch die langjährige Prokuristin der Firma des Nachbarn, und wir beide husteten und keuchten um die Wette. Unsere letzte Stunde schien gekommen, denn auch ein Abspringen war wegen des schweren Anhängers nicht möglich. Endlich hielt der Wagen doch. Den Anhänger, voll mit kostbarer Ware, konnten wir vor den Flammen retten. Ich selbst drang noch zwei- oder dreimal in das Innere des brennenden Triebwagens und warf wahllos auf die Autobahn, was ich an Koffern und ähnlichem erreichen konnte. Dann brannte das Fahrzeug lichterloh.

Am dunklen Nachthimmel zogen endlose Bombergeschwader brummend nach Hamburg. Ich mußte lebhaft an unseren Luftschutzwart im Dorf denken, der auch den winzigsten Lichtschein als fluchwürdiges Verbrechen zu bezeichnen pflegte. Jetzt brannte unser Wagen völlig unverdunkelt, man ist versucht zu sagen herzhaft, aus. Mich tröstete der

Gedanke, daß die Bomberbesatzungen, die am Nachthimmel über uns herzogen, sich sicher einbildeten, daß das hübsche Feuer ihr persönliches Werk und jeder weitere Bombenabwurf folglich überflüssig sei. So lagen wir die Nacht im Freien herum, Nachbar, Prokuristin und mein Dackel »Herr Knopp«. Das gerettete Gepäck hatte ich am Straßenrand aufgeschichtet. Obendrauf saß der Dackel und ließ niemanden auch nur in die Nähe kommen. Er hatte das Wesentliche einer Fluchtsituation erfaßt. Als es schließlich hell wurde, stellte ich fest, daß meine Frau und die Kinder nur 9 km von der Unglücksstätte entfernt hausten. Ich organisierte ein Bauernfuhrwerk und machte mich mit Gepäck und Dackel auf den Weg. Nie werde ich den Freudenschrei meiner Jungen vergessen, als sie den weit vor dem Fuhrwerk herlaufenden Dackel zuerst erblickten: »Herr Knopp! Knoppi, Knoppi!« schrien sie, und dann: »Dann muß Pappi auch da sein!« Die Gedankenreihe war unanfechtbar schlüssig. Ja, ich war da, und ich konnte die Meinen endlich wieder in die Arme schließen. In diesem Augenblick wurde mir so recht klar, daß es in schrecklichen Zeiten das Wichtigste ist, mit seiner Familie zusammen zu sein. Wie viele Hunderttausende, Millionen wurden in diesen Monaten aus dem Gefüge der Familie herausgerissen und getrennt. Unzählige sollten es noch für Jahre bleiben. Die Zeit der Abrechnung hatte schon begonnen.

Nach einem langen Schlaf, aus dem mich auch das Krachen der Bomben auf das nahe Hamburg nicht reißen konnte, sah ich mich in der Gegend um. Die Lüneburger Heide mag in normalen Zeiten ihre Reize haben, aber jetzt interessierten mich landschaftliche Schönheiten nicht im geringsten. Die Fruchtbarkeit des Bodens war entscheidend, denn wie sollte man sich hier zwischen Sand und Heidekraut ernähren? Dazu noch als Fremder in der Gegend? Hier gab es nicht einmal Kartoffeln. Ich erklärte meiner Frau, daß wir hier so bald wie möglich verschwinden müßten.

Ein Bekannter, der ab und zu bei mir Fohlen gekauft hatte, Arno Addicks, hatte zwischen Bremen und Bremerhaven ein Gestüt. Dort fanden wir mitten im Wald in einem kleinen, noch unfertigen Holzhaus Unterkunft. Es gab kein Wasser, kein Licht, aber wir waren allein und unter uns. In unserer Nähe lebten Menschen, mit denen man reden konnte und die auch wußten, wie man mit Geld und guten Worten hin und wieder zu etwas Eßbarem kommen konnte. Schlimm war nur, daß man über genügend, ja viel zuviel Zeit verfügte, an die Zukunft zu denken. Deutsche Truppen irrten in kleinen Abteilungen in der Gegend umher. Es kamen einzelne Versprengte – voller Angst, als Deserteure aufgegriffen zu werden – vorsichtig zu unserer Holzhütte, um einen

Schluck Wasser zu erbitten. Unter dem Beschuß der Tiefflieger zogen mein ältester Sohn und ich ins nächste Dorf, um Brot zu holen. Schließlich begann die Beschießung Bremens durch die Engländer mit Artillerie. Weithin sah man nachts den Feuerschein. Und der Rundfunk meldete am 12. April, daß Präsident Roosevelt gestorben sei.

Doch genug der Schilderungen, die so oder ähnlich auf viele Gegenden Deutschlands passen werden. Endlich am 8. Mai 1945 hörten wir an einem Radio, das von einer alten Autobatterie den Strom bezog, die Nachricht von der Kapitulation. Das also war das Ende. War es das Ende Hitlerdeutschlands oder war es das Ende Deutschlands überhaupt? Das war die Frage, über die man sich nun Tag und Nacht das Hirn zergrübelte, wenn man nicht gerade von Engländern, die zuerst auftauchten, und dann von Amerikanern durchsucht, ein kleines bißchen geplündert oder auch einmal freundlich behandelt wurde.

Eigentlich war es ein herrliches Frühjahr, warm und sonnig, aber sonst für erfreuliche Gedanken wenig geeignet. Schließlich sollte und mußte man doch wieder arbeiten, die Familie ernähren. Aber wie? Außer ein bißchen häuslicher Bastelei gab es keine Arbeit. Auf Japan wurden Atombomben abgeworfen, aber irgendwie stand das Leben still, wenigstens für einen sogenannten Geistesarbeiter. Der größte Teil des Tages war durch die Beschaffung des Lebensnotwendigen ausgefüllt, und ich empfand diese Sorge fast mehr als einen Segen denn als Plage. Ich habe auch heute noch nicht vergessen, heute, im Zeitalter des deutschen Überflusses, welche ungeheure Befriedigung ein Vater verspüren kann, wenn er nach einem noch so einfachen Essen feststellt, daß die Kinder satt geworden sind. Nie wieder in allen folgenden Jahren, die wohl auch einmal Anlaß zur Zufriedenheit boten, habe ich ein solches Gefühl der Befriedigung, fast des Stolzes empfunden, wie in solchen Augenblicken. Man hatte eben wirklich etwas Bedeutungsvolles geleistet. Ich sage das aus vollem Herzen, nicht ein Schatten von Ironie ist dabei.

Allmählich fanden sich vereinzelt Amerikaner bei uns ein, zuerst recht zögernd, schließlich Vertrauen gewinnend. Besonders ein junger Amerikaner, Mr. Speyer, kam schließlich fast täglich. Er war ein gebildeter, dazu filmbegeisterter Sohn eines Emigranten. Lange Stunden saßen wir auf unserer kleinen Holzterrasse im Walde und sprachen über Filme, über Literatur und Politik. Immer hatte er für die Kinder eine kleine Leckerei in der Tasche oder auch eine kleine Gabe für meine Frau. Nie wollte er – wie so viele andere – Geschäfte machen. Schließlich bewachte er uns nachts, auf einem unbequemen Sofa liegend, denn die polnischen Zwangsarbeiter fingen an zu marodieren, Gewaltakte zu begehen, und unsere einsam gelegene Waldhütte wurde etwas ungemütlich. Für alles wußte Speyer Rat. Schließlich bestimmte er auch noch meinen beruflichen Wiederanfang. Eines Tages erschien er in seinem Jeep, nahm mich nach Bremen mit und brachte mich zur Militärregierung. Man hatte beschlossen, die unter amerikanischer Regie in Bremen erscheinende Zeitung in deutsche Hände zu übergeben, und suchte nun nach Lizenzträgern und Journalisten, die nicht in der Partei und während der Nazizeit politisch nicht tätig gewesen waren. Und so begann meine Bremer Zeit. Endlich war ich wieder Journalist.

Der »Weser-Kurier« in Bremen

Der Schlußsatz des vorigen Kapitels war etwas voreilig. So schnell gingen die Dinge denn nun doch nicht. In der britischen und amerikanischen Zone gab es schon einige Lizenz-Zeitungen, bei denen allerdings die Gründung unter sehr verschiedenen Bedingungen vor sich ging. Die Engländer lizenzierten Parteiblätter, also »bürgerliche« und »sozialistische«, die Amerikaner bevorzugten das System der überparteilichen Blätter, spannten also bürgerliche und sozialistische Lizenzträger in einer Zeitung zusammen. Auch die Kommunisten bekamen ihren Platz, verschwanden aber nach einigen Jahren wieder. Welches System das bessere war, läßt sich nach den Umständen schwer entscheiden. Reine Parteiblätter sind in normalen Zeiten schwer verkäuflich. Diese Erfahrung hatte man schon in der Weimarer Zeit gemacht, in der die Auflagen der Parteiblätter meist sehr überschätzt wurden. Um nur ein Beispiel zu nennen: Das Zentralorgan der Sozialdemokratischen Partei, der »Vorwärts«, hatte im ganzen Reich eine Auflage von ca. 80 000 Exemplaren, während die kleinbürgerliche, journalistisch gut gemachte »Berliner Morgenpost« etwa 400 000 Exemplare verkaufte. Die Aufhebung des Lizenzzwanges durch die westlichen Besatzungsmächte, die allerdings noch Jahre auf sich warten lassen sollte, brachte dann die unterschiedlichen Systeme in den westlichen Zonen einschließlich der Besitzverhältnisse schnell durcheinander.

Jetzt, im Sommer 1945, gab es erst einmal endlose Sitzungen im Hause der Militärregierung in Bremen, bei denen mit unterschiedlichem Sachverstand über die Gründung der Zeitung diskutiert wurde. Ein merkwürdiger Kreis von Menschen, der sich dort zu den Besprechungen zusammenfand! Die bekanntesten waren zweifellos die Schriftsteller Frank Thiess und Manfred Hausmann; beides Männer von Rang und Bedeutung, allerdings im echten Sinne des Wortes keine Journalisten. Frank Thiess schied aus diesem Kreis sehr bald aus, da er die Bedingung stellte, alleiniger Chefredakteur zu werden. Verhandlungsführer auf der redaktionellen Seite war der sozialdemokratische Journalist Hans Hackmack, ein Mann mit reicher journalistischer Erfahrung aus der Vor-Hitlerzeit, dazu ein genauer Kenner der bremischen Verhältnisse.

Ich selbst bot meine Dienste als Leiter des außenpolitischen Ressorts an und wollte dazu noch »Mädchen für alles« spielen, da ich als junger Mann in allen redaktionellen und technischen Abteilungen eines Zeitungsbetriebes gearbeitet hatte.

Zu dem Besprechungskreis gehörte ferner das Ehepaar Enderle, sehr erfahren in Gewerkschaftsfragen, ziemlich weit links orientiert. Als Geschäftsführer wurde ein Herr Peters ausersehen, ein sehr geschickter Geschäftsmann und dazu das, was ich früher einmal einen »Nach-Ladenschluß-Kommunisten« genannt habe. Ich konnte mit seiner speziellen Art von Kommunismus nie so recht etwas anfangen, denn im praktischen Leben beherrschte er nach meinem Geschmack die kapitalistische Geschäftsführung ein bißchen zu gut. Ganz anders war ein anderer Kommunist in diesem Kreis, ein Herr Kavier, sehr lang und sehr dünn, dabei von seiner Weltanschauung wirklich durchdrungen. Er war kein bedeutender Journalist, aber ein liebenswerter, durch und durch anständiger Mann, mit dem ich mich immer sehr gut vertragen habe. Nach endlosem Hin und Her entschloß sich die Militärregierung der amerikanischen Enklave Bremen, Hans Hackmack allein eine vorläufige Lizenz zu geben. Ich hielt diese Entscheidung für richtig, denn dieser aufrechte Mann hatte seine Anti-Hitlergesinnung im Konzentrationslager schwer büßen müssen, und es war sehr wichtig, daß an die Spitze des Unternehmens ein politisch unanfechtbarer Mann gestellt wurde, ehe die politische Überprüfung der anderen abgeschlossen war. Schließlich lebten wir in der Zeit der Fragebogen, und ihre Überprüfung nahm unheimlich viel Zeit in Anspruch. Was mir selbst auf diesem dornenvollen Wege noch alles zustieß, darüber werde ich bei anderer Gelegenheit noch berichten. Jetzt will ich es kurz machen.

Eines Tages besichtigten wir unsere neue Arbeitsstätte, das Druck- und Zeitungshaus der Familie Schünemann. Das Gebäude war durch Bombentreffer arg mitgenommen. So begannen wir am 22. September 1945 mit zwei oder drei Setzmaschinen, die im Keller installiert waren, und einer noch intakten Rotationsmaschine unsere Arbeit mit Nr. 1 des Jahrganges I des »Weser-Kurier«. Die Papierzuteilung ermöglichte zwei Ausgaben zu je vier Seiten pro Woche. Das journalistische und technische Personal reichte also bei weitem für diese publizistische Leistung aus. Die erste Seite wurde im allgemeinen von mir gestaltet, für die erste Nummer steuerte ich einen Artikel unter der Überschrift »Deutsche Außenpolitik« bei. Der Leser mag mir die Eitelkeit verzeihen, wenn ich diesen meinen ersten politischen Artikel nach einer mehr als zwölfjährigen journalistischen Pause hier in Auszügen wiedergebe. Ich verspreche, daß es nicht allzu oft vorkommen soll.

Deutsche Außenpolitik

Von Felix von Eckardt

»Der 2. Weltkrieg endete durch eine bedingungslose Kapitulation der deutschen Armee. Dadurch ist ein staatsrechtlicher Zustand geschaffen worden, für den es in der Geschichte kaum eine Parallele gibt. Deutschland befindet sich jetzt weder im Kriegs- noch in einem vertraglich festgelegten Friedenszustand mit seinen ehemaligen Gegnern, noch ist ein Waffenstillstand abgeschlossen worden. Das Ende der Nazidiktatur hat auch nicht zu einer Revolution und damit zur Neubildung einer zentralen deutschen Regierung geführt, sondern das gesamte ehemalige Reichsgebiet zerfällt in vier Besatzungszonen, deren militärische Befehlshaber die Regierungsgewalt ausüben. Ihnen zur Seite arbeiten deutsche Verwaltungsbehörden örtlichen oder provinziellen Charakters. Nur in der russischen Besatzungszone ist der deutsche Behördenapparat bereits auf verschiedenen Gebieten zentralisiert worden. Die Russen sind in diesem Falle auf eigene Faust vorgegangen, da die in den Potsdamer Beschlüssen vorgesehene Einrichtung das ganze Reichsgebiet umfassender Zentralbehörden unter Leitung deutscher Staatssekretäre noch nicht verwirklicht wurde.

Die Wiedereinrichtung eines deutschen Außenministeriums wurde bei der Potsdamer Konferenz nicht vorgesehen, und niemand kann heute sagen, ob in näherer Zukunft eine solche Behörde geschaffen werden soll. Der Rat der Außenminister, der augenblicklich in London tagt, hat die Frage der Friedensverträge in Angriff genommen und beschäftigt sich zuerst mit der Ausarbeitung eines Vertragsdokuments zwischen den Alliierten und Italien. Anschließend sollen die Staaten Bulgarien, Rumänien und Ungarn durch Verträge in den Friedenszustand übergeführt werden.

Es ist anzunehmen, daß im Anschluß an diese Arbeiten der Friedensvertrag mit Deutschland in Angriff genommen wird, denn die Potsdamer Konferenz beschloß die Wiederherstellung eines deutschen Staatsgebietes unabhängig von der Dauer der militärischen Besetzung. Es wird also der Tag kommen, an dem Deutschland wieder feste Grenzen erhält, an dem die Souveränität des Reiches über das verbleibende Staatsgebiet wiederhergestellt wird. Zu diesem Zeitpunkt ist spätestens mit der Bildung einer neuen deutschen Reichsregierung zu rechnen, die den Friedensvertrag unterzeichnet und für die Durchführung seiner Bestimmungen die Verantwortung zu tragen hat. Zwangsläufig wird dann eine außenpolitische Behörde ins Leben treten müssen, um die Beziehungen eines neuen Deutschen Reiches mit der übrigen Welt zu regeln.

Bis dahin gibt es keine offizielle deutsche Außenpolitik. Die großen völkerbewegenden Umwälzungen, von denen kaum ein Gebiet des Erdballs unberührt bleiben wird, gehen jetzt ohne eine aktive deutsche Mitwirkung vor sich. Auch die Fragen, die für Deutschland in der Zukunft wieder eine Bedeutung gewinnen werden, finden im Kreis der Vereinten Nationen oder in direkten zwischenstaatlichen Verhandlungen ihre Behandlung, ohne daß Deutschland Gelegenheit hat, an den Entscheidungen mitzuwirken oder seine beratende Stimme zur Geltung zu bringen. Nach dem Zusammenbruch, der auf außenpolitischem Gebiet nicht weniger vollständig ist als auf dem militärischen, kann das deutsche Volk im Augenblick auf eine Vertretung seiner Interessen keinen Anspruch erheben. Erst die allgemeine Entwicklung Deutschlands zu einem demokratischen Staatswesen wird in fernerer Zukunft eine Änderung mit sich bringen...

Eine offizielle deutsche Außenpolitik existiert also nicht, damit ist aber nicht gesagt, daß für uns Deutsche die Vorgänge in der übrigen Welt bedeutungslos und uninteressant sind. Im Gegenteil! Eine der wichtigsten Aufgaben der neuen Publizistik besteht in der Zeichnung eines politischen Weltbildes, das der Wirklichkeit entspricht und nicht verbrecherischen Illusionen. Die unbedingte Anbetung der militärischen Macht, die völlige Unfähigkeit, anders als durch rohe Gewalt politische Probleme zu lösen, muß für die gesamte Welt unerträglich sein...

Für ein besiegtes Volk hat der Gedanke an Zwistigkeiten unter den Siegern etwas Bestechendes. Wenn zwei sich streiten, freut sich der Dritte, sagt der Volksmund. *Doch sind alle Hoffnungen auf dieser Grundlage unsinnig und gefährlich.* Bei völliger Einigkeit der alliierten Regierungen, besonders in den Problemen, die Deutschland betreffen, ist die Chance viel größer, daß unser Volk zu geordneten politischen und wirtschaftlichen Zuständen zurückkehrt. Alle Gegensätzlichkeiten unter den Siegern müssen zwangsläufig auf dem Rücken des Besiegten und zu seinem Schaden ausgetragen werden. Europa braucht in erster Linie *Ruhe* und *Stabilität* in seinen Verhältnissen. Neue Wirren, kriegerische Verwicklungen und machtpolitische Kämpfe würden unweigerlich das schwächliche, flackernde Lebenslicht unseres zerstörten Kontinents auslöschen.

Als Ersatz für eine offizielle deutsche Außenpolitik erwächst jedem einzelnen Deutschen eine eminent wichtige Aufgabe. Durch die vollständige Besetzung Deutschlands tritt jeder Deutsche privat oder durch seinen Beruf mit Angehörigen der Siegervölker in Verbindung. Die Herrschaft der Nationalsozialisten, ihre Verbrechen, ihre beispiellose

Grausamkeit haben die Gesamtheit des deutschen Volkes in den Ruf gebracht, ein Volk ohne Moral und Gesittung zu sein. Jeden amerikanischen, englischen, französischen oder russischen Soldaten, der in seine Heimat zurückkehrt, müssen wir jetzt zu unserem Gesandten machen. Wir müssen uns bemühen, ihnen alles das zu zeigen, was Deutschland in früherer Zeit, fernab von militärischem Protzentum, von stumpfsinniger Gewaltanbetung und kleinbürgerlicher Besserwisserei, Achtung, Vertrauen und oft sogar Liebe erworben hat.«

Obwohl wir nur zweimal in der Woche eine Zeitung zu machen hatten, war eine Unmenge Arbeit zu bewältigen. Es fehlte im technischen Betrieb an allem und jedem. Wer in dieser Zeit einen Betrieb – zur Zeitungsdruckerei gehörte auch noch eine Akzidenz-Druckerei, eine Belegschaft von ca. 600 Menschen – zu leiten hatte, kann sich die täglichen Widrigkeiten selbst ausmalen, die auf uns lasteten. Unter »uns« verstehe ich in erster Linie Hans Hackmack und mich selbst. Eigentlich waren wir alle gleichberechtigt, aber zwischen uns beiden bildete sich ein Vertrauensverhältnis heraus, das uns die Hauptsorgen gemeinsam tragen ließ. Natürlich war die eigentliche kaufmännische und technische Leitung nicht weniger unermüdlich tätig. Mit der Lizenz war aber sowohl die journalistische wie die kaufmännische Verantwortung verbunden. Man mußte sozusagen für alles mit Kopf und Kragen einstehen; besonders für jedes Kilo Zeitungspapier. Ich will aber von diesen tausend äußeren Widerwärtigkeiten nicht sprechen, obwohl man damit allein einen Band füllen könnte. Ich glaube, daß wir unter den gegebenen Umständen eine ganz anständige Zeitung machten. Als stellvertretender Chefredakteur trat Jürgen Tern ein; auch Otto Bothe, ein früherer »Fremdenblatt«-Mann, war eine Bereicherung.

Kehren wir zur Politik zurück. Nicht lange nach Erscheinen der ersten Nummer des »Weser-Kurier« wurde mir die Spezialaufgabe zuteil, den Nürnberger Prozeß zu bearbeiten. So pendelte ich unter wirklich unsäglichen Mühen mit einem uralten Hanomag, dessen Bereifung keinerlei Gummi mehr aufwies, zwischen Bremen und Nürnberg hin und her. An den »großen Tagen« war ich stets im Gerichtssaal, zwischendurch mußte ich mich auf die Kommentierung der durch die Agenturen verbreiteten Berichte beschränken. Dazu war mein ganzes Streben darauf gerichtet, die Leser des »Weser-Kurier« aus dem Zustand der ewigen Selbstbemitleidung herauszureißen und sie durch Meldungen und Kommentare an den Geschehnissen der Welt teilnehmen zu lassen. Das war nicht leicht in einer Stadt, die zu mehr als 60 Prozent zerstört war und deren Einwohner wirklich entsetzlichen Mangel litten. Jeder, der sich noch ein funktionierendes Gedächtnis an jene Jahre vor der

Währungsreform bewahrt hat, weiß, daß sie im Materiellen die schlimmsten waren, die unsere Generation erlebt hat.

Doch zurück zum Nürnberger Prozeß. Sein äußerer Verlauf und die Urteile sind bekannt, und doch gibt es über diesen in der Geschichte einmaligen Vorgang einiges zu sagen. In einem Artikel faßte ich den ersten Abschnitt des Prozesses zusammen. Doch einiges steht nicht in diesem Artikel, denn schließlich arbeiteten wir unter Zensur, die jede Kritik an dem Verhalten der Alliierten ausschloß. Die juristischen Zweifel an einem Teil dieses Verfahrens sind heute Allgemeingut in allen Teilen der Welt. Schon damals waren sie mir bewußt. In einem anderen Artikel hatte ich ausgesprochen, daß Deutschlands furchtbarste Erniedrigung wohl darin zu sehen sei, daß man die Angeklagten von Nürnberg nicht der deutschen Gerichtsbarkeit auslieferte. Nun wurden die Sieger zu Richtern, an sich schon ein bedenklicher Vorgang. Dabei hätte das noch in Kraft befindliche deutsche Strafgesetzbuch völlig ausgereicht, um die Angeklagten den gleichen Strafen zuzuführen, wie sie später vom Nürnberger Gerichtshof ausgesprochen wurden. Ich will mich hier nicht in Einzelheiten verlieren, aber alle, die den Tod durch den Strang erlitten, waren Mörder oder der Beihilfe zum Mord schuldig. Dadurch, daß die Sieger als Richter fungierten, wurden die tausendfachen Verbrechen an den eigenen deutschen Landsleuten nicht mit abgeurteilt. Sie spielten nur am Rande eine Rolle.

Das entscheidende juristische Bedenken liegt aber in der Einführung eines Anklagepunktes, den das deutsche Recht niemals gekannt hat. Es ist dies der Begriff der »Verschwörung gegen den Frieden« (Conspiracy). Die Aufdeckung dieser »Verschwörungen« war ein historisches Verdienst und für das ganze deutsche Volk ein schauerlicher Anschauungsunterricht über das Naziregime. Aber auf der Richterbank saßen auch russische Richter. Es gab einen sowjetischen Ankläger, und dabei hatte sich Stalin mit Hitler selbst verschworen, Polen aufzuteilen, und die Sowjetunion hat noch heute diese Beute in Besitz. Auch Rußlands Angriffskrieg gegen Finnland sei erwähnt, nicht zu vergessen die Abmachungen mit Hitler über die baltischen Staaten, deren Souveränität ausgelöscht wurde. Die Folgezeit sollte zeigen, daß die Sowjetunion auch in den Jahren nach dem Kriege die Verschwörertätigkeit nicht aufgab. So unterwarf sie sich und dem kommunistischen System Polen, die Tschechoslowakei, Rumänien, Ungarn usw. Die Vorstöße der deutschen Verteidigung gegen die spezielle Anklage der »Verschwörung« durch Zitierung des sowjetischen Verhaltens mußten unterbunden werden, denn sonst wäre der Prozeß zusammengebrochen. Die Sowjetunion hatte andere Anklagen in Überfülle vorzubringen, auch ohne die »Verschwörung«, denn ihr

Land war in grausamer Weise verwüstet worden, und Millionen Nichtkämpfer hatten den Tod gefunden. Die juristischen Unzulänglichkeiten in der Grundlage des Prozesses haben mich schon damals peinlich berührt, denn sie diskreditierten das Verfahren vor dem deutschen Volk, und gerade das war psychologisch äußerst schädlich.

Ich will mich nicht weiter im Labyrinth des Nürnberger Prozesses verirren. Es ging monatelang weiter, Tag für Tag immer wieder unvorstellbare Verbrechen, Vorgänge enthüllend, die eigentlich nur einer völlig krankhaften Phantasie entspringen konnten. Während dieser Prozeß seinen Fortgang nahm, steigerte sich das Elend in Deutschland von Tag zu Tag. Zu Millionen strömten die Flüchtlinge aus den verlorenen Ostgebieten nach Mitteldeutschland und noch mehr in die spätere Bundesrepublik ein. Die Kalorien-Zuteilung wurde kleiner und kleiner, die Zahl der Esser, oder besser gesagt der Hungernden, größer und größer. Während im Gerichtssaal die enthüllten Geschehnisse in Wort und Film über uns Berichterstatter wie eine Lawine hereinstürzten, umgaben uns nach Verlassen des Gerichtsgebäudes nichts als Trümmer, Hunger und Elend. Mitten in dieses Inferno, das eigentlich nur durch den Kampf um die Existenz der eigenen Familie, die Gedanken ablenkend, gemildert wurde, griff das Schicksal noch einmal warnend in unseren ganz persönlichen Bereich.

Unsere Söhne hatten wir in einem norddeutschen Internat untergebracht, damit sie wenigstens wieder Schulunterricht hatten. So waren meine Frau und ich allein auf dem Hof bei Bremen. Eines Tages erklärte mir meine Frau, sie müsse einmal die »Tapeten« wechseln und mit mir nach Nürnberg, genauer nach Wörishofen fahren, um ihre beste Freundin wiederzusehen. So fuhren wir denn in dem alten Hanomag gemeinsam los und trafen auch spät nachts in Wörishofen ein. Als ich am nächsten Vormittag allein nach Nürnberg ins Gerichtsgebäude kam, erwartete mich dort ein Fernschreiben. Was war geschehen? Während wir durch die Nacht rollten, hatten plündernde polnische Zwangsarbeiter den Hof überfallen, hatten alle Bewohner in den Keller gesperrt und dann, wohl in einer Art Panikstimmung, alle Männer vor den Augen der Frauen erschossen. Um wenige Stunden waren wir der Katastrophe entgangen. Wir mußten zu den Frauen zurück, die nun auf dem Hof allein hausten. Es war eine schwere Zeit, physisch und psychisch, aber für mich vielleicht leichter als für meine Frau, denn ich hatte in meiner Zeitung eine Aufgabe zu erfüllen, die wenigstens den Anschein des Nützlichen hatte oder vielleicht auch wirklich nützlich war.

Der Winter 1946/47 war die furchtbarste Prüfung, die dem deutschen Volk auferlegt war. Es herrschte bittere Kälte, die Ernährung lag weit unter dem Existenzminimum, es gab keine Kohlen, und nirgends war am Horizont ein Hoffnungsschimmer zu entdecken. Es wurde immer mehr offensichtlich, daß die Einigkeit zwischen den Siegermächten sich rapide in Mißtrauen verwandelte. Wie ich in meinem ersten Artikel im »Weser-Kurier« angedeutet hatte, konnte dieser Vorgang für uns Deutsche nichts Gutes mit sich bringen. Schattenhaft zeichnete sich die Spaltung Deutschlands in einen westlich-demokratischen und einen kommunistisch beherrschten Teil ab. Im November 1946 hatte Churchill die Gefahr deutlich erkannt. In einer großen Rede mahnte er zur Vernunft, riet von weiterer Vergeltung gegen die Deutschen ab und wollte so schnell wie möglich diese 70 bis 80 Millionen Deutschen wieder einem vernünftig gegliederten Mitteleuropa einfügen. Doch sein Mahnruf verfehlte eine nachhaltige Wirkung. Churchill war nicht an der Macht. Zwar hatten die westlichen Besatzungsmächte die Deutschen mehr und mehr auf kommunalpolitischer Ebene zur Verantwortung mit herangezogen, aber das hieß nicht mehr, als das Elend mitzuverwalten.

Doch ich will nicht historisch berichten, sondern von persönlichen Erlebnissen erzählen. Es gab deren genug, während sich die Verhältnisse in Mitteleuropa und in Deutschland gestalteten. So muß ich verzeichnen, daß wir eines Tages vom Lande nach Bremen in die Stadt zogen, die Kinder wieder zu uns kamen, um in Bremen auf das Gymnasium zu gehen. Es standen sogar wieder einige Möbel in unserer Wohnung, und der Kampf um die äußere Existenz wurde wenigstens insofern erleichtert, als ich nicht mehr täglich 50 km in gänzlich unzulänglichen Fahrzeugen zurückzulegen hatte. Aber der Winter 1946/47 setzte uns noch hart zu. Bremen wurde besonders heimgesucht. Als endlich das Eis der Weser aufbrach, krachend wie Kanonenschüsse, rissen die Eisschollen zuerst eine der von den Amerikanern gebauten Behelfsbrücken weg. Wir standen in dieser Nacht vor dem Zeitungshaus und glaubten, das Schlimmste sei überwunden. Da, im fahlen Mondlicht, stockte uns der Atem. Wie ein drohender Schatten tauchte in den treibenden Eisschollen ein Prahm, eine Art großer Holzkahn auf, der sich irgendwo losgerissen haben mußte, und trieb mit den Schollen, sich drehend und hin- und herschlingernd, auf die letzte noch intakte Weserbrücke zu. Und dann krachte und splitterte es. Der Kahn versank und mit ihm die Brücke, die letzte Verbindung zwischen der bremischen Alt- und Neustadt. Es war ein schaurig-schöner, erschütternder Anblick! Nun hieß es wieder neue Notstandsmaßnahmen zu ergreifen, mit neuen Schwierigkeiten fertig zu werden. Auch das gelang, denn in jener Notzeit gab es noch echte Zusammenarbeit aller Parteien für das gemeinsame Wohl. Die Menschen standen noch zueinander. Im gleichen Winter starb meine Mutter, 77 Jahre alt, in Hamburg. Sie war den Anforderungen dieses harten Lebens nicht mehr gewachsen.

Der bremische Senat bestand aus einer Koalition aller Parteien – außer den Kommunisten – an deren Spitze der Senatspräsident Wilhelm Kaisen stand. Wir sahen uns häufig, manchmal täglich, denn ohne Zusammenarbeit zwischen dem Senat und der einzigen Zeitung Bremens wären die Schwierigkeiten nicht zu meistern gewesen. Ich habe vor dem Menschen und Politiker Wilhelm Kaisen stets tiefen Respekt empfunden. Dieser Mann, der sich nie nach einem Amt gedrängt hatte, den die Militärregierung von seinem kleinen Acker vor den Toren Bremens ins Rathaus holte, kannte nur ein Ziel, seiner Stadt zu dienen, in dem unermeßlichen Leid der Nachkriegszeit den Menschen, die ihm anvertraut waren, zu helfen. Voll wachen Verstandes, großer Intelligenz, unerschütterlicher Ruhe, fehlte es ihm, wenn nötig, keineswegs an Pfiffigkeit, die er vornehmlich gegenüber den Amerikanern, wohl dosiert, anzuwenden pflegte. Von Wilhelm Kaisen ließen sie sich eigentlich alles sagen, denn er wollte nie etwas für sich, und die Lauterkeit seiner Motive konnte nie bezweifelt werden. Selbst zu dem allgewaltigen General Lucius D. Clay hörte ich ihn Dinge sagen, die wohl kaum ein Deutscher damals auszusprechen wagte. Seine behäbige hanseatische Mundart, stets mit plattdeutschen Wörtern durchsetzt, milderte allerdings die Schärfe seiner Kritik. Für mich war das Zusammensein mit ihm stets ein Vergnügen. Wir gehörten verschiedenen politischen Richtungen an, aber da er schon damals etwa ein Sozialdemokrat war wie später Wehner oder Erler, gehörte ihm meine ganze Achtung.

Auch eine berufliche Episode will ich berichten, die noch vor der Währungsreform lag und beinahe meinem Lebensweg eine völlig andere Richtung gegeben hätte. In den westlichen Zonen hatten sich Verleger und Journalisten schon wieder in Verbänden zusammengefunden, und ich nahm an dieser Seite unseres Berufslebens lebhaften Anteil. Eines Tages beschlossen die Amerikaner, die von ihnen gegründete Nachrichtenagentur (Dena) durch Lizenz in deutsche Hände zu geben. Es fand eine Sitzung deutscher Zeitungsverleger der amerikanischen Zone in Bad Nauheim statt, in der ein Chefredakteur für die Agentur gewählt werden sollte. Die Wahl fiel mit großer Mehrheit auf mich. Der Vertrauensbeweis freute mich natürlich. Positiv erschien mir die Tatsache, daß mir diese Stellung doch eine größere Wirksamkeit eröffnen würde, die im politisch-journalistischen Bereich in Bremen etwas eng blieb. Andererseits war ich aber in Bremen mein eigener Herr. Die Zeitung florierte und versprach bei geordneten Währungsverhältnissen auch bedeutende wirtschaftliche Vorteile. Trotzdem nahm ich die Wahl an. Nach Schluß der Sitzung begab ich mich zum zuständigen USA-Kontrolloffizier, um mich ihm als gewählter Chefredakteur vorzustellen. Er empfing mich mit den Worten: »Also Sie wollen bei uns angestellt werden?« Ich war perplex und antwortete nicht ohne Schärfe, daß ich »gewählt« sei, und zwar von den deutschen Zeitungsverlegern, also keine Stellung suche, da ich in Bremen eine sehr gut gehende Zeitung leitete usw. Wir trennten uns in frostiger Stimmung.

Als ich den langen Korridor des Hotels, in dem die Dienststelle untergebracht war, gedankenvoll entlang ging, öffnete sich plötzlich eine Tür, ein Kopf schaute heraus, eine Hand lud mich zum Eintreten ein. Ich kannte den Offizier nicht, der seinem Dialekt nach ein österreichischer Emigrant war. Hastig und vorsichtig flüsternd sagte er mir: »Lassen Sie sich auf nichts ein. Die wollen doch alle noch hierbleiben und gar keinen deutschen Chefredakteur haben!« Sagte es und schob mich eiligst zur Tür hinaus. Darauf ging ich den Korridor in umgekehrter Richtung zurück in das Zimmer des Chefs und erklärte ihm, ich hätte mir die Sache noch mal überlegt und würde die Wahl nicht annehmen. Mein unbekannter österreichischer Freund mußte die Lage wohl richtig beurteilt haben, denn der hohe Herr war plötzlich sehr liebenswürdig und begleitete mich persönlich bis zur Tür. Ich wurde also nicht Chefredakteur der »Dena«, sondern fuhr nach Bremen zurück. Es verging noch ziemlich lange Zeit, ehe Fritz Sänger dann wirklich das Amt antreten konnte, um das ich ihn auch später nicht beneidet habe.

Die Nürnberger Prozesse nahmen nach der Hinrichtung der Hauptschuldigen am 16. Oktober 1946 ihren Fortgang. Ich war am Tage der Vollstreckung nicht in Nürnberg, nur zur Urteilsverkündung. Doch sollte ich einem so grausigen Vorgang, wie es eine Exekution ist, nicht entgehen. Von dem Überfall, der uns selbst betraf, habe ich schon berichtet. Der Prozeß gegen die Übeltäter endete mit harten Zuchthausstrafen. Doch die Bevölkerung glaubte nicht so recht an ihre Vollstreckung, denn die Verurteilten wurden in ihre Heimatländer überstellt. Die Raubüberfälle aber gingen weiter, und eines Tages wurden vier Polen ergriffen, die auf einem Hof in der Nähe Bremens elf Menschen ermordet hatten. Vier Todesurteile wurden gefällt. Damit schien die Angelegenheit bereinigt, doch da wurde ich zur Militärregierung befohlen. Dort eröffnete man mir, daß die Exekution für den nächsten Morgen angesetzt sei und daß der »Weser-Kurier« einen Berichterstatter zu entsenden habe, damit die Bevölkerung auch aus deutschem Munde erführe, daß das Militärgericht die Urteile wirklich vollstrecke. In der Redaktion fand ich keinen Kollegen, der bereit war, die Berichterstattung zu übernehmen. Ich verständigte davon die Militärregierung und bekam darauf den Befehl, selbst zur Exekution zu erscheinen. So mußte ich mich am folgenden Morgen um 6 Uhr auf einem Schießstand vor den Toren Bremens einfinden. Die vier Übeltäter wurden mit unerbittlicher Sachlichkeit von einer Abteilung der Militärpolizei erschossen. Es ging sehr schnell. Vom Eintreffen der Delinquenten bis zu den tödlichen Schüssen vergingen höchstens drei Minuten. Ein kurzer furchtbarer Eindruck, der durch die völlig undramatische Handhabung des Tötens eher verstärkt als gemildert wurde. Übrigens hatte ich den Eindruck, daß die Delinquenten gedopt worden waren und kaum wahrnahmen, was um sie vorging. Ich veröffentlichte knappe fünf Zeilen in meiner Zeitung.

Wenn ich jetzt noch von dem einen oder anderen Zusammenstoß mit der Militärregierung berichte, so könnte der Eindruck entstehen, als ob ich persönlich oder als Journalist schlechte Erfahrungen mit den Offizieren der USA in Bremen gemacht hätte. Das Gegenteil ist der Fall. Die Beziehungen waren im allgemeinen ausgezeichnet, die uns zugeteilten Presse-Offiziere immer hilfreich. Mit einigen verband mich enge persönliche Freundschaft, so mit George Freimark, Colonel Mc Bryde, Howard Calkins und vor allem mit dem letzten Hohen Kommissar des Landes Bremen, Admiral Jeffs. Er sorgte für Bremen wie ein Landesvater. Den Hafen empfand er wie sein persönliches Eigentum; er tat alles nur Denkbare für den Wiederaufbau. Nach seiner Pensionierung siedelte er sich – unterdessen mit einer reizenden Bremerin verheiratet – in der Hansestadt an, um dort seinen Lebensabend zu verbringen.

Aber es gab auch Schwierigkeiten. Zum Beispiel mit meiner vorläufigen Lizenz, die bis 1947 noch nicht in eine endgültige umgewandelt war, so daß ich bis dahin auch nicht Mitinhaber der Firma werden konnte. Der Lizenzträger Hans Hackmack behandelte mich zwar wie einen Kompagnon, aber die Sache war eben nicht in Ordnung. Woran lag es? An meinem »Bismarck«-Film! Aus dieser falschen Bezeichnung ging die Quelle des Übels hervor. Als Howard Calkins unser Presseoffizier wurde, nahm er sich der Angelegenheit energisch an und stellte erst einmal fest, daß sich die Kontroll-Offiziere nicht etwa »Die Entlassung«, sondern den Film »Bismarck« (mit Paul Hartmann in der Titelrolle) angesehen hatten. Nun wurde »Die Entlassung« geprüft und ich selbst nach Bad Nauheim zum »Interview« bestellt. Die Vernehmung nahm einen unerfreulichen Verlauf, nicht zuletzt durch meine eigene Schuld. Erst wurde lang und breit über meine Filme gesprochen, die man sich alle angesehen hatte. Bis dahin taten mir die Herren eigentlich leid, die diesen zum Teil recht belanglosen Kram hatten über sich ergehen lassen müssen. Sie fanden nichts auszusetzen. Endlich waren wir bei der

»Entlassung«, und ich war nun gespannt, was kommen würde. Auch diesen Film fanden sie soweit in Ordnung, nur eben der Schluß gefiel ihnen nicht. Ich hatte einen recht wirksamen Schluß, nämlich die Abfahrt Bismarcks von Berlin nach Friedrichsruh, in eine Szene gefaßt, in der man eine große Menschenmenge auf dem Lehrter Bahnhof sah, die schweigend, Hut oder Helm in der Hand, vom gestürzten Bismarck Abschied nahm. Diesen Schluß hatte Goebbels persönlich umgeschrieben, damit beweisend, daß er als Drehbuchautor seine Familie nicht hätte ernähren können. Nach seiner Version sah man Bismarck-Jannings in Großaufnahme mit »Spiegeleier-Augen« (Jannings' Lieblingsausdruck für verlogene Sentimentalität) ins Publikum schauen und versonnen fragen: »Wer wird mein Werk einmal fortsetzen?« Schluß! Vorhang! Wahrscheinlich hatte sich Goebbels gedacht, das Publikum würde nun spontan antworten: »Adolf Hitler!« Aber mitnichten! Das Publikum fand den Schluß genauso blöde wie Jannings und ich. Aber es war nun einmal der Schluß des Films, und er gefiel den USA-Offizieren auch nicht. Mein Dialog mit den Herren spitzte sich nun zu:

Ich: »Der Schluß ist nicht von mir, sondern von Goebbels!«

Offizier: »Das wissen wir! Wir haben den Original-Text von Goebbels' Hand!«

Ich: »Na, und? Dann ist ja alles klar!«

Offizier: »Keineswegs, Sie hätten schriftlich oder mündlich dagegen protestieren müssen!«

Ich (nun gereizt): »Glauben Sie, dieser Schluß wäre dann nicht gedreht worden?«

Offizier: »Dann hätten Sie Ihren Namen als Autor zurückziehen müssen!«

Ich (nun wütend): »Ich erkläre Ihnen, daß ich kein Held bin, der sich schriftlich selbst im Konzentrationslager anmeldet!«

Offizier (nun auch zornig): »Sie hätten das aber eben tun müssen!«

Ich (aufstehend): »Ich beglückwünsche die amerikanische Armee, daß sie nur aus Helden besteht. Hätte ich verfahren, wie Sie mir hier empfehlen, würde ich wohl kaum heute die Gelegenheit gehabt haben, Sie, meine Herren, kennenzulernen!«

Mit diesen Worten rauschte ich ab und fuhr nach Bremen zurück, in der Überzeugung, mir zur Abwechslung einmal wieder einen neuen Beruf suchen zu müssen. Aber das Gegenteil trat ein. Kurz darauf bekam ich die endgültige Lizenz.

Zweimal bin ich als Autor von Artikeln gerügt worden. Einmal, weil ich unter der Überschrift »Historischer Salat« mit dem von der US-Regierung betriebenen »Sender Bremen« etwas hart umging. Ich wehrte mich dagegen, daß man im Rahmen des »Umerziehungs«-Programms dem deutschen Volk dummes Zeug erzählte. Ich hielt es für nicht angängig, Friedrich den Großen, Bismarck und Hitler in einen Topf als Verbrecher zu werfen, als ob im 18. und 19. Jahrhundert bei den anderen Großmächten etwa friedliebende Demokratien am Ruder gewesen seien usw. Der mich verwarnende Offizier las mir den Protest vor, geleitete mich dann zur Tür und meinte: »Im übrigen haben Sie vollkommen recht!« Mein Versuch, Helgoland vor der ständigen Bombardierung zu bewahren, endete ebenfalls mit einer Verwarnung.

Meine Beziehungen zu Radio Bremen gestalteten sich übrigens vorzüglich. Dort arbeitete nach mancherlei Wechsel schließlich ein Kontrolloffizier, der von der Sache wirklich etwas verstand. Er hieß Wolf Citron. Vor mir liegt ein dicker Band mit den Kommentaren, die ich zeitweilig jede Woche über Radio Bremen sprach. Wir wurden uns immer schnell über meinen Text einig, darüber hinaus waren wir aber auch persönliche Freunde. Mit ihm und seiner reizenden Frau waren wir viel zusammen, und als er schließlich Bremen verließ, schenkte er uns seinen Eisschrank, ein gewaltiges Möbel, das uns noch lange mit seinem nimmermüden, ohrenbetäubenden Lärm durchs Leben begleitete. Auch später, als es schon deutsche Eisschränke gab, traf ich noch häufig mit Wolf Citron zusammen. Heute hören die deutschen Fernseher seinen Namen, wenn das »Fernsehgericht« tagt, eine Sendung, die ich besonders liebe.

Ehe ich das Kapitel »Militärregierung« schließe, muß ich allerdings noch ein Geständnis ablegen, denn ich habe sie einmal regelrecht betrogen. Es ging um das leidige Papier, an dem es immer fehlte. Wir waren verpflichtet, 100 Tonnen Reserve auf Lager zu halten, aber eines Tages waren es längst keine 100 Tonnen mehr, höchstens noch 20. Dauernd zitterte ich vor einer Kontrolle, bei der sich herausstellen mußte, daß wir erheblich an dieser Reserve geknabbert hatten. Hochwasser ist eine böse Sache, kann aber auch zur Rettung werden. Eines Tages überflutete die Weser die naheliegenden Keller, auch den unserer Druckerei. Das Papier hatte ich aber rechtzeitig in Sicherheit gebracht. Aber wenn ich das nun nicht getan hätte, dann wäre die schöne Papierreserve, die es gar nicht mehr gab, doch sicher unbrauchbar gewesen. Wieso »gewesen«?, so dachte ich hinterhältig. Kurz, die Papierreserve wurde als vernichtet gemeldet, und so wurden wir wieder »papier-ehrlich«, wobei das Wort »ehrlich« vielleicht etwas deplaziert wirkt. Viele Jahre später wurde ich an diese Geschichte wieder einmal erinnert, als Bundeskanzler Adenauer davor warnte, angemeldete Hochwasserschäden unbesehen anzuerkennen. Er habe da so seine Erfahrungen als Oberbürgermeister von Köln. Ich mußte ihm recht geben.

Währungsreform – Bundesrepublik

Ich könnte mir jetzt eine gute Zusammenstellung der Geschichtsdaten der ersten Nachkriegsjahre zur Hand nehmen und dem Leser daraus die Überfülle der Ereignisse abschreiben, die die Entwicklung in Deutschland und der übrigen Welt kennzeichnen. Doch auf diese Aneinanderreihung von Daten kommt es hier nicht an. Aus der Fülle der Ereignisse vor der Währungsreform möchte ich nur eines herausgreifen, das in das Frühjahr 1947 fällt.

Auf Einladung Bayerns trafen sich in München alle Ministerpräsidenten der deutschen Länder, auch die der Sowjetzone. Es war ein Versuch, noch einmal »alle Deutschen an einem Tisch« zu vereinigen. Diese Tagung hinterließ bei mir und wohl den meisten Beteiligten einen niederschmetternden Eindruck. Es war nicht mehr zu übersehen, daß sich die Westzonen auf der einen Seite und die von den Sowjets ausgewählten Vertreter der Ostzone über nichts zu verständigen in der Lage waren. Auf der westlichen Seite standen Männer, die trotz Besatzungsregime frei ihre Meinung äußerten, während auf der anderen Seite politische Vertreter von den Russen festgelegte Thesen vertraten, an die sie vielleicht selbst nicht glaubten, die sie aber vertreten mußten.

Auch bei einer besseren Verhandlungsführung, die ich gerne in den Händen von Wilhelm Kaisen gesehen hätte, konnte diese Tagung zu keinem Erfolg führen. Man trennte sich resultatlos, schon nahezu in Feindschaft. Man wollte damals und in den folgenden Jahren die Hoffnung auf ein von außen ungestörtes Gespräch der Deutschen in West und Ost nicht aufgeben, obwohl heute feststeht und durch Tatsachen belegbar ist, daß es eine solche Chance niemals gegeben hat. Vielleicht ist hier eine Einschränkung notwendig. Die wirtschaftlichen Verhältnisse in der Sowjetunion waren in den ersten Jahren nach dem Krieg katastrophal. Moskau verlangte zehn Milliarden Dollar Reparationen von Deutschland, sicherlich eine phantastische Summe. Trotzdem ist mir nie recht klar geworden, warum man die Verhandlungen darüber nicht aufnahm, um festzustellen, ob die Sowjetunion bereit gewesen wäre, für eine große wirtschaftliche Hilfe ihre Position in Deutschland zu räumen. Obwohl ich an einen Erfolg solcher Verhandlungen auch heute noch nicht recht glaube, bedaure ich doch, daß der Versuch unterblieb.

Anstelle derartig realistischer Verhandlungen folgte Konferenz auf Konferenz zwischen den ehemaligen Verbündeten; sie fanden in London, Moskau, Paris statt, aber wo auch immer in endlosen Reden und Gegenreden die kontroversen Standpunkte dargelegt wurden, eines nur wurde von Konferenz zu Konferenz klarer: Die Kriegsallianz mit der Sowjetunion ließ sich für eine Organisierung des Friedens in der Welt nicht aufrechterhalten. Am sichtbarsten wurden diese, letztlich im weltanschaulichen und ökonomischen Bereich liegenden, fundamentalen Gegensätze in Berlin, im Kontrollrat. Im Grunde genommen verfolgte die Sowjetunion vom Ende des Krieges an bis zum heutigen Tage eine sehr klare Politik. Sie ging – wie schon die Zaren es getan hatten – auf territoriale Erweiterung ihres Machtbereichs aus, versuchte das Gewonnene zu konsolidieren und machte nur dann halt, wenn sie auf unüberwindlichen Widerstand stieß. In den USA hat Präsident Truman, der einmal als ein großer Präsident in die Geschichte eingehen wird, diese primitive Taktik erkannt und hat ihr seinen Mut und seinen unbeugsamen Willen entgegengestellt. Er war es, der das Steuer herumwarf, der Härte gegen Härte setzte und damit die Grundlagen schuf, auf denen die Kraft und der Zusammenhalt der westlichen Welt heute beruhen.

Schon in den Jahren vor der Währungsreform tauchten die Namen führender Staatsmänner der westlichen Welt auf, die für uns Deutsche und auch für mich als Journalisten auf olympischen Höhen zu wandeln schienen. Churchill, Eden, Eisenhower, Truman, Bidault, Schuman, de Gasperi und de Gaulle, um nur einige von ihnen zu nennen, erschienen mir zusammen mit Stalin als die Herren der Welt. Ich hätte mir damals nicht träumen lassen, daß ich ihnen – mit Ausnahme von Stalin – allen noch persönlich begegnen sollte.

Waren die Jahre 1946 und 1947 in der amerikanischen und englischen Zone durch eine allmähliche, sich der Vernunft annähernde Organisierung des staatlichen und wirtschaftlichen Lebens gekennzeichnet, so dauerten die großen Schwierigkeiten mit Frankreich im Westen, mit der Sowjetunion im Osten an, ohne daß sich auch nur der Ansatz zu einer praktikablen Lösung zeigte. Ich glaube, wenn ein Journalist seine Erinnerungen niederschreibt, so soll er zwar berichten, was er erlebt, aber nicht, was er geschrieben hat. Handelt es sich aber darum, wenn auch in gedrängter Form, über die politische Entwicklung seines Volkes zu berichten, so sollte er auch seine eigenen Irrtümer nicht verschweigen. Einige Artikel, die er in den entscheidenden Jahren geschrieben hat, bevor er selbst in ein Staatsamt berufen wurde, hier abzudrucken, ist nach meiner Überzeugung besser als eine Darstellung, die die Gedanken von damals mit den inzwischen gemachten Erfahrungen vermengt. Der Leser muß, wenn er sich der Mühe dieser Lektüre unterziehen will, allerdings in Betracht ziehen, daß sich ein deutscher Journalist damals mit einiger Vorsicht zu äußern hatte.

Am 8. Februar 1947 stand im »Weser-Kurier« zu lesen:

Die Flut der Forderungen

»Bedrückt von der Schwere des Alltags, von Kälte und Nahrungssorgen, von beruflichen und persönlichen Schwierigkeiten, greift der Deutsche zur Zeitung und findet dort als erstes die Forderungen, die von ehemaligen Kriegsgegnern zur Wiedergutmachung des erlittenen Unrechts erhoben werden. Seine Nachbarn aller Himmelsrichtungen verlangen teils Gebietsabtrennungen, teils Reparationsleistungen, meistens beides, sie verlangen Beschränkungen seines Lebensstandards zugunsten der Wiedergutmachung, Einschränkung der deutschen Produktionsfähigkeit aus Gründen der Sicherheit, es werden ganze Fabriken angefordert oder Lieferungen aus der laufenden Fabrikation. Kurz, es ist eine Flut von Forderungen, die über ihn hereinbricht und auf die er je nach Temperament durch Zorn, Selbstbemitleidung oder Verzweiflung reagiert. Alle diese Regungen sind menschlich und verständlich, doch sind sie kein Mittel im Kampf gegen die Schwierigkeiten, Nöte und Sorgen.

Man kann die Lage Deutschlands vielleicht am besten mit der einer bankrotten Großfirma vergleichen. Die Firma »Deutschland« war bereits inmitten des Krieges bankrott, und nur ihre betrügerische Leitung zögerte die Bankrotterklärung bis zum Mai 1945 hinaus. Aus dieser Tatsache ergibt sich auch die Antwort auf eine Redensart, die man heute häufig hört: »Hitler hin, Hitler her, aber es bleibt doch eine Tatsache, daß es uns unter Hitler besser gegangen ist als heute.« Das ist richtig, nur ist darauf zu erwidern, daß es jedem Bankrotteur vor seinem Zusammenbruch besser geht, bis der Betrug aufgedeckt ist und er selbst im Gefängnis sitzt. Genau in dieser Lage befinden wir uns heute, und die Konferenz der Außenminister-Stellvertreter in London ist mit einer Gläubigerversammlung zu vergleichen, auf der die Staaten die Forderungen an die Firma Deutschland vorbringen, auf die sie Anspruch erheben. Es soll hier nicht die Frage erörtert werden, ob alle Forderungen gerechtfertigt und begründet sind. Die Konferenz in London und die Friedenskonferenz in Moskau werden die Ansprüche prüfen und über sie entscheiden. Sicher ist aber, um den Vergleich mit dem Bankrott weiter zu führen, daß eine Befriedigung von Ansprüchen, und seien sie noch so gerechtfertigt, nur im Rahmen der geretteten Substanz möglich ist. Die Forderungen unserer Nachbarn werden heute in voller Höhe präsentiert, obwohl die Gläubiger sich im klaren darüber sind, daß sie nur zu Teilen befriedigt werden können. Wir sollten daher trotz der ungeheuren Last, die zweifellos aus der Wiedergutmachungspflicht Deutschlands erwachsen wird, nicht vor der Höhe unserer materiellen Schuld verzweifeln und kapitulieren. Wichtig ist vor allem, daß die Großmächte und auch die überwiegende Mehrheit der mittleren und kleineren Gläubiger darin übereinstimmen, daß die Substanz Gesamtdeutschlands nicht restlos an die Gläubiger verteilt werden soll, sondern daß die Firma Deutschland arbeitsfähig erhalten werden muß, damit Deutschland und seine 68 Millionen Einwohner weiterleben und durch ihre Arbeit einen Teil der Kriegsschäden in Europa wiedergutmachen können. Aus dieser Übereinstimmung unserer früheren Gegner resultiert die Hoffnung für uns, über kurz oder lang zu einem Wirtschaftsleben zurückzugelangen, das jedem einzelnen einen erträglichen Lebensstandard bei fleißiger Arbeit gewährleistet ...

Für uns Deutsche kann die Zukunft nur in Zusammenarbeit mit Europa und der Welt liegen, und wir erhoffen von den Friedensverträgen, daß sie uns genug Substanz lassen für eine wertvolle Partnerschaft an dem gemeinsamen Wiederaufbauwerk, dessen schnelle Inangriffnahme alle Völker Europas erhoffen.«

Im März 1947 traten die Großmächte zur Konferenz in Moskau zusammen.

Noch im gleichen Monat, mitten hinein in die Moskauer Konferenz, schritt Präsident Truman zur Tat. Die Hilfe für Griechenland und die Türkei bildete den Auftakt zu einer Politik, die folgerichtig in das atlantische Bündnis, die NATO, einmünden sollte. Hier einige Bemerkungen aus meinem Artikel vom 26. März 1947:

Sachlichkeit

»... Die Botschaft Präsident Trumans an den Kongreß, in der finanzielle Hilfe für Griechenland und die Türkei gefordert wird, ließ alle Welt den Atem anhalten, denn die weltanschaulichen Diskussionen über westliche und östliche Demokratie traten mit einem Schlag aus dem Stadium theoretischer Erörterungen in den Bereich aktuellster Politik. Die Übernahme der britischen Unterstützungspolitik in Griechenland durch die Vereinigten Staaten zeigt eindeutig, daß die USA entschlossen sind, die wichtigsten Mittelmeerpositionen der westlichen Demokratie zu erhalten, und Präsident Truman erklärte ohne Umschweife, daß die finanzielle Hilfe beide Staaten in den Stand setzen solle, sich der gewaltsamen Einführung eines totalitären Regierungssystems zu widersetzen.

Ohne finanzielle Hilfe ist der Zusammenbruch des griechischen Staatswesens sicher unaufhaltbar, und es besteht kein Zweifel, daß der Sieg der in Nordgriechenland operierenden aufständischen Verbände, deren Unterstützung durch die nördlichen Nachbarn Griechenlands nicht bestritten werden kann, die Aufrichtung eines Sowjetsystems zur Folge haben würde. Die USA haben einer solchen Entwicklung eindeutig Halt geboten. Nach den letzten Meldungen sollen Paktabschlüsse eine enge griechisch-amerikanische Verbindung schaffen ...«

Die Moskauer Konferenz war ein völliger Fehlschlag. In dem folgenden Aufsatz zeichnet sich schon deutlich die Furcht vor einer Teilung Deutschlands ab.

Ohne Resultat

»... Sicher ist der Verlauf der Moskauer Konferenz für die ganze Welt enttäuschend. Aber kein Volk wird so unmittelbar davon betroffen wie das deutsche. Überall in Deutschland hat man im Gespräch mit den Männern der Wirtschaft das Gefühl, daß trotz aller Not und aller Schwierigkeiten, trotz Einschränkungen und Behinderungen doch ein echter Unternehmungsgeist und ein starker Arbeitswille vorhanden ist, der nur auf einen Startschuß wartet, um sich endlich betätigen zu können. Niemand hatte von Moskau den Abschluß eines Friedensvertrages erwartet, aber Millionen von arbeitswilligen Menschen, unzählige unternehmende Gehirne hatten die Hoffnung, daß diese langerwartete Konferenz ihnen den ersehnten Startschuß bringen würde. Die Enttäuschung ist nun groß und tiefgehend. Aber wie immer im Leben hat es auch in der augenblicklichen Situation wenig Zweck, sich zu beklagen und zu lamentieren ...

... Für die Situation nach der Konferenz zeichnen sich zwei Möglichkeiten ab. Einmal ist es denkbar, daß die amerikanische und die britische Regierung ohne Rücksicht auf die Wünsche Rußlands und zum Teil auch Frankreichs an den wirtschaftlichen Wiederaufbau im Rahmen ihrer Zweizonenvereinbarung herangehen. Die verzweifelte Lage der Bevölkerung der Westzonen würde einen solchen Entschluß verständlich machen. Nur wenige Sommermonate stehen zur Verfügung, um die Industrien der Westgebiete so energisch zu beleben, daß sie in den nächsten Winter mit rollenden Rädern hineingehen und der Bevölkerung wenigstens eine Möglichkeit geben, auf primitivstem Lebensstandard weiter zu existieren. Ein solcher Beschluß der amerikanischen und britischen Besatzungsmächte könnte den westlichen Zonen, wobei auch die französische Zone in mancher Beziehung mit eingeschlossen ist, neuen Lebensmut geben. Die negative Seite einer solchen Entwicklung für die weitere Zukunft Gesamtdeutschlands liegt auf der Hand, denn es könnte nicht ausbleiben, daß die Russen in ihrer Zone ebenfalls in verstärktem Maße und nach ihren eigenen Prinzipien die dortige Wirtschaft entwickeln und das Auseinanderleben beider Teile von Monat zu Monat tiefgreifender wird. Die Schwierigkeiten, die dadurch in der Zukunft in der von allen Deutschen ersehnten einheitlichen politischen und wirtschaftlichen Gestaltung des Reiches entstehen werden, können kaum überschätzt werden.

Die zweite Möglichkeit eröffnet sich, wenn die Konferenz nur auf einen späteren Termin, also auf den Juni oder Juli, vertagt wird. Für den Augenblick würde es bedeuten, daß Deutschland in dem bisherigen Schwebezustand weiterexistieren muß, daß weder die Besatzungsmächte noch die Deutschen für ihren Arbeitswillen und für ihre Pläne eine klare Ausrichtung bekommen. Die Folge davon kann nur ein weiteres Abgleiten des gesamten Wirtschaftslebens in die Agonie nach sich ziehen. Alle Planungen auf weite Sicht müßten wiederum zurückgestellt werden, und mit Sicherheit wäre vorauszusehen, daß das Jahr 1947 vergeht, ohne daß die Ansätze eines Aufstiegs aus der Massenverelendung erkennbar werden.

Daß mit dem Hinschwinden der deutschen Hoffnungen auch die Hoffnungen auf wesentliche Reparationsleistungen ins Nichts zerfallen, ist allen fordernden Staaten klar, fällt aber allem Anschein nach für die Betroffenen nicht stark genug ins Gewicht, um die politischen Meinungsverschiedenheiten zu überbrücken.

Was vor Moskau befürchtet wurde, hat sich durch den Verlauf der Konferenz bestätigt: Die Spannungen der internationalen Lage, besonders zwischen Ost und West, sind zu stark und tiefgehend, als daß in einer solchen Atmosphäre positive und zukunftsweisende Beschlüsse wachsen könnten, die die Welt auf dem Wege zum Frieden weiterbringen. Es hat eine Zeit gegeben, kurz nach Ende des Krieges, in der unzählige Menschen in Deutschland von den Differenzen unter den ehemaligen Alliierten eine Hoffnung für Deutschland ableiteten. Heute glaubt niemand mehr, daß aus offener oder versteckter Zwietracht unserem Volke Nutzen entstehen könnte. Kein Volk der Welt hofft heute mit solcher Inbrunst auf Ausgleich der weltanschaulichen, politischen und wirtschaftlichen Gegensätze zwischen Ost und West wie das deutsche. Selbst große eigene materielle Opfer, der Verzicht auf nationale Ambitionen, die Selbstbescheidung in einer Mittlerstellung zwischen Ost und West als neutralisierter Staat, als Kernstück der Vereinten europäischen Nationen, würde es freudig tragen, um dem Frieden Europas und der Welt zu dienen.«

Am 23. April 1947 ist es möglich, die Bilanz der gescheiterten Konferenz zu ziehen. Der Auseinanderfall der Weltmächte in einen West- und einen Ostblock ist unaufhaltsam:

Die Welt nach Moskau

»Die Moskauer Konferenz geht nach einer Tagungsdauer von über sechs Wochen zu Ende. Die Welt ist um eine Erfahrung reicher und um eine Hoffnung ärmer geworden. Nicht Deutschland allein, sondern die Welt, die voller Sehnsucht einen Schritt zum Frieden erwartete. Niemand glaubte, daß Moskau den deutschen Friedensvertrag bringen würde, aber Millionen hofften, daß die Außenminister der vier Großmächte sich auf ein Fundament für den Friedensbau einigen könnten, sie hofften es, weil sie es wünschten, obwohl schon vor Beginn der Zusammenkunft wenig Aussicht auf Erfolg bestand. Nach den Regeln der alten europäischen Diplomatie hätte diese Konferenz nicht stattfinden dürfen, da sie politisch nicht genügend vorbereitet war, um alle Aussichten für einen Erfolg zu bieten. Besser gar keine Konferenz als eine gescheiterte, galt noch bis 1933 als diplomatischer Fundamentalsatz. Mit dem Auftreten Hitlers auf der weltpolitischen Bühne geriet die gesamte internationale Politik in ihren Formen und Regeln ins Improvisieren. Sie hat bis heute noch keinen festen Boden zurückgewinnen können, und die nun auf Moskau folgenden Monate werden vielleicht zeigen, daß die frühere Scheu vor Konferenzen mit zweifelhaftem Ausgang auch heute noch ihre Berechtigung haben sollte.

Die allgemeine weltpolitische Lage ist zweifellos heute noch düsterer als vor sechs Wochen. Die grundlegenden Meinungsverschiedenheiten zwischen den Großmächten, besonders zwischen den USA und England auf der einen Seite und Rußland auf der anderen, sind seit langem bekannt. In ihrem Kern liegen sie in Mitteleuropa, aber ihre Ausstrahlungen reichen über das Mittelmeer, den Nahen Osten bis nach China. Jetzt sind sie nicht mehr nur bekannt, sondern in unzähligen Konferenzdebatten erörtert, formuliert, dokumentiert und als unabdingbare Forderungen stabilisiert worden. Es wäre für die Welt besser gewesen, man hätte sich dieser Mühe nicht unterzogen, denn der Trost, den einige amerikanische Zeitungen aus der Tatsache ziehen, daß nun, nach der Konferenz, jeder Staat den Standpunkt des anderen genau kennen gelernt hat, wäre nur dann von Bedeutung, wenn Ost und West sich ausschließlich zu dem Zweck in Moskau versammelt hätten, um die Unvereinbarkeit ihrer Standpunkte vor aller Welt zu demonstrieren und vor den eigenen Völkern die Notwendigkeit ungebundener nationaler Handlungsfreiheit zu beweisen. Niemand will annehmen, daß dieses der unausgesprochene Zweck der Konferenz gewesen ist, sei es auch nur von einem der beteiligten Staaten. Sehr zu befürchten ist allerdings, daß es die Folge der gescheiterten Verhandlungen sein wird ...

... Nach den Moskauer Erfahrungen scheint die deutsche Frage jetzt kein aussichtsreiches Verhandlungsobjekt zu sein, sondern geeignet, die Gegensätze zu verschärfen und zu vertiefen. Außenminister Marshall soll Stalin darauf hingewiesen haben, daß ohne eine Einigung über die deutsche Friedensfrage eine Teilung Deutschlands zu befürchten sei ...«

Innerpolitische Ausstrahlungen

»Es ist immer ein bedenkliches Zeichen, wenn außenpolitische Differenzen in die innerpolitischen Bezirke der Nationen eindringen. In Amerika haben die Schwierigkeiten im Umgang mit der Sowjetunion zu einer verstärkten innerpolitischen Stellung gegen die amerikanischen Kommunisten, im Staate New York sogar zum Verbot der Partei geführt. In Frankreich ist General de Gaulle auf die politische Bühne zurückgekehrt und hat die Französische Volksunion ins Leben gerufen, die den Kampf gegen den Kommunismus in Frankreich aufnehmen wird. In Griechenland hat die weltanschauliche Auseinandersetzung seit langem die Form des latenten Bürgerkrieges angenommen und zur finanziellen Intervention der USA zu Gunsten des die Regierungsgewalt ausübenden Systems geführt. Der ganze übrige Balkan steht im Zeichen eines erbitterten, teils offenen, teils unterirdischen Kampfes zwischen den Ideen der östlichen und westlichen Demokratie. Eine Teilung Deutschlands müßte diesen Gefahren neue und noch ernstere hinzufügen, die schwerer wiegen als einige ungelöste außenpolitische Fragen. Die Gefahrenzeichen am Horizont dürfen nicht übersehen werden, sollen noch wirksame Mittel gefunden werden, ihre Ursachen zu beseitigen ...«

Die in diesem Artikel ausgesprochenen Befürchtungen waren nur allzu berechtigt. Der Balkan, mit Ausnahme Griechenlands, geht an den Kommunismus verloren, Deutschland wird gespalten.

Mit einer Konsequenz, die die amerikanische Politik in späteren Jahren nicht immer auszeichnet, reagierte Washington auf den Zusammenbruch der Moskauer Konferenz. Der Marshallplan wird die große Wende für das leidende Europa, gleichzeitig aber auch der Prüfstein für die politischen Absichten der Sowjetunion. Hier die Beurteilung des Ereignisses unmittelbar nach Veröffentlichung des Planes, der die amerikanische Politik auf dem Höhepunkt ihrer Konsequenz, ihrer Generosität und gleichzeitig Klugheit zeigt (Juni 1947):

Hoffnung Marshallplan

»In einer Atmosphäre tiefster wirtschaftlicher und politischer Depression, die in vielen Teilen Europas schon den Charakter einer Katastrophenstimmung angenommen hat, verkündete Außenminister Marshall seinen Hilfsplan für den Wiederaufbau Europas. Das klar formulierte Angebot, die großen finanziellen Hilfsmittel der Vereinigten Staaten für die Wiederaufrichtung der Wirtschaft einzusetzen, hat in unserem darniederliegenden, verarmten Erdteil große Hoffnungen erweckt. Die Unmöglichkeit, aus eigener Kraft die Wunden des schrecklichsten aller Kriege zu heilen, trat in den vergangenen Monaten immer klarer zutage, und nicht nur in Deutschland, das als Besiegter verzweifelt nach einem Ausweg sucht, sondern auch in anderen Ländern Europas schien ein Zusammenbruch der Wirtschaft unaufhaltsam. Jetzt, beinahe in letzter Stunde, haben die Vereinigten Staaten Europa hilfreich die Hand entgegengestreckt, und der britische Außenminister Bevin hat, ohne eine Stunde Zeit zu verlieren, mit größter Energie die notwendigen Verhandlungen angebahnt, um in kürzester Zeit der amerikanischen Regierung einen einheitlichen Plan aller europäischen Nationen vorzulegen. Bevin eilte nach Paris und tat dort gemeinsam mit dem französischen Außenminister Bidault die ersten vorbereitenden Schritte. In wenigen Worten gesagt dreht es sich darum, Amerika einen Plan vorzulegen, aus dem klar ersichtlich ist, welche Hilfsmittel für die europäischen Völker auf finanziellem Gebiet und welche Rohstoffimporte notwendig sind, um Landwirtschaft und Industrie zu voller Arbeitsleistung zu bringen. Es ist klar, daß Europa durch Kredite, die ausschließlich zum Ankauf von Lebensmitteln aller Art gebraucht würden, auf lange Sicht nicht geholfen werden kann. Der Hauptteil der finanziellen Aufwendungen muß in allen Ländern für die Schaffung oder Wiederherstellung von Produktionsstätten und Produktionsmitteln verwendet werden, wenn in einigen Jahren der von Marshall angestrebte Zweck erfüllt werden soll. Zwischen London und Paris scheint nach allen Äußerungen prinzipiell Einigkeit zu herrschen. Die wirtschaftlich sich immer enger verbindenden Staaten Holland, Belgien und Luxemburg haben ebenfalls ihre Wünsche aufeinander abgestimmt. Schweden und Norwegen melden sich zur Mitarbeit. In wenigen Tagen hat sich also bereits ein Kern der wichtigsten Industrieländer Europas gebildet, und es besteht kaum ein Zweifel, daß auch die übrigen Staaten westlich der Linie Stettin-Triest ohne allzu große Schwierigkeiten ihre Ansichten mit dieser Kerngruppe westlicher Staaten zu gemeinsamen Plänen abstimmen können.

Außenminister Marshall hat bei seinem Angebot ausdrücklich festgestellt, daß die Sowjetunion wie alle anderen Staaten in das amerikanische Angebot mit eingeschlossen sei. Er hat diese Feststellung getroffen in einem Augenblick, in dem die politischen Verhältnisse zwischen den Westmächten und der Sowjetunion neben allen anderen seit langem bestehenden Schwierigkeiten durch neue Spannungen belastet sind. Die Vorgänge in Ungarn, die nach Ansicht Großbritanniens und der USA die Unterdrückung aller demokratischen Freiheiten des Volkes einleiten und die in einer gewissen Parallele zur innerpolitischen Entwicklung in Bulgarien und in Rumänien stehen (Frühjahr 1947), haben die Atmosphäre weiterhin verschlechtert, und die Noten und diplomatischen Schritte, die in den letzten beiden Wochen diesen Vorgängen folgten, lassen wenig Hoffnung auf eine befriedigende Lösung. Seit zwei Tagen liegt nun auf dem Tisch Außenminister Molotows die Einladung Englands und Frankreichs, an den Besprechungen über den Marshallplan teilzunehmen. Die beiden westlichen Außenminister haben die Angelegenheit überaus dringlich gemacht und eine Zusammenkunft bereits für die nächste Woche vorgeschlagen, da nach ihrer Ansicht kein Tag und keine Stunde mehr versäumt werden darf, Europa neue Hoffnungen zu geben. Die große Eile ist weiterhin durch die Tatsache bedingt, daß das amerikanische Repräsentantenhaus, das über einen Hilfsplan zu entscheiden hat, im Juli auseinandergeht und vor Dezember dieses Jahres nicht wieder zusammentritt. Bevin und Bidault haben es sich vorgenommen, einen in jeder Richtung hin fundierten Plan über die Verwendung amerikanischer Kredite so rechtzeitig in Washington vorzulegen, daß noch in diesem Jahr eine Entscheidung möglich ist.

Die Außenminister der Großmächte haben seit Beendigung des Krieges über viele ernste und entscheidende Fragen nachdenken und verhandeln müssen, die Anfrage, die man jetzt an die Sowjetunion gerichtet hat, ist aber von allen die schwerstwiegende, sowohl für Sowjetrußland selbst als auch für die gesamte Welt. Entscheidet sich Rußland in positivem Sinne und ist es bereit, mit allen Kräften an der gemeinsamen Aufgabe, Europa vor dem wirtschaftlichen Zusammenbruch zu retten, mitzuarbeiten, so besteht die Hoffnung, daß aus dieser rein wirtschaftlichen Zusammenarbeit auch eine politische erwächst. Keine einzige der seit Kriegsende zwischen West und Ost verhandelten Fragen und Meinungsverschiedenheiten ist so einschneidend, als daß sie nicht in einer versöhnlichen Atmosphäre für beide Teile befriedigend gelöst werden könnte. Bis heute aber hat sich die breite Plattform, das gemeinsame Fundament nicht gefunden, auf dem die Differenzen beigelegt werden könnten.

Der Marshallplan könnte dieses Fundament sein, und der Entschluß der Sowjetregierung, unverzüglich mit den westeuropäischen Staaten offen und freimütig über die Hilfsmittel gegen die europäische Krise zu beraten, würde unseren Kontinent vom schweren Alpdruck befreien. Sollte dagegen die Antwort aus Moskau negativ ausfallen und damit automatisch das Wirtschaftsgebilde Europa an der Linie Stettin–Triest seine Grenze finden, während das europäische Rußland und die osteuropäischen Staaten zwangsläufig zu einer rein östlichen Wirtschaftsorientierung kommen müssen, schwindet die Hoffnung, diese beiden Teile Europas in naher Zukunft zu vereinigen, mehr und mehr dahin. Es besteht kein Zweifel, daß bei einer Ablehnung oder bei einer Antwort der Sowjetunion, die eine Entscheidung hinauszögert, die westlichen Großmächte entschlossen sind, sofort und auf eigene Faust zu handeln. Die Sowjetunion hat jetzt das entscheidende Wort darüber, welche Teile des Kontinents in Zukunft nicht geographisch, sondern politisch und wirtschaftlich zu Europa gehören werden. In Deutschland stellen viele die bange Frage, ob auch wir in den Marshallplan einbezogen werden sollen. Die Antwort darauf ist nicht schwer, denn eine wirtschaftliche Erholung ganz Europas oder auch nur Westeuropas ist nicht möglich ohne ein Deutschland, das, wenn auch mit einfachem Lebensstandard, gesund und produktionsfähig ist.«

Die hier wiedergegebenen Artikel stehen für einige hundert Aufsätze aus den Jahren 1945 bis 1951. Von Monat zu Monat wurden wir Journalisten freier und selbständiger. Die Zensur fiel und später auch der Lizenzzwang. Jahrelang habe ich mich bei den Amerikanern für die Aufhebung des Lizenzsystems eingesetzt, obwohl damit die bequemere Monopolstellung des »Weser-Kurier« im Bereich Bremen-Bremerhaven einschließlich der Landkreise ein Ende finden mußte. Ich habe niemals etwas von Monopolen gehalten. Sie töten allmählich die Initiative, das Streben, sich durch Leistungen hervorzutun. Das gilt auch im journalistischen Bereich. Der Journalist braucht Konkurrenz, er braucht die Kontrolle durch die Arbeit der Kollegen an den anderen Zeitungen.

Der Marshallplan brachte in fast allen Bereichen des wirtschaftlichen Lebens die große Wende. Die in meinem Artikel ausgesprochene Hoffnung, daß Westdeutschland von diesem belebenden Dollarstrom nicht ausgeschlossen werden würde, bewahrheitete sich. Der Marshallplan ermöglichte letztlich auch die schon seit längerer Zeit ventilierten Pläne einer Währungsreform.

Bevor es aber dazu kam, entstand in Deutschland der Exekutivrat der Doppelzone (USA–England) mit seinem Sitz in Frankfurt. Über ihm stand ein Zweimächte-Kontrollrat. Die Russen machten ihre Gegenzüge in ihrer Zone. Im Dezember 1947 kam es zwischen der russischen Militärregierung und den bürgerlichen Vertretern der Bevölkerung (Jakob Kaiser, Ernst Lemmer) zum Bruch. Im Westen gingen die Konferenzen weiter, die zu einer schrittweisen Übertragung wichtiger Bereiche des öffentlichen Lebens in deutsche Hand führten, während die russische Militärregierung in der Sowjetzone sich nur noch deutscher Kommunisten bediente, wobei die zwangsweise Verschmelzung von Kommunisten und Sozialdemokraten zur SED das geeignete Hilfsmittel darstellte.

Der Marshallplan brachte neben seinen segensreichen Folgen aber auch die völlige Trennung der beiden Teile Deutschlands. Die Russen zogen sich bald aus den Beratungen über die USA-Hilfe zurück, und sie verboten auch ihren Satellitenstaaten, die sich allzu gerne an diesen Goldstrom angeschlossen hätten, jede Teilnahme. Dadurch wurde auch dem letzten Zweifler klar, daß die Sowjetunion entschlossen war, ihre politische und wirtschaftliche Lebensform der Bevölkerung bis zur Elbe aufzuzwingen und sie in diesem Bereich zu stabilisieren. So geschah es, und so geschieht es noch heute.

Die Währungsreform (20. Juni 1948) bringt nun den endgültigen Bruch. In Westdeutschland kommt es endlich zur Bildung der Trizone, die Bank Deutscher Länder beginnt zu arbeiten. Auf mancherlei Wegen war ich über die Vorarbeiten an der Währungsreform ziemlich genau orientiert. Die westdeutsche Wirtschaft hatte aber auch ihre Informationen und stellte sich auf den vorauszusehenden Vorgang ein. Am Abend meines Geburtstages, am 18. Juni 1948, hatte uns Senatspräsident Wilhelm Kaisen unter dem Siegel absoluten Stillschweigens die Dokumente gegeben, die am 20. Juni veröffentlicht und deren Inhalt zum gleichen Datum durchgeführt werden sollten. Kaisen, der selbst lange Jahre Journalist war, wußte, daß wir zur Vorbereitung einer übersichtlichen Veröffentlichung dieser so ungeheuer wichtigen Dokumente Zeit brauchten. Durch seine Hilfe konnte der »Weser-Kurier« am Morgen des 20. Juni alle Erlasse im Wortlaut veröffentlichen und sogar eine Reproduktion der neuen Geldscheine den Lesern präsentieren. Einige Tage waren nun alle Westdeutschen gleich arm oder gleich reich. Natürlich täuschte diese primitive Betrachtungsweise, denn Armut und Reichtum hängen nicht von den Geldscheinen in der Brieftasche ab. Die Situation jedes einzelnen Wirtschaftszweiges, ja jeder einzelnen Firma gründet sich vielmehr auf ihre Sachwerte und noch viel mehr auf ihre Produktionsmöglichkeiten.

Eine erstaunliche Wirtschaftsentwicklung setzte ein. Wir alle erinnern uns noch an diese Tage und Wochen. Für mich selbst war es keine Überraschung, daß plötzlich Ware auf den Markt kam. Ich wußte, daß die Industrie, auf den Tag der Währungsreform ausgerichtet, ihre Produkte gehortet hatte. Oft war ich in Versuchung, darüber zu schreiben, wenn ich sah, wie die Hausfrauen mit ihren Bezugscheinen, auf die sie keine Waren bekamen, die Geschäfte verließen, oft genug Verzweiflung im Herzen. Ich unterließ es, mich darüber zu äußern, denn im Grunde genommen war es von größter psychologischer Bedeutung, daß mit dem Tag der Währungsreform auch Ware auf den Markt kam. Die Bevölkerung mußte sichtbar spüren, daß nun der große Einschnitt erfolgt war, daß es sich wieder lohnte, für gutes Geld zu arbeiten, weil es eben für dieses Geld, wenn auch vorerst in bescheidenem Rahmen, etwas zu kaufen gab.

Was sich dann nach der Währungsreform in Deutschland abspielte, haben wir alle mit Staunen und tiefer Lust miterlebt. Endlich war das deutsche Volk wieder an der Arbeit. Über das »Wirtschaftswunder« sind unzählige Bücher geschrieben worden, wissenschaftlichen, politischen und auch wahltaktischen Charakters. Im Zusammenhang mit dem raschen wirtschaftlichen Wiederaufstieg tauchte in der Öffentlichkeit mehr und mehr der Name Ludwig Erhard auf. Ehe ich nach Bonn kam, bin ich ihm persönlich nicht begegnet.

Doch zurück nach Bremen, wo es unter erfreulicheren äußeren Umständen alle Hände voll zu tun gab. Mit der Aufhebung des Lizenzzwanges traten auch die altehrwürdigen »Bremer Nachrichten« wieder ins Leben, und ich erinnere mich noch lebhaft, wie ich eines Morgens schon bald nach 6 Uhr aus dem Bett schlüpfte, um die erste Nummer des Konkurrenzblattes in Augenschein zu nehmen. Einigermaßen beruhigt kehrte ich in mein Bett zurück. Ich hatte den Eindruck, daß man sich ein bißchen zu sehr auf den alten Namen des Blattes verlassen hatte und daß es wohl möglich sei, mit dieser Konkurrenz fertig zu werden. Einige Wochen und Monate wogte der Kampf um die Leser hin und her, aber dann war es klar, daß der »Weser-Kurier« seine Vormachtstellung bewahren würde. Er hat sie noch heute inne. Es waren aber sehr arbeitsreiche Monate. Lange Zeit verhandelte ich mit den Vertretern der Familie Schünemann wegen einer Fusion der beiden Blätter, da ich es im Grunde genommen nicht für sinnvoll hielt, neben dem großen Druckereibetrieb Schünemann ein weiteres neues Unternehmen aufzubauen. Durch Wiederaufbau und Renovierung des Maschinenparks verfügte das Schünemannsche Haus über eine Druckkapazität, die allen denkbaren Anforderungen gewachsen war. Die Verhandlungen scheiterten, und so mußten wir daran denken, in absehbarer Zeit den Lohndruckvertrag mit der Firma Schünemann zu lösen und im eigenen Hause, auf eigenen Maschinen, unsere Zeitungen zu drucken. Ich habe den Bau des neuen Hauses und den Umzug in den eigenen Betrieb in Bremen nicht mehr erlebt, war aber noch am Ankauf der Grundstücke und der Bestellung der Maschinen beteiligt. Gleichzeitig schrieb ich viel und war Nacht für Nacht mit meinem Teilhaber und Mitherausgeber Hans Hackmack im Setzersaal, bis die letzte Seite umbrochen und geprägt vor uns lag. Dann war es meistens 2 Uhr morgens.

Mit der Währungsreform fällt aber auch eine Entwicklung in Deutschland zusammen, die viele in der Rückschau heute schon vergessen haben. Die Ostzone antwortete auf die westliche Währungsreform mit einer eigenen Währungsreform und zog damit bis auf den heutigen Tag die Grenze zwischen West- und Mitteldeutschland. Berlin wurde in zwei Teile und zwei Verwaltungen auseinandergerissen und damit die Spaltung Deutschlands und der Reichshauptstadt vollendet. Aber damit nicht genug. Nach der Einführung der neuen Währung ging die Sowjetunion zum direkten Angriff gegen Westberlin über. Der Interzonenverkehr wurde von ihr stillgelegt, der elektrische Strom gesperrt, Westberlin zur belagerten Festung. Die Blockade Westberlins beginnt und trifft die Bevölkerung hart, da es an den notwendigen Lagerbeständen fehlt, aus denen man die Bevölkerung hätte ernähren, die Produktion der größten Industriestadt Deutschlands hätte aufrecht erhalten können. Ich weiß es nicht, halte es aber durchaus für möglich, daß General Clay damals bei seiner Regierung dafür eintrat, mit Panzern auf der Autobahn nach Berlin durchzubrechen. Die Regierungen in Washington und London entschieden sich für die Einrichtung der Luftbrücke, und vielleicht taten sie recht daran. Denn es war damals leicht, und es ist auch heute noch leicht zu sagen, die Russen hätten auf die amerikanischen Panzer bestimmt keinen Schuß abgegeben. Ich bin mir dessen keineswegs so sicher.

Viele haben unterdessen vergessen, daß die Sowjetunion zu jener Zeit die stärkste Militärmacht der Welt war. Während die Westmächte nach Abschluß des Krieges sehr schnell eine beinahe totale Demobilisierung vornahmen, behielt die Sowjetunion eine riesige Militärmacht unter Waffen. Die Amerikaner hatten allerdings die Atombombe. Ich habe mich oft gefragt, ob sie nicht, anstatt den russischen Verhandlungsmethoden allzusehr nachzugeben, diese einmalige Waffe ins diplomatische Spiel hätten bringen sollen. Vielleicht wäre es dann gelungen, freiheitliche Systeme in Polen, Ungarn, in Rumänien und in der Tschechoslowakei zu erhalten. Doch es ist müßig, darüber heute noch zu spekulieren. Auf jeden Fall war ohne den Einsatz von Atomwaffen durch die Amerikaner – ich weiß nicht, wie viele sie damals besaßen – ein Krieg in Europa gegen die Sowjetunion nicht zu gewinnen, es sei denn, man hätte ganz Europa für Jahre erneut zum Schlachtfeld gemacht. Sicherlich waren auch die Kräfte der Russen noch sehr erschöpft, aber niemand konnte daran zweifeln, daß ihnen der Vormarsch, und zwar bis zur Kanalküste, damals gelungen wäre. Europa hätte dann nach Jahren vielleicht von den Amerikanern erneut befreit werden können, aber was hätte es dann schließlich noch zu befreien gegeben?

Die Luftbrücke, die Berlin vom 26. Juni 1948 bis zum 19. Mai 1949 mit dem Nötigsten versorgte, allerdings nur mit dem Allernötigsten, war eine technische und organisatorische Meisterleistung. 2¹/₄ Millionen Berliner wurden durch die alle drei Minuten an- und abfliegenden Transportmaschinen am Leben gehalten. Die Moral der Berliner war bewunderungswürdig. Schon vor der Blockade hatte ich Berlin mehrfach besucht, auch jetzt flog ich nach Berlin, um über den zähen Kampf der Bevölkerung gegen Hunger und Kälte zu berichten. Mitte Mai 1949 gaben die Russen den Kampf auf, denn sie sahen ein, daß sie durch die Blockade ihr Ziel, ganz Berlin in die Hand zu bekommen und damit eine in ihrem Sinne reinliche Trennung zwischen Mittel- und Westdeutschland zu erzielen, nicht erreichen konnten. Sie gaben den Weg nach Berlin wieder frei, und mit langer Verspätung drang nun langsam das Wirtschaftswunder auch nach Berlin vor. Es war ein Sieg des Westens, der allerdings leider nicht ausgenutzt wurde, in Berlin und auf den Zufahrtswegen nach Berlin klare Verhältnisse zu schaffen.

Am 1. September 1948 tritt auf Beschluß der Alliierten der Parlamentarische Rat in Bonn zusammen. Er besteht aus 65 Mitgliedern, und zu seinem Präsidenten wird Dr. Konrad Adenauer gewählt. Der Rat tritt im Museum Koenig zusammen, um aus den westdeutschen Ländern ein einheitliches Staatsgebilde zu formen und ihm bis zur Wiedervereinigung eine provisorische Verfassung zu geben. Unter den Mitgliedern waren viele Männer mit reichen verfassungsrechtlichen Erfahrungen. Besonders kannten sie die Schwächen der Weimarer Verfassung. Über meine Eindrücke in Bonn, wohin ich zur Eröffnungsfeierlichkeit des Parlamentarischen Rates fuhr, schrieb ich im »Weser-Kurier«:

»Wohl niemand, der zur Eröffnung des Parlamentarischen Rates nach Bonn fuhr, hegte große Hoffnungen, einem revolutionären Akt staatlicher Neuschöpfung beizuwohnen. Niemand auch erwartete unter dem trüben politischen Himmel, der über ganz Deutschland lastet, in Bonn einen Festakt zu erleben, der der Bevölkerung der drei Westzonen starke Impulse neuen demokratischen Lebens geben werde. Trotz so niedriger Erwartungen gab der Festakt in Bonn ein erschütterndes Bild politischer Müdigkeit und Phantasielosigkeit. Nichts, was vom Rednerpult aus gesagt wurde, gibt zu einer Beanstandung Anlaß. Vieles Wackere und Vorzügliche wurde vorgetragen, Großes und Unbestreitbares wurde gesagt. Es war, man möchte sagen, alles gut und ordentlich. Aber nicht in einem einzigen Moment sprang der zündende Funke echten politischen Temperaments vom Redner zum Zuhörer über. Nicht ein einziger Gedankengang ging in seinem geistigen Gehalt oder in seiner Formulierung über das hinaus, was in Länderparlamentsreden oder in zahllosen Leitartikeln der vergangenen Jahre nicht viele dutzend Male so oder so ähnlich gesagt worden wäre. Es ist nicht vorstellbar, daß die breite Masse des deutschen Volkes beim Studium dieser Festreden eine innere Verpflichtung in sich entstehen fühlt, mitzuarbeiten, damit auf dem Fundament einer vorläufigen deutschen Verfassung ein neues Wohnhaus errichtet werden kann, in dem das deutsche Volk in Frieden und Freiheit leben soll.

Der 1. September 1948 hätte der Ausgangspunkt zur Wiedererweckung des politischen Interesses im deutschen Volke werden können. Auch die ältesten Routiniers des parlamentarischen Lebens sind sich heute darüber im klaren, daß die Deutschen aus ihrer politischen Lethargie herausgerissen werden müssen, soll nicht die neue deutsche Demokratie denselben Weg der Unfruchtbarkeit und Erstarrung gehen, den die Weimarer Republik genommen hat, denselben Weg, der aus Interesselosigkeit am demokratischen Leben von der Republik zur Hitlerdiktatur führte. Der 1. September 1948 in Bonn stellt eine neue verpaßte Gelegenheit unter vielen früheren dar. Tage von dieser Bedeutung im politischen Leben eines Volkes sind selten und nicht nach Belieben zu konstruieren, und so ist dieser Tag im Gegensatz zu den früheren ein unwiederbringliches Versäumnis. Ein Lichtblick sei aber gleichzeitig verzeichnet: Die Anwesenheit der Berliner Delegation gab Anlaß zu einer eindeutigen Bekundung des Zusammengehörigkeitsgefühls mit der ehemaligen Reichshauptstadt und darüber hinaus mit der Ostzone. Nur spärlich wurden die Ausführungen der Redner durch Beifall unterbrochen. Aber immer dann, wenn das Wort Berlin fiel, wenn der Kampf der Berliner Bevölkerung um ihre Freiheit erwähnt wurde, rührten sich die Hände, und ein Gefühl der Wärme und echter Anteilnahme wurde für Augenblicke spürbar.

Fernab von der Anteilnahme der Massen wird nun in den nächsten Wochen in Bonn eine Arbeit geleistet werden, die von größerer Bedeutung ist als alles, was bisher von den deutschen Parteien und den führenden deutschen Persönlichkeiten aus Politik und Wirtschaft seit dem deutschen Zusammenbruch verlangt wurde. Eile und Konzentration auf das Wesentliche ist das dringendste Gebot der Stunde. Denn in nächster Zukunft drängen sich an diesen noch nicht geborenen Staat Aufgaben und Probleme heran, deren Bedeutung für die Zukunft ständig im Wachsen ist. Die westlichen Alliierten und die deutschen Ministerpräsidenten haben den Weg zur Bildung eines westdeutschen Staates beschritten.

Auf diesem Weg darf es nunmehr weder ein Zurückweichen noch irgendein Zögern geben, denn die Eröffnungssitzung des Parlamentarischen Rates selbst hat die Gefahren, die auf diesem Wege für Gesamtdeutschland lauern, hell beleuchtet. Das Auftreten der KPD-Delegation war eine unmißverständliche Drohung, aus der westdeutschen Entscheidung so viel Kapital für den Kommunismus und die Politik der SED zu schlagen, wie irgend möglich ist. Bei den Worten des KPD-Führers Max Reimann wurde man das bedrohliche Gefühl nicht los, daß sich die Verfechter der östlichen Diktatur jetzt einen Freibrief zu schaffen suchen für die Verwirklichung ihrer totalen Machtansprüche. Es ist sogar denkbar, daß der Staatsakt in Bonn auch über den deutschen Rahmen hinaus dem Kreml erwünschte Gelegenheit bietet, die Verhandlungen über Deutschland abzubrechen oder im Sande verlaufen zu lassen.

So schwerwiegend solche Befürchtungen auch sind, die westdeutsche Konzeption ist Wirklichkeit geworden. Es gibt nun auch kein Zurück mehr, will man nicht den Sowjets den Weg nach dem Westen freigeben. Der Weg zur deutschen Einheit kann jetzt nur noch durch die Stärke des Westens gefunden werden. Andere Wege schienen sowohl den westlichen Alliierten als auch den deutschen Ministerpräsidenten nicht mehr als erfolgversprechend. Es gilt nun, dem Neugeborenen alle Nahrung und alle Kräfte zuzuführen, über die die drei westlichen Zonen in ihrem politischen, wirtschaftlichen und kulturellen Leben verfügen. Wenn wir eingangs sagten, daß es den Rednern nicht gelang, diesen Geburtstag in Bonn zu einem Fest des Geistes und des politischen Willens zu gestalten, so blieb doch am Schluß dieses Festaktes das, was das unzerstörbare Deutschland zeigte: Beethovens Leonoren-Ouvertüre. Die beglückenden

Fanfarenstöße brachen aufrüttelnd und erschütternd in die graue Atmosphäre der Lethargie.«

Wenn man diesen Artikel liest, wird man neben dem »Ja« zur westdeutschen Staatsbildung die Sorge um das ganze Deutschland deutlich spüren. In zahlreichen Artikeln, die vor dieser Veröffentlichung liegen, habe ich immer wieder zum Ausdruck gebracht, daß die Sowjetzone als Gegenzug den gleichen Weg zur Staatsbildung, natürlich mit kommunistischen Vorzeichen, gehen wird und mir nicht ersichtlich sei, wie man bei solcher Entwicklung die beiden Teile Deutschlands wieder zusammenfügen könne, es sei denn durch einen neuen Krieg, den niemand wolle. Ich habe nicht davon abgeraten, den Weg zur Errichtung der Bundesrepublik zu gehen, nur wieder und immer wieder auf die unausbleiblichen Folgen für die Einheit unseres Landes hingewiesen. In einer Umfrage an die westdeutschen Ministerpräsidenten habe ich die Frage aufgeworfen, ob wir das Recht hätten, diesen Weg zu gehen. Sie antworteten fast durchweg mit »ja«, da es einen anderen Ausweg aus der Misere nicht gäbe. Alles andere müsse man eben einer günstigeren Konstellation in der Weltpolitik überlassen.

Mir selbst fehlte der Glaube an die unwiderstehliche Anziehungskraft der Bundesrepublik, auch auf wirtschaftlichem Gebiet, da ich fürchtete, daß diese Faktoren einem totalitären Regime gegenüber nicht zum Zuge kommen würden. Mit Diktaturen hatten wir ja einige Erfahrungen. Vor allem aber gab es in der Zone eine große, bis an die Zähne bewaffnete russische Armee. Am 17. Juni 1953 erwiesen sich diese Faktoren als so stark, daß der Wille des Volkes machtlos blieb. Natürlich habe ich diesen Aufstand in Berlin und in der Zone nicht vorausgesehen. Mit meinen Artikeln bezweckte ich nicht mehr, als daß Westdeutschland bewußt und ohne Illusionen in der Wiedervereinigungsfrage den einmal beschlossenen Weg gehen solle. Er war wohl unvermeidlich, besonders, da die westlichen Alliierten diesen Weg beschlossen hatten. Nicht zuletzt durch die sowjetische Reparationspolitik kam der Entschluß zustande. Die Russen plünderten Deutschland durch die Konfiszierung eines großen Teiles der industriellen Produktion aus und überließen den westlichen Mächten die Sorge um die Ernährung der Bevölkerung. Auf diese Weise zahlten praktisch die Westmächte Reparationen an Rußland. Daß sie auf diesem Wege nicht weitermachen wollten, war ihnen nicht zu verübeln.

So begann nun also der Parlamentarische Rat seine Arbeit, allerdings nicht ohne starke Einmischung der Besatzungsmächte, denn ohne deren Zustimmung konnte kein Artikel des Werkes in Kraft gesetzt werden. Viele Schwächen dieses provisorischen Verfassungswerkes stammen aus den alliierten Einmischungen, besser gesagt eigentlich aus den Kompromissen, die aus den sehr verschiedenen Auffassungen der Besatzungsmächte resultierten. Wir leiden heute noch auf manchem Gebiet an diesen Unzulänglichkeiten. Doch im großen und ganzen entstand eine brauchbare verfassungsmäßige Grundlage für das Aufbauwerk in Westdeutschland.

Der Westen formiert sich

Unter der energischen Führung des amerikanischen Präsidenten Truman begann sich der Westen zu einer wenigstens in den Grundzügen gemeinsamen Politik gegen die Expansion der Sowjetunion zusammenzuschließen. Sein Eingreifen in Griechenland und in der Türkei durch massive Hilfeleistungen verhinderte das sowjetische Vordringen ins Mittelmeer. Noch heute kann einem bei dem Gedanken schaudern, daß Truman Griechenland seinem Schicksal, ein kommunistisches Bollwerk zu werden, überlassen hätte. Aber er ging den Weg des »Bis hierher und nicht weiter« gegenüber der Sowjetunion konsequent weiter. Das Resultat war der Nordatlantikpakt (NATO), über den ich am 19. 3. 1949 im »Weser-Kurier« schrieb:

Der große Pakt

»... Noch niemals in der modernen Geschichte ist eine solche Kraftkonzentration zustande gebracht worden, um einer möglichen Bedrohung beizeiten entgegenzutreten. Der rein defensive Charakter des Atlantikpaktes wird mehrfach im Vertrag nicht nur erwähnt, sondern durch eindeutige Formulierungen konstatiert. Die Behauptung, daß aggressive Momente die Triebfeder zur Vertragsbildung seien, kann nicht einmal von den Paktgegnern ernstlich aufgestellt werden: denn es wäre undenkbar, daß die vertragschließenden sieben Demokratien sich bereit finden könnten, eine aggressive Linie in ihrer Außenpolitik auf 20 Jahre hinaus festzulegen. Kein einziges demokratisches Parlament würde einen solchen Vertrag ratifizieren. Das Ausmaß des Vertragsabschlusses kennzeichnet aber gleichzeitig die Größe der Gefahr, gegen die er sich wendet. Weder die Sowjetunion noch die mit Moskau verbündeten östlichen Satelliten-Staaten werden mit einem Wort erwähnt. Aber niemand auf der Welt hegt den geringsten Zweifel daran, daß die westlichen Demokratien die Gefahr aus dem Osten für so ernst ansehen, daß sie sich zu einem Verteidigungsbündnis zusammenschlossen, das in der Geschichte einmalig ist. Besonders für die Vereinigten Staaten war der Entschluß, durch ihre Mithilfe den Westunionpakt zum Atlantikpakt zu erweitern, so außerordentlich schwerwiegend; noch niemals sind die Bürger dieses großen Landes Verpflichtungen von so weittragender Konsequenz eingegangen. Erst die aggressive Politik des Kremls hat die westlichen Demokraten auf den Weg des Selbstschutzes getrieben, und trotz aller Gefahren, die durch die Spaltung der Welt in zwei Lager entstehen, ist es der richtige Weg, der allein die Ideale der freiheitsliebenden Völker vor der Vernichtung bewahren kann.

Für Westdeutschland und Berlin ist der Pakt von überragender Bedeutung, denn im Artikel VI heißt es, daß er sich auf diejenigen Gebiete erstreckt, in denen Besatzungsstreitkräfte jedes der Vertragspartner in Europa gehalten werden. Mit anderen Worten: ein Angriff auf die Westsektoren Berlins oder aber auf Westdeutschland löst automatisch die Vertragsbestimmungen für gemeinsame Beistandspflicht aller Vertragspartner aus. Solange also die westlichen Besatzungsmächte in Deutschland verbleiben, ist das von ihnen besetzte deutsche Territorium Bestandteil des Paktes, und alle Vertragspartner sind verpflichtet, dieses Gebiet nach Maßgabe ihrer Mittel vor einem Angriff zu schützen. Berlin bildet in diesem Rahmen den am weitesten nach Osten vorgeschobenen Verteidigungsposten, und wiederum ist es die vielgequälte deutsche Reichshauptstadt, die durch den Atlantikpakt zu einem Brennpunkt der großen internationalen Politik wird. Trotz der Gefahren, die in dieser Konstellation liegen, muß es jedem Deutschen ein ernstes und starkes Beruhigungsmoment sein, zu wissen, daß er nicht schutzlos der östlichen Bedrohung preisgegeben ist.

Der Leitgedanke des Paktes besteht aber nicht darin, im Falle eines Krieges den Sieg über den Gegner zu erringen, sondern den Krieg überhaupt zu verhindern und eine friedliche Entwicklung der demokratischen Völker zu sichern. Und der Friede ist die Sehnsucht und das Ziel aller Völker, die in diesem großen Pakt nunmehr vereinigt werden.«

Soweit der Artikel im »Weser-Kurier«.

Die Präambel des Paktes, der noch heute und sicher noch für lange Jahre die Grundlage der westlichen Politik sein wird, hat folgenden Wortlaut:

> »Die vertragschließenden *Staaten bestätigen* ihren Glauben an die Ziele und Prinzipien der Charta der Vereinten Nationen und ihren Wunsch, mit allen Völkern und mit allen Regierungen in Frieden zu leben.
>
> *Sie sind entschlossen*, die Freiheit, das gemeinsame Kulturerbe ihrer Völker, gegründet auf die Prinzipien der Demokratie, auf die Freiheit des Einzelnen und die Grundsätze des Rechts, sicherzustellen.

Sie sind bestrebt, die Stabilität und Wohlfahrt im nordatlantischen Gebiet zu fördern.

Sie sind entschlossen, ihre Bemühungen um eine gemeinsame Verteidigung und um die Erhaltung von Frieden und Sicherheit zu vereinigen.

Daher sind sie übereingekommen, diesen Nordatlantikpakt zu schließen.«

Diese Sätze sind hier wiedergegeben, denn es ist notwendig, sie immer vor dem geistigen Auge zu haben, wenn von der Politik des Westens die Rede ist. Es ist keine »Politik der Stärke«, wie es in der sowjetischen Propaganda seit Jahren formuliert wird, aber der Pakt bedeutet eine Abkehr von der Politik der Schwäche gegenüber der Sowjetunion, die die Freie Welt bis dicht an den Abgrund der Vernichtung brachte. Dabei ist der defensive Charakter des Bündnisses so eindeutig, daß die russische Propaganda gegen ihn ziemlich erfolglos blieb. Neben Präsident Truman erwarb sich der amerikanische Außenminister Dean Acheson mit dieser umfassenden Verteidigungs-Konzeption ein historisches Verdienst. Ich habe Truman viel später einmal in Washington aufgesucht und ein langes, mich sehr beeindruckendes Gespräch mit ihm gehabt. Dean Acheson versäumte ich bei keiner meiner Reisen nach USA aufzusuchen. Er war damals schon ohne Amt, doch von großem Einfluß, der bis heute unvermindert anhält.

Während unter der Führung der USA der größere Rahmen des Bündnisses der westlichen Industriestaaten abgesteckt wird, macht sich in Westeuropa eine schwungvolle, von großem Idealismus getragene Einigungsbewegung der Europäer bemerkbar. Es ist besonders die Jugend, die von diesem europäischen Geist erfaßt wird. Daß er unter der Jugend in Westdeutschland am schnellsten Boden gewann, ist nicht verwunderlich. Diese Jugend, die unter der Diffamierung der ganzen Welt litt, die zu ihrem größeren Teil an den nationalsozialistischen Verbrechen unschuldig war, suchte den Weg aus der Enge in eine größere, freie Welt. Ich selbst war, Wilhelm Kaisen ablösend, der mit tausend Dingen überbelastet war, mehrere Jahre Vorsitzender der Europa-Union in Bremen. Ich versuchte, die Menschen, die nach neuen politischen Idealen Ausschau hielten, besonders die Jugend, für die europäische Bewegung zu begeistern. Das war nicht schwer, denn sie war von echter Begeisterung erfüllt. Eine wirklich bewegende Szene ist mir noch deutlich in Erinnerung. Im jugendlichen Überschwang beschlossen 1949 Gruppen in Frankreich und Deutschland, zur Tat zu schreiten. Mein Freund Michel Meisner, damals Landrat des Kreises Würzburg, den wir häufig besuchten, alarmierte mich. Die Pläne der Jugend waren nicht ganz ungefährlich, denn man wollte die Grenzsymbole, vor allem die Grenzschlagbäume zwischen Frankreich und Deutschland, beseitigen, um den Willen zur Gemeinsamkeit zwischen den Völkern augenfällig zu machen. Sollte man die Jugend zurückhalten? Wir entschlossen uns, lieber mitzumachen. Und so geschah es.

Von deutscher und französischer Seite aus marschierten die Jungen und Mädchen auf die Grenze zu, bewaffnet mit Äxten und Sägen. Es war ein schöner, sonniger Tag, so recht ein Tag, um ein Fest der Jugend zu feiern. Die deutschen Grenzwächter und Zöllner waren beim Herannahen der fröhlich singenden Menschen erst ziemlich erschrocken, dann ließen sie das anscheinend Unvermeidliche geschehen. Nun hieß es, die Schlagbäume zu beseitigen, sie zu zerstückeln und daraus ein lustiges Feuer zu entzünden. Aber das war nicht so einfach, denn es waren moderne Schlagbäume, nicht aus Holz, sondern aus Eisenröhren. Es wurde also Holz gesammelt. Neben dem Schlagbaum stand ein lamentierender Zöllner. Erstens fürchtete er die fiskalischen Folgen des Unternehmens, zum anderen hatte er zu beiden Seiten der Grenzpfähle Kartoffeln gepflanzt, die unter dem Anmarsch der Jugendlichen schon ziemlich ramponiert waren. Ein Geldschein aus meiner Tasche verwandelte seine sauertöpfische Miene. Fröhlich holte er aus seinem Wachhäuschen eine Metallsäge und beteiligte sich fleißig an der Zerkleinerung des eisernen Schlagbaumes. Im Niemandsland zwischen der deutschen und der französischen Grenze trafen wir mit der französischen Jugend zusammen. Es gab eine große Verbrüderung, man sang, sprang um das lodernde Feuer und verzehrte gemeinsam den mitgebrachten Proviant. Schließlich gelang es uns Älteren, das herzerfrischende Fest abzubrechen, noch ehe Gendarmerie auftauchte. Die ganze Aktion hatte beiderseits der Grenzen ein freundliches Echo. Nicht lange darauf sprach ich mit dem französischen Hochkommissar François-Poncet über das Ereignis, das er sehr sympathisch fand. Auszusetzen hatte er nur, daß er aus seinem sehr schmalen Dispositionsfonds die zerstörten Grenzbäume hatte wiederherstellen lassen müssen. Ich gab mich ihm gegenüber nicht als einer der Anführer des Unternehmens zu erkennen, obwohl auch ich eine ziemlich erhebliche Geldeinbuße zu verschmerzen hatte. Die Steuer hatte die Kosten der Omnibusreise von Bremen bis zur Grenze nicht als Geschäftsausgabe anerkannt. Beim Fiskus hört eben jede politische Begeisterung auf.

Diese kleine Geschichte zeigt, wie lebendig die europäische Idee in jenen Jahren war. Durch das Zersägen von Grenzbäumen konnte die europäische Idee allerdings nicht verwirklicht werden. Zum Glück gab es echte Europäer unter den Staatsmännern, die mit nicht geringerer

Begeisterung, dafür aber mit großer politischer Erfahrung und Behutsamkeit an diesem Werk arbeiteten. In Frankreich war es Robert Schuman, dessen Geist unermüdlich auf der Suche nach Möglichkeiten war, die europäischen Völker zusammenzuführen. Ihm zur Seite stand in Frankreich der bedeutende Wirtschaftsexperte Jean Monnet. Robert Schuman ist tot, aber Jean Monnet arbeitet noch heute mit ungeminderter Tatkraft an der Verwirklichung seiner Ideen. Diesen beiden Männern gehört meine uneingeschränkte Bewunderung. In Italien führte seit Ende des Jahres 1945 Alcide de Gasperi als Ministerpräsident die Regierung. Beide, Schuman und de Gasperi, sprachen vorzüglich Deutsch. Die Entwicklung in Deutschland nahm ihr großes Interesse gefangen, und kein Rückschlag konnte diese Männer entmutigen, den Weg zu gehen, der nach ihrer Überzeugung allein den Frieden in Europa sichert. Nach Gründung der Bundesrepublik stieß als dritter zu diesen großen Europäern Dr. Konrad Adenauer. Lange Zeit bildeten sie ein leuchtendes Dreigestirn am Himmel Europas, den gequälten Völkern des leidgeprüften Kontinents Mut und Hoffnung einflößend.

Bilanz

Bevor ich über die einschneidende Veränderung in meinem Leben und meiner Arbeit berichte, sei mir noch eine Rückschau auf den zurückgelegten Weg erlaubt. Als Kind habe ich die Kaiserzeit noch erlebt, sie voll in mein Bewußtsein aufgenommen. Als Kinder spielten wir ungestört in Hamburg auf der Straße Fußball, denn die Wagen kündigten sich durch lautes Getrappel der Pferdehufe an und stellten keine Gefahr dar. Wir erkannten die Equipagen der reichen Kaufherren an ihren erstklassigen Paßpferden und den glänzenden Geschirren. Ein Automobil war ein bestaunenswertes, äußerst seltenes Gefährt, und meine Eltern mieteten nach Bedarf eine Droschke der Firma Boetel. Der Sohn der Firma war ein Tenor der Hamburger Oper und feierte in der Titelrolle des »Postillon von Lonjumeau« Triumphe. Als Caruso vor dem 1. Weltkrieg in Hamburg gastierte, faßte eine aufrechte Hamburgerin ihr Urteil in die Worte zusammen: »Ganz schön, aber Hein Boetel singt stärker!« Es war das patrizisch geformte Hamburg, das meine ersten Jugendjahre bestimmte. Wie jeder richtige Hamburger kannte ich die Namen aller Villenbesitzer am schönen Harvestehuder Weg, dessen Gärten bis an das Alsterufer reichten.

Während des 1. Weltkrieges wurde ich ein großer Junge, fast schon ein junger Mann. Die Jahre im Kadettenkorps brachten mich in Fühlung mit den Sprößlingen des deutschen Offiziers- und Beamtenadels. Dort habe ich gelernt, mich einer Gemeinschaft einzufügen. Ich lernte, daß die eigene Freiheit dort ihre Grenze findet, wo sie die Freiheit der Mitmenschen einengt oder bedroht. Es gab kaum eine Institution, in der der Zusammenbruch des Kaiserreichs und der preußisch geformten Ordnung mit ihren Fehlern und auch ihren Werten stärker und unmittelbarer empfunden wurde als im traditionsreichen preußischen Kadettenkorps. Wie eine Sturzflut, zuerst unfaßlich, brachen die Freiheiten einer neuen demokratischen Staatsform auf uns nieder. Die ehemaligen Kadetten haben sich mit diesem Umbruch gut abgefunden. Aus den meisten meiner Kameraden ist im Leben etwas geworden. Viele, allzu viele, sind allerdings auf den Schlachtfeldern des 2. Weltkrieges gefallen. Gewisse Ordnungsbegriffe habe ich aus der Kadettenzeit bis zum heutigen Tage nicht verloren. Während eines langen Lebens bin ich als jüngerer oder auch schon älterer Mann »voll des süßen Weines« nach Hause gekommen. Mit einem furchtbaren Kater erwachend stellte ich immer wieder fest, daß ich meine Kleidungsstücke in vorgeschriebener Ordnung säuberlich aufgeschichtet hingelegt und aufgehängt hatte, so wie es im Korps vorgeschrieben war. Es hat sich dabei oft um erstaunliche artistische Leistungen gehandelt. Aber dies ist nur ein sehr äußerliches Beispiel. Tiefer saßen gewisse Vorstellungen, wie man in einer Gemeinschaft zu leben, sich zu bewegen hat. Auch davon ist mir vieles geblieben.

Als junger Mann von 30 Jahren, schon fest und nicht ohne Erfolg im Beruf stehend, erlebte ich den zweiten Umbruch, den Weg aus der Freiheit, die mir selbstverständlich geworden war, in die Barbarei. Die Geschichte meiner engeren und weiteren Familie geht weit zurück. Ein befreundeter Genealoge hat sie bis auf Kaiser Maximilian, den »letzten Ritter«, zurückgeführt, aber ich kann mir nicht vorstellen, daß auch die entferntesten Vorfahren jemals gezwungen waren, in einer Zeit so furchtbaren Verfalls aller Sitte und Kultur zu leben wie wir, die wir die Zeit des Nationalsozialismus erleben mußten. Ich habe diese Zeit nicht nur erlebt, ich habe mir auch nach dem Zusammenbruch des Gewaltregimes Mühe gegeben, seine Geschichte zu studieren. Dieses Studium ist in zweifacher Richtung wichtig. Einmal ist es von Bedeutung herauszufinden, worin das Einmalige dieses Schreckensregimes lag, zum anderen ist es notwendig, die Technik der Aufrichtung einer Diktatur zu studieren, um jeder Wiederholung vorzubeugen. Worin liegt nun das Einmalige des Nationalsozialismus? Jeder, der die Geschichte kennt, weiß, daß es in allen Jahrhunderten Schreckliches, Böses, unfaßbar Brutales gegeben hat. Auch Diktaturen waren und sind nichts Seltenes. An äußeren Schrecknissen finden sich in der Geschichte die meisten Beispiele in Religionskämpfen und -kriegen. Lag der Gewaltherrschaft der Nazis ein Glaube zu Grunde, eine Philosophie? Das ist nur schwerlich zu behaupten. Dem Nationalsozialismus lag eine Anbetung der Gewalt als staatlichem Prinzip zu Grunde, und in dieser Grundlage war er eben einmalig. Zu allen Zeiten hat es Mißbrauch der Gewalt gegeben, Brutalitäten, Folterungen und Mord, und das gibt es noch heute. Schwerer aber ist es, Beispiele zu finden, in denen der Staat den Mord zum Gesetz erhebt, ihm eine gesetzliche Grundlage gibt.

Man könnte mir erwidern, daß Verbrechen, die unter dem Mantel der Scheinheiligkeit oder auch aus ehrlicher Überzeugung begangen werden, Verbrechen bleiben. Das ist sicher richtig, und trotzdem ist es etwas anderes. Der durch Gesetz oder Verordnung verübte Mord enthüllt nicht nur ein Unmaß an Schamlosigkeit, er ist gleichzeitig der Rückfall in die absolute Barbarei.

Die zu begehenden oder angeordneten Verbrechen sind an keinerlei ethischen oder religiösen Begriffen orientiert. Begriffe oder religiöse Vorstellungen mögen noch so pervertiert oder abwegig sein, es bleiben schließlich doch Maßstäbe, an die die Menschen glauben. Der Nationalsozialismus glaubte nur an die deutsche »Herrenrasse«, an die Aufrechterhaltung der eigenen Macht. Das Buch Hitlers »Mein Kampf« ist nichts als eine Zusammenstellung von Zweckmäßigkeitsvorstellungen, in denen er selbst, seine eigene Person, das Zentrum bildet, um das sich alles andere zu gruppieren hat. Die Verbrämung durch nationale Ziele, von denen einzelne durchaus diskussionsfähig sind, verschleiert nur kümmerlich die Vorstellung, daß er selbst das angestrebte Ziel von Größe ist. Er ist letztlich die Nation. Nirgends schimmert auch nur die Vorstellung durch, daß der Staatsmann seinem Volk zu dienen habe. Es fehlt ihm der Glaube, sogar der Glaube an das eigene Volk. Er glaubt an nichts anderes als an sich selbst. Das Buch des Chefideologen Alfred Rosenberg »Der Mythos des XX. Jahrhunderts« bietet nicht einmal eine Diskussionsgrundlage. Wer sich durch diesen Wälzer durchgearbeitet hat, weiß zum Schluß nur, was Pseudowissenschaft wirklich ist. Es handelt sich um eine Anhäufung von unverdauter Lektüre, selbstproduziertem Unsinn, dazu noch in einem traurigen Deutsch geschrieben. Das Buch wurde mit verstecktem oder offenem Zwang in einer riesigen Auflage verkauft und von kaum jemandem gelesen. Dem Nationalsozialismus gelang es nicht einmal, eine Gottes-Vorstellung zu formulieren, in deren Namen man die furchtbaren Verbrechen beging. Hitler flüchtete sich in den vagen Begriff der »Vorsehung«. Die Vorsehung war aber für ihn nicht der Ausdruck eines göttlichen Willens, sondern die Vorsehung war nur wieder er selbst. Ich erinnere mich an eine Hitlerrede, die wir in Gesellschaft eines Bruders meines Vaters, eines Kavaliers der alten Schule, anhörten. Als Hitler sich zum sechsten Male auf die Vorsehung berufen hatte, sagte der Onkel mit schöner Selbstverständlichkeit: »Jott heißt der Mann!« Aber die Vorsehung, so wie Hitler sie verstand, war nicht Gott, sondern Adolf Hitler, oder ein Wesen, das ihm zu dienen, dem nicht etwa er zu dienen hatte.

Wenn ich von diesen Dingen hier spreche, so darum, weil sie mich während der Hitlerzeit und auch noch nach dem Zusammenbruch zutiefst beschäftigten. Es waren weniger die politischen oder die militärischen Vorstellungen und Taten Hitlers, die mich abstießen. Hemmungslose Eroberer, schamlose politische Betrüger und Vertragsbrecher hatte es auch vor ihm ohne Zahl gegeben. Sie waren alle, früher oder später, an der Macht ihrer Umwelt oder am Freiheitswillen des eigenen Volkes gescheitert. Daß sich die europäischen Staaten durch seine eigentlich recht plumpen Manöver jahrelang hinters Licht führen ließen, manche sogar seine Erfolge bewunderten – auch das war nicht allzu außergewöhnlich. In einem vielleicht verständlichen Ruhe- und Friedensbedürfnis verschob man in Frankreich und England die kriegerische Auseinandersetzung, bis sie sich eben nicht mehr verschieben ließ. Alles das ist von großem historischen und politischen Interesse und wird die Fachleute noch lange beschäftigen. Viel unbegreiflicher aber war und ist mir die Haltung des deutschen Volkes selbst, das schon in den Jahren vor dem Krieg, in denen die Nachbarvölker noch nicht selbst zu leiden hatten, von seinem »Führer« schlechter behandelt wurde, als Tiere von ihrem Dompteur behandelt werden. Gewiß, das Volk war physisch, wirtschaftlich und auch moralisch durch die Folgen des 1. Weltkrieges, durch Not und Wirtschaftskrise demoralisiert, aber doch nicht in einem solchen Maße, daß es das organisierte Verbrechen gegen sich selbst entweder teilnahmslos oder sogar noch mit Begeisterung hingenommen hätte. Noch heute stehe ich im Grunde genommen vor einem Rätsel.

Der Nürnberger Prozeß und die vielen ihm nachfolgenden Verfahren bis zum Eichmannprozeß in Jerusalem haben ein System des Verbrechens enthüllt, das in seinem kleinbürgerlich-bürokratischen Vollzug nicht seinesgleichen hat. Schon in Nürnberg legten die Ankläger Dokumente vor, deren Echtheit von den Angeklagten nicht bestritten wurde. In nüchternstem Amtsdeutsch verfügten sie die planmäßige Vernichtung von Millionen Menschen. Alles war säuberlich verbucht und registriert. Das schrecklichste Beispiel aber brachte der Eichmannprozeß. Die Welt erwartete, vor den Schranken des Gerichts ein Ungeheuer zu sehen, einen Mörder von gigantischem Ausmaß, einen von Haß und Leidenschaften zerrissenen Menschen. Aber da saß ein Mann, den keinerlei Leidenschaften bewegten, den sein Lebensweg auf einen Posten gebracht hatte, zu dessen Dienstobliegenheiten die Verschickung von Millionen Juden aus den europäischen Ländern in die Vernichtungslager und Gaskammern gehörte. Er hätte sicherlich mit gleichem Eifer eine Paßstelle geleitet und sich in seinen dienstfreien Stunden der Familie gewidmet. Es ist kein Zynismus, wenn ich feststelle, daß das Interesse der Weltöffentlichkeit am Eichmannprozeß rasch abflaute. Die Zeitungsleser und Radiohörer wurden es müde, einer seelenlosen Todesregistratur längere Zeit ihre Aufmerksamkeit zu schenken. Diese Seelenlosigkeit, die nicht einmal die Leidenschaft zum Bösen zeigte, war gleichzeitig das Unmenschliche und – man scheut sich, es zu sagen – auch schließlich Langweilige. Aber Eichmann ist nur ein Beispiel für viele. Wie war es möglich, daß das deutsche Volk einem Manne und seinen Helfern folgte, der im Grunde genommen nicht mehr war als ein größenwahnsinniger Spießbürger? Auch die Erklärung, daß Hitler mit vielen seiner Maßnahmen, Gesetzen und in zahlreichen Reden gerade immer wieder einem bestimmten Typ des gedankenlosen Kleinbürgers schmeichelte, ist keine ausreichende Erklärung. Wie brachten diese Menschen, die in der Mehrzahl ein einwandfreies Familienleben führten, ihre privaten moralischen Grundsätze mit den von Jahr zu Jahr in ihrem Namen begangenen Verbrechen in Einklang? Ich weiß es nicht, ich weiß es bis heute nicht.

Zeit meines Lebens bin ich ein Gegner des Kommunismus und der Diktatur gewesen. Furchtbare Verbrechen wurden auch im Namen der kommunistischen Ideologie begangen, besonders auch am eigenen russischen Volk. Diesen Verbrechen lag aber eine Ideologie zu Grunde, ein Glaube an die Richtigkeit politischer und wirtschaftlicher Vorstellungen. Man mag sie mit voller Überzeugung ablehnen und bekämpfen, und ich tue das weiß Gott. Aber ich will und kann nicht leugnen, daß diesem System eine feste Weltanschauung zugrunde liegt oder zumindest bis Stalin zugrunde lag. Ein Vergleich zwischen den Büchern und Schriften von Marx und Lenin mit den weltanschaulichen Schriftprodukten der Hitlergrößen ist überhaupt nicht möglich. Es kann auch keinem Zweifel unterliegen, daß Marx und Lenin von ihrer menschheitserlösenden Weltanschauung zutiefst überzeugt waren. Es ging ihnen trotz eines gesunden Selbstbewußtseins nicht um die eigene Person. Noch heute setzt sich die Welt mit Marx, Lenin und den kommunistischen Theorien auseinander, aber wer liest heute noch »Mein Kampf« oder den »Mythos des XX. Jahrhunderts« oder setzt sich gar in irgendeiner Form mit diesen Mittelmäßigkeiten auseinander? Dabei erlaubten sich diese Hohlköpfe schon vor dem Kriege, dem deutschen Volk eine Lebensweise bis in die kleinsten Äußerungen vorzuschreiben, die weit unter dem Mittelmaß der Deutschen lag. Aber es gelang ihnen, obwohl sich die Mehrzahl der »Führer« für ihre eigene Person nicht im mindesten an diese Regeln hielten. Man braucht dabei nur an Görings Prachtentfaltung zu denken, an sein hemmungsloses Stehlen alles dessen, was ihm begehrenswert erschien. Daß das deutsche Volk schließlich nicht aufbegehrte, als man anderen Völkern im Kriege das eigene Schicksal auch bereitete, ist da nicht mehr erstaunlich.

In diesem Zusammenhang ist vielleicht ein Wort über die »Kollektivschuld Deutschlands« am Platze. Bis einige Jahre nach dem Kriege wurde diese These von den Siegermächten und auch anderen Völkern aufrechterhalten, bis sie dann langsam in der Versenkung verschwand.

Was hat es mit dieser These auf sich? Es lag nahe, daß sie nach dem furchtbaren Geschehen, das mehr als 20 Millionen Menschen das Leben gekostet hat, aufgestellt wurde, teils aus echten moralischen Motiven, teils aus Zweckmäßigkeitsgründen im Hinblick auf die Reparationen, die man von Deutschland erwartete. Ich habe die These von der Kollektivschuld vom ersten Tage nach Ende des Krieges an bekämpft. Es gibt keine kollektive Schuld, es gibt nur eine kollektive Haftung für das, was geschehen war. Die allerdings gab es und gibt es in vieler Beziehung noch heute. Die Behauptung, jeder einzelne im Volke sei an dem Geschehen schuldig, ist nicht aufrechtzuerhalten. Schuldig sind schließlich im moralischen Sinne – rechtlich läßt sich die These der Kollektivschuld überhaupt nicht stützen – auch viele ausländische Staatsmänner, die in ihrer Haltung Hitler gegenüber dem deutschen Volke das Bewußtsein gaben, rechtlich einwandfrei zu handeln.

Kurz nach dem Kriege, als die Entnazifizierung noch streng gehandhabt wurde, schrieb mir ein bremischer Flickschuster, er sähe wohl ein, daß schreckliche Verbrechen begangen worden seien, aber ausländische Staatsmänner (er nannte Neville Chamberlain) hätten doch mit Hitler verhandelt und Verträge abgeschlossen, obwohl sie seine Verbrechen gekannt hätten. Damals habe er geglaubt, es sei dann wohl doch alles in Ordnung. Jetzt dürfe er sein kleines Gewerbe nicht mehr ausüben: »Wer kann von mir verlangen, daß ich klüger bin als der englische Ministerpräsident?« Ich wußte dem guten Mann darauf keine schlüssige Antwort zu geben. Also eine Kollektivschuld? Nein, das war nicht aufrechtzuerhalten. Theodor Heuss stellte diesem Begriff die These der »Kollektivscham« gegenüber und traf damit das Problem im Kern. Alles, was geschehen war, hatte man im Namen des deutschen Volkes vollzogen, und dafür hatte es zu haften, wie jeder für das zu haften hat, was sein Teilhaber im Namen der gemeinsamen Firma begangen hat. Daher war es selbstverständlich, daß das deutsche Volk zur Wiedergutmachung schreiten mußte, sobald es dazu in der Lage war.

Faßt man nun als zweiten Teil des Problems die Taktik ins Auge, mit der Hitler zur Macht kam, so liegen die Dinge wesentlich einfacher. Kein Deutscher sollte je vergessen, daß unser Volk an Hitler die Macht auslieferte, obwohl er in keiner freien Abstimmung die absolute Mehrheit errungen hatte. Der Blankoscheck, den Hitler durch die Annahme des Ermächtigungsgesetzes in die Hand bekam, konnte nicht wieder zurückgeholt werden. Hitler handelte blitzschnell, indem er alle staatlichen Machtmittel in seiner Hand vereinigte. Er ging gerissen, kaltblütig, manchmal tollkühn vor, und als das Volk seine Peitsche zu spüren bekam, war alles zu spät. Die staatlichen Machtorgane profitierten von seiner Diktatur, und er wußte sie in unüberbietbarer Schamlosigkeit auszunutzen. Wenn heute in den Schulen der historische Werdegang des Dritten Reiches gelehrt wird, sollten die Lehrer alle Sorgfalt darauf verwenden, den Schülern klarzumachen, wie ein Volk in unserer Zeit durch Leichtsinn seine Freiheit verlieren kann, wenn es nicht das innere und äußere politische Geschehen verfolgt. Das Volk und seine gewählten Vertreter können nicht aufmerksam genug sein.

Nun zurück nach Bremen. 1949 hatte sich die Bundesregierung in Bonn etabliert. Zum Bundeskanzler wurde Dr. Konrad Adenauer gewählt, und zwar mit einer Stimme Mehrheit. Die Tätigkeit des politischen Journalisten bekam ein anderes Gesicht. Es gab in Westdeutschland wieder eine deutsche Zentralgewalt und damit über die Länderbereiche hinaus wieder eine Innenpolitik. Obwohl uns die Einrichtung eines eigenen Außenministeriums noch nicht gestattet war, gab es natürlich auch in bescheidenem Maße eine Außenpolitik, deren Hauptgewicht auf dem Umgang mit den Besatzungsmächten lag. Ich will mir hier eine Schilderung der einzelnen Etappen der allmählichen Befreiung der Bundesregierung von zahlreichen Besatzungsfesseln ersparen. Es ist vielleicht ratsamer, eine Gesamtübersicht über die außen- und innenpolitische Situation zu geben, wenn ich die Übernahme meines neuen Amtes in Bonn schildere.

Wie kam es dazu? In der Redaktion des »Weser-Kurier« arbeitete der heutige Bundestagsabgeordnete Dr. Müller-Hermann, der damals Fraktionsvorsitzender der CDU im bremischen Stadtparlament war. Natürlich fuhr er häufig nach Bonn. Dort pflegte er nahe Beziehungen zu Adenauers Staatssekretär Dr. Otto Lenz. Dieser mag ihm oft seine Sorgen um das »Presse- und Informationsamt der Bundesregierung« geklagt haben. Es wollte zwischen der in zwei Jahren schon viermal neu besetzten Leitung des Amtes und dem Bundeskanzler so recht nicht funktionieren, obwohl unter diesen Männern einige sehr fähige Leute waren. Man war also wieder einmal auf der Suche nach einem neuen Chef. Eines Tages fragte mich Müller-Hermann, ob dieses Amt nicht etwas für mich sei. Er könne sich vorstellen, daß ich mit dem »alten Herrn« zurechtkäme. Natürlich bat ich mir Bedenkzeit aus, ehe ich ihn ermächtigte, meinen Namen ins Spiel zu bringen.

Es gab vielerlei zu überlegen. Ich war nicht nur einer der beiden Herausgeber des »Weser-Kurier«, sondern mir gehörte auch der entsprechende Anteil an dem von Monat zu Monat besser florierenden Unternehmen. Natürlich konnte ich nicht gleichzeitig das Presseamt leiten und Mitinhaber einer Zeitung sein. Das hätte zu Gewissenskonflikten führen müssen. Diese Frage stand aber gar nicht zur Diskussion, denn wir Inhaber hatten einen Gesellschaftsvertrag, der nur demjenigen die Teilhaberschaft zubilligte, der dem Unternehmen auch seine volle Arbeitskraft widmete. Was sollte aber werden, wenn ich mit dem Kanzler nicht »zurecht« käme? Ich wußte es nicht, ich wußte nur, daß mich die Aufgabe reizte. Dazu kam wohl noch ein psychologisches Moment. Während der Stresemann-Epoche hing es an einem seidenen Faden, daß man meinem Vater das gleiche Amt bei der Reichsregierung angeboten hätte. Ich stellte mir vor, was mir mein Vater – er starb 1936, ohne die schlimmste Hitlerzeit und den Krieg noch mitzuerleben – in dieser Situation geraten hätte. Sein Urteil bedeutete mir bis zu seinem Tode alles, und jetzt war ich mir absolut sicher, daß er mir zugeraten hätte.

Dazu kam aber auch noch eine sehr ernsthafte Überlegung. Wir Journalisten sind geborene politische Kritiker. In vielen Artikeln hatte auch ich an der Bundesregierung, auch an der Pressepolitik, Kritik geübt. Nun sollte ich vielleicht die Chance bekommen, am politischen Geschehen selbst Anteil zu haben und vielleicht zu zeigen, daß man es besser machen könne. Ich fragte natürlich auch meine Frau. Sie meinte, mich mit wissenden Augen betrachtend: »Du wirst es gegebenenfalls ja doch tun!« So kam es also, daß ich eines Tages auf dem Wege nach Paris in Bonn Station machte und mit Staatssekretär Dr. Lenz und Müller-Hermann zu Mittag aß. Wir unterhielten uns über zahlreiche politische Probleme in großer Offenheit, und dann fuhr ich nach Paris weiter.

Ich reiste seit der Währungsreform überhaupt schon wieder ziemlich viel herum, nicht nur in Deutschland, sondern auch in Frankreich. Wir waren schon mehrfach in Paris, an der Riviera und in der Schweiz gewesen. Jetzt fuhr ich nach Paris, als Schlachtenbummler bei einer Viermächte-Konferenz. Wie immer pilgerte ich stundenlang durch die Straßen, hin und wieder zu einem Espresso einkehrend. Ich kenne kaum ein größeres Vergnügen, als ziellos durch diese Stadt zu schlendern oder vor einem Bistro zu sitzen und die Menschen an mir vorbeischlendern zu lassen. Aber es gab in diesem Jahre 1951 auch schon wieder allerlei Möglichkeiten, politische Beziehungen anzuknüpfen, wie da und dort ein bißchen mit der eigenen Nase in der Politik herumzuschnuppern. Wie immer waren vor allem die Journalisten-Kollegen dabei behilflich, besonders der Korrespondent des »Weser-Kurier«, Dr. Paulus, mit seiner liebenswürdigen Frau. Ihn selbst hatte das Journalistenschicksal gehörig in der Welt umhergetrieben, und so verfügte er über vielfältige Beziehungen. Engere Verbindungen knüpfte ich auch zum Vertreter der »Frankfurter Allgemeinen Zeitung«, dem leider nicht mehr lebenden Dr. Medina, der am Quai d'Orsay schon wieder eine sehr geachtete Position hatte. Den Rückweg nahm ich wieder über Bonn; ich lieferte Staatssekretär Dr. Lenz einen Bericht über meine Eindrücke in Paris, in dem ein bißchen mehr stand, als ich im »Weser-Kurier« veröffentlicht hatte.

Nun, ich will es nicht allzu spannend machen. Im Spätherbst des Jahres bekam ich einen Anruf aus Bonn. Der Bundeskanzler wünschte mich zu sprechen. Wie ich aus Berichten von Müller-Hermann wußte, trieben die Dinge nun zur Entscheidung. Eines Nachmittags saß ich gemeinsam mit Otto Lenz an dem länglichen Tisch im Arbeitszimmer Dr. Adenauers, in einem der bequemen Sessel, in dem ich in den folgenden zehn Jahren noch viele hundertmal sitzen sollte. Das Gespräch dauerte weit über eine Stunde. Wie es des Kanzlers Art war, ging er sofort zum Thema über, denn man hatte ihm einige meiner Artikel – natürlich die kritischen – vorgelegt. Ich mußte ihm meine Haltung in den vergangenen Jahren näher begründen. Er stellte Fragen, biß sich da und dort an einem Punkt fest, doch schien ich meinen Part zu seiner Zufriedenheit zu vertreten. Besonders klar war unsere Übereinstimmung in den europäischen Fragen. Im Zentralproblem, Deutschland–Frankreich, schien es keine Meinungsverschiedenheiten zu geben. Mit England war es ein bißchen schwieriger. Das Thema Großbritannien sollte noch häufig zu Auseinandersetzungen zwischen uns führen. Es sei hier aber gleich gesagt, daß der Kanzler auch in kontroversen Gesprächen stets sachlich und vor allem immer höflich blieb.

Schließlich stand der Kanzler auf, um das Gespräch zu beenden. Im Stehen stellte er noch eine Frage: »Sie scheinen doch ein ganz vernünftiger Mensch zu sein, Herr von Eckardt. Sie haben eine gutgehende Zeitung. Warum wollen Sie denn nun eigentlich Pressechef werden?« Ich sah Dr. Lenz an, der eine gutgehende Anwaltspraxis im Stich gelassen hatte, um Adenauers Staatssekretär zu werden, und antwortete: »Wenn es keine Verrückten mehr gibt, Herr Bundeskanzler, die sich lieber mit Politik als mit Geldverdienen beschäftigen, kann die Bundesrepublik einpacken. Übrigens liebe ich es, ein interessantes Leben zu führen!« Er konnte, wenn er wollte, diese Bemerkung auch auf sich beziehen. Er gab mir die Hand und sagte lächelnd: »Ein interessantes Leben, nun, das verspreche ich Ihnen!«

Nach einigem Hin und Her, das dadurch entstand, daß ich mich weigerte, nach Bonn zu kommen, ohne ein Schreiben des Kanzlers mit meiner endgültigen, nicht provisorischen, Bestallung in der Hand zu haben, trat ich am 15. Februar 1952 meinen Posten als Leiter des »Presse- und Informationsamts der Bundesregierung« an. Das »interessante« Leben konnte beginnen!

Der Anfang in Bonn 1952

Als ich meinen Dienst in Bonn antrat, verfügte ich dort nur über ein sehr beschränktes Maß an Verbindungen. Ich hatte Bonn, den Bundestag und Herbert Blankenhorn, der für die Verbindung zwischen der Bundesregierung und den drei Hohen Kommissaren verantwortlich war, schon ein paar Mal besucht. Aber das hatte nicht viel zu bedeuten.

Als erstes hieß es, im eigenen Amt Fuß zu fassen, und dabei unterstützte mich mein Stellvertreter Werner Krueger in loyaler Weise. Insgesamt fast zehn Jahre hat mir Werner Krueger in immer gleichbleibendem Eifer zur Seite gestanden. Er hat die Organisation des Presseamtes, um die ich mich wegen politischer Beanspruchung oft längere Zeit nicht kümmern konnte, in Ordnung gehalten und damit die Funktionsfähigkeit der Behörde garantiert. Für den Leiter eines politisch so akzentuierten Amtes war das von unschätzbarem Wert. Ich bewahre Ministerialdirektor Krueger für diese aufopferungsvolle Arbeit das Gefühl großer Dankbarkeit. Mit Geduld führte er mich in den Irrgarten einer behördlichen Verwaltung ein. Das war meinem ganzen Naturell nach sicher keine einfache Aufgabe, aber sie war notwendig. Zwar nahm er mir den größten Teil dieser Arbeit stets ab, aber sein sicheres Gefühl dafür, was der Chef des Hauses wissen und schließlich auch entscheiden mußte, war untrüglich.

Am Tage meines Dienstantritts reiste der Kanzler zum Glück für einige Tage nach London. Mit guter Absicht hatte ich gar keinen Versuch gemacht, ihn auf dieser Reise zu begleiten, denn ich traute mir einfach noch nicht zu, ihm in London nützlich sein zu können. Für mich kam es erst einmal darauf an, mich über die politische Situation zu informieren, ehe ich selbst tätig werden konnte. So machte ich zahlreiche Besuche. An erster Stelle stand natürlich ein Besuch beim Bundespräsidenten Professor Heuss. Zum Glück kannten wir uns schon seit Jahren. Auch er war Lizenzträger in der US-Zone, und zwar bei der »Rhein-Neckar-Zeitung«, gewesen und hatte an dem sich entwickelnden Verbandsleben der Verleger und Journalisten lebhaften Anteil genommen.

Er empfing mich mit größter Liebenswürdigkeit, wußte über meine Familie, meinen Vater, die Großväter Julius von Eckardt, Heinrich

Geffcken und den Urgroßvater Immermann genau Bescheid. Seine Bildung, sowohl auf politischem wie künstlerischem Gebiet, war umfassend. So sollten diesem ersten Gespräch noch viele und mir sehr angenehme und anregende folgen. Meine Besuche bei den Mitgliedern des Kabinetts, den Partei- und Fraktionsführern hatten einen etwas anderen Charakter. Überall begegnete man mir mit Freundlichkeit, aber es war etwas von jener Freundlichkeit dabei, die man einem zum Tode Verurteilten vor seiner Hinrichtung entgegenbringt. Unausgesprochen klang überall etwas wie »Sie armer Mensch!« mit durch. Man glaubte eben nicht, daß mir eine lange Amtszeit beschieden sein sollte. Bei den Journalisten war die Stimmung ähnlich. Dabei hatte ich mir selbst eine echte Chance ausgerechnet. Ich war überzeugt, daß der Bundeskanzler sich einige Mühe geben würde, mit mir auszukommen. Ich war nun schon der fünfte im Amt innerhalb von zwei Jahren, und der Kanzler brauchte eine wirksame Unterstützung durch das Presseamt, eine Popularisierung seiner Politik im In- und Ausland. Dazu standen für das Jahr 1953 Wahlen vor der Tür, die schließlich gewonnen werden mußten, sollten nicht alle seine bisherigen Anstrengungen umsonst sein. Die Interessenlage war also eindeutig, und ich war entschlossen, sie zu nutzen im Dienste der gemeinsamen Sache.

Naturgemäß wird von Bundeskanzler Dr. Adenauer in den folgenden Kapiteln noch sehr viel die Rede sein. Von einer fruchtbaren Zusammenarbeit mit ihm, der allein mein Chef war, hing Erfolg oder Mißerfolg meiner Tätigkeit ab. Das Bild dieses einzigartigen Mannes wird sich dabei im Laufe dieses Lebensberichts allmählich formen, wenigstens wie ich diesen Staatsmann sah und noch heute sehe. Ein paar Bemerkungen seien allerdings schon hier vorweggenommen.

Immer wieder imponierte er durch seine aufrechte Haltung, seine Gestalt, die viel jünger wirkte, als sein Alter vermuten ließ. Dabei war er damals erst 76! Er starb mit 91 Jahren am 19. April 1967 in Rhöndorf. Doch auch die schweren zwölf Jahre, die er nach meinem Amtsantritt noch Kanzler war, haben seine Gestalt nicht gebeugt. Das erste, was mir am Kanzler auffiel, war seine außerordentlich große Höflichkeit, auch Untergebenen gegenüber. Er konnte manchmal sehr scharf werden in politischen und dienstlichen Auseinandersetzungen, aber er wurde dabei niemals persönlich unhöflich. Vielleicht habe ich während zehn Jahren tausendmal oder öfter sein Arbeitszimmer betreten. Immer erhob er sich zur Begrüßung, und jedesmal, am Ende der Aussprache, stand er wieder auf und begleitete mich durch die Länge seines großen Arbeitszimmers im Palais Schaumburg bis zur Tür, um mich dort zu verabschieden. Ich bin überzeugt, er tat dies mit jedem Besucher.

Persönlich hatte ich aber auch noch einen Vorteil im Umgang mit ihm. Er wußte, daß ich ein unabhängiger Mann war, zwar nicht wohlhabend, aber eben doch auf die Stellung, die ich bekleidete, nicht angewiesen. Er spürte, daß ich von ihm nichts wollte, daß ich, über mein Amt hinaus, keine Ambitionen hatte. Ich wollte nicht Minister werden, sondern eben nur Pressechef sein und auch bleiben, wenn es die Umstände erlaubten. Dazu hatte ich bald heraus, daß er ein offenes Wort liebte, daß man ihm ohne Gefahr widersprechen konnte, wenn man für die eigene Auffassung brauchbare Argumente vorzubringen hatte. Dies charakterisiert eine besonders wichtige Eigenschaft seiner Persönlichkeit. Konrad Adenauer konnte zuhören, sogar mit großer Geduld zuhören, selbst wenn der nächste Besucher schon lange im Vorzimmer wartete. Oft antwortete er nicht gleich auf die vorgebrachten Argumente, aber ein oder zwei Tage später kam er auf das gleiche Thema zurück und sagte dann: »Ich habe mir die Sache nochmals durch den Kopf gehen lassen. Es ist was dran an dem, was Sie gesagt haben! Also machen Sie's, wie Sie's für richtig halten!« Natürlich konnte es auch umgekehrt kommen: »Was Sie da neulich gesagt haben, ist doch nicht richtig. Sie haben dabei nicht berücksichtigt ...«, und dann kam eine meist schlüssige Argumentation.

Manche, die mit dem Kanzler auf die Dauer nicht auskommen konnten, mögen den Fehler gemacht haben, ihn zu schnellen Entschlüssen drängen zu wollen. Wenn der Kanzler eine Entscheidung nicht sofort fällen wollte, dann waren seine Überlegungen eben noch nicht abgeschlossen. Er war alles andere als ein Zögerer, der unschlüssig hin- und herschwankte. Keineswegs! Aber er mißtraute allzu glatt und einleuchtend vorgetragenen Argumenten. Gerade einer allzu schlüssigen Beweisführung stand er in natürlicher Abwehr gegenüber. Er wußte aus langer Erfahrung, daß politische Probleme sehr vielfältige Aspekte zu haben pflegen. Und wenn so eine präsentierte Rechnung scheinbar zu 100 Prozent aufging, dann mußte, so meinte er, an der Sache etwas nicht stimmen. Und meistens hatte er recht! So war es viel besser und auch wirkungsvoller, seine Argumentation in Ruhe anzuhören, einige Einwendungen zu machen, ein paar eigene Ideen hinzuzufügen und dann das ganze Problem seiner weiteren Überlegung zu überlassen. Mit Sicherheit kam er früher oder später auf die Angelegenheit zurück und hatte die vorgetragenen Gesichtspunkte berücksichtigt.

Noch viel wichtiger war es, diese Methode anzuwenden, wenn man ihm einen völlig neuen Vorschlag unterbreitete. Nichts wäre so falsch gewesen, wie ihm eine Entscheidung abzwingen zu wollen. Viel besser war es, einen neuen Gedanken erst einmal anzutippen und dann die

Sache wie nebensächlich wieder fallenzulassen. Ich nannte das respektlos, ihm »ein Ei ins Nest legen«. Man konnte sicher sein, daß er sich auf dieses »Ei setzte« und nach einiger Zeit auf die Frage zurückkam, denn er vergaß nur sehr selten etwas, was man ihm gesagt hatte. Noch nach Jahr und Tag konnte er einem eine Meinungsäußerung vorhalten, die sich als falsch erwiesen hatte. Mit einem Argument, das sich als richtig erwiesen hatte, passierte das allerdings höchst selten.

Man hat den Bundeskanzler oft als starr, wenig wendig und unbiegsam geschildert. Diese Charakterisierung ist absolut falsch. Rechthaberei konnte er allerdings nicht leiden. Man mußte den richtigen Moment erfassen, um den Versuch zu machen, seine Auffassung zu korrigieren. Die beste Gelegenheit war stets ein Gespräch unter vier Augen. Ich habe aber Momente bei ihm erlebt, auch auf Konferenzen, in denen er selbst blitzschnell die Situation erfaßte und seine Position änderte, da er erkannte, daß keine Chance vorhanden war, die eigenen Vorstellungen durchzusetzen. Dazu verfügte er über eine Art sechsten Sinn, mit dem er die Stimmung erfühlte, die im Verhandlungsraum herrschte. Oft habe ich es erlebt, daß er mir vor einer Besprechung, besonders internationaler Art, ankündigte, wie er zu taktieren, zu argumentieren, wie er vorzugehen gedächte. Im Konferenzsaal war es dann ganz anders. Er »schnupperte« nur einmal die Atmosphäre durch die Nase ein und wußte, daß sie seinen Bestrebungen nicht günstig war. Nichts von dem geschah, was er mir angekündigt hatte. Er ging sein Ziel von völlig anderer Seite an oder ließ es für diesen Tag einfach unberührt. »Es paßte nicht so recht«, sagte er dann hinterher zu mir. Sein Instinkt in diesen Dingen war beinahe untrüglich. Viele Leute hatten es schwer mit ihm, denn wie er über diesen hochgradig entwickelten Instinkt verfügte, erwartete er das gleiche von seinen Mitarbeitern. Er konnte ziemlich grantig werden, wenn etwa ein Minister im Kabinett auf einer Sache herumritt, die der Kanzler eben in diesem Moment nicht diskutieren wollte. Er schnitt ihm dann kurzerhand das Wort ab. Am wenigsten konnte er Wichtigtuerei vertragen. Er liebte es, auch sehr ernste Probleme in einfachen, möglichst leichten Worten zu diskutieren. Pathos war ihm zuwider, erregte seinen Spott. Nicht zuletzt hat er vielleicht deswegen zehn Jahre mit mir ausgehalten, weil ich die gleiche Abneigung gegen »tierischen Ernst« habe wie er. Das hat mit Leichtfertigkeit nicht das geringste zu tun. Es ist eine Stilfrage. Außerdem fehlt es pathetischen Menschen fast immer an Humor, und das war Konrad Adenauer völlig zuwider.

Trotz seines hohen Alters war er kein Monologist. Ich sagte schon, er verstand zuzuhören, glaubte niemals von vornherein, einen Dummkopf vor sich zu haben. Das Gespräch mußte ihn erst davon überzeugen. Dann war der Mensch allerdings für ihn erledigt. Unzählige Male habe ich in- und ausländische Journalisten zu ihm geführt, die ihn interviewen wollten. Er gab stets sehr offen, manchmal mit einer Offenheit, die mir den Schweiß auf die Stirne trieb, seine Antworten. Damit war aber die Sache für ihn nicht erledigt. Häufig, besonders bei Ausländern, ging er zum Gegeninterview über. Er fragte den erstaunten Besucher nach den Hintergründen von Nachrichten, die er in der Zeitung gelesen hatte. Verstand es sein Partner, richtig und ausführlich zu antworten, so quetschte er ihn wie eine Zitrone aus. Er verfolgte dabei zweifellos auch den Zweck, die Richtigkeit der Berichte unserer Auslandsvertretungen, auch wohl seine eigenen Vorstellungen, zu überprüfen. Zu dieser Methode gehörte natürlich Zeit, aber für wichtige Dinge hatte Adenauer immer Zeit. Als ich ihm in meinen ersten Wochen in Bonn den Besuch eines Journalisten schmackhaft zu machen suchte, indem ich eine Audienz von 10 bis 15 Minuten für ausreichend hielt, antwortete er mir: »Dafür habe ich keine Zeit! Entweder ist der Mann unwichtig, dann soll er gar nicht kommen, oder er ist wichtig, dann brauche ich eine Stunde Zeit, um ihm meine Politik zu erklären!« Ich habe mich an diese Weisung gehalten, denn sie war überzeugend.

Im Palais Schaumburg hauste eine Anzahl weiterer Personen, die über großen Einfluß verfügten. Im Parterre hatte sich Professor Walter Hallstein eingerichtet, der seit einiger Zeit dem Kanzler, der gleichzeitig Außenminister war, als Staatssekretär zur Seite stand. Hallstein ist ein außerordentlicher Kopf, ein Fachmann von größtem Format auf dem Gebiete des internationalen Rechts. Mir ist selten im Leben ein straffer geordnetes Gehirn begegnet als das Walter Hallsteins. Sein gesprochener und geschriebener Stil ist bestechend, seine Beweisführung klar, wenn häufig auch etwas kompliziert. Er empfing mich nach meinem Dienstantritt mit großer Liebenswürdigkeit, sagte mir seine volle Unterstützung zu und hat dieses Wort gehalten, bis er als Präsident der Hohen Behörde der Europäischen Wirtschaftsgemeinschaft nach Brüssel ging. Er gehörte zum engsten Mitarbeiterkreis des Kanzlers und war diesem eine unentbehrliche Stütze. Vor allem auch wußte er Ordnung zu halten, und zwar in den kompliziertesten Vorgängen. Seine Wahl zum Präsidenten der EWG ergab sich viele Jahre später beinahe von selbst, denn er war Professor für internationales Wirtschaftsrecht und hatte dazu alle Phasen der europäischen Einigung aktiv miterlebt und mitgestaltet. Wir werden ihm im folgenden noch oft begegnen.

Sein Verhältnis zu Adenauer ist nicht leicht zu beschreiben. Der Kanzler hatte großen Respekt vor seiner scharfen Intelligenz, seiner Formulierungskunst, seiner fast unbegrenzten Arbeitskapazität, und war zu Recht von seiner absoluten Loyalität überzeugt. Trotzdem kam es manchmal zu gewissen Kontroversen, denn Hallstein zeigte große Beharrlichkeit, bei einem Thema zu bleiben, dessen Diskussion dem Kanzler in diesem Augenblick unerwünscht war. Dann wurde Adenauer gereizt. Zudem schien ihn manchmal die wirklich staunenswerte Argumentationsfähigkeit des Professors nervös zu machen. Sie war ihm zu perfekt. Er nahm dann sozusagen Rache, indem er sich an irgendeinem Abend – die Gäste waren gegangen und wir saßen noch im kleinen Kreise beisammen – Professor Hallstein plötzlich zur Zielscheibe von Späßen und Frotzeleien erwählte. Man konnte das diebische Vergnügen des alten Herrn deutlich spüren, Hallstein jetzt in die Ecke zu treiben und auf einem Gebiet zu schlagen, auf dem der Professor ihm nicht gewachsen war. Man muß aber hinzufügen, daß der Kanzler die Grenzen der Frotzelei niemals überschritt und zum Schluß stets ein freundliches, ja herzliches Wort parat hatte. Man trennte sich immer – oft erst in später Nachtstunde – in voller Harmonie. Wir – ich meine besonders meine Frau und mich – hatten mit Hallstein aber auch noch Berührungspunkte, die fernab der Politik lagen. Er ist ein umfassend gebildeter Mensch mit starken künstlerischen Bindungen. Saßen meine Frau und Hallstein bei einem Essen nebeneinander, dann schwelgten sie in Theater-Erinnerungen. Noch als Professor in Frankfurt nahm er sich die Mühe, mit dem Zug nach Berlin zu fahren, um sich eine bestimmte Theateraufführung anzusehen. Sein Arbeitszimmer hatte er mit erlesenen Möbeln aus seinem Privatbesitz ausgestattet, auf seinem Schreibtisch stand eine schöne Plastik von Barlach. Jetzt in Bonn mußte er seine Theaterleidenschaft zurückstellen und konnte nur noch Erlebtes in der Erinnerung genießen. Nur wenige kennen diese Seite seines Wesens, aber man muß sie kennen, will man seiner Persönlichkeit voll gerecht werden.

Ebenfalls im Erdgeschoß des Palais war Staatssekretär Dr. Otto Lenz untergebracht Er war, wie schon erwähnt, Rechtsanwalt von Beruf und eine in vielen Farben schillernde Persönlichkeit. Er war kein Aktenmensch, liebte es, Politik durch Gespräche und kleine Zusammenkünfte zu machen. Seine politische Vergangenheit war untadelig, die Nazis hatten ihm schwer zugesetzt und nach dem 20. Juli 1944, dem Anschlag auf Hitler, verhaftet. In der Parteiarbeit war er früh mit Adenauer zusammengekommen und hatte sich bei dem Aufbau der CDU Verdienste erworben. Der Kanzler machte ihn zu seinem ersten Staatssekretär im Bundeskanzleramt. Er war ein schwieriger Mann, der nicht lange nach meinem Dienstantritt mit Adenauer in Auseinandersetzungen geriet, wobei ich vergessen habe, worum es sich sachlich handelte. Ich selbst fand bei ihm viel Unterstützung, denn erstens hatte er mich sozusagen »erfunden« und war schon aus diesem Grunde an meinem Erfolg interessiert. Darüber hinaus liebte er das ganze Gebiet der Öffentlichkeitsarbeit und damit auch die des Presseamtes. In vielen Dingen arbeitete er daher mit Werner Krueger mehr als mit mir zusammen, besonders auch in Personal- und Finanzfragen des Amtes, da meine Arbeitskraft zum überwiegenden Teil der Außenpolitik im weitesten Sinne gewidmet war. Als der Wahlkampf des Jahres 1953 begann, entschloß er sich, auf das Amt des Staatssekretärs zu verzichten, bekam einen Wahlkreis und gewann ihn mit großer Mehrheit für die CDU. Vier Jahre später sollte ihn ein schreckliches Schicksal ereilen. Auf einer Reise in Nordafrika holte er sich eine schwere Infektion und starb am 2. Mai 1957 in einem Hospital in Neapel.

Leider hatten wir nach seinem Einzug in den Bundestag eine sachliche Kontroverse, die uns persönlich ein bißchen auseinanderbrachte. Bei der Neubildung der Regierung nach der Wahl 1953 wollte er aus dem Presse- und Informationsamt ein Informationsministerium machen und es als Kabinettsmitglied selbst übernehmen. Ich stellte mich dem entgegen. Die Stimmung des Auslandes gegenüber der Bundesregierung glaubte ich richtig einzuschätzen. Die Erinnerung an Goebbels' Propagandaministerium war noch zu lebendig, als daß man einen solchen Schritt wagen konnte, ohne die Wirksamkeit des Amtes aufs Spiel zu setzen. Das gleiche galt übrigens auch in vieler Hinsicht im Inland. Als der Plan bekannt wurde, erhob sich eine heftige Opposition dagegen im In- und Ausland. Ich erfuhr von diesen Bestrebungen durch die Zeitung, als ich mich nach dem sehr anstrengenden Wahlkampf in Gastein zur Kur befand. Ich glaube, Otto Lenz hatte das Gefühl, daß ich der Anführer der Opposition gegen diesen Plan sei. Das war aber nicht richtig. Schon nach Veröffentlichung der ersten Meldungen ging das Wort »Propaganda« durch den Blätterwald, so daß ich gar nichts zu tun brauchte, um gegen den Plan zu kämpfen. Ich ließ nur – und davon erfuhr die Öffentlichkeit nichts – den Kanzler wissen, daß ich bei einer solchen Umbildung des Presseamtes nicht mittun würde. Noch jetzt, zehn Jahre später, bin ich mir nicht sicher, ob heute eine Umwandlung des Presseamtes in ein Ministerium wirklich nützlich sein würde. Vieles – die Gedankenassoziation an Goebbels ist längst verschwunden – spricht dafür. Besonders der innere Aufbau des Amtes, das in seinem Personalbestand größer ist als viele Ministerien, würde dadurch gewinnen, denn die Aufstiegsmöglichkeiten im Presseamt sind sehr beschränkt.

so daß es schwer ist, wirklich geeignete Kräfte zu halten. Manches spricht aber auch heute noch dagegen. Wird der Pressechef Minister, so gerät die Leitung des Amtes in viel weiterem Maße bei der Bildung von Koalitionsregierungen in das Getriebe des Parteien-Proporzes.

Man weiß schließlich nie, was bei solchen Proporz-Rechnungen herauskommt. Ich habe da so meine Erfahrungen, und zwar nicht die besten. Immerhin sind manche Argumente, die vor mehr als zehn Jahren sehr gewichtig waren, heute nicht mehr stichhaltig.

Doch im Februar 1952 waren diese Fragen noch nicht aktuell. Ganz oben im Dachgeschoß des Palais Schaumburg saß Ministerialdirektor Dr. Hans Globke. Ich habe ihn in seiner eigentlich recht gemütlichen Dachkammer viel besucht. Schon damals hatte ich den Eindruck, daß Globke im Getriebe des Bundeskanzleramtes der ruhende Pol war. Seine Beziehungen zum Kanzler gestalteten sich von Monat zu Monat enger. Bei ihm türmten sich auf dem Schreibtisch und auf den Böcken die Akten, die schließlich erledigt werden mußten. Und er erledigte sie wirklich. In einer Zentralbehörde, in der die politische Willensbildung weitgehend in Gesprächen stattfindet, besteht immer die Gefahr, daß es bei Gesprächen bleibt. Dabei muß das Besprochene doch effektuiert werden. Die Beschlüsse müssen meist schriftlich Gestalt gewinnen, um auch in die Wirklichkeit umgesetzt zu werden. Globke, der über ein immenses juristisches, politisches und Verwaltungswissen, verbunden mit einer großen Personalkenntnis in Bund und Ländern, verfügte, war dabei für den Kanzler unentbehrlich. Im Gegensatz zu Churchill, der einmal gesagt hat, daß das Geschäft des Regierens schriftlich vor sich gehe, regierte der Kanzler vorwiegend mündlich. Natürlich kann man auch so regieren, aber dann muß eben jemand da sein, der die mündliche Entscheidung in schriftliche Form gießt und dafür sorgt, daß die Entscheidungen auch ausgeführt werden.

Globke wußte aber auch Entscheidungen richtig vorzubereiten. Immer hatte er schon eine Vorstellung im Kopf, welche Schwierigkeiten zu überwinden seien, meistens hatte er schon vorgearbeitet. Seine Selbstlosigkeit, seine Einstellung zum Dienst am Staat waren nach preußischem Muster geprägt. Während zehn Jahren kann ich mich nicht an einen einzigen Fall erinnern, bei dessen Diskussion ich etwa das Gefühl gehabt hätte, es ginge ihm um etwas anderes als um die Sache selbst. Ich habe meine Amtszeit hindurch nie etwas anderes von ihm erfahren als absolute Loyalität. Wirklich beruhigend war dazu, daß Globke, wenn wir uns auf etwas geeinigt hatten, auch stets die Ausführung auf dem Fuße folgen ließ. Niemals brauchte man zu reklamieren oder zu drängen. Die Dinge wurden so geregelt, wie sie abgesprochen waren.

Als er die Nachfolge von Otto Lenz als Staatssekretär antrat, vervielfältigte sich natürlich noch seine Wirksamkeit. Ich kann mir nicht vorstellen, wie der Kanzler ohne Globke seine Regierungszeit durchgestanden hätte. Globke »diente« ihm im wahrsten und besten Sinne des Wortes. Nun war Staatssekretär Dr. Globke viele Jahre die Zielscheibe schwerster Angriffe, besonders aus dem kommunistischen Osten, wegen seiner Tätigkeit während der Nazizeit. Er hat furchtbar darunter gelitten, wenn er auch selten darüber sprach. Ich selbst kann mir über diese Anwürfe kein Urteil erlauben. Während der Nazizeit habe ich ihn nicht gekannt, stand dem politischen Geschehen überhaupt so fern, daß ich seinen Namen niemals gehört hatte. Mehr als einmal habe ich ihm zur Abwehr dieser Angriffe die Möglichkeiten des Presseamtes angeboten, aber er hat praktisch nie darauf reagiert.

Er liebte die Diskussion seiner Person in der Öffentlichkeit nicht, wie er überhaupt das Auftreten in der Öffentlichkeit nicht schätzte. Das trug ihm in Analogie zum Geheimrat von Holstein den Namen »die graue Eminenz« ein. Die Ähnlichkeit mit Holstein bestand allerdings nur in der gemeinsamen Abneigung, in der Öffentlichkeit von sich selbst viel Aufhebens zu machen. Sonst fehlte es völlig an Parallelen, denn für Holstein war kennzeichnend sein großes Machtstreben, ausgeübt aus dem Dunkel der Anonymität, ein starker Hang zum Intrigieren. Alle diese Merkmale fehlten bei Globke. Ich weiß, daß er sich gerne schon Jahre vor dem Rücktritt Adenauers in das Privatleben zurückgezogen hätte. Aber der Kanzler brauchte ihn, und so blieb er bis zum letzten Tag vor dem Kanzlerwechsel. Über die Beschuldigungen gegen Globke aus der Nazizeit kann ich aus den angegebenen Gründen nur ein gefühlsmäßiges Urteil abgeben. Nach einer recht genauen Kenntnis seines Charakters kann ich an eine unehrenhafte Haltung nicht glauben. Es mag sein, daß ihn das Drängen politischer Gegner der Nazis, besonders das Drängen der katholischen Kirche, im Innenministerium des Reiches auszuharren und seine Gesinnungsgenossen rechtzeitig zu warnen, wenn Übles zu erwarten war, schließlich in eine unmögliche Situation gebracht hat. Das mag sein. Aber an eine bewußt unehrenhafte oder gar verbrecherische Unterstützung des Regimes vermag ich nicht zu glauben. Ich hoffe, daß er nach seiner Pensionierung die Zeit findet, alle diese Dinge im Zusammenhang darzustellen. Natürlich hoffe ich das gleiche für eine Schilderung der Regierungszeit Konrad Adenauers, die niemand genauer kennt als er.

Im gleichen Stockwerk wie der Kanzler saß und wirkte Herbert Blankenhorn, der mit Konrad Adenauer schon aus der Zeit verbunden war, als es darum ging, die CDU auf Bundesebene zu organisieren. Er fungierte damals als einer der beiden Generalsekretäre der Partei. Jetzt verkörperten er und Professor Hallstein zusammen das neue Auswärtige Amt, in dem er als Attaché begonnen hatte und nun Ministerialdirektor und Leiter der politischen Abteilung war. Dazu war er einfach Konrad Adenauers rechte Hand, und zwar in jeder Beziehung. »Sagen Sie das Herrn Blankenhorn...« Diese Worte hörte ich täglich vom Kanzler. Herbert Blankenhorn ist nun das absolute Gegenstück zu Dr. Globke. Nicht in dem Sinne, daß nicht auch er äußerst akkurat zu arbeiten versteht, nein, aber alles an ihm ist Bewegung, Aktion, häufig Emotion. Er liebt das Gespräch, den offenen Meinungsaustausch, lacht viel und gerne und kann sich wenige Minuten später heftig erregen. Seine Sekretärinnen sind daran gewöhnt, sich einem ständigen Wechsel der Gemütsverfassung anzupassen. Dabei ist er ein unermüdlicher Arbeiter, verabscheut alles Verschwommene in der Politik und ist dazu heftigen Sympathien und Antipathien unterworfen. Wir kamen uns sehr schnell näher, nicht zuletzt, weil wir entschlossen waren, lieber über die Widerwärtigkeiten des Lebens zu lachen als zu weinen. Mit Blankenhorn ist es niemals langweilig. Die politischen Gedanken und Ideen sprudeln nur so aus ihm heraus, und aus jeder Lage weiß er nicht nur einen, sondern mehrere Auswege.

Für mich war er gleich in den ersten Wochen von unschätzbarem Wert. Er wußte über alles Bescheid und hatte eine große Fähigkeit, die Lage, wie sie sich darstellte, plastisch und eindringlich zu schildern. Dem Kanzler war seine enorme geistige Produktivität unschätzbar. Er mußte sie nicht anregen, eher ein bißchen bremsen: »Langsam, Herr Blankenhorn, langsam..., verfolgen wir erst einmal diesen einen Gedanken!«, pflegte er zu sagen, wenn Blankenhorn temperamentvoll von einem Thema zum anderen sprang. Blankenhorn war es, der mir in den ersten Wochen ein klares Bild von der außenpolitischen Lage gab. Er hielt mit seinem Wissen nicht zurück. Zu jeder Stunde konnte ich an seine Tür klopfen und war er zu einem anregenden Gespräch bereit. Vor allem aber half er mir auch in dem für mich wichtigsten Punkt, nämlich im engsten Team des Kanzlers Fuß zu fassen. Er hatte genug politische Erfahrung, um zu wissen, daß ein Pressechef nur wirklich wirksam werden kann, wenn er über alles und jedes Bescheid weiß. Was er davon der Öffentlichkeit mitteilt oder auch wie er es »verkauft«, das ist eine zweite Frage. Wissen aber muß er alles und ganz besonders dann, wenn es heißt, über eine Sache Stillschweigen zu bewahren. So übte Blankenhorn mir gegenüber volle Offenheit, zeigte mir die wichtigsten Dokumente, berichtete über sich anbahnende Entwicklungen. Wir sind bis zum heutigen Tag gute Freunde geblieben. Die vier kurz skizzierten Persönlichkeiten stellten das »Palais Schaumburg« dar, den inneren Kern der Exekutive. Alles war auf die Person des Kanzlers abgestellt, auf seine Art zu arbeiten und zu regieren. Der Apparat war klein, aber in seiner Ausstrahlung sehr wirkungsvoll, denn die ganze politische Maschinerie Bonns war zu jener Zeit noch sehr einfach und übersichtlich.

Im Laufe der ersten Wochen und Monate trat ich mehr und mehr in diesen inneren Kreis um den Kanzler ein. Ich ließ die Dinge, wie es meine Art ist, auf mich zukommen, mehr als daß ich selbst Anstrengungen machte, in diesem engeren Kreis Fuß zu fassen. In der ersten Zeit meldete ich mich aus eigener Initiative selten beim Kanzler, ließ mich eher von ihm suchen. Allerdings stand ich zu jeder Tages- und Nachtstunde zur Verfügung, wenn er mich rief. Nach den ersten 14 Tagen ließ er mich eines Abends kommen und sagte mit einem gewissen Unterton des Vorwurfs: »Warum kommen Sie nicht zu mir? Sie lassen nichts von sich hören!« Ich erwiderte ihm, daß ich zu seiner Verfügung sei, wann immer er mich brauche. Er wollte aber mehr, er wollte, daß ich an allem Geschehen teilnehmen solle: »Sie müssen kommen, sobald Ihnen in meiner Politik etwas nicht klar ist!« Geradeso wollte ich es haben, und ich glaube, daß ich es instinktiv erfaßt hatte, daß er es liebte, selbst die Initiative zu ergreifen. Es war weit besser so, als wenn ich mit Energie versucht hätte, in sein Vertrauen einzudringen.

Bald sahen wir uns fast täglich, manchmal auch mehrmals an einem Tag, doch meistens ohne festgelegte Termine. Er rief eben an, wenn er mich sehen wollte, und das geschah häufiger und häufiger. Besonders machte er es sich bald zur Gewohnheit, mich in das Palais zu rufen, wenn er in kleinem Kreise – es waren meist Otto Lenz, Globke, Hallstein, Blankenhorn und ich – etwas besprechen wollte. Manchmal hatte er nach reiflicher Überlegung einen Entschluß gefaßt und wollte nun die Ausführung behandeln, oft aber beschäftigte ihn ein Problem, und er suchte die Aussprache, um sich selbst über die notwendigen Schritte klar zu werden. Sehr häufig ging aber auch das Telefon bei mir, meist so etwa um 18 Uhr, und man gab mir die Mitteilung durch, der Kanzler wünsche mich noch zu sprechen. Um 18.30 Uhr oder 19 Uhr war es dann soweit. Die Tagesarbeit war von seinem Tisch, und er pflegte die Unterhaltung meist so zu beginnen: »Nun setzen Sie sich mal dahin, Herr von Eckardt; ich möchte was mit Ihnen besprechen!« Und dann folgte eine Aussprache von einer oder auch eineinhalb Stunden, die sich manchmal nur auf ein Thema, oft aber auch über die gesamte außen- und innenpolitische Situation erstreckte. Er pflegte dann sehr offen zu sprechen, sowohl über die Probleme als auch über die Menschen, die mit diesen Problemen zusammenhingen. In diesen Gesprächen habe ich mehr gelernt, sowohl was die eigentliche Politik anbelangt, als auch die Behandlung von Menschen, als in meinem ganzen bisherigen Leben.

Eine Eigenschaft des Kanzlers sei hier noch hervorgehoben. Trotz aller Neigung zu einer gewissen Autokratie war er in solchen Gesprächen unter vier Augen eigentlich sehr liberal. Man konnte ihm – natürlich in der gebührenden Form – alles sagen, was man dachte, ohne daß er sich etwa empörte und seine Ansicht von vornherein als die einzig vertretbare hinstellte. Er schätzte es, respektvoll behandelt zu werden, doch Unterwürfigkeit sowohl in der äußeren Form als auch in der Vertretung der eigenen Auffassung war ihm bis zum letzten Tage höchst zuwider. Häufig wird Konrad Adenauer Menschenverachtung vorgeworfen. Nach meinen Beobachtungen bezog sich das eigentlich nur auf Menschen, die ihre eigene Persönlichkeit nicht zu wahren, ihre eigenen Gedanken, in der Angst bei ihm anzustoßen, nicht zu vertreten wußten.

Ein Pressechef hat nun aber in seiner Tätigkeit zwei Gesichter. Erstens ist er dazu da, den Regierungschef und die Mitglieder des Kabinetts über alle Vorgänge in der Welt ausreichend zu informieren, zum anderen muß er der Presse, dem Rundfunk und heute auch dem Fernsehen das bieten, was die Publizisten brauchen, um ihren Beruf ausüben zu können. Beide Anforderungen immer in Einklang zu bringen, ist wirklich nicht ganz einfach. Die Bezeichnung »Pressechef« ist übrigens ganz falsch, denn er ist in einem demokratischen Staat alles andere als etwa der Chef der Presse. Er ist viel mehr ihr Diener und Helfer als ihr Chef. Dazu kommt eine andere Schwierigkeit. Gelingt es ihm, außer seiner Teilnahme an den Kabinettssitzungen, das Vertrauen des Regierungschefs wirklich zu erringen und damit über alle Vorgänge und ihre Hintergründe gründlich informiert zu sein, so stellt sich ihm fast täglich die Frage, wieweit er in der Information der Journalisten gehen kann, ohne die notwendige Vertraulichkeit zu verletzen, womit er sofort das Vertrauen des Regierungschefs verlieren würde. So muß er Tag für Tag mit seinem kleinen Kahn zwischen Felsen, Klippen und Untiefen hindurchmanövrieren. Verliert er das Vertrauen auch nur einer der beiden Seiten, so ist er bald ein toter Mann. Wie aber macht man das? Nun, ich kann darauf eigentlich keine Antwort geben, denn das Rezept, diesen Posten mit einigem Erfolg auszufüllen, ist nicht fixierbar, richtet sich sehr stark nach der Persönlichkeit des Regierungssprechers selbst, der Persönlichkeit des Regierungschefs und dem Verhalten der Journalisten. Jeder Pressechef wird da seine eigene Methode entwickeln und damit Erfolg haben oder scheitern. Eines ist aber grundlegend: Er braucht das Vertrauen der beiden Seiten, mit denen er zu tun hat, sonst ist sein Untergang besiegelt. Basis jeden Vertrauens ist aber, daß man nicht lügt. Die Journalisten akzeptieren durchaus, daß man ihnen die Antwort auf eine Frage verweigert. Eine bewußt falsche oder gar lügenhafte Antwort vergessen sie nie.

Natürlich dauert es eine Weile, ehe man sich das Vertrauen der Publizisten erworben hat. Sie müssen das Gefühl bekommen, daß dieser Mann, der da ihre Fragen beantwortet, ihnen helfen will, ihren Beruf auszuüben. Dabei ist es für einen Pressechef natürlich von unschätzbarem Wert, die Erfordernisse des journalistischen Berufs genau zu kennen. Nichts ist gefährlicher als der Versuch, Journalisten durch falsche Auskünfte in eine falsche Richtung laufen zu lassen. Allzubald stellt es sich ja heraus, daß der Korrespondent sein Organ falsch orientiert hat, und dann gerät er bei seiner Heimatredaktion schnell in Mißkredit und erleidet großen beruflichen Schaden. So ist es die wichtigste Aufgabe des Regierungssprechers zu verhindern, daß der Journalist zu einer falschen Beurteilung der Lage kommt. Zumindest darf der Pressechef durch seine eigenen Erklärungen niemals die Ursache solcher Fehleinschätzung sein. Natürlich kann auch er sich irren oder die Lage sich sehr schnell ändern, aber dann muß er den Versuch machen, ohne die Vertraulichkeit preiszugeben, den Schaden wieder zu reparieren. Das ist weniger einfach, als es sich so hinschreibt, denn, obwohl der Kanzler die Richtlinien der Politik bestimmt, so hat er doch in seinem Kabinett viele Minister mit eigenen Ressortinteressen, er hat eine Fraktion im Bundestag, auf die er sich stützt, und wenn er einer Koalitionsregierung vorsteht, so sind es sogar mehrere, deren Stimmen er braucht, um über eine Majorität im Bundestag zu verfügen. Alle diese Einzelpersönlichkeiten und Körperschaften betreiben ebenfalls Pressepolitik, und das nicht zu knapp. Ich stelle noch einmal die Frage: Wie kommt man da als Pressechef mit heiler Haut durch? Wieder muß ich eine bündige Antwort schuldig bleiben. Oft habe ich in schwierigen Situationen gesagt, daß ein Pressechef täglich am hohen Drahtseil arbeitet, und das noch ohne Netz. Stürzt er ab, passiert ihm eine ernsthafte Panne, dann stürzt er tief und ist nicht zu retten. Für viele meiner Kollegen in anderen Staaten war diese Situation eine zu große nervliche und psychische Belastung, auch für einzelne meiner Vorgänger. Ich selbst sagte mir jeden Morgen, ehe ich in mein Amt fuhr: »Du wirst dein Bestes tun, und wenn es eine Panne gibt, dann wirst du eben 'rausgefeuert!« Ich beschloß diesen Gedanken mit einem kräftigen: »Na, wenn schon!«

Nach meiner Ernennung trat ich am 14. Februar 1952 zum ersten Mal vor die Mitglieder der Pressekonferenz, die ein eingetragener Verein ist. Die Konferenz wird von einem der Vorstandsmitglieder geleitet. Der Leiter des Presse- und Informationsamtes ist dort mit seinen Herren und den Pressereferenten der einzelnen Ministerien zu Gast. Meine Ansprache an die versammelten Journalisten war kurz:

> »Meine sehr verehrten Kolleginnen und Kollegen!
>
> Ich muß als erstes, wie es ja üblich ist, in dieser Versammlung etwas dementieren, und zwar muß ich das Wort ›kommissarisch‹ dementieren (die Zeitungen hatten meine Ernennung als kommissarisch bezeichnet), denn der Herr Bundeskanzler hat dieses Wort aus der Bestallung wieder herausgestrichen.
>
> Ich möchte Sie bitten, mir zu erlauben, daß ich Sie, wie ich es eben in meiner Anrede getan habe, weiterhin als Kolleginnen und Kollegen betrachten darf, denn nach meinem ganzen Herkommen und meinem ganzen Arbeits- und Lebensweg fühle ich mich dem Berufe, den Sie ausüben, so eng verbunden, daß ich mich immer als einer Ihrer Kollegen fühlen werde ...«

Den Rest Pressekonferenz überließ ich meinem Stellvertreter Werner Krueger, denn ich fühlte mich noch keineswegs sicher genug, um eine gerade eingetroffene Note der Sowjetunion an die drei Westmächte zu kommentieren.

Die Presseleute nahmen meine kleine Ansprache mit gemessener Beifälligkeit auf. Ich sagte schon an anderer Stelle, daß man mir die Art von mitleidiger Sympathie, die auch einem Delinquenten auf dem Wege zur Richtstätte entgegengebracht wird, zuteil werden ließ. Bei den Journalisten war das in erhöhtem Maße der Fall. Aber ich hatte immerhin das Gefühl, daß man mir eine Chance geben wollte. Und das tat man auch wirklich. Ich selbst ging aber auch anfangs sehr vorsichtig zu Werke. Krueger war eingearbeitet, sehr erfahren im Geschäft, und so schaltete ich mich nur ganz langsam ein, von Pressekonferenz zu Pressekonferenz mehr aktiv werdend. »Man soll nichts überstürzen«, sagte ich mir, »schon gar nicht die eigene Katastrophe!« Vielleicht habe ich sie auf diese Weise vermieden. Gerade in diesen ersten Wochen dachte ich häufig an einen Ausspruch von Jannings, der aus einem Dialog einen Satz herausstreichen wollte, an dem ich mit Zähigkeit festhielt. Er sagte: »Was gestrichen ist, kann nicht durchfallen!« Genauso war es hier. Jeder Satz, den ich nicht sprach, konnte mich auch nicht stürzen. Aber die Methode war natürlich nur für kurze Zeit anwendbar. Mehr und mehr übernahm ich selbst die Abgabe von Erklärungen und die Beantwortung der Fragen.

Vielleicht ist es mir erlaubt, schon hier ein allgemeines Wort über mein Verhältnis zu den in- und ausländischen Kollegen zu sagen:

Ich glaube, ich befinde mich in Übereinstimmung mit ihnen, wenn ich sage, daß wir im Großen und Ganzen gut miteinander ausgekommen sind. Ich bewahre mir ein großes Maß an Dankbarkeit gegenüber den Kolleginnen und Kollegen. Zunächst, weil sie mir am Anfang – ich sagte es schon – eine echte Chance gegeben haben, auf meinem Posten zu reüssieren und auch auszuhalten. Im Verlauf der Jahre hat es wohl manche harte Schlacht gegeben, aber die wurde eigentlich immer in fairer Form ausgetragen. Natürlich wurden mir unzählige »harte« Fragen gestellt, aber ich habe das immer als das gute Recht der Presse empfunden. In vieler Hinsicht steht der Regierungssprecher auf der einen Seite der Barrikade und der Journalist auf der anderen Seite. Das ist völlig in Ordnung und entspricht der Interessenlage. Der Journalist muß versuchen, aus dem Regierungssprecher ein Höchstmaß an Informationen herauszuholen. Der Sprecher der Regierung ist zwar ebenfalls daran interessiert, daß die Presse richtig informiert ist, er muß aber immer versuchen, die Grenze zwischen Information und Indiskretion einzuhalten. Auf dieser Linie hat er zu kämpfen, denn besonders in der Außenpolitik hat er tausend Rücksichten auf die ausländischen Mächte zu nehmen, muß im Interesse der eigenen Regierung auch die Interessen der Verhandlungspartner wahren, will er nicht durch Indiskretionen, Geschwätzigkeit oder gar böswillige Darstellung der Situation wichtige Verhandlungen sabotieren. Alle diese Möglichkeiten gehen ihm durch den Kopf, wenn er eine »harte« Frage zu beantworten hat. In einer Beziehung hat es der deutsche Sprecher schwieriger als seine Kollegen besonders in den angelsächsischen Ländern. Dort sind es die Journalisten gewöhnt, daß ihnen der Regierungssprecher auf eine ihm unbequeme Frage kurz und bündig erklärt: »No comment!«, also »kein Kommentar«. In Deutschland ist das nicht üblich oder zumindest nur sehr selten anwendbar, eigentlich nur, wenn die Frage auch von den Journalisten als unfair empfunden wird. In Deutschland muß der Pressechef dieses »kein Kommentar« meist irgendwie umschreiben, hat allerdings dadurch auch die Chance, ohne direkte Beantwortung der Frage eine gewisse Richtung durchblicken zu lassen, in der die Beantwortung der Frage liegen würde, wenn er nicht im Staatsinteresse eine präzise Antwort vermeiden müßte.

Als ich noch als Journalist in den zwanziger Jahren zur Pressekonferenz des Reichspressechefs Dr. Zechlin ging, war die Mitgliederzahl der zugelassenen Journalisten sehr klein gehalten. Es waren etwa 50 bis 60 Zeitungsvertreter. Dazu arbeitete die damalige Pressekonferenz nach einem anderen System, das möglich war, weil inländische und ausländische Journalisten getrennt bedient wurden. Dr. Zechlin konnte bei

Beantwortung von Fragen erklären: »Die Antwort fällt unter 1 ... oder unter 2 ... oder unter 3!« Mit »unter 1« war gemeint, die Journalisten konnten die Antwort nach Belieben verwenden, den Sprecher also auch direkt als Quelle zitieren. »Unter 2« hieß, die Antwort kann ohne Bezug auf den Regierungssprecher verwendet werden, und »unter 3« hieß, die Antwort ist streng vertraulich zu behandeln, also nicht zur Veröffentlichung frei. Das gab der Regierung natürlich große Möglichkeiten, denn dieser Codex wurde streng eingehalten. Ein Verstoß dagegen bedeutete unweigerlich den Ausschluß aus der Pressekonferenz.

Dieses System ließ sich in Bonn nicht wieder einführen, denn die Besatzungsmächte verlangten eine unbeschränkte Zulassung der Korrespondenten zur Konferenz. So sind noch heute alle in- und ausländischen Korrespondenten Mitglieder der Pressekonferenz, und damit sind dem Sprecher – auch die Vertreter der Oststaaten sind anwesend – engere Grenzen gesetzt. Diese Schwierigkeit läßt sich nur dadurch umgehen, daß der Pressechef von Zeit zu Zeit selbst zu Informationsgesprächen einlädt. Natürlich kann er sich dabei nicht nur auf die Einladung »regierungsfreundlicher« Journalisten beschränken. Aber er kann die Ausländer und Inländer getrennt empfangen und kann, ähnlich wie in alten Zeiten, auch vertraulich zu behandelnde Antworten geben. Ich darf hier feststellen, daß die Bitte um vertrauliche Behandlung im allgemeinen respektiert wurde. Schließlich gibt es noch die Möglichkeit, den Regierungschef oder einen Fachminister zu veranlassen, eine Anzahl Journalisten zu einem Pressetee zu laden, um ihnen seine Politik zu erklären. Adenauer hat von dieser Möglichkeit zeitweilig sehr häufig Gebrauch gemacht. Sicherlich werde ich im Rahmen dieses Buches noch aus dem Frage-und-Antwort-Spiel der Pressekonferenzen zitieren, schon um zu zeigen, wie sich der Ablauf der Ereignisse in diesen Konferenzen widerspiegelte. Das gleiche gilt für Zitate aus Informationsgesprächen, sei es aus denen des Kanzlers, sei es aus meinen eigenen. Ich besitze 17 Bände der ausgeschriebenen Stenogramme solcher Konferenzen, und dabei ist die Sammlung nicht einmal vollständig, denn nicht immer war ein Stenograph zugegen. Immerhin enthalten diese Bände wohl mehr als tausend Pressekonferenzen. Rechnet man auf jede Konferenz im Durchschnitt nur etwa 15 bis 20 Fragen, so kommt eine recht stattliche Zahl von Antworten zusammen.

Natürlich stellt sich auch die Frage, eine wie große Beeinflussung der Presse und des Rundfunks durch diese Pressekonferenzen erzielt werden kann. Die Beeinflussung ist durchaus legal, denn nach dem Gesetz fällt dem Presse- und Informationsamt die Aufgabe zu, die Bevölkerung über die Regierungspolitik und ihre Absichten zu informieren. Daher hat das Amt auch das Recht, durch Publikationen aller Art, durch Bücher, Broschüren, Filme usw. zu versuchen, bei der Bevölkerung Verständnis für die eingeschlagene Politik zu erwecken. Wie steht es aber mit der Wirksamkeit der Pressekonferenzen, die seit Jahren dreimal die Woche stattfinden? Wie oft sagte der Kanzler zu mir: »Können Sie nicht dafür sorgen, daß die Presse endlich damit aufhört, über diese Sache zu schreiben?« Meine Antwort war immer die gleiche: »Wenn ich etwas Besseres, Interessanteres für die Presse habe, wird sie das alte Thema fallenlassen!«

Der Pressechef kann den Journalisten weder verbieten, über irgendein Thema zu schreiben, noch kann er sie veranlassen, das Thema in einem bestimmten Sinne zu behandeln. Es kann ihm gelingen, ein Problem so eindrucksvoll darzustellen, daß die Journalisten von der Richtigkeit der Regierungsauffassung überzeugt werden. Oder aber er hat Tatsachen zu verkünden, die das für die Regierung weniger erfreuliche Thema in den Hintergrund drücken. Doch das Schwierigste an Pressekonferenzen ist zweifellos, daß ihr Verlauf fast niemals vorauszubestimmen ist. Wie oft bin ich den langen Korridor im Bundeshaus bis zum Konferenzraum entlanggegangen und hatte erhebliche Unlustgefühle in der Magengrube. Ich erwartete eine Unzahl von unerfreulichen Fragen und wußte noch nicht, wie ich sie beantworten sollte. Und dann kam alles ganz anders. Die Fragen wurden gar nicht gestellt, obwohl sie eigentlich in der Luft lagen, und die Konferenz verlief kurz und im schönsten Frieden. Ein andermal kam es genau umgekehrt. Es lag nichts Besonderes, nichts Schwieriges vor, und munter schritt ich zur Verhandlung. Da plötzlich hatte ein Journalist etwas ausgegraben, die Diskussion entzündete sich, und schließlich war ich froh, den Saal relativ ungerupft verlassen zu können. Man weiß also nie recht, was passieren wird, und es ist auch schwer, sich auf alle Möglichkeiten vorzubereiten.

Natürlich gibt es auch den Weg, die Initiative selbst zu ergreifen und zum Anfang der Konferenz eine Erklärung abzugeben. Wenn man einer Sache kein so großes Gewicht geben will, kann man auch den Weg wählen, einen befreundeten Journalisten zu bitten, eine bestimmte Frage zu stellen, die dann die Möglichkeit zu einer gezielten Antwort gibt. Kurz, Pressekonferenzen sind ein Klavier, auf dem sich sehr verschiedenartige Melodien spielen lassen. Doch auch eine unerfreuliche Sache ist zu erwähnen. Wie oft habe ich am Morgen staunend gelesen, was ich am Nachmittag vorher auf der Pressekonferenz gesagt haben soll. Der Zwang für die Korrespondenten, das Gehörte in eine sehr knappe Form zu bringen, entstellt den Sinn oft in einer kaum glaublichen Weise. Darum ist es wichtig, bei Pressekonferenzen einen Stenographen dabei zu haben, damit es keine Kontroverse darüber geben kann, was man nun wirklich gesagt hat. Von Zeit zu Zeit brauchte ich diese Stenogramme auch dem Kanzler gegenüber, der jeden Morgen eine ganze Anzahl von Zeitungen aufmerksam las und nach den verschiedenen Versionen, die ihm die Blätter vorsetzten, nun wissen wollte, was ich wirklich gesagt hatte. Ich schickte ihm dann das Stenogramm ins Palais Schaumburg, und damit war die Sache eigentlich immer erledigt.

In das gleiche Gebiet fällt noch eine andere äußerst lästige Folge von Pressekonferenzen. Da steht dann am Morgen in der Zeitung zu lesen: »Herr von Eckardt erklärte gestern...« Der Leser, sehr häufig aber auch der Kanzler und die Minister, fragten sich: »Warum hat denn der Idiot ohne Not und Grund über diese Sache gestern eine Erklärung abgegeben? Hätte er doch den Mund gehalten!« Richtig, völlig richtig! Nur übersahen die Kritiker, daß es sich nicht um eine freiwillig abgegebene Erklärung handelte, sondern um die Beantwortung einer Frage, die der Kürze wegen natürlich nicht mit abgedruckt worden war. Und Fragen müssen eben beantwortet werden, seien sie auch noch so lästig! Der Weg über die Meldung mit möglichst neuen Tatsachen ist aber immer noch die sicherste Methode der Regierungspolitik, sich einen Platz auf der ersten Seite zu erobern. Eine solche Meldung muß die Zeitung bringen, selbst wenn sie der Opposition nahesteht. Den Kommentar oder Leitartikel zu beeinflussen, ist schon sehr viel schwieriger. Dazu muß man den Kommentator von der Auffassung der Regierung überzeugen, und das ist ein schweres Geschäft.

Die politische Lage

Als ich nach Bonn kam, waren noch nicht zwei Jahre vergangen, seit das Grundgesetz ratifiziert, Bundespräsident, Bundeskanzler und die Mitglieder des Bundestages gewählt worden waren. Doch in dieser kurzen Zeitspanne hatte sich viel ereignet. Den wichtigsten Einschnitt bildete zweifellos das Petersberg-Abkommen, in dem es gelang, große und wichtige Industriewerke von der Demontage zu befreien und den Schiffsbau in bescheidenem Maße wieder in Gang zu bringen. Dieses Abkommen bedeutete natürlich einen großen materiellen Gewinn, ebenso wichtig aber war, daß es in Verhandlungen mit den drei Hochkommissaren zustande gekommen war und daß sich bei diesen zuerst recht harten Verhandlungen allmählich eine bessere Atmosphäre entwickelte. Nach Abschluß des Petersberg-Abkommens geriet Konrad Adenauer wohl noch von Zeit zu Zeit mit den Hohen Kommissaren aneinander, aber im allgemeinen setzte sich mehr und mehr ein sachlicher, manchmal schon ganz freundschaftlicher Ton durch. Auf amerikanischer Seite verhandelte auf dem Petersberg der Bankier und Politiker John McCloy, auf britischer Seite General Sir Brian Robertson und auf französischer der Botschafter André François-Poncet.

Es waren gutwillige Männer, die das große Nachkriegselend in Deutschland gesehen hatten. Die Engländer würden sagen, alle drei seien eben Gentlemen. McCloy hatte ich am Tage seiner Ankunft ganz gut kennengelernt. Unser Landeskommissar von Bremen, Admiral Jeffs, setzte es sich in den Kopf, den hohen Herrn von Bremerhaven, wo er angekommen war, in einer Barkasse die Weser aufwärts nach Bremen zu bringen. Jeffs hatte meinen Kollegen Walter Gong, der damals Lizenzträger der »Nordsee-Zeitung« in Bremerhaven war, und mich zu dieser Fahrt eingeladen. Jeffs war eben wirklich ein echter Freund, die Einladung für uns von unschätzbarem Wert. Es goß in Strömen, sehr zum Leidwesen des Admirals, sehr zu unserer Freude, denn nun gab es ausgiebig Zeit, um in der winzigen Kajüte mit McCloy zu sprechen, während Jeffs im Ölzeug auf der Kommandobrücke stand und uns nach Bremen lotste. McCloy sagte nicht viel, aber er ließ sich von uns ausführlich über alles berichten. So gewann er in dieser kleinen Kajüte seine ersten Eindrücke von den Verhältnissen in Deutschland. Zwischen Adenauer und François-Poncet ging es lange Zeit in den Verhandlungen hart zu. Der französische Hohe Kommissar war sieben Jahre – von 1931 bis 1938 – Botschafter in Berlin und hatte die Politik des Wortbruchs und der Gewalt, die Hitler so schamlos betrieben hatte, zähneknirschend miterlebt. Er kannte Deutschland gut und liebte und haßte es zugleich. Sein Deutsch war fehlerfrei, seine Kenntnisse der deutschen Kultur bewundernswert. Jetzt saß er Konrad Adenauer gegenüber, der nichts anderes tun konnte, als immer neue Erleichterungen zu fordern, die letztlich auf eine Befreiung der Bundesrepublik von den Fesseln des Besatzungsregimes hinausliefen. Er wußte nicht, ob es Adenauer mit dem europäischen Geist, den er hartnäckig beschwor, ernst meinte oder ob er nur eine andersartige Ausgabe Hitlers darstellte. Nur langsam gewann er Vertrauen, aber als er es schließlich gefaßt hatte, wurde auch er ein zuverlässiger Freund, der im übrigen die endlosen Verhandlungen oft durch ein witziges Wort aufzulockern verstand. Sir Brian Robertson war ein General, ein kluger, einfach denkender Mann. Adenauer verstand sich gut mit ihm. Ein Jahr später wurde er von Sir Ivon Kirkpatrick abgelöst, wodurch auch der letzte Militär aus dem Kreis der Hohen Kommissare verschwand.

Großen innerpolitischen Streit entfachte das Ruhrstatut, dem Deutschland am 30. November 1949 beitrat. Kurt Schumacher, der Führer der Sozialdemokraten, kämpfte mit Verbissenheit gegen den Beitritt der Bundesrepublik. Konrad Adenauer setzte den Beitritt im Bundestag aber durch, denn er vertrat die Ansicht, wenn es schon eine solche Behörde gäbe, die die Verteilung von Kohle, Koks und Eisen unter die interessierten Staaten vornehmen sollte, dann sei es besser, die deutschen Interessen durch einen Deutschen als durch die Besatzungsmächte vertreten zu lassen. Das Petersberg-Abkommen wurde gegen die Stimmen der Sozialdemokraten im Bundestag ratifiziert.

Der Kanzler hatte sich aber noch ein anderes Ziel gesetzt. Im Sommer 1949 bildeten zehn europäische Staaten den »Europarat«, ein Gremium, das zwar keine Beschlüsse fassen, aber Empfehlungen aussprechen konnte. Im Frühjahr 1951 erreichte er es, daß die Bundesrepublik »assoziiertes« Mitglied, im Mai 1951 bereits Vollmitglied dieser Körperschaft wurde. Auch dabei stieß er auf den Widerstand der Sozialdemokraten, die seine außenpolitische Konzeption im Ganzen ablehnten. Adenauers ganzes Streben ging dahin, die Bundesrepublik schrittweise in die Familie der westlichen Mächte zu führen. Er wollte die Stimme der Bundesrepublik in diesem Kreise zur Geltung bringen, um die Beschlüsse über Deutschland beeinflussen zu können.

Die Sozialdemokraten wollten jede Festlegung der Bundesrepublik auf die westliche Politik verhindern, um die Wiedervereinigung der beiden Teile Deutschlands nicht zu erschweren. Für beide Standpunkte lassen sich gute Argumente anführen. Kurt Schumacher war ein großer Patriot, ein Mann von heftigem Temperament, großer Intelligenz und geformt von den schrecklichen Leiden, die er während der ganzen Nazizeit in Konzentrationslagern erlitten hatte. Wenn man glaubte, daß die Russen es mit der Wiedervereinigung und der Aufrichtung eines wirklich demokratischen, freien Deutschlands ernst meinten, dann hatte Kurt Schumacher recht. Aber Konrad Adenauer glaubte, daß es den Russen auf nichts anderes ankam, als die Aufsplitterung Deutschlands in Besatzungszonen so lange aufrechtzuerhalten, bis es ihnen gelingen würde, ihren Einfluß auf ganz Deutschland, besonders auch auf das Ruhrgebiet, sicherzustellen. Sie wollten, so meinte Adenauer, ihren Einfluß auf Deutschland und seine industrielle Produktion uneingeschränkt geltend machen, da sie dann, auf lange Sicht gesehen, die beherrschende Macht in Europa und damit stärker als die Vereinigten Staaten sein würden. Natürlich sollte es ein sozialistisches Deutschland sein. So standen sich die Auffassungen Adenauers und Schumachers schroff gegenüber.

Ich bin überzeugt, daß der Kanzler die Lage richtig beurteilte und daß ein Hinundherschwanken der Bundesrepublik zwischen den feindlichen Blöcken ihren Untergang besiegelt hätte. Schon von Bremen aus hatte ich die Politik Adenauers in meiner Zeitung im allgemeinen unterstützt.

Im Mai 1950 bekam der Kanzler durch Robert Schuman für seine Politik eine entscheidende Hilfestellung. Schuman legte den Plan für eine »Montanunion« auf den Tisch. Er schlug die Bildung einer »Hohen Behörde für Kohle und Stahl« vor, ein übernationales Gremium, dem Frankreich, Italien, die Beneluxstaaten und die Bundesrepublik beitreten sollten. Die Bundesregierung nahm den Gedanken sofort zustimmend auf, die Verhandlungen begannen. Die Idee der »Integration Europas« war geboren. Jean Monnet hatte dabei Pate gestanden. Adenauer erkannte sofort die großen Vorteile dieses Plans. Einmal mußte er zwangsläufig das Ruhrstatut ablösen, und was noch viel wichtiger war: Eine gleichberechtigte Teilnahme an diesem wichtigen Teilstück der europäischen Integration mußte im Laufe der Zeit ebenso zwangsläufig zur vollen Souveränität der Bundesrepublik führen. Nur ein freier, souveräner Staat konnte, auf längere Sicht gesehen, Mitglied der Montanunion sein. Dieser Vorgang konnte etwas schneller oder etwas langsamer vor sich gehen, aber er war unvermeidlich. Wieder lehnten die Sozialdemokraten – von ihrem Standpunkt aus konsequent – den Schumanplan ab. Sie glaubten, daß ein ungebundenes Deutschland größere Aussichten hätte, die Wiedervereinigung zu erreichen, als ein Deutschland, dessen beide Teile an verschiedene Machtblöcke gebunden seien. Theoretisch läßt sich die Richtigkeit dieser Auffassung kaum bestreiten, aber die Realitäten sahen völlig anders aus.

Der Angriff Nordkoreas gegen das von den Amerikanern geräumte Südkorea am 25. Juni 1950 enthüllte in erschreckender Weise die kommunistischen Absichten. Man konnte die These nicht aufrechterhalten, daß die Sowjets in Korea aggressiv, in Europa aber friedliebend und Vorkämpfer der demokratischen Freiheit sein würden. Das war nicht glaubhaft. Ein System ist friedliebend oder aggressiv. Es hat einen bestimmten Charakter, der nicht nach geographischen Gegebenheiten wechselt. Der sowjetische war seit Kriegsende – man denke an die baltischen Staaten, an Polen, Rumänien, Ungarn usw. – aggressiv gewesen, und niemand konnte im Ernst an einen plötzlichen Gesinnungswandel glauben. Nach langen Verhandlungen wurde die Montanunion Wirklichkeit. Professor Walter Hallstein verdiente sich in diesen Verhandlungen seine Sporen auf dem internationalen Parkett.

Aber es ereignete sich noch viel mehr und Wichtigeres. Mitte 1950 hatte der Bundeskanzler mit einem Memorandum die Sicherheitsfrage auf den Tisch gelegt. Worum ging es? Bisher gab es nur ein Sicherheitsthema, und zwar die Sicherheit der Alliierten gegen eine neue deutsche Aggression. Jetzt warf der Kanzler die Frage auf, wer eigentlich im Falle einer sowjetischen Aggression die Sicherheit der Bundesrepublik garantiere. Sollte sich die Bundesrepublik in immer stärkerem Maße in das westliche System eingliedern, so müßte sie auch in das westliche Sicherheitssystem einbezogen werden. Das war nun wirklich ein heikles Thema. In seinem Memorandum bot der Kanzler einen Verteidigungsbeitrag der Bundesrepublik im Rahmen eines europäischen Sicherheitssystems an, lehnte dagegen eine nationale Armee der Bundesrepublik strikt ab. In zahlreichen Reden fixierte er diesen Standpunkt eindeutig. Er wußte, daß die Aufstellung nationaler Streitkräfte das Mißtrauen des Auslandes heftig wiederbeleben würde. Die noch sehr dünne Vertrauensdecke des westlichen Auslandes hätte einer solchen Belastung nicht standgehalten. Auch in dieser supranationalen Form waren die Widerstände noch sehr groß. Am größten waren sie in der Bundesrepublik selbst.

Die Sozialdemokratie ging in breiter Front zum Gegenangriff über und setzte die Bundesregierung unter schweren Beschuß. Innenminister Dr. Heinemann versagte seine Zustimmung und verließ das Kabinett.

Im März 1951 faßt die Außenministerkonferenz in New York einige wichtige Beschlüsse, die die Selbständigkeit der Bundesrepublik erweiterten. Man gesteht Bonn wieder ein eigenes Außenministerium zu, das der Kanzler selbst übernimmt. Allerdings muß die Bundesrepublik ihre internationalen Schulden aus der Vor- und Nachkriegszeit anerkennen. Diese Verpflichtung sollte dann zur Londoner Schulden-Konferenz führen, auf der die Bundesrepublik durch den bekannten Bankier Hermann Abs vertreten war und die schließlich auch zu einem Übereinkommen führte. Aber damit greife ich schon vor.

Die Frage der Sicherheit und des deutschen Verteidigungsbeitrages bekam wiederum von französischer Seite mächtigen Auftrieb. Oft hat der Kanzler mir auseinandergesetzt, eine wie große politische Bedeutung der Montanunion zukäme. Der Gedanke Schumans sei es gewesen, das alte Mißtrauen zwischen Frankreich und Deutschland dadurch zu beseitigen, daß man gemeinsam über die Rohmaterialien – Kohle und Stahl – verfüge, die für jede Rüstung unentbehrlich seien. Damit sei jeder Gedanke an heimliche Rüstungen erledigt. Dazu müßte das allmähliche Zusammenwachsen dieser mächtigen wirtschaftlichen Faktoren zu einer engen wirtschaftlichen Zusammenarbeit führen. Acht Monate dauerten die Verhandlungen, dann konnte der Vertrag unterzeichnet und schließlich im Januar 1952 ratifiziert werden.

Auf ganz ähnlichen Überlegungen beruhte die französische Initiative auf dem Verteidigungsgebiet. Der französische Minister Pleven legte den Plan zu einer »Europäischen Verteidigungsgemeinschaft« (EVG) vor. Der Gedanke fand die Zustimmung des Kanzlers und den wütenden Widerstand der Sozialdemokratie. Sie befürchtete mit Recht Gegenzüge der Russen, übersah dabei allerdings, daß es in der Zone schon eine kasernierte Polizei gab, die eindeutig militärische Züge aufwies. Hatte die Außenministerkonferenz in New York schon die Frage klar beantwortet, daß jeder Angriff auf das Gebiet der Bundesrepublik und Westberlin als Angriff gegen die Alliierten selbst anzusehen sei, so glaubte der Kanzler, daß auf lange Sicht gesehen eine solche Garantie doch nicht tragfähig wäre, ohne daß die Bundesrepublik sich an den Lasten dieses Verteidigungssystems beteilige. Dazu baute er auf die integrierende Kraft einer gemeinsamen europäischen Armee. Die Verhandlungen über den »Plevenplan«, also die EVG, gestalteten sich naturgemäß noch viel schwieriger als über diejenigen der Montanunion. Mitten in die Endphase dieser Verhandlungen fiel nun mein Amtsantritt in Bonn. Es war eine äußerst aufregende Zeit, denn alles war in Fluß. Wird es ein integriertes Europa geben? Das war die große Frage. Die Auseinandersetzungen mit den Sozialdemokraten waren mehr als hart, sie steigerten sich bis zur Verbissenheit, und es fehlte auch nicht an scharfen persönlichen Angriffen von beiden Seiten.

Der Kanzler führte mich in langen Gesprächen in die Grundkonzeption seiner Politik ein. Er wollte die Bundesrepublik so eng wie möglich mit dem Westen verknüpfen. Nur von einer solchen Politik versprach er sich einen Wiederaufstieg Deutschlands, nur dadurch die Wiedergewinnung der Handlungsfreiheit der Bundesrepublik. Die Sozialdemokratie hingegen sah in dieser Politik ein Abschreiben der Zone, einen Verzicht auf die Wiedervereinigung. Als Bundesgenossen konnte sie auf die Abneigung der breiten Masse gegen eine Wiederbewaffnung zählen. Ich selbst glaubte nach jahrelangem Zögern, daß der Kanzler auf dem richtigen Weg war. Sicher wurde durch diese Politik die Zustimmung der Sowjetunion zur deutschen Wiedervereinigung sehr erschwert, wenn nicht unmöglich gemacht. Doch ich hatte den Glauben daran verloren, daß die Russen überhaupt bereit seien. über die Bildung eines freien, demokratischen Deutschland zu verhandeln. Der Koreakrieg hatte mich von den letzten Illusionen befreit, und so warf ich alle meine Kräfte in den Kampf, um dabei mitzuhelfen, daß wenigstens 50 Millionen Deutsche ihre Freiheit behielten und allmählich wieder einen festen Platz im Kreise der westlichen Demokratien einnehmen konnten. Darum ging es!

Erläuterte mir der Kanzler in Gesprächen die großen Linien seiner Politik, so erfuhr ich von Herbert Blankenhorn zahllose wichtige Details, die man kennen mußte, um die Lage richtig zu beurteilen, um auch auf den Pressekonferenzen keine Schnitzer zu machen. Ich geriet also mitten in die entscheidende Phase der Verhandlungen über das Vertragswerk hinein. Das Vertragswerk selbst zerfiel in zwei Teile, in den Generalvertrag, später Deutschlandvertrag genannt, und in den Vertrag über die Europäische Verteidigungsgemeinschaft. Die Bundesregierung hatte nach zwei Seiten zu kämpfen, nach außen und nach innen. An der einen Front – den Vertragsverhandlungen – kämpfte sie mit Professor Hallstein für die möglichst vollständige Wiedergewinnung der Souveränität, mit Minister Blank für die Gleichberechtigung der deutschen Kontingente innerhalb der Verteidigungsgemeinschaft. Der Kanzler hatte sich dazu in dem Kampf gegen die inneren Widerstände durchzusetzen, die hauptsächlich von den Sozialdemokraten aufgetürmt wurden. Dabei ging es nicht nur um Wortgefechte. Sie waren schon schlimm genug und bewegten sich hart an der Grenze des Erträglichen. Zeitweilig hatte man auch das Gefühl, daß die neue Demokratie sich in der Gefahr befand, in die innenpolitischen Methoden der Weimarer Zeit zurückzufallen.

In den führenden Persönlichkeiten, in Adenauer und Schumacher, trafen zwei außerordentliche Temperamente aufeinander, die sich gegenseitig nichts schuldig blieben. Schumacher war in seinen Formulierungen noch schärfer als der Kanzler, aber jeder, der ihn kannte, billigte ihm zu, daß seine Nerven in der Nazizeit furchtbar gelitten hatten. Er verband eine große Intelligenz mit einer hinreißenden Rednergabe, die ihn allerdings auch oft über die erlaubten Grenzen hinwegriß.

Die Wochen und Tage vor der Unterzeichnung der Verträge waren überaus anstrengend. Im Presseamt hatten wir reguläre Einführungskurse in die Vertragswerke organisiert, die von Herren des Auswärtigen Amtes, besonders Professor Grewe, und für die Verteidigungsgemeinschaft von hohen Offizieren des »Amtes Blank« durchgeführt wurden. Es lag uns daran, daß die Korrespondenten der führenden Zeitungen die Vertragstexte in ihrem wesentlichen Gehalt wirklich beherrschten. Zu diesen Informationsgesprächen kamen die laufenden Pressekonferenzen. Außerdem versammelte der Bundeskanzler selbst noch die Journalisten um sich, um ihnen die Grundideen der Verträge auseinanderzusetzen und dazugehörige Fragen zu beantworten. Vor mir liegt die stenographische Wiedergabe eines Teegesprächs zwischen dem Bundeskanzler und den wichtigsten deutschen Korrespondenten in Bonn. Der Bericht ist 25 Schreibmaschinenseiten lang! Viele der an diesem Tage – 23. Mai 1952 – diskutierten Fragen sind heute nur noch von historischem Interesse. Aber es gab ein Kernproblem in der Diskussion: Wie weit bindet das Vertragswerk die westlichen Alliierten und die Bundesrepublik im Falle von Verhandlungen mit der Sowjetunion über die Wiedervereinigung? Das war wirklich ein Kernproblem, und es spielte in den Verhandlungen mit den Außenministern bis zur letzten Stunde vor der Unterzeichnung eine große Rolle. Schließlich gelang es dem Fraktionsvorsitzenden der CDU, Dr. Heinrich von Brentano, von den Außenministern die Streichung des umstrittenen Paragraphen 7 Absatz 3, in dem die Schwierigkeiten ihren Ausdruck fanden, in letzter Stunde zu erreichen.

Am 23. Mai 1952 wurde Bonn zum erstenmal seit der Gründung der Bundesrepublik zum Mittelpunkt der Politik der Westmächte. In der kleinen Stadt am Rhein trafen die Außenminister Robert Schuman (Frankreich), Dean Acheson (USA) und Anthony Eden (Großbritannien) ein und nahmen bei ihren Hochkommissaren Wohnung. Es herrschte eine fast festliche Stimmung. Ein großer Abschnitt der Nachkriegsgeschichte sollte zu Ende gehen. Es gab noch einige offene Fragen zu klären, doch an der Unterzeichnung der Verträge zweifelte niemand mehr. Am Sonnabend, 24. Mai, früh am Morgen, wurde ich darüber informiert, daß neue Schwierigkeiten aufgetaucht seien. Die Außenminister erschienen mit einem Riesengefolge von Journalisten, Kameramännern und Fotografen, und mein ganzes Amt und ich selbst hatten alle Hände voll zu tun, um die tausend Wünsche der Publizisten zu erfüllen. Dabei wußte niemand von meinen Herren, daß, während die letzten technischen Vorbereitungen getroffen wurden, der Abschluß des ganzen Vertragswerkes aufs neue in Frage gestellt war. Was ging vor? Am Nachmittag des Freitags hatte das französische Kabinett beschlossen, Außenminister Schuman nur dann zur Unterzeichnung zu ermächtigen, wenn Amerika und Großbritannien neue, zusätzliche Garantien gegen einen späteren Austritt Deutschlands aus der EVG geben würden. Nun brach das alte Mißtrauen wieder durch! Das Erbe Hitlers, sein permanenter Vertragsbruch, stand wie ein Gespenst aus dem Grabe auf! Die drei westlichen Außenminister konferierten am nächsten Morgen in geradezu hektischer Weise. Die beiden Verträge waren miteinander verkoppelt, sie konnten nur als Ganzes gesehen werden. Frankreich triumphierte schließlich und bekam die Garantieerklärung seiner angelsächsischen Partner.

Aber auch der Kanzler saß in einer Klemme. Was sollte geschehen, wenn die französische Nationalversammlung die Ratifizierung der Verträge lange hinauszögerte? Es sah schlecht aus um eine feste Mehrheit im französischen Parlament. Mußte Deutschland dann auch so lange auf die Wiedergewinnung der Souveränität warten? Das Durcheinander war komplett. Es bestand durchaus die Gefahr, daß das ganze Vertragswerk in letzter Stunde scheitern würde. Der Kanzler verlangte und bekam eine schriftliche Erklärung, daß bei allzu langer Verzögerung der Ratifizierung des Vertrages über die Verteidigungsgemeinschaft der Deutschlandvertrag, unabhängig davon, vorzeitig in Kraft treten sollte. Welche Bedeutung diese Zusicherung noch einmal bekommen würde, daran dachten in diesem Augenblick nur wenige.

Trotz aller auftauchenden Schwierigkeiten ließ ich alle äußeren Vorbereitungen für die Unterzeichnung der Verträge weitergehen, die für Montag, 26. Mai, 10 Uhr, festgesetzt war. Pressetribünen wurden gebaut, Kabel gelegt, Telefoneinrichtungen provisorisch geschaffen. Der ganze »Großbetrieb«, wie ihn historische Konferenzen mit sich bringen, lief auf vollen Touren. Wie oft habe ich das gleiche in den folgenden Jahren erlebt! Doch jetzt war alles neu für mich und sehr aufregend. Im Laufe des Sonntags wurden die letzten Schwierigkeiten überwunden.

Der große Staatsakt bekam eine würdige Umrahmung. Am Samstagabend gaben die westlichen Außenminister ein Diner in der Redoute in Godesberg. Es war das erste festliche Essen, das die neue Republik erlebte. Der äußere Glanz war bescheiden, wie er es bis zum heutigen Tag geblieben ist, denn alles Gerede über den großen Aufwand, den die Bonner Regierung treibt, ist barer Unsinn. Es gibt noch heute keine europäische Hauptstadt, der es so sehr an repräsentativen Räumlichkeiten fehlt wie Bonn; die Villa Hammerschmidt und das Palais Schaumburg sind denkbar ungeeignet für staatliche Repräsentation. Der Bundespräsident kann nur eine kleine Personenzahl zum Essen an den Tisch bitten. Auch in den anderen Räumen fehlt es an Platz. Schließlich ist die Villa Hammerschmidt nicht mehr als das Privathaus eines wohlhabenden Kaufmannes.

Gab der Bundeskanzler ein Staatsessen, so mußte es in den beiden Sälen des Erdgeschosses stattfinden, aber dann fehlte es an einem Raum, in dem sich die Gäste versammeln konnten. Die Bilder im Palais sind Leihgaben, die Teppiche ebenfalls ausgeliehen. Bis vor kurzem kamen das Eßservice und die Bestecke aus dem Hotel Königshof. Es fehlt an einer Kücheneinrichtung, so daß auch das Essen aus dem Hotel herübergeschafft und im Palais Schaumburg gewärmt werden muß. Jede Hausfrau weiß, daß man ein gutes Essen so nicht servieren kann. Nur im Sommer gibt Schloß Brühl eine wirklich repräsentative Möglichkeit, obwohl die Anfahrt unerträglich lang ist. Aber man kann Schloß Brühl eben nur im Sommer verwenden, denn es ist nicht beheizbar, und für den Einbau einer ausreichenden Heizung will niemand das Geld hergeben. Später sollte ich feststellen, daß in Rom die einmalig schönen Räume im Palazzo Venezia und in der Villa Madama natürlich beheizbar sind. Von Paris und London will ich hier lieber nicht sprechen. Dazu wird Gelegenheit sein, wenn ich die großen Staatsbesuche der späteren Jahre schildere. Bundeskanzler Erhard ließ den sogenannten Bungalow im Park des Palais Schaumburg erbauen, der nun einer größeren Zahl von Gästen Platz bietet.

Zurück zu unserer Außenministerkonferenz vom Mai 1952. Keiner der Gäste merkte während des Diners in der Redoute, daß sich die Konferenz in einer schweren Krise befand. Nur die Spitzen der Delegationen wußten Bescheid. Nach den hektischen Verhandlungen am Sonntag gab der Bundeskanzler am Nachmittag einen Empfang in der Redoute und ein großes offizielles Essen im Palais Schaumburg. Während der langen kritischen Stunden ließ sich der Kanzler von den schweren Sorgen, die ihn bedrückten, den Gästen gegenüber nichts anmerken.

In den folgenden Jahren sollte ich noch oft seine unüberbietbare Selbstbeherrschung bewundern. Es sei ruhig ausgesprochen, daß Adenauer manchmal schrecklicher Laune sein konnte. Irgend etwas hat ihn geärgert oder geht ihm im Kopf herum, und dann kann man ihm nichts recht machen. Zu allem und jedem sagt er nein, ist keinem Argument zugänglich, lehnt alles ab. Man tut dann am besten daran, sich möglichst entfernt von ihm zu halten. Niemals aber zeigt er Launen oder Ärger in wirklich ernsten Situationen. An diesem Wochenende ging es um den Erfolg seiner ganzen bisherigen Politik. Konnten die Verträge nicht unterzeichnet werden, so hatte er sein politisches Spiel verloren, denn jeder, der ein bißchen Erfahrung auf diesem Gebiet besitzt, weiß, daß eine solche vor aller Welt sichtbare Katastrophe kaum zu reparieren ist. Auch innenpolitisch stand alles auf dem Spiel. Scheiterten die Verträge, so hatten die Sozialdemokraten gewonnen und würden im kommenden Jahr zweifellos als Sieger aus den Wahlen hervorgehen. Doch der Kanzler blieb unerschütterlich der liebenswürdige Gastgeber. Niemand konnte ihm ansehen, was in ihm vorging. Am Sonntagabend spät waren die Würfel gefallen, die Verträge gerettet. Der Preis war allerdings, daß die Franzosen die verlangten Garantien gegen einen Austritt der Bundesrepublik aus der Verteidigungsgemeinschaft von den USA und England bekommen hatten. Eine große praktische Bedeutung kam diesem Erfolg später nicht zu.

Am Montagvormittag, 26. Mai 1952, 10 Uhr, begann nun der »große Tag«. Im Bundesratssaal war alles vorbereitet, die Delegationen versammelten sich, Unmengen von Journalisten, Kameraleuten und Fotografen drängten und stießen sich, jeder bestrebt, gute Sicht zu haben, als die drei Außenminister von den USA, Frankreich und Großbritannien eine große Anzahl von Unterschriften unter die verschiedenen Exemplare des Hauptvertrages und eine Reihe von ergänzenden Verträgen leisteten. Der Kanzler setzte mit unbewegtem Gesicht seine Unterschrift unter die Dokumente. Ein Abschnitt seines großen Werkes war erreicht, jetzt begann der Kampf um die Ratifizierung der Verträge. Im Anschluß an die Unterzeichnungszeremonie sprachen der Kanzler und die drei Außenminister zur Presse. Nun hatte ich selbst eine Funktion auszuüben, denn da wir in Bonn die Gastgeber waren, mußte ich die einleitenden Worte sprechen und dann jedem der Staatsmänner das Wort zur Abgabe einer Erklärung erteilen. In einem Album bewahre ich die Bilder dieser bedeutungsvollen Zeremonie.

Nach der Unterzeichnung gab es einen kalten Imbiß im Stehen, und dann fuhren wir zum Flugplatz Wahn, um uns nach Paris zu begeben. In Bonn war nur der Deutschlandvertrag unterzeichnet worden, in Paris sollte der Vertrag über die Europäische Verteidigungsgemeinschaft unterzeichnet werden. Der Abflug gestaltete sich für mich persönlich ziemlich aufregend. In der Wagenkolonne, mit meinem vertrauten

Fahrer Emanuel Nürnberg am Steuer, sausten wir die damals noch sehr schlechte Straße zum Flugplatz hinaus. Plötzlich gab es einen Knall. Reifenpanne! Ich kletterte schnell aus dem Wagen, hielt winkend einen der folgenden Wagen auf, und schon ging es weiter. Auf dem Flugplatz hatte sich eine große Menschenmenge, vor allem viele Journalisten, versammelt, um den Kanzler zu sehen. Plötzlich durchfuhr mich ein eisiger Schreck! In der Eile des Umsteigens hatte ich mein Gepäck in meinem Wagen gelassen. Der Kanzler stieg die Gangway zur Kabine hinauf, aber von meinem Nürnberg und den Koffern war immer noch nichts zu sehen. Was sollte ich in Paris ohne Gepäck, ohne Smoking, ohne Frack? Es war mehr als unangenehm! In meiner Verzweiflung bewog ich den Kanzler, seinen Sitz nochmals zu verlassen, um der applaudierenden Menge zuzuwinken. Noch dreimal wiederholte ich den Trick! Da endlich sah ich meinen Fahrer mit dem Koffer über das Feld springen, er reichte ihn mir herauf, und nun merkte der Kanzler auch, was passiert war. Freundlich lächelnd sagte er aber nur: »Na, Herr von Eckardt, wenn Sie nun Ihr Gepäck haben, kann die Weltgeschichte ja weitergehen!« Auch dieser Zwischenfall ist in einer ganzen Reihe von Fotos festgehalten. Die Maschine rollte zum Start, wir flogen nach Paris.

In Paris stieg die deutsche Delegation im Hotel Bristol ab. Im Laufe der nächsten Jahre sollte ich noch viele dutzendmal die gleichen Räume in diesem Hotel bewohnen. Der Kanzler war etwas ermüdet und nicht in der besten Stimmung. Ich machte den Vorschlag, daß man eigentlich nichts Besseres tun könne, als ein paar Austern zu essen und eine Flasche Sekt zu trinken. Der Vorschlag fand den Beifall des Kanzlers. Er sollte sich noch oft bewähren, denn es gab in den folgenden Jahren häufig Gelegenheit, in Paris gegen eine gedrückte Stimmung anzukämpfen. Am nächsten Vormittag versammelten wir uns im berühmten Uhrensaal am Quai d'Orsay. Unzählige Sitzungen haben wir noch in diesem mehr historisch bedeutsamen als schönen Raum abgehalten. An diesem Morgen herrschte ein furchtbares Gedränge. Sechs Außenminister, die von Frankreich, Belgien, Italien, Holland, Deutschland und Luxemburg, waren erschienen und hatten einige hundert Unterschriften zu leisten. Überall quetschten sich die Fotografen durch, um ihre Schnappschüsse zu machen. Das Ganze hatte einen ziemlich unordentlichen Charakter, ohne Zeremoniell und Würde. Ich stand mit einem befreundeten französischen Abgeordneten beisammen, und wir blickten auf die Staatsmänner, die eifrig alle Dokumente der »Europäischen Verteidigungsgemeinschaft« unterschrieben. Plötzlich sagte mein Freund: »Schade um den Vertrag, er wird in Frankreich nie ratifiziert werden!« Er sprach damit eine Befürchtung aus, die ich zu dieser Stunde nicht zu formulieren wagte, die aber tief in meinem Herzen lebte. Der Vertrag hatte zwei entscheidende Fehler. Einer war mehr äußerlich, aber für die französische Mentalität gefährlich. Er war viel zu perfektionistisch, versuchte alles und jedes zu regeln und war infolgedessen ein unerhört umfangreiches Dokument von vielen hundert Seiten geworden, die sicherlich von nicht einmal einem Zehntel der Abgeordneten der französischen Kammer überhaupt gelesen werden würden. Der zweite Fehler war mehr politischer Art. Die deutsch-französische Verständigung und allmähliche Annäherung war mit Recht über die wirtschaftliche Zusammenarbeit eingeleitet worden. Es wäre gut gewesen, wenn man auf diesem Wege hätte fortschreiten können. Es waren allerdings die Sowjets mit ihrer Aggression in Korea, die das europäische Verständigungswerk plötzlich auf das Gebiet der gemeinsamen Verteidigung schoben. Die Bande des Vertrauens zwischen den einstigen Kriegsgegnern, besonders zwischen Frankreich und Deutschland, konnten noch nicht fest genug sein, um auf diesem heiklen Gebiet so weit zu gehen, wie es die Verteidigungsgemeinschaft vorsah. Für uns Deutsche war die Entscheidung relativ leicht, denn wir hatten keine Armee mehr, die es aufzugeben galt. Aber Frankreich sollte auf eine eigene nationale Armee verzichten. Das war viel, sehr viel verlangt! Immerhin, die Unterzeichnung war erfolgt.

Der Kampf um die Ratifizierung der EVG

Der Verlauf des Jahres 1952 brachte mich mit dem Bundeskanzler in eine immer engere Verbindung. Das war ein großes Glück, denn der Streit zwischen den Regierungsparteien und der Opposition, ob die unterzeichneten Verträge den besten Weg darstellten, dem deutschen Volk seine Freiheit wiederzuerobern, wurde in breitester Öffentlichkeit ausgestragen. Die Wogen der politischen Leidenschaften in der Bevölkerung gingen hoch. Das konnte auch nicht anders sein, denn wir standen an einem Scheidewege. Die Frage war klar und einfach: Sollte die Bundesregierung auf die Hilfe und das Bündnis mit den Westmächten seine Zukunft stellen, oder sollte es dem Streit der beiden feindlichen Blöcke zusehen in der Hoffnung, daß sich im Laufe der Zeit eine günstigere Gelegenheit bieten würde, die Freiheit und Einheit des deutschen Volkes wiederherzustellen?

Die Sowjetunion, die mit gespanntem Interesse den Gang der Verhandlungen um die Verträge beobachtete, blieb nicht untätig. Anfangs verhielt sie sich relativ ruhig, da sie glaubte, daß es eine Einigung zwischen der Bundesrepublik und dem Westen doch nicht geben würde. Es waren so schwierige Probleme zu lösen, daß diese Hoffnung durchaus berechtigt schien. Doch schließlich mußte sie wohl zu der Überzeugung gekommen sein, daß eine echte Chance für den Abschluß der Verträge bestand. Nun griff sie, im März 1952, direkt durch eine Note an die drei westlichen Großmächte ein. Mit diesem Notenwechsel, der sich bis in den Herbst des Jahres fortsetzte, wurden die Gegensätze zwischen Regierung und Opposition auf den Höhepunkt getrieben. Die Frage, ob damals, im Jahre 1952, eine Chance für die Wiedervereinigung Deutschlands in Frieden und Freiheit bestand, ist heute zwar abgeflaut, doch immer noch nicht endgültig zur Ruhe gekommen. Damals aber hing für die Regierung Adenauers alles davon ab, ob ihre Entscheidung für den Westen von der Mehrheit der Bevölkerung der Bundesrepublik getragen würde oder nicht. Adenauer brauchte eine Mehrheit im Bundestag für die Verträge. Aber darüber hinaus mußten sie auch vom Volk selbst bestätigt, bejaht werden, wenn das Werk der Einigung Europas gegen den Kommunismus wirklich Bestand haben sollte. Der Kanzler wußte das, und so kam unsere enge Zusammenarbeit zustande. Das Presseamt mußte alle ihm durch Gesetz zur Verfügung stehenden Kräfte und Mittel einsetzen, um der breiten Masse des Volkes klarzumachen, worum es ging.

In der Märznote der Sowjetregierung wurde nun das Angebot gemacht, unverzüglich mit den drei Westmächten zusammenzutreten, um den Abschluß eines Friedensvertrages mit Deutschland zu beraten. Die Absicht, die Verhandlungen über die Verträge zu sabotieren, war klar erkennbar. Ferner wollte die Sowjetunion mit ihren einstigen Alliierten einen Friedensvertrag ausarbeiten, noch bevor durch freie Wahlen in ganz Deutschland eine deutsche Regierung gebildet sein würde. Dazu verlangte die Note eine Rückkehr zu den Potsdamer Beschlüssen des Jahres 1945, den Abzug aller fremden Streitkräfte vom deutschen Territorium und eine Neutralisierung ganz Deutschlands durch das Verbot, Bündnisse in freier Entscheidung abschließen zu dürfen. Sowjetische Noten sind immer sehr umfangreich und werden daher von der Mehrzahl der Zeitungen nicht im Wortlaut veröffentlicht. Ein Studium der Note zeigte deutlich, daß die Sowjetunion die Sozialdemokratie in ihrer Ablehnung der Verträge unterstützen wollte. Es liegt mir nun fern, der Sozialdemokratie daraus einen Vorwurf zu machen. Sie konnte nichts dafür, daß ihr die Kommunisten in Deutschland und in den Ostblockstaaten Schützenhilfe gaben. Solche Vorwürfe sind zu primitiv. Ich habe immer abgelehnt, sie als Argument zu benutzen. Ich glaube auch keineswegs, daß der Widerstand der Opposition vorwiegend aus parteitaktischen Gründen erfolgte, sondern glaubte ihrer Führung die ernste Sorge, die sie sich um die Spaltung Deutschlands machte. Es ging – und geht sogar heute noch – um nichts anderes als um die Frage, ob die Sowjetunion damals wirklich eine Möglichkeit anbot, uns wieder zu vereinigen, und zwar auf der Basis echter Freiheit und Demokratie.

Es ist meine feste Überzeugung, daß es 1952 nicht die Absicht der Sowjetregierung war, Deutschland in Einheit und Freiheit wiederherzustellen. Während ich diese Erinnerungen schreibe, habe ich den gesamten Notenwechsel dieses schicksalsschweren Jahres noch einmal genau studiert. Auch jetzt komme ich zu dem Resultat, daß die Sowjetunion uns damals weder dem Geiste noch dem Buchstaben nach in ihren Noten ein solches Angebot gemacht hat. Es gibt eine ganze Fachliteratur über diese Frage, die ich nicht durch lange Erörterungen bereichern möchte. Aus dem Notenwechsel geht aber klar hervor, daß die Russen nicht bereit waren, wirklich freie Wahlen in ganz Deutschland zuzulassen. Die Westmächte schlugen ihnen vor, daß eine Kommission der Vereinten Nationen prüfen solle, ob in allen Teilen Deutschlands die Voraussetzungen für freie Wahlen bestünden. Die Russen lehnten ab, obwohl die UN eine solche Kommission wählte, die die Bundesregierung in voller Freiheit auf ihrem Territorium arbeiten ließ. Pankow verweigerte dieser unabhängigen Kommission die Einreise. Allein diese Tatsache zeigt, worauf die Sowjets hinauswollten. Sie machten den Gegenvorschlag, daß eine Kommission der vier Besatzungsmächte diese Untersuchungen vornehmen sollte. Das bedeutete nichts anderes, als unter anderer Bezeichnung den Kontrollrat wieder zu beleben und dort endlose Debatten zu führen, wobei an eine Einigung zwischen den Russen und den Westmächten nicht zu denken war. Hier hätten sich die Auffassungen wie einst im Kontrollrat in gleicher Feindseligkeit gegenübergestanden. Eine unabhängige neutrale Kommission aber lehnten die Sowjets ab. Ich glaube, daß es nicht zu weit geht, wenn man sagt, daß schon diese Kontroverse, die sich durch den ganzen Notenwechsel hinzieht, die Absichten der Russen klar zutage treten läßt. Später hat man häufig eingewendet, daß man den Versuch hätte machen müssen, mit den Russen wenigstens zu verhandeln. Das läßt sich heute leicht sagen. Unsere westlichen Partner waren gar nicht bereit, solche Verhandlungen zu führen. Nach ihrer Auffassung wäre eine Räumung der Bundesrepublik durch die Westmächte einer Preisgabe ganz Deutschlands an die Russen gleichgekommen. Die militärische Macht der Vereinigten Staaten, ihre Stationierung auf deutschem Territorium, stellte den einzigen Schutz dar, den Europa gegen die Russen besaß. Räumten die Amerikaner Deutschland, so hätten sie 5000 km zurück über den Ozean gehen müssen, während die Sowjetarmee in Polen stehengeblieben wäre. Die polnische Grenze ist aber nur wenig mehr als 50 km von Berlin entfernt. Die Amerikaner waren nicht bereit, solche Verhandlungen überhaupt zu führen. Die Bundesregierung war zu diesem Zeitpunkt noch nicht souverän. Entschloß sie sich im Sinne der Opposition für neue Verhandlungen mit den Russen, so wäre es absolut sicher gewesen, daß die Amerikaner, aber auch die Engländer und Franzosen jedes Vertrauen zur Bundesrepublik verloren hätten. Es stand sowieso noch auf sehr schwachen Füßen.

Ich glaube noch heute, daß dieser Vertrauensverlust die schrecklichsten Folgen für Deutschland gehabt hätte, das gerade in dieser Zeit wieder die Möglichkeit bekam, seine Stimme im Rate der Großmächte vorsichtig zur Geltung zu bringen. Im ganzen Westen ging das »Gespenst von Rapallo« um, das heißt, das Mißtrauen war noch sehr lebendig, Deutschland könne wie im April 1922 den Versuch machen, mit den Russen gegen den Westen zu paktieren. Das Gespenst ist übrigens auch heute noch nicht gebannt. In der historischen Rückschau wird immer wieder der

Fehler gemacht, daß man die augenblicklichen Verhältnisse auf die lange zurückliegende Situation von 1952 projiziert. Heute hat die Bundesrepublik eine ganz andere Position in der Welt und im Kreise ihrer westlichen Freunde als 1952. Es ist völlig falsch, anzunehmen, daß man ihr damals schon weitgehend Vertrauen entgegenbrachte. Im Gegenteil, das Mißtrauen war groß, die Hitlervergangenheit noch lebendige Gegenwart. Das Grundproblem der deutschen Außenpolitik bestand damals in der Rückgewinnung von Vertrauen in der Welt. Was man von der Bundesrepublik erwartete, waren Beweise der Zuverlässigkeit, absolute Treue zu getroffenen Vereinbarungen. Auch heute noch ist der Ausbau des Vertrauens zur Bundesrepublik das wichtigste Element unserer Außenpolitik.

Ich sagte schon, daß der erbitterte Kampf um die Verträge den Bundeskanzler und mich in eine sehr enge Verbindung brachte. Wir sahen uns täglich, manchmal allein, häufiger noch in dem Kreise Hallstein, Lenz, Blankenhorn und Globke. Eine Unmenge von Arbeit war zu leisten. Neben den regelmäßigen Pressekonferenzen empfing der Kanzler beinahe täglich in- und ausländische Journalisten, um ihnen seine Politik zu erklären, um der Bundesregierung Vertrauen in der Welt zu gewinnen. In jene Zeit fallen auch die regelmäßigen Rundfunkgespräche mit dem bekannten Publizisten Ernst Friedländer. Diese Gespräche wurden sehr sorgfältig vorbereitet. Friedländer kam zuerst zu mir, und wir sprachen über die Themen, die der Kanzler behandeln wollte, welche Fragen der Interviewer also zu stellen hatte. Friedländer machte dann einen Entwurf der Fragen und Antworten, und dann besprachen wir das Ganze mit dem Kanzler. Schriftlich wurde der endgültige Text festgelegt. Friedländer war ein glänzender Formulierer. Er verstand es dazu, ein echtes Gespräch zu formen, seine Fragen und die Antworten des Kanzlers entsprechend differenziert zu gestalten. Adenauer arbeitete intensiv mit, änderte mal viel, mal wenig, achtete aber auf jedes Wort, das über den Äther gehen sollte. Eine Anzahl von Zeitungen brachte diese Interviews dann auch noch im Wortlaut. Gleichzeitig gab der Kanzler aber auch noch eine große Anzahl von Interviews für die internationale Presse. Man machte ihm geradezu den Vorwurf, »Interview-Politik« zu betreiben und mehr mit bedeutenden ausländischen Journalisten zu sprechen als mit den Mitgliedern des Bundestages. Tatsächlich betrieb Adenauer seine Außenpolitik in weitem Maße durch die Veröffentlichung von Interviews und Artikeln. Er tat das nicht aus Mißachtung des Parlaments, sondern er hatte erfaßt, daß er die breite Öffentlichkeit für sich und seine Politik gewinnen mußte, sollte er auf die Dauer Erfolg haben.

Zu jener Zeit wußte ich manchmal nicht, wie ich die Unmenge von Arbeit bewältigen sollte. In allen Ländern Europas, aber besonders auch in Amerika, erschienen fast täglich Aufsätze und Interviews von Konrad Adenauer, und alle mußten sorgfältig ausgearbeitet werden. Niemals hätte ich diese Arbeitslast tragen können, hätte ich nicht vorzügliche Mitarbeiter gehabt. Unter ihnen stand an erster Stelle der Pressereferent des Auswärtigen Amtes, Günther Diehl. Sein Ideenreichtum, seine Formulierungsgabe waren außerordentlich. Von Beruf Diplomat, hatte er während der ersten Jahre nach dem Kriege als Journalist in Hamburg gearbeitet und großen Erfolg gehabt. Jetzt kam ihm diese Schulung seines Talentes sehr zustatten. Er verfügte über eine enorme Arbeitskraft, dazu über viel Humor, so daß die Zusammenarbeit mit ihm immer amüsant und anregend war.

Da ich nicht weiß, ob er je seine Erinnerungen schreiben wird, muß ich ihm eine Geschichte stehlen, die er gerne erzählte. Noch als Journalist interviewte er eines Tages Adenauer, und dabei kam das Gespräch auf das umstrittene Ballett »Abraxas« von Werner Egk. Diehl, sehr modern denkend, verteidigte den künstlerischen Gehalt, doch da stellte ihm der Kanzler plötzlich die Frage: »Herr Diehl, finden Sie es denn richtig, daß man auf offener Bühne den Beischlaf darstellt?« Günther Diehl wußte seine Verlegenheit anschaulich zu schildern. Sollte man auf eine solche Frage mit einem schlichten »Ja« antworten? Das war doch schwer. Andererseits wollte er »Abraxas« nicht so abtun lassen. Für den Kanzler war die Geschichte sehr charakteristisch. Durch solche direkten, harten Fragen pflegte er seine Gesprächspartner oft außer Gefecht zu setzen.

Neben Artikeln und Interviews gab es aber noch eine Unmenge anderer Arbeit, sowohl im Presseamt wie für den Kanzler selbst. Adenauer hielt damals sehr viele Reden, gab häufig Erklärungen im Bundestag ab. Für diese Arbeit pflegten wir uns mit Blankenhorn zu vereinigen. Wir trafen uns in seinem kleinen Arbeitszimmer im Palais Schaumburg, Blankenhorn, Diehl und ich, und führten zuerst ein ausführliches Gespräch darüber, was der Kanzler wohl sagen sollte und mußte. Diehl machte sich mit großer Sorgfalt Notizen und ging dann ans Werk. Wieder trafen wir zusammen und besprachen seinen Entwurf, änderten, ergänzten, formulierten um. Schließlich war eine »Vorlage« für den Regierungschef fertig. Jetzt hatte Günther Diehl Pause, denn die Aufgabe, dem Kanzler die Rede oder den Artikel schmackhaft zu machen, fiel Blankenhorn und mir zu. Anfangs hatte ich den Versuch gemacht, dem Kanzler und Außenminister auch Entwürfe vorzulegen, die die Unterschrift meiner Mitarbeiter trugen. Adenauer lehnte das aber ab und erklärte mir: »Ich lese das Zeug nur, wenn es Ihre Unterschrift trägt!« Das vergrößerte meine Verantwortung und meine Arbeitslast noch beträchtlich. Für jeden Satz, den ich ihm vorlegte, mußte ich selbst einstehen. Nach Fertigstellung des Entwurfs begann nun eine ganz andersartige Aufgabe. Das schwierigste war, den Kanzler erst einmal dazu zu bewegen, das Machwerk überhaupt zu lesen. Er liebte es, diese Tätigkeit hinauszuschieben. Als ich ihn einmal anläßlich einer außenpolitischen Erklärung, die er im Bundestag abgeben mußte, darauf aufmerksam machte, daß es für mich eine große Erleichterung der Arbeit sei, wenn ich wenigstens 48 Stunden vor der Sitzung den endgültigen Text in Händen hätte, fragte er harmlos: »Was wollen Sie denn so früh damit?« – »Herr Bundeskanzler, ich muß den Text fünfhundertmal für die Abgeordneten und ebenfalls fünfhundertmal für die Presse vervielfältigen lassen. Dazu brauche ich den Text auch in englischer und französischer Übersetzung für die Botschaften und die Auslandspresse!« Ungerührt meinte er dazu: »Das ist allerdings schlimm! Aber ich kann solche Arbeiten nur machen, wenn ich unter Zeitdruck stehe!« Also blieb es dabei. Oft, sehr oft, brannten im Presseamt die ganze Nacht die Lichter, damit am Morgen um 9 Uhr die Exemplare zur Stelle waren, denn der Text stand häufig erst am Abend vorher endgültig fest. Natürlich schimpften wir dann weidlich, aber es war doch eine Lust zu leben.

In der Politik dieser Jahre herrschte ein mitreißender Schwung, alles war noch neu, wenig bürokratisiert, und unermüdlich gab der Kanzler politische Impulse, die in Aktionen umzusetzen unsere Aufgabe war. Schließlich wurde der Kampf um die Verträge gewonnen. Auch die Versuche der Opposition, über das Verfassungsgericht in Karlsruhe das ganze Werk als verfassungswidrig erklären zu lassen, wurde aus formalen Gründen vom Gericht abgewiesen. Charakteristisch für Adenauers Taktik scheint mir, daß er, während die Klage lief, so tat, als ob es sie gar nicht gäbe. Wären die Sozialdemokraten beim Gericht durchgekommen, so hätte es im Bundestag einer Zweidrittel-Mehrheit für die Annahme bedurft, die niemals zu erreichen gewesen wäre. Ein Spruch des Gerichts gegen die Verträge hätte sie also endgültig beerdigt. Es war nun aber nicht etwa Leichtfertigkeit, die den Kanzler den ganzen Vorgang ignorieren ließ. Er wußte, daß keine der anderen europäischen Mächte vor dem Bundestag ratifizieren würde. Man hatte beschlossen, der Bundesrepublik den Vortritt zu lassen, mit Ausnahme der USA, die nur den Deutschlandvertrag zu ratifizieren hatte. Adenauer hatte ein sicheres Gefühl dafür, daß keine Zeit versäumt werden durfte, sollte nicht auch in den anderen Staaten der Elan erlahmen, mit dem man die

Verträge geschaffen hatte. Die Zeit kann ein solches Werk töten. Was Verzögerungen für eine politische Idee bedeuten können, erleben wir heute im Zusammenhang mit der »Europäischen Wirtschaftsgemeinschaft« und der »Politischen Union«. So nahm also die Kampagne für die Verträge ihren Fortgang, ebenso die Beratung im Bundestag. Im Juli 1952 legte ihm Adenauer das gesamte Werk zur Beschlußfassung vor. Der erbitterte Kampf ging weiter.

Zwischenakt: Israel-Vertrag

Während dieser Kämpfe um die Souveränität der Bundesrepublik und ihrer Sicherung nach außen arbeitete die Gesetzesmaschine in vielen innerpolitischen und wirtschaftspolitischen Fragen auf hohen Touren. Schon seit langem ging es um das Mitbestimmungsrecht der Arbeitnehmer. Die Flüchtlinge meldeten sich zu Wort, der Gedanke des Lastenausgleichs wurde geboren. Im Laufe meiner Amtszeit in Bonn haben die Bundesregierung und der Bundestag Hunderte und schließlich in die Tausend gehende Gesetze verabschiedet, zu manchen Gesetzen Jahr für Jahr Novellen herausgebracht. Das ganze Gebiet der Kriegsfolgen lastete mit seinen tausend Ungerechtigkeiten auf der Bevölkerung und verlangte nach Lösungen, die Schritt für Schritt gefunden wurden, die aber zum Teil noch heute ihrer endgültigen Lösung harren. Alle diese Probleme beschäftigten das Kabinett und den Bundestag. Ihre Behandlung würde hier zu weit führen, sie gehören vielfach auch mehr in eine Schilderung der Leistungen der verschiedenen Ressorts und der vom Bundestag eingesetzten Ausschüsse. So schwierig diese Fragen auch waren, ihre Behandlung konnte in Angriff genommen werden, denn die gesamte Volkswirtschaft entwickelte sich sprunghaft aufwärts. Professor Erhards Wirtschaftspolitik, unter dem Schlagwort »Soziale Marktwirtschaft« bekannt, setzte sich trotz heftiger Angriffe der Opposition durch. Die Prophezeiungen der Sozialdemokraten, sie würde zwangsläufig zu Ruin, neuer Inflation und Arbeitslosigkeit führen, wurde durch den sichtbar wachsenden Wohlstand auch der breiten Massen des Volkes widerlegt.

Im Grunde genommen blieb aber in diesen Jahren die Außenpolitik die Schicksalsfrage der Bundesrepublik. Während nun die Kämpfe um das Vertragswerk von Bonn und Paris ihren oft dramatischen Gang nahmen, stieg ein anderes vielschichtiges Problem am Horizont auf. Fast ein Jahr vor meinem Dienstantritt hatte der Staat Israel eine Note allen vier Besatzungsmächten zugestellt, in der die furchtbare Bilanz der Judenverfolgungen während der Hitlerzeit, eine Bilanz an Blut und Gut, gezogen wurde. Bis heute hat diese Bilanz nichts an Schrecklichkeit verloren, weil niemand ermordeten Menschen das Leben zurückgeben kann. Darauf wurde auch in der Note hingewiesen, daneben aber die Bundesrepublik aufgefordert, durch Wiedergutmachung der materiellen Schäden dem Staate Israel in seinem schwierigen Aufbauwerk zu helfen. Viele hunderttausend Juden waren nach 1933 nach Israel geströmt, um dem Terror Hitlers in zahlreichen Ländern Europas zu entgehen. Diese Flüchtlinge belasteten den jungen Staat schwer, denn für sie Arbeitsplätze zu schaffen, erforderte große Mittel. Die drei westlichen alliierten Mächte wußten zuerst mit dieser Note nichts Rechtes anzufangen. Man erkannte die moralische Berechtigung der Forderung ohne Einschränkung an, doch wußte man nicht, wie man sie juristisch, wie man sie völkerrechtlich begründen sollte. Die Forderung hatte mit den Wiedergutmachungsansprüchen individueller Art nichts zu tun. Diese Frage lief gesondert, ihre Rechtsbasis konnte nicht bestritten werden. Mit einer Forderung des Staates Israel dagegen lagen die Verhältnisse anders. Während des Hitlerregimes hatte es einen Staat Israel noch gar nicht gegeben, das Deutsche Reich konnte sich also mit ihm auch nicht im Kriegszustand befunden haben. Der Begriff der »Reparationen« von Staat zu Staat war also nicht anwendbar.

Von der israelischen Note berichteten die Alliierten dem Kanzler, und nun lag die Entscheidung ganz allein bei ihm, ob er auf diese Note, die nicht an Bonn gerichtet war, reagieren würde oder nicht. Er entschied sich dafür, die Frage der Hilfe für den Staat Israel aufzugreifen, ungeachtet der entgegenstehenden Völkerrechtssituation. Mit der ersten Fühlungnahme beauftragte er Herbert Blankenhorn. Diese ersten Fäden, die vorsichtig gesponnen wurden, führten schließlich zu einem Gespräch zwischen Adenauer und dem israelischen Botschafter in Paris. Dieses alles lag vor meiner Bonner Zeit. Die Öffentlichkeit und ich selbst als Chefredakteur in Bremen erfuhren durch eine Bundestagssitzung im Herbst 1951 von den Vorgängen.

Als ich in Bonn mein Amt antrat, waren die Dinge schon wesentlich weiter gediehen. Der Kanzler hatte mehrfach mit Dr. Nahum Goldmann konferiert, der die »Conference on Jewish Material Claims« organisiert hatte und deren Vorsitzender war. Der ganze Vorgang, der schließlich zu einem Vertrag mit dem Staate Israel führte, war einem jener so oft zitierten »einsamen Beschlüsse« des Kanzlers entsprungen. Ich bin noch heute der Überzeugung, daß, hätte er nicht die Verantwortung für die Ingangsetzung der Verhandlungen ganz allein auf sich genommen, das Werk niemals zustande gekommen wäre. Über die ersten Hürden mußte er dieses schwierige Problem allein bringen, sonst hätte es in den Klippen der juristischen Bedenken schon am Anfang Schiffbruch erlitten. Adenauer ging ohne jede Ermächtigung im Namen der Bundesregierung eine Verpflichtung ein, die sich – das war schon erkennbar – auf 3 1/2 Milliarden Mark belaufen würde. Die moralische Verpflichtung war es, die er zutiefst im Namen des deutschen Volkes empfand und die ihn zu dieser außergewöhnlichen Handlungsweise veranlaßte. Die Amerikaner drängten ihn auf dem gleichen Wege vorwärts.

Die Verpflichtung, die er schriftlich übernahm, löste einen wahren Sturm aus, allerdings nicht in der Bundesrepublik. Die nationalistischen Parteien und Kreise in Israel wollten von einer »Ablösung der Blutschuld« nichts wissen und griffen die eigene Regierung in gleicher Weise wie Bonn an. Noch schlimmer war es in den arabischen Staaten, die der Bundesrepublik mit Boykott drohten, da sie sich mit Israel im Kriegszustand befänden und die angebotene Hilfe als eine einseitige Bevorzugung der israelischen Seite darstellten.

So etwa fand ich die Dinge vor, als ich nach Bonn kam, Adenauer mich über die Vorgänge aufklärte und mich auch um meine Meinung befragte. Die Antwort konnte nur auf gefühlsmäßiger Grundlage erfolgen, nicht auf sachliche Argumente gestützt werden. Es wäre sehr leicht gewesen, die ganze Angelegenheit noch damals scheitern zu lassen, denn die völkerrechtliche Lage stand ziemlich eindeutig gegen die beabsichtigte Vereinbarung. Adenauer hätte nur zu erklären brauchen, daß ihm Kabinett und Bundestag auf seinem Wege nicht folgen wollten, und alles wäre im Sande verlaufen.

Ich möchte hier nicht näher auf die moralische Verpflichtung des deutschen Volkes zur Wiedergutmachung eingehen, denn sie war für mich ebenso selbstverständlich wie für den Kanzler. Sie stand zwischen uns nie zur Debatte. Es galt aber, große sachliche und auch psychologische Schwierigkeiten zu überwinden, und die hieß es nun zu meistern. Ich bot dem Kanzler an, die Möglichkeiten des Presseamtes zu benutzen, um die Wiedergutmachungspolitik gegenüber den Juden auf eine breite Basis in der Bevölkerung zu stellen. Wie auch immer die Verhandlungen mit Israel letztlich ausgehen würden, der Kanzler brauchte, falls ein Vertrag unterzeichnet würde, eine Mehrheit im Bundestag. Mehr noch, er brauchte eine sehr breite Basis für diese Politik im Parlament, sollte die psychologische Wirkung in der ganzen westlichen Welt nicht ausbleiben.

In dieser Zeit traf ich mit Dr. Nahum Goldmann häufig zusammen. Wir besprachen, wie jeder in seinem Bereich vorgehen wollte. Seit dieser Zeit verbinden mich enge Beziehungen mit Dr. Goldmann. Mit ihm zu diskutieren ist stets eine große Freude, denn er vereinigt in seiner Person in der glücklichsten Weise schärfste Intelligenz und moralisches Verantwortungsgefühl.

Einmal mußte man sich mit der Frage auseinandersetzen, wie ernst die Boykottdrohung der arabischen Staaten zu bewerten sei. Es ist leicht, heute, nachdem das alles überwunden ist, zu sagen, sie war nicht ernst gemeint. Die deutsche Wirtschaft, die an sich nichts gegen ein Abkommen mit Israel hatte, zeigte sich sehr besorgt. Die Araber arbeiteten mit einer breit angelegten »Lobby« gegen jeden Vertrag mit Israel und hatten auch Erfolge zu verzeichnen. Konnte man es also wagen, die Drohung mit Boykott in den Wind zu schlagen? Nach meiner Auffassung gab es gar keine Wahl. Es ist immer ein Fehler in der Politik, Drohungen nachzugeben. Hat man sich für einen Weg entschlossen – und der Kanzler hatte sich entschlossen und auch öffentlich festgelegt –, dann muß man diesen Weg zu Ende gehen. Man kann dabei natürlich scheitern, aber es ist immer noch besser, eine Niederlage zu erleiden, als sich unter Druck setzen zu lassen. Die Nahost-Krise hat das im Jahre 1965 erneut bewiesen. Nach langen Beratungen entschloß sich der Kanzler, den eingeschlagenen Weg fortzusetzen.

Es gab aber noch andere Schwierigkeiten. Die deutschen Staatsrechtler fürchteten weitreichende Konsequenzen in der Frage der deutschen Reparationen überhaupt, wenn man einen solchen Präzedenzfall schuf. Hier mußte ein Weg gefunden werden, und er wurde gefunden. Völlig verständliche Schwierigkeiten entstanden auch durch den Bankier H. Abs, der bei der Beurteilung des ganzen Problems die in London stattfindenden Verhandlungen über die Anerkennung der deutschen Schulden in Betracht ziehen mußte. Er war der Leiter der deutschen Delegation in London und fürchtete ebenfalls Konsequenzen schwerwiegender Art für die Lösung dieses sehr komplizierten Problems. Daß sich der Finanzminister Schäffer ebenfalls wenig geneigt zeigte, so hohe Verpflichtungen für lange Jahre einzugehen, ist eigentlich selbstverständlich. Man rechnete damals noch nicht so leicht mit Milliardenbeträgen wie heute. Jeder Finanzminister der Welt wäre gegen eine solche Verpflichtung gewesen. Zu allem Unglück liefen aber auch die Verhandlungen im Haag zwischen Israel und der Bundesrepublik nicht günstig. Der deutsche Verhandlungsführer, Professor Böhm, ein heute in der ganzen Welt hochangesehener Mann, kam mit der israelischen Delegation nicht recht weiter. Der erste Teil der Konferenz im Haag war ein Mißerfolg.

Der Bundeskanzler und Goldmann brachten durch ein Gespräch die völlig verfahrenen Verhandlungen wieder in Gang. Mit der ihm eigenen Souveränität setzte Adenauer sich über die Schwierigkeiten hinweg, die zum Teil mit dem immer noch gültigen Besatzungsstatut zusammenhingen. Die Bundesrepublik konnte danach über den Transfer von Devisen – unbezahlte Lieferungen sind im Grunde genommen nichts anderes – gar nicht allein verfügen. Die Araber trommelten gegen jede Vereinbarung, der Finanzminister glaubte so langfristige Verpflichtungen nicht eingehen zu können, denn der Haushalt war nur mit Mühe ausgeglichen, und wer konnte sagen, ob er in drei, fünf oder sieben Jahren überhaupt ausgeglichen sein würde? Die völkerrechtliche Situation war mehr als zweifelhaft. Schließlich stemmte sich ein Teil der Exportindustrie wegen des angekündigten arabischen Boykotts gegen den Vertrag. Ich wüßte unter den deutschen Politikern niemanden, der unter diesen Umständen nicht kapituliert hätte. Doch Konrad Adenauer gab nicht auf. Sein Wille war stärker als alle Schwierigkeiten, und so räumte er sie aus dem Wege und einigte sich mit Goldmann und Shinnar im Juni 1952. Die Konferenz im Haag konnte die Texte formulieren. 3,5 Milliarden DM betrug die von der deutschen Delegation eingegangene Verpflichtung.

So einmalig, wie die Verhandlungen um das Abkommen waren, so einmalig verlief auch die Unterzeichnung des Vertrages. Am 10. September 1952 waren wir in Luxemburg. Es gelang, den Zeitpunkt der Unterzeichnung vor den zahlreich versammelten Journalisten geheimzuhalten. An einem Morgen, um 8 Uhr früh, trafen wir im Rathaus von Luxemburg mit der israelischen Delegation zusammen, die unter Führung des Außenministers Sharett stand. Ich sehe noch den Kanzler und uns in dem Saal stehen, als die Israelis den Raum betraten. Schweigend wurden die Unterschriften geleistet. Es gab in dieser Stunde nichts zu sagen, nur zu empfinden, daß etwas wirklich Bedeutungsvolles geschah, etwas, das weit über die materielle Seite des Abkommens hinausging. Nach der Unterzeichnung fand ein längeres Gespräch zwischen Sharett und dem Kanzler statt, dem die Mitglieder der Delegationen beiwohnten. Es war ein gutes, unpathetisches Gespräch, das den Anfang für neue, sehr vorsichtig zu entwickelnde Beziehungen zwischen Israel und der Bundesrepublik machte.

Doch dann hieß es, sich der Presse zu stellen, die unterdessen natürlich doch herausbekommen hatte, was vor sich ging. Zusammen mit den israelischen Delegationsleitern, Dr. Felix Shinnar und Dr. Josephtal, hielt ich eine internationale Pressekonferenz ab. Die Journalisten fragten viel, aber auch sie hatten ein Gefühl dafür, daß diese Stunde eine gewisse Zurückhaltung erforderte. So kamen wir ganz gut über die heikle Situation hinweg. Es gelang uns auch, den Grund für die große Geheimhaltung der Unterzeichnung zu verschweigen. Es waren Sicherheitsgründe. Während der Verhandlungen hatten israelische Nationalisten einen Attentatsversuch gegen Adenauer und Professor Böhm unternommen, und zwar durch Postpakete mit Sprengladung. Der Kanzler hatte den Versuch mit großer Ruhe ignoriert, die Geheimhaltung vor der Presse war gelungen. Gelungen war es aber auch, die öffentliche Meinung in Deutschland für den Vertrag reif zu machen. Die Widerstände gegen ihn wurden schwächer und schwächer. Ich möchte betonen, daß die warnenden Stimmen nicht etwa von Nationalisten oder Antisemiten kamen. Die Unabschätzbarkeit der Konsequenzen des Vertrages rief die Widerstände hervor. Der Vertrag wurde mit einer guten Mehrheit ratifiziert. Die Sozialdemokraten stimmten mit der CDU für den Vertrag. Die Gegenstimmen und Stimmenthaltungen kamen aus den Reihen der FDP und der DP.

Das Hauptverdienst am Zustandekommen des israelisch-deutschen Vertrages hatte auf israelischer Seite zweifellos Dr. Felix Shinnar, der dann lange Jahre die israelische Mission in Köln leitete. Tausend Schwierigkeiten gab es in der Folgezeit zu überwinden. Shinnar vertrat die Interessen seines Landes mit Klugheit und Umsicht, aber auch mit Verständnis für die deutsche Seite. Unzählige Male besprachen wir gemeinsam die Lage – besonders die politischen Aspekte. 1966 waren meine Frau und ich seine Gäste bei einem unvergeßlichen Besuch in Israel.

Will man den Ablauf des Jahres 1952 und den Beginn des Jahres 1953 richtig einschätzen, so muß man sich vor Augen halten, daß der Kampf um die Ratifizierung der Pariser Verträge mit der Auseinandersetzung über den Israelvertrag zeitlich zusammenfiel. Am 4. März 1953 legte der Kanzler dem Bundestag den Israelvertrag zur Beratung in erster Lesung vor, am 19. März des gleichen Jahres verabschiedete der Bundestag den Deutschlandvertrag und den Vertrag über die Europäische Verteidigungsgemeinschaft. Es waren zwei große, hartumkämpfte Erfolge, die Konrad Adenauer auf dem Höhepunkt seiner politischen Tätigkeit und mit einem Höchstmaß an Willenskraft zeigten. Er ist mir nie bedeutender als in diesen langen Monaten erschienen, in denen er den Weg vom Politiker zum Staatsmann zurücklegte. Lohn und Anerkennung in der Welt folgten diesem Ringen um Deutschlands zukünftigen Weg und dem mutigen Eintreten für das Recht auf dem Fuße. Die schweren Kämpfe, in denen über die Zukunft der Bundesrepublik sowohl in politischer als auch moralischer Hinsicht entschieden wurde, waren nicht die einzige große Arbeit, die auf den Schultern des Kanzlers und seiner Mitarbeiter lastete. Gleichzeitig mußte die große Amerikareise Adenauers vorbereitet werden.

Amerika empfängt den deutschen Kanzler – 1953

Am Abend des 24. März 1953 verließ ich Bonn und fuhr mit dem Schlafwagen über Paris nach Le Havre. Die letzten Wochen und Monate waren sehr anstrengend gewesen und hatten erheblich an den Nerven gezehrt. Ich hoffte, mich durch die Schiffsreise nach den USA für die kommenden Wochen etwas zu stärken. Der Leiter des Amerika-Referats im Presseamt, Georg von Lilienfeld, begleitete mich. Wir fuhren auf der »Liberté«, der einstmals deutschen »Bremen«. Es war schon ein altes Schiff, aber weiträumig und zugleich behaglich eingerichtet. Die französische Reederei hatte diesen Vorzügen noch diejenigen der französischen Küche und eines reich ausgestatteten Kellers hinzugefügt. Ich schmeichelte mir, nun fünf Tage der Ruhe vor mir zu haben, an frischer Luft auf Deck zu liegen und viel zu schlafen. Doch ganz so geruhsam sollte die Reise nicht verlaufen.

Georg von Lilienfeld, jetzt, während ich diese Zeilen schreibe, Gesandter an der Deutschen Botschaft in Washington, ließ mir einen Tag völlige Ruhe. Er war und ist ein echter Freund und Helfer. Er kannte Amerika. Für mich war es die erste Reise in die Neue Welt. Lilienfeld wußte besser als ich, was uns drüben erwartete, um den Besuch des Kanzlers zu einem Erfolg zu führen. Aus allerlei Koffern und Taschen, die er mit sich führte, kamen nun zahllose Schriftstücke hervor, die studiert und bearbeitet werden mußten. Vor allem galt es, das Reiseprogramm des Kanzlers endgültig zu fixieren, Redeentwürfe für ihn zu machen und auch unseren eigenen Schlachtplan festzulegen, damit der Kanzler bei seiner Ankunft eine wohlvorbereitete öffentliche Meinung vorfand.

Heute kennt jeder Mensch Konrad Adenauer, er ist längst zur geschichtlichen Figur geworden. Aber damals kannten ihn wohl die Politiker, die Journalisten der Großstadtpresse, aber für die breite Öffentlichkeit in den USA war er doch nur einer der bekannteren europäischen Politiker. Doch meine Herren im Presseamt, besonders Lilienfeld und sein Büro, hatten glänzende Vorarbeit geleistet. Erst auf der »Liberté« erkannte ich, welche Unsumme von Kleinarbeit die »Public-Relations-Arbeit« für die Popularisierung eines Staatsmannes erfordert, besonders in Amerika. An den Vorarbeiten in Bonn, soweit es die den

Kanzler begleitenden deutschen Journalisten betraf, hatte ich mich intensiv beteiligt. Jetzt, auf dem Schiff, mußte ich mich mit jeder Einzelheit der Vorarbeit in Amerika vertraut machen. In den USA selbst stützten wir uns auf eine nicht große, aber sehr sorgfältig arbeitende Public-Relations-Firma, auf Roy Bernard. Jede, auch die kleinste Provinzzeitung, jede Rundfunk- und Fernsehstation war mit Material über den Kanzler, sein politisches Werk, über die Bundesrepublik und ihre Entwicklung versorgt worden. Dazu natürlich auch mit einem Satz guter Fotos. Lilienfeld brachte mir nun auch zögernd bei, was ich selbst nach der Ankunft in New York zur Vorbereitung des Kanzlerbesuchs zu leisten hätte. Er tat es mit Vorsicht, um mich nicht allzusehr zu bedrücken. Alles zusammen war es ein erschreckendes Programm. So vergingen die Reisetage wie im Fluge.

Am Morgen des 1. April passierten wir die Freiheitsstatue, ein wirklich nicht schönes, aber ehrfurchtgebietendes Monument. Dann tauchte die Silhouette von Manhattan auf, die sogenannte »Skyline«. Auch sie ist nicht eigentlich schön mit ihrem Wald von Wolkenkratzern, aber im Laufe der Jahre, in denen ich immer wieder in wechselnder Beleuchtung diesen Anblick genoß, ging mir mehr und mehr die bizarre Schönheit dieser künstlichen Steinlandschaft auf. Und dann stürzten wir uns in das Getriebe von New York. Leider nicht, um diese einzigartige Stadt zu besichtigen und zu durchforschen, sondern um endlose vorbereitende Gespräche mit dem deutschen Generalkonsul Dr. Rießer abzuhalten, die deutschen Korrespondenten in das Programm des Kanzlers einzuweihen, mit amerikanischen Journalisten zu essen, Pressekonferenzen abzuhalten und alle Vorbereitungen zu überprüfen. Während der Überfahrt waren ständig Radiotelegramme eingetroffen, die neue Wünsche von Journalisten, politischen Organisationen und Klubs betrafen. Alle wollten etwas vom Kanzler, und es galt, einige der Wünsche noch in das Programm einzubauen, andere vorsichtig abzulehnen. Wir brauchten zur Popularisierung der Bundesrepublik und der Politik des Kanzlers eigentlich jede nur denkbare Unterstützung, aber schließlich hat der Tag nur 24 Stunden. Es galt nicht nur äußerliche Dinge zu regeln, sondern schon jetzt auf den Zusammenkünften mit Publizisten das Verständnis für die politische Haltung des Kanzlers vorzubereiten. Auf dem Pressegebiet wurden wir von Walter Gong, meinem einstigen Kollegen als Lizenzträger in Bremerhaven, glänzend unterstützt. Er hatte sich in kurzer Zeit schon viele wichtige Verbindungen geschaffen, die es nun auszunutzen galt. Wir flogen dann nach Washington, und dort wiederholte sich der ganze Betrieb noch einmal. Dann kehrten wir nach New York zurück.

Am Morgen des 6. April standen wir bald nach fünf Uhr auf und fuhren auf der Zollbarkasse dem Kanzler, der den Ozean auf der »United States« in fünf Tagen überquert hatte, entgegen. Es war kalt und grau auf dem Fluß. Es nieselte, und uns allen, Lilienfeld, Gong und mir, war eigentlich wenig erfreulich zumute. Jetzt sollte es losgehen, der Kanzler mußte in den USA »verkauft« werden. Von seinem Erfolg bei den Amerikanern hing unendlich viel ab. Schließlich tauchte die »United States« auf, wir enterten an Bord und waren sofort von Delegationsmitgliedern und deutschen Journalisten umringt. Jeder wollte irgend etwas wissen, hatte Wünsche oder war einfach nur nervös. So schnell wie möglich suchte ich den Kanzler in seinem Salon auf. Er war glücklicherweise gar nicht nervös. Er saß mit seiner Tochter Lotte behaglich beim Frühstück und ließ sich berichten. So hatte ich wenigstens noch kurz Gelegenheit, ihm einen Eindruck über die Stimmung in Amerika zu vermitteln, ihn auf vieles vorzubereiten, was ihn erwartete. Die Situation war keineswegs so einfach, wie sie von außen betrachtet erschien. Der Ton der Begrüßungsartikel klang vorwiegend freundlich, hie und da auch zurückhaltend. Die Kampagne der Russen gegen die Europäische Verteidigungsgemeinschaft lief auf vollen Touren, man gab sich friedlich und entgegenkommend in Moskau. Am 5. März war Stalin gestorben, und die Verhältnisse unter seinem Nachfolger Malenkow waren noch so wenig stabilisiert, daß man keine auswärtigen Komplikationen brauchen konnte. Auf die sowjetische Politik werde ich später noch ausführlich zu sprechen kommen.

Die russische Propaganda-Maschinerie blieb aber intakt und erzielte gewisse Erfolge in Amerika, denn dort hatte sich durch den Präsidentenwechsel von Truman zu Eisenhower auch einiges geändert. Selbst der neue Außenminister John Foster Dulles, der sich später zu einem echten Partner und Freund Deutschlands entwickeln sollte, schien von der sowjetischen »Friedensoffensive« doch etwas beeindruckt. Er war den Sowjets gegenüber immer sehr skeptisch, auch jetzt, doch hatte man in verschiedenen Erklärungen die Tür gegenüber Rußland weit offengelassen. Dabei war das Mißtrauen gegen Deutschland, es könne sich auf eigene Faust mit den Russen arrangieren, ebenfalls sehr lebendig. Nicht lange vor der Kanzlerreise besuchte Frankreichs Ministerpräsident Bidault die USA. Schuman, den großen Europäer, hatte man gestürzt, und Bidault machte keine Anstalten, die Pariser Verträge seinem Parlament vorzulegen. Es sah nicht gut aus um die Ratifizierung der Verträge in Paris. Bidault stellte das Streitobjekt zwischen Frankreich und Deutschland, die Saarfrage, stark in den Vordergrund. Über alle diese verschiedenen Strömungen, zu denen ein neu erwachter Isolationismus in den USA kam, konnte ich den Kanzler kurz informieren. Adenauer hörte sich alles sehr aufmerksam an, blieb dabei aber vorzüglicher Laune. Das große Unternehmen, an dem so ungeheuer viel hing, schien ihn zu beleben.

Die Überfahrt auf der »United States« war zeitweilig stürmisch gewesen, die Seekrankheit hatte ihre Opfer gefordert. Auch das hatte den Kanzler amüsiert, der vollkommen seefest ist. Obwohl die Zeit knapp bemessen war, denn jeden Moment mußte das Schiff festmachen und der Schwarm der Journalisten an Bord strömen, erzählte er mir noch voller Behagen einen Ulk, den er sich mit Professor Hallstein gemacht hatte: »Ich kam mal an seiner offenen Kabinentüre vorbei und sah dort seine dicke Aktentasche mit den geheimen Papieren stehen. Da habe ich sie gleich mitgenommen und in meiner Kabine in den Schrank geschlossen. Zwei Tage habe ich Hallstein zappeln lassen und seine besorgte Miene beobachtet! Es war köstlich!«...

Die Journalisten wurden gemeldet, und nun ging der Rummel nach amerikanischem Muster los. Von allen Seiten blitzten die Fotografen, die Kameras surrten, die Vertreter der Agenturen stellten schon gleich unzählige Fragen, und die Rundfunkstationen ließen ihre Tonbänder laufen. Es war ein schöner Vorgeschmack dessen, was nun elf Tage lang ohne Pause abrollen würde. Aber der Kanzler lachte, gab sich vergnügt, und ich war es auch, denn dieser Empfang zeigte das große Interesse, das die Person Konrad Adenauers erweckte. Das schien mir im Augenblick erst einmal das wichtigste. Wir brauchten »Publicity«, und sie schien uns sicher zu sein. Schließlich landeten wir unbeschadet im Waldorf-Astoria-Hotel. Dort zu wohnen ist ein Problem für sich. Das eigene Zimmer zu finden ist schon schwierig, aber jemanden in einem anderen Flügel dieser Hotelstadt aufzuspüren, erschien mir beinahe unmöglich. Noch bevor der Kanzler ankam, hatte ich an einem Abend einige Journalisten zum Abendessen eingeladen: »20 Uhr, Hotel Waldorf-Astoria«. Ich glaube, es gibt in diesem Unternehmen 18 verschiedene Restaurants und unzählige größere Salons, in denen private Essen arrangiert werden. Es war glücklich 21.30 Uhr, bis sich alle meine Gäste in einem Raum zusammenfanden. Man muß auf einer Einladung natürlich das spezielle Restaurant angeben.

Den Weg zur Suite des Kanzlers prägte ich mir genau ein, denn die Verbindung zu ihm durfte nicht abreißen. Auch Hallstein wußte ich schließlich zu finden. Während dieser ganzen Reise arbeiteten wir sehr eng zusammen. Er kannte Amerika schon, hatte dort als Dozent gewirkt, und seine Ratschläge waren von größtem Wert.

Der Kanzler blieb nach seiner Ankunft nur einen Tag inoffiziell in

New York. Er führte ein erstes Gespräch mit unserem Botschafter Dr. Krekeler, der, da wir nicht souverän waren, nur den Titel eines Geschäftsträgers führte. Bei meinem Aufenthalt in Washington hatte ich schon einige vorbereitende Gespräche mit ihm gehabt. Dr. Krekeler erwies sich als erster deutscher Vertreter in den USA außergewöhnlich geeignet. Er kam nicht aus der Berufsdiplomatie, und schon diese Tatsache war in unserer besonderen Situation nur ein Vorteil. In wirtschaftlichen Fragen hatte er große Erfahrungen, und die ihm im Anfang vielleicht fehlende Routine in der Behandlung politischer Angelegenheiten fiel nicht ins Gewicht. Wichtige politische Fragen konnten nach den Umständen doch nur – oder wenigstens vorwiegend – vom Kanzler in Bonn mit dem amerikanischen Hohen Kommissar behandelt werden. Aber Krekeler hatte eine unschätzbare Eigenschaft. Er verstand es, zäh und in der Stille arbeitend, Sympathien für die Bundesrepublik zu erwecken. Er drängte sich nicht vor, folgte aber den Einladungen von Verbänden, Organisationen und Vereinen, um ihnen über das neuerstandene Deutschland zu berichten. Mit viel Fleiß und Akkuratesse arbeitete er sich seine Vorträge aus, reiste oft im Lande umher, um eben nicht nur in Washington für die deutsche Sache zu wirken. Wir haben uns immer sehr gut verstanden, auch später, als er den Posten eines Direktors bei der »Euratom« übernahm.

Der Kanzler fuhr ein bißchen durch New York, gemeinsam mit seiner Tochter Lotte, die ihn noch auf vielen Reisen begleiten sollte, bis sie sich mit dem Architekten Multhaupt verheiratete. Mittags aß der Kanzler mit seinem alten Freund Danny Heinemann, der ihm vor langen Jahren, als ihn die Nazis als Oberbürgermeister von Köln abgesetzt und sein Vermögen beschlagnahmt hatten, ungebeten zu Hilfe gekommen war. Seitdem besuchte der Kanzler noch zehnmal die USA, doch nicht einmal versäumte er, Danny Heinemann einige Stunden zu widmen, auch wenn das Programm noch so überlastet war. Konrad Adenauer vergaß menschliche Anständigkeit, die man ihm gezeigt hatte, niemals. Auch das Metropolitan-Museum besichtigte er, und auch dieser Besuch wurde später zu einer ständigen Einrichtung. Noch ein Besuch dieses Tages ist erwähnenswert, nämlich der beim ehemaligen Präsidenten Hoover, für den der Kanzler großen Respekt empfand. Hoover wohnte seit langen Jahren in einer Turmsuite des Waldorf-Astoria, und so fuhren wir denn zu dem alten Herrn hinauf. Nach zwei Weltkriegen hat Hoover Tausende und aber Tausende von europäischen Kindern, deren Väter noch eben im Feld gegen Amerika gestanden hatte, vor dem Hunger bewahrt. Vielleicht war er keiner der »großen« Präsidenten der Vereinigten Staaten, sicher aber ein großer Mensch.

Der erste Abend verlief eigentlich recht gemütlich. Wir, das heißt Hallstein, Krekeler, Rießer, von Maltzan, Hans von Herwarth und ich, waren neben Konrad Adenauer Gäste von John McCloy im Union Club. Der frühere Hohe Kommissar und jetzige Präsident der mächtigen Chase Manhattan Bank gab dem Kanzler eine klare Übersicht über die augenblickliche Lage in den USA, besonders im Hinblick auf die sowjetische Politik. Er glaubte Anzeichen dafür zu haben, daß Malenkow und der allgewaltige GPU-Chef Berija bereit seien, über die deutsche Frage zu sprechen. Aber es waren nur Vermutungen. Wie immer wußte man nichts wirklich Exaktes über die Einstellung der Russen. Viele Jahre später beschuldigte Chruschtschow den Ende Dezember 1953 nach einem Schauprozeß hingerichteten Berija, dieser sei bereit gewesen, für einen Frieden in Mitteleuropa die sowjetische Zone Deutschlands herauszugeben. Ist das die Wahrheit, etwa gar die volle Wahrheit? Es gibt außer der Behauptung Chruschtschows dafür keine Beweise. Auf jeden Fall mußte Berija sterben. Ich habe einige Zweifel, ob sein Friedenswille die einzige oder hauptsächliche Ursache seines gewaltsamen Todes gewesen ist. Es gab wohl noch andere Gründe, den viel zuviel wissenden Chef der Geheimen Staatspolizei ins Jenseits zu befördern. An diesem Abend gab es auf jeden Fall in diesem Zusammenhang nur Gerüchte.

Bei diesem Essen, bei dem auch viel über die gemeinsamen Jahre in Bonn gesprochen wurde, erzählte mir McCloy eine reizende Geschichte, die eigentlich zu seinen Lasten ging. Bei einer Diskussion mit dem Kanzler in Mehlem (USA-Botschaft) vertraten die Amerikaner mit Zähigkeit den Standpunkt der absoluten Gewerbefreiheit, so wie sie in den USA existiert. Der Kanzler verteidigte mit gleicher Zähigkeit die deutsche Form der Gewerbezulassungen, also den Weg über die Lehre, die Gesellen- und Meisterprüfung. So ging es stundenlang hin und her. Der Kanzler gab nicht nach. Schließlich wandte sich McCloy in seiner Verzweiflung, auf Unterstützung durch François-Poncet hoffend, an seinen französischen Kollegen: »Braucht man denn in Frankreich auch den ›großen Befähigungsnachweis‹?« François-Poncet antwortete ruhig: »Certainement, allerdings nicht für Hohe Kommissare!« Damit endete die erbitterte Auseinandersetzung in einem allgemeinen Gelächter. Es blieb beim »großen Befähigungsnachweis«. Wie oft habe ich in Amerika an diese Geschichte gedacht, wenn ich mit meinem Wagen in einer Werkstatt landete und ein junger Mann mit seinem Werkzeug im Motor herumbohrte. Vielleicht hatte er noch vor kurzem Herrenhemden verkauft. Man kann das nie wissen. Allerdings muß ich zugeben, daß man in der heutigen Zeit auch in deutschen Reparaturwerkstätten nicht nur Fachleuten begegnet.

Der Besuch in Washington

Die inoffizielle Visite des Kanzlers in New York dauerte nur 24 Stunden. Für eine kurze Akklimatisierung an das amerikanische Leben war sie nützlich. Am Morgen des 7. April begann der eigentliche Staatsbesuch, denn Präsident Eisenhower hatte dem Bundeskanzler seine persönliche Maschine, die »Colombine«, nach New York geschickt. Wir sahen zum erstenmal die Inneneinrichtung einer solchen Staatsmaschine und bewunderten sie gebührend. Sie bot alle Bequemlichkeiten, besonders auch zum Arbeiten. Der Flug nach Washington dauerte 1 Stunde 15 Minuten. Während dieser kurzen Zeit saßen der Kanzler, Hallstein und ich an einem bequemen Arbeitstisch und sahen die kurze Rede noch einmal durch, die Adenauer bei seiner Ankunft über alle amerikanischen Sender halten sollte. Dann rollte die Maschine aus, und der deutsche Regierungschef ging die Gangway hinunter. Zu seiner Begrüßung waren Vizepräsident Nixon, Außenminister Dulles, Finanzminister Humphrey, Verteidigungsminister Wilson und der Direktor der »Mutual Security Agency«, Stassen, erschienen. Zwei dieser mächtigen Männer kannte Adenauer schon: John Foster Dulles und Harold Stassen. Am 5. Februar waren beide für 20 Stunden in Bonn gewesen, und zwar im Rahmen einer Rundreise, die Dulles in die Staaten unternommen hatte, die den Vertrag über die Europäische Verteidigungsgemeinschaft ratifizieren sollten. Zur Vorbereitung des Dulles-Besuches präzisierte der Kanzler in einem Rundfunkgespräch mit Ernst Friedländer noch einmal seine Politik und würdigte den Besuch des amerikanischen Außenministers. Das Interview fand am 30. Januar statt. Es wurden darin im wesentlichen zwei Punkte scharf herausgearbeitet. Der Kanzler ist der Auffassung, daß die Vereinigten Staaten in ihrer Außenpolitik nicht schwanken, den Schalmeientönen aus Moskau kein Gehör schenken werden, wenn die europäischen Staaten unbeirrt den Weg der Zusammenarbeit mit den USA gehen, also durch die Verteidigungsgemeinschaft an die Seite Amerikas treten und einen wesentlichen Beitrag zur Verteidigung vor dem Kommunismus leisten. Er unterstreicht dabei noch einmal, daß für die Bundesrepublik eine eigene nationale Armee nicht in Betracht kommt. Scheitert die Europäische

Verteidigungsgemeinschaft, so würde Amerika sein Interesse von Europa abwenden. Nur im Rahmen dieses Vertragswerkes sei es möglich, die Verteidigung der Bundesrepublik sicherzustellen.

Der zweite wichtige Punkt ist die Frage der deutschen Wiedervereinigung im Zusammenhang mit der Einordnung der Bundesrepublik in das westliche Verteidigungssystem. Auf eine entsprechende Frage Friedländers sagte der Kanzler: »... Das getrennte Deutschland gehört leider zur gegebenen Weltlage. Ich beklage das nicht weniger als irgendein anderer Deutscher. Aber es liegt nun einmal so, daß wir, wenn wir uns nicht mit dem Westen, mit Europa, zusammentun, dadurch der Wiedervereinigung Deutschlands nicht um einen Schritt näherkommen. – Die sowjetischen Noten waren ein Schachzug im kalten Krieg, nichts anderes ...« Auf den gleichen Ton waren die Besprechungen mit Dulles und Stassen in Bonn abgestimmt. Verteidigung der Bundesrepublik erst am Rhein, später an der Elbe, falls wir im Rahmen der Verteidigungsgemeinschaft unseren eigenen militärischen Beitrag leisteten. Die Alternative zu dieser Politik wäre zweifellos ein Arrangement der Amerikaner mit den Russen *über* Deutschland gewesen, und zwar auf einer Viermächte-Konferenz *über* Deutschland, die die Sowjets in ihren Noten vorgeschlagen hatten.

Vom Flugplatz in Washington aus fuhren wir in das Gästehaus des Präsidenten, in das »Blair House«. Eigentlich sind es zwei nicht besonders große, ineinandergehende Häuser bürgerlichen Stils, dem »Weißen Haus« direkt gegenüberliegend. Ich habe noch viele offizielle Gästehäuser in allerlei Ländern gesehen, aber keines hat für mich den Charme, den das »Blair House« ausstrahlt. Abgesehen davon, daß es in einer mustergültigen, dabei unauffälligen Art bewirtschaftet ist, zeigt jeder, auch der kleinste Gegenstand in der Einrichtung der Räume feinste bürgerliche Kultur. Man findet eigentlich keine besonders wertvollen Bilder oder Möbel, aber jedes Stück ist schön, solide und von handwerklicher Vollkommenheit. Ich glaube, daß sich dort jeder Besucher wohl fühlen muß.

Noch am gleichen Mittag fand die erste Unterredung mit Präsident Eisenhower statt. Der Leser wird heute kaum noch in gleicher Intensität nachfühlen können, was für uns Deutsche die erste persönliche Begegnung mit dem Präsidenten bedeutete. Ich selbst hatte den General Eisenhower während des Nürnberger Prozesses einmal flüchtig im Auto vorbeifahren sehen. Das war im Winter 1945/46. Jetzt empfing der siegreiche General, der Oberkommandierende der Landung in Frankreich, der amerikanische Nationalheld des 2. Weltkrieges, den deutschen Bundeskanzler im Weißen Haus. In den letzten zehn Jahren sind uns solche

Besuche zur Selbstverständlichkeit geworden, aber damals? ... Der Kanzler kam mit der Ratifizierung der Pariser Verträge nach Washington. Man sprach von ihm schon als von einem der führenden Staatsmänner Europas, von dem Mann, der – gemeinsam mit Ludwig Erhard – den Wiederaufbau in der Bundesrepublik ermöglicht hatte. Das Wort vom »deutschen Wirtschaftswunder« ging durch die Weltpresse, und Adenauers Name wurde mit diesem Wunder verbunden. Acht Jahre waren seit der Kapitulation vergangen, und der Kanzler konnte sich – da außer der Bundesrepublik noch kein Staat die Verträge ratifiziert hatte – noch nicht als Chef einer souveränen Regierung bezeichnen.

Es gehört nun zu den glücklichsten Eigenschaften Adenauers, daß ihm jeder Minderwertigkeitskomplex fehlt. Während des Besuches in Washington nahm er mit einer absoluten Natürlichkeit die noch nicht vollständige Souveränität vorweg. Er brauchte die eigene Würde und die seiner Regierung niemals überzubetonen. Er wußte, was die Bundesrepublik in dieser Stunde wert war. Jede Über- oder Unterbewertung hätte gefährlich werden können. Doch die Gefahr bestand nicht bei ihm, besonders nicht die der Überbewertung. Das gleiche galt und gilt bei ihm für die Art, wie er die Popularität der Bundesrepublik und vor allem auch seine eigene einschätzte. Man brauchte ihn nicht darauf hinzuweisen, daß die Reise nach den Staaten dem »Ritt über den Bodensee« glich. Wir alle bewegten uns auf einer ganz dünnen Eisdecke des Vertrauens, unter der ein tiefer See des Mißtrauens mit allen Gefahren lauerte. Wir hatten nur einige ganz wenige Freunde, zu denen vor allem der frühere Hohe Kommissar McCloy und sein Nachfolger Professor Conant gehörten. Es ging während dieser Reise darum, neue Freunde zu erwerben, die öffentliche Meinung freundlich zu stimmen. Und dabei mußte man behutsam vorgehen, denn viele, allzu viele warteten auf einen Fauxpas des deutschen Bundeskanzlers. Es gelang aber schon bei der ersten Besprechung im Weißen Haus, viel Terrain bei Eisenhower zu gewinnen. Eisenhower ist ein Mann, der von Natur aus gern vertraut, der die Menschen eher für besser hält, als sie sind. Die gelassene Offenheit, mit der der Kanzler mit ihm sprach, kam dieser Bereitschaft zum Vertrauen entgegen. So verlief das Gespräch positiv. Die sehr oberflächlichen Beziehungen, die zwischen Eisenhower als Oberkommandierendem der NATO und Adenauer schon bestanden, fanden eine echte Vertiefung.

Beim Mittagessen im Hause unseres Geschäftsträgers ging es dann eigentlich schon recht vergnüglich zu. Das lag nicht zuletzt daran, daß Senator Wiley einer der Tischnachbarn des Kanzlers war, ein immer vergnügter Mann. Ich müßte mich sehr täuschen, wenn es nicht schon bei diesem Essen war, daß die Heiterkeit beinahe zur Ausgelassenheit wurde. Wiley wollte den guten Rheinwein nicht trinken, doch der Kanzler hörte nicht auf, ihn wenigstens zu einer Probe zu animieren. Schließlich meinte der Senator: »Gut, ich werde ein Glas trinken, aber dann müssen Sie, Herr Bundeskanzler, eine Zigarette rauchen!« Damit glaubte er, die Partie gewonnen zu haben, denn jeder weiß, daß der Kanzler niemals raucht, ja den Tabakgeruch verabscheut. Doch der Kanzler sagte: »Topp! Gemacht!« Der Senator trank, und der Kanzler zündete sich eine Zigarette an. Es gelang mir noch, den Fotografen in das Speisezimmer zu bringen, und so gibt es eine einzige Aufnahme, die Adenauer rauchend zeigt.

Am Nachmittag trafen die Delegationen im State Department zusammen. Dulles und Adenauer teilten sich den Vorsitz. Die Thematik war von vornherein klar. Würde Frankreich die Verträge ratifizieren? Der Kanzler zeigte sich optimistisch. Er glaubte, daß auch nach dem Sturz Robert Schumans die französische Regierung und das Parlament den Weg der europäischen Gemeinsamkeit gehen würden. Natürlich war er in dieser Frage nicht ohne Sorgen, denn die Regierung Bidault hatte noch keinerlei Anstalten gemacht, den Vertrag in der Nationalversammlung zu diskutieren. Dulles verhielt sich in dieser Frage zurückhaltend. Vielleicht hatte ihn der kürzlich stattgefundene Besuch Bidaults in Washington zweifeln lassen. Nicht zweifelhaft aber war, daß Dulles alles getan hatte, um Bidault klarzumachen, einen wie großen Wert die USA darauf legten, daß die Pariser Verträge Wirklichkeit würden.

Ein weiteres wichtiges Gesprächsthema bildete die undurchsichtige Politik der Sowjetunion. Hatte man von Moskau aus den Notenwechsel nur gestartet, um die Pariser Verträge, vor allem die Europäische Verteidigungsgemeinschaft, zu torpedieren? Oder hatten die Leute recht, die glaubten, die Russen seien nach dem Tode Stalins an einer Lösung der deutschen Frage interessiert, weil man in Moskau mit inneren Umwälzungen beschäftigt war? In Korea schien es so, als ob es zu einem Waffenstillstand am 38. Breitengrad kommen würde. Aber das war noch keineswegs sicher. (Erst am 27. Juli 1953 wurde der Waffenstillstand abgeschlossen.) Dazu sprachen die Sowjets in den europäischen Fragen mit zweierlei Zungen. Aus ihren Noten ließ sich mit einiger Mühe ihre Verhandlungsbereitschaft herauslesen, aber in der für das eigene Volk bestimmten Presse ließen sie andere, bedrohliche Töne vernehmen. Der Kanzler war fest davon überzeugt, daß die Russen zu keiner gerechten Lösung der Probleme in Mitteleuropa bereit seien, sondern nur versuchten, die westliche Verteidigungsgemeinschaft zu torpedieren. Die Tatsachen, auf die der Kanzler hinwies, sprachen allerdings eindeutig für seine These. Nach den zahllosen Vertrags- und Vertrauensbrüchen, durch die die Sowjets Polen, die Tschechoslowakei, Ungarn und Rumänien in ihren Machtbereich gebracht hatten und die nun unter Zwang den kommunistischen Block in Europa bildeten, sprach der Angriff Nordkoreas gegen Südkorea, kaum daß die Amerikaner das Land geräumt hatten, eine deutliche Sprache. Der schreckliche Krieg in Korea, der soviel Blut gekostet und die USA an den Rand einer schweren Niederlage gebracht hatte, steckte den Amerikanern noch in den Knochen. Dulles neigte der Beurteilung des Kanzlers über die wahren Absichten der Sowjetunion zu. Es wurde also auch in diesem Punkt Übereinstimmung erzielt, besonders darin, daß vor der Ratifizierung des Vertrages über die Verteidigungsgemeinschaft kein erfolgversprechendes Gespräch mit den Russen geführt werden könne.

Diese Schilderung des ersten Tages in Washington klingt gemütlicher, als er in Wirklichkeit war. Im »Blair House« herrschte ein Betrieb wie in einem Hauptquartier. Die in- und ausländischen Journalisten wollten jede Stunde neue Meldungen und Kommentare produzieren, und so gab es keine Minute von früh bis spät, in der nicht Gespräche mit den Journalisten geführt werden mußten. Als der Kanzler dann zu einem kurzen Besuch zur National Gallery aufbrach, glaubte ich eine Stunde ruhiger Überlegung einschalten zu können. Doch es wartete eine neue Überraschung auf mich. Der Pressechef des Weißen Hauses, Jim Hagerty, erschien und erklärte mir, wir müßten uns nun an die Abfassung des Kommuniqués machen. Ich war einigermaßen verblüfft. Der erste von drei Besuchstagen ging noch nicht zu Ende, und nun sollte bereits das Abschluß-Kommuniqué fabriziert werden? Mein Erstaunen steigerte sich aber noch, als mein amerikanischer Kollege einen fertigen Entwurf wie selbstverständlich aus der Tasche zog. Er war sechs oder sieben Schreibmaschinenseiten lang. Wir arbeiteten ihn gemeinsam durch, und dabei erkannte ich, daß ich als Pressechef noch viel zu lernen hatte. Natürlich hätte ich auch einen eigenen Entwurf aus der Tasche ziehen müssen, aber wo sollte ich ihn hernehmen?

Von diesem Tage an entwarf ich stets *vor* Beginn einer Konferenz das Kommuniqué, machte also eine Art von Idealentwurf, von dem ich mir dann, dem Verlauf der Konferenz entsprechend, nicht mehr als nötig abhandeln ließ. Diese Methode mag einigermaßen erstaunen, und doch ist sie im Grunde genommen logisch. Der Entwurf des Abschluß-Kommuniqués *vor* der Konferenz enthält gewissermaßen das Maximalprogramm dessen, was auf der Konferenz erreicht werden sollte. Natürlich erreicht man das nie ganz, was man sich vorgenommen hat. Legt man aber den eigenen Entwurf und den des Besprechungspartners am

Anfang der Konferenz nebeneinander, so sieht man bereits die zu erwartenden Differenzen bei den Verhandlungen klar formuliert voraus. Auch in diesem ersten Fall meiner langjährigen Kommuniqué-Praxis war es außerordentlich wichtig, zu wissen, wohin die Vorstellungen der Amerikaner gingen, worauf sie sich festzulegen bereit waren und was sie unerwähnt oder nur nebenbei behandelt zu wissen wünschten.

Nach dieser ersten Besprechung mit meinem Kollegen von State Department konnte ich mit dem Kommuniqué-Entwurf in der Hand den Kanzler bereits gut über die Absichten der USA informieren. Diesen ersten Entwurf der amerikanischen Seite besitze ich nicht mehr, doch erinnere ich mich, daß er sich geflissentlich über die Saarfrage ausschwieg. Auf diesem Gebiet war also nichts zu erwarten, obwohl es mir zum Abschluß doch noch gelang, einen Satz über dieses schwierige Problem, das wiederum eng mit der Ratifizierung der Verträge zusammenhing, im Text unterzubringen. Ich weiß nicht, wie viele hundert Kommuniqués ich im Laufe der folgenden zehn Jahre habe aushandeln müssen, jedenfalls kam ich in Washington gleich in die richtige Schule.

Vielleicht ist hier auch noch eine mehr technische Bemerkung am Platze. Öfter habe ich es erlebt, daß von keiner Seite rechtzeitig ein Kommuniqué vorbereitet werden konnte. In solchen Fällen wurde das Ende der Konferenz stets zu einer Qual. Oft sind die Staatsmänner nicht gewillt, sich mit dieser schwierigen Frage noch zu beschäftigen. Nach stundenlangen Verhandlungen verlassen sie mehr oder weniger befriedigt den Konferenzraum und überlassen es nun ihren Mitarbeitern, sich an die Ausarbeitung des Abschlußtextes zu machen. Das führt dann häufig zu endlosen Diskussionen, und schließlich müssen die Staatsmänner den mehr oder weniger zusammengestoppelten Text dann auch noch genehmigen. Natürlich finden sie ihn meist schlecht, sagen aber keineswegs immer, wie sie ihn nun wirklich haben wollen. Sie finden ihn eben schlecht – und damit basta! Der Kollege der anderen Seite erscheint dann meist ebenfalls mit düsterer Miene, denn sein hoher Herr fand den Text auch schlecht. Dann fängt das ganze Spiel von vorne an und dauert häufig so lange, daß man eigentlich schon seine Koffer packen müßte, weil die Herren abreisen wollen. Ich habe Kommuniqué-Sitzungen erlebt, die bis in den Morgen dauerten, wodurch der Text keineswegs an Qualität gewann. Oder aber die Delegationschefs fingen – wie wir Pressechefs respektlos sagten – selbst an zu »dichten«. Man möge mir verzeihen, wenn ich weiterhin respektlos bleibe. Diese »Dichtungen« pflegten nie besonders gut zu sein. Die Chefs und ihre Berater redeten dann meist durcheinander, unzählige Formulierungen schwirrten durch den Raum, ohne daß erkennbar war, welche nun gelten sollten und ob sie die Zustimmung der Gegenseite fanden. Meist saßen wir, nachdem die Staatsmänner die Lust an der Sache verloren hatten, zum Schluß doch wieder unter uns, jeder mit einer Fülle voneinander abweichender Formulierungen vor sich. Ich werde in einzelnen Fällen noch auf dieses Spiel zurückkommen, allerdings nur in den Fällen, in denen das Schlußkommuniqué eine wesentliche politische Rolle spielte. Das war stets dann der Fall, wenn man in der eigentlichen Verhandlung aneinander vorbeigeredet oder sich absichtlich nicht ganz klar ausgedrückt hatte. Diese Divergenzen traten natürlich dann sofort in Erscheinung, wenn ein Text schriftlich festgelegt werden soll. Vielleicht ist die Bemerkung noch erlaubt, daß die Abfassung von Kommuniqués dann noch relativ einfach ist, wenn es sich um zweiseitige Besprechungen handelt. Jeder mag sich selbst ausmalen, wie erfreulich diese Arbeit ist, wenn vier oder sechs Mächte an den Verhandlungen teilgenommen haben und eine entsprechende Zahl von Regierungschefs oder Außenministern dem ausgehandelten Text Wort für Wort zustimmen müssen, ehe die Erklärung an die Öffentlichkeit gebracht werden kann.

Aber kehren wir zum Besuch in Washington zurück. Während wir also schon über dem Kommuniqué brüteten, verlieh die Georgetown-Universität Konrad Adenauer seinen ersten amerikanischen Ehrendoktorhut. Ihm sollten in den nächsten Jahren noch viele folgen. Ich habe die Zeremonie nicht miterlebt, kam aber zu einem großen Empfang der Universität noch zur rechten Zeit. Der nächste Tag gestaltete sich sehr bedeutungsvoll. Am Morgen fuhr der Kanzler erst nach Mount Vernon, um am Grabe George Washingtons einen Kranz niederzulegen. Dann ging die Fahrt zum Heldenfriedhof nach Arlington. Ich habe den Kanzler in langen Jahren nur selten bewegt gesehen, aber hier auf dem Friedhof der Nation war ihm die innere Anteilnahme anzumerken. Zwei amerikanische Soldaten trugen den Kranz des Kanzlers und legten ihn am Grabmal des Unbekannten Soldaten nieder. An den Fahnenmasten stiegen die Flaggen der Vereinigten Staaten und der Bundesrepublik empor, die Militärkapelle spielte die beiden Nationalhymnen. Vor uns stand der Bundeskanzler aufrecht wie eine Statue. Zum erstenmal nach 1945 ertönte die deutsche Nationalhymne in den USA; zum erstenmal in der Geschichte wurde einem deutschen Staatsmann in den Vereinigten Staaten diese Ehrenbezeigung erwiesen. Wir alle waren in diesen Minuten zutiefst aufgewühlt. Welch ein Weg von der Kapitulation zu dieser Szene auf dem Heldenfriedhof von Arlington! Noch nach zehn Jahren kam Adenauer auf diese große Stunde oft zu sprechen. Das Erlebnis von Arlington hat sich in seiner Erinnerung nicht abgeschwächt.

Zahllose Ehrungen, die ihm als Kanzler und als Person noch zuteil wurden, traten hinter diesem Tag zurück, den er als entscheidenden Wendepunkt in der Geschichte Deutschlands nach dem Zusammenbruch empfand. Als er fast ein Jahrzehnt später gemeinsam mit Charles de Gaulle in der Kathedrale von Reims kniete, mögen ihn ähnliche Gefühle beseelt haben. Ich weiß es nicht, denn ich war nicht mehr an seiner Seite. Doch ich glaube, daß Arlington den ersten Platz in seinen Erinnerungen einnimmt.

Eine Stunde später fuhren wir am National Press Club vor. Schon auf der Straße hatten sich viele Menschen versammelt, um den Kanzler zu begrüßen. Als wir das Gebäude, ein großes Bürohaus in der City, betraten, prasselte der Beifall wie ein Maschinengewehrfeuer los. Das große Vestibül und alle nach oben führenden Treppen waren dicht besetzt mit Menschen, die ihre Arbeitsplätze verlassen hatten, um Adenauer zu sehen. Das weibliche Element überwog bei weitem. Der Kanzler bemerkte das sofort. Mit einem Lächeln sagte er zu mir: »Sehen Sie die vielen jungen Mädchen?« Leise fügte er hinzu: »Und viele sind sehr hübsch!« Ich meinte im Spaß: »So würde ich auch gerne mal empfangen werden!« Er streifte mich mit einem Seitenblick: »Das könnte Ihnen so passen, Herr von Eckardt!«

Dieser Auftakt, der Anblick der fröhlichen jungen Menschen, war mir aber auch aus anderem Grunde sehr wichtig. Ich kannte meinen Chef schon gut genug, um zu wissen, wie sehr ihn unbefangener, fröhlicher Beifall stimulieren konnte. Zwei schwere entscheidende Stunden standen ihm und in gewisser Weise auch mir bevor. Für jeden ausländischen Staatsmann, der Washington besucht und im National Press Club zu Gast ist, entscheidet sich innerhalb von zwei Stunden sehr häufig die Frage, ob er als Person und als Repräsentant seiner Regierung in der amerikanischen Öffentlichkeit Erfolg hat oder nicht. Es handelt sich dabei auch nicht nur um einen Augenblickserfolg. Die Einstellung der öffentlichen Meinung wird von dieser Pressekonferenz oft auf Jahre hinaus bestimmt. Ich hatte den Kanzler darauf sehr nachdrücklich hingewiesen, denn es war nicht notwendig, auf seine Nerven Rücksicht zu nehmen. Adenauer hat bis zu einem gewissen Grade keine Nerven, weder gute noch schlechte, sondern eben überhaupt keine, wenn es um sein Auftreten in der Öffentlichkeit geht. Es besteht nicht die geringste Gefahr, daß man ihn durch Betonung der entscheidenden Bedeutung seines Auftretens etwa ängstlich oder befangen machen könnte. Dazu wirkt die Anwesenheit eines großen und wichtigen Auditoriums auf ihn wie ein Stimulans. Manche brauchen ein Glas Sekt, um sich in Stimmung zu bringen, Adenauer braucht Beifall, Interesse, Anteilnahme oder auch Ablehnung, selbst Kampfansage seiner Zuhörer, um in Form zu kommen. Nur Langeweile vermag ihn zu deprimieren. Der große Saal des National Press Clubs war bis zum letzten Zentimeter von Journalisten aus Presse, Rundfunk und Fernsehen gefüllt. Alle namhaften Kommentatoren waren erschienen, um Adenauer zu hören und zu sehen. Auch hier empfing ihn Beifall, doch er war mehr von Höflichkeit und Respekt bestimmt. Journalisten zeigen keinen Enthusiasmus, sie bleiben so lange zurückhaltend, bis die politische und persönliche Leistung sie überzeugt.

An der Längsseite des großen Saales war der sogenannte »Head-Table« aufgebaut. In der Mitte nahm der Kanzler neben dem Präsidenten des Clubs Platz, wir anderen, ein Amerikaner und ein deutsches Delegationsmitglied abwechselnd, besetzten den Tisch rechts und links anschließend. Das Essen – übrigens von fast imposanter Ungenießbarkeit – wurde schnell serviert. Dann begann die übliche Vorstellungszeremonie der Ehrengäste durch den Vorsitzenden des Clubs. Es war das erstemal, daß ich diese amerikanische Sitte miterlebte. Jeder einzelne am Ehrentisch wird mit Namen, Rang und Funktion vorgestellt, erhebt sich und bekommt seinen mehr oder weniger starken Beifall. Ich kann nicht leugnen, daß mir der betont freundliche Beifall, der mich empfing, wohltat, denn er zeigte mir, daß die Woche Vorbereitung, die ich in den USA hinter mir hatte, nicht nutzlos gewesen war. Das »Orchester« schien richtig gestimmt, alles andere lag nun beim Kanzler.

Seine Rede war sehr sorgfältig vorbereitet, war weder zu kurz noch zu lang und gab eine klare Übersicht über seine politischen Zielsetzungen. Während der Kanzler sprach, wurden die Zettel zu mir heraufgereicht, auf denen die Publizisten schriftlich ihre Fragen formuliert hatten. Jetzt hieß es schnell arbeiten, denn da der Kanzler unmöglich alle Fragen beantworten konnte, mußte die richtige Auswahl getroffen und dann sofort an den Dolmetscher weitergegeben werden. Gleichlautende oder sich im Inhalt nahekommende Fragen konnten gleich bis auf die am besten formulierten weggelegt werden. Die übrige Auswahl war schon schwieriger. Um die richtigen Fragen dem Kanzler zu präsentieren, mußte man ihn genau kennen. Amerikanische Journalisten, aber auch andere ausländische Journalisten, pflegen härter zu fragen als deutsche. Adenauer braucht im Gegensatz zu manchen anderen Staatsmännern aber gerade harte, ja nahezu provozierende Fragen, um eine wirklich gute Pressekonferenz abzuhalten. So ließ ich in meiner Auswahl gerade die schärfsten Fragen im Spiel und versuchte dazu, den Themenkreis möglichst weit zu spannen. Die Methode sollte sich – wie später noch viele, viele Male – sehr bewähren. Adenauers Rede war gut, wurde häufig durch Beifall unterbrochen. Es fehlte aber noch an der richtigen Stimmung. Es knisterte noch nicht von elektrischer Spannung. Und dann ging es los. Eine volle Stunde lang beantwortete der alte Herr – lieber Gott, er war damals erst 77 Jahre alt – knapp, klar, oft witzig alle Fragen, ohne zu zögern, oft mit einem Lächeln beginnend, wenn die Frage recht aggressiv war. Natürlich erlebte ich auch eine Stunde voller Spannung, denn hier saßen meine Kollegen aus aller Welt, und nun mußte »mein« Kanzler doch bestehen, oder alle Mühe wäre vergebens gewesen. Aber er bestand, bestand glänzend! Mehrmals dachte ich daran, wie diese Pressekonferenz wohl verlaufen wäre ohne unseren Wiedergutmachungsvertrag mit Israel. Glücklicherweise war er unter Dach und Fach und gab dem Kanzler die Möglichkeit, alle Fragen, die sich auf die nationalsozialistischen Verbrechen bezogen, ohne Überbetonung und mit Anstand zu beantworten. Der Erfolg im National Press Club erwies sich als durchschlagend. Als wir mit dem Kanzler den Club verließen, folgte ihm starker Beifall. Die erste große Schlacht in der amerikanischen Öffentlichkeit war gewonnen. Wieder saßen und standen auf Treppen und im Vestibül fröhliche Menschen, die Adenauer mit Händeklatschen und Zurufen verabschiedeten. Nach der großen Schlacht war die Ovation natürlich noch wohltuender als vorher. Mit dem Kanzler zusammen fuhr ich im Wagen zurück ins »Blair House«. Er sagte kaum ein Wort, aber ich spürte seine gute Laune. Als wir im Gästehaus ankamen, gab er mir die Hand ohne ein Wort, aber mit einem freundlichen Lächeln.

Während ich diese Zeilen schreibe, liegt das hektographierte Programm des Kanzlerbesuchs vor mir. Es verzeichnet für die Zeit nach dem National Press Club: 14 Uhr 20 bis 14 Uhr 40 Ruhepause im »Blair House«. Das Programm der kommenden zehn Tage sah nicht anders aus. Das Wort »Ruhepause« – es waren einmal 25 Minuten, ein andermal auch wohl 30 Minuten – erschien mir als eine völlig sinnlose Bezeichnung. Es sollte wohl auch nicht mehr bedeuten als: »Alle dürfen sich die Hände waschen.« Es ging also nach 20 Minuten Ruhepause wieder in das State Department zu einer zweiten Besprechung mit John Foster Dulles. Waren am Tage vorher, in der ersten Besprechung, die nur eine Stunde gedauert hatte, die einzelnen Themen angetippt worden – man nennt das in der Diplomatensprache eine »Tour d'horizon« –, so nahmen jetzt die Besprechungen eine substantiellere Form an. Es war deutlich zu spüren, daß Dulles sich die Ausführungen des Kanzlers vom Tage vorher überdacht hatte. Er näherte sich der Auffassung Adenauers in der Bewertung der sowjetischen Politik. Schon während dieser Besprechung machte ich mir meine Notizen, damit das

Schlußkommuniqué diesen Nuancen Rechnung trug. Da und dort konnte eine Formulierung verstärkt werden.

Nach dieser Besprechung verzeichnet das Programm überhaupt keine »Ruhepause«. Vom State Department fuhren wir direkt zum Hause unseres Geschäftsträgers Dr. Krekeler, wo uns die deutschen Korrespondenten von Presse und Rundfunk erwarteten. Auch diese Stunde war von großer Bedeutung, obwohl ihr jede Art von Zeremoniell fehlte. Doch hier sprach der Kanzler zu den Männern, von denen die Resonanz des Besuches zu Hause in Deutschland abhing. Es darf hier vielleicht schon darauf hingewiesen werden, daß wir den 8. April 1953 schrieben und daß in etwa fünf Monaten Bundestagswahlen stattfinden sollten, Wahlen, die über das Schicksal des Kabinetts Adenauer und damit über die Generallinie unserer zukünftigen Außenpolitik entscheiden würden. Darauf brauchte ich den Kanzler nun nicht aufmerksam zu machen. Daten von Wahlen vergaß er niemals! Auch diese Fragestunde verlief sehr gut. Dabei ist allerdings nicht zu übersehen, daß deutsche Journalisten meist weniger präzise fragen, dafür, im Gegensatz zu ausländischen, einen stärkeren Hang zum Nörgeln zeigen. Wenigstens war es damals so. In den nächsten zehn Jahren haben die deutschen Journalisten viel von ihren angelsächsischen Kollegen gelernt. Sie fragen heute knapper und klarer als damals.

Am Abend lud Außenminister Dulles zu einem Herrenessen für den Kanzler ins »Blair House«. Das gab Gelegenheit, mit ihm, seinen Mitarbeitern und wichtigen Persönlichkeiten aus Senat und Repräsentantenhaus erste persönliche Beziehungen anzuknüpfen. In den folgenden Jahren sind sie alle ein oder mehrere Male zu Besuch in Bonn gewesen, und der Kanzler sah sie auf den späteren zehn Amerikareisen wieder, die er noch machen sollte. Hier, an diesem Abend, lag der Anfang für den nicht mehr abreißenden Meinungsaustausch mit den Männern, die die Außenpolitik der USA bestimmen. Viele von ihnen halten noch heute entscheidende Positionen im öffentlichen Leben besetzt. Da wir im »Blair House« wohnten, folgte dem offiziellen Essen natürlich noch eine ausführliche »Manöverkritik« innerhalb der deutschen Delegation, an der sich der Kanzler bis lange nach Mitternacht beteiligte.

Der nächste Tag brachte eine große Zahl von Besuchsfahrten und dann eine letzte Besprechung mit Präsident Eisenhower, an die sich ein Frühstück im Weißen Haus schloß. Während der Besprechung ging es um eine Zusammenfassung der vorangegangenen Erörterungen mit Dulles. Das Frühstück im Weißen Haus galt der Ehrung des deutschen Gastes, der eine noch nicht einmal souveräne Regierung repräsentierte und dessen rechtliche Funktionen als Außenminister hätten umstritten sein können, wenn es sich um einen anderen Mann als Konrad Adenauer gehandelt hätte. Nachmittag und Abend waren überaus anstrengend. Ein Empfang des Diplomatischen Korps ging pausenlos in einen Monstre-Empfang im Hotel Mayflower über, an dem wohl mehr als tausend Personen teilnahmen. Der Kanzler sollte zum erstenmal die Schrecken einer »receiving line« kennenlernen. Ich glaube, daß diese moderne Folter eine amerikanische Erfindung ist. Der Ehrengast hat mindestens zwei Stunden an seinem Platz zu stehen, neben ihm seine engsten Mitarbeiter. Und nun werden ihm tausend oder zweitausend Personen, die Schlange stehen müssen, vorgestellt. Natürlich ist jede Unterhaltung mit den Gästen unmöglich, da sonst die Zeremonie tagelang dauern würde. Aber man muß lächeln und jedem Gast versichern, daß man sehr glücklich sei, ihn kennenzulernen. Dazu muß dem Gast bei solchen Gelegenheiten gegen die sonstige amerikanische Gewohnheit auch die Hand geschüttelt werden.

Das klingt einfacher, als es in Wirklichkeit ist. Ich selbst, der ich häufig in Begleitung des Kanzlers oder später des Außenministers von Brentano in einer solchen »line« stehen mußte oder auf eigenen Reisen das gleiche als Gastgeber tat, weiß, was eine solche Veranstaltung bedeutet. Vielleicht versucht die Leserin oder der Leser es einmal probeweise, stellt sich wie angenagelt auf einen Platz und sagt nun hundertmal: »Very glad to see you« oder »Very glad to meet you« oder »Very nice to see you« und schüttelt dabei eine dargebotene Rechte. Falls er dann genügend Phantasie besitzt, um sich seinen physischen und psychischen Zustand vorzustellen, wenn er die ganze Sache noch mit zehn oder zwanzig multipliziert, nun, so weiß er dann wirklich, was es heißt, in einer »receiving line« zu stehen. Am Ende des Vorgangs ist die rechte Hand auf den doppelten Umfang angeschwollen und das Lächeln auf dem Gesicht kaum noch in normale Züge zurückzubringen. Ich will nicht von jenen Menschen sprechen, die in der besten, herzlichsten Absicht ihren stärksten Händedruck anwenden oder aber die Methode des Handausreißens bevorzugen. Aber die Devise bleibt auch dann: »Lächeln ... immer nur lächeln ...!« Zwischen diesem Großempfang und einem kleineren am Abend gab der Kanzler noch selbst ein Diner im Hotel Statler. Damals machte ich mir ein bißchen Sorgen, ob Adenauer das nun weitere zehn Tage durchstehen würde. In den späteren Jahren habe ich es dann aufgegeben, mir Sorgen zu machen. An seinem 80. Geburtstag absolvierte er ein gleiches Pensum ohne jede Ermüdungserscheinung.

Am nächsten Morgen begann das Programm schon um 8 Uhr 45 mit einer Fernsehsendung »Youth wants to know«. Frisch und gottesfürchtig, doch immer nett und wohlerzogen, stellten in einer Live-Sendung junge Leute ihre Fragen an den Kanzler. Eine Dreiviertelstunde ging dieses kleine Gefecht munter über den Bildschirm. Adenauer war vergnügt, zu Späßen aufgelegt, aber dann auch wieder sehr ernst, wie er es mit jungen Menschen ist, in deren Gesellschaft er sich immer sehr wohl fühlt. Dann kamen noch zwei Pressekonferenzen, eine für amerikanische Journalisten, die andere für deutsche, und dann saßen wir glücklich, wenn auch etwas erschöpft, in der Maschine nach San Franzisko.

Vielleicht gibt diese Kurzdarstellung des Programms in Washington auch etwa ein Bild von meiner eigenen Tätigkeit. Zwar habe ich selten und dann auch nur mit kleinen sachlichen Korrekturen in die Pressekonferenzen selbst eingegriffen. Aber vor den Konferenzen verlangte der Kanzler doch sehr eingehende Aufzeichnungen über die Fragen, die mit einiger Sicherheit gestellt werden würden, und Vorschläge für den sachlichen Gehalt der Antworten. Natürlich konnte eine solche Vorarbeit nicht schon Tage vorher gemacht werden, sondern ergab sich aus der Haltung der täglichen Presse, aus den zahllosen Kommentaren, die den Besuch des Kanzlers begleiteten. Also hieß es, viel nachts zu arbeiten, denn früh um 8 Uhr zum Frühstück pflegte ich bei Adenauer zu erscheinen, um die Dinge vorzubesprechen. Natürlich stand auch das Telefon niemals still, denn alle Zeitungen und Sender hatten besondere Wünsche, die möglichst zu befriedigen waren. Da der Kanzler telefonische Anfragen nicht selbst beantworten konnte, mußte ich eben im Namen des Kanzlers sprechen, die Fragen verbindlich beantworten, Grußworte, die die Zeitungen haben sollten, entwerfen oder von meinen Tag und Nacht tätigen Mitarbeitern entwerfen lassen und dann abzeichnen. Später habe ich oft im Scherz gesagt, daß ich alles zusammengenommen mehr unter dem Pseudonym »Konrad Adenauer« veröffentlicht habe als unter meinem eigenen Namen. Aber dafür ist ein Pressechef da. Er kann so ziemlich alles auf diesem Gebiet tun, nur darf ihm keine Panne passieren.

Da ich in der Beschreibung der ersten Amerikareise des Kanzlers häufig von der Arbeit an dem Abschlußkommuniqué gesprochen habe, möchte ich es an dieser Stelle im Wortlaut abdrucken. Das Kommuniqué ist nicht allein als Beispiel von Interesse. Es spiegelt doch in seiner eigenen – eben der Kommuniqué-Sprache – die deutsche Situation und das Verhältnis zu den USA sehr klar wider. Dazu tauchen darin Fragen auf, die uns noch viele Jahre, manche sogar heute noch, intensiv beschäftigen.

Kommuniqué über die amerikanisch-deutschen Besprechungen

»Der Präsident der Vereinigten Staaten, der Außenminister und andere Mitglieder des Kabinetts sind während der letzten drei Tage mit dem Kanzler der Bundesrepublik Deutschland zusammengetroffen und hatten einen umfassenden und freien Meinungsaustausch über die Weltlage im allgemeinen und die amerikanisch-deutschen Beziehungen im besonderen. Die Gespräche fanden im Geiste der Freundschaft und Zusammenarbeit statt und ergaben eine weitreichende Übereinstimmung der Ansichten und Ziele.

Der Präsident und der Bundeskanzler besprachen, wie sich die letzten Entwicklungen im sowjetischen Machtbereich auf den Ost-West-Konflikt auswirken können. Sie stimmten voll darin überein, daß keine Gelegenheit versäumt werden sollte, eine allgemeine Entspannung herbeizuführen, daß aber die freien Völker des Westens weder in ihrer Wachsamkeit nachlassen noch ihre Anstrengungen zur Festigung ihrer Einheit und zum Ausbau ihrer gemeinsamen Stärke verringern dürfen. Sie stimmten ferner darin überein, daß die führenden Männer der Sowjetunion, wenn sie von dem echten Wunsch nach Frieden und Zusammenarbeit aller Nationen beseelt sind, keinen besseren Beweis ihres guten Willens erbringen könnten, als durch die Einwilligung in wirklich freie Wahlen in der sowjetischen Besatzungszone Deutschlands und durch die Entlassung der Hunderttausende von deutschen Verschleppten und Kriegsgefangenen, die sich noch in sowjetischer Hand befinden. Sie gaben weiterhin ihrer gemeinsamen Überzeugung Ausdruck, daß das deutsche Problem keine dauerhafte Lösung finden kann, wenn nicht Deutschland durch friedliche Mittel und auf freier demokratischer Grundlage wiedervereinigt wird. Dieses Ziel kann nur durch stete gemeinsame Anstrengungen der Signatarmächte der im letzten Jahr in Bonn unterzeichneten vertraglichen Abmachungen erreicht werden.

Es herrschte Einmütigkeit in der Überzeugung, daß alle Beteiligten unerschütterlich auf dem Wege zur europäischen Einheit durch eine baldige Ratifizierung des Vertrages über die Europäische Verteidigungsgemeinschaft weiterschreiten müßten. Gleichzeitig mit der Erreichung dieses Zieles wird die deutsche Unabhängigkeit und Souveränität im Rahmen der vertraglichen Abmachungen wiederhergestellt werden. Der Bundeskanzler erklärte, daß die Bundesrepublik Deutschland bereit und willens ist, bei der Stärkung der Verteidigung der freien Welt auf der Grundlage der Gleichberechtigung und Partnerschaft mit allen freien Nationen des Westens zusammenzuarbeiten. Dem Bundeskanzler wurde zugesichert, daß die Vereinigten Staaten nach der Ratifizierung des

Vertrages der Europäischen Verteidigungsgemeinschaft Rüstungsmaterial liefern würden, um zur Ausstattung der deutschen Kontingente beizutragen.

Die Saarfrage wurde erörtert, und es bestand Übereinstimmung darüber, daß im gemeinsamen Interesse eine baldige Verständigung erstrebt werden sollte.

Die besondere Lage Berlins wurde erörtert und der politischen Standhaftigkeit und dem Mut seiner Einwohner Bewunderung gezollt. Man war sich darüber einig, daß die moralische und materielle Unterstützung, die benötigt wird, um die Stadt stark zu erhalten, von vordringlicher Wichtigkeit ist. Der Bundeskanzler gab zu erkennen, daß weitere Maßnahmen zur Steigerung der Produktion und zur Minderung der Arbeitslosigkeit geplant seien. Der Außenminister erklärte, daß die amerikanische Regierung zur Zeit Hilfsmaßnahmen für Investierungs- und andere Programme zur Verbesserung der Wirtschaftslage in Berlin erwäge.

Der Bundeskanzler wies auf die großen Schwierigkeiten hin, die der Bundesrepublik daraus erwachsen, daß sie nicht nur Millionen von früher aus den Ostgebieten Vertriebenen, sondern auch den neuen Strom von Flüchtlingen aus der Sowjetzone und den angrenzenden Gebieten einzugliedern hat. Der Präsident und der Außenminister erkannten die großen Anstrengungen an, die die Bundesrepublik zur Fürsorge für diese heimatlosen Menschen und zur Erhaltung des wirtschaftlichen und sozialen Gefüges auf sich genommen hat. Die Diskussion trug der Möglichkeit Rechnung, daß die Bundesrepublik und Berlin außerstande wären, diese Last allein zu tragen. Der Direktor der Verwaltung für gegenseitige Sicherheit (MSA) erklärte, daß diese Frage bei der Vorbereitung des Programms für gegenseitige Sicherheit für das mit dem 1. Juli 1953 beginnende Jahr sorgfältige Beachtung finden würde.

Der Bundeskanzler brachte das Kriegsverurteiltenproblem zur Sprache. Die Zukunft der Kriegsverurteilten, die sich zur Zeit in Gewahrsam der Vereinigten Staaten befinden, wurde erörtert. Der Vertreter der Vereinigten Staaten erklärte, daß seine Regierung den Status dieser Gefangenen überprüfen und außerdem die mögliche Einführung von neuen Überprüfungsverfahren mit deutscher Beteiligung für den Zeitpunkt unmittelbar nach Abschluß der Ratifizierung der Verträge in Deutschland ins Auge fassen würde.

Die Vertreter beider Regierungen erörterten die Möglichkeiten, den Welthandel weiterhin freier zu gestalten und auszudehnen sowie die Konvertibilität der Währungen herbeizuführen. Die deutschen Vertreter drückten ihr besonderes Interesse an der Senkung der Zolltarife und an dem Abbau der verwaltungsmäßigen Zollschranken aus. Die Vertreter der Vereinigten Staaten wiesen ihrerseits auf die Erklärung Präsident Eisenhowers vom 7. April hin, daß ›die Welt einen wachsenden, auf hohem Stande ausgeglichenen Handel sicherstellen muß, der es jedem Volk ermöglicht, seinen vollen Beitrag zum Fortschritt der Wirtschaft der freien Welt zu leisten und voll teilzuhaben an den Früchten dieses Fortschritts‹.

Vertreter der beiden Regierungen erörterten eine Reihe von Sonderproblemen, die im Zusammenhang mit der Normalisierung der Handelsbeziehungen zwischen den Vereinigten Staaten und Deutschland stehen, einschließlich der Aussichten für die deutschen Exporteure, in gesteigertem Umfang die Warenzeichen zu benutzen, die vor dem 2. Weltkrieg Eigentum deutscher Staatsangehöriger waren. Es wurde zur Kenntnis genommen, daß solche Warenzeichen schon in beträchtlichem Ausmaß zur Verwendung durch frühere Eigentümer verfügbar gemacht worden sind und daß ein weiteres Fortschreiten in dieser Richtung von den Vereinigten Staaten wohlwollend geprüft wird.

Der Bundeskanzler und der Außenminister stimmten darin überein, daß der Abschluß eines neuen Freundschafts-, Handels- und Schiffahrtsvertrages zwischen den Vereinigten Staaten und der Bundesrepublik für beide Länder von Vorteil sein würde und daß Verhandlungen über einen solchen Vertrag baldmöglichst beginnen sollten. Mittlerweile stehen die beiden Regierungen in Verhandlungen über ein Abkommen, das unter Berücksichtigung der Erfordernisse der gegenwärtigen Lage den Freundschafts-, Handels- und Konsularvertrag von 1923 in seiner Vorkriegsfassung wieder in Kraft setzt. Nach seiner Ratifizierung in beiden Ländern würde dieser Zwischenvertrag u. a. den Kaufleuten jedes der beiden Länder die Möglichkeit geben, sich in dem anderen Land niederzulassen und geschäftlich zu betätigen.

Die deutschen Vertreter bekundeten ihr Interesse an der Vergebung von Offshore-Aufträgen nach Deutschland. Es wurde ihnen mitgeteilt, daß sofort nach Inkrafttreten der Verträge von Bonn und Paris dieselben Kriterien bei der Vergebung solcher Aufträge nach Deutschland innerhalb des Rahmens der Europäischen Verteidigungsgemeinschaft angewandt werden, wie sie bei der Vergebung von Aufträgen nach anderen europäischen Ländern zur Anwendung kommen.

Zur Pflege engerer kultureller Zusammenarbeit zwischen den Vereinigten Staaten und Deutschland und zur Förderung des gegenseitigen Verstehens zwischen den beiden Völkern findet ein Austausch von Noten statt.

Die beiden Regierungen bestätigten erneut ihr gemeinsames Interesse, zusammen mit anderen Staaten der freien Welt die Lieferung strategischen Materials an Staaten, deren Politik den Frieden und die Sicherheit der freien Welt gefährdet, zu überwachen.

Beide Regierungen verpflichteten sich, ihre Bemühungen in dieser Richtung fortzusetzen und insbesondere die Liste der Waren, deren Ausfuhr nach dem kommunistischen China jeweils verboten sein soll, ständig zu überprüfen. Die Vertreter der Bundesrepublik brachten die Absicht ihrer Regierung zum Ausdruck, in Zusammenarbeit mit anderen Handels- und Schiffahrtsnationen ergänzende Maßnahmen, wie z. B. Transithandelskontrollen, gegen die Verletzungen oder Umgehungen der bestehenden strategischen Kontrollen anzuwenden.

Die Rückgabe von etwa 350 früher in deutschem Eigentum stehenden Schiffen an die Bundesrepublik wird gleichzeitig in beiden Hauptstädten angekündigt. Die Einzelheiten ihrer Übergabe an die deutschen Behörden werden durch den Hohen Kommissar der Vereinigten Staaten in Deutschland ausgearbeitet werden.

Der Präsident und der Bundeskanzler sind überzeugt, daß die soeben abgeschlossenen Besprechungen einen bedeutsamen Beitrag zur Erreichung der beiden Ländern gemeinsamen Ziele darstellen, in dem sie die so glücklich wieder angeknüpften Bande der Freundschaft befestigt, die gemeinsamen Ziele gefördert und die Kraft der freien Welt gestärkt haben.«

Einen Flug quer über den amerikanischen Kontinent zu beschreiben, ist vielleicht noch für einen Dichter, aber nicht mehr für einen Chronisten eine lohnende Aufgabe. Doch diesen Flug werde ich niemals vergessen. Er fand in einer normalen, flugplanmäßigen Maschine statt, in der wir allerdings etwas abgetrennt unsere Plätze hatten. Es fing so nett an, die Stimmung war gut, die schwierigen offiziellen Tage in Washington lagen hinter uns. Manche Delegationsmitglieder fingen gleich wieder an zu arbeiten, manche versuchten mit Erfolg, den fehlenden Schlaf der letzten Nächte nachzuholen. Zu essen gab es auch, und ich selbst wurde von den Herren, die mit mir arbeiteten, mit Stößen von Presseberichten und Kommentaren über den Kanzlerbesuch bis über die Haarwurzeln zugedeckt. Die Maschine war ziemlich ausverkauft, doch die Passagiere ließen den Kanzler in Ruhe. Ich saß mit meinem Freund Hans von Herwarth, unserem Protokollchef, beisammen. Wir hatten beide ein schönes Stück Arbeit hinter uns und auch noch vor uns. Herwarth mußte diese große Reisegesellschaft nach einem Minutenprogramm dirigieren, eine Aufgabe, um die ich ihn niemals in seiner langen Zeit als Protokollchef beneidet habe. Wir einigten uns darauf, daß das ganze Reiseunternehmen viel Ähnlichkeit mit einem fahrenden Zirkus habe. Seit dieser Zeit nannten wir uns selbst die »Ringling-Brothers«. Düsenmaschinen gab es zu jener Zeit noch nicht, und so lag ein Flug von etwa neun Stunden vor uns. Nachdem der Kanzler gespeist und endlich auch einmal geruht hatte, setzte ich mich zu ihm. Wir sprachen über die Tage in Washington, seine Erfahrungen mit den Amerikanern, über John Foster Dulles, der mehr und mehr in seiner Achtung stieg, und über das Echo der Reise in den USA und auch in Deutschland. Der Kanzler war in seiner gemäßigten Art zufrieden, wenn auch, wie immer, ohne Enthusiasmus. Jede Art euphorischer Stimmung liegt ihm so fern, daß er niemals den Blick für die Realitäten, auch niemals das Gefühl für die Wandelbarkeit von Menschen und Dingen verliert.

Es ist nicht richtig, daß Konrad Adenauer nur ein kalter politischer Rechner ist. Daran hindert ihn schon sein Interesse an den Menschen. Er ist auch keineswegs unempfindlich gegen das Schicksal einzelner Menschen oder auch ganzer Nationen. Die Politik ist für ihn niemals ein abstrakter, nur mit der Intelligenz erfaßbarer Vorgang. Bei jeder politischen Frage ist seine erste Überlegung: Mit welchen Menschen, im einzelnen oder in Gruppen, habe ich es zu tun? Wie denken, wie fühlen diese Menschen? Was wollen sie, welche Bestrebungen legitimer oder illegitimer Art haben sie, und wie muß ich sie behandeln, um das zu erreichen, was ich erreichen will zum Wohle des Ganzen und des einzelnen? So und nur so geht Adenauer ein politisches, ja selbst ein wirtschaftliches Problem an. Sein Blick ist dabei meist in die Zukunft gerichtet, wobei die Frage, ob er diese Entwicklung noch erlebt oder nicht, für ihn überhaupt keine Rolle spielt. Ein Mensch, der so arbeitet und denkt, ist kein Menschenverächter, sondern ein Menschenkenner, der sich über die menschliche Natur nicht allzu viele Illusionen macht. Doch Illusionslosigkeit ist noch nicht das gleiche wie Verachtung. Natürlich gibt es dumme oder auch intolerante Menschen, die ihn langweilen. Aber selten läßt er sie das merken, dazu ist er wieder zu höflich. Niemals aber ist er mit einfachen Menschen ungeduldig, eher mit halbgebildeten oder sich selbst überschätzenden Politikern. Über solche Leute kann er oft sehr harte Urteile fällen.

Es war also eine gemütliche Plauderstunde, während der amerikanische Kontinent langsam unter uns hinwegzog. Als ich mich wieder erhob, gab ich ihm das Manuskript der Rede, die wir für den nächsten Mittag in San Franzisko ausgearbeitet hatten. Der Kanzler mußte bei einem Essen für mehrere hundert Personen einen politischen Vortrag halten. Das übrige Programm vom frühen Morgen an ließ keine Zeit mehr für Korrekturen. Ich bat ihn, die Rede durchzusehen, und er versprach, es zu tun.

Nach einigen Stunden Flug stellte sich heraus, daß wir mit Verspätung in San Franzisko eintreffen würden. Planmäßig sollten wir um 22 Uhr landen. Nun, es würde wohl Mitternacht werden. Aber es kam noch schlimmer. Nachdem wir zwei Drittel des Fluges hinter uns hatten, näherten wir uns Denver, und dort gerieten wir in einen Schneesturm. Die Maschine wurde durch und durch geschüttelt. Es gab einige Luftkranke, aber noch mehr Nervöse. Aus dem Fenster blickend, sah man nichts als pechschwarze Nacht und wildes Schneetreiben. Die Maschine sackte mehrmals sturzflugartig ab, um dann wieder zu steigen. Plötzlich tauchten seitlich die Lichter des Signalturms von Denver auf, schaukelnd und bockend ging die Maschine auf die Rollbahn hinunter. Doch Sekunden später gab der Pilot allen vier Motoren wieder Vollgas und startete durch. Er hatte die Rollbahn zu spät erreicht. Nun wurde es ungemütlich in der Kabine, denn viele Passagiere und auch wir wußten, daß sich hinter Denver, in Richtung San Franzisko, das riesige Massiv der Rocky Mountains erhebt. Die nächste Viertelstunde kreiste die Maschine im dichten Schneesturm. Herwarth schaukelte durch den Mittelgang zum Cockpit zu den Piloten. Er kam mit der Nachricht zu mir zurück, daß wir unbedingt in Denver zwischenlanden müßten. Die Maschine müsse aufgetankt werden. Da, wie ein Lichtgespenst tauchte wieder der Signalturm auf, die Rollbahn, zwanzig Meter unter uns, wurde sichtbar – und wieder startete der Pilot durch. Die Landung war zum zweitenmal mißglückt.

Nun machte ich mich schwankend auf den Weg. Ich wollte einmal nach dem Kanzler sehen. Er saß ruhig in seiner Ecke, neben ihm seine Tochter Lotte. Adenauer las in einem Botanikbuch. Dann ging ich zu den Journalisten, die den Kanzler schon von New York an begleiteten. Es war ungewöhnlich still bei ihnen. Niemand sprach ein Wort. Doch plötzlich brüllte mich ein Journalist, der eigentlich nicht zur Reisegesellschaft gehörte, mit hysterischer Stimme an: »Herr von Eckardt, tun Sie etwas! – Sie müssen doch etwas tun! – Wie sollen wir denn 'runterkommen!« Ich versuchte, ihn zu besänftigen: »Seien Sie doch ruhig, lieber Freund, es ist noch nie einer oben geblieben!« Das hätte ich nicht sagen sollen. Er versuchte aufzuspringen, mit geballten Fäusten. Zum Glück war er angeschnallt und konnte aus seinem Sitz nicht heraus. Ich machte mich aus dem Staube. Im Abteil der normalen Passagiere gingen einige Rosenkränze eilig durch die Finger. Da wir bekanntermaßen noch alle am Leben sind, will ich es nicht allzu spannend machen. Der dritte Landeversuch gelang. Nach einer Stunde Aufenthalt gelang es auch, die nötige Höhe zu gewinnen, über die Rocky Mountains wegzukommen und schließlich, es war 2 Uhr 30 morgens, in San Franzisko zu landen.

Von den Schönheiten der Stadt war natürlich nichts zu sehen. Kurze Begrüßung, Abfahrt ins Hotel Fairmont. Um 3 Uhr 30 früh brachte ich den Kanzler in sein Appartement. Da griff er in seine Tasche und holte das Manuskript seiner Rede für mittags heraus. Freundlich und ruhig meinte er: »Da gefällt mir noch manches nicht. Sie finden meine Notizen am Rand. Machen Sie mir doch einen neuen Entwurf und kommen Sie um 8 Uhr damit zu mir zum Frühstück. Gute Nacht, Herr von Eckardt!« Als ich auf dem Korridor stand, hätte ich beinahe die Papiere zu Boden geschleudert und darauf getrampelt. »Gute Nacht«, hatte der Kanzler gesagt. Vier Stunden waren es noch bis zum Frühstück, und der Vortrag war 15 Maschinenseiten lang. Ich habe nicht getrampelt, sondern meinen Wecker auf 6 Uhr gestellt und dann die Rede neu diktiert. Beim Frühstück nahm sie der Kanzler gelassen entgegen, warf keinen Blick darauf, sondern meinte nur: »So, jetzt wird sie wohl in Ordnung sein!« Er steckte sie in die Tasche und sprach von etwas anderem. Man kann nicht behaupten, daß das Leben immer ganz einfach ist. Viele Stunden hätte ich während des Fluges Zeit gehabt, die Rede neu zu formulieren, aber der Kanzler hatte sie erst vor der Landung in San Franzisko gelesen. Ich sehe das Botanikbuch noch heute vor mir.

San Franzisko - Chikago - New York

Trotz kurzer Nacht und Botanikbuch ging auch in San Franzisko alles gut. Es ist wirklich eine der schönsten Städte der Welt. Seine Lage ist einzigartig, das Klima herrlich, und das bunte Völkergemisch zeigt deutlich das nach Ostasien gewandte Gesicht dieser Stadt. Los Angeles hat San Franzisko an Einwohnerzahl und Ausdehnung jetzt weit überflügelt, aber es fehlt Los Angeles für meinen Geschmack der einzigartige Charme von San Franzisko. Steil gehen die Straßen hinauf und hinunter, so steil, daß die Straßenbahnen als Zahnradbahn konstruiert sind. Eine Fahrt durch diese Stadt bringt von Minute zu Minute immer neue Ausblicke auf das Meer, auf die herrlichen Brücken, auf die Hügel. Hier hatten wir ein bißchen mehr Zeit, alle die Schönheiten zu genießen, wenn auch wieder im Eiltempo. Der Kanzler war sehr beeindruckt. Schließlich sagte er, den Blick über die »Golden Gate« gerichtet, zu Professor Hallstein: »Sagen Sie mal, Herr Hallstein, könnte das Auswärtige Amt mich später nicht als Generalkonsul hier anstellen?« Hallstein erwiderte schlagfertig und doppelsinnig: »Vielleicht läßt sich das machen, aber ich komme dann als Ihr Kanzler mit!«[1] Natürlich mußte noch das übliche Programm abgewickelt werden. Beim Mittagessen im Palace-Hotel sprach der Kanzler vor mehreren hundert Personen. Hier mußte seine Rede ganz anders angelegt werden als in Washington, denn auch in den politisch interessierten Kreisen San Franziskos ist das Interesse an Europa und damit auch an der Bundesrepublik viel geringer als im Osten der Staaten. Der Vortrag mußte einige Ausführungen über die europäischen Grundprobleme enthalten, die man sonst als bekannt voraussetzen kann. Der Erfolg des Kanzlers war aber durchschlagend, der Beifall steigerte sich zu Ovationen. Heute, zehn Jahre später, ist es ebenso wichtig, in San Franzisko und Los Angeles politisch Erfolg zu haben wie in Washington, New York und Chikago. Das gilt sowohl für amerikanische wie ausländische Politiker.

Das industrielle Schwergewicht hat sich in wenigen Jahren in beinahe unvorstellbarer Weise an den Pazifik verlegt. Riesige Produktions-

[1] Der Leiter der Verwaltung einer Mission im Ausland hat den Titel »Kanzler«.

stätten, besonders auch der Rüstungsindustrie, sind dort entstanden. In fünf bis zehn Jahren ist eine Entwicklung vor sich gegangen, die früher nur in einem Jahrhundert möglich gewesen wäre. Daß sich analog dieser wirtschaftlichen Umschichtung auch das politische Gewicht verändert hat, liegt auf der Hand. Kalifornien steht heute auch in seiner politischen Bedeutung nicht hinter den Oststaaten zurück. 1953 war diese Entwicklung erst zu spüren, heute ist sie für jedermann greifbare Wirklichkeit. Natürlich gab es auch in San Franzisko eine Pressekonferenz, die, gut vorbereitet, tadellos ablief. Der Kanzler war jetzt im Zuge, und man konnte das Gefühl haben, daß größere Pannen nicht zu befürchten waren.

Das Wochenende verbrachten wir im reizenden Carmel, untergebracht in einzelnen Bungalows in »Highland's Inn«. Ganz so behaglich, wie man es sich gedacht hatte, war dieser Aufenthalt allerdings nicht. Die Bungalows lagen ziemlich weit verstreut an einem Hang, und so kletterte man den ganzen Tag bergauf, bergab, denn der Kanzler hatte immer wieder neue Wünsche, die sich auf den weiteren Ablauf der Reise, auf zahlreiche Reden, die noch zu halten waren, bezogen, oder er wollte einfach einen Gesprächspartner in seinem etwas isoliert gelegenen Bungalow haben. Ich selbst verbrachte mit Staatssekretär Hallstein einen reizenden, sehr anregenden Abend in einem Fischrestaurant an dem kleinen malerischen Hafen von Monterey. Nach dem Trubel der vergangenen Tage war es erholsam und nützlich zugleich, ein bißchen politische Bilanz zu machen. In der atemberaubenden Hetzerei offizieller Besuche besteht immer die Gefahr, daß die Übersicht über das Ganze verlorengeht und daß sich in den eigenen Vorstellungen durch die Überfülle der Eindrücke die Gewichte verschieben. Für einen solchen Abend der Rück- und Vorschau ist Professor Hallstein ein idealer Gesprächspartner. In den Bungalow zurückgekehrt, hatte ich das Gefühl, wieder über ein geordnetes Gehirn zu verfügen.

Der nächste Tag brachte nun einen langen Flug zurück über den Kontinent nach Chikago. Dort wohnten wir im Bismarck-Hotel. Es ist kein Zufall, daß eines der größten Hotels der Stadt nach dem »Eisernen Kanzler« benannt ist. Das deutsche Element ist noch sehr stark und spielt auch noch eine wirkliche Rolle im öffentlichen Leben. Nach einem langen Tag mit vielen Besuchen, auch in einer der beiden Universitäten, landeten wir zum Abendessen im Germania Club. Auch dieser Club hat, wie alles in Chikago, riesige Ausmaße. In der Vorhalle begrüßten uns lebensgroße Porträts der deutschen »Heroen« von 1870 bis 1914. Mit dem Ausbruch des 1. Weltkrieges scheint hier die Zeit stehengeblieben zu sein. Die Mitglieder des Clubs sind natürlich moderne

Geschäftsleute, die mit beiden Beinen im täglichen Leben dieser Stadt stehen, die einen, im übertragenen Sinne, etwas gewalttätigen Eindruck macht. Ich denke dabei nicht an die Zeit, in der die Unterwelt von Chikago auf der ganzen Welt berüchtigt war. Bei einem Mittagessen mit Geschäftsleuten im Chikago-Club spürte man in jedem Gespräch, daß hier noch härtere Geschäftsleute leben als in New York. Hier wollte man klare Tatsachen hören, um sich ein Bild von der Entwicklung in Deutschland zu machen. Im Deutschen Club aber herrschte deutsche Gemütlichkeit im Stile der Kaiserzeit. Während die Mitglieder am Tage in dieser harten Luft ihren Mann stehen, wollen sie am Abend in ihrem Club sentimentalen Erinnerungen an die Zeiten von Deutschlands Größe nachhängen. Natürlich gab es die üblichen Ansprachen, aber dann wurden deutsche Volkslieder gesungen, und manches Delegationsmitglied war froh, die kraftvoll intonierten Melodien und die Texte noch etwa zu beherrschen. Für uns, die wir die Weimarer Zeit, Hitler, den Krieg und die Katastrophe miterlebt hatten, lag das alles weit, weit zurück. Die Deutschen in Chikago hatten diese Entwicklungen nicht erlebt, in keiner Weise in sich aufgenommen. Ihre deutschen Herzen schlugen für Bismarck, den Kaiser und seine Paladine, und nun stand da vor ihnen der Kanzler Adenauer, der noch aus dieser, ihrer Zeit stammte, und so knüpften sie, frisch-fröhlich alles Dazwischenliegende hurtig überspringend, die direkte Verbindung zwischen einst und jetzt zusammen. Der Kanzler paßte sich schnell dieser Atmosphäre an, allerdings nicht im politischen, sondern nur im gefühlsmäßigen Bereich. Es ging sehr fröhlich zu, und als der Kanzler sagte, er wolle jetzt das schöne Lied »Es war einmal ein treuer Husar« hören und mit kräftiger Stimme mitsang, kannte die Begeisterung keine Grenze. Ich möchte nicht mißverstanden werden. Der Abend hatte keinerlei nationalistische Akzente. Nein, alles blieb dem Historisch-Gemütvollen verhaftet. Diese deutschstämmigen Männer waren gute Amerikaner, viele hatten für ihre neue Heimat im Krieg gekämpft, aber Deutschland war für sie schwarz-weiß-rot und Bismarck der große Held der neueren Geschichte ihres Ursprungslandes. Der Abend klang noch in einem Wohltätigkeitskonzert der Männerchöre von Chikago aus.

Am nächsten Mittag trafen wir in New York ein, und damit trat die Politik wieder ganz in den Vordergrund. Gleich zum Mittagessen waren wir Gäste von Mr. Sulzberger im Gebäude der »New York Times«. Dieses Weltblatt strömt in seinen Redaktionsräumen eine ganz eigene Atmosphäre aus. Niemals hörte man ein lautes Wort. Hier wird mit Sorgfalt und großem Verantwortungsgefühl gearbeitet. In einem beruhigend wirkenden holzgetäfelten Eßzimmer gab es einen einfachen, doch gepflegten Lunch. Kein ausländischer Staatsmann kann es sich leisten, eine Einladung in den Kreis der Herausgeber der »New York Times« zu übergehen. Der Ehrengast wird nach allen Regeln der journalistischen Kunst ausgequetscht. Allerdings veröffentlicht das Blatt niemals eine Zeile über diese Gespräche, an denen nur wirkliche politische Experten teilnehmen. Das Interview mit dem Gast bleibt immer im Rahmen eines Gesprächs, niemand macht sich Notizen, so daß Adenauer über alles in völliger Offenheit sprechen konnte. In späteren Jahren habe ich selbst als Ehrengast solchen Gesprächen standhalten müssen und weiß, was es bedeutet, in diesem Kreis gut zu bestehen. Der Kanzler schnitt hervorragend ab und sicherte sich damit einen festen Platz in den Spalten der »New York Times«.

Auch der Nachmittag war einer intimen und nicht weniger wichtigen Veranstaltung gewidmet. Adenauer war zum erstenmal Gast im »Council on Foreign Relations«. Das Gebäude dieser einzigartigen Vereinigung liegt mitten in Manhattan an der Park Avenue. Es ist ein großes, stilles Haus, das ganz der ernsthaften politischen Arbeit gewidmet ist. Die Bibliothek ist imposant, der Versammlungsraum bietet Platz für etwa 200 Personen. Auch in diesem Raum hat jeder westliche Staatsmann unserer Zeit gesprochen und Fragen beantwortet. Doch die Mitglieder des Council sind nicht in erster Linie Berufspolitiker. Die Gesellschaft setzt sich aus Wissenschaftlern, Geschäftsleuten, Mitgliedern der großen amerikanischen Stiftungen (Ford, Rockefeller, Carnegie usw.), zusammen. Die Geschäftsleute aus der Industrie und Bankwelt sind aber eine Art Mittelding zwischen »Big Business« und Leuten der Politik. Ihr Geschäftsbereich ist so groß und bedeutsam, daß sie nur in enger Fühlung mit der Weltpolitik ihren eigentlichen Beruf ausüben können. Die Mitglieder versorgen den Club mit großen Geldmitteln, die zum Teil für Publikationen und Dokumentationen ausgegeben werden. Die Presse ist bei den Veranstaltungen nicht zugelassen, die Vertraulichkeit daher absolut gesichert. Der Vortrag verlangt sorgfältigste Ausarbeitung, denn das Auditorium ist sehr anspruchsvoll. John McCloy, der einstige Hochkommissar in Deutschland, führte den Kanzler in seiner sympathieerweckenden Art ein. War das Auftreten Adenauers im National Press Club entscheidend für seine Beurteilung in der amerikanischen Öffentlichkeit, so hing in diesem Kreise alles davon ab, daß der Kanzler die führenden Männer nicht nur New Yorks, sondern auch in weitem Maße der ganzen Nation für sich und die Sache gewann, die er vertrat. Der allgemeine Eindruck der Zuhörer war zweifellos, daß die Bundesrepublik und damit ein wichtiger Teil Europas bei Konrad Adenauer in guten und sicheren Händen läge.

Aus der Fülle des pausenlosen New Yorker Programms sollen hier noch ein Gespräch des Kanzlers mit dem gutaufgelegten Kardinal Spellman und ein Besuch bei Dr. Nahum Goldmann hervorgehoben werden. Der Kardinal las für Konrad Adenauer selbst die Messe und frühstückte dann mit ihm allein. Dr. Goldmann brachte die führenden Männer des New Yorker Judentums zum Kanzler, damit sie selbst einen Eindruck bekommen sollten von dem Mann, der den Vertrag mit Israel zustande gebracht hatte. Ich habe Adenauer noch oft im Gespräch mit führenden Männern des Weltjudentums erlebt. Immer verliefen diese Zusammenkünfte sehr positiv. Natürlich wurde die Situation dadurch erleichtert, daß Adenauer selbst von den Nazis aus Amt und Würden vertrieben und schließlich verfolgt wurde. Aber das war doch nur eine selbstverständliche Voraussetzung für eine Verständigung. Adenauer ist es von Natur aus gegeben, das Schuldbekenntnis des deutschen Volkes auszusprechen und auf dieser Basis auch zu handeln, aber dabei niemals in Würdelosigkeit zu verfallen. Sein fester religiöser Glaube und ein nichts beschönigendes, aber offenes Bekenntnis zum deutschen Volk trotz aller furchtbaren Grausamkeiten des Hitlerregimes gibt ihm die Sicherheit, auch mit den Juden über alles sprechen zu können, worüber gesprochen werden muß, will man sich nicht selbst betrügen. Es fehlt ihm jede Verbindung zu Schlagworten wie die der »unbewältigten Vergangenheit«. Er glaubt nicht an die »Bewältigung« durch allzu viele Worte und Bekenntnisse, die durch ständige Wiederholung in die Gefahr einer Schablone geraten, sondern einzig und allein an eine überzeugende Haltung des deutschen Volkes in der Gegenwart und an Taten, an denen diese Haltung meßbar wird. Niemals in den zehn Jahren, in denen ich viele, viele Male Adenauer im ernsten Gespräch mit Juden erlebte, gab es einen peinlichen Moment. Vielleicht darf ich in diesem Zusammenhang dem Zeitablauf etwas vorgreifen. Jahre später führte ich zum Kanzler einen alten Freund und Gönner von mir, Dr. Max Beer. Ich kannte ihn schon aus den zwanziger Jahren vom Völkerbundssekretariat her, und nun kam er nach langen Jahren des Exils in den USA zum erstenmal wieder nach Deutschland. Wir führten ein sehr ernsthaftes politisches Gespräch. Schließlich erhob sich der Besucher und verabschiedete sich von Adenauer mit den Worten: »Wir haben nicht den gleichen Glauben, Herr Bundeskanzler, aber Gott möge Sie schützen!« Der Kanzler erwiderte: »Nein, wir haben nicht den gleichen Glauben, aber den gleichen Gott, der uns alle schützen möge!«

Der 17. April war ein recht gehetzter Tag. Früh ging es nach Boston zur Besichtigung der Harvarduniversität, die Jahre später eine Anzahl Berater für Kennedy stellen sollte. Am Nachmittag flogen wir weiter zu einem kurzen Besuch nach Ottawa. Der Flug ist nicht nur mir in unbehaglicher Erinnerung geblieben. Die kanadische Militärmaschine stieg – ich weiß nicht, warum – ohne Druckregulierung auf etwa 4 000 m Höhe. Auf dem Flugplatz in Ottawa sah ich die freundliche Empfangsdelegation zuerst doppelt. Der Kanzler sprach kurz zur kanadischen Öffentlichkeit gleich auf dem Flugplatz. Er betonte, daß er in Kanada keine politischen Verhandlungen, sondern nur Gespräche über wirtschaftliche und kulturelle Fragen zwischen den beiden Ländern führen wolle.

Der Abend wurde recht aufgelockert. Im hübschen Country Club gab der Ministerpräsident St. Laurent dem Kanzler und seiner Begleitung ein Herrenessen, während Frau St. Laurent die Damen bei sich zu Gast hatte. Die Ansprachen während des Essens waren kurz, dabei äußerst freundschaftlich. Gut gelaunt plauderte der Kanzler über die Arbeitslast der Staatsmänner. Er gehe mit dem Gedanken um, eine internationale Gewerkschaft der Regierungschefs und der Minister vorzuschlagen. Die Forderungen der »Gewerkschaft« lauteten klar und einfach: gute Bezahlung, freies Wochenende und eine anständige Behandlung durch die Parlamente. Notfalls müsse man zur Erreichung dieser Ziele in den Streik treten. Ministerpräsident St. Laurent erklärte sich mit den Zielen dieser »Gewerkschaft der Staatsmänner« einverstanden, meldete aber Zweifel darüber an, ob die Streikdrohung sehr wirksam sein würde. »Zu viele, Herr Bundeskanzler, sind in allen Staaten bereit, sich als Streikbrecher zu betätigen und sofort unsere Posten zu übernehmen«, meinte er mit gespielter Ernsthaftigkeit. Der Kanzler replizierte: »Sie haben recht, Herr Ministerpräsident, aber die Streikbrecher wissen eben nicht, was sie tun!«

Am nächsten Morgen ging es ernsthafter zu. In der Galerie des Parlamentsgebäudes stellte sich der Kanzler der kanadischen Presse. Ich begleitete Adenauer im Wagen, und vor dem Parlamentsgebäude stießen wir auf einen kleinen Demonstrationszug, der schweigend, mit ernster Miene auf und ab schritt und Schilder mit sich führte. »Was steht denn auf den Schildern drauf?« fragte mich der Kanzler. Auf Vorder- und Rückseite stand in englischer und französischer Sprache zu lesen: »Keep Meyer in jail« und »Gardez Meyer en prison!« »Ich weiß zwar nicht, wer dieser Meyer ist«, meinte der Kanzler, »aber von mir aus soll er im Gefängnis bleiben.« Ich wußte auch nicht, um wen es sich eigentlich handelte. Vor dem Parlament angekommen, beauftragte ich einen meiner Herren, den Sinn dieser mysteriösen Demonstration aufzuklären. Gleich die erste Frage eines Journalisten ging auf »Meyer« los. Der Kanzler parierte geschickt, indem er die Frage zurückstellte und erst eine kurze Darlegung seiner Politik improvisierte. Während er sprach, steckte man mir dann einen Zettel zu, den ich dem Kanzler weitergab. Bei »Meyer« handelt es sich um einen General Meyer, den sogenannten »Panzer-Meyer«, der 1945 von einem kanadischen Kriegsgericht in Aurich (Ostfriesland) zum Tode verurteilt worden war. Meyer soll an der Erschießung von 18 kanadischen Kriegsgefangenen beteiligt gewesen sein. 1946 wurde er zu lebenslänglich Gefängnis begnadigt, später dann zu 14 Jahren. Aber schon 1954 wurde Meyer aus dem unter britischer Verwaltung stehenden Gefängnis in Werl entlassen. Er starb 1961 an den Folgen seiner Kriegsverletzung.

Die Beantwortung der Frage war nun für den Kanzler recht einfach: »Die Briten haben den General in Gewahrsam. Ob er freigelassen wird oder im Gefängnis bleibt, ist keine deutsche, sondern eine britische Angelegenheit.« Der kleine Zwischenfall war damit beigelegt, aber die ganze Pressekonferenz zeigte, daß in der kanadischen Öffentlichkeit weit mehr Ressentiments zu spüren waren als in der amerikanischen. In mancher Beziehung ist das sogar noch heute so. Im ganzen genommen verlief dieser Kurzbesuch aber doch recht erfreulich.

Am Nachmittag ging es zurück nach Boston, und von dort traten wir nach kurzer Pause den Rückflug nach Deutschland an. Ich muß offen gestehen, daß mir ein Stein vom Herzen fiel, als wir uns in die Luft erhoben. Fast zwölf Tage war der Kanzler auf dem amerikanischen Kontinent zu Gast gewesen. Zwölf Tage mit mehr als zwei Dutzend Reden und ebenso vielen Pressekonferenzen geben eine unvorstellbare Zahl von Möglichkeiten für Pannen und Mißhelligkeiten. Auch bei bester Vorbereitung kann eine solche Reise, dazu noch die erste dieser Art, zu irreparablen Mißverständnissen und auch zu unvorhersehbaren Zwischenfällen führen. Aber alles war gut gegangen. Der Rest lag jetzt in den Händen der Piloten. Das wirklich schwer zu beschreibende Gefühl der Erleichterung, das mich bei diesem Rückflug beherrschte, verführte mich dazu, diesem Gefühl Ausdruck zu verleihen. Ich schleppte Professor Hallstein an die im Bauch der Maschine eingebaute, sehr gemütliche Bar. Vor der Reise hatte ich mir geschworen, während der ganzen Zeit keine alkoholischen Getränke anzurühren, nicht einmal einen Whisky-Soda. Ich hatte diesen Schwur gehalten, war aber nun von allen Fesseln befreit. Zwei oder drei überdimensionale Martini-Cocktails brachten mich in eine übermütige Stimmung. Wenn ich ganz offen sein soll, ich war nicht nur übermütig, sondern schlicht und einfach betrunken. Zum Kanzler und seiner Tochter Lotte zurückgekehrt, fühlte *ich* nun das Bedürfnis, den »treuen Husar« lauthals zu feiern. Ich tat es auch. Als der Kanzler den Fischgang des Abendessens nicht besonders goutierte, erbot ich mich – da wir uns über dem Ozean befanden –, sofort eine Angel auszuwerfen und für besseren Fisch zu sorgen. Der Kanzler hatte mich noch nie so erlebt und stachelte mich zu weiterem Unfug an.

Der Rückflug mit Zwischenlandungen war damals noch langwierig, dazu hatten wir Verspätung. Erst am Abend des 19. April landeten wir in Hamburg. Ich war müde, übernächtig und leider auch etwas verkatert, als wir endlich zur Landung ansetzten. Gleich darauf waren die Ermüdungserscheinungen aber überwunden. Eine riesige Menschenmenge erwartete den Kanzler auf dem Flugplatz Hamburg-Fuhlsbüttel. Scheinwerfer warfen ihr grelles Licht auf die Maschine. Als der Kanzler ausstieg, brach großer Jubel aus. Es war ein wirklich triumphaler Empfang in der Heimat. Wir flogen direkt nach Hamburg, weil dort am nächsten Morgen der Parteitag der CDU beginnen sollte. Fast das ganze Bundeskabinett war am Flugplatz erschienen, dazu die Partei-Prominenz, aber auch viele tausend Hamburger, die den Kanzler sehen wollten. Auf der Fahrt in das Hotel »Vier Jahreszeiten« säumten die Menschen die Straßenränder und winkten Adenauer zu. Natürlich hatten wir schon während der Reise deutsche Zeitungen gesehen, der Kanzler bekam täglich einen Pressespiegel von mir, der in Kurzform den Widerhall der Reise in der heimatlichen Presse und dem Rundfunk enthielt. Doch diese Wirkung hatte ich nicht erwartet, sie machte mich sehr glücklich. Heute weiß ich, daß schon an diesem Tage die Herbstwahlen zum Bundestag als gewonnen gelten konnten. Damals verstieg ich mich noch nicht zu solchen Feststellungen.

Endlich konnte ich auch meine Frau wieder in die Arme schließen. Allerdings bekam sie einen Mann mit graugrüner Gesichtsfarbe zurück, der dazu noch ziemlich schmutzig war. Trotzdem nahmen wir noch an einem Empfang der CDU im Hotel teil, bei dem Hochstimmung herrschte. Übrigens hatte der Kanzler meiner Frau schon am Flugplatz mitgeteilt, daß ich mich beim Rückflug »sinnlos« betrunken hätte, aber seine vergnügten Augen nahmen dieser kleinen Bosheit jeden ernsthaften Vorwurf. Endlich lag ich im Bett. Ich schwor mir, mindestens zwölf Stunden zu schlafen. Doch am Morgen ging das Telefon schon um 8 Uhr und riß mich aus einem bleiernen Schlaf. Der Kanzler bat mich, so bald wie möglich zu ihm in das Gästehaus des Senats zu kommen, in dem er abgestiegen war. Also hastete ich, gemäßigt fluchend, wieder los. Ich traf Adenauer in seinem Salon an, bei ihm Staatssekretär Dr. Lenz. Der Kanzler stand sichtlich unter einer leichten Depression nach den furchtbaren Anstrengungen, die er hinter sich gebracht hatte. Er erklärte mir: »Ich werde den Parteikongreß heute früh noch eröffnen, aber dann nach Bonn fahren. Ich habe keine Lust mehr!« Otto Lenz zwinkerte mir zu in der Hoffnung, ich würde mit ihm den Kanzler überreden, zu bleiben und den ganzen Kongreß mitzumachen. Doch ich sah mir den Kanzler an, spürte, daß bei ihm die Grenze der Belastungsmöglichkeit erreicht war, und erwiderte nur: »Es wäre mir lieb, wenn ich auch heute noch nach Bonn zurückfahren könnte!« Adenauer hatte natürlich eine andere Reaktion erwartet. Er schien sichtlich erleichtert und lud meine Frau und mich zur Rückfahrt in seinen Salonwagen ein. Auch die unbeschreiblichen Ovationen des überfüllten Parteitages für den alten Herrn konnten ihn nicht zum Ausharren in Hamburg bewegen. Wir kehrten nach Bonn zurück.

Ein großes Stück Arbeit lag hinter uns. Ein nicht weniger großes Stück vor uns: der Wahlkampf! Doch bis zur Septemberwahl lagen noch vier Monate vor uns, Monate, in denen sich sehr viel ereignen sollte.

Das Bundeskabinett von 1952

Schon bevor ich nach Bonn kam, hatte es sich eingebürgert, daß das Kabinett jeden Mittwochvormittag zur Beratung zusammentrat. Natürlich gab es Ausnahmen, zwingende Gründe, den Termin zu verlegen, Sondersitzungen abzuhalten oder auch einmal eine Sitzung ausfallen zu lassen. Immerhin habe ich an mehreren hundert Kabinettsitzungen teilgenommen und dann am Nachmittag vor der Pressekonferenz über die Beratungen und Beschlüsse berichtet. Wie sah nun das Kabinett aus, das ich im Februar 1952 vorfand? Unter Vorsitz des Bundeskanzlers versammelten sich im Kabinettssaal des Palais Schaumburg 14 Minister, wobei der Kanzler in Doppelfunktion auch das auswärtige Ressort vertrat. Als Vizekanzler wurde – obwohl es eine solche Position in der Geschäftsordnung der Bundesregierung gar nicht gibt – Franz Blücher bezeichnet. Er übernahm den Vorsitz, wenn der Kanzler einmal nicht anwesend sein konnte. Während der ganzen Ära Adenauer hat das Amt des »Stellvertreters« niemals wirklich Bedeutung gewonnen. Der Kanzler regierte weiter, auch wenn er von Bonn abwesend oder krank war. Nur Routineangelegenheiten überließ er dem Vizekanzler. Franz Blücher repräsentierte mit dieser inoffiziellen Bezeichnung den stärksten Koalitionspartner im Kabinett, die FDP. Sie ist niemals eine sehr geschlossene Partei gewesen, stellte in den ersten Regierungsjahren aber doch eine festere Einheit dar als später. Dazu mag beigetragen haben, daß die Partei außerhalb des Kabinetts durch die Person des Bundespräsidenten Professor Theodor Heuss ein beachtliches Gewicht besaß.

Es ist mir ein wirkliches Bedürfnis, hier einmal zu sagen, welche Bedeutung dem Umstand zukommt, daß an der Spitze der neuen deutschen Republik diese beiden Männer das Volk nach innen und außen repräsentierten: Theodor Heuss und Konrad Adenauer. In der Kombination dieser beiden so verschieden gearteten Männer lag für das Wiedererstehen eines demokratischen Staates eine einmalige Chance. Theodor Heuss hat in seiner Art und durch seine Persönlichkeit unendlich viel dazu getan, die Verachtung und das Mißtrauen gegen alles Deutsche verhältnismäßig schnell abzumildern und schließlich in weitem Maße zu beseitigen. Theodor Heuss besaß nach der Verfassung als Bundespräsident nicht viel politische Macht. Seine Persönlichkeit stellte aber einen sehr bedeutungsvollen Faktor dar. Ohne wirkliche Macht war er auf die Kraft seines Geistes und seines Wortes angewiesen. In einigen seiner Reden hat er für uns Deutsche Wertmaßstäbe geschaffen, die weit über die Grenzen der Bundesrepublik hinaus wirkten. Ich erinnere nur an Reden wie die im Lager Bergen-Belsen, als dort das Mahnmal für die Hingemordeten enthüllt wurde. Hier wurden echte Maßstäbe für die Überwindung der schrecklichen Vergangenheit gesetzt. Das gleiche gilt für seine Rede zu Ehren der Opfer des 20. Juli, der Männer, die sich gegen Hitler verschworen und ihre Tat mit dem Tode bezahlt hatten. Ohne diese Rede wäre es kaum möglich gewesen, eine deutsche Bundeswehr aufzubauen und ihr auch einen neuen Geist einzuhauchen. Das deutsche Volk hat Theodor Heuss unendlich viel zu verdanken.

Doch zurück zum Kabinett und zur FDP, die durch Dr. Thomas Dehler als Justizminister ihre stärkste Repräsentanz fand. Niemals hätte ich 1952 daran gedacht, daß Thomas Dehler einmal zu einem schwierigen Problem unserer Politik und auch seiner Partei werden würde. Die Eigenwilligkeit lag ihm natürlich schon immer im Blut. Sein Temperament war oft etwas ungezügelt, aber seine Loyalität gegenüber dem Kanzler stand über jedem Zweifel, ja mehr noch: Gerade bei ihm hatte man das Gefühl, daß er sich Adenauer, trotz vieler Gegensätze, ganz besonders eng verbunden fühlte. Nur einen Monat erlebte ich einen weiteren Minister aus den Reihen der FDP, nämlich Eberhard Wildermuth. Er starb am 9. März 1952. Er war ein verdienstvoller, feiner und sehr zuverlässiger Mensch. Sein Ressort »Wiederaufbau und Wohnungsbau« übernahm nach seinem Tode erst Fritz Neumayer und dann Dr. Victor-Emanuel Preusker, ein großer kräftiger Mann mit viel Tatkraft, hellem Verstand und großer Arbeitsfähigkeit.

Das so wichtige Ressort des Inneren hatte bei meinem Eintritt in den Staatsdienst Dr. Robert Lehr inne. Die Krise um Dr. Gustav Heinemann war schon abgeklungen. Im Oktober 1950 hatte Heinemann seinen Rücktritt erklärt, da er mit der auswärtigen Politik des Kanzlers, besonders mit dem Angebot an die Alliierten, einen deutschen Verteidigungsbeitrag im europäischen Rahmen zu stellen, nicht übereinstimmte. Er trat später der SPD bei, um von dort aus den Kampf gegen Adenauers Politik fortzuführen. Damals befand er sich bei der SPD im richtigen Lager, heute, nachdem die Sozialdemokraten in weitem Maße auf die Linie der Adenauerschen Außenpolitik eingeschwenkt sind, kann er sich eigentlich auch dort politisch nicht wohl fühlen, denn er, für seine Person, hat diese Schwenkung nicht mitgemacht. Doch, wie gesagt, ich fand auf seinem Stuhl schon Dr. Lehr vor, einen Mann der alten preußischen Schule, der früher einmal seinem ganzen Typ nach in der Nähe der Deutschnationalen beheimatet gewesen sein mag. Er hatte viel Verwaltungserfahrung, ohne im politischen Bereich besonders produktiv zu sein. Belustigend war es häufig, den Kanzler und Dr. Lehr nebeneinander am Kabinettstisch sitzen zu sehen. Seit eh und je hat zwischen Düsseldorf und Köln eine harte Rivalität bestanden, und Dr. Lehr war lange Zeit in Düsseldorf Oberbürgermeister gewesen. Von Zeit zu Zeit kam die Rivalität der beiden Städte durch kleine bissige Bemerkungen zwischen den beiden Männern wieder zum Vorschein.

Nach dem Bundeskanzler war mit weitem Abstand vor allen anderen Kabinettsmitgliedern Prof. Ludwig Erhard der bekannteste. Mit seinem Namen verband und verbindet sich bis heute der wirtschaftliche Wiederaufstieg der Bundesrepublik, das deutsche »Wirtschaftswunder«. Er selbst hatte es nicht gern, daß man von einem »Wunder« sprach, denn sein wissenschaftlicher Verstand mußte im Bereich der Nationalökonomie solche Schlagworte ablehnen. Die Wirtschaft kennt keine Wunder, sondern nur Gesetzmäßigkeiten, nur Resultate, die sich aus Ursache und Wirkung ableiten. Trotzdem liegt im Wiederaufbau Westdeutschlands etwas »Wunderbares«, denn es ist nicht richtig, daß die Wirtschaft als die realste Erscheinung im Leben eines Volkes sich nur nach errechenbaren oder gar voraussehbaren Gesetzen entwickelt. Auch hier ist der Mensch der Mittelpunkt aller Dinge. So verstanden auch das Ausland und viele Deutsche das »Wunder«, das sich vollzog. Niemand hatte so recht daran glauben wollen, daß die Arbeiter und Unternehmer mit kaum vorstellbarem Elan ans Werk gingen, nach einem Zusammenbruch, der kein Beispiel in der deutschen Geschichte hat. Man erwartete vielmehr Resignation und Verzweiflung bei den Deutschen.

Es ist Professor Erhards historisches Verdienst, daß er durch seine Wirtschaftspolitik diesem Willen den richtigen Weg öffnete. Das Risiko, das er mit dem raschen Abbau der Zwangswirtschaft nach der Währungsreform einging, war ungeheuer groß. Er war es, der an den deutschen Arbeiter, Handwerker, Angestellten und an den deutschen Unternehmer glaubte, ihrer Kraft und ihrem Willen das unmöglich Erscheinende zutraute, während die Führer der Sozialdemokratie und der Gewerkschaften diesen Glauben nicht aufzubringen vermochten. Für die junge Generation sind das heute schon Selbstverständlichkeiten. In den Jahren nach der Währungsreform erwartete aber die Mehrheit der organisierten Arbeitskräfte von Erhards »sozialer Marktwirtschaft« nicht einen schnellen Aufstieg, sondern den völligen Zusammenbruch, ja das wirtschaftliche Chaos mit Inflation, Arbeitslosigkeit, Hunger und Verzweiflung, also eine Entwicklung, die eher der Ausbreitung des Bolschewismus als einer bürgerlichen Konsolidierung den Weg bereiten würde. Erhards Instinkt erwies sich als richtig. Natürlich kamen ihm auch günstige Umstände zustatten, wie z. B. der Marshallplan. Aber wer Mut, Kraft und Zutrauen besitzt, hat meistens auch jenes Maß an Glück, ohne das nichts gelingen kann. 1952 konnte die Richtigkeit der Wirtschaftspolitik nur noch von unbelehrbaren Dogmatikern in Zweifel gezogen werden. Natürlich war seine Stellung im Kabinett außerordentlich stark, seine Autorität in allen Wirtschaftsdingen unantastbar. In der Behandlung politischer Fragen hielt er sich sehr zurück.

Als Arbeitsminister fungierte Anton Storch, dessen enge Verbindungen zu den Gewerkschaften ihm den nötigen Hintergrund gaben. Die Bundesrepublik kannte damals nur die Einheitsgewerkschaft. In ihr waren auch die Mitglieder der früheren christlichen Gewerkschaften aufgegangen. Storch, tief verwurzelt in der christlichen Gewerkschaftsbewegung, verfügte über ein solides Wissen, eine zuverlässige Hausmacht, und seine ruhige, allem Hektischen abgewandte Persönlichkeit garantierte lange Zeit den Arbeitsfrieden. Die ihm fehlende Brillanz ersetzte er durch Zuverlässigkeit sowohl als Person wie auch in seiner Arbeit. Unter den CDU-Mitgliedern des Kabinetts gab es noch mehr Persönlichkeiten, die ihm in ihrer Struktur ähnelten. Das Ministerium für Ernährung, Landwirtschaft und Forsten lag in den Händen von Professor Wilhelm Niklas, der in den ersten Jahren nach der Währungsreform eine sehr klar umrissene Aufgabe hatte, nämlich die Produktion der Landwirtschaft zu steigern. Ist heute die Landwirtschaftspolitik äußerst kompliziert, da sie einer stetigen Strukturwandlung von der Quantität zur Qualität bedarf, um im Rahmen der Europäischen Wirtschaftsgemeinschaft bestehen zu können, so war sie damals noch ziemlich unproblematisch, zumal sie unter allen Wirtschaftszweigen Krieg und Zusammenbruch am besten überstanden hatte. Wenn ich mich nicht irre, so verfügte sie am Ende des Krieges über einen Viehbestand, der nicht geringer war als der vor dem Kriege. Das neue, stabile Geld gab Anreiz genug für die Bauernschaft, zu produzieren und zu verkaufen. Die großen Sorgen kamen erst lange nachdem Professor Niklas, dessen Gesundheit leider nicht sehr gut war, sein Amt niedergelegt hatte.

Ein dornenvolles Amt verwaltete der Vertriebenenminister Dr. Hans Lukaschek, eines der liebenswertesten Mitglieder des Kabinetts. Die Eingliederung der Millionen Vertriebenen war natürlich eine riesige Aufgabe. Ich traf Lukaschek sehr häufig in der Ermekeil-Kaserne, in der sein Ministerium und mein Amt damals unter einem Dach hausten. Es ist mir nicht möglich, abzumessen, inwieweit die alle Erwartungen übertreffende rasche Einpassung der Vertriebenen in das Wirtschaftsleben der Republik sein persönliches Werk war. Sicher ist, daß die warmherzige, unbürokratische Art dieses Oberschlesiers Vertrauen erweckte gerade unter den Menschen, die der Krieg am schwersten getroffen hatte. Ich glaube, er war ein Mann, der keine Feinde hatte. Auch das stellt auf einem solchen Posten ein großes Kapital dar.

Feinde in ausreichender Zahl besaß dagegen der Finanzminister Fritz Schäffer. Dieser kleine, drahtige Bayer hatte es in sich. Sein Sachverstand wurde nicht bezweifelt, seine Finanzpolitik trotzdem oft heftig angegriffen. Das lag nicht allein an sachlichen Meinungsverschiedenheiten, sondern in weitem Maß auch an seiner Person. Mit keinem der Kabinettsmitglieder war es so schwer, einen Kompromiß zu schließen, wie mit Fritz Schäffer, der über eine Hartnäckigkeit verfügte, die jeden zur Verzweiflung treiben konnte. Alle aber hatten Respekt vor diesem Mann, der keine Furcht kannte und mit Verbissenheit zu kämpfen verstand. Seine innere Unabhängigkeit wußte er auch dem Kanzler gegenüber zu bewahren, den er oft sehr nervös machte, wenn er selbst in Fragen von sehr geringer finanzieller Bedeutung stundenlang unverrückbar seinen Standpunkt behauptete. Die Sonderstellung, die die Verfassung dem Finanzminister einräumt – er kann, wenn für eine Ausgabe keine Deckung vorhanden ist, im Kabinett nicht überstimmt werden –, kam ihm natürlich sehr zustatten. Dabei war es ihm ganz gleichgültig, ob es sich bei der Ausgabe, über die beraten wurde, um hundert Millionen oder 50 000 Mark handelte. Unter allen Kabinettsmitgliedern war Fritz Schäffer wohl der einzige, vor dem selbst der Kanzler manchmal die Waffen streckte, weil Schäffer über noch größere Zähigkeit verfügte als Konrad Adenauer. Dazu konnte er oft sehr bissig und scharf werden.

Ich erinnere mich an eine Auseinandersetzung zwischen ihm und dem Kanzler, die sich über Stunden erstreckte. Adenauer zog alle Register, vom freundlichen Zureden bis an Grobheiten grenzende Äußerungen. Schäffer erklärte hartnäckig, das Geld sei nicht da, der Etat müsse ausgeglichen sein. Schließlich meinte der Kanzler verzweifelt: »Na, Herr Schäffer, dann machen Sie eben mal ein paar Schulden!« Bissig schlug Schäffer zurück, dem, wenn er sich ärgerte, die Haare wie bei einem Wiedehopf borstig in die Luft standen: »Mir bezahlt aber zum Schluß keiner die Schulden. Ich habe ja keinen preußischen Finanzminister hinter mir, wie früher der Oberbürgermeister von Köln!« Das war ein Tiefschlag gegen Adenauer, der als Oberbürgermeister von Köln mehr als einmal vom preußischen Finanzminister aus der Finanzmisere gerettet wurde. Ich glaube, es war das einzige Mal, daß Adenauer, von dem unerwarteten persönlichen Angriff überrumpelt, keine schlagfertige Antwort fand. Doch im Laufe der Jahre verschlechterte sich Schäffers Position, weil er die Einnahmen des Bundes stets zu niedrig schätzte, um Ausgaben ablehnen zu können. Am Schluß des Jahres gab es dann immer einen Überschuß. Schließlich entstand der sogenannte »Juliusturm«, ein Milliardenkapital, das, der Wirtschaft entzogen, viel böses Blut machte. Ich bin kein Finanzexperte und habe kein wirkliches Urteil, ob die Politik der Geldhortung, so wie sie Schäffer betrieb, eine vertretbare Politik darstellte. Sicher hingegen ist, daß er es nicht verstand, die angesammelten Milliarden den Blicken der Öffentlichkeit zu entziehen, um sie in Zeiten der Not zur Verfügung zu haben. Schließlich stürzte sich das Parlament auf dieses Kapital, der »Kuchen« wurde unter heftigen Kämpfen aufgeteilt und ausgegeben. Das Unglück aber war weniger die Auflösung des »Juliusturmes« als der Umstand, daß die Parteien damit nicht einmalige Ausgaben deckten, sondern Gesetze beschlossen, die die gleichen Ausgaben Jahr für Jahr auf den Bundeshaushalt wälzten. Die schnell ansteigenden Steuereinnahmen verdeckten einige Jahre diese mißliche Situation, heute ist sie aber nicht mehr zu übersehen.

Eine Persönlichkeit ganz eigenen Gepräges war der Minister für Gesamtdeutsche Fragen, Jakob Kaiser. Er hatte ein schweres und sehr undankbares Amt. Das Ministerium für Gesamtdeutsche Fragen ist ein nicht leicht zu umreißendes Ressort. Die Frage der deutschen Wiedervereinigung ist letztlich ein außenpolitisches Problem, denn nur mit Hilfe der vier Siegermächte kann das deutsche Volk seine Einheit zurückgewinnen. Zum Gesamtdeutschen Ministerium gehört in erster Linie die Beobachtung der Entwicklung in der sowjetisch besetzten Zone, dazu aber auch die Aufrechterhaltung der Beziehungen zwischen den Menschen in beiden Teilen Deutschlands. Es sollen also politische Aufgaben bewältigt werden, die ohne Mithilfe der gesamten Bundespolitik gar nicht zu bewältigen sind. Sicherlich muß auch eine ganze Menge Verwaltungsaufgaben bearbeitet werden, aber in erster Linie ist dieses Ressort doch rein politisch. Für Jakob Kaiser, der zusammen mit Ernst Lemmer und anderen, solange es irgend möglich war, in der Ostzone als Führer der Ost-CDU ausgehalten hatte, war es außerordentlich schwierig, seine ganz spezielle Aufgabe mit der Außenpolitik des Kanzlers in Übereinstimmung zu bringen. Ich fühlte, daß er viele schlaflose Nächte verbrachte, gequält von dem Zweifel, ob es im Rahmen der Politik der Einordnung der Bundesrepublik in das westliche Bündnissystem möglich sei, die Wiedervereinigungsfrage einer Lösung näherzubringen.

Adenauers Politik, die vom Kabinett gestützt wurde, mußte zu einer harten Frontstellung unseres jungen Staates gegen die Sowjetunion führen. Die Frage, ob dieses Sicheinfügen in den mächtigen westlichen Block eines Tages die Sowjetunion dazu bringen würde, dem Verlangen auf Wiedervereinigung unseres Volkes entgegenzukommen, war nicht zu beantworten. Sie ist bis zum heutigen Tage nicht beantwortet. Jakob Kaiser rang sich schließlich immer wieder dazu durch, Adenauers Politik zu unterstützen, wohl aus der Erkenntnis heraus, daß zwar der Erfolg dieser Politik hinsichtlich der Wiedervereinigung zweifelhaft blieb, es aber für klar denkende Menschen auch keine Alternative gab. Eine Politik mit Rußland gegen den Westen schied aus den Überlegungen aus, da das Resultat nur ein wiedervereinigtes kommunistisches Deutschland sein konnte. Und eine Politik zwischen den Blöcken, die von manchen empfohlen wurde, bedeutete ein unübersehbares Risiko. Kein Zweifel konnte darüber bestehen, daß eine Schaukelpolitik zwischen West und Ost schließlich zum Desinteresse besonders der Vereinigten Staaten an der Bundesrepublik und damit auch zum Abzug ihrer Truppen führen würde. Natürlich gibt es auch Staaten und Zeiten, in denen eine Schaukelpolitik angezeigt sein kann, wenn sie auch stets ein besonderes Maß an diplomatischem Geschick erfordert. Für einen Staat in der Mitte Europas ohne militärische Machtmittel, die eigene Unabhängigkeit zu schützen, kann eine solche Politik nur zur Katastrophe führen. Jakob Kaiser befand sich in einem schrecklichen Dilemma, und so blieb ihm nichts übrig, als den ständigen Mahner zu spielen, bei jeder politischen Frage seine Stimme zu erheben und an die von uns getrennte Sowjetzone und ihre 17 Millionen Menschen zu erinnern. Er hat diese Aufgabe bis zu seiner schweren Erkrankung, ja bis zu seinem Tode, treulich erfüllt.

Die Deutsche Partei war durch zwei Minister im Kabinett vertreten. Beide sind von beträchtlichem Körperumfang, bestreiten ihre Position aber keineswegs aus diesem Umstand. Bundesminister Dr. Hans-Christoph Seebohm war vom ersten Tage der Kabinettsbildung an Minister für Verkehr und blieb es bis zum Amtsantritt der Regierung Kiesinger im Dezember 1966, also 17 Jahre lang. Dieser Mann fand auf seinem Gebiet wirklich chaotische Zustände vor, als er mit seiner Arbeit begann. Die Straßen hatte der Krieg in einem erbarmungswürdigen Zustand zurückgelassen. Der Bundesbürger quälte sich, soweit er über ein Auto verfügte, fluchend über die von Bomben und Panzern zerrissenen Straßendecken, jeden Augenblick fürchtend, daß sein klappriges Fahrzeug endgültig zusammenbrechen würde. Überfüllt waren die Straßen allerdings damals noch nicht, denn die Automobilproduktion lief noch auf relativ langsamen Touren. Außerdem fehlte es den Menschen auch noch an Geld für den Kauf neuer Wagen. Tausende von Straßenbrükken waren zerstört und warteten auf den Wiederaufbau. Bei der Bundesbahn sah es nicht besser aus. Die Eisenbahnanlagen bildeten ein besonders beliebtes Ziel für Bombenangriffe. Es gab nur zerstörte Bahnhöfe, beschädigte Geleise, aber weder Lokomotiven noch Waggons.

Seebohm war nun nicht der Mann, der vor einer schier unmöglich erscheinenden Aufgabe zurückschreckt. Er ging ans Werk und leistete in den folgenden Jahren Bewunderungswürdiges. Es gehört heute schon fast zum guten Ton, auf den Verkehrsminister zu schimpfen, wenn sich an Feiertagen oder während der Hauptverkehrszeit die Autos stauen und lange Schlangen bilden. Doch diese Vorwürfe sind ungerecht, weil die Menschen lieber der augenblicklichen Verärgerung nachgehen, als einmal zehn Jahre zurückzudenken und das Geleistete zu würdigen. Nach 1945 glaubte jeder, daß die Straßen in Deutschland und auch die Eisenbahn zu seinen eigenen Lebzeiten nicht wieder in Ordnung kommen würden. Nun wäre heute längst alles zum Besten bestellt, wenn nicht der wirtschaftliche Aufschwung Millionen zusätzlicher Automobile auf die Straßen gebracht hätte. Auch ist die Neigung verbreitet, verstopfte Straßen im Fernverkehr oder in den Städten als eine charakteristische deutsche Plage anzusehen. Ich kann nur jedem empfehlen, einmal an einem Sonntagabend zu versuchen, nach New York zurückzufahren, einer Stadt, in der keine Bomben gefallen sind. Er wird dort keine besseren Zustände vorfinden. In keinem Industrieland der Welt hat der Straßenbau mit der Zunahme des Verkehrs Schritt halten können. Autos lassen sich eben schneller bauen als Straßen und Brücken. Ich finde, daß der Verkehrsminister mit seinen Kollegen in den Ländern eine großartige Arbeit im Rahmen der finanziellen Möglichkeiten und der zur Verfügung stehenden Arbeitskräfte geleistet hat. Allerdings bereitete mir Minister Seebohm auch manche schwierigen Momente in meinen Pressekonferenzen. Wenn er als Sprecher der Sudetendeutschen aufgetreten war, mußte ich häufig seine Festreden so zurechtbiegen, daß ich besonders bei den Auslandsjournalisten einigermaßen durchkam. Das Schicksal der Sudetendeutschen soll hier nicht behandelt werden. Aber es bleibt eine Tatsache, daß das Ausland in dieser Frage allergisch ist, weil das Sudetenland vor der Hitlerzeit nicht zum Deutschen Reich gehörte, sondern von Hitler mit Gewalt von der Tschechoslowakei abgetrennt wurde. Hier geht es um schwierige, vorwiegend psychologische Vorgänge, die eine sehr vorsichtige Behandlung erfordern.

Heinrich Hellwege und Dr. Seebohm, die erst viel später von der DP zur CDU stießen – Hellwege im November 1961, Seebohm im September 1960 –, verband die Tatsache, daß sie sich beide auf niedersächsische

Wähler als Hauptmacht stützten. Heinrich Hellwege gelang es sogar, zeitweilig den sehr populären SPD-Ministerpräsidenten Hinrich Kopf von seinem Sessel in Hannover zu verdrängen. Sein Ressort »Angelegenheiten des Bundesrates« gab ihm auf der Bundesebene nur relativ geringe Entfaltungsmöglichkeiten. So blieb er trotz seiner Eigenschaft als Bundesminister doch mehr ein Landespolitiker. Mit der langsamen, aber stetigen Auflösung der Deutschen Partei mußte aber auch dort sein Einfluß schwinden. Es ging ihm dabei nicht anders als den Vertretern anderer, relativ kleiner Parteien. Die Entwicklung zum Zwei-, höchstens Drei-Parteien-System scheint unaufhaltsam.

Das waren also die wichtigsten Männer, die unter Vorsitz Konrad Adenauers jeden Mittwoch um den ovalen Kabinettstisch Platz nahmen. Für den Staatssekretär des Bundespräsidenten und für meinen Stellvertreter Werner Krueger und mich selbst gab es einen kleinen Extratisch, denn wir waren Beamte und nicht politische Minister. Gleich bei Übernahme meines Amtes gab es unter meinen Mitarbeitern einige, die mich dazu bringen wollten, gegen diese Extraplazierung zu protestieren und mir einen Platz am Kabinettstisch zu erkämpfen. Dazu hatte ich nicht die geringste Lust, da ich nicht daran glaube, daß Position und Einfluß von solchen Äußerlichkeiten abhängen. Es kam schließlich darauf an, dem Presseamt in diesem Kreise eine Position zu verschaffen, und das gelingt nur, wenn man etwas von Belang zu sagen hat. Von welchem Stuhl aus das geschieht, ist völlig nebensächlich. So blieb ich die Jahre an meinem Tisch, der mir zudem die Möglichkeit gab, meinen Nachbarn, zuerst Staatssekretär Klaiber, dann Dr. Bleek und später Hans von Herwarth, glossierende Randbemerkungen zuzuflüstern, ein Vergnügen, auf das ich leider nur schwer verzichten kann.

Wie ging nun so eine Kabinettsitzung vor sich? Natürlich gab es eine Tagesordnung der zu beratenden Fragen. Die Tagesordnung ist geheim wie die Beratungen selbst auch. Leider pflegten aber die Journalisten auf irgendeinem Wege stets zur Kenntnis wenigstens der wichtigeren Punkte zu kommen. Das brachte mir häufig sehr ungelegene Fragen ein, denn entweder war der Punkt gar nicht beraten oder keine Entscheidung gefällt worden. Nicht selten kam es vor, daß der Kanzler die Sitzung mit einer Darstellung der Lage, vorwiegend der außenpolitischen, eröffnete, woran sich eine lange Debatte schloß. Es kam vor, daß es überhaupt nicht zu einer Beratung der Tagesordnungspunkte kam. Dann saß ich in der Pressekonferenz am Nachmittag ganz fest. Ich mußte verkünden: »Keine Beschlüsse!« Nun wollten die Journalisten wissen, was man denn sonst den ganzen Vormittag im Kabinett getan habe. Antwort: »Vortrag des Bundeskanzlers, allgemeine politische Aussprache.« Nächste Frage: »Und worüber sprach man sich aus?« Natürlich war die Aussprache selbst nicht für die Öffentlichkeit bestimmt. Deswegen sind Kabinettsitzungen eben geheim. Auf der anderen Seite ist es nicht gerade stimmungsfördernd, nach einer Pressekonferenz von zwei Minuten Dauer 200 bis 300 Journalisten mit leeren Händen nach Hause zu schicken. Wenn es mir nicht gelang, irgendein Ressort mit Spezialfragen, über die sich einiges sagen ließ, zu mobilisieren, mußte ich mir anders helfen. Analog der Lageschilderung des Kanzlers versuchte ich dann, auch ein Bild der allgemeinen außenpolitischen Situation zu entwerfen unter Weglassung aller der Dinge, die eben geheim bleiben mußten. Das ist natürlich nicht ganz einfach. Unter den Argumenten fehlten dann naturgemäß oft gerade die besten, denn die waren eben wieder geheim. Das Ganze ist ein ziemlicher Seiltanz, besonders Menschen gegenüber, die von den Dingen zu viel verstehen, als daß der Versuch, sie nur zu unterhalten, Aussicht auf Erfolg geboten hätte.

Oft aber sagte der Kanzler auch gar nichts zur allgemeinen Lage. Er schlug einfach die Kabinettsmappe auf und sagte: »Also, Punkt 1 der Tagesordnung. Bitte Herr... tragen Sie vor.« Nur ganz selten geschah es, daß das Kabinett von sich aus den Kanzler zu einer politischen Aussprache zwang. Immerhin kam es dann und wann vor, aber es war dann stets recht ungemütlich. Meist wollte der Kanzler die von den Ministern aufgeworfenen Fragen nicht diskutieren und versuchte dabei, die Debatte möglichst bald zu beenden. Natürlich gab es Gründe dafür. Entweder hatte er über seine eigene Meinung noch nicht endgültig entschieden, oder er hielt die ganze Sache noch nicht für spruchreif. Wie die Sitzung aber auch verlief, immer hatte Adenauer die Debatte in der Hand. Seine Autorität als Kanzler und Vorsitzender des Kabinetts stand niemals in Frage. Nun wäre es allerdings völlig falsch, zu glauben, daß Adenauer die Ausführungen der Ressortminister und die Aussprache kurz abzuschneiden versucht hätte. Auch das kam vor, aber selten. Obwohl er sich bemühte, die Debatte zu straffen, ließ er sich doch oft sehr viel Zeit, das Hin und Her der Meinungen anzuhören. Oft, sehr oft habe ich seine Geduld bewundert, denn nicht allen Menschen ist es gegeben, sich kurz und präzise auszudrücken. Dabei ließ seine Aufmerksamkeit niemals nach, auch nach Stunden nicht. Er folgte allen Darlegungen mit größter Anspannung. Da gab es oft ergötzliche Szenen, nicht selten gerade mit Minister Schäffer, der glaubte, wenn er eine volle Stunde mit Zahlen meisterhaft jonglierte, in allen Gehirnen eine solche Verwirrung angerichtet zu haben, daß er im Schutze dieses Durcheinanders seine Auffassung mühelos durchsetzen könnte. Doch weit gefehlt! Plötzlich unterbrach ihn der Kanzler: »Vor einer Stunde haben Sie aber eine andere Zahl genannt, Herr Schäffer. Ich habe sie mir aufgeschrieben. Das kann doch nicht stimmen!« Schäffer parierte dann: »Wenn Sie es nicht richtig verstanden haben, Herr Bundeskanzler, dann muß ich eben noch einmal von vorne anfangen!« – »Ja, das machen Sie man, Herr Schäffer«, sagte der Kanzler und blinzelte ihn an, was etwa soviel bedeutete: »Mich werden Sie nicht durcheinanderbringen!« Bedeutungsvoll spielte er dabei mit seinem Bleistift. Minister Schäffer fing also von vorne an und kam dann zu Zahlen, die zusammengerechnet auch wirklich die Summe ergaben, auf die es ankam.

Der Leser vermißt vielleicht die allgemeine Schilderung einer durchschnittlichen Kabinettsitzung, doch diese Durchschnittssitzung gab es kaum. Obwohl dem Kanzler beim Betreten des Raumes seine Grundstimmung schon im Gesicht geschrieben stand, entstanden doch zu häufig Überraschungen, als daß man von einem festen Typ »Kabinettsitzung« sprechen kann. Ganz ähnlich wie Adenauer während seiner ganzen Regierungszeit die Öffentlichkeit beschäftigte, Anhänger sowohl wie Gegner, weil er keine Schablone kannte und immer das Unerwartete bei ihm möglich war, so konnte man auch nie wissen, wie eine Kabinettsitzung verlaufen würde. Eigentlich war jede wieder anders, wenigstens gab es unzählige Variationsmöglichkeiten.

Vielleicht ist hier aber auch ein Wort darüber am Platze, welche Rolle der Pressechef innerhalb der Kabinettsitzungen spielt. Oft ist nach den Beratungen natürlich zu klären, wieviel der Pressechef nun in seiner Nachmittagskonferenz sagen kann. Hin und wieder muß sogar eine Formulierung schriftlich festgelegt werden. Dafür ist dann ein Entwurf zu machen, den das Kabinett billigt oder abändert. Doch noch etwas anderes ist neben dieser eher selbstverständlichen Funktion von Bedeutung. Bei vielen, besonders politischen Entschlüssen ist sowohl der Zeitpunkt, an dem sie gefaßt werden, als auch wie sie der Öffentlichkeit zu präsentieren sind, von großer Bedeutung. Es gibt wenig absolut, rein national richtige oder falsche politische Entscheidungen. Zeitpunkt und Umstände, häufig auch ihre Formulierung sind maßgebend dafür, ob die Öffentlichkeit die gefällte Entscheidung versteht. So habe ich es immer als meine Aufgabe angesehen, auf diesen Aspekt der Politik besonders zu achten. Tut ein Pressechef das nicht, so gerät er mehr und mehr in die Rolle des Mannes, der nur Pannen auszubügeln hat. Das kann aber seiner Wirksamkeit, auf die das ganze Kabinett angewiesen ist, nicht zuträglich sein. Seine Aufgabe soll nicht sein, Pannen mit mehr oder weniger Geschick zu reparieren, sondern sie nach Möglichkeit zu verhindern. Auch aus diesem Grunde ist eine intime Zusammenarbeit mit dem Regierungschef unerläßlich, denn häufig ist es im Kabinett schon zu spät, eine nach Form und Inhalt unglückliche Entscheidung zu verhindern. Im Arbeitszimmer des Kanzlers, unter vier Augen, ist es viel leichter möglich. Diese Bemerkungen sollen nun aber nicht bedeuten, daß ein Pressechef in alles und jedes hineinzureden hat. Er muß sich immer bewußt bleiben, daß oft unerläßliche und unpopuläre Entscheidungen getroffen werden müssen, auch zum unpassenden Zeitpunkt, und daß er dann eben auf die Barrikade gehen und kämpfen muß. Es gibt Entscheidungen, die zu keinem Zeitpunkt populär sind. Ich erinnere nur an die Einführung der allgemeinen Wehrpflicht. In so einem Falle gibt es keine Taktik, sondern nur gute Nerven, großes Stehvermögen und ein unerschütterliches Festhalten an dem, was notwendig, ja lebenswichtig ist. Ein solcher Kampf kann sich Monate und Jahre hinziehen. Wer auf der Strecke aufgibt, ist verloren. Sowohl in der Außenpolitik als auch in der Innenpolitik hat es in den folgenden Jahren nicht an solchen harten Kämpfen gefehlt. Als wir aus Amerika zurückkamen, war einer schon gewonnen. Die Beteiligung Deutschlands an der europäischen Verteidigung stand bei der Majorität des Volkes fest.

Der 17. Juni 1953

Niemand konnte für das kommende halbe Jahr eine ruhige oder gar behagliche Zeit erwarten. Nur einige Monate trennten uns von dem Tag der Bundestagswahlen, und der innenpolitische Kampf verhärtete sich von Woche zu Woche. Kurt Schumacher unterlag bei der Wahl des Bundeskanzlers 1949 nur mit einer Stimme, und niemand konnte der SPD verübeln, daß sie entschlossen war, sich diesmal die Macht zu erkämpfen. Es sollte ein fairer, wenn auch harter Kampf werden, dessen Ausgang mich noch nicht sehr beunruhigte.

Schwere Sorgen drangen aber zu uns von jenseits der Zonenlinie und aus Ost-Berlin. Es bestanden damals keinerlei Schwierigkeiten für die Bundesregierung und das Presseamt, über alle Vorgänge in der SBZ bis ins einzelne informiert zu sein. Seit Monaten war erkennbar, daß sich die Zone in einer schweren Krise befand. Acht Jahre hatte auch dieses Regime Zeit gehabt, am Wiederaufbau der Städte und Fabriken, an der Ingangsetzung der Wirtschaft zu arbeiten. Doch von irgendwelchen Erfolgen wurde nichts sichtbar. Da in der Zone nicht weniger tüchtige und fleißige Arbeiter leben als in Westdeutschland, so mußte das Versagen des Regimes andere Gründe haben. Die Objektivität verlangt es, festzustellen, daß die systematische Ausplünderung der Zone durch die Sowjetunion wenigstens in den ersten Jahren nach dem Zusammenbruch einer der Hauptgründe war. Demontagen und ein ständiges Abschöpfen aus der laufenden Produktion als Reparationsleistungen hätten es auch einem anderen Regime schwer gemacht, wirtschaftliche Erfolge zu erringen. Die Verbindung zwischen dieser Ausplünderung und der sozialistischen Planwirtschaft mußte also zwangsläufig zu einer Verelendung der Massen führen.

Es gab viele Menschen in der Bundesrepublik, die glaubten, daß eine solche Entwicklung in der Zone schließlich zum Zusammenbruch des Regimes und damit letztlich zur Wiedervereinigung führen würde. Realistisch denkende Politiker konnten diesen Optimismus nicht teilen. Es hatte schon einmal eine Zeit gegeben, in der Millionen Deutsche geglaubt hatten, daß Hitler an seiner Wirtschaftspolitik scheitern und dadurch von der politischen Bühne verschwinden würde. Diese Rechnung ging damals nicht auf, und sie konnte auch in der Zone nicht aufgehen. In unserer Zeit ist eine Diktatur, die uneingeschränkt über die militärische Macht verfügt, von innen her nicht zu stürzen. Hitler hätte nur durch die Armee gestürzt werden können; er erlag schließlich der militärischen Gewalt von außen. Ulbricht war in seiner Stellung nicht zu erschüttern, solange ihn 20 russische Divisionen stützten. Sein Regime lebt noch heute von dieser geborgten Macht.

Die täglichen Berichte aus der Zone waren also besorgniserregend. Niemand erwartete aber eine Explosion. Am 16. Juni waren einige Nachrichten eingeganen, die auf eine erhebliche Unruhe in Ost-Berlin hinwiesen; aus vielen Städten der Zone gab es ähnliche Hinweise.

Am 16. Juni 1953 fand eine Sitzung im kleinen Kabinettssaal des Palais Schaumburg statt, deren Vorsitz der Kanzler führte. Ich erinnere mich nicht mehr des Gegenstandes der Beratungen, an der einige Kabinettsmitglieder und Herren der CDU-Fraktion teilnahmen. Wir hatten kaum mit der Besprechung begonnen, als mir eine Nachricht hereingebracht wurde, daß einige hundert Bauarbeiter in Ost-Berlin in den Streik getreten seien und einen Demonstrationszug bildeten. Die Bauarbeiter protestierten gegen eine von der SED beschlossene Normenerhöhung und gekürzte Lohnauszahlung. Die Meldung wies noch keineswegs auf gewaltsame Auseinandersetzungen hin, zeigte aber eine Verschärfung der Lage. Ich gab die Nachricht an den Bundeskanzler weiter, der sie mit einer kurzen Bemerkung beiseite legte und in den Beratungen fortfuhr.

Doch nun folgten die Meldungen Schlag auf Schlag! Zwischen 11 und 13 Uhr wuchs der Zug der Demonstranten von einigen Hundert auf mehrere Tausend an und bewegte sich vom Strausberger Platz kommend auf das Stadtinnere zu. Die Sitzung beim Kanzler löste sich auf, ich kehrte in mein Amt zurück, um in nächster Nähe der Nachrichtenquellen zu sein. In den Mittagsstunden zeigte sich, daß sich die anfangs rein lohnpolitische Streikbewegung immer mehr zu einer politischen Demonstration entwickelte. Die Demonstranten hatten das ehemalige Luftfahrtministerium, jetzt »Haus der Ministerien«, in der Leipziger Straße erreicht. Sprechchöre bildeten sich, und als Minister Selbmann die Menschenmenge zu beruhigen versuchte, indem er eine Überprüfung der Normenverordnung zusagte, scholl ihm aus vielen tausend Kehlen der Ruf entgegen: »Wir wollen frei sein! Wir fordern freie und geheime Wahlen!« Die Volkspolizei wagte nicht einzugreifen. Unbeteiligt sah sie den Vorgängen zu. Vor dem Gefängnis in der Barnimstraße verlangten Demonstranten die Freilassung der politischen Gefangenen. Auch hier griff die Vopo nicht ein. Es war offensichtlich, daß die SED-Führung es auf keine Machtprobe zwischen deutschen Arbeitern und der eigenen Polizei ankommen lassen wollte. Es ereigneten sich zwar einige Zusammenstöße zwischen Demonstranten und SED-Funktionären, aber es floß kein Blut. Bei Dunkelheit zerstreuten sich die Demonstrationszüge, die Nacht verlief relativ ruhig.

In kurzen Abständen laufen diese Meldungen bei mir ein. Von Bonn aus ist nicht zu übersehen, ob es bei einer Streikbewegung bleibt oder ob mit einer Ausbreitung der Unruhen zu rechnen ist. Ununterbrochen hängen meine Mitarbeiter im Presseamt an der Telefonleitung nach Berlin, aber es gibt keine einwandfreien Hinweise darauf, welche Entwicklungen zu erwarten sind. In regelmäßigen Abständen wird der Kanzler über die Lage informiert. Während der Nacht versiegen die Nachrichtenquellen.

Am 17. Juni sehr früh läutet das Telefon an meinem Bett: der Chef vom Dienst meines Amtes informiert mich, daß Nachrichten darüber vorliegen, die Sowjetarmee habe während der Nacht starke Panzerkräfte auf Berlin in Marsch gesetzt. Gleichzeitig wird erkennbar, daß es in der Bevölkerung Berlins keineswegs ruhig geworden ist, obwohl der ostzonale Rundfunk in den Frühnachrichten bekanntgibt, daß die Normenberechnungen für die Bauarbeiter falsch gewesen seien und sofort überprüft und geändert werden sollen. Doch es geht längst nicht mehr um Normen und Löhne. Die Menschen wollen Freiheit, nichts als Freiheit und freie Wahlen. 12 000 Berliner Arbeiter aus dem Walzwerk Henningsdorf marschieren in das Stadtinnere, die Bevölkerung aus allen Schichten strömt zusammen, jubelt den Streikenden zu, bringt ihnen Lebensmittel und Getränke. Doch die Sowjetpanzer rollen. Unaufhaltsam walzen sie durch die Vororte zum Stadtkern. Die Menge versucht, die Regierungsgebäude zu stürmen, den Potsdamer Platz und die Leipziger Straße. Die ersten Schüsse aus Maschinengewehren peitschen durch die Straßen, die Panzer rollen in die demonstrierende Menge. Brände lodern auf, Fahnen werden heruntergerissen, aber die drohend auf die Menge gerichteten Kanonenrohre der T 34-Panzer demonstrieren die wahren Machtverhältnisse. Die freiheitsdurstigen Berliner sind unbewaffnet. Millionen Deutsche haben die Filmberichte aus diesen Tagen gesehen, jene erschütternden Szenen, in denen in hilfloser Wut junge Arbeiter die schweren russischen Panzer mit Steinen bewerfen. Sie haben nur Steine und ein tapferes Herz. Nichts sonst können sie der russischen Armee entgegenwerfen, denn ihre eigenen Tyrannen, Ulbricht und Genossen, haben sich verkrochen und überlassen es den Russen, die deutschen Arbeiter niederzuhalten. In diesen Tagen wird es jedem Deutschen und auch den Menschen in der westlichen Welt ganz klar, daß der »Arbeiter-und-Bauern-Staat«

der SED gerade von den Arbeitern und Bauern abgelehnt, ja verachtet wird, daß Ulbricht nicht mehr als ein Quisling ist, ein feiger, machtloser Tyrann, den seine Landsleute schimpflich verjagen würden, stünden nicht die Sowjetpanzer schützend vor ihm. Ulbricht muß sogar ganz offiziell die Macht an die Sowjetunion zurückgeben, denn der Kommandant des russischen Sektors verhängt schon in den Mittagsstunden den Ausnahmezustand. Nur die Rache an »seinen« Arbeitern überlassen die Russen wieder Ulbricht und seinen Leuten, nachdem sie die Berliner in ihre Häuser zurückgejagt haben.

In etwa dieser Reihenfolge trafen in Bonn die Nachrichten aus Berlin ein. Es fanden Beratungen im Kabinett und in den Fraktionen statt, aber niemand wußte, was eigentlich zu beraten war. Der Bundesrepublik fehlte es an jeder Möglichkeit des Eingreifens. Zwischen ihr und West-Berlin liegt die Zone. Den Alliierten fehlt es an Rechten im Sowjetsektor von Berlin und genauso in der Sowjetzone.

Wir im Presseamt hatten wenigstens noch eine Aufgabe. Ohne Pause informierten wir auf allen Nachrichtenkanälen die ganze freie Welt über das, was in Berlin vorging. Es war wenig genug, was wir tun konnten, aber immerhin etwas. Nichts ist quälender, als tatenlos zusehen zu müssen, wie brutale Gewalt das Urrecht der Menschen auf Freiheit und Selbstbestimmung niederwirft. Doch wir kamen im Presseamt nicht viel zum Nachdenken, denn nun häuften sich die Meldungen aus der ganzen Zone. In Jena, Görlitz, Magdeburg, Leipzig, Halle, aus den Industriezentren kamen auf den verschiedensten Kanälen trotz Nachrichtensperre Meldungen zu uns, daß der Aufstand auf die Provinz übergegriffen hatte. Die gleichen Meldungen verzeichneten aber auch das Auftauchen der Sowjetarmee überall, wo die Unruhe um sich griff. Rathäuser, Gefängnisse werden gestürmt, die angestaute Wut des Volkes macht sich Luft, da und dort gelingt ein Coup, die Befreiung von politischen Gefangenen oder die zeitweise Besetzung eines Partei- oder Regierungsgebäudes.

Die Nacht zum 18. Juni hüllt den Freiheitskampf der deutschen Werktätigen in Dunkelheit. In Ost-Berlin herrscht die Ruhe des Friedhofs. Russische Panzer haben diese »Ruhe« wiederhergestellt. Unter ihrem Schutz beginnt das Regime Rache zu nehmen. Hunderte und aber Hunderte werden verhaftet, die ersten »standrechtlichen« Erschießungen vollzogen. Niemals wird man erfahren, wie viele hingerichtet wurden. Die geheimen Staatssicherheitsorgane führen ihre schändliche Arbeit an den Menschen des eigenen Volkes durch. Der »Arbeiter-und-Bauern-Staat« übt Vergeltung an seinen Arbeitern und Bauern. Doch unter den Hingerichteten gibt es auch Volkspolizisten. Auch unter ihnen gab es also Menschen, die sich weigerten, die Flamme der Freiheit auszutreten und sich zum Henker am eigenen Volk herzugeben. Obwohl die Streikbewegung noch Tage über die Zone wegrollt, ist es jedem klar, daß der Aufstand vom 17. Juni physisch zusammengebrochen war, weil er zusammenbrechen mußte. Doch er lebt weiter, dieser 17. Juni 1953, in der Geschichte Deutschlands und in der Geschichte der Freiheitskämpfe. Seine moralische Kraft wird fortwirken, bis der Tag der Freiheit und Selbstbestimmung auch für alle Deutschen angebrochen ist. Dann wird aus diesem Tag des Gedenkens an die Freiheitshelden ein Feiertag des ganzen deutschen Volkes werden.

Berlin und seine Bewohner hatten schwere Tage durchgemacht. Tage, in denen sie zwischen Hoffnung und Verzweiflung hin und her gerissen wurden. Für alle in Bonn Verantwortlichen lag das Quälende in der eigenen Machtlosigkeit. Auch die Beratungen mit den Alliierten führten zu keinen Ergebnissen. Auf eine kriegerische Auseinandersetzung mit Rußland konnten sie es nicht ankommen lassen, selbst wenn sie es gewollt hätten. Die Übermacht der sowjetischen Armee war zu groß. Und die atomare Überlegenheit der Amerikaner? Wo sollte man die Bomben hinwerfen, ohne Deutschland und Berlin völlig zu zerstören, Millionen Menschen zu töten? Weder die Beratungen zwischen Regierung und Parlament noch mit den Alliierten konnten zu irgendwelchen brauchbaren Maßnahmen führen.

Am 18. Juni laufen die Nachrichten nur noch spärlich ein. Der Aufstand in der Zone erlischt allmählich, der graue, trübe Alltag kehrt für 17 Millionen Menschen zurück. Man treibt sie erneut zur Arbeit, die ihnen nicht aus ihrem Elend heraushelfen wird. Statt ihnen die Freiheit zu geben, füttert man sie mit Phrasen, die ihnen widerwärtig in den Ohren klingen. An diesem 18. Juni begehe ich meinen 50. Geburtstag. Es sollte eigentlich ein richtiges Fest werden. Nun bleiben wir in der Familie; dazu kommen noch ein paar Freunde, die Blankenhorns, Maltzans und Professor Hallstein.

Der 17. Juni hinterließ aber einige politische Lehren. Erstens wurde es auch dem letzten, sonst Unbelehrbaren in Deutschland klar, daß die Wiedervereinigung in Freiheit durch Gewalt nicht zu erreichen ist. Zweitens aber mußte jeder politische Mensch erkennen, daß diese unsere Lebensfrage nur im Zusammenhang mit der gesamten internationalen Lage in zäher und mühseliger Arbeit einer Lösung nähergebracht werden kann. Isoliert von dem weltpolitischen Geschehen ist diese Frage überhaupt nicht lösbar. Der 17. Juni machte aber auch noch etwas anderes klar. Unsere Alliierten hatten vertraglich zugesichert, uns in der Wiedervereinigungspolitik zu unterstützen. Sie hatten und haben niemals versprochen, für dieses Ziel militärische Mittel einzusetzen. Der Status von Berlin erlaubte ihnen nicht, aus ihren eigenen Sektoren heraus in den sowjetischen Sektor hinüber zu wirken. Der Deutschlandvertrag und der Vertrag über die Europäische Verteidigungsgemeinschaft – der übrigens nicht in Kraft war – verspricht mit keinem Wort ein militärisches Eingreifen in Ost-Berlin oder der Zone. Über diesen Tatbestand gab es in der breiten Öffentlichkeit viele unklare Vorstellungen, die sich bis zu Vorwürfen wegen des Nichteingreifens der westlichen Alliierten verdichteten. So brachte der 17. Juni auch auf diesem Gebiet für manche Deutschen eine Enttäuschung. Ernüchterung trat bei all denen ein, die gerne von Illusionen leben. Diese Erkenntnisse hielten einige Jahre vor. Doch allmählich verblaßten sie wieder, und als viele Jahre später die Mauer quer durch Berlin gebaut wurde, lebten die alten Illusionen wieder auf. Die Deutschen in der Zone aber mußten nach dem 17. und 18. Juni 1953 ihre Hoffnungen begraben, die sie nach dem Tode Stalins gehegt hatten. Die »weiche Welle« nach dem Tode des Kreml-Diktators war vorüber. Ulbricht, Stalinist bis heute, kehrte zum stalinistischen Terror zurück.

Warum ist Ulbricht eigentlich Stalinist geblieben, er, der auf die Hilfe der Sowjetunion angewiesen ist wie kein anderer Diktator in den Ostblockstaaten? Ich kenne Walter Ulbricht nicht. Ich weiß nicht, ob seine brutalen Unterdrückungsmethoden seiner Natur oder seiner politischen Überzeugung entsprechen. Das mag dahingestellt bleiben. Unter allen Machthabern im sowjetischen Bereich ist sicherlich seine Stellung die schwierigste. Ich glaube nicht, daß man seine kommunistische Gefolgschaft in der Zone höher als 10 bis 15 Prozent der Bevölkerung schätzen kann. Vielleicht ist diese Zahl schon zu hoch gegriffen. Die Zahl der Anhänger des Kommunismus in den anderen Satellitenstaaten liegt zweifellos höher. Alle Ostblockstaaten aber haben eine andere nationale Ausgangsbasis. Das ermöglichte ihnen, sich allmählich in einigen politischen Bereichen von Moskau unabhängig zu machen. Mögen Ulbrichts Genossen in Polen, in der Tschechoslowakei, in Rumänien, Ungarn und Bulgarien auch genötigt sein, mit einer starken inneren Opposition zu kämpfen, so haben sie ihr Land doch nicht verraten. Sie haben sich nicht einer fremden Macht unterworfen, um ihr eigenes Land zu spalten, die Einheit ihres Volkes zu zerstören. Sie sind Kommunisten und als solche einer Majorität oder einer Minorität verhaßt, aber sie sind keine Landesverräter, keine Quislinge. Man spürt diesen Unterschied zwischen Ulbricht und seinen östlichen Kollegen am stärksten, wenn man im Ausland mit Emigrantengruppen aus Polen, Ungarn usw. spricht. Es sind erbitterte *innerpolitische* Gegner ihrer Heimatregierungen, aber sie fühlen die Nation nicht von ihren Diktatoren verraten. Ulbricht jedoch kann seine Macht im Inneren nur auf eine kleine Zahl überzeugter Kommunisten und auf Nutznießer seines Regimes stützen. Die überwältigende Majorität der Deutschen ist ihm feindlich gesinnt. Nur 20 sowjetische Divisionen halten ihn an der Macht. So bleibt ihm nichts, als sich bedingungslos den Russen zu verschreiben, um sein Regime nach außen und nach innen aufrechtzuerhalten. Er kann sich eine »weiche Welle« nicht leisten, denn er würde in ihr versinken. So bleibt ihm nichts, als mit Worten dem Stalinismus abzuschwören und in seinen Taten ein Stalinist zu bleiben. Er war es am 17. Juni und ist es immer geblieben.

Der Wahlkampf 1953

Der Wahlkampf des Jahres 1953 stand eindeutig unter außen- und wehrpolitischen Vorzeichen. Der Kanzler, der 1949 nur mit einer Stimme Mehrheit im Bundestag zum Regierungschef gewählt worden war, kämpfte 1953 um die Zustimmung der Wähler zu seiner Außenpolitik und dabei um seine politische Existenz überhaupt. Gegen den erbitterten Widerstand der Sozialdemokraten – sie hatten gegen das Petersberg-Abkommen, den Beitritt zum Europarat, zur Montanunion und zur Europäischen Verteidigungsgemeinschaft gestimmt – führte er die Bundesrepublik in das Lager der Westmächte. Diese Entscheidung erscheint heute selbstverständlicher als damals. Viele führende Politiker, nicht nur in der SPD, glaubten, daß eine solche Politik, die sich eindeutig im Rahmen des westlichen Blocks gegen die Sowjetunion stellte, die Wiedervereinigung des gespaltenen Deutschlands unmöglich machen würde. Ein sehr schwerwiegendes Argument. Wie groß seine Bedeutung war, geht daraus hervor, daß wir auch heute der Wiedervereinigung, äußerlich betrachtet, um keinen Schritt nähergekommen sind. Unbestreitbar kann die Wiedervereinigung nicht ohne die Zustimmung der Sowjetunion erreicht werden, es sei denn durch einen dritten Weltkrieg, den niemand in der Welt auslösen will, denn er wäre ein nuklearer Krieg, der von der zivilisierten Welt wenig, von Deutschland gar nichts übriglassen würde. War also eine politische und militärische Bindung der Bundesrepublik an den Westen richtig oder falsch?

Es hieße nun die Urteilsfähigkeit Adenauers unterschätzen, wollte man annehmen, er habe das Problem nicht in seiner ganzen Gewichtigkeit gesehen. Manche gingen in ihrer Kampfstellung gegen ihn so weit, zu behaupten, die Wiedervereinigung sei ihm im Grunde genommen kein ernsthaftes politisches Anliegen, sein Gefühl sei in dieser Frage überhaupt nicht engagiert. Diese Behauptung ist falsch. Es mag durchaus richtig sein, daß der Kanzler als geborener Rheinländer nicht die gleichen inneren Bindungen an das Deutschland jenseits der Elbe hat wie ein Pommer, Mecklenburger, Ostpreuße oder Schlesier. Das gleiche gilt oder würde aber auch im umgekehrten Sinne für die Deutschen in der Zone gelten, von denen viele niemals in ihrem Leben im Rheinland, in Westfalen, der Pfalz oder in Bayern gewesen sind. Es ist wohl auch richtig, daß der Kanzler einen bestimmten Typ von Preußen nicht besonders schätzt. Aber lieben alle, die die Wiedervereinigung mit heißem Herzen herbeisehnen, die Sachsen oder Ostpreußen mit heißem Herzen? Ich glaube nicht, daß man dem Wiedervereinigungsproblem von dieser rein gefühlsmäßigen Seite näherkommen kann.

Wenn man zehn Jahre an der Seite des Kanzlers gelebt hat und gerade über die deutsche Frage Hunderte von Gesprächen mit ihm führte, weiß man, ja ist man ein Zeuge dafür, daß Adenauer die Frage der Wiedervereinigung stets als das zentrale Problem der deutschen Politik ansah. In weitem Maße denkt er in historischen Kategorien, und obwohl ihm die Art und Weise, in der Bismarck das Deutsche Reich zur Einheit führte, nicht in allen Phasen sympathisch war, so bewunderte er die außenpolitischen Fähigkeiten des Fürsten fast ohne Einschränkung. Seine innenpolitische Führung des Reiches schätzte er keineswegs, seine Politik gegenüber der Sozialdemokratie mit ihrem Sozialistengesetz lehnte er sogar schroff ab. Doch ist Deutschland für Adenauer eine Einheit und die Wiederherstellung des Deutschen Reiches eine historische Notwendigkeit. Ich glaube, man sollte den Streit, wer die Wiedervereinigung mit größerer oder geringerer Intensität anstrebt, endgültig begraben. Er vergiftet die Atmosphäre und führt zu gar nichts. Die Wiedervereinigung ist ein außenpolitisches Problem, und aus diesem Gesichtswinkel heraus suchte der Kanzler nach dem richtigen Weg. Da für ihn und alle Deutschen, außer den Kommunisten, eine an die Sowjetunion angelehnte Außenpolitik nicht zur Diskussion stand, gab es für ihn nur den Weg in das westliche Lager. Adenauer ist ein politischer Realist, ohne in den schweren Fehler zu verfallen, die Politik für eine mathematische Gleichung zu halten. Im Grunde basierte seine Politik auf einigen wenigen klaren Erkenntnissen.

Die Zeit zwischen 1945 und der Währungsreform hatte gezeigt, daß Deutschland kein Eigengewicht besaß, sondern ein Objekt der Politik der Großmächte darstellte. Gewiß, die Westmächte hatten in ihren Besatzungszonen das harte Regime der Sieger gelockert. Mancherlei humane Erwägungen retteten Tausende, vielleicht Hunderttausende vor dem Hungertod. Damit bekamen aber Deutschland als Ganzes oder die westlichen Besatzungszonen noch keine eigene politische Bedeutung. Die Sowjets versuchten ganz Deutschland in ihren Machtbereich zu ziehen, die Westmächte traten diesen Bestrebungen entgegen. Um aber eine eigene Stimme in diesem Kampf für Deutschland selbst zu gewinnen, galt es eben zu Eigengewicht zu kommen.

Viele glaubten, daß eine Schaukelpolitik zwischen West und Ost uns zu dieser Rolle in Europa verhelfen könnte. Es war Adenauers entscheidendes Verdienst, daß er klar erkannte, daß solche Schaukelpolitik zu einer Katastrophe führen würde. Ohne wirtschaftliche Konsolidierung, ohne den Wiederaufbau der Industrie ließ sich für die Bundesrepublik jenes Eigengewicht nicht gewinnen, das notwendig war, um deutsche Außenpolitik zu betreiben. Die Überwindung der wirtschaftlichen Not, die Rückeroberung der Stellung einer starken Industriemacht konnte nur mit Hilfe der Vereinigten Staaten erreicht werden. Die Einbeziehung der Bundesrepublik in den Marshallplan zeigte, daß die USA zur Hilfe bereit waren. Nichts aber ist im politischen Geschäft ohne Gegenleistung. Sie bestand in einem eindeutigen Zusammengehen mit den USA und den anderen Westmächten.

Adenauer bot den Westmächten, in erster Linie Amerika, eine anfangs beinahe bedingungslose Partnerschaft einschließlich der Bereitschaft, auch einen Verteidigungsbeitrag gegen die sowjetische Militärmacht zu leisten. Sollte die amerikanisch-deutsche Politik erfolgreich sein, so mußte auch ein Weg gefunden werden, die westeuropäischen Mächte, besonders Frankreich und England, davon zu überzeugen, daß ein Wiedererstarken von rund 50 Millionen Deutschen, die in der Bundesrepublik lebten, für sie keine Gefahr darstellte. Das war eine schwierige politische und psychologische Aufgabe. Um sie zu lösen, suchte der Kanzler den Ausgleich mit Frankreich. Er ging auf die Anregung Robert Schumans zur Bildung der »Gemeinschaft für Kohle und Stahl«, kurz Montanunion genannt, sofort ein. Schuman und der Kanzler wußten, daß die politische Bedeutung der Montanunion die wirtschaftliche weit überwog. Diese Gemeinschaft sollte es in den Augen der Franzosen der Bundesrepublik unmöglich machen, eine geheime Aufrüstung zu betreiben. Bei einer gemeinsamen Bewirtschaftung von Kohle und Stahl war das tatsächlich auch unmöglich. Der große Europäer Jean Monnet hatte diesen Plan entworfen, Schuman ihn sofort in seiner Bedeutung erkannt, und Adenauer, der zeit seines Lebens ein Europäer war, wertete ihn als das geeignete Mittel, um Frankreich näherzukommen. Es bedurfte kaum der energischen Hinweise der Amerikaner, daß eine starke amerikanisch-deutsche Bindung nur Bestand haben könne, wenn es gelänge, Deutschland und Frankreich zu versöhnen. Washington unterstützte diese Aussöhnung mit aller Kraft, denn sie war die Voraussetzung für ein langfristiges Engagement der USA auf dem europäischen Kontinent.

Soweit zeichneten sich die außenpolitischen Richtlinien des ersten Kabinetts Adenauer klar ab, ihre Durchführung war aber keineswegs einfach. Großbritannien lehnte die Einladung ab, sich an der Montanunion zu beteiligen. In London glaubte man nicht, daß die Politik der europäischen Zusammenschlüsse Erfolg haben würde. Das Gesicht Englands blieb dem Commonwealth stärker zugewandt als dem europäischen Kontinent. Daraus ergaben sich und ergeben sich noch heute jene Schwierigkeiten, mit denen die Europäische Wirtschaftsgemeinschaft (EWG) zu kämpfen hat, denn 1957 lehnte Großbritannien auch die Beteiligung an der EWG ab. Die Haltung Londons erschwerte aber auch die Verhandlungen mit anderen westeuropäischen Staaten, besonders mit Holland, das auf eine lange traditionsreiche Verbindung mit England zurückblicken konnte. Aber der Vertrag über die Montanunion war in Kraft, und unter der Leitung des Mannes, der sie konzipiert hat, unter Jean Monnet, auch bereits wirksam. Der Vertrag über die Europäische Verteidigungsgemeinschaft war zwar unterzeichnet, aber Frankreich zögerte, ihn zu ratifizieren.

So begann der Wahlkampf 1953 mit klaren Fronten. Die CDU-CSU lag eindeutig auf der Kanzlerlinie, die SPD hatte gegen das Petersberg-Abkommen, gegen das Ruhrstatut, gegen den Beitritt zum Europarat, gegen die Montanunion und den Vertrag über die Europäische Verteidigungsgemeinschaft gestimmt. Die Koalitionsregierung von CDU-CSU, FDP und DP unter der Führung Adenauers ging den Weg der europäischen Integration und hatte gute, sichtbare Erfolge aufzuweisen. Der Abschluß der genannten Verträge führte die Bundesrepublik aus der völligen Isolierung in Europa und der Welt heraus. Der neue Staat hatte mit geringen Einschränkungen seine Souveränität zurückgewonnen. Der wirtschaftliche Wiederaufbau ging in fast atemberaubendem Tempo vor sich und stellte neben Adenauer Professor Ludwig Erhard als Schöpfer des Wirtschaftswunders national und international als weltweit bekannte Persönlichkeiten ins Scheinwerferlicht der Öffentlichkeit.

Daneben mußte es die Sozialdemokratische Partei schwer haben. Dr. Kurt Schumacher war am 20. August 1952 gestorben. Ich selbst habe ihn nur wenige Male gesehen und gesprochen. Er war eine sehr starke, eindrucksvolle Persönlichkeit, die mit übermenschlicher Energie den politischen Kampf gegen Adenauer führte, obwohl er körperlich schwer litt. Im 1. Weltkrieg hatte er einen Arm verloren, unter den Nazis endlose Jahre im Konzentrationslager verbracht. Seine plagenden Schmerzen bekämpfte er mit Unmengen von Kaffee und Zigaretten. Schließlich mußte ihm auch noch ein Bein amputiert werden. Seine Nerven waren immer aufs höchste angespannt, doch blieb er bis in seine letzten Tage von imponierender geistiger Produktivität und Spannkraft.

Die furchtbare Enttäuschung, bei der Kanzlerwahl 1949 gegen Adenauer mit einer Stimme unterlegen zu sein, hat er wohl niemals überwinden können. Als er in Hannover beigesetzt wurde, fuhr ich zur

Trauerfeier als einer der wenigen Vertreter der Bundesregierung. Die Trauerfeier für diesen bedeutenden Mann bewegte mich tief. Sicherlich war es meine Aufgabe als Pressechef, die Interessen der Bundesregierung gegen die Opposition zu vertreten, aber in der kurzen Zeit zwischen meinem Amtsantritt und seinem Ableben hatte ich jede persönliche Kontroverse mit Schumacher vermieden. Ich glaube nicht, daß Schumachers Tod den Ausgang des Wahlkampfes erheblich beeinflußt hat, doch verlor der Wahlkampf durch sein Abtreten von der politischen Bühne an Niveau und Farbe.

Zu Schumachers Nachfolger wurde sein engster Mitarbeiter Erich Ollenhauer gewählt. In den langen nun folgenden Jahren, in denen die Opposition von Ollenhauer geführt wurde, fehlte der politischen Auseinandersetzung die persönliche Spannung. Ollenhauer war ein Mann, dem niemand den persönlichen Respekt versagte, seine Integrität stand über jedem Zweifel, und er verfügte über ein erhebliches Maß an politischer Erfahrung. Doch Ollenhauer war kein Kämpfer. Es fehlte ihm an Leidenschaft, seiner Rednergabe ging das Mitreißende eines Kurt Schumacher ab. Ich kann mich nicht erinnern, jemals Ausführungen Ollenhauers im Bundestag mit wirklicher Spannung erwartet zu haben. Man wußte ungefähr vorher, was er sagen würde; die Zeit der großen Rededuelle Adenauer–Schumacher war vorbei. So ging die Sozialdemokratie in den neuen Bundestagswahlkampf ohne eine wirklich profilierte Persönlichkeit. Dazu vertrat sie ein völlig der Negation verhaftetes Programm.

Schon fast ein Jahr vor Beginn des eigentlichen Wahlkampfes baute sich der Kanzler ein Team für diesen Zweck auf. Adenauer nimmt Wahlen sehr ernst aus der einfachen Überlegung heraus, daß man in einer Demokratie Politik nur machen kann, wenn man über eine Majorität verfügt. Zuerst trafen wir uns im sogenannten Kabinettssaal von Zeit zu Zeit, um die Leitgedanken des Wahlkampfes herauszuarbeiten. Später fanden diese Sitzungen jeden Mittwoch statt. Der Kreis war nicht immer gleich zusammengesetzt. Außer dem Kanzler, Staatssekretär Otto Lenz, Dr. Globke und mir, die wir zum persönlichen Stab des Kanzlers gehörten, nahmen meistens Gerstenmaier, von Brentano, Ehlers, Tillmanns, Blank, Jakob Kaiser, Krone und die leitenden Personen aus der Geschäftsstelle der Partei und der Fraktion sowie dieser oder jener Public-Relations-Fachmann teil.

Der Kanzler kümmerte sich um alles und jedes selbst. Meistens war er unzufrieden. Die Umfragen über die Stellung der Wähler zu den Parteien und zu seiner Person konnten noch so günstig lauten, immer trug er tiefen Pessimismus zur Schau. Meistens bekam zu Beginn der

Besprechungen jeder erst einmal sein »Fett«, jedem wurde sein mehr oder weniger völliges Versagen, seine Lahmheit und mangelnde Energie vorgeworfen. Erst wenn alle am Boden zerstört dasaßen, begann Adenauer mit dem allmählichen Wiederaufbau des Kampfgeistes. In dieser Taktik ging er so weit, daß ich ihn einmal in einem Gespräch warnte, darin zu weit zu gehen. Doch er beharrte auf seiner Methode: »Das gefährlichste in einem Wahlkampf ist die Selbstzufriedenheit«, meinte er und fügte hinzu: »Sie sind ja sowieso nicht aus der Ruhe zu bringen!« Das stimmte nur zum Teil. Ich durchschaute zwar seine Taktik und ließ mich nicht allzusehr von ihr deprimieren, aber das lag mehr daran, daß der Kanzler im engsten Kreise sich optimistischer äußerte. Übrigens gab es noch ein ständiges Mitglied des Wahlteams, das auf die psychologische Methode des Kanzlers überhaupt nicht reagierte. Es war der Schatzmeister der Partei, Ernst Bach, der stets eine halbe Stunde zu spät eintraf und immer bester Laune war, obwohl nie herauszukriegen war, ob er über viel oder wenig, vielleicht überhaupt kein Geld für den Wahlkampf verfügte. Dazu hatte er die Eigentümlichkeit, seine Füße ohne Strümpfe in die Lederschuhe zu stecken. Ich habe nie begriffen, wie man so beschuht auch noch guter Laune sein kann. Wie es mit den Finanzen wirklich stand, konnte man nur von Globke erfahren.

Übrigens hatte der Kanzler mit seiner vorsichtigen Prognose des Wahlkampfes doch nicht so unrecht. Die Entschlossenheit der Regierung und der Koalition, die Wehrpflicht wieder einzuführen, war in ihrer Auswirkung auf die breiten Massen schwer abzuschätzen. Nach dem Zusammenbruch hoffte das deutsche Volk, durch das Verbot der Alliierten für alle Zeiten vom Militärdienst befreit zu sein. Nirgends fand sich Begeisterung dafür, wieder Soldat zu werden, weder unter den älteren Jahrgängen noch in der Jugend. Der Sinneswandel unter den ehemaligen Kriegsgegnern im Westen, unseren jetzigen Verbündeten, war zu plötzlich gekommen. Das Umerziehungsprogramm besonders der Amerikaner und Engländer hatte im deutschen Volk tiefe Spuren hinterlassen. Der Militarismus war wirklich tot. Natürlich kann man das nicht in erster Linie auf die Anstrengungen der »Umerzieher« zurückführen. Der totale militärische Zusammenbruch, die letzten Kriegsjahre mit ihren furchtbaren Leiden an der Front und in der Heimat hatten das meiste dazu getan, alles, was mit Krieg und Soldatentum zusammenhing, der Bevölkerung verhaßt zu machen. War es nach dem 1. Weltkrieg möglich gewesen, die Dolchstoßlegende zu ersinnen und zu einem bedeutenden politischen Faktor der Reaktion zu machen, weil die Niederlage der deutschen Armee nicht im eigenen Land geschah, deutsche Städte nicht von Bomben zerrissen worden waren, so erschien jetzt nach dem totalen

Krieg und der totalen Niederlage jede Wiedererweckung eines militärischen Denkens und Fühlens völlig außerhalb des Möglichen. Die Regierung Adenauer hatte aber beschlossen, im Rahmen der Europäischen Verteidigungsgemeinschaft zwölf Divisionen aufzustellen und diese etwa 400 000 Mann durch ein Wehrpflichtgesetz zu rekrutieren.

Der Widerwille der Menschen in der Bundesrepublik gegen die Aufstellung einer Armee war die größte Trumpfkarte der Sozialdemokraten im Wahlkampf. Ihre Parole »Ohne mich!« mußte außerordentlich wirksam sein. Durch eine gewaltige Versammlungswelle trieb sie ihre »Ohne-mich«-Parole bis in das letzte Dorf der Bundesrepublik. Sie wurde dabei von den Gewerkschaften und zahlreichen Verbänden unterstützt. Der Bundeskanzler zeigte sich über die tiefgehende Wirkung dieser Kampagne sehr besorgt. Er selbst ist alles andere als ein Militarist. Er hat niemals eine Uniform getragen und liebte das Militär nicht besonders. Wie war es unter diesen Umständen überhaupt möglich, einen erfolgreichen Wahlkampf zu führen?

Dem Kanzler und den Koalitionsparteien kamen einige Umstände zu Hilfe. Erstens bedeutete die Koppelung zwischen dem Deutschlandvertrag, der das Besatzungsstatut beendete, mit dem Vertrag über unseren militärischen Beitrag sehr viel. Zweitens hatte die Sozialdemokratie den Fehler gemacht, alle Verträge, auf denen der für alle sichtbare Wiederaufstieg der Bundesrepublik aus Not und Elend basierte, abzulehnen. Das »Wirtschaftswunder« widerlegte ihre These, daß die Regierung Adenauer das Volk in Elend und Inflation, in Arbeitslosigkeit und Chaos stürzen würde. Allein ihre Parolen gegen die Wiederbewaffnung waren populär, und das genügte eben nicht. Dazu startete sie, rein taktisch gesehen, ihre Kampagne zu lange vor den Wahlen und konnte sie über fast eineinhalb Jahre hin dann nicht durchhalten.

Um zum Wahlerfolg zu kommen, bedurfte es aber auch einer Wahlstrategie der Regierungsparteien. Es gelang mir, den Kanzler davon zu überzeugen, daß es ein Fehler wäre, sofort zu einem Gegenfeldzug anzutreten. Man mußte mit einer sehr sachlich gehaltenen Informationspolitik erst einmal Vorarbeit leisten. Es ist immer ein Fehler, sich einer Propagandawelle – in diesem Falle der »Ohne-mich«-Parole – wild entschlossen entgegenzustemmen. Mit Sicherheit wird die Brandung alle Gegenargumente umreißen und wegspülen. Wenn noch genügend Zeit ist, gebietet die Klugheit, das aufgewühlte Meer sich erst einmal beruhigen zu lassen. Erst wenn die Wellen sich überschlagen haben und das Wasser zurückläuft, muß man in diesem Sog das verlorene Terrain wiedergewinnen. Mit dieser Taktik gelang es, die wilde »Ohne-mich«-Kampagne abebben zu lassen und dann in einem energisch geführten Wahlkampf alle Trümpfe auszuspielen, die die Regierung und die Koalitionsparteien in der Hand hatten.

Und es gab echte Trümpfe! Die Hebung des Lebensstandards war zu offensichtlich, als daß auf wirtschaftlichem Gebiet die SPD den Kampf erfolgreich aufnehmen konnte. Das allmählich wiederkehrende Vertrauen zur Bundesrepublik personifizierte sich in Konrad Adenauer. Ansehen im Ausland reflektiert in das eigene Volk. Wird der Regierungschef im Ausland respektiert, ja sogar als großer Staatsmann gefeiert, dann, so sagen die Menschen, muß doch wirklich an ihm was dran sein. Die Propaganda im Ausland für Adenauer bildete daher einen sehr bedeutenden Faktor im Wahlkampf. Adenauer erkannte diese Chance, und so war es nicht sehr schwer, ihn zu einem pressefreundlichen Kanzler zu machen. Wenn ich meine Terminkalender aus den Jahren 1952/1953 durchsehe, so kann ich feststellen, daß der Kanzler in jeder Woche mehrere Journalisten aus dem Ausland empfing. Natürlich war er oft ungehalten, wenn ich ihm allzu viele Termine zumutete. Aber schließlich tat er doch immer das Notwendige und tat es gründlich.

Es gehörte zu meinen Pflichten, journalistische Besucher zum Kanzler zu begleiten und während der Interviews oder der Informationsgespräche anwesend zu sein. Das kostete auch mich viel Zeit, hatte aber den großen Vorteil, daß ich die Gedankengänge des Kanzlers zu aktuellen politischen Fragen immer ganz genau kannte, auch wenn er sie nach Art des Besuchers oft stark variierte. Ich brauchte nur selten vor Pressekonferenzen den Kanzler um Weisungen zu bitten. Bei einer so gründlichen Kenntnis seiner Auffassungen war es nicht allzu schwierig, die vielen Fragen der Journalisten zu beantworten.

Ich selbst und das Presseamt konnten in den parteipolitischen Kampf nicht eingreifen, und doch spielte die Informationsarbeit eine große Rolle in der Auseinandersetzung mit der Opposition. Bei dieser Feststellung liegt die Betonung auf dem Wort »Information«. Es durfte und konnte nicht die Aufgabe des Amtes sein, Propaganda zu machen. Dazu bestand, um den gewünschten Effekt zu erzielen, auch keine Notwendigkeit. Dringend notwendig war allerdings eine eingehende, sachliche Information über die Politik der Bundesregierung, im besonderen Falle über die beiden großen und recht komplizierten Vertragswerke.

Im kleinen Sitzungssaal meines Amtes fanden laufend Informationsgespräche mit den wichtigsten Journalisten statt, die sich zu einer Art von Seminaren auswuchsen. Wir wurden dabei in politischen und staatsrechtlichen Fragen von Professor Grewe, in militärischen Fragen von den Obersten Graf Baudissin und de Maizière glänzend unterstützt. So entstand ein Stamm von publizistischen Fachleuten für beide Verträge, die, gleichgültig welcher Parteirichtung sie angehörten, verhinderten, daß falsche Vorstellungen über die Außenpolitik der Bundesregierung entstanden. Da ich diese Politik für folgerichtig und einleuchtend hielt, war ich davon überzeugt, daß diese Art von Information einem Wahlsieg der Regierung nützlicher sei als alle politischen Schlagworte.

Ob die letzten Wochen vor der Wahl überhaupt noch einen wesentlichen Einfluß auf die Stimmenverteilung haben, wage ich zu bezweifeln. Sieg oder Niederlage einer Partei liegen nach meinen Beobachtungen schon viel früher fest, als die meisten Politiker und auch die Wähler annehmen. Nur in wenigen, besonders gelagerten Fällen verändert sich der Trend noch in den letzten Wochen. So sollte es bei der Wahl 1961 sein, nach dem Bau der Mauer in Berlin. Doch wir schreiben noch das Wahljahr 1953, und die monatlichen Umfragen der demoskopischen Institute ließen bereits lange vor Beginn des Wahlkampfes erkennen, daß die Popularitätskurve der Regierung und besonders auch der Person Konrad Adenauers langsam, aber stetig stieg.

Obwohl ich mir selbst, wie schon erwähnt, vom eigentlichen Wahltrubel keine allzu großen Wirkungen versprach, so mußte, solange die Parteien an dieser Methode festhielten, auch diese Arbeit mit aller Intensität durchgeführt werden. Der Kanzler selbst liebt den Wahlkampf, ja er blüht geradezu auf, wenn es recht heiß hergeht. Er ist und wird bis zu seinem letzten Atemzug ein Kämpfer sein. Wie ein Boxchampion zieht er in eine Massenversammlung ein, der Jubel stimuliert ihn, Angriffe, Buhrufe und Pfiffe der Gegner lassen ihn erst zu voller Form auflaufen. Ob es 3000 oder 15 000 Menschen sind, die sich um ihn versammeln, immer ist er völlig Herr der Situation. In keiner der zahllosen Versammlungen, in die ich ihn begleitete, glitt ihm das Steuer auch nur für Minuten aus der Hand. Man hat ihm oft vorgeworfen, daß er ein »terrible simplificateur« sei, ein zu großer Vereinfacher komplizierter politischer Vorgänge. Theoretisch mag das richtig sein, aber in einer Massenversammlung muß man einfach, verständlich, ja primitiv sein, will man die Menge mitreißen. Dazu muß man den Gegner angreifen, unablässig angreifen, denn die gefüllte Arena will Kampf sehen und spüren. In den Wahlkämpfen von 1953 und 1957 trommelte der Kanzler unablässig auf seine Gegner ein, die Masse jubelte und tobte und stachelte damit den Kanzler zu immer neuen Angriffen auf. Auch diese Kampfmethode ist ihm vielfach verübelt worden. Ich selbst halte sie für äußerst wirkungsvoll, obwohl ich oft wochenlang unter den häufig sehr gewagten Behauptungen Adenauers zu leiden hatte, denn irgendwie mußten solche Ausfälle auch wieder repariert werden.

In einem Punkte waren wir uns allerdings nicht einig. Da der Kanzler persönlich sehr hart angegriffen wurde, zahlte er mit gleicher Münze heim. Doch ich glaube, daß die breite Masse, die entweder in Verehrung zu ihm aufsah oder ihm doch Respekt zollte, von ihm erwartete, über solche persönlichen Angriffe erhaben zu sein. Sehr oft haben wir uns über diesen Punkt gestritten, und Adenauer wies mir an Hand von Zitaten nach, daß seine Gegner ihn viel härter behandelten, als er selbst gegen sie vorging. Zweifellos war das richtig, und doch bleibe ich dabei, daß das Volk von seinem Regierungschef eben etwas anderes erwartet als von der zur Macht drängenden Opposition. Diese Gespräche zwischen uns fanden meist während des Wahlkampfes statt, wenn wir mit Sonderzug, Auto oder Flugzeug kreuz und quer durch die Bundesrepublik rasten.

Die Autofahrten waren für mich eine Qual, da der Kanzler überhaupt kein Gefühl für die Gefahren der Geschwindigkeit besitzt. Ein Tempo von 140 bis 160 Stundenkilometern auf der Autobahn ist ihm gerade angenehm. Dies ist um so verwunderlicher, als er in seiner Kölner Zeit einmal einen schweren Autounfall erlebt hat, bei dem ihm Teile seines Gesichts eingedrückt wurden. Am angenehmsten war es im Sonderzug mit einem alten, aber behaglichen Salonwagen. Tage und Nächte lebten wir in diesem Zug, und während der Fahrt gab es Gelegenheit zu langen Gesprächen. Der Kanzler strahlte auf diesen Fahrten eigentlich immer glänzende Laune aus. Der Beifall der Menge tat ihm wohl, seine persönliche Umgebung war ihm vertraut, die Anstrengungen der täglichen großen und kleinen Versammlungen schienen ihm nichts auszumachen. Im Gegenteil, er wirkte frischer und aufgeräumter als in Bonn. Am Zug angehängt war meistens ein Schlafwagen für die ihn begleitenden Journalisten, die auch ihren eigenen Speisewagen hatten. Dort pflegte es oft hoch herzugehen. Es wurde gehörig gegessen und getrunken, stundenlang Skat gespielt, und irgendwann am Tage, aber noch häufiger nachts, erschien dann plötzlich der Kanzler bei den Journalisten, sprach über Politik oder machte Scherze, die oft zu einer recht ausgelassenen Stimmung führten. In unserem eigenen Salonwagen ging es zwar leiser und ernster, doch manchmal auch recht vergnügt zu. Die Gespräche über Politik und vor allem über politische Persönlichkeiten rissen nicht ab und dauerten meist bis lange nach Mitternacht. Die Massenversammlungen wirkten auf Adenauer sehr stimulierend, und so fühlte er das Bedürfnis, den turbulenten Tag ruhig abklingen zu lassen.

Meine besondere Aufgabe war es, den Kanzler während dieser Reisen mit Bonn und der übrigen Welt in Verbindung zu halten. Darum begleiteten mich stets einige Herren meines Amtes, die die Journalisten betreuten, und einige Techniker, die die drahtlosen Verbindungen mit Bonn bedienten und den Kanzler und mich selbst mit Nachrichten aller Art, nicht zuletzt den Äußerungen der Opposition, versorgten.

So wurde am Tage fleißig gearbeitet, denn Adenauer wollte in jeder Versammlung möglichst aktuell sein und brauchte dazu unablässig Material, das er auf Notizzetteln verarbeitete. Diese Zettel bildeten eine Art Alpdruck für mich, denn er beschrieb sie auf der Vorder- und Rückseite, warf sie häufig durcheinander, und so stand mir oft der Angstschweiß auf der Stirn, wenn er mit diesem Wust von Papieren das Rednerpult betrat. Zum Schluß ging aber doch meist alles gut. Ihn selbst schien diese Unordnung überhaupt nicht nervös zu machen, obwohl er während seiner Rede unablässig mit seinen Zetteln herumspielte. Dabei fällt mir eine Szene, nicht im Wahlkampf, sondern im Bundestag ein. Wie üblich weigerte sich der Kanzler, den Entwurf, den Blankenhorn und ich ausarbeiten mußten, zeitgerecht auch nur zu lesen. Immer wieder flehte ich ihn an, die Arbeit nicht bis zum letzten Moment aufzuschieben. Diese Hemmungen des Kanzlers steigerten sich schließlich immer mehr. So stand er eines Tages auf der Rednertribüne des Parlaments und hatte kaum die Hälfte des Manuskripts vor sich liegen. Die andere Hälfte wurde noch in einem Raum hinter dem Plenarsaal geschrieben und kam blattweise zu ihm auf das Pult. Mit Angstschweiß auf der Stirn verfolgten Herbert Blankenhorn und ich diesen Wettlauf zwischen seiner Rede und der Schreibtätigkeit seiner Sekretärinnen. Der Kanzler blieb dabei ganz ruhig. Ich selbst hörte überhaupt nicht mehr, was er sagte, sondern blickte nur angstvoll auf die wenigen Blätter, die vor ihm lagen. Doch wieder einmal ging alles gut. Aber es kam ein noch schlimmerer Tag. Der Kanzler besaß überhaupt kein fertiges Manuskript, sondern gab eine wichtige außenpolitische Erklärung auf Grund von handschriftlichen Notizen ab. Nun bin ich ein großer Freund der freien Rede, aber eine außenpolitische Regierungserklärung muß wirklich Wort für Wort festgelegt sein, denn sie wird ebenso Wort für Wort in allen Außenministerien der Welt auf die Goldwaage gelegt. Diesmal gab es einen Reinfall, denn dem Kanzler, der über die »Pariser Verträge« sprach, unterliefen eine ganze Reihe von Unrichtigkeiten, wie es bei einer frei gehaltenen Rede nicht anders sein konnte. Ich sah Herbert Wehner, wie er sich unablässig Notizen machte und sie mit dem Text der Verträge verglich.

In jenen Jahren waren außenpolitische Debatten recht häufig, und so mußte Adenauer als Außenminister bald darauf wieder im Bundestag eine Erklärung abgeben. Blankenhorn, Günther Diehl und ich fingen beizeiten an zu »dichten«, und zwei Tage vor der Debatte lag der Entwurf der Regierungserklärung fertig vor uns. Blankenhorn und ich marschierten zum Kanzler und präsentierten unseren Entwurf. Doch da kamen wir schön an: »Ich spreche frei – wie das letzte Mal!« wurde uns kurz und bündig erklärt. Mit allerlei Argumenten versuchten wir, den Kanzler umzustimmen. Aber obwohl er stets höflich blieb, warf er uns doch höflich, aber bestimmt hinaus. In Blankenhorns kleinem Arbeitszimmer im Palais Schaumburg berieten wir, was zu tun sei. Schließlich erbot sich Blankenhorn, erneut einen Versuch zu machen; er eilte, zum Letzten entschlossen, den langen Korridor zurück zum Arbeitszimmer des alten Herrn. Ich wartete gespannt auf den Erfolg dieses mutigen Entschlusses. Doch ich wartete nicht lange. Blankenhorn kam wütend hereingestampft, schleuderte das Manuskript auf den Tisch und polterte los: »Er hat mich wieder hinausgeschmissen! Er weigert sich, den Entwurf überhaupt zu lesen!« Und nun folgten, wie so oft in anderen Fällen, Blankenhorns übliche Temperamentausbrüche, die stets mit der Drohung seines sofortigen Rücktritts endeten. Seine Sekretärin, die vom Lärm erschreckt hereinkam, wurde mit lauten Worten nun ihrerseits hinausgeworfen und weinte still im Vorzimmer. Erschöpft sank Blankenhorn schließlich in seinen Sessel, und wir berieten neuerlich, was geschehen könne. Wir beschlossen, einen Brief zu schreiben. Ich weiß nicht mehr zu sagen, was wir zu Papier brachten, nur an den Anfang erinnere ich mich noch: »Sehr verehrter Herr Bundeskanzler! Erfüllt von tiefer Sorge . . .!« Der Brief wurde dem Kanzler ins Zimmer gebracht, und wir warteten der Dinge, die nun kommen würden. Es geschah gar nichts! Wir ließen uns Kaffee und Brötchen bringen, denn Emotionen dieser Art steigern das Hungergefühl. Von Zeit zu Zeit ging das Telefon, denn schließlich war Blankenhorn Leiter der politischen Abteilung des Auswärtigen Amtes. Doch die Anrufer wurden kurz und unfreundlich abgewiesen. Endlich, nach Stunden, verlangte der Kanzler uns zu sehen. Also stampften wir im Gleichschritt den Korridor wieder herunter, unser Manuskript entschlossen in der Hand. Adenauer empfing uns ungnädig, doch irgendwie gelang es, ihm die Rede in die Hand zu schmuggeln. Zuerst blätterte er nur ungeduldig in dem Papier herum, doch dann blieb sein Auge an irgendeinem Satz hängen, er blätterte zurück, las und erklärte schließlich: »Das scheint mir gar nicht so schlecht zu sein!« Schon hatte er den Bleistift in der Hand, strich hier, änderte dort, fing an zu diskutieren, und in kaum einer Stunde »stand« die Regierungserklärung. Wir zogen stolz mit unserer Beute ab, und wie immer waren die Unbilden dieser Tage schnell vergessen.

Doch zurück zum Wahlkampf!

Mehr als einen Monat lang waren wir drei bis vier Tage pro Woche unterwegs, immer kreuz und quer durch die ganze Bundesrepublik. Das Reiseprogramm wurde von der CDU-Geschäftsstelle festgelegt. Vor Beginn des Wahlkampfes hatte ich geglaubt, daß bei der Zusammenstellung des Programms auch geographische Gesichtspunkte eine wesentliche Rolle spielen würden. Wesentlich waren diese Gesichtspunkte offensichtlich nicht. Das gesamte Rednerprogramm der Partei mußte aufeinander abgestimmt sein, die Prominenz eben gut dosiert auf alle Gebiete der Republik verteilt werden. So kam dieses Kreuz- und Querfahren zustande. Ich selbst fühlte mich dabei äußerst wohl, denn ich hatte im Salonwagen einen behaglichen Schlafraum und Waschraum für mich extra. So läßt es sich schon eine Weile leben. Während der langen Fahrtzeiten hatte ich genügend Muße, mit meinen Herren, besonders auch mit den Journalisten Rolf Vogel und Klaus Otto Skibowski, die sich für den Wahlkampf von allen anderen Verpflichtungen frei gemacht hatten, die »Kriegslage« zu besprechen.

Worum es 1953 ging, habe ich schon zu skizzieren versucht. Es konnte kein Zweifel sein, daß ein Wahlsieg der SPD für die Außen-, Innen- und Weltpolitik große Veränderungen mit sich bringen würde. Ganz Europa und die USA wußten von der Entscheidung, die am 6. September 1953 fallen würde. Obwohl das, weiß Gott, ernste Entscheidungen waren, zeigt jeder Wahlkampf gewisse Züge, die lebhaft an Karl May erinnern. Die Parteien kämpfen mit allen erlaubten und manchmal auch nicht mehr ganz erlaubten Mitteln. Störtrupps werden organisiert und die gegnerischen bekämpft. Täglich müssen Interviews für die Lokalpresse geschrieben, Erklärungen und Gegenerklärungen formuliert und möglichst weit verbreitet werden. Unzählige Interviews für die jeweilige lokale Presse habe ich abgezeichnet, ohne daß der Kanzler sie überhaupt sah. Natürlich hielten sich seine Antworten stets im Rahmen der schon häufig vom Kanzler abgegebenen Erklärungen.

Dazu gab es auch eine Art technischen Kampf. Obwohl Adenauer meist in großen Versammlungsräumen sprach, warteten oft Tausende auf der Straße und mußten durch Lautsprecher versorgt werden. Ich erinnere mich an eine Versammlung, bei der besonders viele Menschen seinen Ausführungen außerhalb der Halle lauschten. Ich selbst saß mit Rolf Vogel im Auto, und die Übertragung ins Freie funktionierte einwandfrei. Doch plötzlich gab es einen »Knack«, und von Adenauer war nichts mehr zu hören. Vogel sprang mit einem gräßlichen Fluch aus dem Wagen. Nach einer Weile kam er rot vor Zorn zurück: »Die Burschen haben uns die Leitungen zu Makkaroni zerschnitten.« Hier gab es nichts mehr zu reparieren. Grollend verzog sich allmählich die Menge, die Konrad Adenauer hatte hören wollen. Es war ein voller Erfolg des gegnerischen Spähtrupps. Am nächsten Abend wunderte ich mich darüber, daß Rolf Vogel wieder ganz ruhig bei mir im Wagen saß. Als ich meine Befürchtung äußerte, es würde uns heute das gleiche passieren, meinte er seelenruhig: »Sollen sie schnippeln!« Und richtig! Wieder gab es einen »Knack«, und Adenauers Stimme blieb unhörbar. Doch schon nach Sekunden war sie wieder klar und deutlich auf dem ganzen überfüllten Platz hörbar. Ich blickte Vogel verwundert an. Doch der meinte nur lässig: »Ich habe ein eigenes Stromaggregat organisiert!« – »Aber warum legen Sie denn überhaupt erst Kabel?« – »Man muß den Gegner beschäftigen!« war seine Antwort. Sein Gesicht zeigte tiefe Befriedigung.

In der politischen Arbeit während der Legislaturperiode sind exakte politische Ergebnisse doch sehr selten. Gewiß gibt es auch da Höhepunkte, wie die Unterzeichnung und Ratifizierung eines Vertrages, die Verabschiedung eines wichtigen Gesetzes und ähnliches. Doch sind dies fast nie perfekte Lösungen. Niemals enthält ein Vertrag genau das, was man sich gewünscht hat. Zahlreiche Kompromisse sind nötig, um mit dem Vertragspartner schließlich einig zu werden. Der erste eigene Entwurf und das ausgehandelte Dokument weichen oft so stark voneinander ab, daß bei der Unterzeichnung die rechte Freude nicht aufkommen will. Einschneidende Gesetzesvorlagen werden in monatelangen Beratungen zahlreicher Ausschüsse des Parlaments zerpflückt, zerredet, ergänzt und abgeändert, und dabei ist oft der Regierungsentwurf schon ein Kompromiß widerstreitender Gruppen in den Parteien, zu dem die betroffenen Verbände von Interessenten das Ihrige beigetragen haben, die klare Konzeption zu trüben. Ob sich das Gesetz dann im Laufe der Jahre praktisch bewährt, ist noch eine weitere offene Frage. Oft ist es kaum in Kraft getreten, und schon wird an einer »Novelle« gearbeitet.

Dagegen ist die Entscheidung des Wählers ein klarer und eindeutiger Vorgang. Das Resultat ist eine unumstößliche Tatsache, an der es vier Jahre nichts zu deuteln gibt. Hier sprechen Zahlen und sonst nichts. Hinzu kommt, daß der Wahlkampf große Beweglichkeit verlangt und den Politiker in engste Berührung mit der Bevölkerung bringt, eine Berührung, die in den Jahren zwischen den Wahlen nicht die gleiche Intensität haben kann. Während der Legislaturperiode haben es der Politiker und der politische Beamte vorwiegend mit Fachleuten oder Menschen, die sich dafür halten, zu tun. Während des Wahlkampfes aber geht er hinaus aus den Amtsstuben der Ministerien, hinaus aus der Atmosphäre des Parlaments in die frische Luft des offenen Kampfes. Viele finden einen Wahlkampf abstoßend, weil es bei ihm oft hart hergeht. Mir selbst war dieser harte Kampf aber immer viel sympathischer als der schleichende Dschungelkrieg um politische und wirtschaftliche Machtpositionen in Bonn. Auch dieser Krieg ist in einer Demokratie unvermeidlich und muß mit Zähigkeit geführt werden. Der Wahlkampf aber bringt die offene Feldschlacht, in der jeder, der sein Mandat erringen will, sich den Wählern stellen muß, sei es in Versammlungen, am Radio oder auf dem Bildschirm.

Wenn man, wie ich, dazu noch den Vorzug hatte, mit dem Regierungschef, dem »Star« der Partei, durch die Lande zu reisen, dann ist das Ganze zwar eine enorme Strapaze, aber doch ein großer Test für die Arbeit der vergangenen Jahre. Die Reaktion der Wähler auf die Ausführungen des Kanzlers in den verschiedenen Landesteilen zu beobachten, war äußerst instruktiv. Trotzdem muß ich gestehen, daß ich mich dann und wann von der Teilnahme an den Versammlungen drückte, denn trotz aller Variationen gibt es doch in jeder Rede lange, sich immer wiederholende Partien, die man nach der zwanzigsten oder dreißigsten Veranstaltung beinahe auswendig kennt. Einmal erwischte mich der Kanzler dabei, daß ich mich gedrückt hatte, denn er kam später im Salonwagen auf einen kleinen Zwischenfall zu sprechen, der mir wegen Abwesenheit entgangen war. Bei der nächsten Versammlung saß ich dann wieder brav auf meinem Platz. Am Abend im Sonderzug meinte er dann: »Tun Sie mir einen Gefallen, Herr von Eckardt, und setzen Sie sich nicht in die erste Reihe. Wenn ich Ihr gelangweiltes Gesicht sehe, fällt mir überhaupt nichts ein!« Am nächsten Abend bugsierte man mich aber doch wieder nach vorn in die Reihe der Honoratioren. Eingedenk seiner Äußerung am Vortage versuchte ich, nicht gelangweilt zu erscheinen, und spielte, direkt im Blickfeld des Kanzlers, den wild begeisterten CDU-Anhänger. Ich schrie »Bravo«, schlug mir begeistert auf die Schenkel, raufte mir über die SPD die Haare, kurz, ich versuchte, wie ein schlechter Theaterkomparse entsetzlich übertreibend, den Redner anzustacheln. Der Kanzler bemühte sich, mich zu übersehen, aber er konnte doch nur mit Mühe das Lachen unterdrücken. »Ich glaube, es ist doch am besten, Sie kommen gar nicht in die Versammlung«, meinte er dann, während wir bei einem guten Glas Wein durch die Nacht weiterfuhren. So bekam ich meine Freiheit zurück, je nach Umständen in die Versammlungen zu gehen oder auf ihn im Sonderzug zu warten.

Am Sonnabend, 5. September, umgab uns dann plötzlich nach stürmischen Wochen eine fast unheimliche Stille. Es gab nichts mehr zu tun, das Schicksal nahm seinen Lauf. Der Wahlsonntag verlief ruhig, doch die innere Spannung war ungeheuer groß, wenigstens bei mir. Der Kanzler schien ausgeglichen wie immer und wies mich an, ihn am Montag früh um 6 Uhr anzurufen und ihm das Wahlresultat durchzugeben. In der Nacht zum Montag herrschte in allen Räumen des Bundestages

Hochbetrieb. Damals gab es noch keine Zählmaschinen, und so dauerte es bis in die Morgenstunden, bis das Resultat, bis der Sieg der CDU-CSU und des Kanzlers endgültig feststand. Da die Journalisten mir entlockt hatten, daß ich um 6 Uhr mit dem Kanzler telefonieren würde, fanden sich einige, besonders Fotoreporter, zu dieser frühen Stunde bei mir in unserer Godesberger Wohnung ein. Selbst meine Frau war aus dem Bett gekrochen, um die Reaktion Adenauers mitzuerleben. Das Gespräch mit ihm war nur kurz. Ich las ihm das glänzende Wahlresultat vor, und er hängte gleich darauf wieder ein. »Was hat er denn gesagt?« fragte meine Frau gespannt. »Vielen Dank, Herr von Eckardt!« berichtete ich wahrheitsgemäß. »Ist das alles? Er muß doch noch etwas gesagt haben!« – »Nein, nichts weiter. Aber ich kann dir sagen, was er gedacht hat! Gedacht hat er, trotz des völligen Versagens des Bundespresseamtes ist die Sache noch mal gut gegangen. Das hat er bestimmt gedacht.« Im Laufe des Vormittags trafen sich die Hauptkämpfer der Wahl in seinem Arbeitszimmer im Palais Schaumburg. Gelassen nahm Adenauer die Glückwünsche entgegen und sprach dann hauptsächlich über die nächste Wahl in vier Jahren. Im Laufe des Oktobers wurde dann die neue Regierung gebildet.

Es gab einige personelle Veränderungen. Ich kann nicht behaupten, daß mir jede dieser Veränderungen sehr gefiel. Besonders die Einrichtung von nicht weniger als vier Bundesministerien für »besondere Aufgaben« schien mir wenig glücklich. Solche Minister, die mehr oder weniger als Resultat des Parteienproporzes in das Kabinett kommen, sind nicht sehr populär. Sie fördern auch keineswegs die straffe Arbeit im Kabinett selbst. Natürlich will jeder dieser Minister doch irgendeine Aufgabe haben und sucht sie aus einem der anderen Ressorts herauszuschneiden. Dadurch entstehen ständig Reibereien zwischen den Ressorts. Der interessanteste Sonderminister war zweifellos Franz-Josef Strauß, ein Mann von außergewöhnlicher Intelligenz und großem Ehrgeiz. Er sollte sich der Atomfragen annehmen und tat das auch mit großem Elan. Schon nach wenigen Monaten hatte er umfangreiche Kenntnisse auf diesem Spezialgebiet erworben. Seine Ernennung war aber in erster Linie eine Verbeugung vor der CSU in Bayern, die in allen Wahlkreisen die Direktmandate errungen hatte. Ein anderer Sonderminister war Dr. Robert Tillmanns, in seiner ganzen Art das absolute Gegenstück zu Strauß. Ein stiller, unauffälliger Mann, der seine Arbeit ohne viel Aufhebens machte. Er spielte innerhalb des evangelischen Flügels der CDU eine sehr wichtige Rolle. Er starb aber schon im November 1955, ein reichliches Jahr nach dem Präsidenten des Bundestages Hermann Ehlers, der unter den Protestanten der CDU die führende Position innehatte. Seit dem Tode dieser beiden vorzüglichen, dabei sehr unterschiedlichen Persönlichkeiten hat der evangelische Teil der CDU nie mehr eine so eindrucksvolle Repräsentanz, auch nicht durch Gerstenmaier und Schröder, gefunden. Auch die FDP bekam noch einen Sonderminister in der Person von Dr. Hermann Schäfer, einem wohlmeinenden, politisch erfahrenen Mann, der aber ohne Ressort keine besondere Rolle im Kabinett spielen konnte. Schließlich wurden auch die Flüchtlinge und Vertriebenen mit einem zusätzlichen Minister bedient, mit Waldemar Kraft, der sich um die besonderen Probleme der Wasserwirtschaft kümmern sollte. Kraft, ein stets gutgelaunter Mann, versuchte vergeblich, auf seinem Sondergebiet etwas zu leisten. Es gelang ihm nicht, sich gegen die Ressorts durchzusetzen, die mit diesen Fragen bereits befaßt waren. Für die Vertriebenen und Flüchtlinge war als Nachfolger von Dr. Lukaschek ein anderer Minister in das Kabinett eingezogen, nämlich Professor Oberländer. Als ich von seiner bevorstehenden Ernennung hörte, machte ich den Kanzler auf die Vergangenheit dieses Mannes während der Nazizeit aufmerksam und warnte vor den zu erwartenden Angriffen, denn ich kannte einen Teil des Materials, das die Zonenmachthaber bereithielten. Adenauer wußte selbst genug über Oberländer, meinte aber resignierend: »Ich habe die Flüchtlingsverbände mehrmals gebeten, mir einen anderen Mann zu präsentieren, aber sie bestehen auf Oberländer!« Die Kampagne gegen Oberländer ließ einige Zeit auf sich warten, aber sie kam, wie es vorauszusehen war.

Während des Wahlkampfes fragte mich einmal der Kanzler: »Was halten Sie von einem Familienministerium?« Meine Antwort war kurz: »Nichts, Herr Bundeskanzler, gar nichts!« Adenauer verteidigte diesen Gedanken – allerdings nicht mit sehr eindrucksvollen Argumenten. Ich schlug ihm ein »Ministerium für Jugend und Sport« vor, das bestimmt sehr populär sein würde. Aber ich fand mit diesem Vorschlag keinen Beifall. Nach der Wahl wurde dann Dr. Franz Joseph Wuermeling Familienminister. Ich habe stets bewundert, mit welcher Gelassenheit er Spott und Witz über sich und sein Ressort ergehen ließ. Im Rahmen des Kabinetts kämpfte er tapfer um sein Ressort, und es gelang ihm auch wirklich, seinem Ministerium allmählich Bedeutung zu verschaffen. Die Witze aber blieben.

Dr. h. c. Heinrich Lübke ersetzte den kränkelnden Professor Niklas als Landwirtschaftsminister. Es gelang ihm sehr schnell, sich eine feste Position im Kabinett zu verschaffen, denn er ging mit sehr klaren Vorstellungen an seine Ressortarbeit. Er übernahm die Sorgen der deutschen Landwirtschaft in einer Periode, in der sich die kommenden Schwierigkeiten bereits deutlich abzeichneten. Während und nach dem

Kriege war die deutsche Landwirtschaft in der Hauptsache auf Steigerung der Produktion eingestellt. Man brauchte für die Bevölkerung zunächst genügend Nahrungsmittel, da die Möglichkeiten, mit Devisen im Ausland einzukaufen, noch begrenzt blieben. Doch jetzt wurden die strukturellen Mängel unserer Agrarwirtschaft mit dem Anwachsen des deutschen Exports und mit den größeren Devisenbeständen offensichtlich. Lübke wußte, wie diesen Schwierigkeiten zu begegnen sei, und konnte sich auch mit vielen seiner Ideen durchsetzen, besonders in der wichtigen Frage der Modernisierung der Betriebe.

Die stärkste politische Wirkung sollte aber das Ausscheiden von Dr. Thomas Dehler als Justizminister auslösen. Er wurde durch Fritz Neumayer, einen jovialen Mann, ersetzt. Seitdem ist es um Thomas Dehler nicht ruhig geworden. Seine Entlassung aus dem Kabinett traf ihn schwer. Sie kam ihm wohl auch völlig unerwartet. Für seinen Sturz machte er Konrad Adenauer verantwortlich, weshalb er ihn seit dieser Zeit mit einer Art von Haßliebe verfolgt. Zweifellos gehörte Dehler nicht immer zu den bequemen Mitgliedern des Kabinetts, aber seine Loyalität gegenüber dem Kanzler stand außer jedem Zweifel. Er widersprach dem Kanzler häufig, aber gleichzeitig bewunderte er ihn sehr. Ich glaube nicht, daß die Idee, sich von Dehler zu trennen, vom Kanzler selbst stammte. Man hat mir glaubwürdig berichtet, daß der Präsident des Bundesverfassungsgerichts, Dr. Höpker-Aschoff, beim Bundespräsidenten Heuss intervenierte mit der Erklärung, er selbst, Höpker-Aschoff, würde zurücktreten, wenn Thomas Dehler Justizminister bleiben sollte. Alle drei, Bundespräsident Heuss, Dehler und Höpker-Aschoff, gehörten der FDP an, und damit entwickelte sich die Auseinandersetzung in weitem Maße zu einer Angelegenheit dieser Partei. So wenigstens scheint man den Fall dem Kanzler präsentiert zu haben. Sicher bemühte sich Adenauer nicht besonders, die Herren umzustimmen, aber ich glaube, daß er ohne diese Intervention Dehler im Kabinett belassen hätte. Würde er damals vorausgesehen haben, wieviel Ärger ihm dieser Wechsel noch bereiten sollte, er hätte ihn bestimmt als Minister gehalten. Ich selbst empfand für Thomas Dehler stets große Sympathie. Er ist ein lauterer, liebenswürdiger Mensch, voll guten Willens und großer Begabung. Seine bedeutende, wenn auch sehr eigenwillige Rednergabe sichert ihm zwar stets aufmerksame Zuhörer, aber sie wird ihm auch gleichzeitig zum Verhängnis. Sein starkes Temperament reißt ihn zu immer schärferen Formulierungen fort, und so verliert er oft die Kontrolle über das, was er sagt. Er redet »mit Zungen«, wie es in der Bibel heißt, und ich glaube, er weiß oft hinterher nicht mehr, was er gesagt hat. Seine wenig realistischen Vorstellungen über eine deutsche

Ostpolitik entspringen nicht zuletzt seinem lauteren Charakter, der an die Schlechtigkeit der Menschen oder die gefährlichen Absichten der Sowjetunion nicht glauben will. Aber er ist ein großer Patriot, der für das Recht auf Freiheit für die Deutschen in der Zone alles, auch das Letzte, opfern würde.

Von sehr großer Bedeutung sollte auch der Eintritt Dr. Gerhard Schröders als Minister des Inneren werden. Er gehörte im Rahmen der CDU schon seit langem zu den »hoffnungsvollen jungen Männern«. Seine Ernennung bedeutete keine Überraschung, denn er verfügte über eine starke Position in der Fraktion, besonders auf dem evangelischen Flügel. Er begann seine Tätigkeit im Kabinett mit großer Vorsicht, beinahe immer in enger Gefolgschaft von Konrad Adenauer. Es war ganz offensichtlich, daß er sich innerhalb der Regierung erst eine Stellung verschaffen wollte, ehe er mit einer eigenständigen Politik an die Öffentlichkeit trat. Dabei galt sein eigentliches Interesse weniger der Innenpolitik als der Außenpolitik. Ich selbst konnte das sehr gut beobachten. Während seiner Amtszeit als Innenminister, die ihm nicht viel Freude und Erfolg einbrachte, lud er mich von Zeit zu Zeit ein, in einem kleinen Salon hinter seinem Arbeitszimmer allein mit ihm zu essen. Unser Gespräch drehte sich dann beinahe ausschließlich um Fragen der auswärtigen Politik. Er wollte vielerlei von mir wissen, denn als Innenminister fehlten ihm die Unterlagen, die mir als Pressechef und ständigem Begleiter des Kanzlers zugänglich waren. Jedermann wußte, daß er mit Beharrlichkeit darauf zusteuerte, einmal das Auswärtige Amt zu übernehmen. Nachdem er Außenminister geworden war und selbst über viel eingehenderes Material in allen Fragen der Außenpolitik verfügte als ich, blieben die Aufforderungen zu intimer Aussprache mit mir aus. Doch bis dahin sollte noch viel Zeit vergehen.

Soviel über das neue Kabinett. Eigentlich überraschte es mich, daß Adenauer nach seinem Wahlsieg den Parteien der Koalition so viele Zugeständnisse machte. Nur die Fraktion der FDP brauchte er zu einer soliden Mehrheit im Parlament. Ich glaube, daß er an sich gut daran tat, seine Regierung auf eine breite Basis – CDU/CSU, FDP, DP und BHE – zu stellen, doch in der Wahl der Personen hatte er, wie schon erwähnt, nicht in jedem Falle eine glückliche Hand.

Eine Reise nach Wien

Es fing so harmlos an. Im Herbst 1953 besuchte mich der Pressereferent der österreichischen Mission, Dr. Seiffert, in meinem Büro. Seiffert suchte mich öfter zu einer politischen Plauderei auf, aber dieses Mal kam er in besonderem Auftrag. Er übermittelte mir eine Einladung des Generalsekretärs der Österreichischen Volkspartei (ÖVP), Dr. Maleta, mit meiner Frau nach Wien zu kommen. Zwischen Bonn und Wien gab es damals noch keine diplomatischen Beziehungen, sondern nur Wirtschaftsmissionen. So wollten es die Besatzungsmächte. Seiffert erklärte mir aus dieser Situation heraus die Form der Einladung. Vorbehaltlich der Zustimmung des Bundeskanzlers sagte ich mit Freuden zu. Einmal hatte ich große Lust, Wien wiederzusehen, zum anderen versprach ich mir doch auch recht interessante politische Eindrücke. Vor allem interessierte es mich zu sehen, wie die Österreicher mit der Besetzung durch die vier Mächte fertig wurden. Da man ihnen gestattet hatte, schon bald nach Kriegsende Wahlen in allen vier Besatzungszonen gemeinsam durchzuführen, war eine Spaltung des Landes vermieden worden. Es gab nur eine österreichische Regierung. Man war daher im Nachbarland sehr viel besser dran als bei uns. Ich glaube, daß die schwere Niederlage, die die Kommunisten bei der Wahl in Österreich erlitten hatten, viel dazu beitrug, daß die Russen gesamtdeutsche Wahlen unter keinen Umständen akzeptieren wollten. Sie hatten in Österreich mit einer starken kommunistischen Partei gerechnet und waren schwer enttäuscht worden. In Deutschland würde sich zweifellos das gleiche wiederholt haben, und damit wäre eine Vereinigung der vier Zonen mit einer gesamtdeutschen Regierung unvermeidlich gewesen.

Ich konnte also interessante Gespräche erwarten. Adenauer genehmigte ohne viel Aufhebens unsere Reise nach Wien, die nach einigem Hin und Her vom ursprünglichen Datum im Dezember auf Anfang Januar 1954 festgesetzt wurde, da ich im Dezember den Kanzler noch zu einer Konferenz in Den Haag begleiten mußte. Während meine Frau und ich uns auf die Reise nach Wien freuten, sollte es dort einige Schwierigkeiten geben. Etwas eigenartig schien es mir allerdings, daß bald nach der Einladung durch die ÖVP noch eine zusätzliche Einladung meines österreichischen Kollegen Dr. Meznik bei mir eintraf. Ich hatte nun also eine inoffizielle Einladung der Österreichischen Volkspartei und gleichzeitig die Einladung eines hohen Beamten des Bundeskanzleramtes. Ich dachte mir aber weiter nichts Böses dabei. Erst in Wien erfuhr ich, daß die Sozialdemokraten (SPÖ) von der Einladung der ÖVP Wind bekommen hatten und nun hinter den Kulissen Auseinandersetzungen um die Art der Einladung vor sich gingen. Die zusätzliche Einladung durch das Bundeskanzleramt beendete wenigstens vorläufig dieses Tauziehen.

Zum Glück ahnten meine Frau und ich von diesen Vorgängen nichts, als wir in bester Laune in Begleitung des Pressereferenten Dr. Seiffert mit dem Nachtzug Bonn verließen. In Wien wurden wir auf dem Bahnhof sehr herzlich, dabei aber auch wieder erstaunlich offiziell empfangen. Sowohl der Generalsekretär der Partei als auch der Pressechef der Regierung waren mit ihren Damen erschienen und dazu natürlich auch der Leiter der deutschen Wirtschaftsmission, Gesandter Müller-Graaf. Es war also ein »mittelgroßer Bahnhof«. Die Parteieinladung trat im Laufe der Tage immer mehr in den Hintergrund. Kaum angekommen, fand ich auf meinem Programm Besuche beim Bundeskanzler Raab, Vizekanzler Schärf (dem späteren Präsidenten der Republik), Außenminister Leopold Figl usw. vor. Ich machte mich also in Begleitung des Gesandten Müller-Graaf auf die Besuchtstournee und wurde von allen Herren mit großer Liebenswürdigkeit, gleichzeitig aber auch sehr offiziell empfangen. Überall waren die Fotografen zur Stelle und machten die üblichen Aufnahmen. Bereits am Tage unserer Ankunft gab uns Bundeskanzler Raab ein Frühstück im Hotel Sacher. Die Gesellschaft bestand aus etwa zwölf Personen, darunter Außenminister Figl, Generalsekretär Maleta und Nationalratspräsident Dr. Hurdes.

Bundeskanzler Raab war ein sehr schweigsamer, etwas schwerblütig wirkender Mann. Seine Autorität wurde allerseits anerkannt, und jedes Wort, das er sprach, schien überlegt zu sein und aus einer sehr tiefen politischen Erfahrung zu stammen. Allmählich kamen wir doch in ein lebhafteres Gespräch, und er besprach mit mir die Frage des Funktionierens der Großen Koalition in Österreich mit großer Offenheit. Seine Ansicht lief auf eine Warnung hinaus, etwas Ähnliches in der Bundesrepublik zu versuchen. In einem kleinen Land wie dem seinen, meinte er, das mit vier Besatzungsmächten fertig werden müsse, gäbe es wohl keine andere Möglichkeit, zumal seine Partei, die ÖVP, nur über eine sehr kleine Majorität verfüge. In der Bundesrepublik aber, die nur unter westlicher Besatzungshoheit stünde, müsse man an dem freien Spiel zwischen Regierungsparteien und Opposition festhalten. Nur so könne sich eine echte Demokratie entwickeln. Bei einer Großen Koalition in der Bundesrepublik würde das Parlament seine Bedeutung verlieren. Alles, was die beiden großen Parteien – CDU/CSU und SPD – vereinbarten, sei beschlossen und unabänderlich, ehe die Angelegenheit überhaupt ins Parlament käme. Im Grunde genommen läge die Entscheidung über alle Fragen in einem Koalitionsausschuß. Entweder man einige sich in dem Ausschuß über eine Frage, dann sei sie positiv entschieden, oder es gäbe keine Einigung, dann würde die Angelegenheit eben unerledigt zurückgestellt. Die zahlenmäßig winzige Opposition könne keinerlei echte parlamentarische Rolle spielen. Er belegte diese Auffassung mit zahlreichen Beispielen aus dem politischen Leben Österreichs. Auch das ewige Kämpfen um den »Proporz« zwischen den beiden Parteien schien ihm wenig Vergnügen zu bereiten.

Es würde nun zu weit führen, wollte ich den Programmablauf der Besuchstage Punkt für Punkt aufzählen und schildern. Jeden Mittag und jeden Abend gab es ein mehr oder weniger offizielles Essen, gegeben von der Partei oder der Regierung. Im Mittelpunkt des Programms standen sehr ausführliche Gespräche mit Außenminister Figl. Ich traf im ganzen siebenmal mit ihm zusammen. Natürlich konnten diese Gespräche der Presse nicht verborgen bleiben, und so entstand eine heftige Zeitungsfehde zwischen den Blättern der ÖVP und der SPÖ. Ziemlich klar und objektiv ist ein Bericht des dpa-Korrespondenten nach Abschluß des Besuches. Er hatte folgenden Wortlaut:

Ballhausplatz zum Besuch von Eckardts in Wien

»Über den Besuch des Pressechefs der deutschen Bundesregierung, Felix von Eckardt, in Wien, war am Ballhausplatz folgendes zu hören:

Die Einladung von Eckardts sei von der Bundesleitung der Österreichischen Volkspartei ausgegangen, von der sich bereits mehrere Funktionäre zu Besuchen in Bonn aufgehalten hatten. Dieser Einladung habe sich später der Bundespressedienst der österreichischen Regierung angeschlossen. Der Besuch von Eckardts habe also eine parteipolitische und eine amtliche Seite gehabt. Von Eckardt und seine Gattin seien daher auch von Vertretern der ÖVP und des Bundespressedienstes am Bahnhof begrüßt worden.

Das Besuchsprogramm von Eckardts habe gezeigt, daß das Schwergewicht des Besuches auf der offiziellen und nicht auf der parteipolitischen Seite liegen werde. Tatsächlich stattete von Eckardt Bundeskanzler Raab, Vizekanzler Dr. Schärf, Außenminister Dr. Figl und Finanzminister Dr. Kamitz Besuche ab. Außenminister Dr. Figl gab zu einem späteren Zeitpunkt dem Gast ein Essen, an dem außer Bundeskanzler Raab und Vizekanzler Dr. Schärf auch Finanzminister Dr. Kamitz und (gewissermaßen zur Wahrung des österreichischen Koalitionsgleichgewichts) der der SPÖ nahestehende Justizminister Dr. Gerö teilnahmen. Ein ähnliches, von dem Gesandten Dr. Müller-Graaf gegebenes Essen vereinigte von Eckardt später nochmals mit Raab, Schärf und Figl.

Diese Besuche und offiziellen Kontakte eines Beamten der Bundesrepublik Deutschland mit den führenden österreichischen Regierungsmitgliedern läßt – nach Auffassung führender Beamter des Bundeskanzleramtes und des Außenamtes – das diplomatische Protokoll nicht zu, da damit dem Besuch von Eckardts der Charakter eines Staatsbesuches gegeben worden sei, zu dessen Vollkommenheit lediglich ein Empfang durch den Bundespräsidenten Dr. Körner gefehlt hätte. Man nannte das Besuchsprogramm in Wien deshalb ein ›protokollarisches Husarenstückchen‹ und betonte im Außenamt, daß das Protokoll dafür nicht verantwortlich zu machen sei, denn dieses habe ebenso wie führende Beamte des Außenamtes – darunter der Chef der Politischen Abteilung, Gesandter Dr. Schöner – den Termin des Besuches aus der Zeitung erfahren. Über den Grund des Besuches von Eckardts herrschte großes Kopfzerbrechen in Wien. Darüber wurde vielfach versäumt, die bevorzugte Behandlung der deutschen Gäste zur Kenntnis zu nehmen, und zwar als ein Zeichen für die augenfällige Verbesserung des deutsch-österreichischen Verhältnisses.

Die Vermutungen, daß von Eckardt in Wien Verhandlungen über verschiedene, beide Länder interessierende Fragen führe, wie deutsches Eigentum, Fragen des deutsch-österreichischen Handelsaustausches, ein gemeinsames pressepolitisches Vorgehen zur Berliner Konferenz und die Vorbereitung eines Staatsbesuches von Dr. Adenauer als Antwort auf den österreichischen Staatsbesuch in Bonn wurden sowohl von den österreichischen Stellen als auch von Herrn von Eckardt zurückgewiesen. Von Eckardt leugnete nicht, daß über alle solche Fragen, die ja auf der Hand lägen, gesprochen wurde (›Wovon soll man wohl sonst reden?‹). Er habe aber im Grunde nur Eindrücke über die Verhältnisse in Österreich sammeln wollen. In ähnlichem Sinne äußerte sich der österreichische Bundespressechef Dr. Meznik zu dem dpa-Korrespondenten. Der Besuch habe in erster Linie dazu gedient, Bonn ein Bild von der Entwicklung in Österreich und von den österreichischen Auffassungen zu den aktuellen politischen Fragen zu vermitteln. Dazu habe auch ein neben dem offiziellen Programm aufgestelltes Besichtigungsprogramm gedient. Von Eckardt zeigte sich gegenüber den Vertretern der deutschen Presse in Wien auch sehr beeindruckt von dem Gesehenen.

In das Programm paßten nach manchen Auffassungen in Wien zwei Begegnungen nicht hinein. Das waren die Besprechungen mit Finanzminister Dr. Kamitz und mit dem Generaldirektor der verstaatlichten größten österreichischen Bank Creditanstalt-Bankverein Dr. Joham. Daher hielten sich in Wien auch wirtschafts- und finanzpolitische Kombinationen über den Besuch am stärksten, die zum Teil in die Richtung gingen, daß von Eckardt sich über Möglichkeiten neuer Kapitalanlagen in Österreich unterrichtet habe und daß die Frage des wiederaufzunehmenden österreichischen Schuldendienstes berührt worden sei. Offiziell ergaben sich dafür aber keine Anhaltspunkte.

Eine Vermutung, von Eckardt könne einen deutschen offiziellen Besuch in Wien vorbereitet haben, wurde schließlich darauf zurückgesteckt, daß es sich ja nicht um Dr. Adenauer handeln müsse, es könne ja auch an eine Begegnung Raab–Erhard gedacht sein.

In der Presse der österreichischen Hauptstadt wurde der Besuch von Eckardts durchweg nur in den amtlichen Kommuniqués erwähnt. Lediglich die ›Arbeiterzeitung‹, das sozialistische Zentralorgan, nannte den Besuch eine Entgleisung Bonns. Die für Protokollfragen und Empfänge zuständigen Regierungsbeamten in Wien fragen nach der Abreise: ›Was wollen wir machen, wenn der Pressechef des amerikanischen Präsidenten eines Tages nach Wien kommen sollte, um gegenüber diesem Besuch noch eine Steigerungsmöglichkeit zu haben?‹«

Soweit dpa. Es ist richtig, daß über alle hier aufgeführten Probleme gesprochen wurde. Das wichtigste Gesprächsthema zwischen Figl und mir betraf aber eine Frage, die für die bevorstehende Außenministerkonferenz der vier Siegermächte in Berlin von großer Bedeutung war. Es handelte sich um die Form der österreichischen Neutralität, im Falle es zu einer Einigung zwischen den vier Mächten über den österreichischen Staatsvertrag kommen sollte. Adenauer hatte große Besorgnisse, daß eine Verständigung zwischen den Mächten zustande kommen könnte, die auf einer oktroyierten Neutralität basieren würde. Österreich würde also in solchem Falle nicht aus eigener Machtvollkommenheit sich für eine Neutralität entscheiden, sondern die vier Mächte würden Österreich die Neutralität auferlegen als eine Bedingung, unter der sie dem Land die Freiheit zurückgeben und es räumen würden. Es lag auf der Hand, daß eine solche Lösung der österreichischen Frage für uns Deutsche ein gefährliches Beispiel gegeben hätte. Konrad Adenauer war davon überzeugt, daß eine Neutralitätspolitik der westlichen Alliierten früher oder später ganz Deutschland den Russen ausliefern müßte. Figl und ich kamen immer wieder auf dieses Thema zurück. Nach einem

Frühstück, das er meiner Frau und mir zu Ehren gab, zog er mich in einen Nebensalon. Wir sprachen unter vier Augen, und schließlich gab er mir die Hand und sagte: »Sie können Ihrem Kanzler sagen, Österreich wird neutral sein unter eigenem soveränen Entschluß wie die Schweiz, oder der Staatsvertrag wird nicht zustande kommen!« Es konnte kein Zweifel herrschen, daß die österreichische Regierung ihren Entschluß gefaßt hatte und ihn auch nicht ändern würde. Es sollte noch viel Zeit vergehen, ehe der Staatsvertrag unterzeichnet wurde. Aber schließlich kam er sehr plötzlich und unerwartet zum Abschluß. Leopold Figl hat sein Wort gehalten. Über den Charakter der österreichischen Neutralität gab es keinen Zweifel mehr.

Als wir nach diesem Gespräch auseinandergingen, gab es noch eine Mißhelligkeit. Figl ist kein Mann des strengen Protokolls, und so hatte er gegen die Regel, dazu noch recht auffällig, dieses Gespräch mit mir geführt, ohne unseren Gesandten Müller-Graaf zuzuziehen. Dieser reagierte sehr unwillig. Es gelang mir aber, die Sache in Ordnung zu bringen, denn mit Figl konnte man über alles offen reden. So zog er noch am gleichen Abend Müller-Graaf nach dem Essen in eine Sofaecke und führte mit ihm ein intimes politisches Gespräch. Nicht ganz einfach war es, eine Pressekonferenz, die von der ÖVP einberufen worden war, durchzustehen. Die Fragen prasselten nur so auf mich ein, sie reichten von den deutschen Guthaben in Österreich über die kommende Viererkonferenz bis zu Anschluß-Gerüchten. Auch die protokollarische Frage meiner Einladung spielte wieder eine Rolle, da zu dieser Pressekonferenz der Partei unangemeldet Außenminister Figl erschien. Die Zeitungen bestätigten mir aber in ihren Berichten, daß ich mich mit Anstand aus der Affäre gezogen hätte.

Neben diesen vielen, sehr ernsten Gesprächen ging es – wie könnte es in Wien anders sein – auch sehr beschwingt zu. Besonders Leopold Figl ist kein Freund von Traurigkeit. Wir tranken Wein, sehr viel Wein! Mit meinem Kollegen Meznik besuchten wir das Heurigenlokal des berühmten Zitherspielers und Komponisten Karas, der die weltberühmte Melodie aus dem Film »Der dritte Mann« komponiert hat. Es wurde ein langer und sehr vergnügter Abend. Einen Höhepunkt der Veranstaltungen bildete der »Ball der Wiener Philharmoniker«. Das Bild dieses Festes zeigte wirklich Eleganz. Unter den Klängen der »Festfanfaren« von Richard Strauss zogen das ganze Bundeskabinett und die politische Prominenz in den Saal ein, und dann folgte die Balleröffnung durch die Debütantinnen, alle in Weiß, mit ihren jungen Kavalieren im Frack, zu den Klängen des Kaiserwalzers von Johann Strauß. Ein wirklich prachtvolles, elegantes Bild, das auch die da und dort auftauchenden russischen Offiziere, die das Ganze etwas verwundert betrachteten, nicht zu stören vermochten. Mehr volkstümlich aber wurde es zwei Abende später auf dem »Niederösterreichischen Bauernball«! Leopold Figl thronte in einer großen Parterreloge, umgeben von seiner ganzen bäuerlichen Sippe. Es sollen 60 Familienmitglieder gewesen sein. Mit einem großen Tranchiermesser säbelte er gewaltige Scheiben Wurst, Schinken und Geselchtes ab und verteilte sie an jedermann. Meine Frau und ich wurden durch einen Tusch gefeiert, und Figl überreichte mir die grüne Krawatte des Bauernverbandes. Es ist das einzige Mal in meinen Leben, daß ich eine grasgrüne Krawatte zum blauen Anzug getragen habe. Sie hängt noch heute in meinem Kleiderschrank. Das Fest gefiel mir sehr. Nur mit einiger Mühe gelang es meiner Frau, mich um 3 Uhr morgens zum Heimweg zu überreden.

In diesen Wiener Tagen habe ich gelernt, das österreichische Volk und seine Regierung zu bewundern. Die Art und Weise, in der die Bevölkerung den russisch-kommunistischen Anteil an der Besetzung des Landes ertrug, war sehr eindrucksvoll. Man mußte sich mit den Sowjets abfinden, wie überall dort, wo sie ihre Armee stationierten. Nirgends zeigte die Bevölkerung offene Feindseligkeit, doch war die Art, in der die Wiener durch die Russen hindurchsahen, sie nicht zu bemerken schienen, einfach grandios. Mit unüberbietbar unverbindlicher Höflichkeit ließen sie die Besatzungsoffiziere an allem teilnehmen, ohne ihre Teilnahme zu bemerken. Politische Gegebenheiten mußten hingenommen werden, aber das österreichische Volk lebte in seiner Art und seinen Gewohnheiten weiter, als ob es überhaupt keine Russen gäbe. Die Regierung mußte sich in vieler Beziehung natürlich anders verhalten, um eines Tages dem Lande die Freiheit wiederzuerobern. Ich glaube, daß besonders Außenminister Leopold Figl eine unnachahmliche Methode hatte, mit den russischen Diplomaten und Beamten umzugehen. Unzählige Fässer Wein leerte er mit ihnen. Später ging in Österreich das Witzwort um: »Der Poldi hat uns freigesoffen!« Aber Figl kann eben Wein, viel Wein vertragen, und keine Minute in den vielen langen Nächten ließ er sein Ziel aus dem Auge, Österreich von der Besatzung zu befreien. Seine Verdienste um sein Land können nicht hoch genug eingeschätzt werden. Bundeskanzler Raab und die anderen Minister arbeiteten auf ihre Art an der Erreichung des gleichen Zieles, und so führten sie zwar keinen heroischen, aber dafür einen zähen Kampf. Schon damals aber waren sich alle meine österreichischen Gesprächspartner darin einig, daß die Bundesrepublik einen anderen Weg gehen müsse als den der Neutralität. »Deutschland ist zu groß und zu stark in seiner Wirtschaftskraft. Für Deutschland paßt unser Weg nicht!« Niemals habe ich in Wien eine andere Auffassung gehört, auch in späteren Jahren nicht, als in der Bundesrepublik das Wort vom »österreichischen Modell« umging.

Wir haben auf dieser Reise sehr viel Schönes gesehen. Der restaurierte, jetzt ganz lichtdurchflutete Stephansdom ist ein unvergeßlicher Eindruck. Wir wohnten als Protestanten der heiligen Messe in der kaiserlichen Kapelle der Burg bei, sahen Schönbrunn wieder und hatten die große Freude, die herrlichen Lipizzaner bei der Morgenarbeit in der Spanischen Hofreitschule zu bewundern. Der Abschied von Wien, wo man uns so viel persönliche Freundlichkeit erwiesen und nicht weniger tiefgehendes politisches Verständnis entgegengebracht hatte, fiel uns wirklich schwer. Aber es war höchste Zeit, nach Bonn zurückzukehren, denn noch im gleichen Monat begann die Viermächtekonferenz in Berlin. Eine Unmenge Vorbereitungsarbeiten erwartete mich. Kanzler Adenauer schien mit dem Resultat der Wiener Reise zufrieden.

Außenministerkonferenz in Berlin 1954

Schon im Herbst 1945 fuhr ich zum erstenmal nach unserer Flucht aus Mecklenburg mit einem amerikanischen Militärzug nach Berlin; damals lasteten schreckliche Eindrücke auf dem Besucher. Die Stadt war furchtbar zerstört, die Menschen lebten noch sehr viel schlechter als in Westdeutschland. Die sowjetische Besatzung bedrückte die viergeteilte Stadt wie ein böser Traum. Immerhin gab es innerhalb der Stadt einen so gut wie unbehinderten Verkehr. Auch während der Blockade hatte man mich als Journalisten nach Berlin eingeflogen. Damals herrschte die bitterste Not, aber gleichzeitig ein Kampfgeist, ein Freiheitswille, der alle Unbill vergessen ließ. In den folgenden Jahren brachten mich Pflichten, die ich innerhalb der Verleger- und Journalistenverbände übernommen hatte, häufig nach Berlin. Die Stadt hatte man, wenn auch langsam, aufgeräumt, doch blieb der Abstand zu der Aufwärtsentwicklung in der Bundesrepublik erheblich. Nur die Berliner waren sich gleichgeblieben. Sie waren und sind Realisten, sogar harte Realisten, aber mit jenem Schuß trockenen Witzes, der immer ins Schwarze trifft.

Am 23. Januar 1954 traf ich nun diesmal nicht als Journalist, sondern als Mitglied der Beobachterdelegation für die Außenministerkonferenz in Berlin ein. Das Presseamt hatte umfangreiche Vorbereitungen getroffen, denn es wurden rund tausend Journalisten und Fotografen aus dem Inland und der ganzen Welt erwartet. Die Sitzungen, die abwechselnd im West- und Ostsektor stattfanden, zwang die Publizisten zu einer unablässigen Hetze durch die Stadt, denn alle vier Mächte suchten durch ihre Delegationen und ihren Presseapparat auf die Weltmeinung einzuwirken. Es stand meinen Herren des Presseamts und mir selbst in Berlin die erste große Schlacht um die Gunst der Journalisten, der Leser und der Radiohörer in der ganzen Welt bevor. Für uns Deutsche gestaltete sich die Situation dadurch besonders schwierig, daß wir an der Konferenz selbst nicht teilnahmen. Wir hatten auch keinen Beobachter im Konferenzraum. Vor Beginn der Konferenz sprach ich mehrfach ausführlich mit dem Kanzler über diese schwierige Aufgabe, und es war Adenauer selbst, der mich durch eine Äußerung auf eine Idee brachte. Er meinte, es müsse irgendwie gelingen, die Weltpresse in besonderem

Maße an der deutschen Beobachterdelegation zu interessieren. Es gelang mir auch, Finanzminister Schäffer zu veranlassen, dem Presseamt für die Viererkonferenz eine außerplanmäßige Summe zu bewilligen. Um eine ungestörte Verbindung zwischen Bonn und Berlin herzustellen, mietete das Presseamt eine kleine sechssitzige Maschine mit englischen Piloten. Während der ganzen Konferenz pendelte dieses Flugzeug zwischen Berlin und Bonn hin und her. Ich selbst flog häufig für einige Stunden nach Bonn, um den Kanzler zu informieren und um auch in Bonn Pressekonferenzen abzuhalten. Das brachte mir den Spitznamen »The Flying Felix« ein. Unser Hauptquartier bezogen wir im »Hotel am Zoo«. Dort verwirklichte ich auch die Idee, auf die Adenauer mich gebracht hatte. Vom ersten Tage der Konferenz an luden wir die gesamte Weltpresse zum täglichen, regelmäßig zwischen 18 und 20 Uhr stattfindenden Cocktail ein. Jeder, der in irgendeiner Weise mit der Konferenz, sei es als Journalist oder Delegierter, zu tun hatte, war willkommen. Natürlich konnte ich nicht wissen, ob sich diese Institution bewähren würde. Sie tat es aber in hervorragender Weise. Von Tag zu Tag stieg die Zahl der Gäste, und schon nach der ersten Woche entwickelte sich dieser Cocktail zur großen Nachrichtenbörse der Konferenz. Die Vertreter aller großen Nachrichtenagenturen, Reporter und Chefredakteure der Weltpresse aus allen vier Kontinenten standen in »drangvoller« Enge in zwei Räumen und diskutierten die Tagesereignisse. Hier gab es keine Trennung zwischen West und Ost. Auch die Ostpresse, sowohl aus Ost-Berlin und der Zone als auch aus den Ostblockstaaten, erschien regelmäßig. Auch diese Einrichtung bekam bald einen Spitznamen. Die Bewirtung war ausreichend, wenn auch in keiner Weise luxuriös, und so nannte man die Räume im ersten Stock des Hotels die »Berliner Bouletten-Bar«.

In der »Süddeutschen Zeitung« (29. 1. 1954) beginnt eine Reportage unter der Überschrift: »Der Bundespressechef und seine Berliner Bouletten-Bar« mit dem einleitenden Absatz: »Auf silbernen Platten wurden gestern abend im Hotel am Zoo sechzig duftende Bouletten serviert. Bouletten sind ja das Berliner Nationalgericht, und ›Bouletten-Bar‹ haben deshalb die Journalisten den allabendlichen Treffpunkt getauft, der eine Idee des Bundespressechefs Felix von Eckardt war. Eine gute Idee. Die Pressemanager der ausländischen Delegationen können mit etwas Ähnlichem nicht aufwarten. Eckardt hält hier ›free house for everybody‹, was heißen will, daß jeder Korrespondent gern gesehener Gast ist. Das mag auf die Dauer eine etwas kostspielige Sache sein, doch sie lohnt sich. Denn die Zeitungsleute, die ihr Ohr überall haben, können den Beobachtern manch brauchbaren Tip geben, und umgekehrt wird den Journalisten auf eine unauffällige Weise, zwischen einem Martini und einem Kirsch, die Meinung zugetragen, die das offizielle Bonn zum jeweiligen Sitzungsverlauf gern verbreitet sähe . . .«

Die Spitze der deutschen Beobachterdelegation bestand aus Botschafter Herbert Blankenhorn, Professor Grewe und mir. Jeden Morgen trafen wir uns im Zimmer des Bundesbevollmächtigten Dr. Vockel zu einer Lagebesprechung, an der auch häufig der Regierende Bürgermeister von Berlin, Dr. Schreiber, teilnahm. Wir hörten dort den Pressevortrag, tauschten unsere Meinungen aus und legten unser Tagesprogramm fest. Eine Beobachterdelegation, die nicht im Sitzungssaal vertreten ist, hat mit ähnlichen Schwierigkeiten zu kämpfen wie ein Journalist, nur auf anderer Ebene. Gilt es doch, täglich einen wirklich exakten Bericht darüber zu machen, was im Sitzungssaal vor sich gegangen ist. Von allen drei westlichen Delegationen mußten also durch Besuche eingehende Schilderungen des Sitzungsverlaufs beschafft und miteinander verglichen werden. Dann war der Bericht für Bonn abzufassen, häufig Stellungnahmen des Kanzlers herbeizuführen, die wieder den verbündeten Delegationen mitgeteilt und mündlich erläutert werden mußten. Meist dauerte diese Arbeit bis spät in die Nacht hinein. Außer in der »Bouletten-Bar« mußte aber auch ein gewisser gesellschaftlicher Verkehr mit unseren westlichen Freunden gepflegt werden, wobei die Chefkorrespondenten der Weltpresse nicht zu vergessen waren. Nur durch die enge und freundschaftliche Zusammenarbeit zwischen Blankenhorn, Grewe und mir gelang es, den Kanzler exakt zu informieren und dem Standpunkt der Bundesregierung in der Öffentlichkeit ein breites Echo zu verschaffen. Dazu betätigten sich die Herren meines Amtes und der Pressereferent des AA, Günther Diehl, unermüdlich, um alle Wünsche der Journalisten nach Informationen so weit wie möglich zu befriedigen. Ich selbst mußte täglich in- und ausländische Journalisten empfangen, Informationsgespräche abhalten und Tag für Tag in der »Bouletten-Bar« den Hausherrn spielen und dabei den deutschen Standpunkt zu den Problemen durch kurze Pressekonferenzen verständlich machen. Blankenhorn und Grewe erschienen meist auch zur Unterstützung. Die Zusammenkünfte im Hotel am Zoo gewannen von Tag zu Tag mehr an Bedeutung, denn von den ostdeutschen Sprechern waren nur vorfabrizierte Meinungen zu erhalten. Die Erklärungen meiner westlichen Kollegen wurden von den Journalisten auf dem Wege der Arbeitsteilung beschafft und dann im Hotel am Zoo untereinander ausgetauscht. Dieses System hatte für mich den großen Vorteil, daß ich nun meinerseits, von den Journalisten informiert, zu diesen Erklärungen sofort vom deutschen Standpunkt aus Stellung nehmen konnte. Dies geschah meist nach einer kurzen Abstimmung mit den Mitgliedern der amerikanischen, englischen und französischen Delegation, die immer in der »Bouletten-Bar« vertreten waren. Ich glaube sagen zu dürfen daß die Berliner Konferenz hinsichtlich der Pressearbeit einen neuen Stil entwickelte, der dann auf späteren, ähnlichen Konferenzen übernommen wurde.

Worum ging es nun aber auf der Außenministerkonferenz? Es gab im Gegensatz zu früheren Viererkonferenzen eine schnelle Einigung über die Tagesordnung. Wenn man bedenkt, daß die Konferenz in Paris im »Palais Marbre Rose« von März bis Juni 1951 nicht einmal eine Einigung über die Tagesordnung herbeiführen konnte, obwohl wochenlang darüber verhandelt wurde, so war der Beginn der Berliner Konferenz etwas hoffnungsvoller. Die Tagesordnung wies vier Punkte auf: Minderung der Spannungen zwischen West und Ost (Weltabrüstungskonferenz), Deutschlandfrage, österreichischer Staatsvertrag und der Korea- und Indochina-Konflikt. Molotow hatte mit bewährtem Geschick in seinen Vorschlag für die Tagesordnung und in seiner erläuternden Eröffnungsrede einige Forderungen eingebaut, die er später fallenlassen konnte. Dies bezog sich besonders auf seinen Vorschlag, auf der Berliner Konferenz Vertreter beider deutschen »Staaten« hinzuzuziehen. Er wußte genau, daß an dieser Forderung die Konferenz scheitern würde, und gab sie als große Konzession auf.

Die gegensätzlichen Standpunkte in der Deutschlandfrage seien kurz skizziert. Anthony Eden brachte den Vorschlag der Westmächte ein. Der wichtigste Teil des Planes enthielt fünf Punkte über das Verfahren zur Wiedervereinigung der beiden Teile Deutschlands:

1. Freie Wahlen in ganz Deutschland unter internationaler Kontrolle.
2. Einberufung einer aus freien Wahlen hervorgehenden Nationalversammlung.
3. Ausarbeitung einer Verfassung und Vorbereitung der Friedensvertragsverhandlungen.
4. Annahme der Verfassung und Bildung einer gesamtdeutschen Regierung, die für die Aushandlung des Friedensvertrages zuständig ist.
5. Unterzeichnung und Inkrafttreten des Friedensvertrages.

Eden erläuterte die einzelnen Punkte sehr ausführlich. Der von ihm vorgetragene Plan fand die Unterstützung Frankreichs (Bidault) und der USA (J. F. Dulles). Wenige Tage später lehnte Molotow den westlichen Vorschlag ab und verlangte, daß der Entwurf des Friedensvertrages von den vier Mächten auszuarbeiten sei, um dann einer »provisorischen« Regierung, gebildet aus den beiden deutschen Staaten, vorgelegt zu werden. Ob es sich dabei praktisch um einen Diktatfrieden handeln sollte oder nicht – Molotow bestritt natürlich diese Auffassung –, ist weniger entscheidend, als daß die Russen beide Teile Deutschlands als gleichberechtigte Partner ins Spiel bringen wollten. Er strebte eine paritätisch aus beiden deutschen Gebieten zusammengesetzte provisorische Regierung an, damit die Sowjetzone, die nur ein Drittel der deutschen Bevölkerung umfaßt, das gleiche Gewicht bekäme wie die Bundesrepublik.

Damals wie heute ist diese Haltung der Russen unverändert geblieben, damals wie heute verweigern sie die gesamtdeutschen Wahlen, bei denen sie nur auf 17 Millionen Deutsche Druck ausüben können, während 56 Millionen Bürger der Bundesrepublik frei abstimmen können. Außerdem verweigern sie jede internationale Kontrolle der freien Wahlen. Molotows Vorschlag enthielt jedoch noch weitere Punkte, die eine Einigung über das Deutschlandproblem in Berlin sehr unwahrscheinlich machten. Ein Jahr nach Inkrafttreten des Friedensvertrages, der *vor* freien Wahlen abgeschlossen werde sollte, hätten alle Streitkräfte der vier Besatzungsmächte Deutschland zu verlassen. Damit wollte die Sowjetunion jeden Einfluß auf die Gestaltung Mitteleuropas durch die Truppen der USA verhindern, die 5000 Kilometer über den Atlantik hätten zurückgezogen werden müssen. Ferner gab es einen weiteren äußerst verdächtigen Vorschlag: Auf dem Territorium Deutschlands sollten keine Organisationen geduldet werden, die »der Demokratie und der Sache der Erhaltung des Friedens feindlich sind«.

Hier brach der ganze Unterschied in der Terminologie des Westens und der Sowjetunion auf. Demokratie ist für die Sowjets der Tarnausdruck für Kommunismus und Marxismus. Selbstverständlich wäre zum Beispiel nach Auffassung der Russen die CDU eine undemokratische Organisation von Militaristen, Revanchisten, Kapitalisten usw. und damit von den Wahlen auszuschließen. Der Westen verstand und versteht unter Demokratie das, was den Begriff Demokratie seit 2000 Jahren ausmacht.

Schließlich aber verlangte Molotow, daß alle politischen und militärischen Bindungen, die von der Bundesrepublik und der »DDR« vor Abschluß des Friedensvertrages eingegangen worden waren, hinfällig werden sollten. Diese Forderung bildete das Nahziel der sowjetischen Politik, nämlich die Ratifizierung des Vertrages über die Europäische Verteidigungsgemeinschaft unmöglich zu machen. Die ganze Stoßkraft der sowjetischen Politik war darauf gerichtet, die politische und militärische Eingliederung der Bundesrepublik in das atlantische Verteidigungssystem zu verhindern. Alles andere war für sie zweitrangig.

Bei der Beurteilung der Situation von unserer Seite mußten Gefühlsmomente ausscheiden. Obwohl das Gefühl der Dankbarkeit besonders den Vereinigten Staaten gegenüber sehr lebendig war, galt es doch, die Lage kaltblütig zu überprüfen. Die Westmächte unterstützten den deutschen Standpunkt ohne Vorbehalt. Sie verlangten freie Wahlen, eine gesamtdeutsche frei gewählte Regierung und einen frei ausgehandelten Friedensvertrag. Die Sowjetunion forderte die Bildung einer provisorischen gesamtdeutschen Regierung zwischen der Bundesrepublik und dem sowjetischen Protektorat, DDR genannt, *vor* freien Wahlen, Annahme eines von den Siegermächten ausgearbeiteten Friedensvertrages und konzedierte dann Wahlen, bei denen sie bestimmen wollte, welche Organisationen – Parteien – als demokratisch zugelassen werden sollten. Dazu mußte die Bundesrepublik auf das Inkrafttreten der soeben erst unterzeichneten Verträge mit den Westmächten verzichten. Andererseits konnte kein Zweifel herrschen, daß Deutschland zu den westlichen Bedingungen die Wiedervereinigung zur Zeit nicht bekommen würde und daß das Auseinanderleben der beiden Teile Deutschlands unter zwei völlig verschiedenen politischen, wirtschaftlichen und sozialen Systemen in den kommenden Jahren seinen Fortgang nehmen würde. War es nun angesichts dieser klaren Situation denkbar, auf der Basis der sowjetischen Vorschläge zu verhandeln?

Es ist völlig falsch zu glauben, daß die Bundesregierung, der Bundeskanzler und auch wir selbst, die wir in Berlin die Verhandlungen aus der Nähe verfolgten, etwa ohne ernsthafte Überlegungen einfach der westlichen Führung folgten. Konnte man – das war die Kernfrage – die enge Verbindung zu den Westmächten opfern, um die Wiedervereinigung unter sowjetischen Bedingungen zu akzeptieren, wobei noch ein kaum gerechtfertigtes Vertrauen zur wirklichen Durchführung der Wiedervereinigung durch die Sowjets gehörte? War es möglich und zu verantworten, durch eine »provisorische« Regierung, in der die Kommunisten die gleiche Stärke haben würden wie die Vertreter der Bundesrepublik, den Einfluß der Sowjetunion auf ganz Deutschland auszudehnen, einschließlich der Industriezentren wie das Ruhrgebiet? Konnte man es verantworten, die amerikanische Armee über den Ozean zurückgehen zu lassen im Vertrauen darauf, daß diese Soldaten zurückkommen würden, wenn die Sowjetunion zu einem militärischen Schlag gegen Deutschland ausholte? Schließlich hätte das bedeutet, daß Deutschland im Kriegsfall nur die Hoffnung blieb, nach blutigen Kämpfen vom Kommunismus wieder befreit zu werden.

Aber selbst diese Hoffnung war unrealistisch. Schon am 27. Januar 1953, also ein Jahr vor der Berliner Konferenz, sprach Dulles eine unmißverständliche Warnung aus. Er sagte in seiner ersten Rede als neuernannter Außenminister: »Die Vereinigten Staaten haben auf Grund der Erwägung, daß Europa einig werden kann, in Westeuropa viel eingesetzt. Dieses Gebiet hat 30 Milliarden Dollar (120 Milliarden DM) von den 40 Milliarden Dollar erhalten, die wir seit Ende des 2. Weltkrieges dem Ausland zur Verfügung gestellt haben. Gäbe es jedoch keine Chance – und ich weigere mich einfach, das zu glauben –, würde sich herausstellen, daß keine Aussicht auf einen wirksamen Zusammenschluß Europas besteht, und sollten insbesondere Frankreich, Deutschland und England ihre eigenen Wege gehen, so würde es sicherlich notwendig werden, die amerikanische Außenpolitik in ihrer Beziehung zu Westeuropa etwas zu überdenken.« Ende des Jahres 1953, also kurz vor Beginn der Konferenz in Berlin, wiederholte er diese Warnung, die nicht nur an die Adresse der Bundesrepublik, sondern auch an Frankreich gerichtet war. Nach diesen Erklärungen hätte das Einschwenken auf die sowjetische Linie für uns den Verlust der amerikanischen Hilfe und des amerikanischen Schutzes bedeutet. Vergegenwärtigt man sich diese Situation, konnte die Entscheidung zwar nicht leicht getroffen werden, mußte aber doch für den amerikanischen Weg fallen. Kein Staatsmann konnte es wagen, das ungeheure Risiko einer Annahme der sowjetischen Offerte einzugehen, denn es war ein Risiko, das außerhalb jeder vernünftigen Kalkulation lag.

Die Konferenz in Berlin dauerte vom 25. Januar bis zum 18. Februar 1954. Am 5. Februar sprach Dulles klar aus, was er dachte und was die große Mehrheit des deutschen Volkes ebenfalls dachte: »Molotow fürchtet sich vor echten freien Wahlen in der Ostzone. Er befürchtet, daß die 18 Millionen Deutschen in der Ostzone, falls sie eine Chance zur Meinungsäußerung haben, überwältigend das gegenwärtig auferlegte Regime ablehnen würden ... Er schlägt im Namen des Friedens eine Methode vor, um den soliden Sowjetblock bis zum Rhein auszudehnen ...« Durch diese eindeutige Stellungnahme der USA erschien jede Einigung über das deutsche Problem in Berlin aussichtslos. Dulles ersparte seinem Gegenspieler Molotow in dieser großen Rede auch nicht die Aufzählung aller russischen Vertragsbrüche seit Ende des Krieges und eine Schilderung der Methoden, mit denen die Sowjetunion sich u. a. die baltischen Staaten, den Balkan und die Tschechoslowakei unterworfen hatte. Eden und Bidault schlossen sich den Ausführungen von Dulles an. Sie fanden auch die völlige Unterstützung der Bundesregierung, die auf Grund eindeutiger Beschlüsse des Bundestages handelte. So konnten in den letzten zwei Wochen der Konferenz nur noch Abschlußgefechte zwischen Ost und West geführt werden. Das Gespräch über Deutschland war gescheitert. Das gleiche galt für den österreichischen Staatsvertrag. Während der Konferenz stand ich mit der österreichischen

Delegation in Verbindung. Die Österreicher gaben nicht nach und beharrten auf der Verhandlungsposition, die sie mir während des Besuches in Wien erläutert hatten. Die Behandlung der Fernostfragen wurde vertagt.

Am Rande der Konferenz spielte sich noch etwas ab, was wohl wert ist, verzeichnet zu werden. Gleich nach meiner Ankunft in Berlin meldete sich Herr Wilhelm Karl Gerst, der damals die Ostzonen-Agentur ADN in Bonn vertrat, und schlug mir vor, einer Einladung des sowjetischen Botschafters in Ost-Berlin zu einem vertraulichen Gespräch zu folgen. Obwohl es nicht ohne Reiz gewesen wäre, vor Beginn der Konferenz ein solches Gespräch zu führen, gab ich eine hinhaltende Antwort und informierte Bonn, wobei ich selbst hervorhob, daß ein solches Gespräch geeignet sei, Mißtrauen im westlichen Lager hervorzurufen. Man empfahl mir daher auch in Bonn, die Einladung abzulehnen.

Der Versuch, in der Deutschlandfrage wenigstens einen Schritt weiterzukommen, war also gescheitert. Obwohl von vornherein wenig Aussicht auf Erfolg bestand, bedeutete dieser Fehlschlag für das deutsche Volk doch eine schwere Enttäuschung. Es gehört zu den menschlichen Eigenschaften, auch wider die Vernunft Hoffnungen zu hegen und, wenn die beinahe mit Sicherheit zu erwartenden Fehlschläge eintreten, deprimiert zu sein. Anders kann der Mensch wohl nicht leben.

In der letzten Phase der Berliner Konferenz ging es bereits nicht mehr um die Wiedervereinigung, sondern um die Errichtung eines europäischen Sicherheitssystems. Von beiden Seiten wurden zahllose Erklärungen abgegeben, die in einem entscheidenden Punkt immer die gleiche Differenz aufwiesen. Westdeutschland sollte nach den Vorschlägen der Sowjetunion bündnisfrei bleiben, nach den Vorstellungen der Westmächte in der Europäischen Verteidigungsgemeinschaft seine eigene Sicherheit finden und durch die Eingliederung seiner aufzustellenden Streitkräfte in eine europäische Armee auch seinen Nachbarn Sicherheit gegen deutsche Alleingänge oder ein Wiedererwachen des deutschen Militarismus gewähren. Zwischen diesen beiden Standpunkten einen Kompromiß zu finden, war unmöglich, da die Sowjetunion kompromißlos auf ihren Vorstellungen beharrte. Die Trostlosigkeit der Situation lag darin, daß die Sowjets ganz offensichtlich ihre Absicht, ganz Deutschland in den kommunistischen Machtbereich zu ziehen, nicht aufgegeben hatten. Der russische – nicht nur kommunistische – Expansionsgeist lebte auch in Stalins Nachfolgern. Mehrmals versuchte Dulles, sich an Molotow zu wenden, um ihm eindringlich darzustellen, wie sehr die Völker dieser Welt und besonders auch Europas Frieden und Ruhe ersehnten, eine wie große Enttäuschung der Fehlschlag der Berliner Konferenz hervorrufen müsse und wie groß daher die Verantwortung der in Berlin versammelten Staatsmänner sei. Molotow hat niemals auf einen solchen Appell reagiert. Er blieb der vollendete Bürokrat kommunistischer Außenpolitik.

Das Schlußkommuniqué war nur kurz. Für die Ostprobleme – Korea und Indochina – hatte man sich auf eine neue Konferenz in Genf geeinigt. Über die Abrüstungsfrage sollte der Meinungsaustausch fortgesetzt werden. Er wird noch heute fortgesetzt. Über die deutsche Frage findet sich nur ein Satz verzeichnet: »Die vier Mächte hatten einen vollen Gedankenaustausch über die deutsche Frage, die Probleme der Sicherheit und die Österreich-Frage, waren aber nicht in der Lage, in diesen Fragen ein Übereinkommen zu erzielen.«

Mit diesem mageren Kommuniqué, das nicht einmal einen hoffnungsvollen Ausblick in die Zukunft eröffnete, bestieg ich zum letztenmal die kleine englische Sondermaschine zur Rückkehr nach Bonn. Die »Bouletten-Bar« wurde geschlossen, einem kleinen Abschlußkommando meines Amtes blieb nur noch die Bezahlung der Rechnungen, die nicht annähernd die Summe erreichten, die Finanzminister Schäffer zur Verfügung gestellt hatte. Einige Tage nach meiner Rückkehr erhielt ich vom Bundeskanzler ein Schreiben, das ich hier im Wortlaut wiedergebe:

Der Bundeskanzler
und
Bundesminister des Auswärtigen

Bonn, den 5. März 1954

Sehr geehrter Herr von Eckardt!
Ich möchte nicht versäumen, Ihnen für die ebenso unermüdliche wie erfolgreiche Arbeit, die Sie während der Berliner Konferenz geleistet haben, meinen herzlichen Dank zu sagen. Die Aufgabe, die Ihnen dort angesichts des außerordentlichen Interesses der öffentlichen Meinung der ganzen Welt gestellt war, war ungewöhnlich schwierig. Durch die Art, wie Sie sie gemeistert haben, haben Sie Ihren vielen Verdiensten um die publizistische Arbeit ein neues hinzugefügt, das, wie ich mich freue feststellen zu können, überall dankbar gewürdigt wird.

Mit besten Grüßen
Ihr ergebener
gez. Adenauer

Ich glaube, daß der Kanzler mit der geleisteten Arbeit wirklich zufrieden war. Daß er dieser Zufriedenheit sogar schriftlich Ausdruck verlieh, behielt Seltenheitswert.

Der große Rückschlag

Wenn der Ausgang der Berliner Konferenz eine schwere, wenn auch erwartete Enttäuschung brachte, so bildete die Haltung der Sowjetunion nicht die einzige große Sorge, die auf der Politik Adenauers lastete. Der große Schwung seiner westlichen Politik geriet von Monat zu Monat durch die Haltung Frankreichs mehr ins Stocken. Im Frühjahr 1952 waren die beiden Vertragswerke, der Deutschlandvertrag und der Vertrag über die Europäische Verteidigungsgemeinschaft, in Bonn und Paris unterzeichnet worden. Der Deutschlandvertrag sollte der Bundesrepublik die Souveränität zurückgeben, der Pariser Vertrag Deutschland, Frankreich, Italien und die Beneluxländer militärisch integrieren und damit auch unseren militärischen Beitrag zur Verteidigung Europas regeln. Frankreich verzögerte die Ratifizierung der großen Vertragswerke immer wieder, der große Elan des europäischen Einigungsgedankens drohte verlorenzugehen.

Ich habe schon erwähnt, daß ich von vornherein große Zweifel hegte, ob es gelingen könnte, die französische Nationalversammlung zur Ratifizierung zu bewegen. Meine Zweifel beruhten auf verschiedenen Überlegungen. Einmal hatte selbst Robert Schuman, der große Europäer, der zusammen mit Pleven den Plan entworfen hatte, gezögert, eine Entscheidung des französischen Parlaments herbeizuführen. Im Rahmen mehrerer großer außenpolitischer Debatten kämpfte er für sein Werk, stellte es aber nicht zur Abstimmung. Er wußte, daß eine Mehrheit für den Vertrag nicht vorhanden war, und wollte Zeit gewinnen. Als er gestürzt wurde, verschlechterten sich die Aussichten für die Verwirklichung des großen Werkes unter seinen Nachfolgern immer mehr. Unablässig rechnete ich die Stimmen für und gegen den Vertrag durch, um wieder und wieder zu dem Resultat zu kommen, daß eine Mehrheit nicht zusammenzubringen war.

Warum zögerte die französische Nationalversammlung? Einmal hatte die Idee, das militärische Potential der Bundesrepublik dem Westen nutzbar zu machen, ihren Ursprung in der großen Gefahr, die durch den Krieg in Korea für die ganze Welt sichtbar geworden war. Die Verteidigung Europas schien im Ernstfalle ohne die Bundesrepublik beinahe hoffnungslos. Als sich im Laufe der Zeit herausstellte, daß der Koreakonflikt den allgemeinen großen Krieg nicht auslösen würde, entfiel für Frankreich der stärkste Antrieb zur Integrierung der kontinental-europäischen Armeen. Die Ablehnung Großbritanniens, sich an der Integration weder wirtschaftlich noch militärisch zu beteiligen, verstärkte den Widerstand Frankreichs, mit der Bundesrepublik eine so enge Allianz einzugehen und mit ihr auf dem Kontinent als wichtigstem Partner allein zu bleiben. Hätte man, wie durch die Montanunion, das europäische Verflechtungswerk wirtschaftlich fortsetzen können, so würde sich Frankreich nicht versagt haben. Jetzt aber sollte Frankreich seine nationale Armee mit ihrer großen Tradition aufgeben und damit das wichtigste Souveränitätsrecht an eine übernationale Organisation abtreten. Das erschien den Franzosen zu viel verlangt. General de Gaulle ist noch heute dieser Ansicht.

Es kamen noch andere Hindernisse hinzu. Der Vertrag über die Europäische Verteidigungsgemeinschaft war ein Mammutwerk, ein dicker Band von Vertragsbestimmungen, die von der großen Masse der französischen Abgeordneten in ihrer Auswirkung nicht übersehen werden konnten. Ich bin überzeugt, daß die Mehrzahl der Abgeordneten das Vertragswerk niemals gelesen hat.

Wir selbst machten durch mein Amt große Anstrengungen, um das Wesen des Vertrages in Frankreich verständlich zu machen. Doch der Erfolg war gering. Das Werk war zu perfekt, zu umfangreich und detailliert, um in das Bewußtsein der Franzosen zu dringen. Auf diese Schwierigkeiten hatte ich in vielen Gesprächen mit dem Kanzler hingewiesen, doch Adenauer war trotz aller Sorgen, die ihm die Verzögerung bereitete, optimistisch, besonders da Staatssekretär Hallstein die Auffassung vertrat, daß Frankreich die Ratifizierung schließlich nicht verweigern könnte, um sich in Europa nicht zu isolieren. Ein weiteres schweres Hindernis bildete die zwischen Frankreich und Deutschland ungelöste Saarfrage. Man ließ in Paris keinen Zweifel darüber, daß ohne eine Lösung dieser Frage an eine Verabschiedung der Verträge im Parlament nicht zu denken sei. Aber wie sollte man in dieser Frage zu einer Einigung kommen? Frankreich wollte seinen Einfluß auf dieses Kohlenrevier nicht aufgeben. Das Saarland erschien ihm als das einzige Äquivalent für die schweren Kriegsverluste. Durch den Deutschlandvertrag hatte es seinen Einfluß auf das Ruhrgebiet bereits verloren. Dabei wurde von niemand geleugnet, daß das Saargebiet von Deutschen bewohnt wird.

Der Bundeskanzler machte in seiner Eigenschaft als Außenminister zahlreiche Reisen nach Paris. Ich begleitete ihn auf allen diesen Reisen und hatte zeitweilig den Eindruck, mit doppeltem Wohnsitz – in Bonn und Paris – zu leben. Einige Male fuhr ich nämlich auch ohne den Kanzler nach Paris, und diese Sonderreisen hatten ihre eigene Geschichte. Im Herbst 1952 erhielt ich durch Vermittlung französischer Freunde einen Brief des Generals Billotte, der mich zu einem Besuch in Paris aufforderte. Ich kannte den General nicht, wußte nur so viel über ihn, daß er lange Zeit ein enger Mitarbeiter de Gaulles gewesen war und ihm noch immer nahestand. Wenn de Gaulle und seine Anhänger den Widerstand gegen das Vertragswerk aufgeben würden, konnte eine Mehrheit für die Ratifizierung zustande kommen. Die hundert Stimmen der Kommunisten waren auf keinen Fall zu gewinnen. Ich legte dem Kanzler den Brief vor, und er riet mir, nach Paris zu fahren. Der Besprechungstermin wurde festgelegt. Ich erinnere mich noch genau an den Abend meiner Abreise. Der Kanzler gab einen Pressetee. Zweimal schaute er auf seine Armbanduhr und fragte mich leise, ob ich denn noch nicht zum Zuge müsse. Schließlich war es wirklich Zeit, und Adenauer verabschiedete mich mit den Worten »Also fahren Sie mit Gott!«

Legationsrat Diehl begleitete mich nach Paris. Am Mittag des nächsten Tages saßen wir im kleinen Kreis in der Wohnung des Generals Billotte. Eine äußerst kultivierte Atmosphäre umgab uns, herrliche alte Möbel, bemerkenswerte Bilder. Das Essen war so vorzüglich, wie es nur in einem wohlhabenden französischen Hause sein kann. Wir hatten ein sehr ausführliches Gespräch über die Situation, in der sich das Vertragswerk der Europäischen Verteidigungsgemeinschaft befand. General Bilotte wies darauf hin, daß Robert Schuman, der Initiator des Vertrages, nicht riskiert hatte, es der Nationalversammlung zur Beratung und Abstimmung vorzulegen. Jetzt regiere Ministerpräsident Pinay, der den Vertrag nicht liegenlassen wolle, seine Annahme durch das Parlament aber für ausgeschlossen hielt. Pinay habe gewisse Pläne, wie man aus dieser Sackgasse herauskommen könne, und den Wunsch, mit dem Kanzler zusammenzutreffen. Pinay stand de Gaulle, wie ich wußte, sehr nahe. Pinay bat um absolute Diskretion. Wir reisten nach Bonn zurück. Der Kanzler war nicht abgeneigt, auf die Anregung Pinays einzugehen, aber es wurde beschlossen, daß es einer schriftlichen Einladung des französischen Ministerpräsidenten bedürfe, ehe der Kanzler auf die Reise gehen könne. Wir fuhren zum zweitenmal nach Paris und verhandelten nun in aller Heimlichkeit in meinem Hotel mit dem Kabinettchef des Ministerpräsidenten. Das Resultat sah kurz zusammengefaßt so aus: General Billotte schrieb im Auftrage Pinays eine Einladung an den Kanzler, mit ihm auf einem Schloß in der Nähe von Paris am nächsten Wochenende zusammenzutreffen. Ich schrieb dem Kanzler einen Brief und expedierte einen Kurier mit diesem Vorschlag nach Bonn. Doch man wollte dort mehr wissen. Der Kanzler wollte wenigstens die Grundzüge des Planes kennen, über den er verhandeln sollte. In mehreren Gesprächen mit dem Kabinettchef gelang es, darüber einige Auskunft zu bekommen. Pinays Plan ging dahin, den Vertrag, so wie er war, der Nationalversammlung vorzulegen, aber mit einem Zusatzabkommen, daß die supranationalen Institutionen nicht sofort, sondern erst im Laufe von fünf Jahren in Kraft treten sollten. Seine Taktik ging also darauf hinaus, seinem Parlament dadurch den Entschluß zu erleichtern, daß er vorschlug, die Aufgabe der französischen Souveränität über die nationale Armee stufenweise vorzunehmen. Es war ein auf die französische Mentalität geschickt abgestellter Plan. Er schien geeignet, den Perfektionismus des Werks zu mildern und Parlament und Volk allmählich an die neue Situation zu gewöhnen.

Mit diesem Resultat fuhr ich nach Bonn zurück. Die Einladung für den Kanzler befand sich in meiner Tasche. Adenauer und ich hatten eine lange Unterredung, in der ich immer wieder darauf hinwies, daß ich keine andere Chance sähe, zu einer Ratifizierung des Vertrages durch Frankreich zu kommen. Schließlich sagte der Kanzler zu, die Reise zu unternehmen. Doch nun machten sich Widerstände in Bonn bemerkbar. Staatssekretär Hallstein war strikt gegen den Plan. Die Situation spitzte sich zu einer gewissen Dramatik zu. Ich hatte das Einverständnis des Kanzlers bereits nach Paris übermittelt, ein Sonderzug stand für ihn in Godesberg bereit. Aber auch Blankenhorn riet ab. Er schloß sich Hallsteins Argumentation an, daß eine solche Vereinbarung den Vertrag durchlöchern würde und es gerade auf die Inkraftsetzung der übernationalen Institutionen ankäme. Damit hatte er natürlich auch recht, nur ging er von der Voraussetzung aus, daß es doch möglich sein würde, eine Ratifizierung in Frankreich durchzusetzen, ohne daß etwas am Vertrag geändert würde. Diese Voraussetzung hielt ich nicht für richtig. Die beiden Reisen nach Paris hatten im Gegenteil meine Auffassung noch bekräftigt, daß die EVG scheitern würde, wenn man dem französischen Parlament nicht irgendwie entgegenkäme. Mittags wollte der Kanzler reisen. Am Vormittag erklärte er mir seinen Entschluß, das Wagnis einzugehen. Es stellte auch ohne Zweifel ein Wagnis dar, darüber war ich mir vollkommen klar. Dann erreichte mich gegen Mittag die Nachricht, der Kanzler habe es sich anders überlegt, er wolle doch nicht fahren. Ich eilte zu ihm. Wir hatten noch einmal ein langes Gespräch, und schließlich stand er auf und sagte: »Also ich fahre, Herr von Eckardt!« Mein Chauffeur fuhr zu meiner Wohnung, um den gepackten Koffer zu holen. In Godesberg stand Adenauers Sonderzug abfahrbereit. Eine Stunde vor dem Termin der Abfahrt wurde mir mitgeteilt, daß sich der Kanzler endgültig entschlossen habe, die Reise abzusagen. Nun gab ich das Rennen auf. Schließlich war ich nur der Pressechef der Regierung. Die letzte Entscheidung über politische Fragen mußte in den Händen des Kanzlers und seiner Berater vom Auswärtigen Amt liegen. Eine weitere Einflußnahme durch mich schien mir unstatthaft. Ich informierte Paris über die Entscheidung des Kanzlers.

Diese Episode spielte sich Ende 1952 ab, jetzt schrieben wir 1954. Pinay war gestürzt worden, Schumans Einfluß auch im Parlament ging stark zurück. Ich habe Robert Schuman sehr verehrt, denn er war ein kluger, produktiver Geist mit viel Mut und politischer Phantasie. Der Vertrag über die Montanunion war sein Werk und schließlich der Anfang der deutsch-französischen Verständigung. Sein Wirken hinterließ tiefe Spuren in Europa. Vieles, was uns heute als selbstverständlich erscheint, entsprang seiner Initiative. Dabei hatte er es nicht leicht in seinem Lande. Seine deutsch-elsässische Abstammung setzte ihn Verdächtigungen aus. Er sprach so gut Deutsch wie Französisch, und für einen Mann dieser Herkunft mußte es immer schwer sein, die Franzosen davon zu überzeugen, daß ihn zuerst die Interessen seines Landes leiteten. Bis zu seinem Tode hat er für Europa gearbeitet. Mit Adenauer verband ihn eine enge Freundschaft, die auf den gleichen europäischen Ideen beruhte.

Für uns Mitarbeiter des Kanzlers hatte diese Intimität der beiden Staatsmänner aber auch Schattenseiten. Der Kanzler sprach mit Schuman meist ohne Zeugen – ein Dolmetscher war überflüssig –, und so wußte man nie ganz genau, was die beiden Herren miteinander verhandelt und vereinbart hatten. Der Kanzler pflegte über seine Gespräche mit Robert Schuman dem Kabinett und seinen Mitarbeitern nur mündlich zu berichten: »Ich habe mit dem Herrn Schuman gesprochen...« pflegten seine oft recht spärlichen Mitteilungen zu beginnen. Dieser Satz wurde zeitweilig bei uns zum geflügelten Wort, wenn wir nicht so recht Bescheid wußten, sagten wir: »Ich habe mit dem Herrn Schuman gesprochen!«

Aus innerpolitischen Gründen gab es in Paris häufige Regierungswechsel, genauer gesagt, eigentlich Umbesetzungen innerhalb der Regierungen. Die äußere Politik wurde verhältnismäßig lange von George Bidault bestimmt. Keinen Moment habe ich geglaubt, daß Bidault auch nur den Versuch machen würde, die Vertragswerke durch das Parlament zu bringen. Auch darüber gab es mit dem Kanzler Meinungsverschiedenheiten. Er setzte auf Bidault und vertraute ihm, soweit er überhaupt jemand vertraute. Wenn ich ihm widersprach, meinte er ärgerlich: »Was haben Sie eigentlich immer gegen meinen Freund George?« – »Nichts, Herr Bundeskanzler, aber er ist kein echter Europäer, und er wird und kann die Verträge nie zur Ratifizierung bringen!« Bidault tat nichts für die Ratifizierung, und die Regierungsgewalt ging schließlich in die Hände von Mendès-France über.

Dieser Mann wird einmal in die Geschichte Frankreichs als der große Liquidator eingehen. Er genoß nicht allzuviel Sympathie im Ausland, gab sich auch wenig Mühe, diesen Zustand zu ändern. Er war aber ein mutiger Mann. Ich glaube, auch seine Vorgänger hatten erkannt, daß der Krieg in Indochina für Frankreich nicht gewonnen werden konnte. Keiner aber hatte den Mut, aus dieser Erkenntnis die Konsequenzen zu ziehen. Erst Mendès-France ging mit Entschlossenheit vor. Indochina hatte Frankreich Ströme von Blut gekostet. Seine Finanzen waren ruiniert. Mendès-France gab Indochina auf, um diese blutende Wunde am Volkskörper zu schließen. Eine solche Politik, mag sie auch der Erkenntnis des ganzen Volkes entspringen, ist niemals populär. Mendès-France ließ sich dadurch in der Liquidation unlösbarer Probleme nicht beirren. Allerdings machte auch er, ähnlich wie Pinay, noch einen Versuch, die Europäische Verteidigungsgemeinschaft durch einen Kompromiß zu retten.

Am 19. August traten die sechs Länder der Montanunion wiederum zu einer Konferenz zusammen. Sie fand in Brüssel statt. Die Stimmung war vom ersten Moment an miserabel. Niemand glaubte an eine Einigung, die es Mendès-France ermöglichen würde, zwischen den Anhängern und den Gegnern des Vertrages in der Nationalversammlung einen Kompromiß über die strittigen Fragen zu finden, der eine Mehrheit für die Ratifizierung sichern würde. Die Konferenz nahm einen qualvollen Verlauf. Mehrere Tage wurden endlose Reden gehalten, Gespräche in verschiedenen Gruppierungen erzielten keinen Fortschritt. Schließlich brachte Mendès-France seinen Kompromißvorschlag ein, der noch weit weniger einer baldigen Integration der Montanunion-Länder dienlich sein konnte als der Vorschlag Pinays. Deutschland lehnte die Forderungen Frankreichs ab. Die Diskussion, in deren Verlauf auch die anderen Teilnehmer, also Italien und die drei Beneluxstaaten, gegen den französischen Vorschlag Stellung nahmen, zog sich bis Mitternacht hin.

Schließlich gab mir Adenauer ein Zeichen, verließ mit Hallstein den Saal, und wir zogen uns in einen entlegenen Salon zurück. Während der Streit im Konferenzsaal weiterging, warf der Kanzler noch einmal die Frage auf, ob es eine Möglichkeit gäbe, in einigen Punkten Frankreich entgegenzukommen. Auch unsere Unterhaltung wurde recht lebhaft.

Ich riet dem Kanzler in keiner Weise zu, die Vorschläge von Mendès-France anzunehmen, wiederholte nur meine Auffassung, daß es nur zwei Möglichkeiten gäbe, entweder Frankreich entgegenzukommen oder die Ablehnung des Verteidigungsvertrages in Paris als sicher ins Auge zu fassen. Hallstein widersprach heftig, denn er glaubte, wenn alle fünf Staaten gegen Frankreich in dieser Frage an ihrer Position festhielten, würde das französische Parlament nachgeben, um eine Isolierung in Europa zu vermeiden. Ich widersprach nicht weniger heftig und wettete meinen Kopf dafür, daß hier in Brüssel der Vertrag, wenn auch unter sehr ungünstigen Bedingungen, zu retten sei, oder die Europäische Verteidigungsgemeinschaft sterben würde. Der Kanzler brachte noch so viel Humor auf, mich davor zu warnen, so leichtsinnig mit meinem Kopf umzugehen. Wir kehrten in den Saal zurück, in dem die Stimmung gegen Frankreich noch feindseliger geworden war. Eine Stunde später platzte die Konferenz endgültig. Es gab keine Vermittlungsmöglichkeiten mehr. Es gab auch nichts mehr darüber zu reden. Wir kehrten am 22. August nach Bonn zurück; der Kanzler fuhr zur Erholung nach Bühlerhöhe.

Es vergingen nur acht Tage, und die Katastrophe war da. Am 30. August setzte Mendès-France das Ratifizierungsgesetz auf die Tagesordnung des Parlaments. Seine Rede konnte nicht als eine Empfehlung an die Abgeordneten angesehen werden, dem Gesetz zuzustimmen. Es kam zu einigen heftigen Auseinandersetzungen, doch zu keiner echten Debatte, bei der die Verfechter des Vertrages, vor allem die Abgeordneten der MRP, ihren Standpunkt kraftvoll zur Wirkung hätten bringen können. Schließlich erhob sich ein gaullistischer Abgeordneter und stellte den Antrag, das Ratifizierungsgesetz von der Tagesordnung ohne Debatte abzusetzen. Mit 319 gegen 164 Stimmen wurde der Antrag angenommen, und damit starb dieses große, bedeutende Vertragswerk eines wahrhaft unrühmlichen Todes.

Am Abend dieses schrecklichen Tages aßen meine Frau und ich mit ein paar Freunden bei einem großen Kenner der innerdeutschen Verhältnisse, dem langjährigen Mitglied der britischen Botschaft, Lance Pope. Obwohl es in diesem Hause, bei Lance und Ilse Pope, sonst immer recht lustig zuging, wollte an diesem Abend keine Stimmung aufkommen. Um 22 Uhr läutete das Telefon, der Kanzler wollte mich sprechen. Er ging auf die Vorgänge in Paris nicht näher ein, fragte nur, ob ich am nächsten Vormittag um 10 Uhr bei ihm in Bühlerhöhe sein könnte. Ich sagte zu, obwohl dies eine Abfahrt im Auto um 5 Uhr früh von Bonn nötig machte.

Pünktlich um 10 Uhr betrat ich das kleine, mehr als bescheidene

Arbeitszimmer des Kanzlers auf Bühlerhöhe. Die Vorgänge in der französischen Nationalversammlung trafen ihn tief. Niemals vorher oder nachher habe ich Adenauer so verbittert, so deprimiert erlebt. Der Zusammenbruch der Verteidigungsgemeinschaft bedeutete den schwersten Schlag, den seine Politik bis dahin erlitten hatte. Niemand wußte in dieser Stunde einen Ausweg aus der gefährlichen Situation, die einen immensen Erfolg für die Sowjetunion darstellte. Zwei Jahre hatte sie sich bemüht, durch ein Trommelfeuer von Noten und Drohungen den Abschluß des Vertrages zu verhindern. Damit hatten sie keinen Erfolg gehabt, denn der Pakt wurde geschlossen und die Unterzeichnung war ein Triumph der Politik Adenauers. Nun fiel der Sowjetunion mühelos ein Erfolg in den Schoß, und niemand konnte voraussagen, ob und wie sie die Situation ausnützen würde.

In Europa blieb ein lebensgefährliches militärisches Vakuum, und es war nicht abzusehen, wie es ausgefüllt werden könnte. Der Kanzler war verbittert gegen die Franzosen, nicht nur wegen der Ablehnung des Vertrages, sondern auch durch die Form, in der das Parlament über einen Geschäftsordnungsantrag die mühevolle Arbeit von Jahren zerstört hatte. Adenauer empfand diese Form als beleidigend. Anfangs sprachen wir allein über alle diese Dinge, später kamen Hallstein und Blankenhorn dazu. Wir standen vor einem außenpolitischen Trümmerfeld. Die Katastrophe selbst beschäftigte uns in dieser Stunde mehr als die Frage, was nun zu geschehen habe. Ich selbst erwähnte mit keinem Wort, daß ich diesen schweren Rückschlag unserer Außenpolitik erwartet hatte. Es ist immer ein Fehler zu betonen, daß man recht gehabt hat, außerdem führt es zu nichts. Niemand wußte Rat, denn ohne Fühlungnahme mit den anderen Partnerstaaten, vor allem aber auch mit den USA, war es unmöglich, eine neue Konzeption zu entwerfen. Mir selbst war nicht weniger elend zumute als den anderen, denn was hilft es angesichts einer solchen Niederlage, die Dinge richtig vorausgesehen zu haben?

Nur wenige Stunden konnte ich mich in Bühlerhöhe aufhalten, denn gerade in dieser Situation durfte die öffentliche Meinung nicht ohne Information gelassen werden. Es gelang mir schließlich, den Kanzler zu einer Erklärung zu bewegen, mit der ich nach Bonn zurückkehren konnte, um eine Pressekonferenz abzuhalten. Offen gesagt, mir grauste vor den kommenden Pressekonferenzen. Die Opposition bekam durch die Haltung Frankreichs starken Auftrieb. Sie hatte die ganze Vertragspolitik des Kanzlers heftig attackiert, und jetzt war diese Politik gescheitert. Auch die Frage des Inkrafttretens des Deutschlandvertrages, der uns die Souveränität zurückgeben sollte, blieb wieder offen, denn die Verträge waren in sich miteinander verbunden. Nach dem Mittagessen entließ mich der Kanzler, und ich fuhr zurück nach Bonn.

Pressekonferenzen haben in den zehn Jahren meiner Bonner Tätigkeit eine große Rolle gespielt. Ich habe weit mehr als tausend solcher Konferenzen im In- und Ausland abgehalten. Regelmäßig fanden sie dreimal in der Woche statt. Eine Pressekonferenz zu schildern ist schwierig, und so glaube ich, daß der Leser noch am ehesten ein Bild dieser Institution gewinnt, wenn ich die zwei vielleicht wichtigsten meiner ganzen Amtsperiode im Wortlaut, genau nach dem Stenogramm, abdrucke. Um 17.30 Uhr am 31. August 1954 stand ich 200 bis 300 in- und ausländischen Korrespondenten gegenüber. Hier also die unveränderte stenographische Aufzeichnung:

von Eckardt:
Meine Damen und Herren!

Ich habe Ihnen zunächst eine kurze Erklärung des Herrn Bundeskanzlers zu verlesen, die im Wortlaut vorliegt und gleich verteilt wird:

> »Die durch die Abstimmung über den Antrag in der französischen Nationalversammlung geschaffene Lage ist in ihren Konsequenzen noch nicht übersehbar, aber sicher äußerst ernst. Der Einheit der freien Völker ist dadurch ein schwerer Schlag versetzt worden.
> Es dürfte zunächst die Stellungnahme der französischen Regierung in der Angelegenheit abzuwarten sein.
> Die Bundesregierung wird nach Abschluß der eingeleiteten Beratungen die notwendigen Entschlüsse fassen.«

Ich darf Ihnen dazu zunächst zwei Erläuterungen machen: daß der Bundeskanzler für morgen um 10 Uhr das Kabinett zu einer Sitzung nach der Bühlerhöhe gebeten hat und daß er im Anschluß an die Kabinettsitzung die Vorsitzenden und Stellvertreter der Koalitionsfraktionen zu einer Aussprache empfangen wird. (Herr von Eckardt, das ist geändert worden. Die Fraktionsvorsitzenden sollen um 10 Uhr empfangen werden, und die Kabinettsitzung soll um 11 Uhr stattfinden.)

Ich wollte Ihnen vorschlagen, daß wir morgen um dieselbe Zeit von Bühlerhöhe aus Bescheid geben und dann hier wiederum eine Pressekonferenz abhalten, damit ich Sie über die Beratungen im Kabinett – soweit mir das möglich ist – informieren kann. Ich werde heute abend nochmals nach Bühlerhöhe fahren. Ich stehe Ihnen dann für Fragen zur Verfügung und werde sie beantworten, soweit mir das möglich ist.

Frage: Fährt der Bundeskanzler nach London?

von Eckardt: Ich hätte beinahe gesagt, obwohl es ... fährt er nicht nach London.

Frage: Bleibt der Bundeskanzler noch bis Montag in Bühlerhöhe oder wird er vorher zurückkommen?
von Eckardt: Der Bundeskanzler hat mit seinen Herren darüber gesprochen. Ich nehme an, daß er am Samstag zurückkommt. Ich will mich nicht absolut darauf festlegen, es könnte auch Freitag sein.
Frage: Im Rundfunk hatte der Bundeskanzler gesagt, daß die einzige Alternative zur EVG eine deutsche Nationalarmee sei. Ist das jetzt...
von Eckardt: Sie haben die Erklärung des Bundeskanzlers gelesen, und darin heißt es: »Die Bundesregierung wird nach Abschluß der eingeleiteten Beratungen« – das sind also die Beratungen mit dem Kabinett und den Koalitionsführern – »die notwendigen Entschlüsse fassen.« Diesen Entschlüssen mit irgendwelchen Mitteilungen vorzugreifen, bin ich nicht in der Lage.
Frage: Es heißt, daß die Stellungnahme der französischen Regierung abzuwarten sei. Wozu soll die französische Regierung Stellung nehmen, zu der Lage oder...?
von Eckardt: Nein, es ist ja so, daß die französische Regierung – die Regierungen sind ja... kontinuierlich, auch wenn sie wechseln – ihren Vertragspartnern, mit denen sie einen Vertrag unterschrieben hat, eine Mitteilung über die Lage macht, so wie sie nach der Kammerdebatte entstanden ist.
Frage: Ist es richtig, daß die Bundesregierung eine Änderung des Deutschlandvertrages fordern wird?
von Eckardt: Das gehört in das Gebiet der Entschlüsse, die nach den Beratungen gefaßt werden. Ich möchte mich nicht auf das Gebiet der Prophezeiungen begeben, aber ich glaube, ich werde morgen nachmittag um dieselbe Zeit darüber wahrscheinlich mehr sagen können.
Frage: Wird die Bundesregierung es begrüßen, wenn diese Stellungnahme der französischen Regierung in Form einer Konferenz erfolgt, oder erwartet man sie auf schriftlichem Wege?
von Eckardt: Das liegt in den Händen der französischen Regierung.
Frage: Hat schon einer der Hochkommissare seinen Besuch angekündigt?
von Eckardt: Bis zu meiner Abfahrt – ich habe keine Funkverbindung in meinem Auto – nicht. Vielleicht darf ich noch darauf hinweisen – ich glaube, das war vor einiger Zeit schon durch die Presse gegangen –, daß der Vorsitzende des Auswärtigen Ausschusses der USA, Mr. Wiley, den Herrn Bundeskanzler am 2. auf Bühlerhöhe besuchen wird.
Frage: Können Sie erläutern, was es heißt »nach Abschluß der eingeleiteten Beratungen«? Ist darunter das Programm für morgen zu verstehen oder noch weitere Dinge?

von Eckardt: In diesem Zusammenhange sind erst mal die Beratungen innerhalb der Bundesregierung enthalten.
Frage: Ist in den nächsten Tagen noch eine Besprechung mit den Führern der Opposition vorgesehen?
von Eckardt: Das weiß ich nicht, im Augenblick ist noch keine festgesetzt worden.
Frage: Welche Meinung vertritt die Bundesregierung zu der Auffassung des Oppositionsführers, wonach die Auslandspolitik der Bundesregierung gescheitert sein soll?
von Eckardt: Es ist nicht meine Aufgabe, die Äußerungen des Führers der Opposition zu kritisieren. Ich mache in diesem Zusammenhange nur auf folgendes aufmerksam: Sie wissen, daß nach der Beratung im Auswärtigen Ausschuß eine, wenn ich so sagen darf, Art Burgfrieden bis zum Abschluß der Beratungen der französischen Kammer abgeschlossen worden war.

Man könnte immerhin die Ansicht vertreten, daß die Erklärung des Führers der Opposition, Herrn Ollenhauer, mit seiner Forderung nach einer Viererkonferenz, bevor eine Beratung mit der Regierung, dem Bundeskanzler, stattgefunden hat, nun – wenn ich so sagen darf – eine Auflösung dieser Vereinbarung in sich schließt.
Frage: Wollen Sie damit sagen, daß die Bundesregierung nicht für eine Viermächtekonferenz eintritt?
von Eckardt: Ich glaube, so weit heute gehen zu können, daß die Bundesregierung in der augenblicklichen Situation eine Viererkonferenz (mit der Sowjetunion) nicht für opportun hält.
Frage: Hat sich die Bundesregierung einen letzten Termin gesetzt, bis zu dem die Stellungnahme der französischen Regierung erfolgen müßte?
von Eckardt: Nein, nein. Das liegt in Händen der französischen Regierung, das zu tun oder nicht zu tun.
Frage: Dann besteht also die Möglichkeit, daß vorläufig gar keine Erklärung abgegeben wird?
von Eckardt: Gewiß. Ich darf nochmals verlesen: »Es dürfte zunächst die Stellungnahme ... abzuwarten sein.« In dieser Erklärung ist nicht eine Bindung enthalten, daß man das unbedingt abwarten muß.
Frage: Können Sie die Verhandlungen des Kanzlers mit seinen engeren Mitarbeitern, dem Europaspezialisten, auf Bühlerhöhe etwas charakterisieren?
von Eckardt: Was verstehen Sie unter Europaspezialisten?
Frage: Ich habe nur einige Namen gehört, glaube aber, daß einige engere Mitarbeiter dort versammelt waren, und daß man die Sache dort geprüft hat. Herr Hallstein und Herr Blankenhorn wurden genannt.

von Eckardt: Die Herren waren da und sind dort geblieben und sind mit der Prüfung beschäftigt.

Frage: Ist nach Auffassung der Bundesregierung bei der Debatte in der Nationalversammlung der Generalvertrag einbezogen gewesen oder nicht?

von Eckardt: Diese Entscheidung würde an sich auch bei der Nationalversammlung liegen. Da aber beide Verträge gemeinsam vorgelegt sind und textlich miteinander verbunden sind – ich brauche das in diesem Fall nicht näher auseinanderzusetzen –, ist der Deutschlandvertrag meiner Ansicht nach mit einbezogen.

Frage: Wird der Bundeskanzler seine Amerikareise vorverlegen?

von Eckardt: Davon ist nicht die Rede gewesen.

Frage: Darf ich eine scheinbar medizinische Frage stellen? Ist nach Ansicht der Bundesregierung der EVG-Vertrag tot oder erleben wir noch immer seine Agonie?

von Eckardt: Es ist eine sehr schwierige Frage, die Sie da gestellt haben. Eine Zeitung – ich weiß nicht welche – hat die Überschrift gewählt, der EVG-Vertrag sei scheintot. Das dürfte wohl, zumindest juristisch gesehen, richtig sein. Ich möchte hier nicht den Versuch machen, die Geschäftsordnung der französischen Nationalversammlung zu interpretieren; dazu gehört wohl ein etwas ausführlicheres Studium. Aber wenn ich mich richtig entsinne, so hieß der Antrag des Abgeordneten Aumeran, daß die Debatte über den Vertrag auf unbestimmte Zeit abzusetzen ist. Was das in der französischen Nationalversammlung geschäftsordnungsmäßig bedeutet, wird auf Wunsch des Bundeskanzlers momentan geprüft; man mußte erst eine Geschäftsordnung dazu beschaffen.

Frage: Wollen Sie damit sagen, daß die Bundesregierung nach wie vor optimistisch sei?

von Eckardt: Nein, das war eine rein juristische, nicht eine medizinische Frage, die aber – wie ich eben nochmals betonte – ohne den Text der Geschäftsordnung der französischen Nationalversammlung auch juristisch nicht beantwortet werden kann.

Frage: Wenn die Lage heute als »sicher äußerst ernst« bezeichnet wird, was versteht man darunter?

von Eckardt: Man versteht darunter, daß durch das Votum der französischen Kammer eine Situation eingetreten ist, die ja in ihren Konsequenzen noch nicht völlig absehbar ist, die aber immerhin doch schon so weit gewertet werden kann, daß der Versuch, durch den EVG-Vertrag eine militärische Integration innerhalb der Montanunion-Staaten durchzuführen, zumindest für den Augenblick gescheitert ist, und man muß es doch wohl als ernst bezeichnen, wenn eine solche Situation eingetreten ist.

Frage: Würden Sie in der Lage sein, etwas dazu mitzuteilen, aus welchen Gründen die Bundesregierung eine Viermächtekonferenz jetzt nicht für nützlich ansehen würde?

von Eckardt: Ich darf vorausschicken, daß ich Ihnen dazu hier meine eigene Ansicht sagen möchte, die natürlich nicht ausschließlich auf dem Wege des Nachdenkens zustande gekommen ist; das ist wohl verständlich. Es ist doch nicht zu bestreiten, wenn Sie die französische Presse von heute früh in ihren Überschriften nur mal ansehen: Der Sieg des französischen Volkes und des Friedens (HUMANITÉ); ein großer Sieg für den Frieden (LIBÉRATION); LIBÉRATION verzeichnet den Jubel der französischen Kommunistischen Partei und ihrer Anhänger – so geht das also noch sehr lange weiter –, so liegt doch wohl der Gedanke nahe, daß eine Viererkonferenz, mit der wir ja gewisse Erfahrungen in Berlin bereits gemacht haben, in dem Augenblick eines nicht zu leugnenden sehr großen Sieges der Sowjetunion, des Kommunismus, zeitlich zumindest, nicht opportun scheint. Wir haben außerdem – wenn ich mich so ausdrücken darf – diesen jubelnden Siegern in Frankreich und damit auch in der Sowjetunion ja nichts entgegenzusetzen.

Frage: Beurteilt man in der Bundesregierung auch die Chancen der Wiedervereinigung im Augenblick sehr schlecht?

von Eckardt: Unter keinen Umständen für gebessert.

Frage: Eine ausländische Agentur meldete, wichtige diplomatische Stellen in Bonn hätten von einer Koalitionsarmee unter Aufsicht des Europarates gesprochen. Wie weit wird dieser Gedanke in deutschen amtlichen Kreisen aufgenommen?

von Eckardt: Das kann ich nicht sagen, es ist nicht darüber gesprochen worden, und ich glaube auch nicht, daß Alternativen in einer festumrissenen Form im Augenblick schon zur Diskussion stehen.

Frage: Kann man die Tatsache, daß hier neue Entschlüsse gefaßt werden, so auslegen, daß die Bundesregierung evtl. auch die Grundlage ihrer Europapolitik – Integration usw. – neu überprüfen wird?

von Eckardt: Sie wird auf jeden Fall dazu Stellung nehmen.

Frage: Beachtet die Bundesregierung, daß der Ratifizierungsvorgang in Italien und in den Beneluxstaaten noch nicht abgeschlossen ist? Die Urkunden sind teilweise noch nicht hinterlegt.

von Eckardt: Eine Hinterlegung wird zur Zeit wohl nicht erfolgen. Wie sich die italienische Kammer verhalten wird, bin ich nicht in der Lage zu prophezeien; es liegen noch keine Nachrichten vor.

Frage: Wird die Arbeit der Pariser EVG-Delegation zunächst fortgesetzt?

von Eckardt: Für den Augenblick, würde ich sagen, ist sie storniert.

Welche Beschlüsse über die Delegation beim Interimsausschuß gefaßt werden – wir sind da doch nicht alleine, die anderen Staaten haben dort auch ihre Delegationen –, wird sich wahrscheinlich in den nächsten Tagen entscheiden.

Frage: Nimmt die Bundesregierung Fühlung mit den Beneluxstaaten und Italien?

von Eckardt: Im Augenblick sind diplomatische Fühlungnahmen nicht vorgenommen worden. Ich weiß nicht, ob etwas Derartiges heute oder morgen noch beschlossen werden sollte. Ich bitte Sie, mich zu entschuldigen, wenn ich etwas Unsinniges sage, weil ich vier Stunden ohne Nachrichten war. Ich weiß nicht, ob eine Erklärung von J. F. Dulles zu erwarten ist; sie ist angekündigt, es hieß aber für den Nachmittag. Ich weiß nicht, wie das in Stunden gerechnet wird, sie wird ohne Zweifel kommen.

Frage: Habe ich richtig verstanden: Eine von Dulles schriftlich an uns gegebene Erklärung?

von Eckardt: Nein, eine allgemeine.

Frage: Ist die Bundesregierung der Auffassung, daß die Bestimmungen des Generalvertrages durch einen ... der Hohen Kommissare in Kraft gesetzt werden könnten?

von Eckardt: Es ist, glaube ich, so ausgedrückt, nicht möglich.

Frage: Habe ich Sie nicht verstanden oder haben Sie mich nicht verstanden: Sieht die Bundesregierung mit dem Scheitern des EVG-Vertrages auch ihre Integrationspolitik gescheitert, d. h. also die Grundlage ihrer europäischen Politik?

von Eckardt: Ich glaube, daß man diese Frage mit Nein beantworten muß. Aber Sie haben vorhin gefragt, ob man mit den Montanunion-Staaten Fühlung nehmen wird. (Zuruf). Eine solche Fühlungnahme ist nicht erfolgt. Daß sie zu irgendeinem Zeitpunkt erfolgen wird, dürfte ja wohl verständlich sein; denn die anderen fünf Staaten – mit Ausnahme Frankreichs in diesem Falle – sind ja, juristisch gesehen, mehr oder weniger in der gleichen Lage wie wir. Italien ist noch auf dem Wege zur Ratifizierung, in den anderen Staaten ist sie abgeschlossen. Wenn man in Betracht zieht, daß in Brüssel der europäische Gedanke mit sehr großer Stärke vertreten worden ist, so möchte ich jetzt nicht in den Fehler verfallen, gleich nach einer Art von Katastrophe wieder den optimistischen Hoffnungswimpel am Mast hochzuziehen. Aber daß ein gleicher Gedanke, der in diesen 3¹/₂ Jahren entwickelt worden ist und diese Stärke angenommen hat, völlig verschwinden wird, glaube ich nicht.

Frage: Hat sich in dem Gespräch auf Bühlerhöhe schon herausgestellt, aus welchen Gründen es zu diesem vorläufigen Abschluß gekommen ist? Handelt es sich um die Supranationalität oder um die Ablehnung der deutschen Aufrüstung überhaupt? Welche Gründe führt die Bundesregierung dafür an?

von Eckardt: Diese Frage ist im Augenblick noch schwer zu beantworten, weil der Wortlaut der Kammerdebatte, der natürlich unterwegs ist, noch nicht vorliegt. Ich glaube, daß man diese Frage erst nach einer sehr sorgfältigen Analyse beantworten kann. Sicher ist aber das eine, daß für diese Analyse etwas sehr Entscheidendes fehlt in der gestrigen Debatte. Aus dem Lager der EVG-Anhänger hat weder Herr Schuman das Wort ergreifen können noch Herr Pleven, noch René Mayer, noch Bidault. Also ist die Debatte ja so verlaufen und schließlich abgeschlossen worden, daß die – ich möchte sagen – führenden Persönlichkeiten, die bisher den EVG-Gedanken vertreten haben, nicht zu Wort gekommen sind.

Frage: Glaubt die Bundesregierung, daß die englische Regierung, die sich ja immer für den EVG-Vertrag ausgesprochen hat, alles getan hat, um den Ausgang in Paris zu verhindern, oder glaubt die Bundesregierung, daß in den letzten Wochen einige neue Faktoren im Spiele sind?

von Eckardt: Nein, es sind keine Anzeichen vorhanden. Ich glaube mich nicht zu täuschen, daß der Bundeskanzler selbst vor Wochen und Monaten, d. h. in der Zeit, als auf Wunsch der französischen Regierung sowohl von den Vereinigten Staaten als von Großbritannien sehr präzise Erklärungen über ihr Verhältnis zur EVG, wenn sie ratifiziert ist, abgegeben wurden, gesagt hat, daß er glaubt, daß Großbritannien bis an die Grenze seiner Möglichkeiten gegangen ist.

Frage: Können Sie etwas über den Brief Churchills an den Bundeskanzler, über den ja verschiedene Versionen vorliegen, sagen?

von Eckardt: Sie meinen den Brief, der in Brüssel eingetroffen ist? Der ist ja im Wortlaut bekannt.

Frage: Gibt es nicht noch einen zweiten Brief?

von Eckardt: Ich kenne keinen zweiten. Der in Brüssel eingetroffene Brief ist im Wortlaut veröffentlicht worden. Wenn Sie noch interessiert sind, können wir Ihnen diesen Wortlaut nachher noch einmal geben.

Frage: Ist die Bundesregierung für die Beantwortung der Sowjetnote schon konsultiert worden?

von Eckardt: Nein, noch nicht. Es ist nur eine Vermutung von mir, wenn ich sage, man hat wohl den Ausgang der französischen Kammerdebatte auch für eine endgültige Formulierung der Antwort abgewartet. Bisher liegt der Bundesregierung eine Konsultierung nicht vor.

Frage: Ist der deutsche Botschafter in Paris in den letzten acht Stunden bei Mendès-France gewesen?

von Eckardt: Seit heute morgen, meinen Sie? Ich glaube nicht, ich habe nichts davon gehört. Ich müßte mich noch einmal erkundigen.
Frage: Kommt der deutsche Botschafter nach Bühlerhöhe?
von Eckardt: Ich habe nichts davon gehört.
Frage: Ist François-Poncet seit seiner Rückkehr aus Paris beim Bundeskanzler gewesen?
von Eckardt: Da möchte ich die Rückfrage stellen: Ist er hier oder aus Paris zurückgekehrt? Wir haben da keine Nachricht. Ich habe zufällig den Bundeskanzler danach gefragt, und er hat mir gesagt, er habe von François-Poncet nichts gehört.

Wenn keine weiteren Fragen sind – ich darf von Bühlerhöhe aus mittags wieder telefonieren, wann wir uns morgen nachmittag wiedersehen.

Ende

Unmittelbar nach dieser Pressekonferenz stieg ich wieder in meinen Wagen und fuhr nun zum zweitenmal innerhalb von 24 Stunden nach Baden-Baden (Bühlerhöhe). Am nächsten Vormittag fand die angekündigte Sitzung des Kabinetts statt. Nur mit Mißbehagen kann ich mich an diese Sitzung erinnern. Zorn und tiefe Depression, die ich schon beim Kanzler erlebt hatte, multiplizierten sich nun mit der Zahl der Minister. Wie meist in solchen Situationen kam ein fruchtbares Gespräch nicht zustande. Mit mehr oder weniger Temperament schimpften die Minister auf Frankreich und die fast beleidigende Haltung der Nationalversammlung. Irgendein brauchbarer Gedanke tauchte in der Debatte nicht auf. Das war nach Lage der Dinge und durch das Fehlen jeder verbindlichen Stellungnahme unserer anderen Partner auch kaum möglich. In dem berechtigten Zorn über das Geschehene konnte der Zuhörer eigentlich nur einen Gedanken als vorherrschend erkennen, nämlich die Tendenz, die Frage der deutschen Sicherheit jetzt im Bündnis mit den angelsächsischen Staaten zu suchen. Aber war das wirklich eine brauchbare Lösung? Eine ruhige und sachliche Debatte schien an diesem Tage nicht möglich. Schließlich verlangte der Kanzler die Formulierung einer Erklärung des Kabinetts zur Lage. Vizekanzler Blücher und Professor Hallstein machten sich an diese Aufgabe. Ich beteiligte mich nicht an der Arbeit, da nach Verlauf der Sitzung eine wirklich brauchbare Erklärung nicht zu erwarten war. Würde sie die Stimmung des Kabinetts wirklich wiedergeben, so war eine katastrophale Wirkung sicher. Schließlich drückte man mir ein Papier in die Hand, auf dem fünf Punkte als Stellungnahme des Kabinetts verzeichnet waren. Sie gefiel mir in keiner Weise, aber gegen die Stimmung im Kabinett opponieren zu wollen, wäre völlig sinnlos gewesen, hätte die Dinge höchstens noch verschlimmert.

Die Erklärung, die man mir nach Bonn mitgab, bestand aus einer Präambel und fünf Punkten:

»Die Bundesregierung hat in ihrer Sitzung am 1. September 1954 auf Bühlerhöhe gemeinsam mit den Vorsitzenden der Fraktionen der Regierungskoalition die politische Lage erörtert, die nach der Abstimmung in der französischen Nationalversammlung besteht. In konsequenter Fortsetzung der bisherigen Linie der deutschen Außenpolitik und in der Überzeugung, daß nur auf diesem Wege die Wiedervereinigung Deutschlands in Frieden und Freiheit herbeigeführt werden kann, wurden die folgenden Ziele festgelegt:

1. Fortführung der Politik der europäischen Einigung mit allen dazu bereiten Völkern und auf allen dazu geeigneten Gebieten. Konsultationen über die weitere Behandlung militärischer Integration mit den Ländern, die die EVG ratifiziert haben oder unmittelbar vor der Ratifizierung stehen.

2. Wiederherstellung der Souveränität.

3. Teilnahme an der westlichen Verteidigung ohne Diskriminierung.

4. Rechtliche Regelung des Aufenthaltes von Truppen anderer Länder in der Bundesrepublik durch Abschluß von Verträgen.

5. Unverzügliche Verhandlungen mit den Vereinigten Staaten und Großbritannien.«

Am 2. September um 11 Uhr früh stand ich wieder vor den Journalisten. Die Stimmung war überreizt. Aus meinen einleitenden Bemerkungen kann der Leser ersehen, wie ich versuchte, die Wogen der Erregung zu glätten. Doch das gelang mir nur zum Teil. Hier der Wortlaut der zweiten Pressekonferenz innerhalb 48 Stunden:

von Eckardt: Ich möchte zuerst einmal sagen, daß ich es begrüße, daß wir wieder in diesem Saal und wieder unter der Präsidentschaft des Vorsitzenden der Pressekonferenz tagen. Ich bitte Sie, dafür Verständnis zu haben, daß wir das vorige Mal eine Pressekonferenz drüben (Ermekeilstraße) abgehalten haben, es war das wegen der Eile technisch etwas günstiger, allerdings für Sie ungünstiger, aber vielleicht zu entschuldigen bei der Bedeutung der Sache.

Im übrigen möchte ich Ihnen vorschlagen – Sie haben alle das Kommuniqué gelesen, das das Presseamt gestern nach der Sitzung des Kabinetts auf Bühlerhöhe herausgegeben hat –, Fragen zu stellen, denn das Kommuniqué ist Ihnen wohl hinreichend bekannt.

Ich darf vielleicht noch mitteilen, daß heute vormittag eine Kabinettsitzung unter dem Vorsitz des Vizekanzlers Blücher in Bonn stattfindet. Was dabei von Interesse für die Presse sein kann, werden wir heute nachmittag noch herausgeben. Vielleicht interessiert Sie die Tagesordnung. Unter Punkt 1 steht: »Entwurf eines Gesetzes über unmittelbaren Zwang bei Ausübung der öffentlichen Gewalt durch Vollzugsbeamte.« Ich muß Ihnen offen zugeben, daß ich diesen Satz auch nicht verstehe. Dann einen Gesetzentwurf für Ausgleich für vergilbte Zuckerrüben. Wir haben die Zuckerrüben auch schon öfter gehabt, ich weiß nicht, ob sie in diesem Jahr besonders vergilbt sind. Weiter wird behandelt eine Bestimmung über Mittelanforderungen zum Teuerungszulagengesetz, dann Veräußerung von Bundesvermögen, dabei handelt es sich um die Bergwerksgesellschaft Hibernia. Dr. Mai von meinem Amt nimmt an der Kabinettsitzung teil, und wir werden dann Interessierendes und Wünschenswertes aus der Sitzung bekanntgeben.

Ich stehe nun, wenn Sie es wünschen, für Fragen zur Verfügung.

Frage: In den fünf Punkten der Erklärung der Bundesregierung ist Frankreich nicht mit aufgeführt. Welche Bedeutung hat das?

von Eckardt: Ich möchte Sie bitten, das so zu verstehen, daß wir klar unterscheiden müssen zwischen den EVG-Staaten und den Besatzungsstaaten. Wir haben also verschiedene Vertragskreise; die Vereinigten Staaten von Amerika und Großbritannien haben, wie Sie wissen, den sogenannten Deutschlandvertrag ratifiziert, sind also auf diesem besonderen Gebiet in dem gleichen Verhältnis mit der Bundesrepublik, mit dem die Bundesrepublik im Falle des EVG-Vertrages mit Italien und den Beneluxstaaten steht. Das hat also insofern seinen Sinn.

Frage: Dann würde Frankreich also mit unter dem Punkt 2 ...?

von Eckardt: Selbstverständlich.

Frage: Es heißt doch in dem Satz: Staaten, die ratifiziert haben oder unmittelbar vor der Ratifizierung stehen ...?

von Eckardt: Welcher Punkt? (Zuruf: Punkt 1) Ich möchte als grundlegend nochmals bemerken, wir stehen vor folgender Situation: Im EVG-Vertrag haben wir vier Staaten, die ratifiziert haben, und einen fünften, Italien, der auf der Brüsseler Konferenz mitgeteilt hat, man bäte die italienische Ratifizierung im Rahmen der Verhandlungen über europäische Beratungen als vollzogen zu betrachten; das bezieht sich hierauf, es ist der Kreis der Staaten, die ratifiziert und die auch unterschrieben haben. Aus diesem Grunde fällt Frankreich nach der Entscheidung der Nationalversammlung in Paris heraus, auch juristisch gesehen heraus. Und wenn, wie ich das heute morgen schon auf mehrfache Anrufe gesagt habe, Frankreich in diesem Kommuniqué gar nicht vorkommt, dann bitte ich daran erinnern zu dürfen, daß eben diese Situation vorliegt:

Einerseits Staaten, die unterschrieben und ratifiziert haben, und andererseits ein Staat, der unterschrieben, aber nicht ratifiziert hat. Diese Situation hat es mit sich gebracht, daß die Initiative auf diesen Gebieten, die unter Punkt 1 angeführt werden, soweit sie Frankreich anbelangt, von französischer Seite ausgehen muß nach Auffassung der Bundesregierung.

Frage: Ist die Bundesregierung der Auffassung, daß es eine Lösung der Deutschlandfrage ohne Frankreich gibt?

von Eckardt: Ich möchte nicht in den Fehler verfallen, Lösungsmöglichkeiten völlig auszuschließen, weil man niemals weiß, welche Situation eintritt. *Es ist aber absolut sicher, daß die Bundesregierung der Ansicht ist, daß eine wirksame Verteidigung des Westens eine militärische Gemeinschaft mit Frankreich einbeziehen müsse.*

Frage: Soll das bedeuten, daß die Bundesregierung unter Umständen bestrebt ist, die EVG nur mit fünf Staaten in Kraft zu setzen in der Hoffnung, daß Frankreich dann später der EVG doch noch beitritt?

von Eckardt: Sie sehen, daß in der Formulierung des Punktes 1 alle Möglichkeiten offengelassen sind. Sie müssen sich darüber klar sein, daß die Bundesregierung nicht bestimmen kann, was die französische Regierung auf dem Gebiete der militärischen Integration zu tun gedenkt oder nicht zu tun gedenkt. Es ist gefragt worden, ob es eine Möglichkeit gibt, eine militärische Integration ohne Frankreich herbeizuführen. Ich habe darauf geantwortet, daß man überhaupt keine Möglichkeiten ausschließen müsse. Wenn Sie eine Hypothese aufstellen und die französische Regierung und das Parlament würden erklären, sie würden jede engere militärische Zusammenarbeit mit der deutschen Bundesrepublik ablehnen, so stehen Sie vor einer Situation, die es immerhin notwendig macht, irgend etwas zu tun. Man kann daraufhin die Verteidigung des Westens nicht einstellen, das ist nicht möglich. Ich weiß nicht, ob ich die Frage damit beantwortet habe; wenn nicht, dann präzisieren Sie sie doch.

Frage: Mir fällt auf, daß in der Erklärung das Wort »militärische Integration« gebraucht ist und nicht »militärische Zusammenarbeit«. Man denkt offensichtlich bewußt an einen Zusammenschluß der supranationalen Einrichtungen, das ist bisher doch nur die EVG?

von Eckardt: Das haben die fünf Staaten beschlossen. Wir können nicht durch ein Kommuniqué die Beschlüsse von fünf anderen Staaten festlegen. Infolgedessen muß man sich mit ihnen konsultieren, d. h. in Besprechungen eintreten darüber, was geschehen soll mit dem ratifizierten Vertrag. Es ist nicht ausgedrückt, was zu geschehen hat, sondern was man zu besprechen hat.

Frage: Bedeutet Punkt 2 »Wiederherstellung der Souveränität« die Forderung nach der unumschränkten Souveränität bzw. würden Sie diesem Punkt die gleiche Interpretation geben, die ihm gestern der Bundesminister Strauß gegeben hat?

von Eckardt: Ich muß Ihnen sagen, daß ich die Interpretation des Herrn Strauß in seinem Gespräch mit United Press nicht kenne. Dazu möchte ich noch folgendes sagen: Durch den Abschluß des Deutschlandvertrages ist der Begriff Souveränität, wenn ich so sagen darf, etwas ins Schwimmen gekommen. Es gibt eigentlich im rechtlichen Sinne keine halbe, viertel, dreiviertel oder neunzigprozentige Souveränität, sondern der Begriff Souveränität ist an sich komplex. Wir sind in Deutschland in einer besonderen Situation, ich glaube, ich brauche Ihnen nur die Stichworte Berlin und Wiedervereinigung zu sagen und ferner daran zu erinnern, daß im Grundgesetz ein Artikel enthalten ist, die Nummer habe ich nicht im Kopf, der es ermöglicht, Souveränitätsrechte auf supranationale Organisationen zu übertragen. (Zuruf: Artikel 24?) Aber es ist wohl so richtig zu verstehen, daß man von einer Souveränität nur dann Teile abtreten kann, wenn man sie erst einmal besitzt.

Frage: Sieht die Bundesregierung den Rechtsakt der Ratifizierung der Verträge mit den fünf Staaten als existent an?

von Eckardt: Ich glaube, daß es da gar nichts anzusehen gibt, das ist ja eine Tatsache. Man muß sich also mit den Staaten, die diesen Vertragstext mit unterschrieben und ratifiziert haben, wenn der Vertragstext in Gefahr steht oder vielmehr nicht realisiert werden kann, weil ein Vertragsteilnehmer die Ratifizierung abgelehnt hat, darüber unterhalten, was mit diesem Vertrag nun zu geschehen hat. Es wird auch nur von einer Konsultation gesprochen. Es ist selbstverständlich, daß die Bundesregierung anstreben muß, über diese Fragen mit diesen Staaten Fühlung aufzunehmen.

Frage: Hält es die Bundesregierung für möglich, daß eine Rumpf-EVG nur aus fünf Staaten bestimmte militärische?...

von Eckardt: Ich muß sagen, daß eine Rumpf-EVG... man kann in dieser Situation keine Möglichkeit überhaupt ausschließen, da wir eine Erklärung der französischen Regierung, wie sie in der Äußerung des Bundeskanzlers vor zwei Tagen angedeutet war, noch nicht besitzen. Es ist also nicht möglich, eine Möglichkeit auszuschließen, die wohl unter den Lösungen, die der Verteidigung Europas dienlich sind, vielleicht die schlechteste ist; ich weiß nicht, ob mir im Moment noch eine schlechtere einfallen kann.

Frage: In der amerikanischen Presse ist dieses Kommuniqué von gestern dahin ausgelegt worden, daß die deutsche Politik jetzt versuchen will, ohne Frankreich irgendwie zur Verwirklichung ihrer Ziele zu kommen?

von Eckardt: Diese Auslegung kann nicht richtig sein, denn wenn Sie im Artikel 1 lesen, daß die Fortführung der Politik der europäischen Einigung mit allen dazu bereiten Völkern und auf allen dazu geeigneten Gebieten usw., als Ziel der Politik der Bundesregierung festgelegt ist, so ist selbstverständlich Frankreich darin eingeschlossen, falls es den Wunsch dazu hat.

Frage: Noch eine Frage zu dem Komplex der Souveränitätsrechte. Ist es so, daß die Bundesregierung nicht mehr bereit wäre, die Vorbehaltsrechte, die im Generalvertrag niedergelegt sind, als notwendig anzuerkennen in einer künftigen Regelung, oder erwartet sie bei der Übertragung der Souveränität auf die Bundesrepublik einen vorbehaltlosen Schritt?

von Eckardt: Herr Wesemann, ich darf Ihnen darauf folgendes antworten: Die Bundesregierung ist bereit, zu verhandeln. Es steht auch in der Einleitung nicht drin, daß sie Forderungen stellt, sondern Ziele ihrer Politik festgelegt hat. Sie hat also den Wunsch und das Ziel, über die Frage der Souveränität verhandeln zu können. Verstehen Sie, was ich damit meine? Das bezieht sich natürlich auf den Truppenvertrag. Es ist natürlich eine Frage, ob Sie Souveränitätsrechte abtreten aus einem souveränen Akt heraus oder ob Sie Souveränitätsrechte nicht besitzen aufgrund eines Besatzungsrechtes.

Frage: Ich glaube, daß eine allgemeine Unklarheit dadurch aufgetreten ist, daß jetzt immer von einer Souveränitätsübertragung ohne Diskriminierung ...

von Eckardt: Das Wort Diskriminierung kommt aber in Verbindung mit der Verteidigung vor in diesem Kommuniqué.

Frage: Wird die Bundesregierung über ihre nächsten außenpolitischen Schritte mit der Opposition Fühlung nehmen und wie beurteilt sie 1. nach dem gestrigen Manifest und 2. nach der Erklärung Ollenhauers das künftige Ausmaß einer überparteilichen Außenpolitik?

von Eckardt: Ich möchte darüber keine Prognose stellen und nur etwas sagen, soweit ich informiert bin. Der Bundeskanzler wird nach seiner Rückkehr Herrn Ollenhauer zu einem Gespräch zu sich bitten.

Frage: Ist es völkerrechtlich möglich, daß ein Vertrag, der ursprünglich von sechs Staaten unterzeichnet wurde, dann, wenn ihn ein Teil der Staaten ratifiziert, völkerrechtlich existent wird? Zweitens, gibt es im EVG-Vertrag eine Bestimmung, daß bei Ratifizierung von drei Vertragspartnern der Vertrag partiell in Kraft treten kann?

von Eckardt: Da gehen mehrere Fragen durcheinander; wenn ich das aus dem Kopf beantworten darf: Einmal steht natürlich im EVG-Vertrag in der Präambel, welche Staaten diesen Vertrag abschließen; wenn ich das also rein juristisch, nicht politisch nehme und diesen Vertrag zwischen den fünf Staaten in Kraft setzen wollte, so müßte ich ihn schon ändern, das ist gar nicht anders möglich, ich nehme sogar an, in manchen Punkten ändern, Frankreich und die französischen Truppen werden an mehreren Stellen vorkommen. Ich greife die Präambel heraus. Sie steht im Vertrag. Nehme ich sie heraus, muß ich den Vertrag neu fassen, inwieweit und in welchem Umfang, ist eine Frage für sich. Damit müßten die Verträge wahrscheinlich neu ratifiziert werden. Sie wissen, daß die Frage sehr kompliziert ist, was ratifizierungspflichtig ist und was nicht.

Frage: Kann man sagen, daß nach Meinung der Bundesregierung eine Rumpf-EVG zwischen den fünf Staaten zwar eine schlechte Lösung, doch keine unmögliche Lösung wäre?

von Eckardt: Ja, ich sagte schon, man kann in diesem Augenblick, da eine französische Meinungsäußerung dazu fehlt, welche Ziele die französische Regierung in bezug auf Deutschland, die deutsche Wiederbewaffnung, die militärische Integration anstrebt, überhaupt keine Möglichkeit ausschließen, denn irgend etwas wird auf alle Fälle geschehen müssen. Ich sagte schon, daß eine solche Lösung – ich glaube, daß jeder militärische Sachverständige mir da zustimmen wird – zu den schlechtesten Lösungen zählt, die man sich für die Verteidigung Westeuropas überhaupt vorstellen kann.

Frage: Wenn diese fünf Staaten, die die EVG bereits ratifiziert haben, nur zusammenkommen müssen, um zu beraten, was jetzt geschehen soll, soll das bedeuten, daß Sie es für möglich halten, daß eine Achterkonferenz?...

von Eckardt: Das ist ganz offen. Ich sagte, in Form einer Konferenz, das kann auch auf diplomatischem Wege stattfinden, die einzelnen Staaten können sich auch Memoranden zuschicken, in denen sie sich ihre Ansichten klarmachen, es muß nicht eine Konferenz sein.

Frage: Wäre diese Möglichkeit der Rumpf-EVG auch nur theoretisch annehmbar, wenn sie gleichbedeutend wäre damit, daß Frankreich dabei draußen bliebe?

von Eckardt: Ich glaube, wir kommen auf eine falsche Ebene, wenn wir diese Rumpf-EVG in den Vordergrund stellen; sie steht bestimmt nicht im Vordergrund der übrigen westlichen Welt.

So ging die Pressekonferenz noch fast eine Stunde mit bohrenden Fragen weiter, ohne daß neue Gesichtspunkte dabei auftauchten, wenn man von immer kühneren journalistischen Spekulationen absieht, die ich nur mühsam auf den Boden der Tatsachen zurückführen konnte. Als schließlich keine Fragen mehr gestellt wurden, schloß ich wie folgt:

»Eben habe ich etwas bekommen, was ich mir zunächst ansehen darf. Es ist eine Aufzeichnung, die ich Ihnen im Inhalt wiedergeben möchte, ohne sie selbst kontrolliert zu haben. In einer großen Anzahl der bisher vorliegenden Morgenzeitungen ist das Kommuniqué der Kabinettsitzung auf der Bühlerhöhe in sehr verstümmelter Form wiedergegeben worden. Da ist der einleitende Absatz, der von der Wiedervereinigung spricht, völlig unter den Tisch gefallen. Ich möchte darauf hinweisen, daß die Präambel, wie ich es eben schon einmal gesagt habe, auf die Wiedervereinigung hinweist und von besonderer Bedeutung ist. Das Kabinett war einstimmig und einmütig darüber einig, daß die Wiedervereinigung in Frieden und Freiheit als erster Punkt zu gelten hat und infolgedessen als Grundlage, als einleitende Grundlage für die Ziele der Bundesrepublik und Bundesregierung, aufgezeigt werden muß. Ich wäre Ihnen dankbar, wenn Sie das in Ihren Zeitungen feststellten und, wenn die Präambel weggefallen ist, noch einmal darauf hinweisen. Es wird darauf größter politischer Wert gelegt.«

Ich glaube, daß der Leser sich jetzt sowohl ein Bild davon machen kann, wie kompliziert und bedrohlich die Situation nach dem Scheitern der Europäischen Verteidigungsgemeinschaft war, wie auch davon, daß es nicht immer ganz einfach ist, dem Ansturm der Fragen auf einer Pressekonferenz standzuhalten. Natürlich gibt es auch Pressekonferenzen, die sehr viel einfacher verlaufen. Besonders die zweite der hier wiedergegebenen Konferenzen zeigte aber eine Besonderheit. Im Kern gab ich auf die wichtigsten Fragen nicht eine dem Verlauf der Kabinettsitzung entsprechende Antwort. Dort hatte man in weitem Maße den Gedanken erwogen, Frankreich beiseite zu lassen und mit den anderen, vor allem den angelsächsischen Staaten, die Bündnisfrage allein zu lösen. In der Pressekonferenz erklärte ich, es gäbe keine Verteidigung Europas ohne Frankreich. Diese Feststellung bestimmte am nächsten Morgen die Schlagzeilen der deutschen und ausländischen Presse. Ich zeigte sie beim Frühstück meiner Frau und sagte: »Bis zum Mittagessen hat mich der alte Herr 'rausgeschmissen!« Nichts dergleichen aber geschah. Niemals hat er mit einem Wort diese Pressekonferenz erwähnt.

Zum Abschluß dieser unerfreulichen Vorgänge möchte ich etwas für den Kanzler sehr Charakteristisches erzählen. Adenauer hatte von meinem Amt einen ausführlichen Bericht über den Verlauf der Parlamentssitzung in Paris verlangt und bekommen. Einige Tage später ließ er mich rufen. Professor Hallstein war ebenfalls gebeten, und der Bericht lag vor dem Kanzler auf dem Tisch. Mit der Hand auf dem Bericht sagte er: »Herr Hallstein! Was die Leute da im Parlament in Paris gesagt haben, das ist zum Teil gar nicht so dumm!« Hallstein versuchte ihn zu unterbrechen, doch Adenauer fuhr fort: »Dann habe ich mir mal den Vertrag angesehen, den Sie da ausgehandelt haben. Also *so gut* ist der Vertrag nun wieder auch nicht, wie Sie immer gesagt haben!« Professor Hallstein war so perplex, daß er den Kanzler nur fassungslos anstarrte. Ich selbst konnte mich nicht zurückhalten und fing an zu lachen. Erst warf mir der Kanzler befremdet einen Blick zu, dann lachte er mit. Natürlich kannte Adenauer in der Substanz den Vertrag ganz genau. Im einzelnen gelesen hatte er ihn erst nach den Vorgängen in Paris.

Auch etwas anderes konnte ich in der Pressekonferenz nicht sagen, nämlich, daß schon Rettungsaktionen anliefen für uns und für Europa. Alles war noch zu vage, und jede Äußerung von mir hätte Hoffnungen erweckt, die sich vielleicht nicht erfüllen würden, ja die Aktionen selbst gefährden konnten. Oft ist es sehr schwer, schweigen zu müssen.

Die rettenden Freunde

Den September 1954 zeichnete geradezu hektische diplomatische Geschäftigkeit aus. In einem Informationsgespräch schilderte ich die Situation etwas primitiv und vulgär so: In einer Familie ist alles um den Kaffeetisch versammelt. Das Mädchen trägt ein Tablett voller Tassen, Teller usw. herein und schmeißt dann das ganze hin. Das war ungefähr die Schockwirkung der französischen Abstimmung. Die Situation erscheint katastrophal, bis ein besonders ruhiges Mitglied der Familie auf die Idee kommt, genau nachzusehen, was wirklich kaputtgegangen ist. Und es stellt dann fest: Gewiß, es ist allerlei kaputtgegangen, aber Kaffeetrinken kann man doch noch ...

Übertragen auf die Situation Anfang September kann man sagen, daß es in der westlichen Familie zwei besonnene Mitglieder gab, Großbritannien und die Vereinigten Staaten. Außenminister Anthony Eden machte sich auf eine kontinentale Rundreise, um festzustellen, ob und wie man in der Familie noch »Kaffeetrinken« könne. Nach einem Besuch in den Hauptstädten der Beneluxstaaten kam er am 12. und 13. September nach Bonn. Ich sehe ihn noch die Gangway seines Flugzeuges herunterkommen, schlank, geschmeidig, wohl der eleganteste Politiker Europas. Er wurde in Bonn sehnsüchtig erwartet. Unter den europäischen Staaten konnte eigentlich nur Großbritannien einen Ausweg aus der Sackgasse weisen. Churchill und sein Außenminister Eden waren dazu bereit.

Im Vordergrund stand die Möglichkeit, Deutschland in die NATO aufzunehmen. Das bedeutete zwar den wenigstens vorläufigen Verzicht auf eine militärische Integration der sechs EVG-Staaten, gab aber die Möglichkeit einer militärischen Beteiligung der Bundesrepublik an der Verteidigung Europas. Eden versuchte zu klären, ob dieser Weg erfolgversprechend sein könnte. Zum Abschluß seines Blitzbesuches wurde ein Kommuniqué veröffentlicht, das wieder einige Hoffnungen verbreitete. Die Atmosphäre während des Besuchs war wirklich sehr intim und freundschaftlich. Adenauers Beziehungen zum Kabinett Churchill-Eden und seine persönlichen Beziehungen zu den beiden Staatsmännern waren überhaupt die besten, die je zwischen ihm und England bestanden hatten. Das Kommuniqué stellte fest: »Es wurde ein vollständiges Einvernehmen erzielt!« Das war keine leere Phrase, sondern entsprach vollkommen der Wahrheit. In späteren Jahren, nach Churchills Rücktritt, sollte es oft schwieriger werden, ein brauchbares Kommuniqué abzufassen, das etwa der Wahrheit entsprach. Edens Besuch brachte die Klärung, daß der Weg der »NATO-Lösung« beschritten werden sollte, aber absolut unklar blieb, ob die Franzosen diesen Weg mitgehen würden. In der Sprache des Kommuniqués ausgedrückt hieß es in Erläuterung der »völligen Übereinstimmung« wörtlich: »Der Bundeskanzler und der britische Außenminister erörterten die Wiederherstellung der deutschen Souveränität sowie mögliche Lösungen, um einen deutschen Beitrag zur Verteidigung der freien Welt herbeizuführen.« Schon im nächsten Satz stand etwas, das mich nach meinen reichlich selbständigen Äußerungen auf den beiden hier wiedergegebenen Pressekonferenzen tief befriedigte: »Beide waren davon überzeugt, daß solche Lösungen auf einer dauerhaften deutsch-französischen Verständigung begründet sein müssen.« Der Gedanke, daß es eine Verteidigung des freien Europas ohne Frankreich nicht geben könne, hatte sich also durchgesetzt. Schließlich hatte man vereinbart, daß auf einer Konferenz in London gemeinsam mit den Franzosen über die neuen Pläne beraten werden sollte.

Eden reiste über Rom, wo es keine Schwierigkeiten gab, nach Paris. Dort gelang es ihm, wenigstens eine Zusage für die Konferenz in London zu erreichen. Einige Tage nach Eden traf John Foster Dulles in Bonn ein. Er strahlte zwar große Energie, aber nicht den gleichen Optimismus aus wie Eden. Der amerikanische Außenminister hatte seine ganze Europapolitik auf der Idee der Integration aufgebaut. Ohne Frankreich war sie undurchführbar, und darum erfüllten nicht nur ihn selbst die Vorgänge in Paris mit tiefer Enttäuschung, sondern in den ganzen USA verbreitete sich eine Resignation, die zu einem neuen Isolationismus, einer Abkehr von den europäischen Problemen überhaupt, führen konnte. Amerika hatte sechs Divisionen in Europa stehen. Ein Abzug dieser Truppen würde die Sowjetunion zum Herrn dieses Erdteils machen. Alles kam darauf an, daß die Wähler in den Vereinigten Staaten an Europa nicht verzweifelten. Daher hieß es gleich in den ersten Sätzen des Kommuniqués, das nach der Abreise von Dulles herausgegeben wurde: »Es bestand volle Übereinstimmung, daß die europäische Integration von so entscheidender Bedeutung für Frieden und Sicherheit ist, daß die Bemühungen, sie zu verwirklichen, mit Entschlossenheit fortgesetzt werden sollen und daß dieses große Ziel nicht wegen eines einzigen Rückschlages aufgegeben werden darf.«

Der Unterschied der Akzente zwischen dem Eden-Besuch und dem

Besuch von Dulles lagen klar zutage. Europäische Integration wurde in London nie sehr groß geschrieben. Großbritannien wollte sich nicht daran beteiligen, und noch viele Jahre lang – man denke an die Europäische Wirtschaftsgemeinschaft – war sie nicht populär. Anders die Vereinigten Staaten. Sie hatten durch ihre wirtschaftliche Hilfe und durch die Stationierung ihrer Truppen Europa aus dem Zusammenbruch gerettet. Sie wollten ein starkes Europa, das, wie später Kennedy einmal sagte, »mit einer Stimme« spricht. Dulles trachtete, den Rückfall in eine reine Koalitionspolitik zu verhindern, denn sie bleibt stets mit nationalen Ambitionen belastet. In den Gesprächen mit Eden und Dulles tauchte das Wort »Brüsseler Pakt« zum erstenmal auf. Es genügte nicht, die Einbeziehung der Bundesrepublik in die NATO ins Auge zu fassen, es mußte auch ein formaler Weg dazu gefunden werden.

Die sehr lebhafte diplomatische Tätigkeit führte um den 20. September herum zu dem Ergebnis, daß eine Konferenz in London Aussicht auf Erfolg bieten würde. Frankreich hatte sich bereit erklärt, teilzunehmen, ebenso die Vereinigten Staaten und Kanada. Was sollte nun in London erreicht werden? Einmal gaben alle Staaten, die die EVG unterzeichnet hatten, die Zusicherung, daß der Deutschlandvertrag (Souveränität) in Kraft gesetzt werden solle. Er war mit der Verteidigungsgemeinschaft, die an Frankreich scheiterte, eng verknüpft. Man mußte also einen Weg finden, die Verträge voneinander zu lösen, um den Deutschlandvertrag gesondert in Kraft zu setzen. Ferner sollte aber auch eine Möglichkeit gefunden werden, mit der die Bundesrepublik ihren Beitrag zur westlichen Verteidigung leisten konnte. Am 27. September flogen der Kanzler und seine Begleitung nach London. Wir wurden dort sehr herzlich aufgenommen.

Wenn ich mich recht erinnere, betrat ich damals in Begleitung Adenauers zum erstenmal die berühmte Nr. 10 Downing Street, den Amtssitz des britischen Premierministers. Ich kann nicht leugnen, daß dieses historische Haus mit der schmalen Fassade großen Eindruck machte. Die Zimmer, die keineswegs prunkvoll sind, wirken englischer als alles andere, was ich je in London gesehen habe. Die Räume sind viel größer, als die Fassade vermuten läßt. Es gibt mehrere große Salons, ein Speisezimmer für etwa 24 Personen. Von den Teppichen über die Möbel bis zu den Bildern zeigt jeder einzelne Gegenstand soliden Reichtum und großes Geschichtsbewußtsein. Das Treppenhaus ist recht schmal, ohne jeden Hang zum Prunk. Das ganze Haus, in dem die Ministerpräsidenten des Britischen Empire regieren und wohnen, erscheint mir als das charakteristischste Beispiel englischen »understatements«, dem typischen »mehr sein als scheinen«.

Winston Churchill empfing uns zum Abendessen und hatte eine Repräsentanz »Old Englands« geladen, die wirklich eindrucksvoll war. Als »Dame des Hauses« fungierte bei diesem Herrenessen der Herzog von Gloucester, alle wichtigen Kabinettsmitglieder waren anwesend, der Führer der Opposition Attlee, dazu die Feldmarschälle Montgomery und Alexander. Auch das Oberhaus wurde durch einige Lords repräsentiert. Mein Tischnachbar zur Rechten, Innenminister Sir David Maxwell-Fife, gab die Gelegenheit zu einem sehr interessanten Gespräch über den Nürnberger Prozeß, in dem der Minister als britischer Hauptankläger fungiert hatte. Daß ich große Teile dieses Prozesses als Journalist mit erlebte, habe ich schon berichtet. Jetzt saß ich neben dem Mann, der nach meiner Überzeugung damals den Prozeß für die Alliierten rettete. Während des Gesprächs kamen seine nicht unerheblichen juristischen Bedenken über den Prozeß klar zum Ausdruck. Auch er hatte es als peinlich empfunden, daß am Richtertisch ein russischer General saß, als die Anklage wegen »Verschwörung gegen den Frieden« verhandelt wurde. Das deutsche Recht kennt ein solches Verbrechen gar nicht, sicher aber hatten die Russen sich durch den Molotow-Ribbentrop-Pakt an diesem Verbrechen beteiligt und spielten dann in Nürnberg selbst darüber die Richter. Auch die Frage, ob es zulässig sei, rückwirkendes Recht zu schaffen, beschäftigte Sir David, wie es später viele Rechtsgelehrte in ihren Analysen des Nürnberger Prozesses behandelt haben.

Churchill saß mir schräg gegenüber, so daß ich ihn gut beobachten konnte. Er aß und trank mit bestem Appetit. Seine Art, das Glas zum Munde zu führen, mußte ich später dem Kanzler oft vorführen. Er hielt die Handfläche nach oben, schob den Stiel des Glases zwischen zwei Finger und umschloß auf diese Weise das Glas mit seiner ganzen Hand. Vor jedem Schluck prüfte er sorgfältig den Duft des Getränkes, ehe er genießerisch trank. Übrigens lohnte sich diese etwas umständliche Methode, denn die Weine waren nicht weniger erlesen als das ganze Diner. Zu Ehren des Kanzlers hielt Sir Winston eine Rede, in der er seine ganze Meisterschaft in der Beherrschung des Wortes zeigte. Es waren sehr bewegende Worte, die den Kanzler zu einer äußerst gelungenen Antwort inspirierten. Nach Tisch löste sich die Gesellschaft in Gesprächsgruppen auf. Ich sah, wie Churchill einigen beisammenstehenden Engländern aufmunternd in die Rippen stieß und sagte: »Boys, steht hier nicht herum und diskutiert! Kümmert euch um unsere Gäste!«

Er selbst war ein glänzender Gastgeber, hatte seine Augen überall. Er brachte mir in der Hand eine seiner Riesenzigarren und meinte, ich solle die albernen Zigaretten endlich aufgeben. Er sorgte für einen ständigen Wechsel innerhalb der Gesprächsgruppen; aus den Gesprächen ging hervor, daß man auch in London nicht wußte, wie sich die Franzosen verhalten würden.

Am nächsten Morgen begann die Konferenz im Lancaster House. Ich fuhr einige Minuten zu früh auf dem Platz vor und sah dort François-Poncet umherspazieren. Gerade als ich ihn begrüßte, zog mit klingendem Spiel und viel militärischem Gepränge die Wache auf. »Sehen Sie sich das an, Eckardt« sagte François-Poncet, »voilà, der Einfluß des Hauses Hannover!« Ich gab ihm recht.

Zum Vorsitzenden der »Konferenz der Neun« – England, Frankreich, Italien, drei Beneluxstaaten, die Bundesrepublik, die USA und Kanada – wählte man einstimmig Anthony Eden. Er nahm das Heft sehr energisch in die Hand. Der Bundeskanzler saß neben Dulles und sprach, mit Hilfe des zwischen ihnen sitzenden Dolmetschers, vielfach leise mit ihm. Es ist hier nicht der Platz, die einzelnen Phasen der Konferenz zu schildern. Der Verlauf gestaltete sich mehrmals recht dramatisch, da Mendès-France zuerst wenig Neigung zeigte, an der Erreichung des Zieles der Konferenz, nämlich der Aufnahme der Bundesrepublik in die NATO, mitzuarbeiten. Deutschland sollte unabhängig vom EVG-Vertrag seine Souveränität zurückbekommen und durch Beitritt zum Brüsseler Pakt Mitglied der NATO werden. Mendès-France sperrte sich nicht gegen die Rückgabe der Souveränität, leistete aber harten Widerstand gegen Erweiterung des Brüsseler Paktes und der NATO.

Sein Widerstand wird nur dann verständlich, wenn man die Geschichte des Brüsseler Paktes kennt. Am 17. März 1948 schlossen England und Frankreich ein Bündnis gegen Deutschland. Es handelte sich um eine viel stärkere Bindung als die alte »Entente cordiale«, denn sie enthielt eine automatische Bündnispflicht der beiden Partner im Falle eines neuen deutschen Angriffs. Ein Jahr später wurde der Vertrag auf die drei Beneluxstaaten ausgedehnt, behielt aber die Spitze gegen ein wiedererstarkendes Deutschland. Jetzt ging der Vorschlag dahin, einzelne Paragraphen des Abkommens zu ändern und Italien und Deutschland als Partner mit aufzunehmen, wodurch die Spitze nicht mehr gegen Deutschland, sondern gegen die Bedrohung aus dem Osten gerichtet wurde. Der Widerstand Frankreichs gegen diese Möglichkeit, eine deutsche Armee aufzubauen und mit Deutschland gemeinsam eine automatische Bündnispflicht einzugehen, war so zäh, daß Eden schließlich in helle Wut geriet. Dieser sonst so kühle Engländer griff Mendès-France mit einer Heftigkeit an, wie ich es kaum je auf einer internationalen Konferenz erlebt habe. Dulles sekundierte ihm eifrig und sehr geschickt. Der Kanzler hielt sich zurück, wie er es immer tat, wenn ein anderer

Staatsmann ihn der peinlichen Pflicht enthob, unangenehme Dinge auszusprechen.

Am ersten und zweiten Konferenztag wurden Kommuniqués ausgegeben, die mir einige Sorgen bereiteten, denn sie waren reichlich optimistisch gefärbt. Eine Einigung konnte vorerst nicht erzielt werden. Das lag zum Teil daran, daß gleichzeitig mit dieser Konferenz der große Parteitag der Labour-Partei in Scarborough stattfand, auf dem über die gleichen Fragen wie in London diskutiert wurde. Mit sichtlicher Nervosität wartete Eden auf das Votum seiner Opposition. Schließlich, während einer Teepause, sah ich, wie man Eden einen Zettel überbrachte. Er las ihn, und sein Gesicht hellte sich auf. Gleich nach der Pause nahm er das Wort und gab für die britische Regierung eine Erklärung ab, die die Konferenz rettete. Die Opposition hatte, wenn auch mit geringer Mehrheit, für die Wiederbewaffnung der Bundesrepublik gestimmt. Großbritannien erklärte sich bereit, die Rheinarmee so lange in Deutschland stehen zu lassen, bis die Mitgliedstaaten des Brüsseler Paktes selbst es von dieser Verpflichtung befreiten. Es war das erste Mal in der englischen Geschichte, daß das Inselreich eine solche Verpflichtung auf dem Kontinent einging und sich in seiner Politik einem Votum der kontinentalen Staaten unterwarf. Diese Erklärung Edens brach den Widerstand Frankreichs, denn es konnte nun sicher sein, daß es mit Deutschland auf dem Festland nicht allein bleiben würde. Dulles beeilte sich, die starken Garantien, die die USA für die Freiheit Westeuropas übernommen hatte, auch für die Zukunft zu bekräftigen. Die Konferenz war, wie mein britischer Kollege abends auf einer Pressekonferenz sagte, »über den Berg«. Es gab noch eine große Zahl von Einzelheiten zu regeln. Zu diesem Zweck wurden Kommissionen eingesetzt, und am 3. Oktober konnte die »Londoner Akte« paraphiert werden.

Noch im gleichen Monat fand eine Konferenz in Paris statt, die den Beitritt der Bundesrepublik und Italiens zum Brüsseler Pakt, und eine 15-Mächte-Konferenz (aller Mitglieder der NATO und der Bundesrepublik), die die Aufnahme der Bundesrepublik in die NATO beschloß. Die Bundesrepublik hatte auf die Herstellung von ABC-Waffen, also vor allem auf Atomwaffen, feierlich verzichtet.

Ein Kontrollsystem wurde dadurch geschaffen, daß die NATO die Rüstungsleistungen der angeschlossenen Staaten in ihren untersten Grenzen, der Brüsseler Pakt in ihrer oberen Begrenzung festsetzte und kontrollierte. Das ganze Vertragswerk war nicht so einfach, wie es nach dieser Schilderung erscheinen mag, da besonders der Vertrag über die Truppenstationierungen in der souveränen Bundesrepublik die Regierungen noch lange beschäftigte. Große finanzielle Probleme hingen damit zusammen. Doch im Ganzen war der Erfolg der Konferenz in London eindeutig. Der Zusammenbruch der EVG durch das Votum der französischen Nationalversammlung schien repariert, die Bundesrepublik wurde frei vom Besatzungsregime und gleichberechtigtes Mitglied der atlantischen Allianz, dem stärksten Bündnis, das die Welt je erlebt hatte. Der erfolgreiche Verlauf dieser Konferenzen traf die Sowjetunion, die über das Scheitern der Europäischen Verteidigungsgemeinschaft in ihrer Presse laut gejubelt hatte, schwer. In kaum mehr als zwei Monaten war es gelungen, die Schlappe von Paris aufzufangen. Kein Zweifel kann darüber herrschen, daß es in erster Linie Großbritannien war, das die Allianz USA-Europa rettete. Bis zum heutigen Tage habe ich nicht vergessen, daß uns 1954 die Engländer aus einer verzweifelten Situation befreiten. Das deutsche Volk sollte es eigentlich auch nicht vergessen, wenn wir, wie so häufig, mit England Schwierigkeiten haben. Dulles' tatkräftige Hilfe kann dabei nicht hoch genug bewertet werden. Um die Jahreswende 1954/55 wurden die neuen Verträge von allen beteiligten Staaten ratifiziert.

Es ist nur natürlich, daß man in der Rückschau immer wieder auf das entscheidende Jahr 1954 blickt. Wie sähe es heute um Europa aus, hätte Frankreich der Europäischen Verteidigungsgemeinschaft zugestimmt? Ohne Zweifel stände Europa heute ganz anders da. Der militärischen Verpflichtung hätte früher oder später die politische Union folgen müssen, auf die wir bis zum heutigen Tage warten. Westeuropa wäre längst eine Einheit. In der Frage der Integration mußten neue Wege beschritten werden, und zwar wieder wirtschaftliche. Schon damals begann die Diskussion über die Europäische Wirtschaftsgemeinschaft, die heute die stärkste Handelsmacht der Welt ist. Der Weg zur Einheit Westeuropas konnte auch am folgerichtigsten über die wirtschaftliche Verflechtung erreicht werden. Die Aggressivität der Sowjetunion allein hatte es bewirkt, daß man nach der Montanunion gleich mit der militärischen Integration versuchte, zur Einheit zu gelangen, anstatt daß die militärische Einheit den Schlußstein des ganzen Gebäudes gebildet hätte. An dieser falschen, wenn auch durch die Bedrohung – Koreakrieg – folgerichtigen Reihenfolge der Vertragswerke hat Europa noch heute schwer zu leiden. Sieht man von der selbstverständlichen Gegnerschaft der von Moskau gesteuerten französischen Kommunisten ab, so scheiterte die militärische Integration am Widerstand der Gaullisten.

General de Gaulle liebt supranationale Einrichtungen nicht, er will Frankreichs Souveränität unangetastet lassen. Er vertritt auch heute noch die gleiche Politik. Damals, 1954, steuerte er seine Anhänger aus der Entfernung, heute ist er der Herr Frankreichs.

Deutschland in der westlichen Gemeinschaft

Die Tage vom 21. bis 23. Oktober in Paris, in denen schließlich zahlreiche Dokumente – eben die »Pariser Verträge« – unterzeichnet wurden, waren sehr arbeitsreich, aber es waren auch glückliche Tage. Adenauer hatte den Gipfel seiner außenpolitischen Erfolge erklommen. Neun Jahre nach dem Zusammenbruch der Hitlerherrschaft wurden über 50 Millionen Deutsche wieder frei und gleichzeitig Partner der westlichen Gegner aus dem letzten Krieg. Es war ein Erfolg, der, zusammen mit dem rasanten wirtschaftlichen Aufstieg der Bundesrepublik, beinahe ein Triumph genannt werden konnte. Daß auf diesen Erfolgen ein furchtbarer, drohender Schatten lag, niemand konnte das übersehen. 17 Millionen Deutsche lebten weiter unter Terror und Entbehrungen und durften an der glücklichen Wende der Dinge nicht teilhaben. Andererseits hatte die unerbittliche Herrschaft der Russen über ihre Besatzungszone und ihre herausfordernde Politik gegen den Westen die Erfolge der Bundesrepublik erst möglich gemacht. Auch das war nicht zu übersehen. Die Frage, ob es eine Alternative zu Adenauers Politik gegeben hätte, ließ aber die Gemüter nicht zur Ruhe kommen. Die Sozialdemokratie lehnte auch die in Paris geschlossenen Verträge ab. Es tobte ein erbitterter Kampf mit der Opposition, die dem Kanzler vorwarf, die Wiedervereinigung verraten und unmöglich gemacht zu haben. Diese Auseinandersetzung sollte noch Jahre dauern.

Adenauer verfügte über eine solide Mehrheit im Bundestag, so daß die Ratifizierung der Verträge gesichert war. Es ist wohl nicht zu viel gesagt, wenn man behauptet, daß auch die Mehrheit des Volkes seine Politik guthieß. Das Wunschdenken der Sozialdemokratie schien den Menschen in der Bundesrepublik nicht überzeugend. Die These, die Sowjetunion würde ihre Position in Deutschland aufgeben, freien Wahlen in ganz Deutschland zustimmen, wenn die Bundesrepublik den Anschluß an den Westen aufgäbe, fand in den politischen Realitäten keine Stütze. Der Stalinismus mit seiner weltweiten Aggressivität beherrschte nach wie vor das kommunistische Denken, und nirgends fand sich ein glaubhafter Anhaltspunkt dafür, daß die Russen Deutschland wirklich die Freiheit schenken wollten, wenn es nur auf seine Pakte mit dem Westen verzichtete. Heute, zehn Jahre später, auch nach der Entstalinisierung, ist die Lage wenig geändert. Die Sozialdemokratie hat unterdessen ihre außenpolitischen Ideen der Neutralisierung Deutschlands aufgegeben. Sie gründet heute in gleicher Weise wie die Regierungsparteien ihre Politik auf die westliche Allianz.

In Paris fand in diesem Oktober aber auch eine neue Annäherung an Frankreich statt. Zum Abschluß der Konferenz empfing der Kanzler die internationale Presse und nannte diesen Tag den »Tag der Aussöhnung« mit Frankreich. Der Gedanke der Integration hatte einen schweren Rückschlag erlitten, aber wir saßen durch die Verträge wieder in einem Boot mit Frankreich. Ein neuer Anfang konnte gemacht werden. Das war vor allen Dingen auch notwendig wegen der Saarfrage, die wie eine schwere Hypothek auf unserem Verhältnis zu Frankreich lastete. Es sollte noch Jahre dauern, ehe sie getilgt werden konnte. Doch der Kanzler befand sich nach der Unterzeichnung der Verträge im Uhrensaal des Quai d'Orsay und im Hauptquartier der NATO in zuversichtlicher Stimmung. Wir verließen Paris in der Überzeugung, historische Tage erlebt zu haben. Niemand vergaß das ungelöste Problem der Wiedervereinigung, aber wir glaubten, daß auch die Sowjetunion in nicht zu fernen Jahren einsehen würde, daß ihre Politik der Gewalt und der Unterdrückung erfolglos bleiben müsse. Man hoffte, daß sie schließlich doch den Weg der Verständigung gehen würde.

Sechs Tage nach der Unterzeichnung der Pariser Verträge landeten wir zu einem neuen, dem zweiten Besuch Adenauers in Amerika. Diese seit längerer Zeit festgelegte Reise hatte wie ein Alpdruck auf uns allen gelastet, denn niemand wagte zu hoffen, daß bis dahin eine Überwindung der europäischen Krise gelingen würde. Wie hätte dann ein Besuch des Kanzlers in den USA ausgesehen? Ein Koffer voller Scherben konnte sein ganzes politisches Gepäck sein. Aber jetzt kam er in strahlender Laune. Die deutsche Delegation wurde mit beinahe noch größerer Herzlichkeit empfangen als bei ihrem ersten Besuch. Nicht nur der Kanzler, wir alle, die ihn begleiteten, fühlten uns im »Blair House« schon recht heimisch. Wir hatten mancherlei Freundschaften geschlossen, die uns die Arbeit sehr erleichterten. Mit meinem amerikanischen Gegenspieler, dem Pressechef des Weißen Hauses, Jim Hagerty, verstand ich mich glänzend. Wir stimmten uns täglich genau darin ab, worüber und in welcher Form wir die Presse informieren wollten. Hagerty gehörte zur intimsten Umgebung des Präsidenten, ich selbst konnte gewiß sein, die Intentionen meines Chefs bis ins einzelne zu kennen.

Der Kanzler hielt eine Anzahl von Besprechungen mit Präsident

Eisenhower und Außenminister Dulles ab. Natürlich gab es auch die üblichen Essen und Empfänge. Die wichtigste öffentliche Veranstaltung war auch diesmal das Auftreten Adenauers vor dem National Press Club in Washington. Nach der glücklichen Wendung, die in Paris erzielt worden war, machte es keine großen Schwierigkeiten, dem Kanzler einen Entwurf für seine Rede im Press Club vorzulegen. Er akzeptierte die Vorschläge ohne große Diskussion und erntete noch stärkeren Beifall als bei seinem ersten Besuch. In seiner Rede stellte er vier Punkte heraus:

»1. Europa hat sich eine gemeinsame Organisation geschaffen, die einen Eckpfeiler des atlantischen Systems darstellt. Diese neue europäische Gemeinschaft hat die politische, wirtschaftliche und militärische Integration Europas zum Ziel.

2. England hat sich mit einer in seiner Geschichte revolutionären Entscheidung dieser Gemeinschaft angeschlossen.

3. Deutschland und Frankreich haben Abkommen getroffen, die eine dauerhafte Kooperation dieser beiden Länder auf allen Gebieten garantieren.

4. Deutschland tritt als ein freier Partner mit gleichen Rechten und Pflichten in die nordatlantische Gemeinschaft ein.

Es gilt nun«, fuhr der Kanzler fort, »diese Vereinbarungen mit Leben zu erfüllen. Der Aufbau dieser Organisation wird uns befähigen, die schwierigen Probleme zu meistern, die in kurzer Zeit auf uns zukommen werden. Es geht dabei um nichts Geringeres als die Sicherung der Freiheit und des Friedens in Europa und der Welt.«

Dann sprach er über die Spaltung Deutschlands:

»Wir haben in Deutschland ein besonderes Interesse an einer Normalisierung der Beziehungen der freien Welt zum Ostblock, weil allein diese Normalisierung eine Wiedervereinigung Deutschlands in Frieden und Freiheit ermöglichen kann. Aber hüten wir uns vor Illusionen. Wir haben eine besonders genaue Kenntnis der Schwierigkeiten, die es auf dem Wege zu einer Entspannung mit der kommunistisch beherrschten Welt zu überwinden gilt. Ich möchte das an einem Beispiel aus der jüngsten Vergangenheit erläutern, ich meine die sogenannten freien Wahlen vom 17. 10. 1954 in der sowjetisch besetzten Zone Deutschlands. Am Tage vor den Wahlen gab das kommunistische Informationsministerium eine Anweisung an die ostzonale Presse, die Kommentatoren sollten sich auf ein Ergebnis von 97,3 % aller Stimmen für die Einheitsliste der Nationalen Front einstellen. Abweichungen seien möglich. Die Veröffentlichungen gaben als Endergebnis 99,3 % aller Stimmen für die Einheitsliste an. Die Wahlbeteiligung betrug 98,4 % der Wahlberechtigten. Das Ergebnis kam so zustande, daß die kommunistischen Funktionäre bis in die kleinsten Zellen hinab, in den industriellen und landwirtschaftlichen Betrieben, in den Wohnhäusern, kurz überall, die Bevölkerung zu den Wahllokalen führten und sie zur offenen Stimmabgabe aufforderten. ›Wer für den Frieden ist, kann seinen Stimmzettel sofort und offen in die Urne stecken, wer dagegen ist, kann die Wahlkabinen benutzen‹, so hieß es in allen Wahllokalen, nachdem die Identität jedes einzelnen Wählers zweimal kontrolliert und in Listen vermerkt worden war.«

Der Kanzler schilderte dann, ins einzelne gehend, die Situation in beiden Teilen Deutschlands und besonders auch den Strom der Flüchtlinge, der sich ohne Unterbrechung von Ost- nach Westdeutschland bewegte. Seine Politik dem Osten gegenüber faßte er zum Schluß zusammen:

»Die Völker des Westens müssen zuerst ihre Freiheit und ihren Frieden sichern, indem sie sich zusammenschließen zu gemeinsamer Verteidigung.

Sie müssen in ihrem Bereich gute, stabile wirtschaftliche Verhältnisse schaffen und jedermann menschliche Freiheit und soziale Sicherheit gewährleisten.

Sie müssen die Zukunft vorbereiten, dadurch, daß sie ihren Zusammenschlüssen einen rein defensiven Charakter geben, indem sie sie mit allen notwendigen Elementen eines Systems kollektiver Sicherheit ausstatten.

Sie sollten dann schließlich gemeinsam, als eine regionale Gruppe, wie sie die Charta der Vereinten Nationen vorsieht, in eine vertraglich zu regelnde Beziehung zum Ostblock treten, die allen Beteiligten Sicherheit vor einer Aggression bietet.

Wir müssen dabei völlig klarmachen, daß die Fortführung des Versuchs der Sowjets, ganze Völker und Volksteile gegen ihren ausgesprochenen Willen mit Gewalt zu bolschewisieren, nicht dazu angetan ist, die Entspannung herbeizuführen, die von der sowjetischen Führung als ihr vornehmstes Ziel bezeichnet wird.

Ich bin glücklich darüber, daß die führenden Staatsmänner der freien Welt untereinander und mit der Öffentlichkeit in ihren Ländern über dieses Programm einig sind. Die freie Welt wird Deutschland fähig und bereit finden, mit allen seinen Kräften an der Verwirklichung dieses Programms mitzuarbeiten und für die Erhaltung von Frieden und Freiheit einzutreten.«

Ich habe diese Rede Adenauers so ausführlich wiedergegeben, weil sie, von Einzelheiten abgesehen, bis an das Ende seiner Regierungszeit die Richtschnur seines Handelns blieb. Ich habe sie auch wiedergegeben, um zu zeigen, welche Bedeutung Erklärungen vor dem National Press Club haben, denn man erwartet von ihnen die Formulierung eines klaren, politischen Programms. Sie mußten daher mit großer Sorgfalt ausgearbeitet werden. Im Anschluß an die Rede stellte sich Adenauer den Fragen der internationalen Journalisten. Er war in bester Form. Als er den Saal verließ, folgte ihm rauschender Beifall.

Ich selbst empfing während unseres Besuches die deutsche und ausländische Presse im Konferenzsaal der Botschaft. Hier gingen die Fragen mehr in die Einzelheiten. Die Fragen bezogen sich auf das deutsch-französische Verhältnis, auf das Saarproblem, auf die neuen Garantien Englands und der USA für die Pariser Verträge, auf das deutsch-sowjetische Verhältnis und die deutschen Kriegsgefangenen in Rußland, um die Ratifizierung der Verträge mit sehr verschieden völkerrechtlichem Gehalt, auf die letzte Note der Sowjets und noch ein Dutzend anderer Probleme. Ich habe Pressekonferenzen dieser Art immer mit großer Ruhe entgegengesehen, nicht nur, weil ich die meisten Probleme durch Teilnahme an den Konferenzen selbst und den vorausgehenden Besprechungen im Kabinett und beim Kanzler recht genau kannte, sondern weil ich es mir zur Gewohnheit gemacht hatte, die Herren meines Amtes, die sich mit den Einzelfragen beschäftigten, zu den Konferenzen mitzunehmen. Sie hatten nicht nur das Recht, sondern die Pflicht, mich sofort zu unterbrechen oder zu ergänzen, wenn ich mich in der Beantwortung einer Frage irren sollte. Ich glaube, daß diese Methode absolut notwendig ist, denn kein Mensch kann alle Sachgebiete beherrschen, und falsche Auskünfte bei Pressekonferenzen sind später schwer zu korrigieren.

In dem Abschlußkommuniqué fanden sich keine besonderen neuen Gedankengänge. Es entsprach der Schlußerklärung der Pariser Konferenz. In New York mußte anschließend noch ein ziemlich umfangreiches Programm abgewickelt werden. Der Kanzler erhielt mit einigen anderen, sehr prominenten Ausländern die Ehrendoktorwürde in der St.-Johns-Kathedrale. Unter den Ausgezeichneten befand sich auch die Königinmutter von England. Es fanden noch Besprechungen mit Nahum Goldmann über die Durchführung des deutsch-israelischen Vertrages, mit John McCloy über die jüngste deutsche Entwicklung statt. Das Programm wurde durch eine Trauerbotschaft plötzlich beendet. Die Nachricht vom Tode des Bundestagspräsidenten Hermann Ehlers erreichte uns mitten in diesem lebhaften politischen Betrieb.

Der Kanzler brach seinen Besuch in New York ab, um an der Beisetzung des ganz plötzlich nach einer Mandeloperation Verstorbenen teilzunehmen. Ein Besuch beim Bürgermeister von New York, Robert

Wagner, und beim Herausgeber der New York Times, Mr. Sulzberger, konnte noch stattfinden. Dann traten wir die Rückreise in einer amerikanischen Militärmaschine an. Dieser Flug nach Deutschland zurück gestaltete sich abwechslungsreich. Wir machten auf den Bermudas einige Stunden Zwischenstation. Leider war das Wetter unfreundlich und die Stimmung durch die Trauernachricht recht gedrückt. Ich wurde durch einen Besuch des nicht sehr großen, aber herrlichen Aquariums auf der Insel für das regnerische Wetter entschädigt. Dann ging der Flug weiter und verlief bis zur britischen Küste ohne Zwischenfälle. Doch plötzlich erschien der Captain beim Kanzler, mit dem ich mich gerade unterhielt, und meldete, daß alle europäischen Flugplätze mit Ausnahme von Madrid und Prag wegen Nebels geschlossen seien. Er wollte erstmal einige Zeit über England und Frankreich kreuzen, um die Entwicklung des Wetters abzuwarten. Also kreuzten wir. Wir flogen einige Stunden immer hin und her über den Kanal. Schließlich erschien der Pilot erneut und meldete, jetzt könnten wir außer in Madrid und Prag auch noch in Paris und Köln-Wahn landen.

Nun war unsere Situation so, daß der Kanzler am nächsten Morgen um 10 Uhr in Oldenburg an den Beisetzungsfeierlichkeiten für Hermann Ehlers teilnehmen, also in Bremen landen mußte. Es war unterdessen schon beinahe Mitternacht geworden. Als der Kanzler hörte, daß wir in Köln-Wahn landen könnten, wollte er sofort Anweisung geben, nach dorthin Kurs zu nehmen. Nun schaltete ich mich zu seinem großen Ärger ein und plädierte für Paris. Ich wußte, daß man dem Kanzler nachsagte, er nehme nur ungern an Beerdigungen teil. Was würde nun geschehen, wenn wir in Wahn landen, aber am nächsten Morgen wegen Nebel nicht nach Bremen weiterfliegen konnten? Es würde wieder böse Kommentare geben. Der Flugplatz Wahn lag mir zu nahe an Adenauers Haus in Rhöndorf. Blieben wir schließlich in Paris hängen, so konnte niemand eine böse Absicht unterstellen.

Der Kanzler sträubte sich heftig, doch schließlich gab er widerwillig nach. Eine halbe Stunde später landeten wir auf dem militärischen Teil des Pariser Flugplatzes Orly. Es goß in Strömen, und niemand war auf den plötzlichen Besuch des Kanzlers vorbereitet. Nach einer weiteren Stunde hatten freundliche amerikanische Soldaten Feldbetten in eine Baracke geschleppt. Dort fanden der Kanzler und ich Unterkunft, während Herr von Herwarth nach Paris hineinfuhr, die Botschaft alarmierte und die nötigen Dispositionen für den nächsten Tag traf. Um 1 Uhr 30 lagen der Kanzler und ich in unseren Feldbetten, umgeben von Farbtöpfen und Zimmermanns-Utensilien, denn die Baracke war noch gar nicht bezugsfertig. Schon vor 6 Uhr weckte uns Herwarth. Bremen war nebelfrei, und es ging sofort los. Unser Pilot ließ alle vier Motoren mit Vollgas laufen, und richtig, um 9 Uhr 40 landeten wir in Bremen. Die Autokolonne war bereit, und auf den Glockenschlag 10 Uhr betrat der Kanzler die Kirche in Oldenburg. Ich sehe ihn noch den Mittelgang des Gotteshauses entlang gehen, aufrecht, ruhig, ohne jedes Anzeichen von Nervosität. Jeder unbefangene Beobachter hätte geglaubt, daß Adenauer ohne Zwischenfälle eine bequeme Reise nach Oldenburg hinter sich habe.

Seine Gedenkrede für Ehlers war kurz und eindrucksvoll. Der Tod entriß nicht nur dem Deutschen Bundestag seinen bewährten Präsidenten, der sich viel Ansehen und große Autorität erworben hatte, sondern auch dem evangelischen Teil der CDU die unbestrittene Führerpersönlichkeit. Ehlers' Tod hinterließ eine bis heute nicht ausgefüllte Lücke. In den nächsten zehn Jahren konnte sich keiner der evangelischen Christen innerhalb der CDU eine ähnlich starke Stellung erwerben. Den Kanzler traf der Verlust dieses Mannes schwer. Die Stellung gerade der evangelischen Christen innerhalb der CDU bereitete ihm Sorge. Häufig sagte er zu mir: »Kümmern Sie sich so viel Sie können um unseren evangelischen Flügel. Um die Katholiken brauchen Sie sich keine Sorge zu machen, die helfen sich schon selbst!«

Die Jahre 1953 bis 1955 standen unter dem Zeichen der Eingliederung der Bundesrepublik in die freie westliche Welt. Die kurze Unterbrechung dieser Entwicklung durch die Krise um die EVG konnte an diesem Gesamtbild nichts ändern. Sie hatte uns nur vorsichtiger gegen Rückschläge gemacht. Die Bundesrepublik war nun Mitglied der Montanunion, der NATO, des Brüsseler Paktes – jetzt Westeuropäische Union (WEU) genannt – und des Europarates. Innerhalb von neun Jahren konnte dieser Weg zurückgelegt werden. Als äußeres Zeichen dieser Entwicklung ist eine Reihe von Reisen anzusehen, die der Kanzler als Regierungschef unternahm.

Schon im März 1954 begleitete ich ihn auf seinem Staatsbesuch nach Griechenland und der Türkei. Wir alle, die wir an dieser Reise teilnahmen, freuten uns auf den Staatsbesuch, den keine schwierigen Probleme belasteten. Die meisten unter uns, auch der Kanzler, kannten Griechenland noch nicht. Wir waren begierig, dieses Land zu sehen, dem die Sehnsucht aller Deutschen gehört. Der Kanzler wurde in Athen beinahe wie ein Souverän empfangen. Auch das Zeremoniell des Empfangs, das wir später noch oft in anderen Ländern erleben sollten, beeindruckte uns. Dabei war der herzliche Empfang gerade in Griechenland keineswegs selbstverständlich. Die deutsche Armee sprang während des Krieges 1941 Italien bei, um es vor einer blamablen Niederlage zu retten. Es wird behauptet, daß Hitler über den Angriff Mussolinis auf Griechenland wütend gewesen sein soll. Er wünschte dort kein Engagement der deutschen Armee, konnte aber den Duce nicht im Stich lassen, als das Unternehmen zusammenzubrechen drohte. So waren die deutschen Divisionen in das Land der Hellenen gekommen, hatten es unterworfen, und wie überallhin folgten der Armee auch die gefürchteten NS-Organisationen. Griechenland mußte während der Kriegsjahre großes Elend erleiden. Es wurde durch eine schreckliche Hungersnot heimgesucht, an der Tausende und aber Tausende starben. Doch Adenauer empfing man jetzt mit einer Herzlichkeit, die alle Schrecknisse der Vergangenheit verblassen ließ.

Wir kamen am Abend des 9. März 1954 in Athen an, obwohl wir bereits um 7 Uhr morgens in Wahn gestartet waren. Doch zwischen 9 und 13 Uhr lagen noch arbeitsreiche Stunden in Paris. Herr Laniel war gerade einmal Ministerpräsident, aber das vertraute, verschmitzte Gesicht George Bidaults empfing uns am Flugplatz. Die Besprechungen kreisten wie seit Jahr und Tag um die »Verträge« und natürlich um die Saarfrage. Besondere Fortschritte wurden nicht erzielt. Mittags ging es dann weiter nach Athen.

Der regierende König Paul hatte als Marineoffizier seine Ausbildung auf der Kadettenschule Mürwik erhalten und war dadurch mit Deutschland eng verbunden. In noch engerer Beziehung zu Deutschland als ihrer Heimat steht die Königin Friederike. Sie ist eine Tochter des verstorbenen Herzogs von Braunschweig und eine Enkelin des letzten deutschen Kaisers. Als Wilhelm II. seine Tochter mit dem Herzog von Braunschweig verheiratete, wurde diese Hochzeit zum Schlußstein der Versöhnung mit dem Welfenhaus, das Bismarck ziemlich hart behandelt hatte. Lange Zeit bildete das braunschweigisch-hannoversche Vermögen den sogenannten »Reptilienfonds« Bismarcks. Er benutzte das Geld zu allerlei undurchsichtigen Ausgaben politischer Art; die Bezeichnung »Reptilienfonds« hatte sich für geheime Fonds so eingebürgert, daß der viel umstrittene Geheimfonds des Bundeskanzlers für politische Aufklärungsarbeit (Titel 300 des Presseamtes) bei den Bonner Journalisten die gleiche Bezeichnung bekam, obwohl Verwendung und Abrechnung über dieses Geld völlig anders gehandhabt werden als zu Bismarcks Zeiten.

Unser Besuchstermin war glücklich gewählt, denn es herrschte im Lande eine bemerkenswerte und beinahe ungewöhnliche Ruhe. Das lag in erster Linie an der Person des Ministerpräsidenten Marschall Papagos. Ihm war es gelungen, eine starke, das Land beherrschende Partei zu führen, die ihm die Unterstützung der Bevölkerung gegen die kommunistische Aggression und Infiltration sicherte. Papagos war der eigentliche Herr des Landes, eine wirklich bemerkenswerte Persönlichkeit, die unerschütterliche Ruhe und Festigkeit ausstrahlte. Leider wirkte er schon damals nicht sehr gesund, ein Eindruck, der sich beim Gegenbesuch des Königspaares in Bonn später noch verstärkte. Dunkle Schatten lagen um seine klugen Augen; sie hatten jenen undefinierbaren Ausdruck des schon vom Tode Gezeichneten. Papagos behandelte Adenauer mit einer geradezu rührenden Zuvorkommenheit und mit großem Respekt. Die zahlreichen Gespräche mit ihm ergaben eine erfreuliche Übereinstimmung in der Beurteilung der politischen Lage. Seine besondere Leistung bestand darin, daß er Griechenland zu einem festen Eckpfeiler der freien Welt gemacht hatte. Sein Land war Mitglied der UN, der NATO, des Balkanpaktes, und dazu hatte er noch ein amerikanisch-griechisches Stationierungsabkommen abgeschlossen. Griechenland selbst unterhielt eine Armee von zehn Divisionen. Das alles wäre noch nicht so besonders bemerkenswert, obwohl Griechenland lange Zeit in der Gefahr gelebt hatte, kommunistisch zu werden. Präsident Truman hatte dem Lande die entscheidende Hilfe gewährt, diese Gefahr abzuwenden. Aber Papagos war auch klug genug, die Tatsache zu realisieren, daß eine militärische Kampfstellung extremster Form gegen die Sowjetunion auf lange Zeit gesehen die Kräfte des Landes überstieg. Darum versagte er sich nach Stalins Tod den sowjetischen Annäherungsversuchen nicht, und so kam es zu einer Normalisierung auch der Beziehungen zu Rußland. Während des Koreakrieges kämpfte aber ein griechisches Bataillon auf der Seite der UN-Truppen gegen die Kommunisten. Papagos war nicht nur ein fähiger Militär, sondern auch ein Politiker von großem Weitblick. Dazu erweckte seine ganze Persönlichkeit viel Sympathie. Diese kurzen Bemerkungen zu der jüngsten Geschichte Griechenlands machen es verständlich, daß es nicht an Gesprächsstoff mit unseren Gastgebern mangelte.

Die offiziellen Besuchstage in Athen vergingen schnell. Die Hofhaltung war damals relativ bescheiden, doch stets würdig. Der König strahlte Ruhe und Besonnenheit aus, Königin Friederike bemühte sich liebenswürdig und temperamentvoll um ihre Gäste. Ein Galadiner im Schloß – übrigens ein bescheidener Bau – bildete den Höhepunkt der Festlichkeiten. Das Essen war glänzend organisiert, die Dienerschaft erstklassig. Hinter dem Stuhle des Königs stand ein persönlicher Leibjäger in einer Uniform, die an das alte preußische »Garde du Corps« erinnerte. Nur er allein durfte den König bedienen. An diesem Abend trug ich zum erstenmal in meinem Leben ein Großkreuz, das leuchtendgelbe Schulterband, das mir der König überreicht hatte. Ich müßte lügen, wenn ich nicht zugeben würde, daß mir dieser Schmuck Freude machte. Das erste Großkreuz im Leben eines Politikers ist eben doch etwas Besonderes. Später gewöhnt man sich daran. Ich erinnere mich noch sehr gut an diesen Abend. Als ich ins Hotel zurückkam, erwarteten mich die den Kanzler begleitenden Journalisten. Als sie mein schönes Ordensband sahen, beschlossen sie, das Ereignis zu feiern. Es wurde eine sehr lange und sehr vergnügte Nacht.

Von Athen sahen wir soviel, wie man eben in drei Tagen besichtigen kann. Zur Annehmlichkeit der Reise trug in sehr wesentlichem Maße unser Botschafter in Athen, Theo Kordt, bei. Er gehörte zu den wenigen Diplomaten, die genau auf den Posten gekommen waren, den sie sich erträumt hatten. Als leidenschaftlicher Verehrer der griechischen Antike sprach er Alt- und Neugriechisch fehlerlos. Er war glücklich in Athen. Wie selten ist das in der diplomatischen Karriere! Das Galaessen, das er und seine charmante Frau in dem viel zu kleinen Botschaftsgebäude im Auftrage des Kanzlers gaben, verlief sehr angeregt, man möchte fast sagen gemütlich. Verhandlungen fanden während des Besuchs nicht statt. Damit endete der offizielle Teil der Reise. Doch nun hieß es, soviel vom Land wie möglich zu sehen.

Eine besonders interessante, schillernde Persönlichkeit, der Koordinationsminister Markezinis, nahm sich unser an. Mit ihm stachen wir auf einem nagelneuen luxuriösen Touristenschiff am Nachmittag des 13. März in See, um die Heimatinsel des Ministers, Santorin, zu besuchen. Es war leider nur eine kurze Fahrt auf dem Mittelmeer. Wir ließen die Politik auch in den Gesprächen fast völlig beiseite, freuten uns an Sonne und Meer und waren guter Dinge. Eine Schar deutscher Journalisten, die die Reise des Kanzlers mitmachten, gehörte zur Partie. Zu meiner Freude war auch mein Sohn dabei. Am nächsten Morgen landeten wir in Santorin. Minister Markezinis hatte wirklich alles getan, um aus diesem Besuch ein glänzendes Fest zu machen. Vom Hafen aus ritt der Kanzler auf einem Esel auf das Hochplateau der Insel. Der jugendliche Elan, mit dem sich Adenauer in den Sattel schwang, löste die ersten Begeisterungsstürme der fröhlichen Bevölkerung aus. Der ganze Tag verlief wie ein ununterbrochenes Fest, und als wir am Abend die Insel verließen, bot sie einen feenhaften Anblick. Der Minister hatte die Konturen des kleinen Eilands ganz mit Windlichtern bestecken lassen. Die Bevölkerung jubelte, denn die Griechen lieben es, Feste zu feiern. Ganz langsam verschwand dieses Paradies für Touristen unseren Blicken. Jahre später erlitt die Insel Santorin durch ein Erdbeben schreckliche Verwüstungen.

Aus der Fülle der Eindrücke der folgenden Tage sei nur einiges Besondere hervorgehoben. Tiefen Eindruck machte mir das antike Theater in Epidaurus, ein prächtiger, gut erhaltener Bau, dessen Akustik nur als ein Wunder bezeichnet werden kann. In der Mitte des riesigen Amphitheaters stand einsam ein Schauspieler und rezitierte Verse. Er sprach ohne Mikrophon und ohne besonderen Stimmaufwand. Dann spielte ein Quartett Mozarts »Kleine Nachtmusik«. Ich kletterte währenddessen in dem Theater, das 10 000 Menschen faßt, nach oben und unten, nach allen Seiten. Auf jedem Platz war die Akustik gleich gut. Und das unter freiem Himmel! Schließlich riß in der Mitte des Theaters ein Herr ein Streichholz an. Es klang wie ein Pistolenschuß. Was würden unsere modernen Architekten darum geben, wenn sie das Geheimnis dieser Akustik enträtseln könnten!

Ich selbst erlebte dann noch ganz besonders reizvolle Stunden nach eigenem Geschmack. Als der Kanzler für 1 1/2 Tage nach Olympia fuhr, machte ich mich selbständig, so sehr dieser Ausflug auch mich gereizt hätte. Aber ich gehe nun gern einmal auf eigene Faust auf Entdeckungen aus. Am Sonderzug verabschiedete ich Adenauer und drückte ihm die letzten Meldungen und Telegramme in die Hand. Dabei murmelte ich etwas von der Notwendigkeit, mich um die griechische Presse kümmern zu müssen. Kaum war der Zug entschwunden, stürzte ich mich in das Treiben der Athener Altstadt, in denen die Antiquare zu Hause sind. Stundenlang konnte ich mich der Leidenschaft des »Stöberns« hingeben, und manches hübsche antike Stück erinnert mich noch heute an diese Stunden. Später machten Hallstein, der spätere Botschafter Allardt, der als Wirtschaftsexperte unserer Delegation angehörte, und ich einen Ausflug nach Delphi. Es war ein herrlicher Tag, außerhalb der Touristensaison, und so genossen wir dieses große Erlebnis ohne Störung. Am nächsten Mittag holte ich den Kanzler am Bahnhof ab. Er war äußerst ungnädig: »Keine Nachrichten, keine Telegramme, nichts haben Sie mir mitgegeben!« Ich schwor tausend Eide: »Hier auf dem Bahnsteig bei der Abfahrt gab ich Ihnen einen ganzen Stoß Papiere in die Hand, Herr Bundeskanzler!« – »Nichts haben Sie mir gegeben, gar nichts!« Während Adenauer sich den wartenden griechischen Herren zuwandte, sprang ich schnell in den Sonderzug. Über dem Sitz des Kanzlers im Gepäcknetz lagen die Mappen mit den Telegrammen des Vortages, unberührt, wenigstens von meinem Chef. Ich gab sie dem Kanzler und sagte, wo ich sie gefunden hätte. »Das kommt davon, wenn Sie die Sachen verstecken!« Meine Frau behauptet immer, ich könne nicht einmal die Sachen finden, die vor meiner Nase auf dem Tisch liegen. Seit der Griechenlandreise habe ich eine feststehende Antwort: »Weil du eben immer alles versteckst!«

Am 18. März verließen wir Athen und landeten zwei Stunden später in Ankara. Der Besuch in der Türkei war völlig frei von historisch-psychologischen Belastungen. Deutschland genießt seit mehr als einem halben Jahrhundert eine große Popularität bei den Türken. Schon das Kaiserreich erfreute sich immer größten Ansehens, denn die deutsche Industrie hatte viel im Lande getan, unter anderem die Bagdadbahn gebaut, und die türkischen Offiziere bezogen ihre militärische Ausbildung vorwiegend in Deutschland. Begegnet man türkischen Generälen und Admirälen, so kann das Gespräch fast immer in deutscher Sprache geführt werden.

Das Wichtigste aber ist, daß die deutsche Armee niemals gegen die Türkei Krieg geführt hat. Die Beziehungen zwischen den beiden Staaten blieben daher immer ausgezeichnet. Sie standen in einem erfreulichen Gegensatz zu den vielen Schwierigkeiten, die die Türkei mit dem zaristischen und kommunistischen Rußland, zuzeiten auch mit England und Frankreich hatte, gar nicht zu reden von den blutigen Auseinandersetzungen zwischen Griechenland und der Türkei, die sich in unseren Tagen in der Zypernfrage fortsetzen.

Die Türkei ist Mitglied der NATO, seit Präsident Truman sie durch massive Hilfe vor der russischen Bedrohung bewahrte. Wir kamen also auch als Verbündete nach Ankara. Staatspräsident der Türkei war zu dieser Zeit und noch für lange Jahre Celal Bayar, Ministerpräsident Adnan Menderes. Ich habe die beiden Herren noch mehrfach in den nächsten Jahren gesehen, sowohl in Bonn als auch in Ankara. Celal Bayar erreichte zwei Monate nach unserem Besuch seine Wiederwahl mit überwältigender Mehrheit. Dieser Sieg bewahrte ihn zehn Jahre später nicht vor einem schweren Schicksal. Eine blutige Revolution verjagte ihn. Ministerpräsident Menderes und Außenminister Zoglu wurden hingerichtet. Doch in diesen Märztagen schien alles eitel Freude.

Ankara selbst ist keine schöne Hauptstadt. Der große Neuschöpfer der Türkei, Kemal Atatürk, verlegte 1923 den Sitz der Regierung von Istanbul in diese kleine Provinzstadt in der Mitte des Landes. Er wollte die Hauptstadt dem Druck der Großmächte entziehen. Unterdessen war Ankara natürlich gewachsen, aber das Provinzielle haftet ihm nach wie vor an. Wie bei allen Staatsbesuchen gibt es erst mal die üblichen protokollarischen Pflichten zu erfüllen. Sie bestehen in allen Fällen in kurzen Antritts- und Gegenbesuchen zwischen den Staatspräsidenten und den Ministerpräsidenten und dem Ehrengast. Es sind Besuche, die auf wenige Minuten beschränkt bleiben. In vielen Hauptstädten gehört auch die Niederlegung eines Kranzes am Grabmal des »Unbekannten Soldaten« zum festen Zeremoniell. In Ankara hingegen hat man sich zum Mausoleum Kemal Atatürks zu begeben und dort einen Kranz niederzulegen. Es ist ein großes, würdiges, wenn auch nicht gerade schönes Bauwerk. Und dann gibt es die offiziellen Essen. Auch hier ist das Protokoll in fast allen Hauptstädten gleich. Der Gast wird durch Festessen beim Staatspräsidenten, Ministerpräsidenten und dem Außenminister geehrt. Dabei tauscht man wohlvorbereitete Reden aus. Zum Abschluß des offiziellen Teils der Besuche, der nach internationalem Brauch drei Tage dauert, revanchiert sich der Gast durch ein festliches Mahl bei seinen Gastgebern. Wenn man mehr als zehn Jahre solche Reisen mitmacht, so läßt ihr Reiz unleugbar nach. Doch alle Versuche der Protokollchefs, dieses eingefrorene Programm aufzulockern, zu vereinfachen oder auch abwechslungsreicher zu gestalten, sind bisher gescheitert. Da die Tischordnung ebenfalls nach den strengen Regeln des Protokolls aufgestellt wird, kann es einem passieren, daß man zwei-, ja dreimal die gleichen Tischnachbarn oder Nachbarinnen bekommt. Das trägt natürlich auch nicht sehr zur Belebung der Unterhaltung bei, besonders dann nicht, wenn sprachliche Verständigungsschwierigkeiten bestehen. Aber so ist es und so wird es wohl noch lange bleiben, denn die Grundregeln des heutigen Protokolls gehen auf den Wiener Kongreß zurück, als unzählige Fürsten und Staatsmänner sich in der Donaustadt versammelten, um nach dem Sturz Napoleons Europa eine neue Ordnung zu geben. Was sich in den letzten rund 150 Jahren auch alles verändert hat auf dieser Welt: das Zeremoniell der Staatsbesuche scheint allen Umstürzen standzuhalten. Auch die kommunistische Welt hat es in seinen Grundzügen übernommen, selbst wenn sie sich untereinander besuchen. Ob Lenin sich das so vorgestellt hat?

Nun, auf dieser Reise des Kanzlers genoß ich auch den zeremoniellen Teil mit seinem Gepränge in vollen Zügen. Es fand nur eine längere Besprechung über »allgemeine politische Fragen« statt. Schon daraus ist ersichtlich, daß es tiefgehende Probleme zwischen der Türkei und uns nicht gab. Man besprach die Situation zwischen Ost und West, NATO-Fragen und wirtschaftliche Probleme, die auf der Türkei lasteten. Gemessen an der Finanzkraft des Landes erreichten die militärischen Ausgaben ein viel zu großes Ausmaß. Die Bundesrepublik mußte sich an der Hilfe für die Türkei beteiligen, deren Verschuldung bedrohlich anstieg. Die Schwierigkeit, der Türkei aus ihrer wirtschaftlichen und finanziellen Not herauszuhelfen, sollte uns noch jahrelang beschäftigen und häufig einigermaßen komplizierte Formen annehmen. Letztlich wurde aber doch immer ein Weg gefunden, den Türken zu helfen. Bei einem offiziellen Staatsbesuch können so schwierige Probleme aber nur allgemein berührt werden. Über Geld spricht man bei anderer Gelegenheit. Man wollte sich gegenseitig die Laune nicht verderben und feierte lieber die traditionelle deutsch-türkische Freundschaft.

Schließlich flogen wir noch zu Besichtigungen nach Izmir, Bursa und Istanbul. Wir bekamen eine Menge interessanter Dinge zu sehen. In Izmir, einst Smyrna genannt, goß es in Strömen, so daß wir die sehr schöne Lage der Stadt, die vom Export von Trockenfrüchten – als Kinder bekamen wir zu Weihnachten immer »Smyrnafeigen« – lebt, nicht so recht genießen konnten. Für mich selbst gab es aber dazu noch einigen privaten Ärger. Auf allen Staatsreisen lebt die Begleitung des Regierungschefs in ewiger Angst um das Gepäck. Die hohen Herren brauchen sich von ihren Koffern nicht zu trennen, aber den anderen werden die Gepäckstücke vom Protokoll entrissen, und die bange Frage verfolgt den gewöhnlichen Sterblichen von Tag zu Tag, wo man die Koffer wiedersieht. Das geht etwa so vor sich: Am späten Abend betritt man völlig erschöpft das Hotelzimmer und findet dort eine Mitteilung des Protokolls vor, daß die Gepäckstücke 7 Uhr früh bereitzuhalten sind. Die eigentliche Weiterreise ist aber erst auf 9 Uhr festgesetzt. Praktisch verlangt diese Anordnung, daß man sich um 6 Uhr früh erheben muß, um von 7 Uhr an gebadet und rasiert, im vorschriftsmäßigen Anzug, neben den gepackten Koffern sitzend, trübe vor sich hinzustarren und zu warten. Schließlich erscheint dann ein dienstbarer Geist so um 8 Uhr oder noch später, reißt das Gepäck an sich und verschwindet damit. Selbstverständlich sind die Koffer vorschriftsmäßig beschriftet, aber die Angst bleibt, ob sie auch am neuen Ankunftsort im Hotelzimmer bereitstehen. Meistens kommen sie gerade noch zur rechten Zeit, d. h. eine halbe Stunde vor Beginn eines Staatsdiners, für das als Anzug »Frack und Orden« vorgeschrieben sind. So etwas zerrt mehr an den Nerven als die schwierigsten politischen Verhandlungen. Die »Staatsmänner« ahnen von diesen Qualen nichts, denn für sie ist natürlich immer gesorgt. Für sie wird ein- und ausgepackt, und immer ist jemand da, der ihnen alles bereitlegt.

Als ich spätabends in Izmir in mein Hotelzimmer kam, war nicht der geringste Koffer zu entdecken. Ich eilte zum Portier, der aber außer türkisch keine lebende Sprache beherrschte und daher alle Fragen nur mit einem Achselzucken beantwortete. Um 1 Uhr nachts kroch ich nackt und ungewaschen in mein Bett. Am nächsten Morgen verschärfte sich die Situation noch, denn die Schuhe, die ich vor die Tür gestellt hatte, waren auch weg. Auf Strümpfen, unrasiert und immer noch nicht gewaschen, schlich ich laut fluchend durch die Korridore des Hotels. Freundliche Delegationsmitglieder boten mir Rasierapparat und Seife an, aber ich beharrte darauf, mein Gepäck zu bekommen. Der Portier hatte über

Nacht leider auch nicht französisch oder englisch gelernt und zuckte weiter die Achseln. Da durchfuhr mich ein Geistesblitz: Mein Sohn war doch mit von der Partie! Ich bumste mit den Fäusten an seine Zimmertüre, und schließlich erschien er im Türrahmen. Die Journalisten hatten nach Abschluß der offiziellen Feier noch einige Erkundungsvorstöße in das Nachtleben Izmirs gemacht. Zu mir unbekannter Stunde in mir ebenso unbekanntem Zustand mußten sie gegen Morgen heimgekehrt sein. Wenigstens hatte mein Sohn nicht bemerkt, daß sechs Gepäckstücke seines Vaters direkt neben seinem Bett standen. Ich entzog ihm für volle 24 Stunden mein väterliches Wohlwollen. Dies nur zur Illustration der Freuden eines Delegationsmitgliedes. Smyrnafeigen haben seit dieser Nacht jedes Interesse für mich verloren. So ungerecht kann der Mensch sein!

Doch dann kamen wir zum Abschluß der Reise nach Istanbul. Es ist eine der schönsten Städte der Welt. Wir besichtigten die Stadt, fuhren über den Bosporus und landeten bei der Sommerresidenz des deutschen Botschafters in Tarabya. Als noch die Sultane in Konstantinopel (jetzt Istanbul) regierten, war diese Stadt eines der glanzvollsten Zentren des diplomatischen Lebens. Die Botschafter der Großmächte residierten am Bosporus wie die Fürsten. Die einstige kaiserlich-deutsche Botschaft in Konstantinopel – heute unser Generalkonsulat – ist ein imposanter Bau mit riesigen Festräumen. Die Botschaften der anderen Großmächte waren nicht weniger prächtig. Nur wer sich einige Jahre Zeit nimmt, um die »Meerengen-Frage« zu studieren, begreift, warum die an dieser Frage interessierten Mächte gerade in Konstantinopel diesen enormen Aufwand getrieben haben. Hier spielte sich der Kampf um die Vorherrschaft im östlichen Mittelmeer, am Schnittpunkt zwischen Asien und Europa ab. Keine der Großmächte wollte einer anderen den beherrschenden Einfluß auf dieses militärisch so unerhört wichtige Gebiet überlassen. Aus diesem verbissenen Kampf, der sich in erster Linie zwischen Rußland und Großbritannien abspielte, zogen die Sultane immer wieder die Möglichkeit zur Selbstbehauptung. Die große geschichtliche Leistung Kemal Atatürks entsprang seiner Erkenntnis, daß die einstigen Grenzen und Einflußgebiete des osmanischen Reiches die eigentliche Türkei mehr belasteten als stärkten. Die straffe Zurückführung auf den festen Kern des Staates gibt der heutigen Türkei ihre Bedeutung. Als Mitglied der NATO kommt ihr eine außerordentliche Bedeutung zu. Dieser östliche Eckpfeiler fordert das dringende Interesse aller Partnerstaaten und auch ihre Hilfsbereitschaft. Seit die Bundesrepublik Mitglied des atlantischen Verteidigungsbündnisses ist, hat sie nicht aufgehört, ihre Verbündeten auf diesen Umstand hinzuweisen. Sie hat auch niemals gezögert, dieser Lebensnotwendigkeit der NATO finanzielle Opfer zu bringen. Das war nicht immer ganz leicht, da die wirtschaftlichen und finanziellen Praktiken der türkischen Regierung unseren Vorstellungen einer sauberen Finanzgebarung keineswegs immer entsprachen. Doch im Orient gelten eben andere Gesetze als in Westeuropa.

Die Sommerresidenz des deutschen Botschafters am Bosporus umfaßt ein sehr ausgedehntes, herrlich gelegenes Gelände mit einigen in Holz ausgeführten Gebäuden. Das Grundstück ist an einem weitausladenden Hang gelegen, auf dem sich auch der deutsche Soldatenfriedhof befindet. Leider mußten wir feststellen, daß die Residenz des Botschafters und die Nebengebäude mehr als baufällig waren. Das Holz verfaulte an vielen Stellen, es bestand bereits Einsturzgefahr. Während wir diese Mängel betrübt besichtigten, stand ich gerade neben dem Kanzler, und er beauftragte mich – wie es so seine unbürokratische Art ist – in Bonn mit Finanzminister Schäffer zu sprechen, damit die Mittel für die notwendigen Reparaturen bereitgestellt würden. Natürlich ging mich das gar nichts an, aber ich war es gewöhnt, solche Aufträge zu bekommen. Nach Bonn zurückgekehrt, führte ich ein äußerst zähes Gespräch mit unserem Finanzminister, der seine Ablehnung damit begründete, daß die meisten Großmächte gar keine Sommerresidenz unterhielten, da die türkische Regierung nicht mehr wie in alten Zeiten im Sommer in Istanbul regiere, sondern in Ankara bleibe. Das Argument war nicht schlecht, denn es entsprach der tatsächlichen Lage. Doch ich kämpfte verbissen weiter, indem ich fragte, was aus dem deutschen Soldatenfriedhof werden solle. Schäffer meinte, er müsse natürlich erhalten werden, der größte Teil des wertvollen Geländes könne aber verkauft werden. Erst als ich ihn darauf hinwies, daß man nicht gut einen Besitz verkaufen könne, den die türkische Regierung einst dem deutschen Staat geschenkt habe, gab er mißgelaunt nach. Schließlich, nach dem üblichen langen Hin und Her der zuständigen Stellen, wurden die Gebäude doch renoviert. Ich habe sie später wiedergesehen und meine Freude an ihrem schönen Anblick gehabt.

Im Deutschen Club in Istanbul wurde Adenauer von der deutschen Kolonie stürmisch gefeiert. Es herrschte eine fröhliche, fast ausgelassene Stimmung. Man hatte das Gefühl, sich unter Deutschen zu bewegen, die in ihrem Gastlande eine bedeutungsvolle Rolle spielten und die mit ihrem Leben dort wirklich zufrieden sein konnten. Am 26. März verließen wir etwas erschöpft, doch sehr befriedigt Istanbul. Das Flugzeug beschrieb noch eine Schleife über der herrlichen Stadt am Bosporus, ehe es Kurs auf Bonn nahm. Ich habe diese Reise etwas ausführlicher beschrieben, als es die politische Bedeutung eigentlich erfordert. Der Bonner

Journalist Walter Henkels hat in seinem Sammelband »99 Bonner Köpfe« auch einen Aufsatz über mich aufgenommen. Darin sagte er, ich hätte Adenauer auf mehr als 50 Auslandsreisen begleitet. Ich weiß nicht, ob diese Zahl stimmt, aber Walter Henkels ist ein zuverlässiger Journalist und wird sie gezählt haben. Nur ein Teil dieser Reisen waren Staatsbesuche, die anderen reiner politischer Konferenzarbeit gewidmet. Aber auch nur die Staatsbesuche in diesem Buche alle zu schildern, würde den gesetzten Rahmen sprengen. Von einigen wird noch die Rede sein, für die anderen, die mit veränderter Szenerie ähnlich wie die Griechenland-Türkei-Reise verliefen, mag diese Schilderung mit gelten.

Zwischenbilanz

In meiner eigenen Laufbahn kündigten sich Veränderungen an. Es ist nicht ganz einfach zu sagen, auf welchen Umständen sie beruhten. Mein Verhältnis zur Presse war gut, mit vielen Bonner Korrespondenten stand ich in regem Gedankenaustausch. Das gleiche galt von vielen wichtigen Auslandskorrespondenten und führenden Journalisten in den europäischen Hauptstädten und den USA. Das Presseamt hatte sich gut entwickelt. Seine Position schien gefestigt und es funktionierte auch, soweit eine Behörde überhaupt zur Zufriedenheit aller arbeiten kann. Sehr enge Beziehungen verbanden mich mit den Leitern der Pressebüros in Paris, Washington und London. Wir arbeiteten wirklich gut zusammen, sprachen nicht selten Stellungnahmen in Fragen von gemeinsamen Interessen ab. Die Popularität des Bundeskanzlers Adenauer hatte weltweiten Charakter angenommen, Interviews und Informationsgespräche mit ihm standen in hohem Kurs. So weit, so gut.

Doch konnte ich mich des Gefühls nicht erwehren, daß es Kräfte gab, die einen Wechsel in der Leitung meines Amtes anstrebten. Sie kamen wohl in erster Linie aus der CDU/CSU-Fraktion. Ich habe mich während meiner beiden Amtsperioden, also im ganzen fast zehn Jahre, vergeblich bemüht, den Parteipolitikern klar zu machen, daß eine Einflußnahme des Amtes auf innerpolitische Fragen nur in beschränktem Maße und auf parteipolitische Angelegenheiten überhaupt nicht möglich sei. Gewiß, auch diese Komponente existiert, aber jedes Zuviel auf diesem Gebiet konnte nicht nützen, sondern der Regierung nur schaden. Die Konstruktion der neu erstandenen, aus den alliierten Lizenzen hervorgegangenen Presse verbot eine überbetonte Einflußnahme des Presseamtes auf inner- und parteipolitische Fragen. Die große Massenpresse, aber auch die Vielzahl der Provinzzeitungen, war nicht eindeutig auf die Regierung oder die Opposition festgelegt. Der Einfluß der überparteilichen Publikationsorgane überwog den der parteipolitisch festgelegten Organe um ein Vielfaches. Alles kam darauf an, sich das Vertrauen der in Bonn arbeitenden Journalisten zu erhalten. Das war nur möglich, wenn sie die Gewißheit hatten, daß der Sprecher der Regierung zwar dazu da war, die Arbeit der Regierung der Öffentlichkeit zu erklären, aber ohne daß er dabei Tatsachen fälschte oder verschleierte. Die Journalisten sind von Berufs wegen sehr mißtrauisch, und daher ist es schwer, ihr Vertrauen zu gewinnen, aber sehr leicht, es zu verlieren. Dazu müssen sie das Gefühl haben, daß der Pressechef zwar in einem ständigen Kampf mit ihrer Kritikfreudigkeit liegt, daß er aber ihre Arbeit richtig einzuschätzen weiß und auch ihre beruflichen Schwierigkeiten genau kennt. Er muß ihnen also auch einen brauchbaren Service in ihrer wirklich oft sehr schwierigen Arbeit bieten.

Natürlich gab es genügend Kritik an meinem Amt und auch an mir selbst, aber sie hielt sich in erträglichen Grenzen. Und doch spürte ich deutlich, daß sich die Atmosphäre veränderte. Zu viele Leute, die von Pressedingen nichts verstehen, begannen an der Arbeit des Amtes herumzunörgeln. Natürlich drangen diese Stimmen auch zu Adenauer. Er war unverändert freundlich und vor allem auch vertrauensvoll zu mir, aber ich spürte, ohne es im einzelnen nachweisen zu können, daß die Kritik ihre Wirkung nicht verfehlte. Immer häufiger klagte er über eine unfreundliche Einstellung von Presse und Rundfunk gegenüber der Politik der Bundesregierung und auch gegenüber seiner eigenen Person. Diese Beobachtungen waren in mancher Hinsicht sogar richtig. An nichts gewöhnen sich die Menschen so schnell wie an den Erfolg. Dazu lebt die Presse in weitem Maße von Kritik an den Exponenten der Macht. Es würde den Zeitungsleser langweilen, allzu oft über die Vorzüglichkeit der Regierungsarbeit oder die Erfolgsserie des Regierungschefs belehrt zu werden. Es gibt einen alten Journalistenspruch »Schlechte Nachrichten sind die besten Nachrichten«. Der Leser nimmt Erfolge als selbstverständlich hin; er will vor allem hören, was alles nicht in Ordnung ist.

Immer häufiger wies mich der Kanzler darauf hin, daß die Kritik stärker werde als das Lob. Eine Zeitlang pflegte ich ihm dann ausländische Zeitungsausschnitte zu schicken, besonders auch amerikanische, um ihm zu zeigen, was sich ein Mann wie Eisenhower, der Sieger des Krieges, das Volksidol, von den Journalisten alles sagen lassen mußte. Er zeigte mir dann seinerseits negative Schlagzeilen in der Presse über seine Regierungsarbeit, und ich konnte ihm nur – sehr vereinfachend – sagen, daß Überschriften wie »Die Regierung ist erstklassig« beim Publikum auf die Dauer unverkäuflich seien. Wie ich schon sagte, wußte ich, daß die Quelle der Unzufriedenheit im Parlament zu suchen war. Nun habe ich es mir zur Lebensregel gemacht, eine Position auf alle Fälle schon dann zu räumen, wenn noch genügend Leute einen Wechsel bedauern. Wenn erst die Majorität der Einflußreichen der Ansicht ist, der Mann müsse ersetzt werden, dann ist es zu spät für einen guten Abgang.

Ich lege Wert auf die Feststellung, daß die Quelle der Unzufriedenheit nicht beim Fraktionsvorsitzenden der CDU/CSU, Dr. Heinrich von Brentano, lag. Durch alle Jahre hindurch hat er mir großes Vertrauen bewiesen, sogar in Zeiten, in denen die Presse davon faselte, es sei mein Ehrgeiz, Außenminister zu werden. Brentano wußte, daß ich diesen Ehrgeiz nicht besaß. Er war wirklich ein zu vornehmer Charakter, um auf Intriganten und Giftstreuer zu hören.

Noch andere Umstände ließen mich an einen Berufswechsel denken. Herbert Blankenhorn, mit dem ich die Jahre hindurch in größter Intimität zusammengearbeitet hatte, strebte von Bonn weg. Mein Freund Hans von Herwarth hatte das Leben eines Protokollchefs satt. Auch sein Weggang bedeutete für mich einen menschlichen und berufsmäßigen Verlust. Zu alledem kam, daß mein Stellvertreter Werner Krueger zum Fernsehen nach Köln gegangen und durch Edmund Forschbach ersetzt worden war. Ich kann nicht sagen, daß Forschbach es an Loyalität fehlen ließ, solange ich in Bonn war, aber uns verband nicht das gleiche Vertrauensverhältnis, wie es mit Krueger der Fall war. Das konnte auch nicht anders sein, denn ich wußte – und er natürlich auch – daß die Befürworter eines Wechsels in der Leitung des Presseamtes ihn zu meinem Nachfolger ausersehen hatten. Auf diesem Boden kann ein echtes Vertrauensverhältnis nicht gedeihen. Schließlich fühlte ich mich auch überanstrengt durch die Arbeitslast der vergangenen drei Jahre, kurz, ich war nicht gewillt, um meinen Posten zu kämpfen. So begannen ganz allmählich Gespräche über meine zukünftige Verwendung im Staatsdienst, und es kam dafür eigentlich nur ein Botschafterposten in Frage. Zur gleichen Zeit stand ein großes Revirement im diplomatischen Dienst bevor. London mußte neu besetzt werden, denn der frühere Reichsminister Dr. Schlange-Schöningen hatte die Altersgrenze bereits überschritten. Die Zeit von Prof. Hausenstein in Paris schien abgelaufen, und dazu mußten zwei neu geschaffene Botschafterposten besetzt werden, der Posten bei der NATO und der bei der UNO. So einschneidende Revirements ereignen sich nur alle paar Jahre, und man darf daher den richtigen Zeitpunkt nicht versäumen, will man sich selbst mit ins Spiel bringen.

Es ist mir ein Bedürfnis, an dieser Stelle die große Hochachtung vor den Männern zum Ausdruck zu bringen, die als erste deutsche Botschafter in die wichtigen Hauptstädte der Welt hinausgeschickt wurden. Sie haben außergewöhnlich gute Arbeit geleistet. Es war, als sie ihre Posten übernahmen, noch nicht leicht, Deutschland im Ausland zu vertreten und dem Nachfolgestaat Hitlers wieder Vertrauen zu erwerben. Zu den Genannten gehörte auch Dr. Krekeler in Washington, dessen vorzügliche Tätigkeit ich noch aus nächster Nähe mit erleben konnte. Er blieb vorläufig in Washington. Die anderen hatten ihre Aufgabe, die Bundesrepublik salonfähig zu machen, voll und ganz erfüllt. Das Anwachsen der routinemäßigen Arbeiten auf den Botschaften erforderte Diplomaten, die in diesem Beruf aufgewachsen waren. Ich beriet lange mit Herbert Blankenhorn, was wir am besten tun könnten. Wir kamen zu dem Entschluß, daß er die NATO und ich die Vereinten Nationen in New York anvisieren sollten. Natürlich gab es noch allerlei Hin und Her, aber schließlich zeigte sich, daß wir die personalpolitische Situation richtig eingeschätzt hatten. Herwarth ging nach London, unser aller sehr lieber und geschätzter Freund Freiherr von Maltzan nach Paris, Blankenhorn, allerdings erst später, zur NATO nach Paris und ich selbst nach New York. Damit löste sich zum Teil der intimste Kreis um Adenauer auf. An seiner Seite aber blieben Dr. Globke und Prof. Hallstein, zwei Männer, auf die er sich unbedingt verlassen konnte, die auf ihrem Gebiet über außerordentliche Erfahrungen verfügten.

Ich bin nie dahinter gekommen, ob Adenauer mit diesen Veränderungen eigentlich ganz einverstanden war oder nicht. Nach außen schien er mit den Umbesetzungen zufrieden zu sein.

In Bonn selbst gewann das politische Leben gerade in den Jahren 1952 bis 1955 mehr und mehr an Gestalt. Vor meiner Abreise nach New York erlebte ich das Abschiedsessen beim Bundespräsidenten Heuss mit, bei dem sich die Hohen Kommissare in ihrer bisherigen Eigenschaft verabschiedeten, um als Botschafter ihrer Regierungen in der provisorischen Hauptstadt ihre Arbeit fortzuführen. Dieses Staatsbankett setzte den Schlußpunkt hinter einen Abschnitt der deutschen Nachkriegsgeschichte. Selbstverständlich war es François-Poncet, der in einer sehr feinen Abschiedsrede diesen bedeutungsvollen Tag würdigte. »Nur wenig Menschen«, so meinte er, »ist es vergönnt, bei ihrer eigenen Beerdigung eine Rede zu halten.«

Einige Monate vorher war Theodor Heuss zum zweiten Mal zum Präsidenten der Bundesrepublik gewählt worden. Beinahe jede Woche nahm er das Beglaubigungsschreiben eines neu in Bonn eingetroffenen Botschafters entgegen. Es konnte daher nicht ausbleiben, daß auch das gesellschaftliche Leben am Rhein mehr und mehr Zeit in Anspruch nahm. Mehrmals in jeder Woche waren meine Frau und ich Gäste der ausländischen Botschafter, die sich in Bonn zu orientieren trachteten. Kaum eine Woche verging, in der nicht der Kanzler Gäste im Palais Schaumburg sah. Da er Anweisung gegeben hatte, daß ich zu jeder Einladung zuzuziehen sei, gab es nur wenige stille Abende in unserer Wohnung in Godesberg, denn ein großer Teil der Einladungen mußte schließlich erwidert werden. Auch im Kreise der Journalisten verbrachten wir viele Abende in interessanten Gesprächen. In die gleiche Zeit fielen schon etwa 18 Auslandsreisen mit dem Kanzler, dazu nicht gezählte Reisen kreuz und quer durch die Bundesrepublik und nach Berlin. Während des Wahlkampfes 1953 verbrachten wir, zusammengerechnet, einige Wochen in seinem Sonderzug. Eine Aufstellung, für deren Genauigkeit ich keine Bürgschaft übernehmen kann, zählt für diese Jahre mehr als 30 Besuche ausländischer Staatsoberhäupter, Ministerpräsidenten, Außenminister oder anderer wichtiger Persönlichkeiten auf. Mit allen wurde konferiert, gespeist und schließlich ein Besuchskommuniqué verfaßt. Rückblickend frage ich mich oft, wie wir alle, die wir an diesem Geschehen beteiligt waren, diese Jahre überlebt haben, allen voran der Kanzler, der 1955 immerhin schon 79 Jahre alt war.

Doch ich kann von diesen drei ersten Bonner Jahren nicht Abschied nehmen, ohne auch von den Dingen zu sprechen, die mich als Sorge nach New York begleiteten. Die schwerste unter ihnen war und ist bis heute die Spaltung unseres Landes und das Schicksal von Berlin. In der Wiedervereinigungsfrage war die Bundesregierung nicht einen Schritt vorwärts gekommen. Ich kann nicht behaupten, daß ich mir Hoffnungen gemacht hatte, die deutsche Frage könne sich anders entwickeln, als sie es in diesem Zeitraum tat. Es war zu offensichtlich, daß die Sowjets keine Bereitschaft zeigten, dem ganzen deutschen Volk das Selbstbestimmungsrecht zu gewähren. Es war vom sowjetischen Standpunkt aus nicht einzusehen, warum sie ihre Haltung ändern sollten. Sie wußten, daß die westlichen Mächte nicht daran dachten, Deutschlands wegen einen Krieg zu führen oder auch nur mit ihm zu drohen. Die Staaten des Ostblocks wagten noch keinerlei Auflehnung gegen die absolute Vorherrschaft des Kremls, von chinesischer Seite zeigte sich noch keine Bedrohung, Rotchina befand sich in einer schweren Wachstumskrise. Weit und breit konnte man keinen Preis entdecken, der die Russen hätte bewegen können, ihr militärisches und politisches Glacis in Mitteldeutschland aufzugeben, es sei denn für den Preis der Aufgabe der westdeutschen Integration in die freie Welt. Kein vernünftiger Mensch in Deutschland war bereit, diesen Preis zu zahlen.

Unter den Fragen der zweiten Linie gab es eine, die viel Sprengstoff enthielt. Ich meine die Saarfrage. Es würde einen ganzen Band füllen, wollte ich an Hand meiner Papiere die Entwicklung der Saarfrage vom reinen französischen Protektorat über die verschiedenen Regierungsmethoden des Separatisten Hoffmann bis zur beinahe unerwarteten Lösung des Problems in deutschem Sinne aufzeigen. Die Zahl der Konferenzen und Gespräche mit den Franzosen über die Saar wäre nur schwierig zu ermitteln. Die Amerikaner und Engländer übten große Zurückhaltung, denn ohne Zweifel gab es von dieser Seite Versprechungen, die Frankreich die Ausbeutung der Saar als Wiedergutmachung für die Kriegsschäden erlaubten. Nach und nach entsprachen diese Versprechungen immer weniger den wirklichen Verhältnissen in Westeuropa und von 1955 an auch nicht mehr dem Allianzverhältnis zwischen Frankreich und der Bundesrepublik. Adenauer behandelte die Saarfrage mit größter Behutsamkeit. Er fürchtete, daß eine zu radikale Einstellung seiner Regierung die Fortschritte in der deutsch-französischen Annäherung zerstören könnten. Würde das der Lösung des Problems dienlich sein? Sicherlich nicht. Doch seine Behandlung der Saarfrage trug ihm erbitterte Feindschaft quer durch alle Parteien ein, besonders als er sich schließlich für eine Europäisierung der Saar einsetzte.

Ich erinnere mich an eine Sitzung der sechs Montanunion-Staaten im Uhrensaal des Quai d'Orsay. Den ganzen Vormittag wurde in quälender Breite über die Probleme der Union beraten. Am Nachmittag ging die Sitzung weiter, in der plötzlich Schuman den Vorschlag machte, den Sitz der Montanunion nach Saarbrücken zu verlegen. Bald darauf gab Adenauer Blankenhorn und mir ein Zeichen, und wir verließen gemeinsam den Saal. Wir fuhren ins Bois de Boulogne und fanden ein stilles Gartencafé. Der Kanzler verlangte Eis, denn es war ein drückend heißer Tag. Dann stellte er die Frage, ob Schumans Vorschlag geeignet sei, von uns ernsthaft diskutiert zu werden. Sollte eine Europäisierung der Saar die Endlösung der Frage und nicht nur ein Provisorium sein, so stellte Schumans Vorschlag ein logisches Element für eine Dauerlösung dar. Man hätte ihn zumindest ernsthaft diskutieren können. Aus unserem Gespräch mit dem Kanzler wurde aber deutlich, daß er wenig Neigung hatte, auf den französischen Vorschlag einzugehen. Seine Haltung bewies mir, daß er nicht gewillt war, endgültig auf die Saar zu verzichten. Seine ganze Politik ging darauf hinaus, die Dinge soweit wie möglich in der Schwebe zu lassen. Die Bevölkerung an der Saar ist deutsch, und darum blieb seine Politik erst einmal auf Abwarten und Hinauszögern eingestellt. Als wir an den Quai d'Orsay zurückkehrten, sollte ich in eine schwierige Situation geraten, denn der größte Teil der internationalen und der deutschen Korrespondenten stürzte auf uns zu und wollte wissen, warum der Kanzler die Sitzung verlassen und was er in der Zwischenzeit gemacht habe. Es gelang mir, den Kanzler gegen den Ansturm abzudecken, so daß er, ohne zu antworten, in den Sitzungssaal zurückkehrte. Ich beantwortete die Frage reichlich lakonisch: »Wir haben Eis gegessen!«

Beinahe wären die Journalisten verärgert über mich hergefallen. Dabei hatte ich doch die Wahrheit gesagt, wenn auch nicht die ganze. Während unserer Abwesenheit war der Vorschlag »Saarbrücken« von den anderen Staaten abgelehnt worden. Der Kanzler brauchte sich nicht mehr darüber zu äußern. Es sollte noch eine lange Sitzung bis vier Uhr morgens werden. Immer wieder gab es neue Vorschläge für den Sitz der Hohen Behörde der Montanunion. Um mich mit den Journalisten wieder zu versöhnen, ging ich von Zeit zu Zeit aus dem Saal, um sie über den neuesten Stand der Dinge zu informieren. Sie kauerten wie in »Wallensteins Lager«, von Jessner inszeniert, auf der großen Freitreppe des Palais, ja sogar in den Garderobenfächern, und schliefen ein bißchen. Als ich ihnen wahrheitsgemäß berichtete, man diskutiere gerade den Vorschlag »Turin«, meinte einer von ihnen lakonisch, es handele sich doch nicht um den »Touring-Club«. Um vier Uhr morgens verließ der Kanzler mit mir die Sitzung, die 18 Stunden gedauert hatte. Er erklärte mir, die Sache langweile ihn nunmehr. Am nächsten Tag einigte man sich auf Luxemburg als Sitz der Hohen Behörde.

Am 23. Oktober 1954 kam es dann zum Abschluß eines europäischen Saarstatuts, das bis zum Friedensvertrag gelten sollte. Der Kanzler mußte im Bundestag schwer kämpfen, um die Ratifizierung durchzusetzen. Er hatte das Abkommen unterzeichnet, weil er wußte, daß das französische Parlament ohne ein solches Abkommen die Verträge über die deutsche Souveränität und den Beitritt zur NATO nicht ratifizieren würde. Eine Wiederholung der Vorgänge im französischen Parlament wie beim Vertrag über die Verteidigungsgemeinschaft hätte unweigerlich zu einem Bruch zwischen Frankreich und der Bundesrepublik geführt. Entscheidend in dem Saarabkommen war aber, daß das letzte Wort über die endgültige Lösung bei der Bevölkerung selbst liegen sollte. Darauf hatte Adenauer bestanden.

Auch während der sieben Monate Amtszeit der Regierung Mendès-France gab es sehr ernsthafte Auseinandersetzungen über die Saar. Der französische Ministerpräsident befand sich in einer schwierigen Lage. An seiner Entschlossenheit, den Krieg in Indochina zu beenden, konnte kein Zweifel sein. Diese vom nationalen französischen Standpunkt heftig umstrittene Politik schien nicht geeignet, vom französischen Volk auch noch Opfer in der Saarfrage zu verlangen. Dabei hatte ich während einer Konferenz in Baden-Baden das Gefühl, daß es seiner ganzen Natur mehr entsprochen hätte, auch diese leidige Frage zu liquidieren.

Mendès-France verkörperte in Reinkultur den Typ des Intellektuellen. Seine Publikationen weisen ein hohes geistiges Niveau auf. Ich selbst hegte Sympathien für diesen Mann, der ein ungewöhnliches Maß an Mut bewies. Es scheint, daß auch Charles de Gaulle diese Eigenschaften schätzte, denn er versuchte später mehr als einmal, ihn für seine Politik zu gewinnen, obwohl Mendès-France nicht einmal sein Mandat in der Nationalversammlung behalten konnte. Doch der zartgewachsene, nur in kleinen Zirkeln Frankreichs populäre Franzose versagte dem General die Mitarbeit.

Die Verhandlungen in Baden-Baden verliefen sehr hart und eher unglücklich. Sie fanden in einer Villa statt, die von Sicherheitsbeamten hermetisch gegen die Außenwelt abgeschlossen war. In dieser unerfreulichen Atmosphäre gab es für mich aber doch noch ein heiteres Nebenspiel. Es fiel mir auf, daß ein rustikal gekleideter Mann sich in allen Räumen des Hauses unangefochten bewegte, ein Mann, den ich noch niemals gesehen hatte. Zum Sicherheitsdienst gehörte er auch nicht. Schließlich kam ich seiner Tätigkeit auf die Spur. Adenauer spielte in Baden-Baden den Gastgeber. Auch noch so unerfreuliche Debatten konnten seine Höflichkeit nicht erschüttern. Nun liquidierte Mendès-France nicht nur den Krieg in Indochina, sondern führte auch noch eine Art privaten Krieg gegen den Alkoholismus. Er vertrat die Ansicht, die Franzosen tränken zuviel Wein. Auch diese persönliche Kampagne brachte ihm keine Popularität ein. Der Kanzler hatte aber vor der Konferenz eine Bemerkung fallen lassen, man dürfe nicht vergessen, den französischen Ministerpräsidenten mit ausreichenden Mengen erstklassiger Milch zu versorgen. Der Erfolg der Kanzleranweisung war beachtlich. Wo der Franzose saß oder stand, immer umringte man ihn mit verschiedenartigen Milchflaschen aus verschiedenfarbigem Glas. Aus Höflichkeit nahm er hin und wieder einen Schluck. Und der Mann im Lodenmantel? Er war vom Landesministerium für Ernährung und Landwirtschaft eigens dazu abgestellt worden, diese Milchversorgung zu regeln. Es gibt wirklich manchmal bedeutende Aufgaben zu lösen.

Die Zeit des Abschieds von Bonn kam näher. Abend für Abend gab es Abschiedsveranstaltungen, nicht nur in Bonn, sondern auch in mehreren Landeshauptstädten. Wir räumten unsere Wohnung in Godesberg. Unser Hausstand wurde für einen Überseetransport verpackt. Schließlich kam der Abschiedsbesuch im Palais Schaumburg. Dr. Globke schien nicht sehr glücklich über den Wechsel in meinem Amt. Er meinte, es bekümmere ihn, daß man die ganze Geschichte nicht rückgängig machen könne. Der Kanzler gab sich ziemlich ungerührt. Ich hatte keinen Anlaß, mich darüber zu beschweren, denn schließlich verließ ich Bonn auf eigene Initiative und aus guten Gründen. Mit etwas dürren Worten überreichte er mir das Bundesverdienstkreuz mit Stern: »Und dieses für die Kleiderordnung!« Doch dann hatten wir noch ein langes politisches Gespräch, und beim Abschied sagte ich ihm: »Herr Bundeskanzler, ich möchte gerne, daß Sie etwas wissen. Wann immer Sie mich brauchen, ich werde zu Ihrer Verfügung sein!« Jetzt dankte er mir sehr herzlich für diese Worte. Weder er noch ich ahnten damals, daß diese Erklärung sehr bald aktuell werden würde. Er entließ mich mit den Worten: »Auf Wiedersehen in Amerika!« Er war dabei, eine neue Reise in die Staaten vorzubereiten.

Der Abschied von meinen Mitarbeitern fand im Versammlungssaal des Amtes statt. Es wurden Reden gewechselt, und es schien mir, als ob manchem meiner Mitarbeiter der Abschied nicht weniger schwer wurde als mir selbst. Am Morgen unserer Abfahrt kamen die engsten Mitarbeiter noch einmal zum Hotel Dreesen und gaben uns dann noch mit ihren Wagen eine lange Strecke durch Bonn das Geleit. Wir selbst hatten uns in einem altmodischen Maybach eingerichtet, der lange Jahre aufgebockt gewesen war, aber für New York sehr geeignet schien. In diesem Vehikel war nicht nur für uns Platz, sondern auch für unseren treuen Dackel »Herr Knopp«. Ein Volkswagenbus mit 23 Gepäckstücken, ein Pfefferfresser im großen Sprungkäfig und ein Dompfaff in bescheidener Behausung folgten uns. So ging es nach Le Havre, wieder einem ungewissen Schicksal entgegen. Doch jetzt freuten wir uns erstmal auf eine geruhsame Seefahrt auf der »United States« nach New York.

Eine andere Welt

So rollten wir denn im Laufe des Tages über die französische Grenze nach Frankreich hinein. Vorweg der behaglich große Maybach, hinter uns der Volkswagen-Omnibus mit den unzähligen Gepäckstücken. Es war ein schöner Tag, Frankreich so schön, wie ich es schon auf zahllosen Reisen erlebt hatte, und wir waren guten Mutes, als wir am Abend nach Valenciennes gelangten. Ich kannte die kleine Provinzstadt noch nicht, doch der Name Valenciennes war mir von Kindheit an vertraut.

Meine Mutter liebte Spitzen, sie waren in meiner Jugend bei den Damen große Mode. Unzählige Male hatte ich als Kind so ein zartes, schönes Gebilde bewundert und mit Ehrfurcht gehört, es seien »echte Valenciennes-Spitzen«. Doch der Abend wurde eine Enttäuschung. Zwar sah die Stadt so aus, wie eine französische Provinzstadt aussehen muß, doch ihre Einwohner erweckten meinen Zorn. Müde von der langen Autoreise – so gut war der alte Maybach auch wieder nicht gefedert – suchten wir mit unserer Reise-Kavalkade ein Hotel. Es gab genügend ansprechende Gaststätten ohne Gäste, aber in Valenciennes erlebten wir etwas, was ich weder vorher noch nachher erlebt habe. In keinem Hotel wollte man unseren Dackel aufnehmen. Auch die Tatsache, daß wir vier Zimmer benötigten, machte keinerlei Eindruck. »Herr Knopp« wurde zurückgewiesen, wo auch immer wir eine Unterkunft suchten. Meine Frau war außer sich! Jeder Mensch auf der Welt hatte unseren Dackel herrlich zu finden! Wir irrten mit unserer Expedition in der Stadt umher, entschlossen, auch mit einem drittklassigen Hotel vorliebzunehmen. Es blieb uns kein Ausweg, das treue Tier mußte im Auto übernachten. Nach dem Abendessen besuchte ich ihn noch mal, einen schönen Knochen mit »viel dran« in der Hand. Er verachtete das Mitbringsel und warf mir einen Blick zu, wie ihn nur Dackelaugen hervorzubringen vermögen. Sein Schwanz vollführte auch nicht die kleinste Begrüßungsbewegung. Wer Dackel kennt, weiß, daß sie die Schauspieler unter den Hunden sind.

Am nächsten Tag ging es in Le Havre auf die »United States«. Unser Einzug mit dem Gepäck und der ganzen Menagerie war imposant. Doch wieder gab es Schwierigkeiten. Man hatte uns zwar eine prächtige Luxuskabine reserviert, das Personal war rührend um uns bemüht, und ohne Zweifel waren die Gepäckstücke vollzählig auf das Schiff gelangt. Mit Hilfe eines Krans verschwand auch der Maybach im Bauche des Ozeanriesen. Doch gegen die Tiere war man unerbittlich. Nicht einmal der Dompfaff »Max Egon« durfte in unserer Kabine bleiben. Auf einem Spezialdeck bekamen »Herr Knopp«, der Pfefferfresser »Ramses« und »Max Egon« je eine verschließbare Drahtbox als Unterkunft. Dabei hatte jedes Tier einen bunten Paß mit Einreisevisum und ärztlichem Attest. Alle Papiere waren mit großen roten Siegeln versehen. Als Trost wurde uns mitgeteilt, wir dürften die Tiere ein- oder zweimal täglich besuchen. Ein Spezial-Steward werde die Tiere pflegen und ihnen das Futter geben, das ich mitgebracht hatte.

Wir stachen schließlich in See, und bei prächtigem Wetter ging es über Southampton in Richtung New York. Ich betete um ruhiges Wetter, denn meine Frau wird schon auf einem Hamburger Alsterdampfer seekrank. Doch das Meer war ruhiger als die Alster, die Kabine wirklich prachtvoll und das Essen einfach märchenhaft. Ein riesiger Neger betreute uns mit der Sorgfalt einer Amme. Dazu hatten wir noch unseren frisch in Deutschland engagierten Diener Albert, der sich als Perle entpuppte, bei uns. Nur die vereinsamten Tiere lagen uns auf der Seele. Eigentlich war ich den ganzen Tag, Deck auf, Deck ab, unterwegs, um sie zu versorgen. »Herr Knopp« mußte wenigstens zweimal am Tage an der Leine auf einem Spezialdeck spazierengeführt werden, »Ramses« brauchte seine Bananen und getrockneten Ameiseneier, und »Max Egon« wieder sein eigenes Körnerfutter und ein Salatblatt. Meine Frau weigerte sich, die Tiere zu besuchen, da sie den Vorwurf in den Augen des Dackels nicht ertragen konnte. Also ertrug ich's. Kein Zorn ist in meinem Herzen gegen die Schiffahrtsgesellschaft zurückgeblieben, denn man mußte einsehen, daß die Hunde nicht überall im Schiff herumlaufen und die Decks verschmutzen konnten. Mit Valenciennes allerdings habe ich innerlich gebrochen. Nichts kann mir die Hotelbesitzer dieser Stadt wieder näherbringen.

Nach fünf Tagen herrlicher Meeresfahrt fuhren wir in den Hudson ein. Im Morgendunst zeichnet sich die Skyline von Manhattan ab. Immer wieder ein wunderbares Bild. Doch die schöne Ruhe sollte nicht bis zum Anlegen des Ozeanriesen dauern. Schon mit dem Zollboot kamen die ersten Journalisten und Fotografen an Bord und stürmten unsere Kabine. Unablässig hielten sie uns ihre Mikrophone vor den Mund, und ebenso unablässig wiederholten wir, wie glücklich wir seien, nach Amerika kommen zu dürfen. Dazu knallten uns die Blitzlichter in die Augen. Dabei mußte ich mich doch um das Gepäck und die drei Tiere kümmern. Meine Frau litt stumm. An den beiden letzten Tagen der Reise hatte sie sich schon nicht wohl gefühlt. Ein Arzt in Bonn glaubte, sie mit einer Gründlichkeit impfen zu müssen, die jetzt ihre Folgen zeigte. Ihr war hundeelend. Wir schrieben den 23. Mai, und es herrschte eine barbarische Hitze. Im Hafen kamen alle Mitglieder der Botschaft an Bord. Das klingt etwas pompös, aber es waren immerhin vier Herren und drei Damen, das war ungefähr die gesamte Dienststelle des »ständigen Beobachters der Bundesrepublik Deutschland bei den Vereinten Nationen«. Wir wurden wirklich sehr herzlich begrüßt, waren wir doch das erste Botschafter-Ehepaar auf diesem Posten. Bis dahin betreute der deutsche Generalkonsul in New York die Geschäfte bei den Vereinten Nationen im Nebenberuf. Jetzt entsandte die Bundesrepublik einen eigenen Botschafter zu dieser Weltorganisation nach New York. In einem der Salons auf dem Schiff organisierte man eine Pressekonferenz, ich mußte einen ziemlichen Wirrwarr von Fragen beantworten. Doch auch das ging vorüber. Endlich kamen wir von Bord. Am Quai stand ein großer Gepäckwagen, und meine Frau zählte gerade zum fünften Mal bis 23 und stellte fest, daß alles beisammen war. Doch dann erlebten wir eine Szene, die uns tief rührte. »Herr Knopp« zerrte ungeduldig an seiner Leine. Seine Lebensgeister waren zurückgekehrt, und plötzlich riß er sich los und sprang mit einem gewaltigen Satz auf den Gepäckberg. Da saß er nun oben drauf und fletschte die Zähne. Nur wir, die wir vor den Russen 1945 flüchten mußten, konnten verstehen, was in dieser treuen Hundeseele vor sich ging. Damals hatte er tagelang neben dem Fluchtgepäck gelegen, sich nicht von der Stelle gerührt, nur das Amt des Wächters für das Eigentum seiner Herrschaft ausgeübt. Urplötzlich mußte ihm auf dem Quai von New York die Parallelität der Situation aufgegangen sein. Die vielen Gepäckstücke, die aufgeregten Menschen, kurz, es war ihm klar: »Sie sind wieder auf der Flucht!« Kein Gepäckträger, kein Zollbeamter konnte es wagen, sich unserem Besitztum zu nähern. Nur meiner Frau gelang es schließlich, ihn herunterzuheben und in den Arm zu nehmen. Doch seine Augen blitzten aufgeregt und mißtrauisch jeden Fremden an.

Wir bezogen ein Appartement im »Plaza-Hotel« und saßen schließlich in einem Wirrsal von Koffern, Taschen und Vogelkäfigen erschöpft auf unseren Betten. Meine Frau war krank und hatte Fieber. Die Impfstellen am Bein waren so stark aufgegangen, daß ich bei den dicken, blau und rot gefärbten Geschwülsten einen richtigen Schreck bekam. Es sah wie eine schwere Blutvergiftung aus. Unser erster Privatbesuch war daher der Arzt des Generalkonsulats, Dr. Weinert. Seine Diagnose lautete allerdings beruhigend. Alles würde in ein paar Tagen abschwellen. Ich selbst hatte ein schlechtes Gewissen, denn meine Impfstellen waren kaum auffindbar. Dazu hatten wir in New York keine wirkliche Bleibe. Der treubesorgte Botschaftsrat Dr. Paulig schleppte meine Frau bei 36 Grad Hitze, manchmal auch uns beide, von Wohnung zu Wohnung, von Haus zu Haus, die von Maklern angeboten wurden. Ein großer Teil ähnelte sich wie ein Ei dem anderen. Wir blieben also erstmal im »Plaza«, obwohl mir die Wochenrechnung Tränen in die Augen trieb. Die Amtsräume der Botschaft lagen im 18. Stockwerk eines Bürohauses in der Park Avenue. Einen Stock unter uns hauste das Generalkonsulat, an dessen Spitze Dr. Reifferscheidt stand. In den Konsulatsräumen wickelte sich ein großer Publikumsverkehr ab. Immer saßen dort einige Dutzend Personen und warteten auf irgendwelche Papiere.

Bei uns dagegen herrschte vornehme Ruhe, denn es gab nur politische Besucher, die in den ersten Tagen vorwiegend aus deutschen und amerikanischen Journalisten bestanden. Ich mußte zahlreiche Interviews geben, die, so kurz nach unserer Ankunft, nicht sehr abwechslungsreich ausfielen. Tätig werden konnte ich aber erst nach meinem Antrittsbesuch bei Generalsekretär Dag Hammarskjöld. Meiner Frau ging es allmählich besser, und so konnten wir die Einladungen alter Freunde annehmen. Ein großes Wiedersehen gab es mit »Shep« Stone, der als Leiter der europäischen Abteilung der Ford Foundation eine wichtige Rolle in den deutsch-amerikanischen Beziehungen spielte. Er war und ist ein wirklich guter Freund von uns, verheiratet mit einer echten Berlinerin. Jahre arbeitete er als Presseoffizier mit dem Hohen Kommissar John McCloy zusammen. In dieser Position hatte ich ihn kennengelernt. Dann folgte er seinem Chef, der die fast unschätzbar wichtige Stellung als Präsident der Ford Foundation übernahm, zurück nach Amerika. Wir arbeiteten auf vielen Gebieten eng zusammen.

Als einer der ersten Besucher meldete sich ein alter Jugendfreund, Eric Warburg. Sein Vater, Max Warburg, der berühmte Chef des Hamburger Bankhauses M. M. Warburg & Co. (heute Brinckmann, Wirtz & Co.), gehörte zu meinen frühesten Jugenderinnerungen. Unsere Eltern verband eine enge Freundschaft, und besonders im Sommer spielten wir Kinder auf dem schönen Besitz der Warburgs auf dem Koesterberg an der Elbe. Lange Zeit ließen die Nazis diesen international bedeutenden Mann, auf dessen Sachverstand als Finanzmann schon die kaiserliche Regierung, dann die Weimarer Republik immer wieder zurückgegriffen hatte, ungeschoren. Schließlich mußte er aber doch mit seiner Familie auswandern; er ging nach New York. Dort lebt ein anderer Zweig der Familie, verwandt auch mit dem Bankhaus Kuhn, Loeb & Co., ein Haus von internationalem Rang, dessen finanzieller Einfluß zeitweise kaum geringer war als der des Hauses Morgan. Eric Warburg und ich begingen ein bewegtes Wiedersehen. Max Warburg war schon seit längerer Zeit tot, doch Frau Warburg lebte in einer großen Wohnung in der Park Avenue, wo man stets viele interessante Leute traf. Vor den Toren New Yorks unterhielten die USA-Warburgs einen großen Landsitz als Treffpunkt der ganzen Familie. Nur die alte Frau Warburg weigerte sich, den Sommer auf dem Land zu verbringen. Sie fand es zu langweilig dort; wohl für ein Wochenende ganz geeignet zum Malen, doch »leben«, so meinte sie, könne man nur mitten in New York, in Manhattan.

Ein mir besonders wertvolles Wiedersehen möchte ich hier gleich verzeichnen. Der Vertreter der »Neuen Zürcher Zeitung«, Dr. Max Beer, kam als einer der ersten Journalisten zu mir. Wir hatten uns seit 23 Jahren nicht gesehen. Damals, vor der Hitlerzeit, bekleidete er eine wichtige Position in der Informations-Abteilung des Völkerbundes in Genf. Er genoß das besondere Vertrauen Stresemanns, der ihn, den namhaften Journalisten, in diese Stellung gebracht hatte. In Genf schenkte mir Dr. Beer sein Wohlwollen und half mir, wo er konnte. Deutschland war ihm durch Hitler verschlossen, und so mußte er nach Amerika auswandern. Unter den Journalisten bei den Vereinten Nationen nahm er eine besondere Stellung ein, denn Dag Hammarskjöld zog ihn durch regelmäßige Gespräche in sein Vertrauen. Er hatte Deutschland seit Hitlers Machtergreifung nicht wiedergesehen und betrachtete alles Deutsche mit verständlichem Mißtrauen. Um so dankbarer empfand ich es, daß er mich mit unveränderlicher Freundschaft begrüßte. Wir haben oft lange und interessante Gespräche geführt, und schließlich konnte ich ihn auch dazu bewegen, die Bundesrepublik zu besuchen. Seine Vortragsreise war ein großer Erfolg. Ich selbst schätzte ihn unter allen Publizisten als den besten Kenner der Vereinten Nationen. Seine Berichte in der »Neuen Zürcher Zeitung« waren von unüberbietbarer Präzision.

Nach einigen Tagen machte ich Dag Hammarskjöld meinen ersten Besuch. Eigentlich hatte ich mir von dieser Begegnung nicht viel versprochen. Die Bundesrepublik konnte nicht Mitglied der UNO sein, es sei denn, wir hätten auch eine Mitgliedschaft der Sowjetzone akzeptiert. Die Russen verfügten über das Vetorecht als Mitglied des Sicherheitsrates. Wir hatten also nur den Status einer Beobachter-Delegation. Daran hat sich bis heute nichts geändert. Ich bekleidete zwar persönlich den Rang eines Botschafters, aber wir verfügten über keine Stimme, wenn auch, genau wie die anderen »Beobachter«, über einen festen Platz bei allen Sitzungen. Trotzdem empfing mich Hammarskjöld mit großer Liebenswürdigkeit. Kaum hatten die Fotografen das unumgängliche »Shakehands« geknipst, befanden wir uns in einer lebhaften Unterhaltung über die internationale Lage. Wir sprachen französisch, obwohl er, wenn auch mit Anstrengung, deutsch sprechen konnte. Der Generalsekretär zeigte sich glänzend informiert, auch in allen Fragen, die Deutschland betrafen. Ich habe im Laufe des Jahres, das wir in New York verbrachten, Hammarskjöld von Begegnung zu Begegnung höher schätzen gelernt. Er war ein vollendeter Diplomat, mit einem großen Wissen auf vielen Gebieten, dazu in gleicher Weise liebenswürdig wie energisch. Man mußte die eigenen Worte sorgfältig wählen, denn er vergaß nie etwas. Unsere Beziehungen ließen sich also sehr gut an, und wenige Monate später sollte ein Vorfall unsere Verbindung noch enger gestalten.

Nach dem Besuch beim Generalsekretär war nun die Bahn für die notwendigen Antrittsbesuche frei. Jeden Vormittag erschien ich in einer anderen Botschaft, um mich vorzustellen. Zuerst ging ich zum französischen Vertreter, zu Botschafter Hervé Alphand. Ich kannte ihn schon seit einigen Jahren aus französisch-deutschen Verhandlungen. Wir waren also alte Bekannte. Die deutsch-französischen Beziehungen wiesen damals natürlich noch nicht die Intensität auf, die sie heute auszeichnet. Immerhin hatten wir schon so zahlreiche Sitzungen und Verhandlungen gemeinsam erlebt, daß die Verbindung in wenigen Minuten wiederhergestellt war. Alphand gehört zu den glänzendsten Erscheinungen der französischen Diplomatie. Ein Mann von großem Sachverstand, umfassender Bildung und dazu der Fähigkeit, überall für sein Vaterland Sympathie zu erwecken. Er wurde später Botschafter in Washington und spielte dort eine überragende Rolle im diplomatischen Korps. Bei den Schwierigkeiten, die zwischen den USA und General de Gaulle herrschen, wirklich eine Meisterleistung. Amerika wurde in jenem Jahr in der UNO durch Botschafter Henry Cabot Lodge vertreten. Cabot Lodge, dessen Familie zu den ältesten und gleichzeitig sehr reichen des Landes zählt, ist das Urbild des besten Typs Amerikaner. Das deutsche Publikum kennt ihn aus zahllosen Zeitungsmeldungen, denn er gehört in jene erste Reihe der Politiker seines Landes, deren Name immer dann genannt wird, wenn es irgendwo auf der Welt Schwierigkeiten gibt. Er ist mehr Politiker, mit starkem Rückhalt in der Republikanischen Partei, als Karriere-Diplomat. In letzter Zeit fiel ihm eine wichtige Rolle als amerikanischer Botschafter in Südvietnam (Saigon) zu. Als man einen Präsidentschaftskandidaten gegen Lyndon B. Johnson suchte, tauchte sein Name auf. In den Vorwahlen bekam er eine beträchtliche Stimmenzahl, bis ihn Barry Goldwater überrundete. In seinem Hause – er bewohnte eine Zimmerflucht im Tower des Waldorf-

Astoria-Hotels – trafen wir nicht nur UN-Diplomaten, sondern stets auch wichtige Mitglieder des Senats und des Repräsentantenhauses.

Großbritannien wurde durch ein besonders reizendes Ehepaar vertreten. Sir Pearson Dixon hatte eine lange und ehrenvolle Karriere als Diplomat hinter sich, ehe ihn das Foreign Office zur Weltorganisation nach New York entsandte. Während man bei Alphand und auch bei H. C. Lodge in politischen Gesprächen stets etwas vorsichtig sein mußte, war Sir Pearson die Offenheit selbst. Dabei wußte er in den Verhandlungen des Sicherheitsrats eine sehr geschickte, wenn auch immer völlig korrekte Klinge zu schlagen. Er war stets klar in seiner Stellungnahme im westlichen Lager, und seine Position im Sicherheitsrat blieb in jeder Situation sehr stark. Wir haben die Gastfreundschaft dieses Ehepaares, das zum Leidwesen von Lady Pearson in einer schloßartigen Residenz oberhalb des Hudsons leben mußte, sehr genossen. Wer die Schwierigkeiten kennt, in New York Hauspersonal zu bekommen, wußte, was die Botschafterin zu leiden hatte, denn sie brauchte für das große Haus wenigstens acht bis neun Leute.

Es wären noch viele hervorragende Diplomaten und Freunde zu nennen, die uns Deutschen vom ersten Tage an selbstlos Hilfestellung leisteten. Besonders enge Beziehungen verbanden uns bald mit dem italienischen Botschafter Casardi und dem Vertreter der Türkei, der in Deutschland studiert und dort seine schönsten Jugendjahre verbracht hatte. Die Begeisterung des Türken für Deutschland war geradezu rührend. Eines Tages erwähnte er so nebenbei, daß er im Kriege sein Kommersbuch verloren habe. Ich jagte Herrn von Mutius, der die Presseangelegenheiten unserer kleinen Botschaft bearbeitete, durch die Buchantiquariate und richtig, er trieb ein echtes Kommersbuch auf, genau wie es sein muß, mit Messingnägeln beschlagen. Als wir kurz darauf beim türkischen Botschafter speisten, brachte ich es ihm mit. Er freute sich wie ein Kind. Nach dem Essen gestand er mir, daß er das Fortgehen seiner Gäste kaum zu erwarten vermöge, damit sich seine Tochter an den Flügel setzen und spielen und er selbst die alten deutschen Studentenlieder singen könne. Auf den Schlag 10 Uhr 30 – der Diplomatenzeit – brachen meine Frau und ich auf.

Schließlich verließen wir das Hotel und zogen in ein ziemlich dürftiges Appartement in der Fifth Avenue. Das klingt als Adresse ganz vornehm, aber es lag etwa an der 80. Straße, und das ist nicht weit von Harlem. Bei der 94. Straße hätte man uns bereits boykottiert. Es gab in diesen Jahren zwar noch keine Rassenunruhen, aber das Problem der Farbigen belastete die innerpolitischen Verhältnisse der USA. Überall begegnete man der Rassendiskriminierung, besonders erkennbar durch die Verbotsschilder an Hotels und Restaurants, im Autobus und der Untergrundbahn. Damals hatte der Weiße nichts zu befürchten, denn die Rassentrennung wurde strikt durchgeführt. Man brauchte nur nachts Harlem zu meiden, und alles war in Ordnung. Jetzt, kaum ein Jahrzehnt später, ist die Situation der Farbigen zum Zentralproblem Amerikas geworden.

Wir haben übrigens doch das Negerviertel Harlem nachts besucht. Ein- oder zweimal haben wir uns das Leben dort angesehen. Ein Besuch war besonders interessant. Unser ältester Sohn, der unterdessen als Mitarbeiter des Hamburger Verlagshauses Springer in New York wirkte, brachte uns in das Haus einer Sekte, zum »Father Divine«. Die Anhänger dieser Sekte und dieses Mannes gaben ihr Einkommen fast vollständig ab und wurden dafür leiblich und seelisch versorgt. Männer und Frauen saßen an langen Tischen, aßen unglaublich viel und sangen zwischendurch geistliche Lieder, sogenannte Spirituals. »Father Divine« erschien an diesem Abend leider nicht. Ich hätte mich gern mit ihm unterhalten. Nur ein Tonband wurde von ihm gespielt. Doch diese essenden und singenden schwarzen Menschen haben mir großen Eindruck gemacht.

Doch nun zu der Arbeit, die die kleine Botschaft zu leisten hatte. Außer meinem Vertreter, Botschaftsrat Paulig, gab es noch für die politische Abteilung Dr. Robert Reinkemeyer, für alle Rechtsfragen Herrn van Well und als Presseattaché Herrn von Mutius, den ich vom Presseamt mitgebracht hatte. Ein junger »Kanzler« besorgte die innere Verwaltung. Sehr erfreulich waren die jungen Damen, die als Sekretärinnen fungierten. Sie sahen alle reizend aus und waren dazu noch ungewöhnlich tüchtig. Meine eigene Arbeit bestand in erster Linie darin, mit den anderen Botschaften und dem riesigen UN-Sekretariat Fühlung zu halten, um über alle Vorgänge in der Weltorganisation informiert zu sein. Es wurden also fleißig Berichte nach Bonn gemacht, um die Zentrale über alle wichtigen Fragen auf dem laufenden zu halten. Soviel wie möglich jagte ich die jungen Leute aus dem Büro in das Gebäude des Sekretariats, das am Hudson lag und etwa 2 000 Menschen beschäftigte. Unsere Aufgabe mußte es sein, Nachrichten zu sammeln und sie in verständliche Berichte umzugießen.

Trotzdem kann man nicht sagen, daß wir uns überarbeitet hätten. Der Betrieb der Vereinten Nationen ist ein »Stoßbetrieb«. Von Herbst bis Weihnachten tagt die Hauptversammlung. Es ist die Zeit, in der die ständigen Botschafter ächzend und stöhnend herumlaufen, denn dann erscheinen vielköpfige Delegationen aus der Heimat, meist für einige Zeit unter Führung des Außenministers. Parlamentarier aller Nationen erschienen ebenfalls in rauhen Mengen, wollten alles wissen und alles sehen, natürlich auch, was New York zu bieten hat. Zu meiner Zeit waren etwas über 60 Staaten Mitglied der Organisation, jetzt sind es schon über 100. Während der Plenarsitzung werden unzählige Diners gegeben und noch viel mehr Cocktailparties. Dabei herrscht dann ein furchtbares Gedränge, denn es ist absolute Pflicht, die Einladungen anzunehmen. Selbst Dag Hammarskjöld erschien regelmäßig, wenn auch nur auf eine Viertelstunde. Ich selbst schätzte diejenigen Parties am meisten, die im UN-Gebäude veranstaltet wurden, denn man konnte am Eingang der Räume die Gastgeber begrüßen, sich händeschüttelnd durch die Menge hindurchwühlen, um dann im letzten Raum durch einen Hinterausgang zu verschwinden. Bei einiger Technik ließ sich das in etwa 20 Minuten bewerkstelligen. Doch das soll nicht heißen, daß es sich nicht gelohnt hätte, häufig auch länger zu bleiben, wenn wichtige und internationale Politiker anwesend waren. Wirklich ergiebig sind aber doch nur Diners, die Gelegenheit zu einem Gespräch geben. Das gilt nicht nur für New York. Zusammenfassend kann man sagen, daß die Vollversammlung eine überdimensionale politische Börse darstellt, auf der es immer Interessantes zu hören gibt.

Doch ich greife in der Zeit vor. Wir lebten immer noch im Juni. Das wichtigste Ereignis war das zehnjährige Bestehen der Vereinten Nationen, das in San Franzisko gefeiert wurde. Am 13. Juni traf der Bundeskanzler zu seinem dritten Besuch in Amerika ein. Ich muß sagen, daß mir dieser Termin wenig in mein Programm paßte, denn ich hatte mir vorgenommen, vier Tage mit dem Zug durch den ganzen Kontinent nach San Franzisko zu fahren. Ich wollte wenigstens einmal das ganze riesige Land durchqueren. Der Kanzler ließ mir aber mitteilen, daß er mich während seines Besuches bei sich zu haben wünschte. So empfing ich ihn auf dem Flugplatz in Washington. Der Besuch Adenauers war zu diesem Zeitpunkt sehr notwendig, denn aus dem endlosen Notenwechsel zwischen den Westmächten und der Sowjetunion schälte sich immer mehr der Gedanke heraus, noch im gleichen Jahr eine »Gipfelkonferenz« der vier großen Mächte über die Deutschlandfrage in Genf abzuhalten. So gab es mit den Amerikanern interessante Besprechungen.

Ich selbst hatte auch Gelegenheit, mit Adenauer die Probleme einer eventuellen Gipfelkonferenz ausführlich durchzuberaten. Der Kanzler schien von dem Plan nicht übermäßig begeistert. Bei aller Freundschaft mit unseren westlichen Verbündeten, besonders mit den USA, hatte er immer die Sorge, daß auf einem solchen »Gipfeltreffen« Beschlüsse gefaßt werden könnten, die unseren deutschen Interessen nicht voll entsprachen. Damit hatte er vollständig recht, denn es ist immer eine mißliche Situation, nicht am Verhandlungstisch zu sitzen, wenn über das eigene Schicksal beraten wird. Adenauer setzte volles Vertrauen in die Amerikaner, besonders in Dulles, aber schließlich kann niemals eine Macht die Interessen eines anderen Landes vollständig richtig beurteilen. Dazu übt auch noch die Innenpolitik jedes Landes in der Beurteilung der auswärtigen Fragen einen bedeutenden Einfluß aus.

Da der Kanzler mich nach meiner Meinung fragte, riet ich dazu, der geplanten Konferenz keine Schwierigkeiten in den Weg zu legen. Ich hatte dafür zwei Gründe. Erstens glaubte ich nicht, daß sie überhaupt zu verhindern sei, und zweitens schien es mir äußerst gefährlich, wenn gerade wir Deutschen die Hoffnung der Völker auf Milderung der Spannungen zerstören würden. Unsere Stellung war noch nicht stark genug, um das Odium des Störenfrieds auf uns zu nehmen. Den Kanzler bewegten ganz ähnliche Gedankengänge. Auch Außenminister von Brentano, der Anfang des Monats in das Kabinett eingetreten war und das Auswärtige Amt übernommen hatte, schloß sich dieser Meinung an. Es hatte lange gedauert, bis sich Adenauer entschloß, das Außenministerium an Brentano abzugeben. Doch war dieser Entschluß absolut notwendig, denn es überstieg einfach die Kraft eines Mannes, Regierungschef und Außenminister gleichzeitig zu sein. Brentano war in die außenpolitischen Fragen seit langem eng eingeschaltet, sowohl als Fraktionsvorsitzender der CDU/CSU wie auch durch seine intensive Tätigkeit im Europarat.

Es ging also bei dem Besuch des Kanzlers darum, das Programm für die Gipfelkonferenz in Genf abzustecken und die Einwilligung dafür zu bekommen, daß die Bundesrepublik eine Beobachterdelegation nach Genf entsenden könne. Zwei Tage sehr intensiver Gespräche mit Eisenhower und Dulles brachten eine zufriedenstellende Übereinstimmung in der Beurteilung der Lage. Die Amerikaner versprachen, auf der Forderung nach gesamtdeutschen Wahlen zu bestehen. In gleicher Weise stimmten sie mit uns überein, daß eventuelle britische Pläne, in Mitteleuropa eine entmilitarisierte Zone zu schaffen, der NATO schweren Schaden zufügen würden. Natürlich hätte dieser Plan etwas Verlokkendes an sich haben können, wenn die Russen als Gegenleistung freien Wahlen in ganz Deutschland zustimmen würden. Doch das war recht unwahrscheinlich. Aber selbst wenn sie einen Handel dieser Art abschließen wollten, so blieb immer noch eine Frage, ob sie nicht die Durchführung der Wahlen praktisch sabotieren würden. Dazu gab es für sie hundert Möglichkeiten. Es konnte kein Zweifel darüber herrschen, daß die Sowjetunion ihre Pläne, ganz Deutschland unter kommunistische Kontrolle zu bekommen, noch nicht aufgegeben hatte. Eine

Neutralisierung Deutschlands bedeutete dazu militärisch den Rückzug der Sowjetarmee um 100 bis 200 Kilometer, aber einen Rückzug der Amerikaner um 5000 Kilometer über den Ozean. Es war auch vorauszusehen, daß die Amerikaner, erst einmal in ihre Heimat zurückgekehrt, nicht erneut den Weg nach Europa antreten würden. Kurz, es lauerten auf dem Konferenzgebiet viele Gefahren, und es sollte sich herausstellen, daß unsere Sorgen sich als begründet erwiesen. Auch Außenminister Dulles fühlte sich bei dem Gedanken an eine Gipfelkonferenz nicht recht wohl.

Im Anschluß an seinen Besuch in Washington kam der Kanzler noch kurz nach New York. Leider konnten wir ihn immer noch nicht in einer eigenen Residenz empfangen. Doch erinnere ich mich an ein Essen, das im Hause des französischen Generalkonsuls stattfand, an dem u. a. Pinay und Botschafter Alphand teilnahmen. In einer Gesprächspause sagte der Kanzler plötzlich quer über den Tisch: »Ach, Herr von Eckardt, machen Sie doch mal den Herrn François-Poncet nach!« Diese Aufforderung brachte mich wirklich in Verlegenheit, denn erstens befanden wir uns in einem französischen Hause, und zweitens lag der Witz der Kopie natürlich in erster Linie in der Nachahmung des französischen Akzents, den François-Poncet, der so vollendet Deutsch sprach, nie verlor. Die meisten Herren am Tisch verstanden dazu überhaupt wenig Deutsch. Trotzdem tat ich mein Bestes, aber zu meinem großen Erstaunen entpuppte sich Hervé Alphand als ein vorzüglicher François-Poncet-Imitator in französischer Sprache. Es wurde ein sehr vergnügliches Essen. Noch in späteren Jahren begrüßte mich Pinay nie anders als »Monsieur François-Poncet«. Doch damit kein falscher Eindruck entsteht: Adenauer brachte François-Poncet große Hochachtung und viel Sympathie entgegen, diesem Mann, der von Deutschland und von deutscher Politik mehr verstand als die meisten Deutschen. Meine eigene große Sympathie für diesen bedeutenden, geistreichen Diplomaten habe ich schon an anderer Stelle zum Ausdruck gebracht. Die Stunden, die meine Frau und ich bei ihm und seiner so gütigen Frau in Schloß Ernich verlebten, bleiben unvergessen. Madame François-Poncet ist eine warmherzige Frau. In aller Stille hat sie in Zeiten der Not in Deutschland an bedürftigen Deutschen unendlich viel Gutes getan.

Obwohl ich während des Kanzler-Aufenthaltes schon bemerkt hatte, daß ihm die Führung des Presseamtes in Bonn Sorge bereitete, war ich doch einigermaßen erstaunt, als mir Blankenhorn im letzten Moment vor dem Abflug verkündete, der Kanzler habe angeordnet, daß ich als Mitglied der Beobachter-Delegation an der Konferenz in Genf teilnehmen solle, und er wünsche auch, daß ich ihn nach Moskau begleite, falls sein Besuch dort zustande komme. Es standen also wieder bewegte Zeiten bevor.

Ich muß offen bekennen, daß mir diese Entscheidungen des Kanzlers nicht unangenehm waren. Es ging uns gut in New York. Als Kind hatte ich einmal davon geträumt, Botschafter zu werden, und meiner Frau hatte ich in schlechten Zeiten zum Trost gesagt: »Aus dir mache ich noch mal eine Exzellenz!« Beides war nun eingetroffen. Trotzdem war ich in den ersten Monaten in New York nicht glücklich. Meine Mitarbeiter und ihre Frauen waren sehr angenehme Menschen, das äußere Leben recht erfreulich, New York eine faszinierende Stadt. Aber es fehlte eben das gewisse Etwas, das der politisch passionierte Mensch nur in den Regierungszentralen finden kann. Ich hatte zwar meine interessante Aufgabe, aber keinen Einfluß mehr auf den Gang der Geschehnisse. Ich lebte an der Peripherie der Ereignisse und war eben nicht mehr und nicht weniger als ein »Beobachter« der Geschehnisse. Dazu fehlte mir einfach das Gespräch mit dem »alten Herrn«. Der Mensch wirkt durch das Wort, und es fehlte mir die Möglichkeit, durch das gesprochene oder geschriebene Wort eine Wirkung, und sei sie auch noch so bescheiden, auf den Regierungschef auszuüben. Durch die Jahre in Bonn und die enge Verbindung zu Adenauer war ich in dieser Hinsicht sehr verwöhnt. Doch der Kanzler schwang sich erstmal wieder in die Lüfte zur Heimreise nach Bonn. Einen Tag später flog ich in entgegengesetzter Richtung nach San Franzisko.

Ich kam zum zweiten Mal in meinem Leben nach San Franzisko, aber eigentlich möchte ich jedes Jahr ein paar Tage in dieser Stadt verbringen. Wenn ich mir überlege, welche der Städte, die ich kenne, für mich die schönsten sind, so würde ich mich für drei entscheiden: Istanbul, San Franzisko und Venedig. Am Flugplatz holte mich Herr Kempff ab, der als Generalkonsul einen der begehrtesten Posten des diplomatischen Dienstes innehatte. Lange Jahre später traf ich ihn als Vertreter des Auswärtigen Amtes in Berlin wieder. Auf dem Flugplatz stand für mich ein taubengraues Mercedes-Kabriolett 300 mit roter Polsterung als Mietwagen. Die Festlichkeiten in San Franzisko, Feierlichkeiten mit langen Reden, Essen und Empfängen, dauerten über eine Woche. Politische Probleme wurden kaum und nur am Rande behandelt. Die Jubiläumssitzung der UNO eröffnete Präsident Eisenhower. In einsamer Herrlichkeit saß er allein mit dem Präsidenten der Versammlung, dem Holländer van Cleffens, auf einer riesigen Bühne in einem imposanten Lehnstuhl. Er hielt eine schöne, von Optimismus getragene Rede, die großen Beifall fand. Besonders fiel mir auf, daß er einen jener leichten, dunkelblauen amerikanischen Anzüge trug, glänzend geschnitten und trotz der Hitze ohne die kleinste Falte. Ich liebe es, an heißen Tagen diese ungefütterten, leichten und bequemen Anzüge zu tragen. Aber schon nach einer Stunde wirken sie unansehnlich und zerknittert. Eisenhowers Anzug blieb den ganzen Tag so glatt und schön, als käme er eben aus der Bügelanstalt. Ich war entschlossen, dieses Geheimnis zu erforschen, aber bis heute blieb ich erfolglos.

Jeden Tag wurden nun lange und schöne Reden gehalten, aber es war nicht unbedingt erforderlich, sie alle anzuhören. Zwei meiner Herren hielten, wenn ich keine Lust hatte, »Stallwache« und berichteten mir dann später. Ich selbst fuhr viel in die zauberhafte Umgebung der Stadt, wobei sich das Mercedes-Kabriolett einschließlich des Fahrers sehr bewährte. Jeden Abend fand ein festlicher Empfang statt, auf die Dauer eine etwas ermüdende Lebensform. Ich erinnere mich nur an eines dieser Essen, die ich nach Diplomatenart um 10 Uhr 30 verließ. In meiner Hotelhalle traf ich den luxemburgischen Staatsminister Bech, und wir beschlossen, noch ein Glas zu trinken. Der Abend dehnte sich bis morgens um 4 Uhr aus, denn Bech, der 30 Jahre das Amt des Staatsministers bekleidete, kam ins Erzählen. Ich kenne keinen besseren, humorvolleren Erzähler als ihn. Ich bin ihm noch oft begegnet, und immer gab es ernste, aber auch heitere Gespräche. Am letzten Tag dieser Festwoche gab unser Generalkonsul Kempff einen Empfang für mich. Unter den Gästen befand sich auch der Generalvertreter von Mercedes-Benz. Ich nahm die Gelegenheit wahr, um ihm für die Bereitstellung des schönen Wagens zu danken. Doch er wehrte ab: »Sie brauchen mir nicht zu danken, Herr Botschafter! Sie haben den Wagen glänzend für mich Reklame gefahren. Eine reiche alte Dame besteht darauf, ihn für 10 000 Dollar zu kaufen!«

Am 27. Juni flog ich nach New York zurück, packte meine Koffer, und am 30. Juni ging es nach Bonn.

Die Genfer Gipfelkonferenz 1955

In Bonn herrschte politischer Hochbetrieb. Einmal wegen der bevorstehenden Konferenz in Genf; dazu kam die sowjetische Einladung an den Kanzler, Moskau zu besuchen. Die Bundesregierung befand sich in allen diesen Jahren in einem Dilemma, wenn solche oder ähnliche Konferenzen abgehalten wurden. Die öffentliche Meinung der ganzen Welt und besonders im geteilten Deutschland erhoffte sich immer wieder von den Besprechungen der Regierungschefs oder der Außenminister die große Wende zum Frieden, zu einem echten Frieden. Diese Hoffnung entsprach in keiner Weise der Wirklichkeit. Stellte man den Optimisten die Frage, aus welchem Zwang oder aus welchen Beweggründen die Sowjetunion ihre harte, feindselige Politik ändern sollte, so bekam man niemals eine brauchbare Antwort. Die Sowjetunion befand sich tatsächlich in einer beinahe unangreifbaren Position. Niemand in der freien Welt wollte Krieg. Den Russen hatte man genügend Zeit gelassen, eine eigene wirksame Atombombe zu entwickeln. Nur unmittelbar nach Kriegsende hätten die Amerikaner, mit der Bombe im Hintergrund, die Verhältnisse auf dieser Welt in einer vernünftigen Form regeln, also die Russen mit ihrem kommunistischen Einfluß auf ihr eigenes Territorium zurückdrücken können. Doch die Volksstimmung in den USA, die damals für die Rote Armee in Begeisterung gebracht worden war, ließ eine solche Politik nicht zu. Die Russen hatten unsagbare Opfer an Blut und Gut gebracht, um Hitlers Macht zu brechen. Präsident Roosevelt lebte und starb in dem Glauben, daß die »Großen Vier«, USA, Großbritannien, Rußland und Frankreich, der Welt eine friedliche Entwicklung garantieren könnten. Roosevelt war zweifellos ein bedeutender Mann, doch von Russen und Kommunisten verstand er nicht das geringste. Aber selbst, wenn er ihr Machtstreben richtig erkannt hätte, wäre ein abrupter Frontwechsel nach dem Sieg über Hitler doch nicht durchführbar gewesen. Die prorussische Propaganda saß noch zu tief im amerikanischen Volk, als daß man diesen gutgläubigen Menschen von einem Tag zum anderen alle Illusionen hätte zerstören können.

Winston Churchill befand sich in einer besonders schwierigen Lage.

Er wußte genau, was er von der sowjetischen Politik zu halten hatte, aber es fehlte ihm nach dem erschöpfenden Kriege an der notwendigen Macht, eine selbständige britische Politik gegen die Sowjetunion zu führen. England war so ausgeblutet, daß es sich nur in enger Anlehnung an die USA erholen konnte. Spätestens seit der Konferenz in Jalta wußte Churchill genau, was die Russen beabsichtigten, aber sein Kampf um ein selbständiges Polen blieb erfolglos, weil es ihm nicht gelang, Roosevelt über den sowjetischen Imperialismus die Augen zu öffnen.

Jetzt, 1955, hatte die Sowjetunion ihre Ziele längst erreicht. Die baltischen Staaten waren liquidiert, Polen, die Tschechoslowakei, Rumänien, Ungarn und Albanien fest in kommunistischen Händen. In Deutschland standen sie an der Elbe und hatten sich damit für offensive und defensive Zwecke ein Glacis geschaffen, wie sie es sich nicht besser wünschen konnten. Warum also sollten die Russen ihre Politik ändern? Weit und breit war kein vernünftiger Grund dafür zu sehen, es sei denn, man glaubte daran, sie würden sich plötzlich zu Demokraten wandeln. Letztlich konnten daher nur Phantasten an einen Erfolg der Konferenzen mit den Russen glauben. Es gab keine Möglichkeit einer Entspannung, es sei denn auf Kosten Deutschlands. Es gehört zweifellos zu Adenauers größten Erfolgen, daß er den Beitritt der Bundesrepublik zur NATO erwirkte, ehe sich die »Großen Vier« zu einer Entspannungskonferenz trafen. Wäre diese Frage zu Beginn der Genfer Konferenz noch offen gewesen, ich glaube, daß in Genf eine Vereinbarung zustande gekommen wäre, die die Zweiteilung Deutschlands und die Neutralisierung der Bundesrepublik praktisch besiegelt hätte.

Völlig abwegig ist es zu glauben, daß durch eine Neutralisierung die Wiedervereinigung der beiden Teile Deutschlands zu einem echten demokratischen Staat erreichbar ist. Solche Illusionen beherrschten aber einen großen Teil des deutschen Volkes, und sie wurden durch die Haltung der Sozialdemokratie kräftig genährt. Der NATO-Vertrag, frisch unterschrieben, stellte daher unsere einzige Garantie dar, daß es in Genf nicht zu einer Einigung auf der Basis des geteilten Deutschlands kommen würde. John Foster Dulles war allerdings auch ein Garant gegen allzu große Fehler der westlichen Politik. Er blieb den Russen gegenüber völlig illusionslos. Beinahe die größte Gefahr bestand aber in der Haltung der öffentlichen Meinung in Deutschland und der anderen westlichen Völker, die immer wieder glaubten, daß sich die mächtigen Männer der Welt nur an einen Tisch zu setzen brauchten, dann bräche der Friede schon irgendwie von selbst aus. Dieser Druck der öffentlichen Meinung wirkte natürlich in erster Linie auf die westlichen Staatsmänner ein, denn in Rußland gibt es keine öffentliche

Meinung. *Sagen* durfte man das aber auch wieder nicht, um nicht das Odium des Kriegshetzers im eigenen Lande auf sich zu laden. Diese Schwierigkeiten in der Behandlung der deutschen und internationalen Publizistik, von der die Meinung der Völker weitgehend abhängig ist, hatten den Kanzler wahrscheinlich bewogen, mich zur Behandlung der öffentlichen Meinung nach Genf zu schicken. Am 17. Juli machten wir uns auf den Weg nach Genf.

Unsere Beobachter-Delegation bestand in der Spitze aus Prof. Grewe, dem Leiter der politischen Abteilung des AA, Botschafter Blankenhorn, (NATO) und mir. Man hatte für uns eine kleine Wohnung gemietet, in der es sich viel besser arbeiten ließ als in einem Hotel. Zur offiziellen Delegation gehörte Günther Diehl, der Pressereferent des AA, mit dem ich wie immer auf das beste zusammenarbeitete. Ich hatte aber dafür gesorgt, daß auch eine inoffizielle Delegation des Presseamtes zur Stelle war. Bei solchen Konferenzen – damals kam das Wort »Gipfelkonferenz« auf – versammeln sich etwa 1000 Journalisten aus allen Ländern der Welt. Kein Staat konnte ein größeres Interesse daran haben, für eine günstige öffentliche Meinung zu sorgen, als wir. Dazu braucht man aber Menschen, die von diesen Dingen etwas verstehen, die Beziehungen zu den Journalisten haben und bereit sind, von früh bis spät den Neuigkeitshungrigen zur Verfügung zu stehen. Glücklicherweise verfügte das Presseamt über solche wirklich passionierten Menschen, die auch das notwendige Fingerspitzengefühl besaßen. Einige von ihnen sind noch heute im Presseamt tätig. Diese Männer standen mir in unerschütterlicher Loyalität zu jeder Tages- und Nachtzeit zur Seite.

Grewe, Blankenhorn und ich wohnten zusammen und konnten schon dadurch in ständiger Verbindung miteinander arbeiten. Meine Freundschaft zu Blankenhorn wurde nur durch eine seiner Angewohnheiten auf die Probe gestellt. Er war schon damals – ich wurde es erst später – ein Frühaufsteher. Zwischen 6 und 7 Uhr morgens begann er in der Wohnung herumzulaufen. Da er zu diesen Stunden keinen Gesprächspartner fand, sprach er – und zwar in ärgerlichem Ton – mit sich selbst. Er murrte vor sich hin. Gegen 1/2 8 Uhr begann er dann allerdings, massiver in seinen Ausführungen zu werden, bezeichnete den »ganzen Laden« als einen »Saustall« usw. Dann war es Zeit, aus dem Bett zu kriechen. Sobald er dann einen »sprechbereiten« Menschen zu fassen bekam, besserte sich seine Laune schlagartig, und wir frühstückten bereits im besten Einvernehmen.

Die Genfer Konferenz ist nun rund zwölf Jahre her. Vieles, das damals wichtig war, ist schon wieder vergessen. Die Vereinigten Staaten waren durch Präsident Eisenhower, Außenminister Dulles und Unterstaatssekretär L. T. Merchant vertreten. Das war die Spitze. Für eine Beobachter-Delegation, deren wichtigste Aufgabe es ist, über alle Vorgänge wirklich informiert zu sein, ist die »zweite Linie« meist wichtiger als die Chefs, die man doch nur selten ausführlich sprechen kann.

Ich selbst kam schon in wenigen Tagen mit dem Mitglied des State Departments, Douglas MacArthur jr., einem Neffen des berühmten Generals, in enge Fühlung. Wir verstanden uns gut, er bewies große Offenheit in allem, was er mir mitteilte. Diese gute Verbindung hat auch noch in späteren Jahren viel Nutzen gebracht. Blankenhorn arbeitete in erster Linie mit Merchant und dem Leiter des Planungsstabes, Robert R. Bowie, zusammen. Natürlich kannten wir uns alle schon von den Besuchen in Washington und auch von manchen Besuchen der amerikanischen Herren in Bonn.

Bei den Engländern bildete Premierminister Sir Anthony Eden zusammen mit Außenminister Harold Macmillan die Spitze. Eine große Rolle spielte auch der Unterstaatssekretär Sir Harold Caccia, dem noch eine glänzende diplomatische Karriere bevorstand. Erfreulicherweise gehörte auch der ehemalige Hohe Kommissar, Sir Ivon Kirkpatrick, zur Delegation. Bei solchen Konferenzen können überhaupt gute persönliche Beziehungen nicht hoch genug eingeschätzt werden. Sie erleichtern die Arbeit ganz wesentlich.

In Frankreich stand zu dieser Zeit Edgar Faure an der Spitze der Regierung. Ich kannte ihn kaum, dafür aber Außenminister Pinay recht gut. Ein wirklich alter Bekannter aber war der Leiter der politischen Abteilung, Roland de Margerie. Ihn kannte ich schon aus den dreißiger Jahren in Berlin, und ein Jahr vorher hatte er sich bereits als mein bester Informant während der Berliner Konferenz erwiesen. Nun, von der Sowjet-Delegation kannten wir persönlich damals überhaupt niemand. Sie wurde geführt von Ministerpräsident Bulganin, beherrscht hingegen vom Ersten Sekretär des Zentralkomitees, Nikita Chruschtschow. Dazu kamen Außenminister Molotow und Verteidigungsminister Marschall Schukow. Zur russischen Delegation gehörten ferner noch Gromyko, Semjonow und die Botschafter aus Paris, Washington und London.

Worum ging es in Genf? In allererster Linie um Deutschland. Eisenhower hielt seine Eröffnungsrede. Sie bewies ein großes Maß an Verständigungswillen. Er verlangte allerdings nicht nur für Deutschland, sondern auch für die osteuropäischen Völker das Selbstbestimmungsrecht. Die Argumente hierfür sind bekannt und noch heute die gleichen. Auf dem Gebiet der Abrüstung unterstrich er die Wichtigkeit einer wirksamen Inspektion und machte ferner Vorschläge zur friedlichen Anwendung der Atomenergie. Eisenhowers Rede erwartete man mit großer

Spannung, denn seit zehn Jahren hatte keine Konferenz der »Großen Vier« mehr stattgefunden. Die ganze Welt blickte auf Genf und erwartete von dort das Heil und von den Regierungschefs ein Wunder. Edgar Faure hielt eine blendende und klare Rede, ein eindrucksvolles Plädoyer für eine faire Lösung der Deutschlandfrage. Anthony Eden brachte im Kernstück seinen Plan von der Berliner Konferenz 1954 wieder vor, der auf freien Wahlen in ganz Deutschland basierte. Dabei sollten die Deutschen selbst entscheiden, ob sie sich mit dem Westen oder dem Osten assoziieren oder neutral sein wollten. Die Sowjets hatten den Plan damals abgelehnt. Jetzt in Genf baute Eden seinen Plan durch ein Sicherheitssystem aus, in dem sich die vier Mächte durch gegenseitige Garantie vor einem neuen deutschen Angriff schützen, die militärischen Kräfte Deutschlands beschränkt und kontrolliert werden sollten. In diesen Eröffnungsreden gab es keine Überraschungen, denn die Standpunkte der drei westlichen Mächte waren bekannt. Die Spannung der ganzen Weltöffentlichkeit konzentrierte sich daher auf die Ausführungen Bulganins. Würde die Sowjetunion neue Gedanken ins Spiel bringen? In langen Ausführungen sprach er von Entspannung, Verbot der Atomwaffen, Beseitigung der Handelsschranken usw. In der Deutschlandfrage bezeichnete er den Abschluß der Pariser Verträge als Haupthindernis für eine Verständigung und schob dabei das ganze Problem, da es sich eben unter den gegebenen Umständen nicht lösen lasse, auf die lange Bank. Durch diese Rede des sowjetischen Regierungschefs wurde schon klar, daß die Monstrekonferenz einen wesentlichen Fortschritt in der deutschen Frage nicht bringen konnte. Bulganins Forderung nach Abzug aller Besatzungsmächte aus Deutschland machte praktisch jede Einigung unmöglich, da sie einem Selbstmord Mitteleuropas gleichgekommen wäre. Schon an diesem Eröffnungstage zeigte sich, wie groß der Vorteil war, daß man vor dieser Konferenz die Pariser Verträge, also den Beitritt der Bundesrepublik zur NATO, unterschrieben hatte. Nur auf dieser Tatsache beruhte eine gewisse Festigkeit der westlichen Position.

Die Russen verstiegen sich ihrerseits zu dem Vorschlag, selbst Mitglied der NATO zu werden. Sie wollten also die Organisation, die dafür geschaffen war, jede weitere Expansion des Kommunismus zu verhindern, mit ihren eigenen Kräften durchdringen. Sie wollten die militärischen Maßnahmen, die die Westmächte trafen, um sich gegen den Kommunismus zu schützen, selbst kontrollieren. So wurden Pläne um Pläne vorgelegt, die aber schließlich alle auf das gleiche hinausliefen. Die Westmächte wünschten, durch freie Wahlen in Deutschland dieses gefährlichste aller Probleme aus der Welt zu schaffen; sie waren bereit, den Russen ein System der Sicherheit gegen deutsche Angriffe zu bieten. Die Russen hingegen wollten die Aushöhlung der NATO erreichen und dabei in Mitteldeutschland bleiben. Die Außenminister und ihre Mitarbeiter produzierten eine Unmenge von juristischen Vorschlägen, die sich aber im Kern immer wieder gleichblieben.

Neben diesen offiziellen Sitzungen hielt man Besprechungen im kleinen Kreise und unter vier Augen ab. Die Russen hatten Marschall Schukow mitgebracht, damit er in vertraulichem Gespräch Eisenhower an die alte Kriegskameradschaft erinnere. Eisenhower kannte ihn sehr gut und schätzte seine militärischen Fähigkeiten. So kam es zu intimen Essen unter vier Augen – nur die Dolmetscher waren noch anwesend –, und Schukow zog alle Register gemeinsamer Kriegserinnerungen. Wie schön war doch alles gewesen, als man noch die Deutschen gemeinsam bekämpfte! Dulles tat alles, um diesen Sentimentalitäten entgegenzuwirken, und hatte damit auch Erfolg.

Worin bestand aber unsere Aufgabe?

Wir mußten Tag für Tag die zum Teil juristisch äußerst komplizierten Vorschläge in eine verständliche Form bringen und ihren eigentlichen Kern bloßlegen. Für uns Deutsche ging es dabei wirklich um Kopf und Kragen. Wenn die Russen auch nur einen Teil ihrer Vorschläge durchsetzten, mußte das ganze mühsam aufgebaute System der Zusammenarbeit zwischen der Bundesrepublik und dem Westen zusammenbrechen. Viel hing davon ab, daß die in Genf versammelte Weltpresse immer wieder auf diese Gefahren hingewiesen wurde und daß auch nicht etwa ein Teil dazu überging, an den kommunistischen Vorschlägen Geschmack zu finden. Heute könnte man meinen, es sei nicht allzu schwer gewesen, diese Aufgabe zu erfüllen. Doch man muß sich in die Situation des Jahres 1955 zurückversetzen. Wir hatten erst einige zaghafte Schritte machen können, in den Kreis der demokratischen Staaten zurückzukehren. Ein großer Teil der öffentlichen Meinung mißtraute uns kaum weniger als die Russen. Dazu kommt eine Neigung aller Journalisten der Welt, mit schönklingenden Plänen und Vorschlägen zu spielen und sie von allen Seiten zu beleuchten. Das soll kein Vorwurf sein, denn der Journalist muß täglich von einer solchen Konferenz berichten und die Vorschläge kommentieren. Eine wirklich sehr schwere Aufgabe. Dabei verlangt man von ihm, daß er stets interessant bleibt und zu allen Vorgängen, auch den kompliziertesten, eine eigene Meinung hat. Zwangsläufig muß ihn das auf das Gebiet der Spekulationen bringen, und das ist gefährlich. Zu allen anderen Schwierigkeiten kommt noch die Unmöglichkeit, über alle Vorgänge wirklich genau informiert zu sein. Die Presse-Organisationen der beteiligten Regierungen hämmern unablässig auf ihn ein, um die Richtigkeit der eigenen Thesen zu beweisen.

Wir als Beobachter-Delegation hatten es dabei am schwersten, denn wir nahmen weder an den offiziellen Sitzungen noch an den Privatgesprächen der Staatsmänner teil. Wir mußten also Tag für Tag und Stunde um Stunde selbst feststellen, was eigentlich vorging, mußten wie die Journalisten erst eine Reportage machen, um die Tatsachen zu ermitteln. Grewe, Blankenhorn und ich teilten uns die Arbeit auf, besuchten unsere Gesprächspartner in den westlichen Delegationen und verglichen dann das Resultat unserer Nachforschungen. Es muß gesagt werden, daß wir gut informiert wurden. Doch bei dieser und noch mancher anderen Konferenz konnte ich bemerken, daß die Berichte der im Konferenzsaal anwesenden Delegationsmitglieder erheblich voneinander abwichen. Das war nicht etwa Absicht. Das Bemühen um Objektivität war groß und dankenswert, aber auch bei sehr geschulten Diplomaten geht das in der Konferenz Gehörte erst durch den Filter der eigenen Meinung. Jeder bewertet das Gehörte verschieden und mischt es dazu mit eigenen Gedanken. So kamen wir drei nach unseren Erkundungsbesuchen stets mit nuancierten Berichten zusammen, aus denen dann eine einheitliche Berichterstattung für den Kanzler und die Regierung in Bonn herausgearbeitet werden mußte. Solange es sich um offizielle Sitzungen der Mächte handelte, war das nicht allzu schwer, denn meistens lagen die Texte der Reden im Wortlaut vor. Viel schwieriger wurde es schon bei der Wiedergabe der Gespräche, die bei den gemeinsamen Essen der Staatsmänner geführt wurden. Hierbei schnappt der eine dies, der andere jenes auf, und aus allen diesen Bruchstücken mußten wir versuchen, ein Bild der wirklichen Situation zu gewinnen.

Wenn diese Arbeit getan war, hieß es mit den nachrichtenhungrigen Journalisten zu sprechen, also nach Möglichkeit den deutschen Standpunkt zur Geltung zu bringen. Wir waren gezwungen, die deutschen Interessen sehr klar zum Ausdruck zu bringen, ohne dabei in die Rolle des ewig Negativen zu geraten. Ein großer Teil der Weltpresse hatte die Schrecknisse des Hitlerkrieges noch lange nicht vergessen, und schließlich ging es auf dieser Konferenz um die Beseitigung der furchtbaren Folgen des von Hitler entfesselten Krieges. Er hatte durch seinen Angriff auf Rußland die Kommunisten nach Mitteleuropa hereingezogen und damit die gefährlichen Probleme geschaffen, mit denen sich die Konferenz beschäftigte. So liefen wir kunstvolle Bögen auf einer sehr dünnen Eisdecke, die jeden Augenblick brechen konnte.

Es kann nicht verwundern, daß wir buchstäblich Tag und Nacht arbeiten mußten. Ich selbst habe täglich zwei- oder dreimal über die verschiedenen Sender gesprochen, über deutsche, europäische, amerikanische oder asiatische. Eine große Zahl von Journalisten aller Nationen mußte empfangen werden. Mit den wichtigsten aß ich zu Mittag, dazu kamen täglich einige Interviews mit schriftlich formulierten Fragen. Ohne meine vorzüglichen Mitarbeiter wäre diese Arbeit niemals zu bewältigen gewesen.

Diese Umstände hatten mich gezwungen, die besten Herren des Presseamtes mit nach Genf zu nehmen. Zu Hause, in Bonn, saß nun aber die Leitung des Amtes fast ohne Mitarbeiter. Auch dort wurden von den zu Hause gebliebenen Publizisten Informationen verlangt, und man hatte es wirklich nicht leicht, auch das Amt noch gut zu informieren. Zu allen diesen Schwierigkeiten erleichterte die Abwesenheit Adenauers von Bonn nicht gerade die Arbeit. Er hatte sich in einem Chalet in Mürren einquartiert, um dort Ferien zu machen. Natürlich waren es keine Ferien, sondern er wollte, da er nicht nach Genf kommen konnte, möglichst nahe am Ort des Geschehens sein. Praktisch bedeutete das aber, daß für ihn wieder eine Sonderberichterstattung neben der nach Bonn gemacht werden mußte. Viele Male am Tage sprach Blankenhorn am Telefon mit ihm, und ich selbst informierte ihn auch täglich über den Draht. Gottlob dauerte das Ganze nur vom 17. bis 23. Juli 1955. Das Resultat der Konferenz mündete in Direktiven an den UN-Abrüstungs-Unterausschuß für eine Tagung im August 1955 und an die Außenminister für eine Konferenz im Oktober 1955 ein.

Um dem Leser einen Eindruck zu vermitteln, wie das Resultat dieser von so vielen Hoffnungen begleiteten Konferenz aussah, sei hier als einziges Dokument der Wortlaut der Direktiven wiedergegeben:

> Die vier Regierungschefs einigten sich am 23. Juli 1955 über Direktiven an den UN-Abrüstungs-Unterausschuß für eine Tagung im August 1955 und an die Außenminister für eine Konferenz im Oktober 1955, nachdem die Außenminister, die mit dem Entwurf dieser Direktiven betraut worden waren, am 22. Juli und in der Nacht vom 22. auf den 23. Juli etwa 18 Stunden vergeblich versucht hatten, zu einer Einigung zu gelangen. Am Morgen des 23. Juli um 11 Uhr 15 hatte Präsident Eisenhower eine zweite Unterredung mit Marschall Schukow, an der nur der amerikanische Botschafter in Moskau, Charles Bohlen, teilnahm. Die Einigung der Regierungschefs kam in einer Geheimsitzung zustande, die vormittags und nachmittags währte. Die Direktiven an die Außenminister hatten folgenden Wortlaut:
>
> Die Chefs der Regierungen Frankreichs, Großbritanniens, der

Sowjetunion und der Vereinigten Staaten, geleitet vom Wunsche, zur Verminderung der internationalen Spannung und zur Förderung des Vertrauens zwischen den Staaten beizutragen, erteilen ihren Außenministern den Auftrag, die Beratungen über die nachstehenden Fragen fortzusetzen, und zwar unter Berücksichtigung des an der Genfer Konferenz gepflogenen Meinungsaustausches, und wirksame Mittel und Wege vorzuschlagen, die unter Berücksichtigung der engen Verbindung zwischen der Frage der Wiedervereinigung Deutschlands und der europäischen Sicherheit zu einer Lösung der Probleme führen können. Dabei ist der Tatsache Rechnung zu tragen, daß eine erfolgreiche Beilegung dieser Streitfragen einer Festigung des Friedens dient.

1. Sicherheit in Europa und Deutschland

Um die Sicherheit in Europa zu gewährleisten, und zwar unter angemessener Berücksichtigung der berechtigten Interessen aller Nationen und in Anerkennung ihrer unveräußerlichen Rechte auf individuelle und kollektive Selbstverteidigung, sind die Außenminister angewiesen, in dieser Richtung verschiedene Vorschläge zu prüfen, einschl. der folgenden Punkte: Sicherheitspakt für das gesamte Europa oder einen Teil Europas, wobei sich die Mitgliedsstaaten zum Verzicht auf Anwendung von Gewalt und zur Verweigerung jeder Unterstützung für einen Angreifer verpflichten müßten; Kontrolle und Inspektion des Umfanges der bewaffneten Streitkräfte und der Rüstungen; Errichtung einer Zone zwischen Ost und West, in der nur eine gegenseitig zu vereinbarende Anzahl Streitkräfte stehen darf. Es soll auch untersucht werden, ob die Möglichkeiten zu anderen Lösungen für dieses Problem bestehen.
Die Regierungschefs, im Bewußtsein ihrer gemeinsamen Verantwortung für die Lösung des deutschen Problems und die Wiedervereinigung Deutschlands, sind übereingekommen, daß die deutsche Frage und die Frage der Wiedervereinigung Deutschlands durch freie Wahlen im Einklang mit den nationalen Interessen des deutschen Volkes als auch im Interesse der europäischen Sicherheit gelöst werden sollen. Die Außenminister können nach freiem Ermessen entscheiden, ob die Beteiligung oder die Konsultation anderer interessierter Parteien wünschenswert wäre.

2. Abrüstung

Die vier Regierungschefs, vom Wunsche beseelt, die Kriegsdrohung zu beseitigen und die Rüstungsbürde zu erleichtern, und von der

Notwendigkeit überzeugt, daß zum Wohle der Menschheit der Friede gesichert und ein System für die Kontrolle und Herabsetzung der Rüstungen und für die Verminderung der militärischen Mannschaftsbestände unter wirksamen Sicherungen für dieses Vorgehen geschaffen werden muß, sind sich bewußt, daß durch Erfolge auf diesem Gebiet gewaltige materielle Mittel freigemacht werden können, die zur friedlichen wirtschaftlichen Entwicklung aller Völker, zur Hebung ihres Lebensstandards und zur Unterstützung der unterentwickelten Gebiete eingesetzt werden könnten. Sie kommen daher überein:

a) zur Erreichung dieser Ziele zusammenzuarbeiten und ein annehmbares System der Abrüstung durch den Unterausschuß der Abrüstungskommission der Vereinten Nationen ausarbeiten zu lassen;

b) ihre Vertreter in diesem Unterausschuß zu beauftragen, in Erfüllung der ihnen von den Vereinten Nationen übertragenen Aufgaben die Ansichten und Vorschläge zu berücksichtigen, die auf dieser Konferenz von den Regierungschefs dargelegt wurden;

c) die nächste Sitzung dieses Unterausschusses auf den 29. August 1955 nach New York einzuberufen;

d) die Außenminister anzuweisen, den Verhandlungen dieser Abrüstungskommissionen volle Aufmerksamkeit zu schenken, die von den Regierungschefs auf dieser Konferenz geäußerten Ansichten in Rechnung zu stellen und zu prüfen, ob die vier Regierungen zum Zwecke der Abrüstung eine neue nützliche Initiative ergreifen sollten.

3. Kontaktnahme zwischen Ost und West

Die Außenminister haben unter Zuziehung von Experten Maßnahmen zu studieren, und zwar unter Zuzug der geeigneten Organe der Vereinten Nationen, die

a) einen stufenweisen Abbau der Schranken bewirken, die den friedlichen Verkehr über die Grenzen und den friedlichen Handel hemmen und

b) einen im Vorteil der betroffenen Länder liegenden freieren Austausch ermöglichen würden.

4. Die Außenminister der vier Mächte werden im Verlaufe des Monats Oktober 1955 erneut in Genf zusammentreten, um über diese Fragen zu beraten und über die Organisation ihrer Arbeit zu entscheiden.

Es gab noch eine Schlußsitzung mit endlosen Reden, und dann war alles vorbei. Wir packten Berge von Papier zusammen, und schließlich machten Blankenhorn und ich uns auf den Weg nach Mürren. Es war ein herrlicher Sommertag, und so ließen wir uns Zeit, denn wir waren recht ermüdet von den Genfer Tagen. Am Mittag legten wir uns eine Stunde im Walde am Rande eines romantisch murmelnden Baches nieder und schliefen. Gegen Abend trafen wir bei Adenauer in Mürren ein. Als ich den kleinen Wohnraum betrat, sah ich den Kanzler mit der bekannten amerikanischen Journalistin Marguerite Higgins plaudernd am Tisch sitzen. »Maggie« Higgins schrieb eifrig mit, was der Kanzler sagte. Adenauer begrüßte mich mit einer gewissen Erleichterung: »Na, da sind Sie ja! Gehen Sie doch mit Frau Higgins mal die Notizen durch und sagen Sie ihr, was sie schreiben kann und was nicht!« Wir machten uns an die Arbeit, die sich bald zu einer Katastrophe entwickeln sollte. Adenauer war ganz besonders offenherzig gewesen, und da ihm die ganze Genfer Konferenz nicht gefallen hatte, standen äußerst scharf formulierte Dinge in dem Interview. Ich mußte also recht unnachgiebig sein gegen die charmante Mrs. Higgins und immer wieder sagen: »Das muß leider 'raus. Das können Sie nicht veröffentlichen!« Anfangs stritten wir uns um die verschiedenen Sätze, doch schließlich wurde diese berühmte Journalistin immer stiller und stiller. Plötzlich sah ich, wie ihr Tränen über die Wangen liefen. Es war wirklich ein schreckliches journalistisches Gemetzel, aber ich mußte fest bleiben. Genf war nicht so ausgefallen, als daß wir uns auch noch journalistische Extratouren leisten konnten. Schließlich waren wir am Ende. Mrs. Higgins sah ganz verheult aus, was ihr übrigens reizend stand. Sie packte ihre Sachen zusammen; der Abschied war von ihrer Seite aus kühl. Das Interview, das ein »Knüller« werden sollte, machte sich nun äußerst zahm. Alle journalistischen Rosinen waren den unerbittlichen Strichen zum Opfer gefallen.

Doch das Ende dieser Geschichte, das ich erst am nächsten Tag erfuhr, sollte noch viel schlimmer sein als mein brutales Eingreifen. Adenauers Häuschen konnte man nur durch eine Zahnradbahn oder zu Fuß erreichen. Als Mrs. Higgins zur Station kam, war der letzte Zug schon weg, und so machte sie sich auf Stöckelschuhen und schließlich auf Strümpfen auf den Weg ins Tal. Ich glaube, es waren bald 1000 Meter, die sie so abwärts steigen mußte, aber sollte das Interview überhaupt noch einen Wert haben, mußte es am nächsten Tag in New York erscheinen. »Maggie« Higgins kam in einem armseligen Zustand, mit zerschundenen Füßen, nachts im Tal an. Als ich am nächsten Tag von dieser schrecklichen Fußtour erfuhr, kamen auch mir beinahe die Tränen, denn ich bin wirklich kein Unmensch. Ich glaube, sie hat mir jahrelang nicht vergeben, was ich ihr da angetan hatte. Ich merkte es deutlich, denn wir trafen uns sehr häufig auf Konferenzen. Unterdessen hat sie mir aber verziehen. Mrs. Higgins wurde ein Opfer ihres Berufs. In Südvietnam holte sie sich eine heimtückische Infektion und starb an dieser Krankheit im Januar 1966 in Washington, erst 45 Jahre alt.

Während des schwierigen Gesprächs mit Mrs. Higgins speisten der Kanzler, Brentano, Blankenhorn und Grewe im Nebenzimmer. Schließlich bekam ich auch noch etwas zu essen, und dann besprachen wir das Resultat der Konferenz. Wir waren noch einmal glimpflich davongekommen, denn die Russen hatten wenigstens theoretisch die Notwendigkeit der Wiedervereinigung anerkannt. Das war nicht viel, aber doch etwas. Aber selbst dieser Optimismus sollte sich als verfrüht erweisen. Chruschtschow reiste über Ost-Berlin zurück. Dort hielt er eine Rede, in der er das wenige, das er in Genf zugestanden hatte, wieder zurücknahm. Er wies jeden Gedanken an Selbstbestimmung für das deutsche Volk zurück. Dazu richtete er heftige Angriffe gegen die Bundesrepublik. Mit dieser Rede hatte die Genfer Gipfelkonferenz auch ihren letzten Wert verloren. Nur drei Tage lagen zwischen dem Schlußkommuniqué und dieser Rede! Der Vorgang zeigte sehr deutlich, welchen Wert solche Konferenzen überhaupt haben. Auf westlicher Seite ist man nach alter Tradition bereit, in zähem Ringen auch dem Verhandlungspartner Konzessionen zu machen, während die Sowjets nur eines kennen, nämlich ihren Standpunkt durchzusetzen oder aber die Konferenz allein als propagandistische Plattform zu benutzen. Wenn sie wirklich bereit sind, eine Einigung zu suchen, dann vermeiden sie große Konferenzen und ziehen geheime diplomatische Verhandlungen vor. Der Abbruch der Blockade gegen Berlin stellt für diese Erkenntnis ein gutes Beispiel dar. 1955 aber konnte man mit den Russen nicht reden. Sie wichen keinen Zentimeter von ihrem Standpunkt ab. Der Kanzler hielt in Mürren noch eine Pressekonferenz ab, die recht gut verlief. Der Westen konnte insofern zufrieden sein, als es den Russen nicht gelungen war, ihn unter sich zu entzweien.

Unsere Gedanken aber richteten sich auf den Kanzlerbesuch in Moskau, der nach einem Notenwechsel nun feststand. Das Datum wurde auf Anfang September festgesetzt. Wir ließen Adenauer in seinem Urlaubsort und suchten selbst noch einige Sommerwochen der Erholung, ehe der Kampf in Moskau beginnen sollte. Bevor ich Mürren verließ, hatte ich noch ein langes Gespräch mit Konrad Adenauer. Er blickte voller Besorgnis in die Zukunft, die vielleicht noch gefährlichere Konferenzen bringen sollte. Die »Direktiven« setzten neue Zusammenkünfte – diesmal der vier Außenminister – fest, wobei die Konferenz über Deutschland viele neue Schwierigkeiten versprach. Die feste Haltung von John Foster Dulles brachte ihm allerdings einigen Trost. Schließlich beauftragte er mich, den Besuch in Moskau pressepolitisch vorzubereiten. Erst fuhr ich aber zur Kur nach Gastein, während sich meine Frau von dem Klima New Yorks, das ihr sehr schlecht bekam, in Pyrmont zu erholen suchte.

Vorbereitungen für Moskau

Während ich in Gastein meine Bäder nahm, verfolgten mich die Gedanken an die vergangenen Konferenztage in Genf und noch viel mehr an die bevorstehenden in Moskau. Länger als 14 Tage hielt ich es in Gastein nicht aus. Die ganze Situation war wenig dazu angetan, geruhsame Spaziergänge zu machen und sich zu entspannen. Gewiß, Genf war ohne »Unglück« überstanden, die Westmächte hatten sich ganz gut geschlagen. Aber das Studium der deutschen und der internationalen Presse gab genügend Anlaß zur Besorgnis. Niemand empfahl zwar, den russischen Wünschen nachzugeben, aber der ständige Hinweis darauf, daß der Beitritt der Bundesrepublik zur NATO eine Verständigung blockiere, war doch als Symptom bedenklich. Rein äußerlich stimmte diese Feststellung, aber nur eine sehr oberflächliche Betrachtung konnte zu einer solchen Einschätzung der Politik des Kremls führen. Es fehlte jeder Hinweis, geschweige denn jede Sicherheit dafür, daß, falls die Bundesrepublik auf das Bündnis mit dem Westen verzichten und sich neutralisieren lassen würde, die Russen ihre Zone wirklich in die Freiheit entlassen würden. Im Gegenteil. Sie verlangten die Bildung eines »Gesamtdeutschen Rates«, der trotz des großen zahlenmäßigen Übergewichts der Bevölkerung der Bundesrepublik im Vergleich zur Zone im Verhältnis 1 : 1 zusammengesetzt sein sollte. Welcher Phantast konnte sich vorstellen, daß in einem solchen Gremium mit Stimmengleichheit eine freiheitliche Entwicklung angebahnt werden könnte? Aber das wäre noch nicht das schlimmste gewesen. Die Zone würde natürlich nur linientreue Kommunisten in diesen Rat entsenden, denn freie Wahlen in der Zone wurden von den Russen überhaupt nicht in Erwägung gezogen. Wie sah es aber bei uns aus? Nicht nur in der Sozialdemokratie gab es Kräfte, die glaubten, es könne möglich sein, den Russen durch große Zähigkeit allmählich eine Wiedervereinigung auf demokratischer Basis abzuhandeln. Wenn es in einem solchen »Gesamtdeutschen Rat« zu Abstimmungen kommen sollte, hätte eine einzige Stimme aus den Reihen der Bundesrepublik, die gutgläubig der anderen Seite demokratische Absichten unterstellte, genügt, um irreparable Folgen herbeizuführen. Kein vernünftiger Mensch konnte sich auf ein solches Risiko einlassen. Die Pervertierung des politischen Vokabulars durch die Russen verursachte immer wieder eine Verwirrung der Gehirne, auch gerade bei denjenigen Menschen, die es wirklich ernst mit der Wiedervereinigung meinten. Sie glaubten, daß Worte wie »Demokratie«, »Frieden«, »Selbstbestimmung« bei den Kommunisten das gleiche bedeuteten wie bei uns im Westen. Man muß wissen, daß z. B. bei Kommunisten »demokratische Kräfte« das gleiche bedeutet wie »kommunistische Kräfte«. Übrigens sind das nicht nur Verwirrungsmanöver, nein, der echte Kommunist glaubt, daß der Kommunismus die einzige wirklich demokratische Staatsform ist. Bis zu einem gewissen Grade ist er also gutgläubig; allerdings nutzen die eiskalt berechnenden Propagandisten des Ostens diese Begriffsverwirrungen mit allen Mitteln aus. Es sollte noch Jahre dauern, bis man auch bei uns allgemein erkannte, daß das marxistische Vokabular erst einer Übersetzung in unsere Vorstellungen bedarf, will man mit den Sowjets realistisch verhandeln.

Mitte August traf ich mit meiner Frau in München zusammen, wo wir noch einige hübsche Tage mit unserem Sohn und mit alten Freunden verlebten, dann ging es zurück nach Bonn. Dort herrschte bereits Hochbetrieb, denn die Reise nach Moskau brachte sehr komplizierte technische Probleme mit sich. Kaum war ich zwei Tage in Bonn, da rief der Kanzler schon wieder zu einer Besprechung nach Mürren. Adenauer hatte dort nicht weniger sorgenvolle Tage verlebt als ich in Gastein. So versammelten wir uns also wieder im gewohnten Kreise.

Adenauer hatte sich nicht leicht entschlossen, die Einladung nach Moskau anzunehmen. Ihm war deutlich anzumerken, daß er noch mit dem Gedanken spielte, den ganzen Besuch unter irgendeinem Vorwand abzusagen. Zu seinen hervorstechendsten Eigenschaften gehört eine klare und nüchterne Einschätzung der eigenen Situation. Was konnte bei dem Besuch in Moskau herauskommen? Die Genfer Konferenz hatte deutlich gezeigt, daß es für die Wiedervereinigung nur einen Preis gab: Unterwerfung. Nun, die Gefahr, daß Adenauer sich unterwerfen würde, bestand nicht, aber auch die Stimmung unserer Alliierten war dem Besuch nicht günstig. Man spürte deutlich das Mißtrauen gegen uns Deutsche. Man fürchtete, wir könnten für eine scheinbare Freiheit bereit sein, uns mit den Russen zu einigen. Das Wort »Rapallo« tauchte immer häufiger in der alliierten Presse auf. Man unterstellte uns nicht direkt die Absicht des Verrats an unseren westlichen Freunden, aber »Rapallo«, selbst mit Fragezeichen versehen, stellte schon eine gefährliche Beeinflussung der Stimmung dar. Dabei wurde dieses Wort, das ein Zusammengehen mit den Russen symbolisierte, von Leuten angewandt, die in der Geschichte schlecht Bescheid wußten. Als 1922

Rathenau den Vertrag von Rapallo abschloß, war die Situation Deutschlands grundverschieden von derjenigen der Bundesrepublik im Jahre 1955. Damals versuchte Deutschland, aus einer geradezu tödlichen Isolierung herauszukommen, einer Isolierung, die der russischen ziemlich genau entsprach. Der Vertrag von Rapallo, der in seinem materiellen Gehalt übrigens ziemlich wenig bedeutete, wollte den Westmächten, die uns durch die Reparationen in einem eisenharten Griff hatten, demonstrieren, daß sich die »Habenichtse« unter den Geschlagenen des 1. Weltkrieges zusammentun könnten, um sich aus ihrer hoffnungslosen Lage zu befreien. So sah die Welt aber jetzt nicht aus. Die Bundesrepublik war Mitglied der stärksten Allianz, die die Welt je gesehen hatte. Unsere Wirtschaft entwickelte sich unerwartet günstig und gab uns schon eine gewisse Position auf den Weltmärkten. Dieses politische und wirtschaftliche Kapital wieder aufs Spiel zu setzen, wäre absoluter Wahnsinn gewesen. Der Kanzler dachte nicht einen Moment daran, aber manche Politiker in der Welt glaubten, wir würden sowjetischen Verführungskünsten verfallen und an den »Köder Wiedervereinigung« anbeißen, auch wenn russische Versprechungen noch so unglaubwürdig blieben. Das Wort »Rapallo« war aber nun einmal im Schwange, und nichts ist schwerer, als solche Schlagwörter, seien sie auch noch so unsinnig, wieder aus der Welt zu schaffen.

Uns bedrückten aber noch andere Sorgen. Kurz nach der Genfer Konferenz wurden die Hoffnungen wieder lebendig, die man in Deutschland mit einem direkten Gespräch Moskau–Bonn verknüpfte. Die Zeit nach dem 2. Weltkrieg hat in den politisch-diplomatischen Methoden Veränderungen mit sich gebracht, die die Arbeit der Staatsmänner sehr erschweren. Die Abschaffung der sogenannten Geheimdiplomatie macht es den Verantwortlichen beinahe unmöglich, politische Fäden in aller Stille zu spinnen, Entwicklungen vorzubereiten und damit wenigstens von Zeit zu Zeit die Lösung einer Frage so vorzubereiten, daß auf einer Konferenz dann nur noch die letzten Entscheidungen zu fällen sind.

Heute sind die Regierungen dazu übergegangen, ihre Notenwechsel sofort zu veröffentlichen, ständig Erklärungen über noch völlig unausgegorene Fragen abzugeben; und die Mitglieder der Parlamente besprechen mit den Journalisten eigentlich alles, was sie selbst erfahren, und sei es auch unter dem Siegel der Verschwiegenheit. Der Staatsbürger wird sich kaum eine Vorstellung davon machen können, wie schwierig es dadurch wird, wirklich erfolgreiche Verhandlungen zu führen. Auch ich bin ein Gegner von *Geheimverträgen*, von schwerwiegenden Abmachungen, die dem Parlament und der Bevölkerung unbekannt sind, gegebenenfalls aber eingehalten werden müssen. Die Vorgeschichte des 1. Weltkrieges zeigte diese Gefahren eindeutig auf. Es ist also richtig, daß die Parlamente internationale Verträge ratifizieren, daß jeder Staatsbürger die Vereinbarungen kennt, für die er eines Tages einstehen muß. Dagegen ist es unsinnig, die Öffentlichkeit über alle Einzelheiten langwieriger Verhandlungen zu informieren, ehe die Vertragstexte ausgehandelt und formuliert sind. Durch dieses System werden die Verhandlungen vom ersten Tag an mit so viel Prestige-Ballast bepackt, daß es immer schwieriger wird, überhaupt zu Resultaten in internationalen Verhandlungen zu kommen. Heutzutage beschäftigen sich Wochen, oft Monate lang alle publizistischen Organe mit den Möglichkeiten, die eine Verhandlung bietet, ehe sie überhaupt begonnen hat. So machen sich die Staatsmänner auf die Reise zum Konferenzort, beladen mit Wünschen, Hoffnungen oder auch Beschränkungen in ihrer Verhandlungsfreiheit. Sie wissen beinahe immer vorher, daß sie die in sie gesetzten Erwartungen nicht erfüllen können. Die wenigen Resultate in den West-Ost-Verhandlungen, die in der Nachkriegszeit überhaupt erzielt wurden, kamen durch geheime Verhandlungen zustande (Abbruch der Blockade Berlins, Atomteststopp-Abkommen).

Bei dem viele Wochen vorher bekanntgegebenen Reisetermin nach Moskau konnte es nicht anders sein. Tag für Tag beschäftigte sich die Presse mit dieser Reise, gab dem Kanzler gute Ratschläge, nährte entweder unsinnige Hoffnungen oder bescheinigte dem Regierungschef schon vor dem Abflug die Unmöglichkeit, irgendwelche Resultate zu erzielen. Eines ist so schlimm wie das andere. Dabei ist sicher, daß es ein großer Teil der Presse und des Rundfunks gut meint, daß sie sich bemühen, realistisch zu denken und zu schreiben. Doch die Publizisten wissen einerseits zuviel, andererseits zuwenig, um die Lage im einzelnen wirklich beurteilen zu können. Sie sollen und sollten – wenn sie schon schreiben – die »ganze Wahrheit« wissen. Aber was ist die »ganze Wahrheit«? Wer weiß sie unter den Beteiligten und könnte sie entsprechend klar wiedergeben? Niemand kennt die »ganze Wahrheit«, schon gar nicht bei einem Verhandlungsgegner, der – wie im Falle der Sowjetunion – immer nur Informationen herausgibt, die ihm gerade in die Situation hineinpassen. Totalitäre Mächte betreiben auch heute Geheimdiplomatie im Stile des XVIII. Jahrhunderts, während die westlichen Demokratien genötigt sind, die Öffentlichkeit zu informieren. Natürlich weiß man das auch im Westen; man kennt die Gefahren genau, die in diesem Verfahren stecken. Aber in unseren Tagen sind Außen- und Innenpolitik so eng miteinander verknüpft, daß mit Außenpolitik immer auch gleichzeitig Innenpolitik und damit Politik für die kommenden Wahlen gemacht wird. In der Lage Deutschlands tritt das ganz besonders kraß in Erscheinung. Da die Spaltung unseres Landes das Zentralproblem unserer Politik überhaupt ist, vermengen sich Außen- und Innenpolitik zu einem unentwirrbaren Knäuel. Minister und Abgeordnete, deren Arbeitsgebiete fast ausschließlich auf dem Gebiet der Wirtschaft, der Sozial- oder Innenpolitik liegen, äußern sich ständig zu außenpolitischen Fragen, deren Beurteilung jahrzehntelange Erfahrungen verlangen. Ich weiß, daß daran kaum etwas zu ändern ist. Diese Ausführungen sollen nur die wirklichen Verhältnisse aufzeigen und erklären, wie schwer es unter diesen Umständen ist, Außenpolitik zu machen.

Nach unserer Rückkehr aus Mürren blieben noch 17 Tage zur Vorbereitung der Reise nach Moskau. Alles nur irgend brauchbare Material wurde bearbeitet, zusammengestellt, zu Denkschriften usw. verarbeitet. Ich selbst versuchte, mit dieser Arbeit Schritt zu halten, mich über alles erreichbare Material zu informieren, denn ich wußte, was mir in Moskau auf den internationalen Pressekonferenzen bevorstand.

Große Kenner der internationalen Politik würden mir mit Fragen zusetzen, und ich mußte nach Möglichkeiten über alles, was zur Diskussion stand, informiert sein. Meine Hauptarbeit bestand aber darin, die deutsche Presse in ihren Erwartungen zu dämpfen. Die Regierung durfte in Moskau, ganz allgemein betrachtet, keinen Rückschlag erleiden. Es war wesentlich einfacher, nach Rußland zu reisen, als von dort ungerupft zurückzukehren. Bei den ausländischen Korrespondenten hieß es vor allem, Vertrauen in die deutsche Politik zu erwecken, das Mißtrauen zu bekämpfen und dazu Verbindungen zu verstärken, die wir bestimmt in Moskau dringend nötig hatten.

Da ich nicht mehr Leiter des Presse- und Informationsamtes war, lag die rein technische Vorbereitung der Reise nicht in meinen Händen. Wie wir von Moskau aus Verbindung mit Bonn halten könnten, war ein schwieriges Problem, da wir in Moskau keine diplomatische Vertretung hatten. Es fehlte uns also an dem üblichen und so notwendigen Stützpunkt in Rußland selbst. Die Idee, einen Sonderzug nach Moskau zu schicken, war ausgezeichnet. Erstens gab uns der Zug die Möglichkeit, alle technischen Verbindungen, also vor allem Funkfernschreiber, zu installieren, zum anderen aber auch die Räumlichkeiten, um innerhalb der Delegation vertrauliche Beratungen abhalten zu können, da mit absoluter Sicherheit in jedem unserer Zimmer im Hotel Mikrofone installiert waren. So wurde denn ein Sonderzug zusammengebaut und mit allen notwendigen Einrichtungen versehen. Zu allem anderen mußten die Waggons an der russischen Grenze auch noch auf die dort übliche Spurweite umgestellt werden. Alle diese Schwierigkeiten wurden glänzend überwunden. Das Presseamt stellte einen großen Teil des technischen Personals.

Die personelle Zusammensetzung der Delegation verursachte ebenfalls viel Kopfzerbrechen. Schließlich entstand eine Delegation, die die größte war, die jemals den Kanzler auf einer Reise begleitet hat. Zwei Flugzeuge wurden von der Lufthansa gechartert, dazu fuhr ein großer Teil, besonders das technische Personal, mit dem Sonderzug. Der Kanzler legte Wert darauf, auch Vertreter der gesetzgebenden Körperschaften mitzunehmen. So waren Ministerpräsident Arnold als Vorsitzender des Auswärtigen Ausschusses des Bundesrats, der Abgeordnete Kiesinger als Vorsitzender des Auswärtigen Ausschusses des Bundestags und Professor Carlo Schmid als stellvertretender Vorsitzender mit von der Partie. Carlo Schmid stellte dazu die unbedingt notwendige Verbindung zur Opposition dar. Alles zusammen machten sich über hundert Personen auf den Weg. Doch bevor es soweit war, gab es zahllose Besprechungen beim Kanzler und beim Außenminister von Brentano. Am Tage vor dem Abflug hatte ich ein Gespräch mit Adenauer unter vier Augen. Adenauer reiste nicht gerne in die Sowjetunion. Er wußte, daß seine politische Bewegungsfreiheit sehr eingeschränkt war, nicht nur durch die starre Haltung, die die Sowjetunion in Genf gezeigt hatte, sondern auch durch unsere Alliierten, die die ganze Reise mit sehr gemischten Gefühlen betrachteten. Er fürchtete, sich zwischen alle Stühle zu setzen und von dem so mühsam erkämpften Terrain in der westlichen Welt wieder vieles zu verlieren, ohne aus Rußland einen wirklichen Erfolg mitbringen zu können.

Ich versuchte, ihn etwas positiver zu stimmen, obwohl ich so gut wußte wie er, daß in der Wiedervereinigungsfrage im Kreml nichts zu erreichen war. Aber es gab noch die Möglichkeit zu einem menschlichen Erfolg. Ich sagte dem Kanzler immer wieder, daß wir die 10 000 Kriegsgefangenen, die noch immer als Sträflinge in der Sowjetunion arbeiteten oder in Gefängnissen saßen, nach Hause bringen mußten. Adenauer glaubte, daß auch das sehr schwer sein würde, ohne unverantwortbare Konzessionen zu machen. Er sollte mit seiner Ansicht nur zu recht haben, aber es lag mir daran, ihn so kämpferisch zu stimmen wie irgend möglich. Ich glaube, es gelang mir bis zu einem gewissen Grade, und so trennten wir uns mit einem freundschaftlichen Händedruck. Dabei lächelte er sogar ein wenig. Am nächsten Morgen standen die Maschinen startbereit auf dem Flugplatz Köln-Wahn.

Die Konferenz in Moskau 1955

Am 8. September 1955 um 9 Uhr früh startete als erste der beiden Delegations-Maschinen die Lufthansa-Constellation mit Außenminister von Brentano, Staatssekretär Professor Hallstein, Professor Grewe, mir selbst, den Ministerialdirigenten van Scherpenberg und von Trützschler, den Gesandten Mohr und von Walther. Dazu kamen die zuständigen Referenten des AA, Vertreter des Wirtschaftsministeriums, des Gesamtdeutschen Ministeriums und eine große Zahl von Hilfskräften. Der Kanzler mit seiner Begleitung startete 45 Minuten später.

Trotz der Morgenstunde hatten sich viele Menschen in Wahn eingefunden. Die zurückbleibenden Mitglieder des Kabinetts, die Spitzen der Parteien und Fraktionen waren erschienen, dazu viele, die den Augenblick miterleben wollten, in dem der Kanzler nach Rußland aufbrach. Es war ein schöner Frühherbsttag. Wir richteten uns im Flugzeug ein, eine Zwischenlandung war nicht vorgesehen. In der Kabine herrschte tiefe Stille. Es fehlte die Munterkeit, mit der wir oft zu einem Auslandsbesuch aufgebrochen waren.

Die Lufthansa-Stewardessen versorgten uns mit einem kleinen Zwischenfrühstück, riesige dickbauchige Aktentaschen wurden geöffnet, und man fing erneut an zu arbeiten. Dokumente und Denkschriften wurden noch einmal überprüft. Ich selbst konnte zur Vorbereitung der Konferenz nichts mehr tun und hing meinen Gedanken nach. Über ein Jahrzehnt war keine Flugmaschine von Westdeutschland in Richtung Rußland geflogen. Ich mußte an das Frühjahr 1945 denken, an die Flucht vor der russischen Armee aus Mecklenburg. Nur mit einer Aktentasche in der Hand hatte ich im Morgengrauen unseren Hof verlassen und ihn niemals wiedergesehen. Wir waren umhergeirrt, hatten schließlich Wohnung und Arbeit in Bremen gefunden. Dann kam der Umzug nach Bonn und die persönliche Verflechtung in die Politik der neuerstandenen Bundesrepublik. Jetzt saß ich in einem modernen Flugzeug und sah der Auseinandersetzung mit den Machthabern nicht nur der Sowjetunion, sondern des Weltkommunismus entgegen.

Ich habe ein sehr ausgeprägtes Gefühl für geschichtliche Vorgänge, und dieser Flug war in seiner Art sicher ein einmaliger historischer Vorgang. Ich dachte an den Kanzler, der nun auch schon in Richtung Moskau flog. Seine Maschine war nicht weniger stark besetzt mit Mitarbeitern als die des Außenministers. Aber was können in entscheidenden Tagen und Stunden Mitarbeiter dem verantwortlichen Regierungschef schon helfen? Sicher, sie sind Gesprächspartner, können über tausend Dinge Auskunft geben, aber die Entscheidung treffen kann immer nur der eine, der verantwortliche Mann. Ich kannte den Kanzler zu gut, um nicht zu wissen, daß ihn, trotz seiner souveränen Art, Verantwortlichkeiten so hohen Grades stark belasteten! Keine der Nachkriegsreisen konnte sich mit diesem Flug vergleichen. Es war wirklich eine Reise ins Ungewisse.

Aus der völligen Unklarheit, welchen Verlauf die Besprechungen mit den Machthabern des Kremls nehmen würden, erklärte sich auch die große Zahl der Delegationsmitglieder. Niemand wußte, welche Themen zur Sprache kommen würden, und daher mußte für alle Eventualitäten vorgesorgt, mußten für alle Fachgebiete die Experten zur Stelle sein. Die Genfer Konferenz hatte gezeigt, daß die Sowjetunion zu Gesprächen über die Wiedervereinigung nicht bereit war. Doch in irgendeinem Winkel des Herzens bewahrt man die Hoffnung, es könne ein Wunder geschehen. Vielleicht würden die Russen in einem zweiseitigen Gespräch eine andere Taktik einschlagen. Wußte man, was in den Köpfen der russischen Führer vorging? Niemand wußte es wirklich, alle waren wir nur auf Vermutungen angewiesen. Ich betrachtete den Flugschein der Deutschen Lufthansa: »Reise von Köln nach Köln über Moskau« stand dort geschrieben. Aber wie würden wir in einigen Tagen in Köln wieder landen? Mit einem völligen Fehlschlag oder einem klein bißchen Hoffnung auf eine bessere Zukunft des ganzen deutschen Volkes?

Die Stille in der Kabine war geradezu bedrückend. Schließlich verkündete der persönliche Referent des Außenministers, Legationsrat Limbourg, aufmunternd: »Was auch geschieht, meine Herren, die Gehaltsbezüge laufen weiter!« Limbourg brach mit diesem Zitat aus der Beamtensprache den Bann. Es kam wieder Leben in die Reisegesellschaft, man wechselte die Plätze und damit die Gesprächspartner, die Atmosphäre lockerte sich auf. Es ging auf Mittag zu, und wir flogen bereits über russischem Territorium, als die Stewardeß die Menükarte verteilte. Ich besitze sie noch. Das Deckblatt zeigt ein Arrangement schöner Rosen, innen heißt es dann:

Gabelfrühstück

*

Appetithappen

*

Schildkrötensuppe

*

Kleines Kalbsmedaillon
naturell gebraten
belegt mit getrüffelter Gänseleber
Schloßkartoffeln

*

Verschiedene Salate

*

Birne »Helene«

*

Mokka

*

Dazu verzeichnete die Karte noch eine Unzahl von Getränken. Bis zum heutigen Tage kann ich bei solchen Menüs das Gefühl nicht loswerden, daß die Menschen jedes Maß verloren haben. Auf allen Langstrecken der Welt werden in den Flugzeugen solche Menüs serviert. Da fliegt man einige tausend Meter hoch über unserer alten Erde, und kaum jemand hat sich das Gefühl dafür bewahrt, daß ein solcher Flug immer wieder eine Art Wunder ist. Und dann kommt die Stewardeß und serviert »Kalbsmedaillon mit Gänseleber«.

In solchen Fällen denke ich oft an die Entwicklung der Verkehrsfliegerei, die ich von Anfang an miterlebt habe. Zu Beginn der zwanziger Jahre flog ich oft in der Maschine des bekannten Kriegsfliegers Paul Bäumer. Die Tragflächen zeigten noch die Drahtverspannung der ersten Flugmaschinen; wir flogen in offenen Sitzen mit Sturzhelm und viel Lederzeug. Welch ein Weg von diesen alten Kästen bis zu unseren modernen Verkehrsmaschinen!

Pünktlich um 16 Uhr 15 landete unsere Maschine auf dem Flugplatz Wnukowo bei Moskau. Außenminister Molotow empfing uns, umgeben von seinen Mitarbeitern, und es begannen die üblichen Vorstellungen. Zu mir gesellte sich Botschafter Semjonow, der als Kenner der deutschen Verhältnisse einen großen Ruf besitzt. Er war nach dem Krieg ein mächtiger Mann in Berlin gewesen, hatte alle Möglichkeiten ausgenutzt, ganz Deutschland an Rußland zu binden. Jetzt war er der Deutschland-Experte des Außenministeriums in Moskau. Semjonow spricht ausgezeichnet deutsch. Wir konnten ein unverbindliches Gespräch miteinander führen. Sonst war die Stimmung in dem modernen Flugplatzgebäude recht frostig.

Schließlich tauchte die Maschine des Kanzlers am Himmel auf. Als

Adenauer die Gangway herunterkam und die üblichen Händedrücke gewechselt worden waren, rollte ein wirklich eindrucksvolles militärisches Schauspiel ab. Eine Ehrenkompanie hatte Aufstellung genommen. Sie war völlig neu – und zwar in starker Anlehnung an alte zaristische Uniformen – eingekleidet worden. Die Röcke leuchteten in Hellblau, besetzt mit roten Bruststücken, die im Schnitt den alten deutschen Ulanen-Uniformen ähnelten, blaue Breecheshosen steckten in Lackstiefeln, dazu blitzte viel Goldlitze und Paspelierung. Die Hände an den Gewehren waren weiß behandschuht. Kommandos schallten über den Platz, die Ehrenkompanie präsentierte das Gewehr, und der Kommandeur, den Säbel vor sich hertragend, näherte sich im Paradeschritt dem Bundeskanzler. Der Kanzler schritt nach der vorschriftsmäßigen Meldung, daß die Ehrenkompanie zu Ehren »Seiner Exzellenz« angetreten sei, mit Bulganin die Front ab. Mühsam hatte er sich das russische »Sdrastwuitje«, was soviel wie »Guten Tag« heißt, einstudiert. Die Soldaten schrien ihm – es klang wie ein einziger Gewehrschuß – ihr »Immerwährende Gesundheit« entgegen. Und dann folgte der Vorbeimarsch der Kompanie im Paradeschritt. Selbst der älteste preußische General hätte zugeben müssen, daß keine deutsche Truppe es jemals besser gemacht hätte. Nicht einmal wir Kadetten, und das will etwas heißen!

Außer der großen deutschen Delegation waren auch noch etwa 70 bis 80 deutsche Journalisten mit nach Moskau gekommen. Durch eine Unzahl von Polizisten und Geheimdienstlern wurden sie ziemlich weit von diesem Schauspiel entfernt mit einem Seil abgesperrt. Besonders die Fotografen waren verzweifelt. Sie kamen nicht richtig zum Schuß. Schließlich hörte ich ihre Rufe: »Herr von Eckardt, helfen Sie uns! Bitte, Herr Bundeskanzler! Bitte, bitte!« Ich ging zum Bundeskanzler, und der hakte sich darauf ganz vergnügt bei Bulganin ein und sagte: »Kommen Sie zu den Fotografen. Die sind ja doch in unserer Zeit die wahren Diktatoren.« Die Sicherheitsleute zeigten sich entsetzt, aber Bulganin folgte dem Kanzler zu den Journalisten, und die Fotografen hatten ihre Bilder. Auf Adenauers Scherz reagierte Bulganin allerdings nicht. Bulganin war ein völlig humorloser Mensch. Endlich konnte man die Autos besteigen.

Zu mir gesellte sich mein langjähriger Fahrer und Freund Emanuel Nürnberg. Er hatte mich schon in Bremen betreut, und als mich der Kanzler bei meinem Dienstantritt fragte, welche personellen Wünsche ich hätte, antwortete ich nur: »Ich möchte meinen mir vertrauten Fahrer nach Bonn mitnehmen!« So war es geschehen, und nun hatte ich ihn hier in Moskau. Er konnte mir außerordentlich nützlich sein, da er

Krim-Deutscher ist und gut russisch spricht. Wie immer, so auch bei dieser Konferenz, betreute er mich mit stiller Sorgfalt. Während des ganzen Besuchs saß er vorn neben meinem russischen Chauffeur. Er konnte mir vieles erklären, was ich sah. Ich glaube, die Russen sollten die kyrillische Schrift abschaffen. Das würde zur Verständigung mit dem Westen mehr beitragen als viele schöne Reden. Es ist nun einmal für den Westeuropäer und für andere hundert Millionen Bewohner dieser Erde deprimierend, nicht einmal ein Straßenschild lesen zu können. Nürnberg aber konnte alles lesen. Auch in Moskau kam er jeden Morgen zu mir ins Zimmer, legte mir meine Kleidung zurecht und brachte so ein Stück Heimat mit in unser Hotel, das wie ein Alptraum aus den Jahren der Jahrhundertwende wirkte. Es heißt »Sowjetskaja-Hotel«. Wir richteten uns in unseren Zimmern ein. Die Spitzen der Delegation verfügten über ein Schlafzimmer, einen Salon und ein Badezimmer. Die Einrichtung: schlechter Jugendstil und viel Plüsch. Die Installationen in meinen Räumen funktionierten allerdings tadellos. Ich machte einige Besuche bei meinen Zimmernachbarn und stellte fest, daß sie fast alle ein Klavier zur Verfügung hatten. Ich rief sofort nach Nürnberg und verlangte ebenfalls ein Klavier, da dies meinem Rang entspräche und ich außerdem die Gewohnheit hätte, morgens vor dem Frühstück etwas Mozart zu spielen. Es dauerte nicht lange, bis zwei starke Männer das Musikinstrument brachten. Protokoll ist Protokoll, und es muß genau genommen werden. Ich habe dann tatsächlich einmal den Marsch »Alte Kameraden« gespielt, weil es das einzige Musikstück ist, das ich – wenn auch recht ungenau – wiederzugeben vermag.

Das Moskau des Jahres 1955 wird nur noch wenig Ähnlichkeit mit der Stadt haben, wie sie sich heute präsentiert. Geblieben sind sicher die sehr breiten Hauptstraßen, die noch aus der Zarenzeit stammen. Diese Straßen sind ein Paradies für den Automobilverkehr, der vor zehn Jahren allerdings sehr bescheiden war und wohl auch heute noch keinen weltstädtischen Charakter hat. Auch die Straße vom Flugplatz in die Stadt hinein ist breit und gut gepflegt. Rechts und links der Straße sah es allerdings wie in der Steppe aus. Der »Zuckerbäckerstil« der Stalinzeit beherrschte noch völlig das Bild der Innenstadt. Der riesige Bau der Universität wirkte wie eine Festtorte zum Geburtstag Wilhelms II.

Mich interessierten am meisten die Menschen. Sie erschienen nicht wirklich ärmlich, auch nicht traurig, aber irgendwie grau. Selten sah man auf der Straße lachende Gesichter. Dazu wurde überall Schlange gestanden. Die Menschen litten zweifellos keinen Hunger, sie hatten immer etwas zu essen. Aber was sie zu essen hatten, bestimmten nicht sie selbst, sondern ein anonymer Verteilungsapparat. Sehr häufig stieg ich mit Nürnberg aus, um mit den Leuten in den »Schlangen« zu sprechen. Ich erinnere mich an eine sehr lange Schlange vor einem Warenhaus. Als ich mich erkundigte, was es denn hier zu kaufen gäbe, hieß es: »Roter Samt«. Tausende kauften an einem Tag roten Samt. Diese Vorstellung hatte etwas Deprimierendes. Alle diese Leute bekamen den gleichen roten Samt. Vielleicht war diese Uniformierung des Lebens überhaupt das auffälligste. Eines Abends, es war schon dunkel, fuhr ich einen langen Weg zurück in das Hotel. Es war ein warmer Abend, viele Fenster standen noch offen, man konnte in die Zimmer sehen. Während dieser Fahrt habe ich sicher zehntausendmal die gleiche Lampe von den Zimmerdecken herabhängen sehen. Alle hatten den gleichen Stoffschirm mit Fransen daran. Die Farben waren unterschiedlich, aber alle hatten die gleiche Form, wie man sie etwa 1900 in Deutschland kaufen konnte.

Doch zurück zu unserer Konferenz. Schließlich waren wir nicht nach Moskau gekommen, um die Stadt zu besichtigen. Der Nachmittag und Abend des ersten Tages sah kein festes Programm vor. Wir besuchten den beim Leningrader Bahnhof abgestellten Sonderzug, in dem die Techniker ihre Arbeit bereits aufgenommen hatten. Alle Einrichtungen funktionierten einwandfrei. Das Kernstück des Zuges, der abhörsichere Konferenzwagen, schien recht nützlich. Wir aßen am Abend im Hotel. Die Tische bogen sich schon bei dieser Gelegenheit unter der Last der Speisen und Flaschen.

Am nächsten Morgen, dem 9. September, begann die eigentliche Konferenz. Der Kanzler machte Bulganin einen Antrittsbesuch, und dann traten die Delegationen im Spiridonowka-Palais zur ersten Sitzung zusammen. Wir saßen uns an einem langen Tisch gegenüber. Dahinter in zwei Reihen die Sachverständigen der einzelnen Ministerien. Dem Kanzler gegenüber saß Bulganin. Er wirkte mit seinem weißen Haar und dem sehr gepflegten Spitzbart bei flüchtiger Betrachtung eher gemütlich, etwa wie ein pensionierter deutscher Admiral der Kaiserzeit. Neben ihm Chruschtschow, rundlich, lebendig, die Augen stets in Bewegung. Alles und jedes beobachtete er mit größter Aufmerksamkeit. Ferner waren in allen Sitzungen Molotow, Gromyko, Semjonow und Perwuchin anwesend. Die anderen russischen Delegationsmitglieder habe ich kaum kennengelernt.

Will man diese Hauptpersonen charakterisieren, so muß man sagen, daß der erste Eindruck von Bulganin trog. In Wirklichkeit hatte er nichts von Gemütlichkeit an sich. Seine Augen sind die kältesten, die ich je gesehen habe. Sein Gesicht zeigt wenig Bewegung. Im Laufe der Konferenztage bekam ich mehr und mehr den Eindruck, daß dieser

Mann kaum einer Gefühlsregung fähig ist. Ganz anders Chruschtschow. Alles an ihm ist Bewegung. Er kann sehr heftig werden, dann wieder äußerst liebenswürdig, dazu wirkt er humorvoll und beeindruckbar. Während der oft endlosen und sehr ermüdenden Übersetzungen ins Russische überlegte ich einmal, wem von den beiden Männern ich lieber auf Gnade und Ungnade in die Hände fallen würde. Ich kam zu dem Schluß, daß ich mein Schicksal weit lieber Chruschtschow als Bulganin anvertrauen würde. Vielleicht würde er mich mit einer wütenden Handbewegung zum Tode führen lassen, aber ich hatte das Gefühl, daß bei ihm die Möglichkeit bestand, ihn irgendwie zu beeindrucken, umzustimmen, vielleicht sogar zum Lachen zu bringen. Anders Bulganin. Bestimmt hätte er mich mit seinen kalten Fischaugen unbewegt angesehen und dann sein Urteil gefällt. Es gab keine Möglichkeit, menschlich an ihn heranzukommen. Molotow ist ganz Funktionär. Sehr klug, sehr klar in seinen Ausführungen, vielleicht geistig ein wenig beweglicher als sein Nachfolger Gromyko, der wie aus Holz geschnitzt wirkt. Ich habe ihn an allen Tagen in Moskau nie anders als mit finsterer Miene gesehen. Ich sollte ihm in späteren Jahren noch öfter begegnen. Der Eindruck war stets der gleiche. Semjonow ist eher ein agiler Typ, diskussionsfreudig und neugierig. Mit Perwuchin habe ich kein längeres Gespräch geführt. Er saß meist aufmerksam zuhörend am Tisch, die Augen mit großen Brillengläsern auf den Sprechenden gerichtet. Er selbst sprach kein Wort.

Bulganin eröffnete die Sitzung mit einer vorbereiteten Rede, die kühl, aber nicht allzu unfreundlich gehalten war. Zwei Themen beherrschten seine Ausführungen. Einmal unterstrich er die geschichtliche Erkenntnis, daß in allen Perioden des Zusammenlebens der beiden Völker gute russisch-deutsche Beziehungen immer Zeiten des Friedens und des gegenseitigen großen Nutzens gewesen seien. Es sollten also wieder normale Beziehungen zwischen den beiden Staaten hergestellt werden. Damit war bereits der Hauptkern, Aufnahme diplomatischer Beziehungen zwischen der Sowjetunion und der Bundesrepublik, angesprochen. Seine Ausführungen über die Frage der Wiedervereinigung entsprachen dem vorangegangenen Notenwechsel. Die Eingliederung der Bundesrepublik in die NATO bezeichnete er als Haupthindernis. Er verlangte ferner, daß die Existenz zweier deutscher Staaten anzuerkennen sei und die Zusammenführung der beiden Teile Deutschlands in erster Linie eine Angelegenheit der Deutschen selbst sei. Das sagen die Russen heute noch.

Der Kanzler antwortete in einer längeren, ebenfalls im Wortlaut vorher festgelegten Grundsatzerklärung, deren Hauptakzent naturgemäß auf der zwingenden Notwendigkeit der Wiederherstellung der Einheit des Reiches lag. Er trug dieses Anliegen des ganzen deutschen Volkes mit großem Ernst und Nachdruck vor. Auch er hielt sich inhaltlich ziemlich eng an die früher ausgetauschten Noten. Die Freilassung der noch immer in russischer Gefangenschaft schmachtenden deutschen Soldaten bildete das zweite Kernstück seiner Rede. Adenauer fand sehr warmherzige Worte, die die rein menschliche Seite des Problems wirkungsvoll hervorhoben. Alles, was über die Frage des Friedens und der Sicherheit gesagt wurde – von beiden Seiten – bewegte sich im Rahmen des Verlaufs der Genfer Konferenz. Niemand hatte von dieser Eröffnungssitzung irgendwelche Sensationen erwartet. Es gab auch keine. Doch eines wurde an diesem Vormittag ganz klar: Es würde ein erbittertes Ringen geben, denn die Sowjets wollten die Aufnahme diplomatischer Beziehungen ohne jede Voraussetzung. Der Kanzler war dazu ohne sowjetische Konzessionen nicht bereit. Man konnte sich also ausrechnen, daß, wenn die Delegationsführer zur freien Rede übergehen würden, noch einiges zu erwarten war. Mit diesen beiden abgelesenen Erklärungen ging der erste Konferenztag zu Ende.

Anschließend gab Bulganin dem Kanzler und seiner Begleitung ein großes Frühstück im Speisesaal des Palais. Hier trat zum erstenmal Chruschtschow in der ihm eigenen Art in Aktion. Am Vormittag hatte er kein Wort gesprochen. Die Russen gaben sich sehr liebenswürdig, das heißt, man täte ihnen wohl unrecht, wenn man diese fröhliche Gastlichkeit als gespielt oder berechnend bezeichnen würde. Die Russen unterscheiden sehr scharf zwischen den geschäftsmäßigen Verhandlungen und der Geselligkeit. Sie sind wirklich äußerst gastfreundliche Menschen, nicht nur die großen Männer, sondern auch das Volk. Im allgemeinen will man bei Tisch fröhlich sein und es dem Gast so angenehm wie möglich machen, auch dann, wenn man sich wenige Minuten vorher bei der Sitzung noch die schrecklichsten Dinge gesagt hat. Schon vor dem Frühstück, als man sich versammelte und die gegenseitige Vorstellung begann, war Chruschtschow ganz Aktion. Er lief hin und her, lachte und machte vergnügte Bemerkungen. Als er Carlo Schmid dem ebenfalls eingeladenen Malenkow vorstellte, piekte er seinem Parteifreund, oder wohl besser gesagt Parteigegner, mit dem Finger in den Bauch und sagte etwa: »Sieh dir den an! Genauso dick wie du, aber doppelt so groß! Ein richtiger Teutone!« Die ganze sowjetische Prominenz war erschienen, nur die gegen Deutschland siegreichen Marschälle hatte man nicht eingeladen. Bei Tisch ging es recht munter zu. Der Kanzler saß zwischen Bulganin und Chruschtschow, und der Dolmetscher hatte es schwer, der Unterhaltung zu folgen. Ich saß den Herren schräg gegenüber und konnte Teile der Unterhaltung mit anhören, wenn ich nicht gerade mit Semjonow sprach, der bei fast allen festlichen Gelegenheiten mein Tischnachbar war. Der Kanzler paßte sich der Atmosphäre mit dem ihm eigenen Talent sofort an. Es wurde gescherzt und gelacht und eben geplaudert. Nur einmal verloren die Russen den Humor. Adenauer erkundigte sich nach der Vergangenheit des Palais. Bulganin erzählte ihm, daß es von irgendeinem Großfürsten erbaut, später dann aber an einen reichen Zuckerindustriellen verkauft worden sei, der dort seine Geliebte untergebracht habe. Scherzhaft fragte der Kanzler: »Und von wem haben Sie es gekauft?« Bulganins Gesicht versteinerte sich, als er erwiderte: »Es wurde vom Volk enteignet!« Chruschtschow fügte noch bestätigend hinzu: »Natürlich alles ganz legal!« Hier konnte man spüren, wo die Grenze des Humors bei den Russen lag.

Es wurden auch Trinksprüche gewechselt. Ich erinnere mich ihres Inhaltes nicht mehr, denn innerhalb der fünf Tage in Moskau gab es unzählige Trinksprüche auf alles und jeden. Sie haben auch kaum eine andere Bedeutung, als die Geselligkeit und Trinkfreudigkeit anzuregen. Sie sind nur in Ausnahmefällen politisch gefärbt und gezielt. Für uns war aber alles, was vor sich ging, interessant und aufregend. Man muß sich ins Jahr 1955 zurückversetzen, um das zu verstehen. Die Sowjetführung hatte noch nicht begonnen, in der Welt herumzureisen. Nur wenige Menschen kannten Bulganin oder gar den aufgehenden Stern der Macht, Nikita Chruschtschow. Heute haben ihn Millionen Menschen außerhalb Rußlands gesehen, und alle bedeutenden Staatsmänner der Welt kennen die Machthaber im Kreml aus langen Gesprächen. 1955 aber war das Zusammensein mit diesen Männern noch eine wirkliche Sensation, und es ist auch nicht zu vergessen, daß die Entstalinisierung noch nicht begonnen hatte. Auffallend war eigentlich nur, daß Männer wie Malenkow noch lebten. Unter Stalin wurden die gestürzten Funktionäre sofort liquidiert.

Kurz, wir kamen nach Moskau zu einer Zeit, in der sich gewisse Veränderungen bereits abzeichneten. Allerdings muß ich offen bekennen, daß wir diese Tatsache noch nicht realisierten, wohl auch kaum erkennen konnten.

Am zweiten Konferenztag wurde die Lage schon kritisch. Bulganin nahm das Wort, um dem Bundeskanzler zu antworten. Selbstverständlich waren auch diese und noch folgende Erklärungen vorbereitet, doch nicht mehr im Wortlaut. Er wandte sich mit Schärfe gegen das Schlagwort von der »Politik der Stärke«. Man könne über solche Worte, wie sie in Westdeutschland viel gebraucht würden, nur spotten. Unter einem solchen Schlagwort hätten Verhandlungen überhaupt keinen Sinn.

Dann lobte er die Zonenregierung, mit der die Sowjetunion bereits beste Beziehungen unterhielte. Bis dahin brachte Bulganins Rede nichts Ungewöhnliches. Doch dann kam er auf die Frage der Kriegsgefangenen zu sprechen. »Es gibt bis heute noch 9628 solcher Leute« sagte er, »das sind jedoch Leute, die das menschliche Antlitz verloren haben; es sind dies Gewalttäter, Brandstifter, Mörder von Frauen, Kindern und Greisen. Sie wurden von sowjetischen Gerichten nach Gebühr verurteilt und können nicht als Kriegsgefangene angesehen werden.« Und dann brach eine Flut von Anschuldigungen über uns Deutsche herein, die in ihrer Aufzählung niederschmetternd und beschämend war. Da saßen wir nun und mußten uns die schrecklichen Verbrechen des NS-Regimes vorhalten lassen. Bulganin zählte die Konzentrationslager mit Namen auf, in denen 5 1/2 Millionen Menschen umgekommen waren. Nichts wurde uns erspart, und vieles, allzu vieles von dem, was er sagte, entsprach auch der Wahrheit. Der Kanzler saß mit steinernem Gesicht da. Er mußte sich das alles anhören, er, den die Nazis verfolgt, gejagt und mehr als einmal ins Gefängnis geworfen hatten. Bulganin sparte nicht mit Einzelheiten über die Brutalitäten, um schließlich noch einmal auf die Kriegsgefangenen zurückzukommen, die kriminelle Elemente seien, denen man ungeheuerliche Verbrechen zur Last gelegt habe. Er schloß dieses Thema mit der Feststellung, daß, wenn diese Frage schon erörtert werden solle, sie gemeinsam mit Vertretern der »DDR« behandelt werden müsse. Er könne sich aber nicht vorstellen, daß der Kanzler darauf Wert lege, und so sei es wohl besser, das Thema fallenzulassen.

In der Wiedervereinigungsfrage verhielt er sich dann abschließend völlig negativ. Der Abschluß der Pariser Verträge mit dem Eintritt der Bundesrepublik in die NATO habe dieses Problem verändert; es sei nicht verhandlungsreif. Im übrigen sei die Wiedervereinigung in erster Linie Sache der Deutschen selbst. Er schloß mit dem Wunsch, zwischen der Sowjetunion und der Bundesrepublik diplomatische Beziehungen herzustellen und Botschafter auszutauschen.

Jetzt mußte der Kanzler antworten. Er konnte nur improvisieren. Adenauer bewies an diesem Tag seine Kunst der Menschenbehandlung. Er nahm die Ausführungen Bulganins als das, was sie wirklich waren. Man spürte deutlich, daß die Russen, die zum ersten Mal mit dem Vertreter der Bundesrepublik sprachen, sich vieles vom Herzen reden mußten. Schließlich hatten dies die Westmächte in den ersten Jahren nach dem Kriege auch getan. Aber für die Sowjets gab es bisher keine Gelegenheit dazu. Die Schatten der schrecklichen Vergangenheit wurden beschworen, und das war wohl unvermeidlich. Der Kanzler verkleinerte daher in keiner Weise die furchtbaren Leiden des Krieges, die Rußland heimgesucht hatten. Er sagte wörtlich: »Es ist wahr: Deutsche Truppen sind in Rußland eingefallen. Es ist wahr: Es ist viel Schlechtes geschehen. Es ist auch wahr, daß die russischen Armeen dann – in Gegenwehr, das gebe ich ohne weiteres zu – in Deutschland eingedrungen sind und daß dann auch in Deutschland viele entsetzliche Dinge vorgekommen sind.« Der Kanzler versuchte dann, das Thema abzudrehen, denn ein allzu tiefes Eindringen in die Vergangenheit konnte den Verhandlungen nicht förderlich sein. Er unterstrich den Wandel, der in Deutschland eingetreten sei und es zum friedliebendsten aller Länder gemacht habe. Dann gab er Brentano das Wort.

Der Vorsitz bei den Besprechungen wechselte täglich; so hatte an diesem Tage Adenauer den Vorsitz. Der Kanzler hatte mit viel Würde, mit großer Offenheit, doch ohne Unterwürfigkeit gesprochen. Brentano vertiefte die Ausführungen des Kanzlers mit viel Geschick und betonte, daß wirklich förderliche Beziehungen zwischen den beiden Staaten nicht hergestellt werden könnten, wenn nicht auch die menschlichen Probleme bereinigt, die deutschen Kriegsgefangenen nicht zu ihren Familien zurückkehren könnten. In der Wiedervereinigungsfrage formulierte er unseren Standpunkt noch einmal und mit großer Präzision.

Während dieses Redewechsels beobachtete ich, daß Chruschtschow sehr unruhig war. Es gelang ihm nur mit Mühe, den Kanzler und Brentano aussprechen zu lassen. Jetzt bat er um das Wort. Hatte Bulganin schwere Beschuldigungen vorgebracht, so blieb er doch im Ton ruhig. Jetzt aber brach es mit aller Gewalt aus Chruschtschow hervor. Er wiederholte im Inhalt Bulganins Worte über die deutsche Schuld, aber er tat es in gewaltiger Rede. Sein Temperament ging mit ihm durch, und fäusteschüttelnd schleuderte er uns alle jene Anklagen entgegen, die wir schon seit dem Nürnberger Prozeß kannten. Es war ein furchtbares, zugleich aber auch imponierendes Schauspiel, ein echter Ausbruch menschlicher Leidenschaft. Er biß sich an den Worten des Kanzlers fest, daß auch von russischen Truppen in Deutschland Schreckliches verübt worden sei, und wies diese Worte als eine Beleidigung der russischen Armee zurück. So ging es lange fort in seiner Anklagerede, doch zum Schluß zeigte sich, daß auch dieser Mann sich wieder einzufangen verstand. Er schloß trotz aller seiner Anklagen mit dem Wunsch der Herstellung diplomatischer Beziehungen.

Dann sprach Molotow, ohne Leidenschaft, doch mit bissiger Schärfe. Immer wieder wandte er sich an Chruschtschow, um dessen Worte zu unterstreichen und zu ergänzen. Es war eine wirklich böse Rede, böse, weil ihr die echte Leidenschaft Chruschtschows fehlte. Seine Anklagen brachte er kalt und bürokratisch vor. Hier schien eine Maschine und kein Mensch von Fleisch und Blut zu sprechen. Der Kanzler hielt während der ganzen Ausführungen Molotow fest im Auge. Dann nahm er erneut das Wort. Ich hatte das Gefühl, daß die Konferenz einem entscheidenden Punkt zusteuerte. Es war deutlich spürbar, daß wir uns der Krise näherten, denn es war undenkbar, daß man noch tagelang in diesem Ton fortfahren konnte. Während Adenauer Chruschtschow mit viel Verständnis antwortete, griff er Molotow, wenn auch nicht direkt, scharf an. In wenigen Sätzen gelang es ihm, die Konferenz wieder zu normalisieren. Er sagte wörtlich und sah dabei Molotow fest in die Augen: »Herr Molotow hat gesagt, daß die Deutschen nicht imstande gewesen seien, sich vom Hitlerismus zu befreien, aber meine Herren, nehmen Sie es mir nicht übel, was ich jetzt sage: Warum haben die Großmächte Hitler nach 1933 so groß werden lassen?« Ich schaute den Kanzler an. Wenn er jetzt den »Molotow-Ribbentrop-Pakt« direkt ansprechen würde als das, was er wirklich war, nämlich eine Vereinbarung zur Zerstückelung Polens, dann platzte die Konferenz. Molotow wußte natürlich genau, worauf der Kanzler abzielte. Es saß ganz ruhig da und blickte vor sich hin, gewärtig, daß jetzt der Schlag gegen ihn geführt würde. Doch der Kanzler bog ab. Er ließ den entscheidenden Satz unausgesprochen, sondern erwähnte als Beispiel nur die Liebedienerei des Auslandes während der Olympischen Spiele 1936. Doch Adenauer hatte seine Krallen gezeigt. Jetzt wußte die andere Seite, daß ihnen ein Mann gegenübersaß, den man nicht einschüchtern konnte. Vieles wollte er hinnehmen um der Gerechtigkeit willen, aber es wurde in diesem Moment allen klar, daß er sich nicht unter Druck setzen lassen würde. Die sowjetische Seite machte auch keinen weiteren Versuch dazu. Man ging zu sachlichen Erörterungen über.

Sieht man von den menschlichen Belastungen dieses Konferenztages ab, so schälte sich auch im Sachlichen eine deprimierende Situation heraus. Die Sowjetunion verlangte die Aufnahme diplomatischer Beziehungen ohne Bedingungen. Sie wollte in der Frage der Wiedervereinigung keinen Schritt entgegenkommen. Nun, das hatte ich auch nicht erwartet. Aber auch die Kriegsgefangenen gedachte sie nicht herauszugeben. Unter diesen Bedingungen schien ein Erfolg der ganzen Konferenz, auch wenn man noch so bescheiden war, aussichtslos. Der Kanzler konnte einer Aufnahme der diplomatischen Beziehungen nicht zustimmen, wenn er nicht wenigstens die Kriegsgefangenen nach Hause brachte. Es sollte sich zeigen, daß auch unter dieser Bedingung noch große Schwierigkeiten, sowohl im eigenen Lager als auch mit den Alliierten, überwunden werden mußten.

Ich habe diese beiden ersten Verhandlungstage, an denen auch noch über Wirtschafts- und Kulturfragen gesprochen wurde, verhältnismäßig ausführlich beschrieben, obwohl es genügend gedruckte Dokumentationen gibt, in denen man die offiziellen Texte der Reden und Erklärungen nachlesen kann. Doch ist der Eindruck, den man aus diesen Dokumenten gewinnt, nur unvollständig. Es fehlen das Persönliche, die Unterschiede in den Temperamenten, die Gesten und die nicht ausgesprochenen Worte.

Nach diesen beiden ersten Tagen erhob sich die Frage, wie es nun eigentlich weitergehen sollte. In einem Gespräch mit dem Bundeskanzler wies ich ihn auf die Passage in Bulganins Rede hin, in der ein Gespräch über die Kriegsgefangenen an die Bedingung einer Beteiligung der Pankower Machthaber geknüpft worden war. Offensichtlich hielten es die Russen für ausgeschlossen, daß der Kanzler diese Bedingung akzeptieren würde. Ich stellte die Überlegung zur Diskussion, was wohl geschehen würde, wenn wir die Bedingung wider Erwarten der Russen doch annehmen würden. Zweifellos mußte dann doch Ulbricht in eine äußerst delikate Situation geraten. Wie hörig er den Russen auch immer sein mochte, bei einem solchen Gespräch zu dritt blieb ihm überhaupt keine Wahl, als die Forderung des Kanzlers zu unterstützen. Jede andere Haltung hätte ihn zu Hause unmöglich gemacht. Der Kanzler wurde sehr nachdenklich. In der Sitzung vom 12. September nachmittags nahm Molotow den Gedanken noch einmal auf, nämlich, daß über die Rückführung der noch in der Sowjetunion befindlichen Deutschen nur gemeinsam mit der Pankower Regierung gesprochen werden könne. Zu seiner Überraschung lehnte Brentano den Gedanken nicht ab. Der Kanzler hatte vorher sein Einverständnis gegeben. Ich erinnere mich, daß er bei einem Gespräch in seinem Hotelzimmer etwa sagte: »Wenn es darum geht, 10 000 Menschen oder mehr hier herauszuholen, bin ich bereit, auch mit des Teufels Großmutter zu reden!«

Auch der Sowjetunion mußte nun der Gedanke kommen, daß eine Diskussion zu dritt Adenauer und Ulbricht zwangsläufig in eine Front gegen die Sowjets bringen würde. Nach Annahme ihres Vorschlages durch Adenauer kam die sowjetische Delegation auf diesen Gedanken nicht wieder zurück. Sie ließ ihn sang- und klanglos unter den Tisch fallen. Damit war nun Ulbricht aus dem Spiel, aber die Sowjetregierung noch keineswegs bereit, die unglücklichen Menschen freizugeben.

So standen die Dinge drei Tage nach unserer Ankunft in Moskau: Keine ernsthafte Möglichkeit zu Fortschritten in der Wiedervereinigungsfrage, kein Nachgeben der Sowjets in der Frage der Kriegsgefangenen und der zahllosen aus Deutschland verschleppten Personen;

Forderung der Russen auf Einrichtung von Botschaften ohne alle Bedingungen. Bei diesem Stand der Verhandlungen rief der Kanzler die Spitzen der Delegation in den Konferenzraum des Sonderzuges. Adenauer sah keine Möglichkeit, mit den Russen weiterzukommen, und plädierte für möglichst baldige Rückreise nach Bonn. Niemand im Raum konnte ihm widersprechen, denn die Lage schien tatsächlich aussichtslos. Ein weiteres Streitgespräch schloß die Gefahr in sich, daß sich die Situation nur noch verschärfen konnte. Der Kanzler gab Auftrag, in Frankfurt anzufragen, wann die beiden Lufthansa-Maschinen in Moskau zum Rückflug eintreffen könnten. Nach Schluß der Sitzung machte ich dem Kanzler ziemlich nebenbei den Vorschlag, die Anfrage in Frankfurt im offenen Telefongespräch durchzugeben. Er stimmte zu. Am frühen Nachmittag kam auf dem gleichen Wege die Antwort der Lufthansa: Falls rechtzeitig Anweisung gegeben würde, konnten die Flugzeuge am nächsten Mittag in Moskau sein.

Am gleichen Tage fand im Sankt-Georg-Saal des Kremls ein riesiges Bankett zu Ehren des Kanzlers und der deutschen Delegation statt. Da auch die deutschen Journalisten dazu eingeladen waren, ist dieses in seinen Ausmaßen wahrhaft einmalige Festbankett vielfach beschrieben worden. Völlig ungewöhnlich für uns war, daß nur die deutsche und die sowjetische Delegation an einem Tisch saßen, während die vielen hundert anderen Gäste – unter ihnen die Botschafter der Großmächte – im Stehen speisen mußten. Ich habe in den zehn Jahren meiner Bonner Pressechefzeit auf offiziellen Auslandsreisen manches gesehen. Was hier aber an Speisen und Getränken in Überfülle geboten wurde, hatte die Ausmaße einer asiatischen Gasterei des XVI. oder XVII. Jahrhunderts. Sicher hatten die Zaren mit den Bojarenfürsten in diesem Saal manches gewaltige Gelage gefeiert. An den Säulen und Wänden des Saales konnte man noch die Namen der einstigen St.-Georgs-Ritter lesen, deren Nachkommen wohl nur vereinzelt die kommunistische Revolution überlebt hatten. Aber die Sowjetrussen haben ein lebendiges Geschichtsbewußtsein. Man hatte die Namen nicht entfernt. Peter der Große ist auch heute noch das leuchtende Vorbild eines großen Alleinherrschers. Gleiches gilt von Iwan dem Großen. Wir sind gewöhnt, ihn den »Schrecklichen« zu nennen.

In den häufigen Konferenzpausen, in denen die Außenminister unter sich berieten, also keine Vollsitzungen stattfanden, konnten wir vielerlei in Moskau besichtigen. Heute hat beinahe jeder Journalist von internationalem Rang das gleiche gesehen und beschrieben. Doch eine kleine Szene im Kreml scheint mir noch heute bemerkenswert. Ich besah mir unter Anleitung eines Dolmetschers u. a. den Beichtstuhl »Iwans des

Schrecklichen«. Doch ich hatte schon viele dieser Art in meinem Leben gesehen und schenkte ihm keine große Beachtung. Mein Führer und Dolmetscher war daraufhin tief gekränkt. Es war für ihn eben nicht irgendein kunstvoller Beichtstuhl, sondern der Beichtstuhl »Iwans des Großen«, etwas ganz einmaliges durch die Person des Herrschers, der ihn benutzt hatte. Man kann diese Ehrfurcht vor der großen Geschichte, wie sie noch heute unter den Sowjetmenschen lebt, auf Schritt und Tritt beobachten.

Doch nach dieser Abschweifung zurück zu dem großen Gastmahl. Die Situation unserer zweiseitigen Konferenz war eigentlich hoffnungslos. Doch im Saal herrschte lautes Stimmengewirr, nicht zuletzt durch die Mengen von Wein und Wodka, die konsumiert wurden. Ich kann nicht behaupten, daß ich mich selbst besonders wohl fühlte. Es fiel mir schwer, die laute Fröhlichkeit zu ertragen. Der Ausgang der Konferenz wies nicht nur für den Augenblick, sondern auch für die Zukunft düstere Aspekte auf. Wie sollte es in Bonn, in der ganzen Bundesrepublik, in Europa weitergehen? Während aller Konferenztage hatte ich jede freie Minute dazu benutzt, um die Erwartungen der Journalisten zu dämpfen. Das war mir auch in weitem Maße gelungen. Die Prognosen standen daher auf »Scheitern der Konferenz«. Ich hatte bewußt diese Taktik auf Pressekonferenzen und in zahllosen Einzelgesprächen eingeschlagen, denn eine plötzliche Wandlung zum Besseren konnte keinen Schaden anrichten. Alles, nur keine Hoffnungen erwecken und dann enttäuschen! Während ich diese und ähnliche wenig ermutigenden Überlegungen anstellte, bemerkte ich, daß der Kanzler und Bulganin in ein lebhaftes und ernsthaftes Gespräch verwickelt waren. Später kam Chruschtschow als Gesprächspartner dazu. Ziemlich plötzlich stand Adenauer auf und gab damit für die deutschen Delegationsmitglieder das Zeichen zum Aufbruch. Was war geschehen?

Bulganin hatte von sich aus das politische Gespräch begonnen und nach einigem Hin und Her den Kanzler direkt gefragt, was nun der eigentliche Grund dafür sei, daß er sich sträube, die diplomatischen Beziehungen aufzunehmen. Sei der Kanzler etwa besondere Bindungen für diese Haltung eingegangen, oder denke er an die DDR? Der Kanzler, so berichtete er nun im Konferenzwagen, habe ganz klar und offen gesagt, daß diplomatische Beziehungen nicht möglich seien, ohne daß die Kriegsgefangenen und Verschleppten in ihre Heimat zurückkehrten. Er würde für eine andere Haltung in der Bundesrepublik kein Verständnis finden. Außer den 10 000 Kriegsgefangenen besäßen wir die Namen von etwa 130 000 nach Rußland verschleppten Personen. Er könne sich für diese Zahl nicht verbürgen, aber er habe die Liste mitgebracht. Nur um die Situation nicht noch zu verschärfen, habe er dieses umfangreiche Aktenmaterial nicht auf den Konferenztisch gelegt. Plötzlich, so erzählte Adenauer, habe Bulganin gesagt: »Lassen Sie uns zu einer Einigung kommen. Schreiben Sie mir einen Brief über die Aufnahme der diplomatischen Beziehungen und Sie bekommen die Kriegsgefangenen alle! In einer Woche! Wir geben Ihnen unser Ehrenwort!« Adenauer fragte, ob damit auch die anderen, also die Verschleppten, gemeint seien. Bulganin wiederholte noch einmal: »Jawohl alle, alle!« Dann zog Bulganin noch Chruschtschow dazu. Er bestätigte das Angebot: »Wir können keine schriftlichen Garantien geben, aber wir geben Ihnen unser Ehrenwort!« Der Kanzler zögerte nicht, den Herren zu sagen, daß ihn diese Worte wieder hoffnungsvoll stimmten.

Als uns Adenauer von diesem Gespräch berichtete, war ich sehr glücklich. Mehr hatte ich niemals von dieser Konferenz erwartet; die Wendung war sehr plötzlich und unerwartet gekommen. Ich bin sicher, daß die Anforderung der Lufthansa-Maschinen entscheidend für das sowjetische Entgegenkommen gewesen war. Das Gespräch war natürlich abgehört worden, so wie ich es mir gewünscht hatte.

Doch nun brach eine Kontroverse innerhalb der Delegation aus. Bei der Diskussion stellte sich heraus, daß die Mehrheit der Delegationsspitze das sowjetische Zugeständnis nicht für ausreichend hielt. Vor allem müsse man verlangen, daß das »Ehrenwort« schriftlich fixiert würde. Schon darüber gab es eine lange Diskussion. Man glaubte, den Russen nicht trauen zu können. Einmal nahm ich in dieser Auseinandersetzung auch kurz das Wort. Ich wies darauf hin, daß von sowjetischer Seite alle offiziellen Reden und Erklärungen in der amtlichen Presse veröffentlicht worden seien. Dadurch hätte die russische Bevölkerung die Erklärungen Bulganins und Chruschtschows gelesen, daß es gar keine »Kriegsgefangenen«, sondern nur unmenschliche »Kriegsverbrecher« gäbe. Natürlich sei es nun sehr schwer für die Sowjetregierung, ihre eigene Erklärung zu verleugnen. Wir wüßten, wie diese »Verurteilungen« zustande gekommen seien. Aber Bulganin und Chruschtschow müßten wohl irgendwie das Gesicht wahren. Ich hätte keinerlei Zweifel, daß sie ihr »Ehrenwort« einlösen würden. Da sie vollkommene Macht über die Presse hätten, würden sie unsere unglücklichen Landsleute zurückschicken, ohne der Bevölkerung darüber etwas zu sagen. Auch gegen diese Argumentation erhob sich Widerspruch. Schließlich wurde beschlossen, daß man versuchen müsse, eine schriftliche Zusage zu bekommen.

Noch heftiger aber wurde die Diskussion darüber, ob wir ohne sichtbare Fortschritte in der Wiedervereinigungsfrage die diplomatischen

Beziehungen aufnehmen könnten. Natürlich war das eine ernste Frage, doch stellte sie sich meiner Überzeugung nach schon seit Genf nicht mehr. Wenn man nur unter dieser Bedingung den Wunsch der Russen nach offiziellen Beziehungen erfüllen wollte, hätte der Kanzler nicht nach Moskau fahren dürfen. Der überwiegende Teil der führenden Mitglieder der Delegation blieb aber bei seiner Auffassung. Doch spielte noch ein anderes Element eine Rolle. Während der ganzen Konferenz wurden die westlichen Botschaften von Mitgliedern der Delegation, besonders von Blankenhorn, informiert. Aus diesen Gesprächen ging eindeutig hervor, daß die Westmächte diplomatische Beziehungen zwischen der Bundesrepublik und der Sowjetunion nicht wünschten. Niemand sprach das ganz deutlich aus, doch es war sehr spürbar. Der USA-Botschafter Charles Bohlen war der heftigste Gegner einer Übereinkunft mit den Russen. So blieb es dabei, daß die Gegner eines Abschlusses in Moskau stärker waren als die Befürworter, die es allerdings auch gab. Unter diesen Dr. Kiesinger.

Am nächsten Morgen frühstückte ich bei Adenauer. Wie es so seine Art war, fragte er mich ganz direkt nach meiner Meinung. Ich sprach mich für einen schnellen Abschluß mit den Russen aus. Er verlangte eine Begründung. Ich faßte mich ganz kurz: Einmal, die Kriegsgefangenen würden kommen. Ich sei völlig überzeugt, daß die Russen ihr Wort halten würden. Übrigens hätten wir die Möglichkeit, unsere Gegenleistung, die Eröffnung der Botschaft in Moskau, so lange hinauszuziehen, bis das Ehrenwort eingelöst sei. Die Installierung würde sowieso Monate dauern. Wir säßen da also am längeren Hebel. Fortschritte in der Wiedervereinigungsfrage zu erzielen, sei dagegen hoffnungslos, wenigstens im Augenblick. Im Gegensatz zu vielen Delegationsmitgliedern sei ich aber der Ansicht, daß die Bundesrepublik *auf alle Fälle* diplomatische Beziehungen zur Sowjetunion dringend brauche. Es ginge nicht an, daß wir auf die Dauer in allen Fragen, die die Spaltung unseres Landes beträfen, nur auf die diplomatischen Missionen Amerikas, Englands und Frankreichs angewiesen seien. Wir müßten die Möglichkeit haben, auch selbst mit den Russen zu sprechen. Politisch gesehen sei ein Botschafter-Austausch für mich überhaupt keine Konzession unsererseits, sondern eine Notwendigkeit, auch wenn unsere wichtigsten Alliierten jetzt nicht dafür seien. Der Kanzler gab im Prinzip zu, daß diese Überlegungen richtig seien, doch wie es in der Delegation aussähe, hätte ich ja erlebt, und die Stellungnahme des Bundestages sei auch ungewiß. Damit hatte er nun wiederum recht. Ich war bis zum äußersten gespannt, wie der Kanzler sich entscheiden würde.

Der 13. September brachte dann Adenauers positive Entscheidung. Damit war die Konferenz gerettet. Die Vollsitzung wurde unterbrochen. Man beauftragte Staatssekretär Hallstein und Molotow, die Einzelheiten der Vereinbarung zu formulieren. Die Entscheidung des Kanzlers, in Moskau diesen Handel, Kriegsgefangene und Verschleppte gegen diplomatische Beziehungen, abzuschließen, mußte formuliert werden. Hallstein und Molotow setzten sich allein zusammen, wir anderen gingen im Park des Palais spazieren. Dabei stieß ich auf Chruschtschow, und wir kamen mit Hilfe eines Dometschers ins Gespräch. Chruschtschow meinte, er verstünde unsere Haltung gegenüber der »DDR« nicht. Wir seien über 50 Millionen, die anderen 17 oder 18 Millionen. Warum hätten wir Angst, uns mit ihnen an einen Tisch zu setzen? Auch die wirtschaftliche Kraft der Bundesrepublik sei doch geradezu erdrückend gegenüber jener der Zone. Ich antwortete ihm, daß das an sich richtig sei, aber gerade die Sowjetregierung bestände doch in jeder Note darauf, daß ein »Gesamtdeutscher Rat« gebildet würde, der paritätisch 1 : 1 zusammengesetzt sein müsse. Bei Verhandlungen in diesem Rat würde also das größere Gewicht der Bundesrepublik gar nicht zur Wirkung kommen können. In voller Offenheit fügte ich noch hinzu, daß unsere Vertreter – natürlich Parlamentarier – an keine Weisungen gebunden sein würden, man auf der anderen Seite aber bestimmt nur weisungsgebundene, linientreue Kommunisten ernennen würde. Chruschtschow machte ein nachdenkliches Gesicht und erwiderte nun: »Unter diesem Gesichtspunkt habe ich die Sache noch nicht betrachtet!« Ich konnte ihm diese Bemerkung nicht als ehrlich gemeint abnehmen. Dazu ist Chruschtschow zu schlau. Es hatte aber keinen Sinn, das Thema zu vertiefen, denn es konnte zu nichts führen. Schließlich sagte mir Chruschtschow noch: »Ihr Kanzler ist ein großer Mann!« Dann traten andere Mitglieder der Delegation dazu, und wir unterhielten uns über einen großen Ballon, den die Russen im Park hingelegt hatten. Sie waren über diese Ballons, mit denen westliches Propagandamaterial nach Rußland geflogen wurde, sehr empört. Ich konnte den russischen Herren ehrlich versichern, daß die Bundesregierung und mein Amt mit dieser Propagandaaktion nichts zu tun hätten.

Dann wurde die Vollversammlung wieder eröffnet. Hallstein berichtete über das Gespräch mit Molotow, in dem sie sich über bestimmte Formulierungen geeinigt hatten. Plötzlich sprang Chruschtschow auf und erklärte wütend, diese Formulierungen seien völlig unmöglich. Und nun geschah etwas Einmaliges. Molotow erklärte, er hätte dem, was Hallstein vorgetragen, in keiner Weise zugestimmt. Diese wahrhaft erstaunliche Erklärung verbrämte er noch mit einigen devoten

Komplimenten für Chruschtschow. Aus diesem Vorgang war zweierlei ersichtlich, erstens, daß die Stellung der Diplomaten in der Sowjetunion sehr schwach ist und zwar ganz allgemein; zweitens bestätigte diese Szene, daß Molotows Stern zu sinken begann und der eigentliche Herrscher der Sowjetunion nicht Bulganin, sondern Chruschtschow hieß. Sein diktatorisches Eingreifen in diesem Moment zeigte, wer die Macht wirklich besaß. Einige Zeit später erzählten mir französische Freunde, daß bei ihren Verhandlungen in Moskau Chruschtschow bereits den Vorsitz geführt habe, obwohl Bulganin noch Ministerpräsident war. Rückschauend glaube ich nicht, daß Bulganin ernsthaft um seine Position mit Chruschtschow gekämpft hat. Bulganin machte einen müden Eindruck, Chruschtschow hingegen wirkte wie eine Rakete. Ich glaube, Bulganin hat sich nicht ungern von der Spitze der Sowjetunion zurückgezogen. Sein Ehrgeiz schien erloschen. Der Kanzler selbst berichtete mir später, Bulganin habe ihm gesagt, er sähe viel älter aus, als er wirklich sei, aber die Jahre, die er unter Stalin gedient habe, hätten ihn zermürbt.

Das lange Hin und Her über den Wortlaut der Dokumente, besonders über den Brief des Kanzlers an Bulganin hinsichtlich unseres Vorbehaltes in den Grenzfragen, braucht hier nicht näher ausgeführt zu werden. Schließlich kam alles in die Reihe. Bulganin quittierte eigenhändig den »Vorbehaltsbrief« der Bundesrepublik, gab aber natürlich später eine Gegenerklärung ab. Darauf kam es aber auch juristisch und politisch nicht an. Über diesen Auseinandersetzungen war es Abend geworden. Nun mußte das Kommuniqué abgefaßt werden. Die Regierungschefs überließen das uns, d. h. von russischer Seite führte Gromyko das Wort, auf unserer Seite wurden Professor Grewe und ich beauftragt. Während wir an den einzelnen Sätzen herumfeilten, tafelten die hohen Herren bereits im großen Saal kräftig und auch in recht gelöster Stimmung. Blankenhorn war keineswegs guter Laune, denn er hatte dem USA-Botschafter Bohlen das Resultat unserer Konferenz und den Beschluß mitgeteilt, diplomatische Beziehungen mit der Sowjetunion aufzunehmen. Charles Bohlen wurde ziemlich ausfallend gegen die Bundesrepublik. Nun ist Blankenhorns Temperament auch nicht gerade gemäßigt. Es gab also eine recht heftige Szene, die darauf schließen ließ, daß es mit unseren Verbündeten noch einige Auseinandersetzungen über den Abschluß der Konferenz geben würde. Sie sollten auch nicht ausbleiben.

Während festliches Stimmengewirr aus dem Speisesaal an unser Ohr drang, feilschten wir Satz für Satz um das Kommuniqué. Schließlich waren wir einig bis auf eine Nuance. Der Kanzler hatte klar erklärt, daß er für die Aufnahme der diplomatischen Beziehungen die Zustimmung des Bundeskabinetts und des Bundestages brauche. Dieser Vorbehalt mußte natürlich in das Kommuniqué. Gromyko aber sträubte sich mit einem Starrsinn, der von der Sache her ganz überflüssig war. So ging das wohl eine Stunde oder länger hin und her. Schließlich schlug ich vor, diese fruchtlose Debatte, in der beide Seiten ihre Argumente schon zwanzigmal vorgetragen hatten, abzubrechen und die Entscheidung den Regierungschefs zu überlassen. Gromyko ging darauf ein. Wir begaben uns also in den Festsaal, in dem es nach russischer Art ziemlich laut zuging. Ich mußte ein bißchen warten, ehe ich den Kanzler sprechen konnte, denn er führte gerade mit Chruschtschow ein angeregtes Gespräch. Ich hatte daher Zeit zu beobachten, wie Gromyko zu Bulganin trat und ihm das Blatt mit dem Kommuniqué vor die Augen hielt. Er wies dabei mit dem Finger auf den zwischen uns strittigen Text in Klammern (vorbehaltlich der Zustimmung des Bundeskabinetts ... usw.). Doch Bulganin würdigte das Papier keines Blickes. Mit einer Handbewegung, wie man etwa ein Huhn verscheucht, jagte er Gromyko weg. Gromyko kam anschließend gemessenen Schrittes rund um den Tisch zu mir und sagte würdevoll auf englisch: »Der Herr Ministerpräsident stimmt zu!« Ich gab ihm darauf die Hand, um sozusagen den Abschluß zu bekräftigen. Er nahm sie, doch sein Gesicht blieb so hölzern wie immer. Dem Kanzler das Kommuniqué noch zu zeigen, war danach überflüssig. Mir schien es wichtiger, nach einem freien Platz an der Tafel Ausschau zu halten. Schließlich saß ich doch wieder neben Semjonow.

Von einem gesellschaftlichen Ereignis während der Moskauer Tage sprach damals die ganze Welt. Ich meine den Galaabend im Bolschoi-Theater. Man gab zu Ehren der deutschen Delegation das Paradeballett des Theaters: »Romeo und Julia«. Der Kanzler benutzte für den Weg zum Theater zum ersten Mal nicht den im Sonderzug mitgebrachten Mercedes. Bulganin hatte ihn in einer riesigen russischen Limousine abgeholt. Auf dem berühmten Mittelstreifen, der auf allen Moskauer Boulevards den offiziellen Regierungswagen vorbehalten ist, rasten wir zum Bolschoi-Theater. Als der Kanzler in Begleitung von Bulganin und Chruschtschow die einstige Zaren-, jetzt Ehrenloge betrat, erhob sich das ganze Publikum. Das Orchester intonierte die beiden Nationalhymnen. Adenauer stand wie aus Stein gemeißelt zwischen den beiden russischen Staatsmännern, die er um Haupteslänge überragte. Nach der Aufführung applaudierte das Publikum minutenlang. Plötzlich streckten Bulganin und Chruschtschow dem Kanzler ihre Hände hin. Adenauer blieb gar keine andere Wahl, als die ihm dargebotenen Hände zu schütteln. Diesen Augenblick hielten die Fotografen fest, und das Bild erschien in der gesamten Weltpresse. Ich glaube, es hat mehr dazu beigetragen, das Mißtrauen gegen die Bundesrepublik im Westen und den Mythos von »Rapallo« zu beleben, als noch so spitzfindige Leitartikel. Es wirkte wie der Abschluß eines neuen Freundschaftspaktes zwischen Rußland und der Bundesrepublik. Dabei waren die Bilder an einem Tage aufgenommen worden, an dem die Konferenz mehr nach einem Mißerfolg als nach einer Übereinkunft aussah.

Das Ballett ist oft beschrieben worden, man hat einen glänzenden Farbfilm davon gemacht. Die berühmte Ulanowa tanzte die Julia in höchster Vollendung, obwohl sich diese große Künstlerin bereits dem 50. Lebensjahr näherte. Ihr Partner übertraf alles, was ich je im klassischen Ballett gesehen habe. Äußerst bemerkenswert an dem Festabend waren aber auch die beiden Pausen. In jeder Pause war in einem Extraraum eines der überwältigenden russischen Buffets aufgebaut. Getränke und Speisen, darunter wahre Bottiche vom besten Kaviar, wurden von den Kellnern serviert, die übrigens ihre Arbeit im Smoking taten, während die Russen und wir nie anders als im vorgeschriebenen dunklen Anzug erschienen. Trinkspruch folgte auf Trinkspruch, der Wodka floß wirklich in Strömen. Professor Carlo Schmid forderte die Russen zu einem Trinkduell heraus. Er schob sein Schnapsglas beiseite und ließ sich ein Weinglas mit Wodka füllen. Dazu meinte er: »In meiner Jugend hat man mir immer von der großen Trinkfestigkeit der Russen berichtet. Eigentlich bin ich ein wenig enttäuscht. Soweit scheint es damit doch nicht her zu sein!« Doch Carlo Schmid fand keinen, der es ihm gleichtun wollte. So trank er resignierend sein Weinglas voll Wodka auf einen Zug allein aus. Es sei erlaubt, hier aber auch noch ein ernstes Wort einzufügen über die Rolle, die Carlo Schmid in Moskau spielte. Als sich die Gegensätze aus der Erinnerung an die Kriegsvergangenheit in gefährlichem Maße zugespitzt hatten, bat ihn der Kanzler, das Wort zu nehmen. Carlo Schmid hielt eine meisterhafte, ganz auf das Menschliche abgestellte Rede. Sie beeindruckte den aufgebrachten Chruschtschow so sehr, daß er sagte: »Das waren gute Worte. Wir können weiter miteinander reden!« Ich glaube, daß die richtige Verteilung der Rollen, wobei dem Kanzler die Rolle unbeugsamer Festigkeit und Carlo Schmid die Rolle des geistvoll und versöhnlich Sprechenden zufiel, in dieser Phase die Konferenz rettete.

In den Ballettpausen saß Chruschtschow mir schräg gegenüber und prostete mir mehrfach zu. Seine Worte klangen auf russisch etwa so: »Gesundheit, Journalisti und Diplomati!« Auf das Publikum nahmen die sowjetischen Machthaber übrigens nicht die geringste Rücksicht. In beiden Pausen tafelten wir mindestens 3/4 Stunden, und die Besucher mußten entsprechend lange warten.

Als wir das Theater verließen, geriet ich mit ein oder zwei Herren der Delegation noch in eine etwas eigenartige Situation. Wir hatten wohl einen falschen Ausgang benutzt, unsere Wagen waren nicht da. Sofort umringten uns einige hundert Russen, meist junge Leute. Im ersten Augenblick fand ich unsere Lage nicht so besonders angenehm, doch die Menschen benahmen sich äußerst freundlich und auch sehr höflich. Sie bildeten einen Kreis um uns, ohne irgendwie zu drängen, und stellten uns Fragen. Immer wieder wollten sie wissen, ob die deutsche Jugend auch den Frieden so sehr liebe wie sie selbst. Adenauer erregte ihr höchstes Interesse. Seine Erscheinung war in Moskau schnell populär geworden, denn die Zeitungen hatten täglich Bilder von ihm und der Konferenz gebracht und sehr viel über ihn geschrieben. Dieses kleine Zwischenspiel – einer unserer Herren dolmetschte – ließ in mir den Eindruck von einem liebenswerten und freundlichen Volk entstehen. Wir alle wissen, daß Russen auch anders sein können, doch das einfache Volk wirkt sympathisch. Einige Herren unserer Delegation, die in Moskau ohne Arbeit waren, berichteten von ähnlichen Erlebnissen. Viele der deutschen Herren mußten mehr oder weniger ohne Arbeit sein, denn man hatte sie nach Moskau für den Fall mitgenommen, daß es doch zu einem Wiedervereinigungsgespräch oder auch zu Diskussionen wirtschaftlicher Fragen kommen würde. Daraus war aber nichts geworden. Von mir selbst kann ich nicht sagen, daß es mir an Arbeit mangelte. Das Gegenteil war der Fall. Für die deutschen Journalisten gestaltete sich der Aufenthalt in Moskau, was ihre Arbeit anbelangte, eher quälend. Wie ich zu schildern versucht habe, trat die Konferenz tagelang auf der Stelle. Das ist natürlich für Journalisten sehr unergiebig. Ich versuchte sie daher mit allerlei Stoff zu Artikeln über das Drum und Dran der Konferenz zu versorgen. Doch einmal konnte ich ihnen wirklich nützlich sein.

An einem der Konferenztage gab der Kanzler unseren Gastgebern ein Mittagessen auf der Datscha (Landhaus), die man ihm zur Verfügung gestellt hatte. Als ich mich in meiner großen CIS-Limousine dem hohen Lattenzaun näherte, der die hübsche Datscha von der übrigen Welt abtrennte, sah ich dic deutschen Journalisten, vor allem viele Fotografen, an der Eingangspforte stehen. Sie wurden von einer großen Zahl von Geheimpolizisten eingekreist, und man ließ sie nicht durch das Tor. Hilfesuchend streckten sie mir ihre Arme entgegen. Ich verstand ihre Verzweiflung. Nach dem Essen, das nur aus deutschen Gerichten und hervorragenden Weinen bestand, ging ich durch den Garten zum

Eingang. Dort standen sie noch immer erfolglos. Ich schrie die Polizisten laut auf deutsch an und machte ihnen Zeichen, daß man diese Männer sofort hereinlassen müsse. Der Trick gelang.

Manchmal ist es sehr wirkungsvoll, in einer fremden Sprache laut zu schreien oder Befehle zu erteilen. So strömten sie also in den Garten hinein, fotografierten den Kanzler mit Bulganin, mit Chruschtschow usw. soviel sie wollten. Sie arbeiteten wirklich in einem Höllentempo. Die Geheimpolizisten dagegen waren verzweifelt, doch ihre hohen russischen Herren machten sehr liebenswürdig mit. Jeder bekam die Aufnahmen, die er brauchte, oder ein Wort aus dem Munde der Kreml-Gewaltigen. Meine journalistischen Kollegen revanchierten sich mir gegenüber in der nettesten Weise. Nach etwa einer halben Stunde bat ich sie, es nun genug sein zu lassen. Sie verließen daraufhin sofort still und diszipliniert den Landsitz. Die russische Geheimpolizei behandelte mich seit diesem Vorgang mit viel Respekt. Sie müssen mich für eine Art von mächtigem »Kommissar« gehalten haben.

Doch zurück zum Abschluß der Konferenz. Es sollen hier die abschließenden Dokumente im Wortlaut wiedergegeben werden, denn sie enthalten schließlich den Extrakt dieser historischen Tage.

Wortlaut des Schlußkommuniqués

Das Schlußkommuniqué vom 13. September 1955 hatte folgenden Wortlaut:

»Vom 9. bis 13. September 1955 fanden in Moskau Besprechungen zwischen den Regierungsdelegationen der Bundesrepublik Deutschland und der Sowjetunion statt.

Im Verlauf der Besprechungen, die von gegenseitigem Verständnis getragen waren, fand ein umfassender und freimütiger Meinungsaustausch über Fragen der gegenseitigen Beziehungen der Bundesrepublik Deutschland und der Sowjetunion statt. Während der Verhandlungen wurden Fragen der Herstellung diplomatischer Beziehungen zwischen der Bundesrepublik Deutschland und der UdSSR erörtert. Es wurde ein Übereinkommen erzielt, das in entsprechenden Briefen, die zwischen beiden Seiten ausgetauscht wurden, seinen Ausdruck findet, und zwar (vorbehaltlich der Zustimmung des Bundeskabinetts und des Bundestages sowie des Präsidiums des Obersten Sowjets) diplomatische Beziehungen zwischen der Bundesrepublik Deutschland und der Sowjetunion aufzunehmen und zu diesem Zweck jeweils Botschaften in Bonn und Moskau zu errichten und diplomatische Vertreter im Range Außerordentlicher und Bevollmächtigter Botschafter auszutauschen. Beide Delegationen stimmten darin überein, daß die Herstellung diplomatischer Beziehungen der Entwicklung des gegenseitigen Verständnisses und der Zusammenarbeit zwischen der Bundesrepublik Deutschland und der Sowjetunion im Interesse des Friedens und der Sicherheit in Europa dienen werde.

Beide Seiten gehen davon aus, daß die Herstellung und Entwicklung normaler Beziehungen zwischen der Bundesrepublik Deutschland und der Sowjetunion zur Lösung der ungeklärten Fragen, die das ganze Deutschland betreffen, beitragen und damit auch zur Lösung des nationalen Hauptproblems des gesamten deutschen Volkes – der Wiederherstellung eines deutschen demokratischen Staates – verhelfen werden.

Zur Bestätigung des erreichten Übereinkommens haben der Bundeskanzler der Bundesrepublik Deutschland und der Vorsitzende des Ministerrates der UdSSR Briefe gewechselt, deren Text nachfolgend veröffentlicht wird. Beide Seiten einigten sich ferner darüber, daß in nächster Zeit zwischen der Sowjetunion und der Bundesrepublik Deutschland Besprechungen über Fragen der Entwicklung des Handels durchgeführt werden.«

Wortlaut des Briefwechsels über Aufnahme diplomatischer Beziehungen

Der Brief Adenauers an Bulganin hatte folgenden Wortlaut:

»Herr Ministerpräsident! Auf Grund der Übereinstimmung, die im Laufe der Verhandlungen zwischen den Regierungsdelegationen der Bundesrepublik Deutschland und der Sowjetunion erzielt wurde, habe ich die Ehre, Ihnen zu bestätigen, daß die Bundesregierung den Beschluß gefaßt hat, diplomatische Beziehungen mit der Regierung der Sowjetunion aufzunehmen und diplomatische Vertreter im Range von Außerordentlichen und Bevollmächtigten Botschaftern auszutauschen.

Die Bundesregierung bringt die Überzeugung zum Ausdruck, daß die nunmehr herzustellenden diplomatischen Beziehungen der Entwicklung des gegenseitigen Verständnisses und der Zusammenarbeit zwischen der Bundesrepublik Deutschland und der Sowjetunion im Interesse des Friedens und der Sicherheit in Europa dienen werden.

Die Bundesregierung geht hierbei davon aus, daß die Herstellung und Entwicklung normaler Beziehungen zwischen der Bundesrepublik Deutschland und der Sowjetunion zur Lösung der ungeklärten Fragen, die das ganze Deutschland betreffen, beitragen wird und damit auch zur Lösung des gesamten nationalen Hauptproblems des deutschen Volkes

– der Wiederherstellung der Einheit eines deutschen demokratischen Staates – verhelfen wird. Diese Erklärung tritt in Kraft, sobald das Bundeskabinett und der Deutsche Bundestag sich damit einverstanden erklärt haben.

Genehmigen Sie, Herr Ministerpräsident, den Ausdruck meiner vorzüglichen Hochachtung.

Adenauer«

Der Brief Bulganins lautete entsprechend für die Regierung der Sowjetunion und erklärt sinngemäß, daß sich auch der Oberste Sowjet mit der Vereinbarung einverstanden erklären müsse.

Einseitiger Brief Adenauers an Bulganin über zwei Vorbehalte zur Aufnahme der Beziehungen

Ein Schreiben Adenauers an Bulganin, das von der Sowjetregierung entgegengenommen, aber inhaltlich abgelehnt wurde, hat folgenden Wortlaut:

»Herr Ministerpräsident, aus Anlaß der Aufnahme diplomatischer Beziehungen zwischen der Regierung der Bundesrepublik Deutschland und der Regierung der UdSSR erkläre ich:

1) Die Aufnahme der diplomatischen Beziehungen zwischen der Regierung der Bundesrepublik Deutschland und der Regierung der UdSSR stellt keine Anerkennung des derzeitigen beiderseitigen territorialen Besitzstandes dar. Die endgültige Festsetzung der Grenzen Deutschlands bleibt dem Friedensvertrag vorbehalten.

2) Die Aufnahme diplomatischer Beziehungen mit der Regierung der Sowjetunion bedeutet keine Änderung des Rechtsstandpunktes der Bundesregierung in bezug auf ihre Befugnis zur Vertretung des deutschen Volkes in internationalen Angelegenheiten und in bezug auf die politischen Verhältnisse in denjenigen deutschen Gebieten, die gegenwärtig außerhalb ihrer effektiven Hoheitsgewalt liegen.«

Schließlich gab der Bundeskanzler noch eine abschließende Pressekonferenz und verlas die folgende Erklärung:

»Über die Vorgeschichte dieser Moskauer Konferenz möchte ich Ihnen nichts sagen, weil ich annehme, das ist bekannt. Aber immerhin empfiehlt es sich doch, den Notenwechsel noch einmal durchzugehen und sich die Noten durchzulesen, die zwischen der Regierung der Sowjetunion und uns gewechselt worden sind. Die Verhandlungen hier haben drei Akte gezeitigt:

1. ein Schreiben gleichen Wortlauts, ausgetauscht zwischen dem Ministerpräsidenten der Sowjetunion, Herrn Bulganin, und mir über die Aufnahme diplomatischer Beziehungen. In dem Briefe, den ich an Ministerpräsident Bulganin gerichtet habe, ist der Vorbehalt gemacht, daß eine Genehmigung durch das Kabinett und den Bundestag erfolgen müsse. Umgekehrt ist in dem Schreiben, das Herr Bulganin an mich gerichtet hat, der Vorbehalt, daß eine Genehmigung durch das Präsidium des Obersten Sowjets erfolgt. Es ergibt sich also daraus, daß unsere erste Tätigkeit nach unserer Rückkehr nach Bonn sein wird, soweit wir Mitglieder der Regierung sind, unser Kabinett aufzuklären und ihm eine Schilderung zu geben. Die anderen Herren werden ihre Fraktionen aufklären, und dann wird, wie ich annehmen darf, im Laufe der nächsten 14 Tage sowohl im Kabinett wie im Bundestag über diese Angelegenheit gesprochen und abgestimmt werden.

2. ein Schreiben von mir, das Ministerpräsident Bulganin zugestellt wird und in dem ein Vorbehalt wegen bestimmter Rechte gemacht wird, auf die wir nicht verzichten können. Wir mußten bei der Aufnahme diplomatischer Beziehungen zum Ausdruck bringen, daß wir diese Rechte nach wie vor für uns beanspruchen. Das Schreiben hat folgenden Wortlaut (hier zitierte Adenauer das wiedergegebene Schreiben).

Ich darf folgendes hinzufügen: Sie werden gelesen haben, daß in den beiderseitigen Schreiben über die Herstellung diplomatischer Beziehungen dem Sinne nach zum Ausdruck gebracht ist, daß beide Teile sich davon auch eine Förderung des nationalen Zieles des deutschen Volkes zur Wiederherstellung seiner Einheit erhoffen. In der Erklärung, die ich namens der Delegation zur Eröffnung der Konferenz abgegeben habe, ist ausdrücklich gesagt, daß wir vermeiden wollen, daß die Verhandlungen über die Wiederherstellung der deutschen Einheit auf zwei Gleisen geführt würden, d. h. einmal hier oder direkt zwischen Moskau und uns und einmal in Genf. Es ist, wie ich hervorheben möchte, im Laufe der Debatten auch von seiten der Regierung der Sowjetunion erklärt worden, daß die Vier Mächte, also Rußland eingeschlossen, die Verpflichtung hätten, die Wiederherstellung der Einheit Deutschlands herbeizuführen. Das bildet, wie wir hoffen, einen guten Untergrund für die Verhandlungen in Genf. Auch die drei Westalliierten stehen auf dem Standpunkt, daß die Wiederherstellung der deutschen Einheit eine Verpflichtung der vier Siegermächte ist, die sie übernommen haben bei der Besetzung Deutschlands und als sie die volle Regierungsgewalt in Deutschland übernommen haben.

Sehr nachdrücklich möchte ich folgendes erklären: Es sind zwischen der Regierung der Sowjetunion und uns keine irgendwie gearteten geheimen Abkommen oder Verabredungen irgendeiner Art getroffen worden. Es ist während der Verhandlungen auch nicht das Ansinnen an uns gestellt worden, daß wir uns von unseren westlichen Vertragsverpflichtungen – Westeuropäische Union und NATO – abkehren sollten. Es hat sich daran gar nichts geändert. Ich betone nachdrücklich: Es ist das auch überhaupt nicht von uns verlangt worden. Ich glaube, es ist nötig, das sehr zu betonen und sehr nachdrücklich zu sagen.

Durch die Herstellung diplomatischer Beziehungen, die erfolgen wird, wenn Kabinett und Bundestag zugestimmt haben, wird ein Zustand beendet, der, wie ich glaube, ein starkes Moment der Unsicherheit der europäischen Lage gebildet hat.

Ich will mich nicht in großen Ausführungen über Wert und Unwert historischer Tage usw. ergehen, sondern ich möchte mich darauf beschränken, zu sagen: Dieser Zustand konnte nicht ad infinitum bleiben, wie er war, und deswegen bin ich der Auffassung, daß durch die Normalisierung der Beziehungen zwischen der Sowjetunion und der Bundesrepublik Deutschland ein Faktor der Stabilisierung des Friedens in Europa hergestellt ist. Ich hoffe, daß auch Sie im gleichen Sinne diese Verhandlungen und ihr Ergebnis betrachten.

3. Dann komme ich zu einem sehr wichtigen und sehr erfreulichen Ergebnis. Die Sowjetregierung, und zwar sowohl Herr Bulganin wie auch Herr Chruschtschow, haben in den Verhandlungen sehr entschieden erklärt, daß die Sowjetunion keine deutschen Kriegsgefangenen mehr habe, sondern nur 9626 Verurteilte, Kriegsverbrecher, wie sie sich ausdrückten. Die sämtlichen Leute werden schon in allerkürzester Zeit die Sowjetunion verlassen. Sie werden zum Teil von den Sowjets begnadigt werden und dann nach Deutschland in Freiheit gesetzt und, soweit die Sowjetregierung glaubt, daß dort Verbrechen wirklich schlimmer Art begangen seien, werden sie den deutschen Behörden, den Behörden der Bundesregierung, übergeben, damit die Bundesregierung nach den Gesetzen unseres Landes mit ihnen verfährt. Ich glaube, daß sehr viel Leid und sehr viel Kummer und Schmerz gerade dadurch gelindert werden wird, nicht nur bei den fast 10 000 Menschen hier in der Sowjetunion, sondern bei den zahlreichen Angehörigen in der Heimat. Nun darf ich Ihnen auch sagen, daß Ministerpräsident Bulganin mir gestern abend erklärt hat – er hat mich autorisiert, Ihnen das zu sagen –, daß, noch ehe wir in Bonn wieder eingetroffen seien, diese ganze Aktion in Lauf kommen wird.

Nun sind wir von der deutschen Delegation zwar der Auffassung, daß noch eine ziemlich große Zahl von Deutschen in der Sowjetunion ist, denen es nicht gestattet wird, die Sowjetunion zu verlassen, – nicht etwa frühere Soldaten, sondern Personen der verschiedensten Art. Herr Bulganin und Herr Chruschtschow haben erklärt, ihnen sei davon nichts bekannt. Sie haben aber gesagt: Wenn Sie in der Lage sind, uns Listen darüber zu geben, versprechen wir Ihnen – und sie haben das in sehr feierlicher Form erklärt –, daß wir der Sache nachgehen werden und daß wir mit diesen Deutschen so verfahren werden wie mit den Kriegsgefangenen. Die Listen müssen wir jetzt aufstellen, und wir müssen sie, soweit sie aufgestellt sind, noch einmal nachprüfen. Die Listen sind aufgestellt auf Grund von Briefen, die die betreffenden Personen an ihre Angehörigen in der Bundesrepublik unter Angabe ihres Lagers, ihrer Nummer usw. gerichtet haben. Und nach den Erklärungen, die wir bekommen haben, zweifle ich nicht, daß die Sowjetregierung dieses von ihr feierlich gegebene Versprechen erfüllen wird. Es wird also unsere nächste Aufgabe sein, dafür zu sorgen, daß auch diese Menschen in ihre Heimat zurückkehren können.

Über das Klima der Verhandlungen möchte ich wenige Worte sprechen, aber einiges muß ich doch darüber sagen. Sie können sich natürlich vorstellen, daß, wenn ein Schlußstrich gezogen wird unter diesen furchtbaren Krieg, den wir doch auch mit Sowjetrußland geführt haben, Momente, oder sagen wir ruhig Stunden gekommen sind, in denen die Luft leidenschaftlich von Erinnerungen an die Vergangenheit erfüllt war. Und es sind teilweise auch sehr leidenschaftliche und sehr harte Worte miteinander gewechselt worden. Ich halte das für besser, daß man das ausspricht, was man denkt und was man gegeneinander auf dem Herzen hat, als daß man so tut, als wenn gar nichts geschehen wäre. Ich leugne auch nicht, daß ich zeitweise, noch gestern vormittag, geglaubt habe, daß die Konferenz völlig ergebnislos auseinandergehen wird. Wie ernst wir damit rechneten, können Sie daraus sehen, daß wir die Flugzeuge früher haben kommen lassen, als ursprünglich beabsichtigt war.

Aber es ist dann anders gekommen, und wir sind zu einem Ergebnis gelangt, das, wie ich glaube, und ich darf wiederholen, was ich eben gesagt habe, zur Konsolidierung des Friedens in Europa und damit zur Konsolidierung des Friedens in der Welt beitragen wird. Wir sind zu dem Ergebnis gekommen, daß dieser Zustand zwischen der Sowjetunion und der Bundesrepublik beendet wurde, der aus der Kriegszeit herstammte und der, wie das überall auf der Welt auch unter anderen Völkern ist, einmal beendet werden mußte. Wir haben erreicht, daß wir die Kriegsgefangenen sofort zurückbekommen, und wir dürfen mit Bestimmtheit annehmen, daß die anderen bei Kriegsende hierhin gebrachten Personen auch zurückkommen. Ich möchte betonen, daß ausdrücklich von seiten der Vertreter der Sowjetunion gesagt worden ist: Diejenigen Deutschen, die Arbeitsverträge mit uns eingegangen sind, können nach Ablauf der Vertragszeit ebenfalls ausreisen und nach Deutschland zurückkehren.

Wir haben, um das noch einmal zu betonen, nichts getan, was etwa den Verhandlungen in Genf – und die Genfer Konferenz und die sich daran voraussichtlich anschließenden Konferenzen werden über die Wiederherstellung der Einheit Deutschlands beraten und entscheiden, und hoffentlich so schnell wie möglich entscheiden, daß die Einheit Deutschlands wiederhergestellt wird – wir haben nichts getan, was diesem Lauf der Genfer Konferenz hinderlich sein könnte. Wir haben das Gegenteil getan. Und endlich: Wir sind gegenüber unseren westlichen Partnern in vollem Umfang vertragstreu geblieben; nichts ist vereinbart worden, was nicht niedergelegt und der Öffentlichkeit übergeben worden ist.«

Doch ich möchte dieser Presseerklärung Adenauers noch einiges hinzufügen. In den privaten Gesprächen nach Tisch kam Chruschtschow mehrmals auf die chinesische Frage zu sprechen. Er schien besorgt. 600 Millionen Chinesen an Rußlands Ostgrenze bereiteten ihm Unbehagen. Er hob den Gegensatz zwischen der Bedürfnislosigkeit der Chinesen und dem Wunsch nach besseren Lebensbedingungen bei den Russen hervor. Von ideologischen Auseinandersetzungen sprach er allerdings kein Wort. Um so häufiger betonte er, daß ein enges Zusammengehen zwischen Rußland und Deutschland den Weltfrieden garantieren würde. Ein solches Bündnis sei unangreifbar. Ohne es auszusprechen, ließ er durchblicken, daß sich auf dieser Basis auch das deutsche Problem zufriedenstellend lösen ließe.

Adenauer ging auf diese Sirenenklänge nicht ein. Wie sich Chruschtschow die »Endlösung« des deutschen Problems vorstellte, darüber konnte kein Zweifel herrschen. Ein Eingehen auf seine Gedankengänge hätte die Bundesrepublik aus dem westlichen Bündnis gelöst und sie den Russen ausgeliefert. Dabei verstand es Chruschtschow, sehr verlockende Perspektiven, besonders auch auf wirtschaftlichem Gebiet, zu eröffnen. Er sprach in den höchsten Tönen von den deutschen Technikern, die in den zwanziger Jahren in Rußland gearbeitet und die industrielle Entwicklung mächtig gefördert hätten. Er sähe nicht ein, warum das nicht auch heute möglich sei. Beide Länder würden von einem solchen Zusammenarbeiten viel Nutzen haben, und über die politischen Fragen würde man sich dann auch schon arrangieren. Mehrfach kam er auf dieses Thema zurück. Adenauer blieb zwar freundlich, aber taub auf diesem Ohr. Wie recht er damit hatte, zeigten die Wochen nach dem Moskauer Besuch.

Welche merkwürdigen Erscheinungen kommunistische Planwirtschaft hervorbringt, mag folgende Geschichte illustrieren: Die Gastlichkeit der Russen überschritt wirklich jedes Maß. Nacht für Nacht, wenn wir nach einem Festessen in das Hotel zurückkehrten, war wiederum ein gewaltiges Buffet aufgebaut. Eine Schar von Kellnern wartete darauf, uns zu bedienen. Nun kann man doch nicht ununterbrochen essen. So ließen wir die Speisen unberührt stehen und gingen schlafen, bis mich mein Fahrer Nürnberg darauf aufmerksam machte, daß die Kellner über unser Verhalten sehr traurig seien. Wenn wir die Speisen nämlich nicht berührten, mußten alle in der Küche wieder abgeliefert werden; wenn wir dagegen eine Kleinigkeit nähmen, gehöre der Rest dem Personal. Da wir entschlossen waren, uns beliebt zu machen, zerstörten wir die kunstvollen Speisearrangements, ehe wir schlafen gingen.

An einem Abend kamen wir recht deprimiert spät in das Hotel zurück. Der Stand der Konferenz schien hoffnungslos. Wie es so oft geht, schlägt in solcher Situation die Stimmung plötzlich um. In einer Art von Galgenhumor fingen wir an, allerlei Unfug zu reden. Schließlich machte jemand den Vorschlag, fern von den aufmerksamen Ohren der Kellner noch in einem der Zimmer einen ordentlichen Schluck zu trinken. Auf diese Weise landete eine ganze Gesellschaft in meinem Salon. Soweit ich mich erinnere, waren Professor Hallstein, Blankenhorn, Kiesinger, Günther Diehl und der Leiter der Auslandsabteilung des Presseamtes, Hans Schirmer, dabei. Einige der Chefsekretärinnen waren auch von der Partie. Auf jedem Zimmer standen stets eine kleine Flasche Wodka und eine Flasche Krimsekt.

Wir machten uns also über die vielen Getränke her und waren völlig grundlos sehr vergnügt. Plötzlich sagte Hallstein zu mir: »Was ist eigentlich mit Ihnen los, Herr von Eckardt, Sie sind nicht mehr der alte! Hier in Moskau haben Sie nicht ein einziges Mal eine Ihrer berühmten bunten Westen getragen. Haben Sie keine mitgenommen?« Ich fühlte mich in meiner Ehre gekränkt: »Natürlich habe ich Westen mit. Ich glaube, es reicht für die ganze Gesellschaft!« Ich öffnete meinen Kleiderschrank und warf mit lässiger Gebärde jedem der Herren eine schöne Phantasieweste zu. Da die Westen den Herren nicht paßten, ergab sich das Bild einer Art Faschingsfestes. Von Politik wurde nicht gesprochen, nur allerlei Geschichten aus Bonn und von Auslandsreisen zum besten gegeben. Wir waren wirklich sehr heiter und sicher auch ziemlich laut. Doch das Problem bildeten die Getränke, denn mein kleiner Vorrat war schnell erschöpft. Schirmer wurde ausgeschickt und kam auch mehrfach mit Beute zurück. Schließlich waren wir, offen gesagt, ziemlich »blau« und gingen zu Bett.

Am nächsten Morgen traf ich Professor Grewe. Er berichtete mir von einem eindrucksvollen Traumerlebnis. »Ich lag im Bett«, so erzählte er, »die Tür zu meinem Salon stand ein wenig offen, und ich mußte bereits geschlafen haben, als mich ein Geräusch weckte. Ich machte die Augen auf, und da sah ich in dem fahlen Licht, das die Straßenlaternen in mein Wohnzimmer warfen, ganz langsam eine Hand ins Bild kommen, eine Hand mit gierig gekrümmten Fingern. Ich war wie erstarrt! Doch plötzlich packte die Hand zu, ergriff den Hals der Wodkaflasche auf dem Tisch. Dann verschwand die Erscheinung beinahe lautlos. Allmählich erholte ich mich von dem Schreck, denn Geister, die es auf Wodka abgesehen haben, können nicht sehr gefährlich sein!« Grewe hatte nicht geträumt. In unserer gehobenen Stimmung hatten wir uns keine Gedanken darüber gemacht, wo Hans Schirmer ständig neue Flaschen aufgetrieben hatte. Er war kurzerhand in alle unverschlossenen Hotelsalons der Delegationsmitglieder eingedrungen und hatte in der geschilderten Form zur Selbsthilfe gegriffen. Außer Professor Grewe hat es niemand gemerkt. Die lange Nacht ist dann unter der Bezeichnung »Das Fest der bunten Westen« in die Geschichte der Konferenzreisen eingegangen.

Nach Unterzeichnung der Dokumente war die Konferenz zu Ende. Wir konnten abreisen. Wieder gab es ein großes Zeremoniell auf dem Flugplatz, und dann traten wir endlich den Heimweg an, und zwar mit sehr gemischten Gefühlen. Wie würde die Heimat, wie die Verbündeten das Resultat von Moskau aufnehmen? Wir wußten bereits, daß die Stimmung zu Hause keineswegs einhellig war, denn trotz aller Bemühungen war es nicht gelungen, die Hoffnung auf Fortschritte in der Wiedervereinigung auf ein vernünftiges Maß zu beschränken. Als wir in Bonn landeten, hatte sich eine große Menschenmenge versammelt. Ehe Adenauer seinen Wagen bestieg, ereignete sich noch eine Szene, die mich sehr berührte. Eine alte Frau hatte sich durch die Menge gedrängt. Nun stand sie vor dem Kanzler, klein und gebeugt. Sie ergriff Adenauers Hand, küßte sie und sagte nur: »Dank, vielen Dank, Herr Kanzler!« Ich werde die Reaktion des Bundeskanzlers nie vergessen. Er versuchte, die alte Frau mit einer Gebärde von großer Güte und echter Herzlichkeit an dem Handkuß zu hindern. Er strich ihr über das weiße Haar und verschwand dann schnell in seinem Wagen. Während des ganzen Rückfluges hatte mich der Gedanke gequält, ob nicht doch die Delegationsmitglieder recht hätten, die die Konferenz in Moskau ohne Resultat abbrechen wollten, da die Russen nichts für die Wiedervereinigung tun wollten. Jetzt fühlte ich mich in meiner Auffassung bestärkt. Die Kriegsgefangenen waren frei und dazu noch eine unbestimmte Zahl von vielen Tausend Verschleppten. Das Volk hätte es nicht verstanden, wenn wir, selbst aus wohlerwogenen Gründen, diese Menschen im Stich gelassen hätten.

48 Stunden später saßen meine Frau und ich im Flugzeug nach Amerika. Es war höchste Zeit, auf meinen Posten zurückzukehren, denn die Delegationen aus aller Welt strömten bereits zur Vollversammlung der Vereinten Nationen nach New York.

Wieder in New York

Auf dem Flugplatz Idlewild bei New York erwarteten uns die Herren meiner kleinen Botschaft mit begreiflicher Ungeduld. Ich war 2 1/2 Monate nicht in meinem New Yorker Büro gewesen, und die Vollversammlung der Vereinten Nationen begann am nächsten Tag. Meine Frau wurde nicht weniger sehnsüchtig erwartet, denn sie hatte noch vor unserer Abreise ein reizendes altes Haus mitten in Manhattan gefunden. Der Bund erwarb das Haus, unsere Möbel standen auf dem Speicher, und es war nun Zeit, daß wir zu einer ständigen »Residenz« kamen. Das »Brownston House«, schmal an der Straße, doch ziemlich tief nach rückwärts reichend, liegt in der 65. Straße East, also der besten Gegend New Yorks, wenn man nicht eine Autostunde entfernt in einem der hübschen Vororte wohnen wollte. In New York in einer guten Gegend zu wohnen, also eine »gute Adresse« zu haben, ist für einen Diplomaten mindestens ebenso wichtig wie in London. »Man« kann als Botschafter nicht auf der »Westside« wohnen, obwohl es dort sehr schöne Wohnungen gibt. In unserem Viertel aber wohnten die Rockefellers, Harrimans usw. Meine Frau stürzte sich also in den Kampf mit den New Yorker Handwerkern. Sie blieb Sieger, und das will wirklich etwas heißen.

Ich selbst hatte als wichtigste Aufgabe dafür zu sorgen, daß in der allgemeinen Aussprache in der Vollversammlung möglichst viele und möglichst wichtige Redner in unserem Sinne das Deutschlandproblem behandelten. Meine Herren hatten bereits vorzüglich vorgearbeitet und mir nur noch einige zähe, aber eben wichtige Delegationen zur Bearbeitung überlassen. Ich besuchte also die Delegationschefs oder speiste mit ihnen. Diese Arbeit wurde mir sehr erleichtert, weil ich aus Moskau kam. Einige Zeit reichte man mich als »interessanten Mann« in New York herum, denn jeder wollte Einzelheiten über den Verlauf der Moskauer Verhandlungen wissen. Ich nutzte diese Situation für unsere Zwecke reichlich aus, und so verlief die Generaldebatte hinsichtlich der Deutschlandfrage sehr günstig. Nach meiner Ankunft aß ich bei John McCloy zusammen mit dem belgischen Außenminister Paul-Henri Spaak und dem einstigen Präsidentschaftskandidaten gegen Truman, Mr. Dewey. Spaak war außerordentlich interessiert, Einzelheiten über

Bulganin und Chruschtschow zu hören, und so hatten wir nach Tisch ein langes Gespräch über die sowjetische Politik. Dabei gelang es mir, Spaak von der Richtigkeit der deutschen Außenpolitik zu überzeugen. Er erwies sich dann als ein wirklicher Bundesgenosse in der Vollversammlung, in der sein persönlicher Einfluß sehr groß war.

In diesen Tagen traf ein Telegramm aus Bonn ein, das den Besuch von Außenminister von Brentano in den USA ankündigte, und zwar bereits für den 27. September. Meine arme Frau hatte nur eine Woche Zeit, um unser neues Domizil einzurichten, denn ich legte großen Wert darauf, Brentano mit den wichtigsten Leuten aus der UN und zwar im eigenen Haus zusammenzubringen. Bei Veranstaltungen in Hotels fehlt es an der richtigen Atmosphäre. Männer können gräßlich rücksichtslos sein, und von Zeit zu Zeit bin ich es leider auch, allerdings – so sagen ja alle Männer – ohne es zu wollen. Meiner Frau gelang das beinahe Unmögliche. Als Brentano eintraf, waren wir bereits in dem Haus installiert.

Brentano hatte sich zu dieser Reise entschlossen, da – wie erwartet – sich die Wirkung unserer Übereinkunft mit den Russen bei unseren westlichen Freunden als recht negativ erwies. Das galt ganz besonders für die Vereinigten Staaten. Der Außenminister kam in Begleitung einiger guter Freunde von mir, so seines Pressereferenten Günther Diehl, des Leiters des Amerika-Referats Georg von Lilienfeld, der Jahre das gleiche Referat im Presseamt verwaltet hatte, und seines persönlichen Referenten, Legationsrat Limbourg. Es waren alles jüngere Leute, die ihre Arbeit mit Lust und Liebe angingen. Ich begleitete Brentano bei seinen offiziellen Besuchen beim Präsidenten der Vollversammlung, beim Generalsekretär Hammarskjöld, wir aßen bei den Botschaftern der westlichen Großmächte, und schließlich veranstaltete ich einen jener schwer durchzustehenden Riesenempfänge für alle UN-Delegationen im Savoy-Hotel. Brentano, meine Frau und ich standen stundenlang in der »receiving-line« und schüttelten etwa 1500 Hände.

Mitten in diesen Empfang kam die Nachricht von der neuen schweren Erkrankung Präsident Eisenhowers. Er litt an einem Darmverschluß und wurde sofort operiert. Nicht lange vorher hatte er einen Herzinfarkt überstanden, sich allerdings recht gut erholt und daher beschlossen, sich zur Wiederwahl für das Präsidentenamt zu stellen. Diese neue Erkrankung schien seine Kandidatur endgültig unmöglich zu machen. Das Ereignis bildete den Hauptgesprächsstoff bei dem Empfang, denn ohne Eisenhower hatte die republikanische Partei bei den Wahlen im nächsten Jahr keine Chance. Sie verfügte über keinen hinreichend populären Kandidaten, der den Demokraten Adlai Stevenson hätte schlagen können. Doch es gelang den Ärzten, Eisenhower wieder gesund zu machen. Mein Freund und Kollege Jim Hagerty, Pressechef des Weißen Hauses, erläuterte wochenlang, sogar anhand von Zeichnungen und Röntgenaufnahmen, der amerikanischen Presse, wie es im Gedärm von Eisenhower aussah, und verbreitete mit großem Geschick so viel Optimismus über den Gesundheitszustand des Generals, daß schließlich alle Welt davon überzeugt war, daß es keinen gesünderen Menschen gäbe als Eisenhower. Während unseres Empfangs spürte man allerdings von diesem Optimismus noch nichts. Eisenhowers Operation war ein Politikum ersten Ranges. Der Wahlsieg der Demokraten schien absolut sicher und damit auch eine Ablösung der republikanischen Administration in Washington. Daß nachher alles anders kam, wissen wir heute. »Ike« regierte noch weitere vier Jahre und erfreut sich noch heute einer guten Gesundheit und eines großen Einflusses in seiner Partei.

Brentano reiste dann für drei Tage nach Washington, Hallstein kam in New York an und flog sofort ebenfalls nach Washington, und zwischen Empfängen und Vollsitzungen der UN versuchte ich, meiner Frau bei der Einrichtung des Hauses zu helfen, indem ich tat, was Männer in solchen Fällen unter »helfen« verstehen. Ich mußte dabei immer an die Anekdote vom alten Berliner Bankier Fürstenberg denken. Als er eines Abends eine Gesellschaft verließ, sprang ein junger Mann hinzu, um ihm in den Mantel zu helfen. In seiner freundlich-pessimistischen Art meinte der berühmte Bankier: »Lassen Se man, junger Herr, alleine ist es gerade schwierig genug!« Brentano kam von Washington aus noch einmal nach New York. An seinem letzten Abend vor der Rückreise gaben wir ihm ein Herrenessen als Eröffnung des neuen Hauses. Das Ganze hatte große Ähnlichkeit mit den berüchtigten Potemkinschen Dörfern. Eine Stunde vor Beginn des Essens arbeitete noch ein Elektriker am Kronleuchter im großen Salon. Aber schließlich ging doch alles gut, da niemand auf die Idee kam, die oberen Stockwerke des Hauses besichtigen zu wollen. Dort herrschte noch ein chaotischer Zustand. Zum Essen erschienen Dag Hammarskjöld und sein erster Stellvertreter, die Chefdelegierten von den USA, Henry Cabot Lodge, von Frankreich, Hervé Alphand, und von Großbritannien, Sir Pearson Dixon. Dazu waren McCloy und noch einige Herren der Begleitung Brentanos geladen. Unser Außenminister zeigte sich in glänzender Verfassung. Er konnte mit seiner Reise sehr zufrieden sein. Auch der Abend in unserem Hause gab ihm Gelegenheit, über unsere außenpolitischen Pläne zu sprechen und einige Besorgnisse zu zerstreuen. Um 11 Uhr verabschiedeten sich die ausländischen Gäste, während wir in unserem Kreise noch zusammenblieben. Aus diesem »noch ein Glas« entwickelte sich dann eine lange und fröhliche Nacht. Brentano war bester Laune, wir sprachen von vergangenen Jahren, wir diskutierten teils sehr ernsthaft, teils plauderten wir fröhlich. Das Ganze dauerte bis fünf Uhr morgens. Brentano widmete sich auch in langen Gesprächen unseren beiden Söhnen, während ich mit meinen früheren Mitarbeitern Erinnerungen auffrischte. Am nächsten Vormittag brachte ich den Außenminister auf das Schiff. Das Thermometer zeigte über 30 Grad Hitze, und mein Kopf war nicht in der besten Verfassung. Vom Hafen fuhr ich direkt nach Hause und ließ mich erst am nächsten Morgen wieder sehen. Einige Zeit später bekam ich von Brentano den nachstehend wiedergegebenen Brief:

Der Bundesaußenminister des Auswärtigen

Bonn, den 15. November 1955

Herrn
Botschafter Felix von Eckardt
New York

Lieber Herr von Eckardt,
meinen kurzen und formellen »Bedanke-mich-Brief« werden Sie erhalten haben. Er sollte zunächst nicht mehr sein als die Bestätigung, daß ich gut hier eingetroffen bin und als der offizielle Dank für die Unterstützung, die Sie selbst und die Herren Ihres Amtes mir in New York haben angedeihen lassen.

Ich habe aber schon lange die Absicht, Ihnen zu schreiben, um Ihnen auch noch einmal persönlich zu danken und Ihnen zu sagen, wie wertvoll für mich alle die Vorbereitungen waren, die Sie in New York getroffen haben. In Ihrem letzten Brief an Herrn von Lilienfeld bestätigen Sie erneut, daß mein Besuch in den Vereinigten Staaten ein Erfolg war. Diese Feststellung stimmt mit allem überein, was ich nach meiner Rückkehr darüber erfahren habe. Auch in meinen persönlichen Gesprächen, die ich mit Herrn Staatssekretär Dulles und seinen Mitarbeitern, aber auch mit einer Reihe von Journalisten hatte, die ich in Paris und vor einigen Tagen in Genf traf, habe ich den gleichen Eindruck mitgenommen.

Ich weiß, daß Sie sich ganz besonders Mühe gemacht haben, um diesen Erfolg herbeizuführen. Ich gestehe, daß ich manchmal zum offenen Widerstand übergehen wollte, wenn mir neue Termine genannt wurden. Aber ich bereue es nicht, daß ich in allem Ihrem Rat folgte. Ich habe ja selbst feststellen müssen, wie labil die öffentliche Meinung drüben war, als ich hinkam. Die Reise nach Moskau und mehr noch das für die Außenstehenden überraschende und vielleicht schwer verständliche Ergebnis dieser Reise haben offenbar Zweifel an der Zuverlässigkeit der deutschen Politik geweckt. Daß es gelungen ist, sie weitgehend auszuräumen, zeigt der Verlauf der Genfer Konferenz. Sie wird zwar mit einem vollen Mißerfolg enden, aber sie hat auf der anderen Seite doch gezeigt, daß die drei Außenminister sich in einer wirklich überzeugenden und eindrucksvollen Weise das deutsche Anliegen zu eigen gemacht haben. Ich hoffe, daß die öffentliche Meinung bei uns das verstehen und würdigen wird.

Es scheint mir aber auch nötig, daß das richtig verstanden wird, denn das Scheitern der Konferenz wird uns in Deutschland neuen innenpolitischen Belastungsproben aussetzen.

Den letzten Abend in New York habe ich noch in besonders guter Erinnerung. Es war für alle Beteiligten recht anstrengend. Und ich habe mich, als wir uns am nächsten Tag trennten, doch gefragt, ob wir Ihre Gastfreundschaft nicht allzu sehr strapaziert haben. Aber ich hoffe, daß Sie darüber mit Nachsicht hinweggegangen sind.

Mit der Bitte, Ihrer verehrten Gattin meinen Dank und meinen Handkuß zu übermitteln und Ihren beiden Söhnen in Erinnerung an die nächtlichen Diskussionen sehr herzliche Grüße zu bestellen, verbleibe ich

Ihr aufrichtig ergebener
gez. von Brentano

Aus diesem Brief geht hervor, daß die Situation gegenüber unseren Verbündeten recht heikel gewesen war. Doch das Mißtrauen konnte ausgeräumt werden. Weiterhin kündigte Brentano bereits das Scheitern der Genfer Außenministerkonferenz an, die die Regierungschefs bei ihrem Gipfeltreffen beschlossen hatten. Der völlige Mißerfolg bedeutete zwar keine Überraschung, hinterließ aber doch eine sehr tiefgehende Depression im deutschen Volk. Das Jahr 1955 hatte viele Hoffnungen erweckt, und alle waren sie zerronnen. Noch mehr als während der Gipfelkonferenz zeigten sich die Russen bei dem Treffen der Außenminister völlig unnachgiebig. Jedem mußte danach klar sein, daß die Sowjetunion gewillt war, ihre Position in Deutschland ohne den geringsten Abstrich zu halten. Sie schloß dazu unmittelbar nach der Gipfelkonferenz einen Vertrag mit der Zone, in dem sie ihr dem Buchstaben nach die Souveränität zurückgab, allerdings mit gewissen Vorbehaltsrechten, ganz ähnlich denen, die auch in unserem Deutschlandvertrag stehen. Der große Unterschied besteht bis zum heutigen Tage darin, daß die Zone keinerlei wirkliche Souveränität besitzt, während unsere Selbständigkeit uneingeschränkt ist bis auf das Notstandsrecht und die Berlinfrage. Wir selbst müssen allerdings auf dem Viermächtestatus von Berlin bis zur Wiedervereinigung bestehen, da nur so das Engagement unserer drei Schutzmächte aufrechtzuerhalten ist.

Unter dem 29. November 1955 antwortete ich dem Außenminister:

> Sehr verehrter Herr Minister,
> es ist mir ein ganz besonderes Bedürfnis, Ihnen für Ihren so freundlichen Brief vom 15. November zu danken. Wir haben persönlich so viel Freude an Ihrem Besuch gehabt und ganz besonders an der »langen Nacht«, die wir als eine wirklich würdige Einweihung des Hauses empfanden. Es war einmal wieder wie in alten Zeiten, in denen man sich noch nicht scheute, aus Angst vor dem nächsten Tag der Heiterkeit und dem guten Gespräch eine Nacht zu opfern. Meine Frau hat das ganz besonders genossen, denn die viele offizielle Geselligkeit hier ist gar nicht nach ihrem Geschmack.
> Politisch leben wir hier noch in weitem Maße von Ihrem Besuch, den Sie nach meinen Erfahrungen in nicht allzu ferner Zeit wiederholen sollten. Ich schrieb schon an Herrn von Lilienfeld, daß in der Zwischenzeit einmal in einer erstklassigen amerikanischen Zeitschrift ein Aufsatz von Ihnen veröffentlicht werden könnte, der das Interesse an den deutschen Problemen wachhält. Die gewisse Schockwirkung der Moskauer Übereinkunft ist im allgemeinen überwunden, und man ist sich darin ziemlich einig, daß von der Bundesregierung in ihrer jetzigen Zusammensetzung kein Ausbrechen zu erwarten ist. Nicht weniger ist man sich darin einig, daß die Sowjetregierung in näherer oder fernerer Zukunft Westdeutschland Angebote machen wird, die zwar unsere Forderungen in der Frage der Wiedervereinigung nicht erfüllen, aber sicherlich mehr Entgegenkommen zeigen werden, als man es je den Westmächten gegenüber gezeigt hat oder zeigen wird. Hierin erblickt man eine gewisse Gefahr, denn man weiß, daß die Wiedervereinigung stets an der Spitze der deutschen Probleme, besonders auch der innenpolitischen, stehen wird. Man hofft sehr, daß der zukünftige deutsche Botschafter in Moskau ein Mann von größter Ausgeglichenheit und von unerschütterlichen Nerven sein wird, denn die ganze westliche Welt wird ihn mit gespannter Aufmerksamkeit beobachten, auch wenn man sich darüber klar ist, daß alle wirklichen Entscheidungen in Bonn gefällt werden. Das wichtigste aber ist nach meinen Beobachtungen, daß mit der größtmöglichen Be-

schleunigung die deutschen Divisionen aufgestellt werden. Ein rasches und energisches Handeln auf diesem Gebiet wird für lange Zeit in den Vereinigten Staaten eine positive Einstellung zur deutschen Außenpolitik sicherstellen.
Scheinen nun auch alle Gefahren, die die Moskauer Vereinbarungen mit sich brachten, in der hiesigen öffentlichen Meinung überwunden, so stecken doch im kommenden Wahlkampf hier manche schon sichtbar werdende Entwicklungen, die man nicht ohne Besorgnis beobachten kann. Es spricht manches dafür, daß die Zwei-Parteien-Außenpolitik der USA einer sehr schweren Belastung ausgesetzt werden wird. Die scharfen Angriffe der Demokraten gegen die Außenpolitik der Eisenhower-Administration sind zweifellos nicht nur auf parteitaktische Erwägungen für den kommenden Wahlkampf zurückzuführen, sondern sie gehen tiefer. Um den Angriffen der Demokraten zu begegnen, versucht man von republikanischer Seite trotz des völligen Scheiterns der Genfer Konferenz den sogenannten »Geist von Genf« am Leben zu erhalten, da man durch die erste Konferenz »on the summit« zu viele Hoffnungen erweckt hatte, als daß man sich jetzt trauen könnte, den völligen Fehlschlag dieser außenpolitischen Periode einzugestehen. Da man sich hier aber auch völlig im klaren ist, daß in der Frage der deutschen Wiedervereinigung in naher Zukunft und auf den bisherigen Wegen kaum etwas zu erreichen ist, bleibt die latente Gefahr, daß man doch noch nach Entspannungsmöglichkeiten auf anderen Gebieten sucht und dadurch die deutsche Frage isoliert zurückbleiben würde. Diese Gefahr ist heute sicher noch nicht akut, aber sie lauert irgendwie im Hintergrund. Bei dem längeren Gespräch, das ich kürzlich bei einer Privatgesellschaft mit George F. Kennan hatte, verstärkte sich dieser Eindruck bei mir. Falls die Demokraten die nächste Wahl gewinnen sollten, wird Kennan zweifellos in die Karriere zurückkehren und eine wichtige Rolle spielen, so daß Beziehungen zu ihm sehr nützlich sein können.
Wie Sie sehen, sehr verehrter Herr Minister, kann ich es leider noch nicht lassen, mir hier in New York auch außerhalb meines eigentlichen Arbeitsgebietes Gedanken über die deutschen Probleme zu machen. Die Tätigkeit innerhalb der UN gibt zwar ausreichend Arbeit, aber die oft ans Lächerliche grenzende Geschäftigkeit der zahllosen Delegierten, die kleine und kleinste Süppchen kochen, die niemand nachher essen will, läßt für andere Gedanken viel Spielraum. Ganz besonders ernste Gedanken sollte man, so glaube ich, der Frage der eigenen Aktivität in der Wiedervereinigungsfrage wid-

men. Es klingt vielleicht ein wenig phantastisch, aber der Zeitpunkt scheint mir doch gekommen, um die ganze Überlegenheit unseres politischen und wirtschaftlichen Systems in der Bundesrepublik dem Ostzonenregime gegenüber in die Waagschale zu werfen. Es besteht keine echte Gefahr der Unterwanderung der Bundesrepublik durch die Ideen der Pankower Machthaber, aber eine sehr große Möglichkeit der umgekehrten Unterwanderung, wenn man wirklich große Mittel einsetzen und sich über diese Aufgabe mit der SPD lautlos und unterderhand einigen könnte. Dazu gehört allerdings auch noch ein kleines Gremium von Männern, die verschwiegen sind und vom Handwerk etwas verstehen.

Ich muß mich noch einmal entschuldigen, daß ich Ihre kostbare Zeit mit einem so langen Brief mißbrauche, aber alle diese Fragen müssen zwangsläufig das ganze Denken beherrschen.

Mit nochmaligem Dank für Ihren freundlichen Brief bleibe ich, sehr verehrter Herr Minister,

stets Ihr Ihnen sehr ergebener
gez. von Eckardt

Manches, was ich dem Minister in diesem Brief schrieb, sollte sich in der angegebenen Richtung entwickeln, wenn auch erst Jahre später.

Die UN-Vollversammlung von 1955 nahm einen recht bewegten Verlauf. Die stärkste Belastung brachte die Algerienfrage mit sich, da es nicht gelang, eine Diskussion über dieses heikle Thema zu vermeiden. Der Ostblock und die neutralistischen Staaten verfügten schon damals über eine zahlenmäßige Stärke, die es ihnen erlaubte, eine Diskussion des Krieges in Algerien gegen den Willen Frankreichs durchzusetzen. Frankreich verfocht den Standpunkt, daß der »schmutzige Krieg« in Algerien eine innerfranzösische Angelegenheit sei, da Algerien keine Kolonie, sondern ein Teil Frankreichs war. Die französische Delegation konnte sich mit dieser Auffassung nicht durchsetzen und verließ daher demonstrativ den Sitzungssaal, als die Debatte beschlossen wurde. Sie kehrte auch nach der Aussprache, die mit einer Resolution gegen die französische Politik endete, nicht in die Versammlung zurück. Ich glaube, daß diese Vorgänge zu einem gewissen Teil noch heute das amerikanisch-französische Verhältnis bestimmen. Die Franzosen belasten die Amerikaner in weitem Maße mit der Verantwortung dafür, daß Indochina verlorenging und es zur Katastrophe in Dien Bien Phu kam. Sie hatten fest mit einem militärischen Eingreifen der USA in Indochina gerechnet. Jetzt enthielt sich die amerikanische Delegation bei der Abstimmung in der Algerienfrage der Stimme. Der Antikolonialismus ist in den USA so stark, daß die Delegation der Vereinigten Staaten nicht anders handeln konnte, wollte sie nicht die öffentliche Meinung gegen sich aufbringen. Ähnliches oder vielmehr noch Schwerwiegenderes sollte sich bei der Behandlung der Suezkrise ereignen. Doch daran dachte man 1955 noch nicht. Zu viele Menschen vergessen diese Vorgänge, wenn sie die heutigen Beziehungen zwischen Frankreich und Amerika beurteilen.

Eine geradezu unglaubliche Geschäftigkeit entwickelten alle Delegationen, als die Frage der Aufnahme neuer Mitglieder beraten wurde. Schließlich kam es zur Aufnahme von 16 neuen, darunter auch europäischen Staaten wie Spanien. Das Feilschen um die Aufnahme und damit auch um die neuen Stimmen nahm oft geradezu groteske Formen an. Am Ende der Versammlungsperiode blieben nur noch die Japaner, die Südkoreaner und wir als »ständige Beobachter« zurück. Dazu kam allerdings freiwillig die Schweiz, die ihrer Neutralität wegen keine Mitgliedschaft anstrebte. Mit meinem Schweizer Kollegen Lindt fühlte ich mich besonders freundschaftlich verbunden. Er gehörte zu den angesehensten Persönlichkeiten im ganzen UN-Gebäude. Unzählige Stunden, wenn im Saal langweilige Übersetzungen abliefen oder auch einer der berüchtigten »Dauerredner« am Pult stand, saßen wir in dem kleinen Kaffee-Ausschank und besprachen die Probleme der Weltorganisation, aber auch andere wichtige politische Fragen. Lindt wurde später mit großer Mehrheit zum Weltflüchtlingskommissar der UN gewählt, und er hatte in dieser Eigenschaft noch häufig mit mir zu tun. Auch in dieser Aufgabe bewährte er sich hervorragend. Später ernannte ihn die Schweiz zu ihrem Botschafter in Washington. Er kam vom Journalismus her und machte eine bedeutende und wirklich verdiente Karriere. Mit ihm besprach ich auch eine Frage, die mich und meine Herren sehr intensiv beschäftigte. Wir stellten sehr eingehende Untersuchungen darüber an, ob die Wiedervereinigungsfrage mit Nutzen für uns vor die Vereinten Nationen gebracht werden könnte.

Es ging dabei um sehr ernste Probleme. So war nach dem Buchstaben der Charta die Weltorganisation für alle Folgeerscheinungen des 2. Weltkrieges nicht zuständig, es sei denn, ein Problem gefährde den Weltfrieden. Die Spaltung Deutschlands tat das ohne Zweifel. Es war also möglich, die Deutschlandfrage vor dieses Weltforum zu bringen. Aber war es auch zweckmäßig? Nach sehr reiflicher Überlegung kam ich zu dem Schluß, daß man das Risiko eingehen sollte. Mein Vorschlag ging dahin, in der Vollversammlung eine Resolution durchzubringen, die die vier Siegermächte aufforderte, die deutsche Frage mit Energie zu beraten und ihnen die Verpflichtung aufzuerlegen, der Vollversammlung regelmäßig über die Fortschritte ihrer Bemühungen zu berichten.

Ich wollte damit erreichen, daß die Diskussion über die Wiedervereinigung im Gang blieb, daß die vier Mächte gezwungen wurden, ständig darüber zu verhandeln, statt nur in großen Abständen spektakuläre Konferenzen abzuhalten, die die Lage eher verschlechterten als verbesserten. Durch sehr sorgfältige Ermittlungen hatte ich mit meinen Herren festgestellt, daß sich für eine solche Resolution eine sichere Mehrheit in den Vereinten Nationen finden würde. Doch ich stieß auf viele Bedenken in Bonn und auch bei den Alliierten. Man wollte das Risiko einer großen Debatte in der Vollversammlung nicht eingehen. So blieb der Plan unausgeführt. Heute, da mehr als 100 Mitglieder in der Versammlung sitzen, ist ein solches Vorhaben allerdings schwerer durchführbar.

Bevor die Vollversammlung 1955 ein recht trostloses, unergiebiges Ende nahm, spielte sich noch ein für mich wichtiger Vorgang ab. Eines Tages betrat mein Botschaftsrat Paulig mit allen Anzeichen der Erregung mein Büro. Es ging um folgendes: Neben den Hauptinstitutionen gibt es in den Vereinten Nationen noch eine große Zahl von angeschlossenen »Spezial-Organisationen«, in denen wir Mitglied waren. Die meisten von ihnen beschäftigten sich mit karitativen und kulturellen Angelegenheiten. Es gehörte zu unseren wichtigsten Aufgaben, die DDR daran zu hindern, auch ihrerseits Mitglied dieser »Specialised Agencies« zu werden und sich damit eine gewisse weltweite Anerkennung zu verschaffen. Alle paar Wochen mußten wir unsere Freunde alarmieren, damit sie einen Aufnahmeantrag der Zone in den Ausschüssen ablehnten. Das gelang auch immer. Nun gab es aber auch Organisationen, in denen jeder Mitglied werden konnte, wenn er bereit war, eine bedeutende Summe beizusteuern. Statutenmäßig gab es dagegen keinen Einwand. Paulig kam also mit der verbürgten Nachricht, daß ein Vertreter der Vereinten Nationen in Genf, wo ein großer Teil dieser speziellen Organisationen seinen Sitz hat, nach Pankow gefahren sei und dort einen Scheck angenommen habe, der Pankow die Mitgliedschaft sicherte. Das war eine böse Geschichte, die im Laufe der Zeit sehr ernste Folgen mit sich bringen konnte. Pankower Vertreter würden auf diese Weise zum ersten Mal in einer der UN angeschlossenen Organisationen auftreten. Wir selbst zahlten schon seit Jahren für diese Organisation – ich glaube ein bis zwei Millionen –, und der Pankower Scheck lautete auf die gleiche Summe. Was war nun zu tun?

Ich bat Herrn Paulig, mich eine halbe Stunde allein zu lassen, da ich mir über geeignete Schritte schlüssig werden mußte. Juristische Einwände waren nach den Statuten der Organisation nicht möglich. Die Angelegenheit konnte nur politisch behandelt werden. Aber wie? Schließlich bat ich den Botschaftsrat wieder zu mir und gab ihm den

Auftrag, sofort in das Sekretariat der UN zu fahren und um eine Unterredung mit dem Stellvertreter Hammarskjölds nachzusuchen. Ich beauftragte ihn, diesem Herrn, einem Engländer, von mir mitzuteilen, daß, wenn der Scheck aus Pankow akzeptiert würde, die Bundesrepublik aus der betreffenden Organisation austreten und auch keinen Pfennig mehr bezahlen würde. Ich dächte nicht daran, mit einem Vertreter der Zone in einer Organisation zu sitzen. Dazu empfände ich es als geradezu unmoralisch, aus der Spaltung Deutschlands finanziellen Nutzen zu ziehen. Paulig war entsetzt, denn er meinte, man könne doch nicht ohne Weisung aus Bonn einen solchen Schritt unternehmen. Er schlug vor, an das AA telegrafisch zu berichten. Ich blieb jedoch bei meiner Weisung an ihn, denn es würden Tage vergehen, ehe eine Antwort aus Bonn zu erwarten war. Wenn der Scheck aber erst einmal kassiert war, konnte keine Demarche mehr helfen. Paulig machte sich also auf den Weg und führte den Auftrag aus. 48 Stunden geschah nun gar nichts. Ich bekenne offen, daß ich etwas nervös wurde, denn ich hatte überhaupt nicht nach Bonn berichtet. Dann aber meldete sich der stellvertretende Sekretär, besagter Engländer, bei mir an und erschien in meinem Büro. Wir unterhielten uns fast eine Stunde über den Verlauf der Vollversammlung und noch über viele andere Fragen. Es war eine zwar interessante, aber im Augenblick ganz überflüssige Aussprache. Schließlich stand er auf, und erst an der Tür sagte er: »Der Herr Generalsekretär Hammarskjöld läßt Ihnen sagen, daß der Scheck nach Pankow zurückgeschickt worden ist!« Ich dankte ihm für diese Mitteilung und bat ihn, Herrn Hammarskjöld von mir auszurichten, ich würde mich bemühen, den Beitrag der Bundesrepublik für diese Organisation in Zukunft zu erhöhen. Nun erst berichtete ich über den ganzen, damit abgeschlossenen Vorgang an das Auswärtige Amt. Im Grunde genommen erwartete ich eine strenge Rüge wegen meines eigenmächtigen Verhaltens. Aber es kam anders. Am 22. Dezember traf ein Telegramm ein:

FÜR BOTSCHAFTER PERSÖNLICH!

GRATULIERE ZUM ERFOLG IHRER INITIATIVE. HERZLICHE WEIHNACHTS- UND NEUJAHRSWÜNSCHE.

HALLSTEIN

Ich habe über dieses Telegramm und die Gesinnung Hallsteins, die in ihm zum Ausdruck kam, große Freude empfunden. Dieses Zwischenspiel hatte aber auch noch einen anderen Erfolg. Seit dieser Zeit war mein Verhältnis zum Generalsekretär Dag Hammarskjöld besonders gut und vertrauensvoll. Er empfing mich ziemlich regelmäßig zu politischen Gesprächen, die für mich persönlich interessant waren, darüber hinaus aber Stoff für wirklich instruktive Telegramme nach Bonn boten.

Im gleichen Monat, noch vor dieser Affäre, bekam ich die Aufforderung, an einer Botschafterkonferenz in Bonn teilzunehmen. Die Konferenz, die, so glaube ich, die erste dieser Art war, vereinigte im großen Saal des neuerbauten AA alle Leiter der bedeutenden Missionen im Ausland. Eigentlich hatte ich mir von dieser Veranstaltung nicht sehr viel versprochen. Doch ich wurde angenehm überrascht. Die zwei Tage dauernde Aussprache, bei der jeder der Botschafter über seine Erfahrungen berichtete, gestaltete sich überaus interessant. Sie verschaffte einen Überblick über unsere Position in der Welt, der viel Stoff zum Nachdenken gab. Kein Zweifel, die Stellung der Bundesrepublik hatte sich in den letzten Jahren gefestigt. Doch etwas konnte nicht übersehen werden, nämlich, daß noch immer viel Mißtrauen gegen die deutsche Politik bestand und daher große Vorsicht am Platze war. Die Botschafterkonferenz bekam aber neben der Generalaussprache auch noch einen anderen sehr starken politischen Akzent. An einem der Tage erschien der Außenminister, um zu uns zu sprechen. Dabei gab er die dezidierte Erklärung ab, daß die Bundesregierung die Aufnahme diplomatischer Beziehungen mit der »DDR« durch welchen Staat auch immer als unfreundlichen Akt ansehen und dementsprechend reagieren würde. Es handelte sich also um die offizielle Formulierung der sogenannten »Hallsteindoktrin«. Ob gezielt oder ungewollt, auf jeden Fall gelangte die Erklärung Brentanos in die Presse. Knapp zwei Jahre später hatte sie den Abbruch der diplomatischen Beziehungen Bonns zu Jugoslawien zur Folge.

Die Reise nach Bonn gab mir auch Gelegenheit zu einem langen Gespräch mit dem Bundeskanzler. Ihm machten die Wahlen des Jahres 1957 erhebliche Sorgen. Es krachte in der Koalition mit der FDP, und ohne diesen kleineren Partner hatte die Regierung keine Mehrheit im Bundestag. Wie richtig Adenauer die Lage beurteilte, sollte sich wenige Monate später erweisen, Ende Februar 1956. Die vier FDP-Minister Blücher, Neumayer, Schäfer und Preusker verloren das Vertrauen der Fraktionsmehrheit, die ihren Austritt aus der Koalitionsregierung verlangte. Die Minister weigerten sich, traten ihrerseits mit 16 Abgeordneten aus der FDP aus und gründeten eine neue Partei, die »Freie Volkspartei« (FVP). Die Aktion endete mit einem völligen Fehlschlag für die neue Partei und die Minister, von denen Neumayer und Schäfer im Oktober 1956 aus dem Kabinett ausschieden. Bundespräsident Heuss ließ mich ebenfalls zu sich rufen. Wir hatten über diese ernsthaften

Schwierigkeiten in der FDP eine sehr vertrauliche Aussprache. Ich verließ ihn nach einer Stunde voller Bewunderung und Verehrung. Ich weiß nicht, ob das deutsche Volk wirklich je ganz erfaßt hat, welches Glück ihm zuteil geworden war, daß dieser Mann, der ebenso klug wie ehrenhaft war, an der Spitze der jungen Deutschen Bundesrepublik stand. Die Verbindung Heuss–Adenauer bedeutete für uns Deutsche einen einmaligen Glücksfall, gerade weil diese Männer so verschiedene geistige und charakterliche Eigenschaften aufwiesen. Beide waren für die Bundesrepublik unentbehrlich.

Nach einer Woche in Bonn traf ich wieder in New York ein. Die Vollversammlung der Vereinten Nationen war zu Ende gegangen, das »Stoßgeschäft« vorbei. So verbrachten wir ein recht geruhsames Weihnachtsfest im Familienkreise. Neben den laufenden Geschäften interessierte mich aber ein Plan, der im Kopfe des Ministerialrats Panhorst vom Wirtschaftsministerium entstanden war und der in einem gewissen Zusammenhang mit einer juristischen Frage stand, die ich eigentlich mehr scherzhaft als im Ernst aufgeworfen hatte. Jeder Botschafter hat einen »Amtsbereich«, das heißt, daß das Land, in dem er als Botschafter akkreditiert ist, sein Amtsbereich ist, den er zu betreuen hat. Er reist infolgedessen häufig in diesem Land herum, besucht die deutschen Konsulate, die ihm unterstellt sind, kümmert sich um bestimmte Wirtschaftsgebiete usw. Nun lautete meine Frage: »Welchen Amtsbereich hat der Botschafter bei den Vereinten Nationen?« Darauf konnte es zwei Antworten geben, nämlich: entweder nur das Gebäude des Generalsekretariats der UN, oder aber alle Länder, die Mitglied der Weltorganisation sind. Die Verwaltungsjuristen des Auswärtigen Amtes sollten sich darüber ein bißchen den Kopf zerbrechen. Ich weiß nicht, ob diese Examensaufgabe unterdessen gelöst ist, jedenfalls hatte Herr Panhorst den Vorschlag gemacht, daß ich gemeinsam mit ihm eine Reihe mittel- und südamerikanischer Staaten besuchen solle, da die Bundesregierung diesen Erdteil etwas stiefmütterlich behandelte. Es entwickelte sich eine lebhafte Korrespondenz zwischen Bonn und mir. Sowohl Außenminister von Brentano als auch Wirtschaftsminister Professor Erhard interessierten sich für den Plan. Schließlich nach langem Hin und Her hielt ich die zustimmenden Briefe Erhards und Brentanos in der Hand. Zehn mittel- und südamerikanische Staaten standen auf dem Reiseprogramm. Herr Panhorst sollte die wirtschaftliche Seite dieser »Good-will«-Reise, ich die politische übernehmen. Mit Eifer machten wir uns an das Werk, diese große Expedition gründlich vorzubereiten. In New York besuchte ich die UN-Botschafter der Länder, die wir bereisen wollten. Flugpläne wurden gewälzt, das Reisegepäck wegen des sehr unterschiedlichen Klimas bedacht. Auf diese Weise wurde es Mitte März. Im April wollte ich noch zu ausführlichen Besprechungen mit den einzelnen Referatsleitern im AA nach Bonn, und dann sollte es von dort aus auf die Reise gehen. Doch es kam ganz anders.

Um die Monatswende März-April schickte man mir vom Presseamt einzelne Zeitungsausschnitte, in denen erst vorsichtig, dann massiver gesagt wurde, der Kanzler wünsche einen Wechsel in der Leitung des Presse- und Informationsamtes. Schließlich tauchten Meldungen auf – alle mit Fragezeichen versehen – »Kommt Eckardt zurück?« Ich selbst wußte von gar nichts. Die deutschen Korrespondenten in New York bestürmten mich mit Fragen, aber ich konnte wahrheitsgemäß nichts anderes antworten, als daß mit mir niemand über diese Frage gesprochen habe. Das galt auch dann noch, als gemeldet wurde, der Kanzler habe brieflich bei mir angefragt. Nichts Derartiges war geschehen. Schließlich, unter dem Datum vom 20. April 1956, erhielt ich von Herrn von Brentano den nachstehenden Brief:

> Sehr verehrter Herr von Eckardt,
> vor wenigen Tagen war ich zu Besprechungen in Ascona mit dem Herrn Bundeskanzler. Er sprach mit mir unter anderem auch über die Verhältnisse im Bundespresse- und Informationsamt.
> Das Bundespresseamt muß wieder einen erstklassigen Leiter erhalten, der der besonders schwierigen und wichtigen Aufgabe gewachsen ist, und es kommt nur jemand in Frage, der Erfahrungen auf diesem Gebiete hat, von dem man aber auch weiß, daß er den Zugang zur Presse besitzt.
> Es liegt sehr nahe, daß das Gespräch auf Sie kam, und ich habe sehr offen meine Meinung gesagt, die Sie kennen und die ich nicht zu wiederholen brauche. Ich weiß, daß das Amt unter Ihrer Leitung wirklich seine Aufgaben erfüllt hat und daß Sie es auch in besonderem Maße verstanden haben, die öffentliche Meinung anzusprechen und Verständnis bei der Presse zu erwecken.
> Der Herr Bundeskanzler fragte mich, ob Sie wohl bereit seien, das Amt wieder zu übernehmen. Ich war nicht legitimiert, eine Antwort zu geben, und beschränkte mich auf die Feststellung, daß ich das wohl für möglich hielte. Der Herr Bundeskanzler bat mich, mit Ihnen darüber Fühlung aufzunehmen.
> Ich wäre Ihnen dankbar, wenn Sie mir ganz offen Ihre Auffassung mitteilen würden, wobei ich selbstverständlich von Ihrer Darstellung nur insoweit Gebrauch mache, als Sie mich dazu ermächtigen.
> Ich stelle die Frage an sich nicht gern. Man muß die Vereinten

Nationen nicht überschätzen, aber ich glaube, es wäre ganz unrichtig, die Bedeutung dieser Organisation zu unterschätzen. Vielleicht liegen auch gerade für die deutsche Politik darin gewisse Möglichkeiten. Die Verhandlungen in der Abrüstungskommission in London zeigen ja, daß man bei der Besprechung eines solchen Themas notwendigerweise auch wieder auf das deutsche Problem stößt; und vielleicht kann die Erkenntnis von der logischen Verbindung aller dieser Fragenkomplexe über kurz oder lang einmal dazu führen, daß unsere Sorgen und Aufgaben auch in den Vereinten Nationen diskutiert werden. Auf der anderen Seite weiß ich wohl, was eine gute Arbeit des Presse- und Informationsamtes zu bedeuten hat. Wir haben auf diesem Gebiete in den letzten Monaten nicht sehr erfolgreich gearbeitet. Im nächsten Jahr werden wir die Wahl zum Bundestag haben, und gerade darum ist ein gutes Funktionieren des Amtes von ganz entscheidender Bedeutung.

Überlegen Sie sich bitte diese Frage. Ich verschweige Ihnen nicht, daß ich sehr froh wäre, von Ihnen keine Absage zu erhalten. Wenn Sie die Sache an Ort und Stelle besprechen wollen, verständigen Sie mich. Ich würde Sie dann bitten, hierher zu kommen; in diesem Fall müssen wir uns allerdings dann noch über das Datum verständigen. Sicherlich werden Sie Anfang Juni Gelegenheit haben, mit dem Herrn Bundeskanzler selbst zu sprechen, wenn er in die Staaten kommt.

Mit den besten Empfehlungen und Grüßen und mit der Bitte, Ihrer verehrten Gattin meinen Handkuß zu übermitteln, bin ich

Ihr ergebener
von Brentano

Natürlich hatte mich die ganze Frage schon beim Auftauchen der Pressemeldungen beschäftigt, aber ich hatte sie immer wieder beiseite geschoben, denn ich glaubte nicht recht daran, daß der Kanzler wirklich eine solche Anfrage an mich richten würde. Nun war der Brief da, bezeichnenderweise allerdings nicht vom Kanzler selbst, der sich ungern eine Absage holt, sondern lieber Brentano vorschickte. Was sollte ich nun tun? Nach einer gewissen Zeit der Einarbeitung gefiel mir meine Stellung in New York recht gut. Das hübsche alte Haus in Manhattan liebten wir geradezu. Die ganze Familie fühlte sich dort wohl. Meine Beziehungen zu Hammarskjöld schienen mir äußerst fruchtbar, und manche in New York arbeitenden Diplomaten waren mir zu Freunden geworden. Andererseits dem Kanzler einfach absagen? Ich saß in einem richtigen Dilemma und wußte nicht, was ich tun sollte. Ich entschloß mich dann zu einem Telegramm an Brentano, in dem ich ihm vorschlug, eine Zusammenkunft in Paris zu verabreden, wo Anfang Mai eine Außenminister-Besprechung stattfand. Ich wollte nicht direkt nach Bonn, mich nicht einem Ansturm von Fragen der Journalisten aussetzen. Brentano depeschierte mir sein Einverständnis, und so flog ich am 2. Mai nach Paris.

Am nächsten Tage aß ich bei Herbert Blankenhorn zu Abend, um mit ihm die Situation zu besprechen. Zu jener Zeit rief ihn Adenauer noch sehr häufig nach Bonn, um seinen Rat in allen möglichen Fragen einzuholen. Blankenhorn war natürlich schon über die Lage orientiert, in der ich mich befand. Wir sprachen sie gründlich durch und kamen zu dem Resultat, daß es für mich persönlich wesentlich einfacher sei, in New York und damit überhaupt im diplomatischen Dienst zu bleiben, als nach Bonn zu gehen. Niemand konnte von mir verlangen, daß ich nach einem Jahr in New York auf meinen alten Posten zurückkehrte. Vor meiner Ernennung zum Botschafter bestand der Personalchef des Auswärtigen Amtes, Dr. Löns, darauf, mich zum Beamten zu machen. Mir selbst war das ziemlich gleichgültig gewesen, denn die Vorstellung, Beamter zu sein, bedeutete nach meinem ganzen Lebensweg eher etwas Abnormes. Doch dagegen Widerstand zu leisten, dafür schien mir kein Grund ersichtlich. Ich war also Beamter auf Lebenszeit und konnte bis zu meiner Pensionierung im diplomatischen Dienst verbleiben. Auch als Pressechef würde ich natürlich Beamter bleiben, doch diese Stellung ist mit einem ungleich größeren politischen und persönlichen Risiko verbunden. Sollten die Wahlen 1957 verlorengehen, würde die SPD sich natürlich einen Pressechef aus den eigenen Reihen wählen, und meine Entlassung war absolut sicher. Als Botschafter im Ausland dagegen bestand durchaus die Möglichkeit, daß die SPD mich weiter verwenden würde. So lag die Sache vom persönlichen Standpunkt aus.

Blankenhorn vertrat dagegen den politischen Standpunkt, daß eine Neubesetzung des Leiters des Presse- und Informationsamtes unumgänglich sei und außer mir niemand zur Debatte stand. Durch eine sehr lebhafte Korrespondenz mit meinen früheren Mitarbeitern in Bonn kannte ich die Schwierigkeiten dort recht genau. Das Wesentliche konnte man auch durch das Studium der deutschen Zeitungen erfahren. Am nächsten Mittag traf ich Brentano in einem kleinen, vorzüglichen Pariser Restaurant. Er versuchte mich nicht zu überreden, aber was er mir von Bonn und über die Härte der Auseinandersetzung mit der Opposition erzählte, sprach für sich. Er wollte, wie er es schon in seinem Brief zum Ausdruck gebracht hatte, gerne, daß ich das Presseamt wieder übernähme. Wir trennten uns schließlich mit meiner Zusage, von Paris direkt nach Bonn zu fahren, um mit dem Bundeskanzler selbst zu sprechen. So reiste ich noch am gleichen Nachmittag mit dem Zug weiter. Es war ein herrlicher Maitag, und wenn ich aus dem Fenster meines Abteils blickte, betörte mich – anders kann ich es nicht ausdrücken – die Schönheit der Landschaft, die ganze Atmosphäre eines mitteleuropäischen Frühlingsabends. Ich glaube, daß diese Eindrücke einen sehr starken Einfluß auf mich und meine Entschlüsse ausgeübt haben.

Das Wochenende benutzte ich dazu, mit einigen Herren des Presseamts privat zu sprechen und mir die Verhältnisse erklären zu lassen, die mich eventuell dort erwarteten. Es hatte sich in dem einen Jahr meiner Abwesenheit viel verändert, sowohl personell als auch was die ganze Arbeitsweise des Amtes anbelangte. Am folgenden Tag sprach ich ausführlich mit Dr. Globke. Er machte kein Hehl daraus, daß er lebhaft wünschte, ich solle nach Bonn zurückkehren. Er zeigte mir die Resultate der letzten Meinungsumfragen, nach denen die SPD in der Gunst der Wähler um einige Prozente vor der CDU/CSU lag. Am Mittag aß ich mit Dr. Löns, der wiederum einen Wechsel in New York recht ungern sah, für den Personalchef des AA eine sehr verständliche Einstellung. Am Nachmittag konferierte ich erneut mit Brentano. Eines war sicher: Falls ich mich zur Rückkehr entschließen würde, konnte ich mit der engsten Zusammenarbeit zwischen dem Presseamt und dem AA und auch mit den allerbesten persönlichen Verbindungen zum Außenminister rechnen. Brentanos langjährige Tätigkeit als Vorsitzender der CDU/CSU-Fraktion schien auch eine gewisse Gewähr dafür zu bieten, daß mir von dieser Seite nicht wieder Schwierigkeiten gemacht würden. Die Besorgnis vor den kommenden Wahlen ließ alle Gegensätze in den Hintergrund treten.

Am nächsten Tag besuchte ich den Kanzler. Das Gespräch mit ihm war außerordentlich charakteristisch. Natürlich hatten ihn einige meiner Gesprächspartner der letzten Tage schon über meine Einstellung informiert, und so nahm er eigentlich meine Entscheidung schon vorweg, indem er meine Rückkehr als mehr oder weniger sicher unterstellte. Im Grunde genommen hatte er damit auch vollkommen das Richtige getroffen. Alles, was man mir über die zu erwartenden Auseinandersetzungen mit der Opposition, besonders in außenpolitischen Fragen, berichtet hatte, erweckte in mir den Wunsch, den Kampf aufzunehmen. Über das Risiko, das in einer solchen Entscheidung lag, konnte ich mir nicht im unklaren sein. Im Boxsport gilt der Spruch: »They never come back!« Das heißt, wer einmal Stellung und Titel verloren hat, erobert ihn niemals zurück. Der Kanzler setzte mir die politische Lage sehr eingehend auseinander, sprach von dem wachsenden Widerstand gegen seine

Politik in der öffentlichen Meinung und natürlich von den Wahlen des Jahres 1957. Diesem ersten Gespräch folgte zwei Tage später noch ein weiteres mit dem Kanzler und Globke, nachdem ich noch einmal mit Brentano drei Stunden die Verhältnisse von allen Seiten beleuchtet hatte. An diesem Nachmittag fiel die Entscheidung. Ich sagte dem Kanzler endgültig zu, und er versprach mir, meine einzige Forderung zu erfüllen, die ich gestellt hatte. Ich wünschte, daß man versuchen würde, meinen früheren Stellvertreter Werner Krueger vom Fernsehen wieder loszueisen und ihn zur Rückkehr auf seinen alten Posten zu bewegen. Globke übernahm es, sich dieser Angelegenheit anzunehmen, und er hat treulich Wort gehalten. Ich wußte aber auch, daß Krueger nicht abgeneigt war, wieder mit mir zu arbeiten. Der Kanzler hingegen zeigte sich recht erleichtert, daß ich nicht noch andere Wünsche auf dem Herzen hatte. Nun ist es mein Prinzip, niemals besondere persönliche Forderungen mit politischen Fragen zu verknüpfen. Entweder man hat mit einer Entscheidung Erfolg, dann erfüllen sich die eigenen Anliegen meist von selbst, oder man hat keinen Erfolg, dann helfen einem auch die schönsten Versprechungen nichts. Das ist wenigstens meine Erfahrung. So trennten wir uns dann mit einem »Auf Wiedersehen in New York«, denn die Reise des Kanzlers in die USA war bereits für Juni festgelegt.

Von Bonn aus flog ich nach Hamburg, um mit dem Verleger Axel Springer zu sprechen, der schon damals eine sehr starke Position in der deutschen Presse hatte. Er sagte mir für den neuen Start in Bonn wohlwollende Unterstützung zu. Wir konnten sehr offen miteinander sprechen, denn wir kannten uns schon seit langem und hatten auch in meiner ersten Amtsperiode als Pressechef sehr enge Verbindungen unterhalten. Das war nicht immer ganz einfach, denn Axel Springer stand der Politik Adenauers damals recht skeptisch gegenüber. Immerhin wollte er mir eine faire Chance in seinen Blättern geben. Auf dem Rückweg blieb ich noch einen Tag in London und sah bei meinem Freund Hans von Herwarth eine ganze Reihe wichtiger englischer Politiker. Seine Stellung als deutscher Botschafter war sehr stark. Kameradschaftlich wie immer, hatte er eine erlesene Gesellschaft arrangiert. Durch Zeitungsmeldungen war unterdessen schon bekannt geworden, daß ich mich für Bonn entschieden hatte. So zeigte auch das politische London wieder Interesse für mich. Am nächsten Tage landete ich wieder in New York, wo mich die Mitglieder meiner Botschaft mit ziemlich langen Gesichtern empfingen. Es ist in einer diplomatischen Mission niemals angenehm, wenn der Chef allzu schnell wechselt. Schließlich haben sie sich an ihn gewöhnt, und man weiß, was man hat, aber nicht, wer hinterher kommt.

Über Pfingsten fuhren meine Frau und ich mit unserem ältesten Sohn hinaus in das Delaware-Tal, wo wir einen sehr angenehmen, einsamen Platz für Wochenenden gefunden hatten. Das ist von New York aus gar nicht so einfach, denn bei gutem Wetter sind die Ausflugsplätze in unerträglicher Weise überfüllt. Hier am Tohicken-Creek, einem wild rauschenden Nebenflüßchen des Delaware, hatten wir durch Zufall ein einsam stehendes kleines Gasthaus gefunden, das von einem Manne namens Faust geführt wurde. Über riesige Felsblöcke stürzte der Bach dem Delaware zu. Trotzdem konnte man baden oder sich, auf den Felsblöcken liegend, sonnen. Man konnte auch spazierengehen. Das ist in Amerika nicht einfach. Entweder rasen die Autos an einem vorüber und verleiden einem den Spaziergang, oder der Wald ist völlig undurchdringlich. Hier draußen kam nur selten ein Auto vorüber. Allerdings hielten sie jedesmal an, um zu fragen, ob man nicht mitgenommen werden wolle. Der Amerikaner geht nicht spazieren und glaubt auch nicht, daß ein anderer Mensch das freiwillig tut. Aber auch gegen diese Schwierigkeit erfand ich ein Gegenmittel. Ich benutzte einen Spazierstock. Er beschützte mich vor der allzu großen Hilfsbereitschaft der Amerikaner. Die Wagen fuhren ganz langsam an mir vorbei, aber sie hielten nicht mehr an.

Wir hatten an diesem reizenden Ort viele schöne Wochenenden verlebt, doch was sahen wir jetzt? Große Bulldozer pflügten die Erde um und um. Der idyllische Fleck mitten in dem Lande, in dem so manche Indianergeschichte von Karl May spielt, war von einem Unternehmer entdeckt und gekauft worden. Ein großer Rummelplatz sollte hier nun entstehen.

Wieder stand meiner Frau ein großer Umzug bevor, kaum daß das Haus in Manhattan fertig eingerichtet war. Nun mußten die notwendigen Abschieds-Parties arrangiert werden. Nur zweieinhalb Wochen, und der Besuch des Bundeskanzlers würde uns wieder in Anspruch nehmen. Meine Frau nahm mit der ihr eigenen Gelassenheit diese sprunghaften Veränderungen hin, die für sie viel Arbeit brachten. Sie pflegt das, auch heute noch, so auszudrücken: »Man kann über dich sagen, was man will. Langweilig ist es mit dir jedenfalls nicht!« Auf jeden Fall machten wir uns einen Plan für die nächsten Wochen. Das beruhigt immer ungemein.

In New York begann dann der übliche Abschiedstrubel. Zuerst einmal flog ich aber nach Washington, um bei Botschafter Krekeler mit Mr. Murphy, einem der besten amerikanischen Kenner Deutschlands und der deutschen Probleme, zu essen. Wir waren unter uns und konnten daher offen über alles sprechen. Ein gewisses Mißtrauen wegen unserer

Vereinbarungen in Moskau spukte immer noch, wenn auch unausgesprochen, in den Köpfen der amerikanischen Politiker. Dazu äußerten sie ziemlich unverhohlen ihre Mißstimmung darüber, daß der Aufbau der deutschen Bundeswehr sehr langsam vor sich ging. Auch das erweckte ihr Mißfallen. Erst im März des Jahres hatte der Bundestag das Gesetz über die allgemeine Wehrpflicht verabschiedet. Der lange und harte Kampf um dieses Gesetz schien den Amerikanern unverständlich. Ich sprach ausführlich über alle diese Dinge mit Murphy und verließ Washington in der Überzeugung, ihm die notwendigen Aufklärungen gegeben zu haben.

In New York fand ich meine Frau bereits in Verhandlungen mit Spediteuren, die unseren Hausstand wieder nach Deutschland bringen sollten. Der Abend brachte aber ein wirklich erfreuliches, vergnügliches Ereignis. Wir gingen in die Premiere des Musicals »My Fair Lady«. Ein herrlicher Theaterabend entschädigte uns für viele Sorgen. Die Aufführung war hinreißend, sowohl was das Stück anbelangt als auch die Besetzung (Rex Harrison) und die Inszenierung. Die Begeisterung des Publikums überstieg alles, was ich je in einem Theater erlebt habe. Ich glaube, daß auch Bernard Shaw nur reines Vergnügen empfunden hätte.

Dann aber folgten Abschiedsbesuche, Frühstücke und Diners in pausenloser Folge. Natürlich mußte ich Dag Hammarskjöld über den bevorstehenden Wechsel in unserer Botschaft informieren. Er war höflich wie immer, doch recht reserviert. Ihm paßte die Entscheidung des Kanzlers gar nicht, denn unsere häufigen Gespräche, in denen ich ihn über alle wichtigen politischen Vorgänge in Deutschland und er mich über die Entwicklungen in der UN informierte, schienen ihm nützlich. Dazu liebte er so rasche Botschafterwechsel nicht, denn er sah in ihnen eine gewisse Mißachtung gegenüber der Weltorganisation.

Mitten in dieses geschäftige Treiben hinein kam unser Minister für Atomfragen, Franz-Josef Strauß, nach New York. Wir führten ein langes Gespräch nicht etwa über die friedliche Nutzung der Atomenergie, sondern über militärische Probleme. Es war nicht zu übersehen, wohin sein Interesse abzielte. Er bereitete sich darauf vor, Verteidigungsminister zu werden. Mich interessierte dieses Thema allerdings auch weit mehr, da ich im Gegensatz zu Strauß von den physikalischen Problemen, die die Kernspaltung aufwirft, nichts verstand. Eigentlich sollte ich mich dessen schämen, denn nicht lange vorher hatte sich Professor Otto Hahn als unser Gast bemüht, meiner Frau und mir zu erklären, wie ein Atom gespalten wird. Nur zehn Minuten brauchte er dazu, uns blutigen Laien den komplizierten Vorgang zu erklären. Alles, was uns dieser bezaubernde und berühmte und dabei so bescheidene Gelehrte gesagt hatte, war auch für den Laien verständlich. Leider haben meine Frau und ich genauso schnell alles wieder vergessen.

Am 8. Juni gaben wir einen großen Abschiedsempfang für über 400 Personen im Hotel Savoy Plaza. Alle Missionschefs erschienen mit ihren engsten Mitarbeitern, auch Hammarskjöld kam. Am nächsten Tag traf der Bundeskanzler in New York ein. Er hatte angeordnet, daß ich ihm bei seinem ganzen Besuch in den USA zur Verfügung stehen sollte. In fünf Tagen mußte wieder ein großes Programm abgewickelt werden. Den ersten Abend verbrachte der Kanzler wie immer bei seinem Freund Danny Heinemann, von dessen nobler Haltung, als Adenauer von den Nazis verfolgt wurde, ich schon berichtet habe. In New Haven an der berühmten Yale-Universität bekam der Kanzler wieder einen Ehrendoktorhut. Die Reisen des Bundeskanzlers hatten schon ein gewisses Schema. Auch die ihn begleitenden Personen waren überwiegend die gleichen. Man kannte sich untereinander, jeder hatte seine Funktion, und auf der amerikanischen Seite gab es auch nur wenig personellen Wechsel. Ich arbeitete mit den Herren des Presseamtes schon wieder in gewohnter Weise zusammen. Obwohl es der vierte Besuch Adenauers in Washington war, fand seine Reise wieder großes Echo in der Öffentlichkeit. Er sah eine erhebliche Zahl amerikanischer Journalisten, empfing die deutschen Korrespondenten in Washington und New York und sprach selbst in Rundfunk und Fernsehen. Auch in diesen wichtigen Dingen waren wir unter uns, aber auch mit den beteiligten Amerikanern glänzend eingespielt. Wichtig an dem Besuch des Kanzlers war vor allem, daß auch die letzten Mißstimmungen wegen seiner Moskaureise ausgeräumt wurden. Brentano hatte durch seine Gespräche glänzend vorgearbeitet, doch der Kanzler setzte nun den Punkt auf das »i«. Jedem politisch Interessierten wurde, auch optisch, klar, daß Adenauer nach wie vor fest und in erster Linie auf die amerikanische Freundschaft setzte. Seine Intimität, ja Freundschaft mit Außenminister John Foster Dulles stand aller Welt klar vor Augen. Als mich in Moskau ein Journalist fragte, was sich denn nun durch die Aufnahme diplomatischer Beziehungen mit der Sowjetunion geändert habe, antwortete ich: »Bisher hatten wir gar keine Beziehungen, jetzt haben wir schlechte!« Diese Formulierung machte Adenauer bei diesem Besuch für jedermann erkennbar.

Als besonders eindrucksvoll ist mir ein Abendessen im Privathaus von Dulles in Erinnerung. Der Kreis der Geladenen konnte in diesem Hause nur klein sein. Unser Eintreffen in dem sehr hübschen und geschmackvoll eingerichteten Haus ergab ein etwas merkwürdiges Bild. Alle amerikanischen Herren waren, der Sitte des Landes entsprechend, zu dieser Jahreszeit in weißen Dinner-Jackets, wir Deutsche alle im schwarzen Smoking. Als wir uns zum Cocktail versammelten, sah es aus, als ob zwei Fußballmannschaften in verschiedenem Dreß erschienen seien. Bei Tisch ging es recht heiter und aufgelockert zu. Dulles wie Adenauer schienen nach ihren Unterredungen unter vier Augen und auch im erweiterten Kreise der führenden Beamten sehr erleichtert zu sein. Die alte Intimität war ohne Zweifel wieder hergestellt, die Übereinstimmung in allen wichtigen politischen Fragen nahezu vollkommen. Dulles' größte Sorge schien zu sein, ob Adenauer auch die Wahlen 1957 gewinnen würde. Der Kanzler selbst zeigte sich optimistischer, als er es im Grunde genommen war. Er erklärte Dulles, daß er mich zur Rückkehr nach Bonn bewogen habe und damit die Sache eigentlich erledigt sei. Natürlich war das nicht mehr als ein Scherz, aber der ganze Abend war eben auf Freundschaft und Sympathie abgestellt.

Sehr drängend wurde Dulles stets, wenn die Sprache auf die deutsch-französischen Beziehungen kam. Wie Adenauer sah er in einer sehr engen Zusammenarbeit zwischen Frankreich und uns den Schlüssel zur europäischen Solidarität. Er wünschte auf diesem Gebiet schnelle und wirkungsvolle Fortschritte. Immer wieder mußte man ihn an die Geschichte der vergangenen Jahrhunderte erinnern, um ihm klarzumachen, daß eine solche Vergangenheit nicht in Monaten oder wenigen Jahren zu überwinden sei. Das Scheitern der Europäischen Verteidigungsgemeinschaft hatte uns gelehrt, daß Rückschläge unvermeidlich sind, wenn man zuviel und alles auf einmal erreichen will. Niemand dachte in diesen Jahren an eine Rückkehr von General de Gaulle auf die französische und internationale Bühne. Niemand faßte auch nur den Gedanken, daß es schon bald zwischen Frankreich und den USA zu Schwierigkeiten kommen würde, die das ganze europäische Einigungswerk in Frage stellten. Die Gespräche richteten sich vielmehr auf die Möglichkeit einer europäischen Wirtschaftsgemeinschaft, die Jean Monnet und andere führende europäische Wirtschaftspolitiker schon konzipierten. Man wollte dort wieder anknüpfen, wo man mit der Montanunion so erfolgreich begonnen hatte. Es gab, wie man sieht, Gesprächsstoff genug.

Der Kanzler hielt wieder eine große, sorgfältig ausgearbeitete Rede vor dem »Council on Foreign Relations« in New York. Meine Frau hatte alle Vorbereitungen für ein offizielles Mittagessen getroffen. Etwa ein Jahr vorher eröffneten wir die »Residenz« des Botschafters mit dem Dinner für Brentano. Jetzt bedeutete das offizielle Frühstück für den Bundeskanzler für uns das Ende unseres Aufenthaltes in dem hübschen alten Haus in Manhattan.

Bei über 30 Grad Hitze fand das Essen statt; wir hatten 18 Personen geladen, die Höchstzahl für unser recht kleines Speisezimmer. Der Kanzler zeigte trotz der anstrengenden Tage, die hinter ihm lagen, gute Laune. Ich bat ihn, mit Generalsekretär Dag Hammarskjöld, der bei Tisch neben ihm saß, recht liebenswürdig zu sein, um dessen Verärgerung wegen meiner Abberufung zu mildern. Er kam dieser Bitte nach, wie es nur Adenauer kann, wenn er entschlossen ist, liebenswürdig zu sein. So viel Charme, Humor und Zugänglichkeit hatte Hammarskjöld bei dem alten Herrn, den er nur recht flüchtig kannte, nicht erwartet. Er schien völlig eingefangen zu sein von der Aufmerksamkeit, die Adenauer ihm widmete. Wenigstens äußerte er sich in diesem Sinne nach dem Essen zu mir. Von Verstimmung konnte man keine Spur mehr bei ihm entdecken. Das Essen selbst verlief sehr angeregt. Außer dem Generalsekretär waren seine engsten Mitarbeiter, dazu der amerikanische, französische und britische Botschafter erschienen. Natürlich fehlten auch John McCloy, Shepard Stone und einige andere Vertraute nicht am Tisch. Hervé Alphand hielt eine charmante Rede auf den Kanzler. Nach Tisch wurden viele Aufnahmen in dem winzigen Garten hinter unserem Haus gemacht. Schließlich gingen die Gäste, und der Kanzler setzte sich mit meiner Frau und mir noch ein wenig zusammen. Wir sprachen von der Zukunft und von dem, was mich in Bonn erwartete. Adenauer war äußerst freundlich zu meiner Frau. Immer wieder lobte er das Haus, das sie so schön eingerichtet hatte, und bedauerte, daß wir es so schnell wieder verlassen müßten. Schließlich meinte er: »Aber eines verspreche ich Ihnen, Frau von Eckardt, ich werde Ihren Mann in Bonn nie mehr vor 9 Uhr morgens anrufen!« Früher pflegte er mich oft zu sehr früher Zeit anzurufen, um über die Zeitungen, die er dann schon gelesen hatte, mit mir zu sprechen. Diese Gespräche mußten ziemlich unfruchtbar sein, denn ich hatte die Zeitungen noch nicht gelesen, und so las er mir am Telefon vor, was seinen Unwillen erregte. Meine Antworten blieben einsilbig, denn ich kann es nicht leiden, auf diese Weise geweckt zu werden.

Adenauer hat sein Versprechen getreulich gehalten. In den folgenden Jahren rief er niemals mehr frühmorgens an. Zum Schluß unseres Gespräches kam er aber noch mit einem Wunsch heraus, der seine bsondere Liebenswürdigkeit erklärte. Ich sollte, so meinte er, doch gleich in seiner Sondermaschine mit nach Bonn fliegen. Doch ich blieb unzugänglich, denn erstens war es notwendig, sich in der gebührenden Form von den UN zu verabschieden, zum anderen wollte ich meine Frau auf keinen Fall mit den Umzugsarbeiten in New York allein lassen. Er gab nach und fragte: »Also, wann wollen Sie fahren?« – »Am 22. Juni mit der

›United States‹!« Adenauer schaute sich in dem Salon um und meinte: »Also in einer Woche! Dann muß Ihre Frau ja doch die Arbeit allein machen!« Wir setzten ihm nun auseinander, daß der Umzug schon in vollem Gange sei und dieses Frühstück eigentlich nur mehr in einer Kulisse stattfände. »Heute mittag waren zum letzten Mal Gäste im Hause. Wie in einem Zirkus, Herr Bundeskanzler, war das die ›große Elefanten-Nummer‹, während im Hintergrund schon die Zelte und Stallungen abgebrochen werden!« Schließlich gab er sich zufrieden. Es folgten noch eine Menge Abschiedsbesuche und Parties, während meine Frau und ich schon im Hotel wohnten. Am 22. Juni nahmen wir bewegten Abschied auf Deck der »United States« von den Mitarbeitern der Botschaft. Ein wirklich prachtvolles Abschiedsgeschenk steht in meiner Bibliothek. Es ist ein großes vierbändiges Kartenwerk, das alle Teile Deutschlands im 18. Jahrhundert wiedergibt. Sogar das winzige Dorf, in dem einst unser Hof in Mecklenburg lag, ist auf einer Karte verzeichnet.

Die Seereise verlief zu Ehren meiner Frau wieder auf spiegelglattem Wasser. Am dritten Tage lagen wir auf Deck in der Sonne, und ich sagte im Scherz: »Es ist irgendwie beängstigend ruhig! Kein Telefonanruf, kein Funkspruch!« Wie auf ein Stichwort tauchte ein Boy auf und überreichte mir ein Telegramm. Der Kanzler bat mich, bei der kommenden außenpolitischen Debatte im Bundestag zu sein. Das bedeutete, daß wir mit Sack und Pack, mit »Herrn Knopp«, dem Dackel, mit »Ramses«, dem Pfefferfresser, und »Max Egon«, dem Dompfaff, und unzähligen Gepäckstücken, in einem Tag von Le Havre bis Bonn durchfahren mußten. Die Auto-Karawane mit meinem treuen Nürnberg als Kommandanten wartete bereits am Kai, als wir in Le Havre anlegten. Nachts trafen wir im Hotel in Godesberg ein, am nächsten Morgen um 9 Uhr begrüßte ich den Kanzler auf der Regierungstribüne des Bundestages. Alles war wieder wie früher. Auch Adenauer, der mir freundlich, doch gemessen die Hand gab und nur sagte: »Na, da sind Sie ja, Herr von Eckardt.«

Wenige Tage nach meiner Rückkehr nach Bonn rief mich der Kanzler zu einer Unterredung in das Palais Schaumburg, die mehrere Stunden dauerte. Ich habe schon erwähnt, daß zum Zeitpunkt meiner Rückkehr nach Bonn die Opposition nach den Feststellungen aller demoskopischen Institute populärer war als die CDU/CSU. Das bedeutete, daß, wenn dieser Trend nicht zu stoppen und schließlich zugunsten der Regierung umzukehren war, die Wahlen des Jahres 1957 verloren gehen würden. Der Kanzler eröffnete das Gespräch mit den Worten: »Also, jetzt sind Sie wieder da, Herr von Eckardt. Was gedenken Sie nun zu tun?« Reichlich lakonisch antwortete ich: »Ich gedenke gar nichts besonderes zu tun, Herr Bundeskanzler. *Sie* müssen einiges tun!« Adenauer sah mich einigermaßen irritiert an und fragte: »Was soll das heißen?« Nun blieb mir keine Wahl, ich mußte zu längeren Ausführungen ansetzen. Ganz allgemein versuchte ich, dem Kanzler klarzumachen, daß ein Pressechef in seiner Arbeit immer nur so gut und erfolgreich sein könne wie die Politik seiner Regierung. In keinem demokratischen Staat könne der Leiter des Presseamtes mehr tun, als eine gute Politik gut zu verkaufen. Schließlich sei es in der Politik nicht viel anders als in der Wirtschaft. Aufmachung und Reklame seien wichtig, doch über den Erfolg der Waren bestimme letztlich die Qualität.

Adenauer ließ mich geduldig ausreden und fragte dann knapp und direkt: »Und was gefällt Ihnen an meiner Politik nicht, Herr von Eckardt?« Also nun wurde es brenzlig, aber ich war mir darüber im klaren, daß diese Unterredung von ausschlaggebender Bedeutung für mich sein würde. Alles hing davon ab, ob ich den Kanzler wenigstens zur Diskussion über die Ursachen des Rückgangs der CDU/CSU und seiner eigenen Popularität bringen würde. Ich antwortete daher ebenso knapp: »Das Kabinett gefällt mir nicht!« Der Kanzler fixierte mich: »Und was gefällt Ihnen an diesem Kabinett nicht?« Nun mußte ich Farbe bekennen: »Herr Bundeskanzler, ein Kabinett, in dem vier Sonderminister sitzen, von denen niemand in der Bevölkerung weiß, was sie eigentlich tun, ist in der Öffentlichkeit nicht populär zu machen. Das hat nichts mit den persönlichen Qualifikationen der Minister zu tun.

Sie vermindern aber durch ihre Zugehörigkeit zum Kabinett das Ansehen der Regierung und auch Ihr eigenes Ansehen. Sie müssen mit einem schlagkräftigen Kabinett in den Wahlkampf gehen, oder Sie werden ihn verlieren!« Adenauer schwieg eine Weile. Dann sagte er: »Ich soll also einige Sonderminister entlassen?« Ich antwortete wie die »Jenny« in ihrem berühmten Chanson in der »Dreigroschenoper« mit einem: »*Alle!* Herr Bundeskanzler!«

Jetzt verlegte sich der Kanzler aufs Handeln. Ein oder zwei Minister seien vielleicht wirklich entbehrlich. Auch ihm sei aufgefallen, daß sich viel Spott und Hohn über einige dieser Herren ergieße. Man könne vielleicht daran denken, Herrn X und Herrn Y zum Rücktritt zu bewegen etc. Immerhin, der Kanzler hatte die Diskussion nicht abgelehnt, doch ich blieb bei meinem »Alle«. Es ist charakteristisch für Konrad Adenauer, der gern als kalt und gefühllos geschildert wird, daß er kaum politische Gegenargumente ins Feld schickte, sondern vielmehr die menschliche Anständigkeit der betreffenden Personen unterstrich, mir lang und breit auseinandersetzte, welche Härte es für die Herren bedeuten würde, ihre Ministersitze aufzugeben usw.

Selten habe ich mich in so eigenartiger Lage befunden wie während dieser Unterhaltung. Da saß ich nun dem »harten« Kanzler gegenüber, der mir mit einer Fülle von Sentiments antwortete, während ich selbst den harten Mann spielen mußte. Eine wirklich einmalige Vertauschung der Rollen! Doch es war meine feste Überzeugung, daß der Kanzler Ballast abwerfen müsse, wenn er die Wahlen gewinnen wollte. Ich kann mich nicht erinnern, jemals mit solcher Zähigkeit dem Kanzler gegenüber auf meinem Standpunkt beharrt zu haben. Schließlich verließ der Kanzler das Thema, ohne Ja oder Nein gesagt zu haben. »Also gut«, meinte er, »ich muß mir das überlegen. Was haben Sie denn noch für Wünsche?«

Nun wurde es erst wirklich schwierig, besonders für mich selbst. Ich mußte gegen meine eigenen Gefühle handeln, als ich antwortete: »Auch der Verteidigungsminister Blank ist nicht mehr tragbar!« Der Kanzler sagte gar nichts, sah mich nur fast erschrocken an. Das gab mir Gelegenheit zu etwas längeren Ausführungen. Ich sagte Adenauer, daß ich selbst sehr freundschaftliche und respektvolle Gefühle gegenüber Theo Blank hege. Er sei ein Mann von besonders lauterem Charakter, er habe auch als Verteidigungsminister keineswegs versagt. Aber das jahrelange Warten auf den Startschuß für die neue Bundeswehr habe ihn in der Öffentlichkeit verbraucht. Kein Minister könne so lange Zeit für die Schublade arbeiten, ohne an Ansehen zu verlieren. Natürlich sei er am Scheitern der Europäischen Verteidigungsgemeinschaft völlig schuldlos, aber in der Politik zählten Schuld oder Nichtschuld nicht sehr viel.

Dieses alles zu sagen, sei mir äußerst schmerzlich, doch es sei nun einmal meine Pflicht, ihm, dem Kanzler, reinen Wein einzuschenken. Adenauer unterbrach mich mit keinem Wort. Schließlich saßen wir einige Zeit stumm da, bis er sagte: »Wissen Sie, was das bedeutet? Das bedeutet Franz-Josef Strauß als Verteidigungsminister! Er schießt aus allen Rohren gegen Blank. Wenn Blank geht, gibt es nur Strauß als neuen Verteidigungsminister!« Ich wußte nur zu gut, daß er recht hatte: »Allerdings, Herr Bundeskanzler, aber Strauß wird so oder so Verteidigungsminister, außer ein Herr der SPD übernimmt nach den Wahlen das Amt!«

Der Kanzler entließ mich schließlich nicht unfreundlich, eher nachdenklich. Einige Tage kam er auf das Thema nicht wieder zurück, aber ich wußte, daß es seine Gedanken unablässig beschäftigte. Doch dann kam er selbst darauf zurück. Wir saßen noch viele Male in seinem Arbeitszimmer und sprachen über das Kabinett. Adenauer verlegte sich wieder aufs Handeln. Erst gestand er mir *eine* »Entlassung« zu, dann zwei. Ich will es kurz machen, denn es war kein erfreuliches Thema, weder für ihn noch für mich. Doch lernte ich ihn in diesen Gesprächen von einer neuen, sehr menschlichen Seite kennen. Es war ihm zutiefst peinlich, gegen Mitarbeiter, die er selbst in die Regierung berufen hatte, in wenig schöner Weise vorgehen zu müssen. Immer wieder suchte er nach Argumenten, die es ihm ermöglicht hätten, diesen Männern nicht den »Schierlingsbecher« zu reichen. Doch mit jedem neuen Tag, den ich wieder in Bonn arbeitete und der mir tiefere Einblicke in die allgemeine Stimmung vermittelte, wurde ich in meiner Haltung bestärkt. Mit diesem aufgeblähten Kabinett konnten die Wahlen nicht gewonnen werden.

Schließlich einigten wir uns. Die Rücktrittserklärung der vier, früher der FDP, jetzt nach der Fraktionsspaltung der neu gegründeten FVP angehörenden Minister Blücher, Preusker, Neumayer und Hermann Schäfer gaben im Oktober 1956 Anlaß zur Kabinettsumbildung. Vier Minister, darunter die Sonderminister Waldemar Kraft (BHE) und Dr. Hermann Schäfer (FVP) schieden aus. Sonderminister Dr. Robert Tillmanns, ein politisch und menschlich wertvoller Mann, war schon im Jahr vor Umbildung des Kabinetts ganz plötzlich gestorben, von allen, die ihn kannten, tief betrauert. Die Kabinettsumbildung gab auch Anlaß zum Wechsel im Verteidigungsministerium. Theo Blank trat zurück, still, würdig und pflichtbewußt, wie es seine Art ist. Es war mir eine besondere Freude, daß er nicht lange darauf als Arbeitsminister in die Regierung zurückkehrte. Sein Vorgänger Anton Storch nahm seinen Sitz im Bundestag wieder ein. Noch ein weiterer Wechsel wurde vollzogen. Der Minister für Justiz, Fritz Neumayer (FVP), wurde durch Dr. von Merkatz ersetzt. Ich glaube, daß Fritz Neumayer der Abschied nicht sehr schwer wurde.

Der sehr sympathische Mann besaß nicht allzuviel politischen Ehrgeiz und wußte das Leben zu nehmen, wie es eben kam. Nach monatelangem Hin und Her war diese peinliche Prozedur erledigt. Kein Zweifel, daß sie sich aber im folgenden Jahr des Wahlkampfes sehr positiv auswirkte.

Die Monate dieser Auseinandersetzung brachten der Welt und mir ein überaus turbulentes Leben. Kaum eine Woche nach unserer Rückkehr aus New York saß ich schon wieder im Flugzeug, um den Kanzler auf seinem Staatsbesuch in Rom zu begleiten. Am Flughafen standen Ministerpräsident Segni und Außenminister Martino mit ihrer Begleitung. Adenauer hatte Außenminister von Brentano, von Welck und van Scherpenberg als Spitzen der offiziellen Delegation bei sich. Ein außerordentlich feierliches Besuchsprogramm erwartete uns sowohl durch die italienische Regierung als auch durch Papst Pius XII. Die Republik Italien übernahm nach dem Sturz der Monarchie einen großen Teil des höfischen Pomps. Die herrlichen Palazzi, die ihr für Staatsempfänge zur Verfügung stehen, laden allerdings auch dazu ein.

Der Kanzler wohnte mit seiner Begleitung im Grand-Hotel. Der nächste Tag war mit offiziellen Besuchen ausgefüllt, zuerst im Palazzo Viminale, in dem der Ministerpräsident residiert. Ministerpräsident Segni, dessen feiner Gelehrtenkopf sehr eindrucksvoll war, strahlte große Liebenswürdigkeit aus. Ein reiches politisches Leben als Minister und Ministerpräsident lag hinter ihm, als er später zum Staatspräsidenten gewählt wurde. Anfang August 1964 zerstörte ein Schlaganfall seine Gesundheit und zwang ihn vier Monate später zum Rücktritt. Die Wahl seines Nachfolgers, des Sozialisten Saragat, erforderte 21 Wahlgänge und erschütterte fast das demokratische Gefüge Italiens.

Vom Palazzo Viminale ging es weiter zum Sitz des Außenministeriums, dem Palazzo Chigi. Hier kam es zu einer fast zweistündigen politischen Aussprache mit Außenminister Martino. Es konnte nur eine sehr ernste Aussprache sein, denn es zeichneten sich Krisen am Horizont ab, sowohl zwischen den Westmächten und der Sowjetunion als auch zwischen Europa und den USA. Der Kanzler berichtete eingehend über diese Lage, die einerseits durch die sowjetische Aggressivität, andererseits durch eine nachgiebige Tendenz in der Politik der Vereinigten Staaten gekennzeichnet war. Über diese Tendenzen hatte ich dem Kanzler ein Memorandum gleich nach der Abfahrt aus Amerika angefertigt. Martino unterstrich mit großem Nachdruck die Gefahr, die in der Teilung Deutschlands läge. Er befürchtete eine initiative Politik in dieser Frage und warnte vor dem »Lächeln« der russischen Machthaber, hinter dem sich unverändert der Drang verberge, Westeuropa in ihren Machtbereich zu ziehen. Die öffentliche Meinung, nicht nur in Deutschland, sei über diese Entwicklung beunruhigt. Der italienische Außenminister schlug dann eine Initiative in der UNO vor, denn bei den afro-asiatischen Staaten habe die Sowjetunion wegen der Weigerung, Deutschland das Selbstbestimmungsrecht zu gewähren, eine schwache Stellung. Bedauerlich sei, daß Indiens Ministerpräsident Nehru ein so geringes Interesse an der Wiedervereinigung zeige. Die Ausführungen Martinos mußten den Kanzler außerordentlich befriedigen. Gegenüber der Anregung, in der UNO eine Initiative zu entwickeln, zeigte er sich allerdings wieder zurückhaltend; er wurde von Brentano unterstützt.

Am nächsten Tag fand noch eine weitere, sehr ausführliche Besprechung über militärische und wirtschaftliche Fragen statt, wobei die Beteiligung der Bundesrepublik an der wirtschaftlichen Entwicklung Italiens eine große Rolle spielte. In den folgenden Jahren kam es dann auch zu einer sehr engen wirtschaftlichen Verflechtung. Daß einige hunderttausend Italiener nach Deutschland kommen würden, um hier als Gastarbeiter tätig zu sein, war allerdings damals noch nicht vorauszusehen. Das Schlußkommuniqué zeigte eine weitgehende Übereinstimmung und unterstrich die Notwendigkeit, die Ergebnisse der Konferenzen von Messina und Venedig energisch auszuwerten. Auf diesen beiden Konferenzen wurde der Grundstein zur späteren Europäischen Wirtschaftsgemeinschaft gelegt.

Der dreitägige Besuch bei der weltlichen Macht Italiens verlief somit äußerst befriedigend. Der Kanzler wurde dazu durch große Festlichkeiten und Empfänge im Palazzo Venezia, Palazzo Chigi und der herrlichen Villa Madama geehrt. Nach einem Empfang im Palazzo Venezia begleitete ich den Kanzler im Auto zurück in das Hotel. Adenauer war von der Schönheit und dem riesigen Ausmaß des Palastes sehr beeindruckt. Als ich ihm dann sagte, daß beide Palazzi – Chigi und Venezia – einst Botschaftsresidenzen Österreich-Ungarns beim Quirinal und beim Vatikan gewesen seien, und zwar bis 1918, meinte er, die Welt sei doch seitdem ein wenig heruntergekommen. Trotz vieler Sorgen freute sich Adenauer an diesem Besuch, denn er liebte die Stadt Rom mehr als irgendeine ausländische Hauptstadt. Er benutzte daher jede freie Minute zu Besichtigungsfahrten. Am 4. Juli endete der offizielle Besuch bei der italienischen Regierung. Der nächste Tag war dem Besuch des Vatikans gewidmet. Für diesen Besuch hatte die Päpstliche Zeremonien-Kongregation ein auf die Minute ausgearbeitetes Programm entworfen. Vielleicht ist es doch von Interesse, ein solches Schriftstück, aus dem Italienischen übersetzt, wenigstens teilweise im Wortlaut zu lesen:

Seine Heiligkeit Papst Pius XII. empfängt am 5. Juli um 9.30 Uhr in offizieller Audienz im Apostolischen Palast des Vatikans Seine Exzellenz Herrn Konrad Adenauer, Kanzler der Bundesrepublik Deutschland.

Die Begleitung des Herrn Bundeskanzlers ist wie folgt zusammegesetzt:

Seine Exzellenz Herr Dr. Heinrich von Brentano, Bundesminister des Auswärtigen.

Seine Exzellenz Herr Wolfgang Jaenicke, Botschafter der Bundesrepublik Deutschland beim Heiligen Stuhl.

Herr Ministerialdirektor Wolfgang Freiherr von Welck, Leiter der Länderabteilung des Auswärtigen Amtes.

Herr Botschafter Felix von Eckardt, Leiter des Presse- und Informationsamtes der Bundesregierung.

Herr Ministerialrat Hans Kilb, Persönlicher Referent des Bundeskanzlers.

Herr Rudolf Salat, Botschaftsrat der Botschaft der Bundesrepublik Deutschland beim Heiligen Stuhl.

Herr Prälat Dr. Josef Höfer, Botschaftsrat, Geistlicher Berater der Botschaft der Bundesrepublik Deutschland beim Heiligen Stuhl.

Herr Gesandtschaftsrat Joachim Jaenicke, Pressereferent des Bundesministers des Auswärtigen.

Herr Legationssekretär Nils Hansen, Persönlicher Referent des Bundesministers des Auswärtigen.

Herr Leopold Siefker, Legationssekretär der Botschaft der Bundesrepublik Deutschland beim Heiligen Stuhl.

Herr Johann Franz Faßbender, Kanzler I. Kl. der Botschaft der Bundesrepublik Deutschland beim Heiligen Stuhl.

Allgemeine Anleitungen

Die Zeremonie des Empfanges leitet S. E. der Sekretär der Zeremonien-Kongregation (Monsignore Beniamino Nardone).

S. E. der Oberhofmarschall (Maestro de Camera) Seiner Heiligkeit (Monsignore Federico Callori di Vignale) sorgt dafür, daß ein doppelter Vorzimmerdienst angeordnet wird.

Außer den turnusmäßigen weltlichen Geheimkämmerern und Ehrenkämmerern werden zehn weitere, fünf Geheim- und fünf Ehrenkämmerer, zusätzlich Dienst tun.

Im Damasushof neben dem Treppenaufgang wird eine Ehrenkompanie der Päpstlichen Palatin-Ehrengarde unter dem Kommando eines Offiziers aufgestellt sein, um S. E. dem Herrn Bundeskanzler die Ehrenbezeigung zu erweisen.

Der Kommandant der Päpstlichen Gendarmerie trägt dafür Sorge, daß der Damasushof, die Eingangspforten und die darüberliegende Terrasse freigehalten werden; ferner, daß die Fenster der drei Logenreihen desselben Hofes, der Glastüre zur Treppe Pius IX. und der Türe, die vom Hof des Hl. Offiziums zur Treppe Pius X. führt, geschlossen bleiben.

Die vorgeschriebene Kleidung für die Prälaten ist die Prälatensoutane mit violett-seidenem Mantel; für die päpstlichen zivilen und militärischen Würdenträger die tägliche Uniform.

Alle diensttuenden päpstlichen Würdenträger, die S. E. dem Herrn Bundeskanzler vorgestellt worden sind, begeben sich im Laufe des Tages zu seinem Wohnsitz (Grand-Hotel, Via delle Terme di Diocleziano), um sich mit ihrem Titel und Dienstrang in das Besucherbuch einzutragen.

Anleitungen für den Besuch bei Seiner Heiligkeit

Der Zug kommt von der Via della Conciliazione, fährt zum Arco delle Campane, dann um die Vatikan-Basilika herum durch die Porta della Zecca zum Damasushof.

Vor dem Eingang zur Nobeltreppe (Scala Nobile) erwartet S. E. den Herrn Bundeskanzler S. E. der Sekretär der Zeremonien-Kongregation zusammen mit den zehn weltlichen Geheim- und Ehrenkämmerern, die dem Gefolge S. E. des Herrn Bundeskanzlers zugeteilt sind.

Nachdem S. E. der Herr Bundeskanzler aus dem Wagen ausgestiegen ist, begrüßt ihn S. E. der Sekretär der Zeremonien-Kongregation. Danach begibt sich der Zug zur Scala Nobile in der nachstehenden Reihenfolge:

Der Feldwebel der Schweizer Garde;
vier Diener mit dem Unterdekan des Saales;
zwei Bussolanten;
S. E. der Herr Bundeskanzler, ihm zur Linken S. E. der Sekretär der Zeremonien-Kongregation;
das Gefolge S. E. des Bundeskanzlers, begleitet von den weltlichen Geheim- und Ehrenkämmerern;
vier Schweizer Gardisten auf beiden Seiten und am Schluß des Zuges.

An der Schwelle der Sala Clementina warten auf der rechten Seite:

S. E. der Oberhofmarschall Seiner Heiligkeit (Monsignore Federico Callori di Vignale);

S. E. der Sakrist Seiner Heiligkeit (Titularbischof Petrus Canisius van Lierde, E. S. A.);

der Oberfurier der Päpstlichen Paläste (Marchese Don Giovanni Battista Saccetti);

der Oberstallmeister Seiner Heiligkeit (Marchese Giacomo Serlupi Crescenzi);

der Generalintendant der Päpstlichen Posten (Fürst Don Leone Massimo);

ein Überbringer der Goldenen Rose (entweder Fürst Don Enrico Barberini oder Fürst Don Luigi Massimo Lancellotti);

der Sekretär für die Botschaften (Graf Alfred Bennicelli);

der diensttuende Stabsoffizier der Nobelgarde;

der Oberst der Schweizer Garde (Baron Heinrich de Pfyffer d'Altishofen).

S. E. der Sekretär der Zeremonien-Kongregation stellt S. E. dem Herrn Bundeskanzler S. E. den Oberhofmarschall Seiner Heiligkeit vor, welcher sich zur Rechten stellt, während S. E. der Sekretär der Zeremonien-Kongregation zur Linken bleibt.

Das Gefolge S. E. des Oberhofmarschalls Seiner Heiligkeit geht zu beiden Seiten des Zuges und bleibt dann im Vorzimmer der Geheimkämmerer (Anticamera Segreta).

An der Schwelle dieses Vorzimmers stehen in Erwartung S. E. des Herrn Bundeskanzlers:

S. E. der Geheime Almosengeber Seiner Heiligkeit (Titularerzbischof Diego Venini);

Seine Gnaden der diensttuende (geistliche) Wirkliche Päpstliche Geheimkämmerer;

der diensttuende Offizier der Nobelgarde;

der diensttuende weltliche Geheimkämmerer.

S. E. der Oberhofmarschall Seiner Heiligkeit stellt S. E. dem Herrn Bundeskanzler S. E. den Geheimen Almosengeber Seiner Heiligkeit vor.

Nach Ankündigung durch den diensttuenden geistlichen Geheimkämmerer empfängt Seine Heiligkeit in der Privatbibliothek S. E. Herrn Konrad Adenauer, Kanzler der Bundesrepublik Deutschland, hereingeleitet von S. E. dem Oberhofmarschall Seiner Heiligkeit und S. E. dem Sekretär der Zeremonien-Kongregation.

Während die Audienz andauert, werden die Persönlichkeiten des Gefolges im kleinen Thronsaal von S. E. dem Sekretär der Zeremonien-

Kongregation S. E. dem Oberhofmarschall Seiner Heiligkeit vorgestellt.

Nach Beendigung der Audienz führt S. E. der Oberhofmarschall Seiner Heiligkeit S. E. den Herrn Außenminister zum Heiligen Vater herein. Dieser wird von S. E. dem Herrn Bundeskanzler Seiner Heiligkeit vorgestellt.

Anschließend werden die anderen Persönlichkeiten des Gefolges vorgestellt.

Sobald der Besuch beendet ist, begleitet S. E. der Oberhofmarschall Seiner Heiligkeit S. E. den Herrn Bundeskanzler ins Vorzimmer der Geheimkämmerer und dann in das der Ehrenkämmerer und stellt ihm einzeln die diensttuenden päpstlichen Würdenträger vor.

Darauf setzt sich der Zug in derselben Reihenfolge wie vorher wieder zusammen, und bei Erreichung der Schwelle der Sala Clementina verabschiedet sich S. E. der Oberhofmarschall Seiner Heiligkeit von S. E. dem Herrn Bundeskanzler und zieht sich mit den übrigen ihn begleitenden päpstlichen Würdenträgern zurück.

Als der Kanzler mich dem Papst vorstellte, fügte er hinzu: »Ich habe Herrn von Eckardt aus New York nach Bonn zurückbeordert, denn er muß mir helfen, die Wahlen zu gewinnen!« Pius XII. zeigte das gleiche feine Lächeln, das ich an ihm schon als Apostolischen Nuntius Pacelli in Berlin gesehen hatte, und meinte: »Das scheint mir ein vernünftiger Grund für eine so weite Reise zu sein!« In seinem Arbeitszimmer verlas der Papst in deutscher Sprache eine Botschaft an die deutsche Bevölkerung, in der er die Sehnsucht des Volkes nach Wiederherstellung der Einheit stark unterstrich. Schließlich erschien der päpstliche Fotograf und machte Gruppen- und Einzelaufnahmen. Er war mit vielen modernen Apparaten ausgerüstet, trug natürlich wie wir den Frack mit schwarzer Weste. Emsig lief er hin und her, allerdings etwas behindert durch die vielen Instrumente, die ihm am Halse hingen und mit denen er jedesmal in die Knie gehen mußte, wenn er das Blickfeld des Papstes kreuzte. Der Eindruck dieses Besuches im Vatikan mit seinem einmaligen Gepränge mußte bei jedem, der dabei sein durfte, einen tiefen Eindruck hinterlassen.

Einige Zeit später wurden die Spitzen der deutschen Delegation zum Nuntius in Bonn geladen. Dabei überreichte mir der geistliche Diplomat das Großkreuz des Ordens vom Heiligen Sylvester. Ich habe es als Protestant häufig bei offiziellen Gelegenheiten in Bonn getragen, besonders dann, wenn ich nicht so recht wußte, welche Dekoration bei dieser besonderen Gelegenheit am Platze sei. Es kann nicht verwunderlich sein, daß ich in letzter Zeit, nachdem ich Hochhuths »Stellvertreter« auf der Bühne gesehen habe, oft an diesen Besuch bei Pius XII. und an frühere Gespräche mit dem Nuntius Pacelli zurückgedacht habe. Ich habe weder die Zeit noch die Möglichkeit, selbst zu untersuchen, wieweit die Angriffe Hochhuths auf Pius XII. als geistliches Oberhaupt der katholischen Kirche während der Nazizeit gerechtfertigt sind. Richtig ist zweifellos, daß dieser Papst in weitem Maße ein politisch-diplomatischer Papst war. Doch einen Einwand muß ich auf alle Fälle gegen dieses Stück erheben: Es gelingt dem Autor nicht, seine These von der weltlich ausgerichteten Klugheit des Papstes wirklich mit Leben zu erfüllen. Der Papst in Hochhuths Stück ist zu unbedeutend gezeichnet. Pius XII. war ein bedeutender Mann, eine überragende Intelligenz. Davon spürt man in dem Theaterstück zu wenig. Man merkt, daß Hochhuth Papst Pius XII. nicht gekannt hat.

Um Mitternacht des 3. Juli trafen wir wieder in Bonn ein.

Blättere ich den Kalender dieser ersten Monate nach unserer Rückkehr aus New York durch, so findet sich bei jedem Tage einmal, oft mehrmals vermerkt: »BuKa«, was soviel bedeutet wie Bundeskanzler. Wie schon erwähnt, kriselte es im Bündnis. Eine Welle der Müdigkeit ging durch die Vereinigten Staaten, deren Lust, für alles und jedes auf der Welt sich engagieren und auch bezahlen zu müssen, sich spürbar verringerte. In England spielte man mit dem Gedanken entmilitarisierter Zonen in Mitteleuropa, empfand auch die Rheinarmee als eine Last. In Frankreich beschäftigte man sich vorwiegend mit inneren Krisen, endlosen Parlamentsdebatten und häufigem Regierungswechsel. Aus Italien hatten wir günstigere Eindrücke mitgebracht. Die Regierung Segni-Martino entsprach weitgehend unseren Vorstellungen, doch auch dort fehlte die schöpferische Hand eines Alcide de Gasperi, an dessen Grab der Kanzler einen Kranz niedergelegt hatte. So gab es ständig Stoff zu Besprechungen bei Adenauer. Unser lautloser Kampf um die eigene Regierungsbildung ging weiter, die Verhandlungen um den gemeinsamen europäischen Markt verlangten Entschlüsse, der Aufbau der Bundeswehr brachte Sorgen.

Eine Woche nach unserer Rückkehr aus Rom traf der indische Ministerpräsident Nehru zu einem Staatsbesuch in Bonn ein. Nehru, der als Erbe Mahatma Gandhis Indien die Freiheit gebracht hatte, war übrigens kein Mann nach Adenauers Herzen. Vielleicht mag es daran liegen, daß Adenauer für »Neutralisten« überhaupt nicht viel übrig hat. Natürlich bezieht sich das nicht auf Staatsmänner kleinerer Staaten, denen die Natur enge politische Grenzen gesetzt hat. Der Kanzler traute dem Idealismus eines Nehru nicht, der in der Kaschmirfrage sehr nationalistische Töne anschlagen konnte, aber überall sonst auf der Welt den Nationalismus verurteilte. Seine unentschiedene, ja opportunistische Haltung in der deutschen Frage machte Adenauer mißtrauisch, denn wer sollte ein glühenderer Anhänger des Selbstbestimmungsrechtes der Völker sein als Nehru, der sein eigenes Land von der Kolonialherrschaft befreit hatte? Ich bin nicht einmal sicher, daß Adenauer in dem berühmten Inder eine überragende Intelligenz sah. Er hielt es für sehr unklug, daß sich Indien nicht der freien westlichen Welt anschloß, statt zwischen Hilfe aus den kapitalistischen Ländern und der kommunistischen Welt hin und her zu manövrieren. Gegen Ende seines Lebens hat Nehru es noch erleben müssen, daß Tibet von den Chinesen unterjocht, schließlich sein eigenes Land von China angegriffen wurde. Er mußte es erleben, daß »Blockfreiheit« vor kommunistischem Angriff nicht schützt. Ich glaube, daß ihn diese Erkenntnis tief erschüttert hat und seinen Tod beschleunigte.

Jetzt war er also in Bonn, und ich hoffte nur, daß die Aussprachen mit Adenauer leidlich verlaufen würden. Ein paarmal nahm ich die Gelegenheit wahr, den Kanzler auf die führende Stellung Indiens und besonders Nehrus selbst hinzuweisen. Ich kann nicht sagen, daß ich sehr viel Erfolg damit hatte. Immerhin, der Besuch verlief tatsächlich in einer leidlichen Atmosphäre. Auf einer großen Pressekonferenz, die ich für Nehru einberufen hatte, empfing ich ihn im Presseamt. Der berühmte Mann verstand es mit großem Geschick, den Fragen der internationalen Presse mehr auszuweichen als sie zu beantworten. Die Konferenz dauerte ziemlich lange, brachte den Journalisten aber wenig Stoff. Nach Ablauf der protokollarisch vorgeschriebenen drei Besuchstage machte sich der indische Ministerpräsident noch zu einer mehrtägigen Reise durch die Bundesrepublik auf, während der australische Ministerpräsident Menzies in Bonn eintraf. So kamen wir sechs Tage nicht aus Cut und Frack heraus. Menzies aber war ein Mann nach dem Herzen Adenauers. Kraftvoll, eindeutig in seiner Politik, jovial und voller Humor. Soweit ein Staatsbesuch überhaupt erheiternd und erfrischend sein kann, der Australier wenigstens brachte gute Laune mit, sagte klar und deutlich, was er von den Problemen dieser Welt hielt, und zeigte sich auch den Journalisten gegenüber sehr aufgeschlossen.

Etwas erschöpft von dem gesellschaftlichen Trubel dieser Staatsbesuche, der von den laufenden Geschäften nicht befreit, hoffte ich auf ein paar ruhige Tage. Es blieb aber wirklich nur bei ein »paar«, denn am 20. Juli saß ich bereits wieder in der Maschine nach New York. Wie kam es zu dieser Reise, die ich in aller Heimlichkeit antreten mußte? Ich erwähnte schon, daß uns die amerikanische Politik seit längerer Zeit

Sorge bereitete. Doch es gab kein wirklich eklatantes Ereignis, auf dem ein energisches Vorgehen unsererseits hätte aufgebaut werden können. Doch jetzt war dieses Ereignis eingetreten. Durch eine gezielte oder auch unbeabsichtigte Indiskretion geriet der sogenannte »Radfordplan« in die Öffentlichkeit.

Admiral Radford, der höchste Offizier der Vereinigten Staaten, zeichnete als Verfasser eines Memorandums, in dem er eine drastische Verringerung der amerikanischen Streitkräfte um eine volle Million Mann befürwortete. Diese Einschränkung des militärischen Potentials sollte durch eine forcierte Produktion von Atomwaffen ausgeglichen werden. Radford vertrat die Ansicht, daß konventionell ausgerüstete Streitkräfte nur noch einen sehr bedingten Wert besäßen. Der Schutz der Vereinigten Staaten beruhe auf der Stärke seiner atomaren Rüstung. In diesem Zusammenhang kam das Schlagwort von der »Festung Amerika« auf. Was es für Europa und die Bundesrepublik bedeuten würde, wenn diese militärische Konzeption Radfords zum Zuge kam, lag auf der Hand. Um eine Million Soldaten einzusparen, hätten die amerikanischen Truppen in Europa drastisch verringert werden müssen. Das Schlagwort von der »Festung Amerika« mußte politisch zu einem neuen Isolationismus, einem Rückzug der amerikanischen Politik aus Europa führen. Und wie sah es militärisch in Europa aus? Frankreich kämpfte in Algerien, die Bundeswehr existierte noch nicht, und die Engländer standen mit unzureichenden Kräften am Rhein und nicht etwa an der Elbe. Und was sollte auf längere Sicht aus Berlin werden? Vielleicht würden die USA auch mit Radfords Plan letztlich zu ihren Bündnisverpflichtungen stehen. Doch konnte es im Ernstfall nur bedeuten, daß Europa erst einmal verlorengehen und dann vielleicht – unter Einsatz schwerer Atomwaffen – von den Amerikanern wieder »befreit« würde.

In Sondermission nach den USA

Zwei oder drei Tage vor meinem Abflug nach Amerika ließ der Kanzler mich zu sich rufen. Er war von tiefer, echter Sorge erfüllt. Sie war nur zu berechtigt. Sollte es durch die Verwirklichung der Pläne Radfords zu einer Lockerung der Bündnisse mit den USA kommen, dann mußten alle bisherigen Anstrengungen, wenigstens dem westlichen Teil Deutschlands und Berlin ein gewisses Maß an Sicherheit zu verschaffen, als gescheitert angesehen werden. Der Kanzler verstand John Foster Dulles nicht, mit dem er stets in der Beurteilung der Lage und der Gefahren für die freie Welt übereingestimmt hatte. Es konnte kein Zweifel darüber bestehen, daß der Radfordplan wirklich existierte und zum mindesten ernsthaft erwogen wurde. Ein hartes Dementi aus dem Weißen Haus hätte dem ganzen Spuk ein schnelles Ende bereitet. Nichts dergleichen aber geschah. Im Gegenteil, das Für und Wider des Radfordplanes wurde von allen bekannten Kommentatoren in den USA lang und breit behandelt, zum größten Teil im positiven Sinne. Der Kanzler wollte nichts unversucht lassen, diesen gefährlichen Kurs der Vereinigten Staaten zu stoppen, und bat mich, so schnell wie möglich über den Ozean zu fliegen und alle Anstrengungen bei meinen politischen Freunden und bei der Presse zu machen, um diesen gefährlichen Tendenzen entgegenzuwirken.

Ich gab dem Kanzler zu bedenken, daß dieses eigentlich die Aufgabe unserer Botschaft in Washington sei, daß ich mich nicht »heimlich« in den USA aufhalten könne und man sorgfältig überlegen müsse, ob durch eine solche Reise nicht vielleicht mehr Schaden als Nutzen gestiftet würde. Ferner sei zu bedenken, daß der Wahlkampf in Amerika um die Präsidentschaft schon im Gange sei, was die Situation noch delikater gestalte. Der Kanzler räumte mir ein, daß diese Argumente gegen die Reise richtig seien, aber es müsse irgendwie gelingen, die Demokraten, die im Senat und Kongreß die Majorität besäßen, zu mobilisieren. Unser Botschafter könne das nicht tun, denn er sei bei dem republikanischen Präsidenten Eisenhower akkreditiert, und sein Gesprächspartner sei eben die republikanische Administration, in erster Linie Dulles. Er werde an John Foster Dulles einen Brief schreiben und Botschafter Krekeler mit diesem Brief zu ihm schicken. Er wisse aber, daß ich zahlreiche und wichtige politische Freunde unter den Demokraten habe, und bei denen solle ich versuchen, wirksam zu intervenieren. Ich muß gestehen, daß mir bei dieser Mission nicht besonders wohl zumute war, doch mir blieb nichts anderes übrig, als mich auf die Reise vorzubereiten. 48 Stunden später lag ich mehr grübelnd als schlafend in der Maschine nach New York.

Meinem Freunde Shepard Stone, dem engsten Mitarbeiter von John McCloy in der Leitung der Ford Foundation, hatte ich vertraulich Nachricht zukommen lassen und ihn gebeten, mir bei den wichtigsten demokratischen Politikern Besuchstermine zu verschaffen. Wie immer funktionierte »Shep« in bewundernswerter Weise. Nach meiner Ankunft in New York aßen wir zusammen, und ich orientierte ihn freimütig, worum es ging. Ohne volle Offenheit gegenüber diesem Freunde war die Aktion überhaupt undurchführbar. Nach dem Essen gingen wir zu Gouverneur A. Harriman, den ich seit Jahren kannte und bei dem ich meine Mission beginnen wollte. Als Büro hatte mir das Auswärtige Amt meine ehemalige Botschaft bei der UNO zur Verfügung gestellt und die Herren angewiesen, mich technisch in jeder Weise zu unterstützen, denn ich brauchte einen jüngeren Herrn zu meiner Unterstützung, einen Chiffrierbeamten und schließlich einen Wagen mit Fahrer. Meine ehemaligen Mitarbeiter halfen mir wie in meiner Botschafterzeit. Obwohl noch nicht entschieden war, ob die Demokraten Stevenson oder Harriman als Kandidaten gegen Eisenhower aufstellen würden, gab mir Harriman Gelegenheit, ihm die Befürchtungen des Kanzlers ausführlich darzulegen. Da sich im Laufe der vielen weiteren Unterredungen die Notwendigkeit ergab, immer mit den gleichen Argumenten zu arbeiten, will ich sie nur einmal, bei diesem meinem ersten Gespräch, zusammenfassend wiedergeben. In einem Bericht an den Bundeskanzler hieß es:

> »Ich trug Harriman die Besorgnis der Bundesregierung über die kürzliche Entwicklung in der Frage der Abrüstung vor. Insbesondere führte ich aus, daß bei einer Kürzung der konventionellen Truppenstärken in den nächsten zwei bis vier Jahren zugunsten einer atomaren Aufrüstung eine unermeßliche Gefahr für die ganze Menschheit heranreife. Es sei keineswegs sicher, daß die abschreckende Wirkung der Wasserstoffbombe wirkungsvoll genug sei, um nicht bei Konflikten, die mit konventionellen Waffen zu bekämpfen wären, die Wasserstoffbombe doch zum Einsatz zu bringen. Sollte aber die Abschreckung der Wasserstoffbombe so groß sein, daß man ihre Anwendung scheut, so bestände die enorme

Gefahr, daß die Sowjetunion in den kommenden Jahren kleinere, mehr lokale Konflikte provoziert, bei denen sie selbst nicht eingreift, sondern ihre Satellitenstaaten oder Freiwillige aus den Satellitenstaaten vorschickt. Würde es dann an konventionellen Waffen und an der nötigen Truppenstärke im westlichen Lager fehlen, so könnten schwelende Brände in Europa und anderen Teilen der Welt entstehen, deren man nicht Herr werden könne.

Was die politische Seite dieser Entwicklung anbelangt führte ich aus, daß ein Abzug von amerikanischen und auch britischen Truppen aus Europa eine große Schwächung der NATO herbeiführen müßte. Dieses sei ohne jeden Zweifel das Ziel der neuen russischen Taktik, und schon allein die Erwägungen, die in Amerika und Großbritannien die Öffentlichkeit auf diesem Gebiet beschäftigten, bedeuteten einen großen Erfolg der russischen Politik und eine ebenso große Gefährdung des westlichen Zusammenhaltens. Nur am Rande erwähnte ich, daß bei einem Fortschreiten solcher Tendenzen die Position des Bundeskanzlers und seiner Partei sehr schwierig werden könnte. Die Folgen eines politischen Systemwechsels in der Bundesrepublik nach den Wahlen 1957 seien sowohl für die amerikanische Politik in Deutschland als auch für die Situation in Frankreich und in Italien unabsehbar. Der Bundeskanzler und seine Regierungskoalition befänden sich bei den Tendenzen, die in Amerika und in Großbritannien in aller Öffentlichkeit besprochen würden, in einer um so schwierigeren Lage, als er kämpfend das Wehrgesetz im Bundestag und Bundesrat durchgebracht hätte, man aber bedenken müsse, daß diese Gesetzgebung noch nicht vollständig sei und daß im Herbst bei der Diskussion der Frage der Dauer des Wehrdienstes erneut scharfe Auseinandersetzungen zu erwarten seien.

Gouverneur Harriman unterstrich mit aller Deutlichkeit, daß er die Besorgnis des Bundeskanzlers und seine Ansichten über die Situation voll teile. Er betonte, er halte die neueste Entwicklung des amerikanischen Denkens in der Frage des Verhältnisses von Atomwaffen und konventioneller Rüstung für außerordentlich gefährlich. Er wisse, daß diese Richtung vor allem von Senator Symington und Admiral Radford vertreten werde. Außenminister Dulles befinde sich von verschiedenen Seiten her unter starkem Druck. Es sei deshalb besonders wichtig, ihn von deutscher Seite in eindringlichster Weise auf die Gefahren hinzuweisen, die eine Weiterverfolgung dieser militärischen Gedanken für Europa und die Bundesrepublik bedeute. Er, Harriman, befinde sich im Gegen-

satz zu Eisenhowers Politik gegenüber der Sowjetunion. Er halte die von Eisenhower eingeschlagene Linie für zu weich. In den Jahren nach Stalins Sturz, in denen es darauf angekommen sei, die Früchte der harten und entschiedenen Politik Trumans gegenüber der Sowjetunion zu pflücken, in einer Situation, als die sowjetische Regierung Zeichen der Schwäche zeigte, sei man in Washington selbst auch schwach gewesen. Leider sei auch Eden schwach und begehe schwere Fehler. Er halte insbesondere im Vergleich zur Politik Trumans die Außenpolitik der jetzigen amerikanischen Regierung auch deshalb für falsch, weil sie bei den Ländern der freien Welt zum Verlust des Vertrauens in die amerikanische Politik führe. Truman habe allen freien Ländern Hilfe angeboten, ohne Gegenleistungen zu verlangen, und habe auch dadurch die Freundschaft dieser Länder erworben. Die jetzige amerikanische Regierung stelle zu viele Bedingungen, wenn sie Hilfe gewähre, und lege zu starken Nachdruck auf den Abschluß von Verträgen, deren Wert dann nachher doch zweifelhaft sei. Er könne versichern, daß die Politik der demokratischen Partei, ob sie nun die nächsten Präsidentschaftswahlen gewinne oder nur die Mehrheit im Kongreß stelle, sich auf dem Boden der NATO und der Unterstützung Deutschlands in seinem Bestreben, Truppen für die NATO zu stellen, befinden würde. Er selbst zweifle daran, ob er Präsident werde. Wenn dies der Fall sein sollte, könne der Kanzler sicher sein, daß er die alte Truman-Politik der NATO und des Verständnisses gegenüber der Bundesrepublik weiterführen würde.
Man müsse natürlich berücksichtigen, daß kurz vor den amerikanischen Präsidentschaftswahlen jede politische Erklärung und Maßnahme einen Wahlaspekt habe. Die Verringerung der Truppenstärken habe innerpolitisch sehr viel Zugkraft. Eisenhower gehe es dabei vor allem darum, die Stimmen der Farmer zu gewinnen, die er verärgert habe. Man solle sich im Wahljahr auch nicht zu sehr durch Erklärungen von Senatoren und anderen Politikern beunruhigen lassen. Sie seien auf die Wahlen zugeschnitten und daher nicht ernst zu nehmen. Er betonte ferner, er werde während seiner Wahlkampagne die Regierung Eisenhower wegen ihrer Schwäche, die sie gegenüber der Sowjetunion zeige, scharf angreifen. Er halte die Politik Eisenhowers, die zur Genfer Konferenz 1955 geführt habe, für falsch.
Er betonte, daß er Stevenson für einen ausgezeichneten Mann halte, doch sei er gerade in den angeschnittenen Problemen nicht hart und konsequent genug.«

Als Präsident Kennedy zur Verhandlung über das Atomteststopp-Abkommen Harriman nach Moskau schickte, mußte ich lebhaft an die Ausführungen des damaligen Gouverneurs von New York und späteren Unterstaatssekretärs im State Department über den Wert von Verträgen denken, die dann doch nicht eingehalten werden. Harriman war damals Mitte Sechzig, ein schlanker, hochgewachsener Mann. Sein Haus liegt ganz in der Nähe des Hauses, das der Bund für den Botschafter bei der UN gekauft hat, und ist durch seine Bildersammlung eine New Yorker Sehenswürdigkeit. Vor vielen Jahrzehnten entdeckte Harriman seine Leidenschaft für die französischen Impressionisten. Trotz der ernsten Mission, die mich zu ihm geführt hatte, ließ ich mir doch Zeit, seine herrlichen Manets, Utrillos, frühen Picassos usw. anzusehen. Der Wert der Bilder ist unermeßlich groß, aber das ist für Harriman ohne Belang, denn er gehört zu den reichsten Männern Amerikas.

Schon am Abend ging dieser telegrafische Bericht an Adenauer ab, dessen Ungeduld, schnell informiert zu werden, ich nur zu gut kannte. Am nächsten Tag flog ich erst einmal nach Washington, um bei unserem Botschafter Krekeler zusammen mit dem Chef des US-Geheimdienstes, Allen Dulles, zu frühstücken. Ich war auch ihm bei früheren Besuchen in Amerika begegnet und kannte sein enges Verhältnis zu seinem Bruder John Foster. Botschafter Krekeler unterstützte mich während dieses Gesprächs, in dem sich Allen Dulles vorwiegend rezeptiv verhielt, aufs beste. Er gehört zu den Botschaftern, die es gerne sehen, wenn ihre Arbeit durch Besuche aus Bonn unterstützt werden. Der Typ ist nicht allzu häufig. Allen Dulles hörte genau zu, machte sich einige Notizen, und ich wußte, daß er seinem Bruder alles haarklein erzählen würde. Für Botschafter Krekeler war die Unterredung ebenfalls nützlich, denn er mußte am nächsten Tag zu Außenminister Dulles, um ihm den Brief des Kanzlers zu überbringen. In solchen Fällen erweist es sich immer wirkungsvoll, den Gesprächspartner schon ein wenig vorzubereiten. Noch am gleichen Abend flog ich nach New York zurück, denn mir öffnete sich durch familiäre Beziehungen eine einmalige Möglichkeit, den Versuch einer Einwirkung auf den Präsidenten Eisenhower selbst zu unternehmen. Mit diesem Verwandten entwarf ich einen Bericht für Eisenhower.

In der Aufzeichnung führte ich aus, daß die Opposition in Deutschland die neuen strategischen und politischen Überlegungen als eine Bestätigung ihrer gegen die Pariser Verträge und gegen die Wehrpflicht gerichteten Politik ansehe und entsprechend ausbeuten werde. Ferner enthielt die Aufzeichnung den Hinweis, daß nur eine Erklärung von höchster Stelle die Situation in Europa und in Deutschland stabilisieren könne. In der Aufzeichnung wurden dem Präsidenten drei Punkte als besonders wichtig dargestellt:

1. Die politische und militärische Einheit der westlichen Welt ist unerschütterlich das Fundament der amerikanischen Außenpolitik.
2. Die NATO bleibt die Basis der politischen und militärischen Europapolitik der Vereinigten Staaten und
3. die strategischen Pläne der Vereinigten Staaten werden immer so angelegt sein, daß bei jedem möglichen Konflikt in Europa die Bevölkerung Europas und der Bundesrepublik eine echte Chance des Überlebens hat.

Diese Mitteilung an den Präsidenten schien mir äußerst wichtig, da Eisenhower wenige Tage später eine große Pressekonferenz abhalten wollte. Am nächsten Morgen schon lag die Aufzeichnung auf dem Tisch des Präsidenten.

Meine nächste Anlaufstation mußte Bob Finletter sein, der während des Krieges Unterstaatssekretär im Pentagon war und als besonderer Militärexperte der Demokraten fungierte. Kennedy ernannte ihn Jahre später zum Botschafter der USA bei der NATO. Obwohl er mitten im Wahlkampf an der Seite Stevensons stand, fand er doch Zeit, mir während eines Essens aufmerksam zuzuhören. Ich erklärte Finletter ausführlich die Situation in Deutschland und Europa, wie sie sich nach der Veröffentlichung des Radfordplanes darstellt, und unterstrich die Gefahren, die durch diese Diskussion entstanden seien, sehr nachdrücklich. Finletter begrüßte es sehr, daß ich in diesen Tagen nach Amerika gekommen sei, denn es bestünde die große Gefahr, daß der Radfordplan in die Wahlkampagne gezerrt würde, wodurch eine wochenlange oder monatelange Diskussion entstünde, die von beiden Parteien zu Wahlmanövern ausgenutzt würde. Die ganze Frage der Wehrpflicht in den USA könne auf diese Weise Gegenstand von Diskussionen im Wahlkampf werden. Das sei um so gefährlicher, als Parteien, die auf Kürzung der Truppenstärken, Einsparung im Budget etc. ausgehen, naturgemäß sehr populär seien. Er empfehle mir, Stevenson, den ich Mittwoch sehen würde, sehr eindringlich auf die Rückwirkungen des Radfordplanes hinzuweisen. Er wolle das gleich sehr energisch tun.

Finletter erklärte, die Demokraten träten für eine Verstärkung der militärischen Kraft auch mit konventionellen Waffen ein, und er teile alle Besorgnisse des Bundeskanzlers, die ich ihm mitgeteilt hätte. Die Demokraten seien bereit, das ganze Problem aus dem Wahlkampf auszuklammern, wenn es gelänge, die Republikaner zu einer gleichen Haltung zu bringen. Da die Republikaner an der Regierung seien, müsse die Initiative dafür allerdings von ihnen ausgehen. Es müsse also alles getan werden, um die jetzige Administration auf die Gefährlichkeit einer Diskussion des Radfordplanes hinzuweisen, damit sie einsähe, daß durch eine hemmungslose Wahlkampagne auf diesem Gebiet unermeßlicher Schaden für die Politik der USA in Europa entstehen könnte. Er betonte, daß er selbst eindeutig auf dem Standpunkt der bisherigen NATO-Strategie stünde und ausreichend Truppen in Europa und Deutschland stehen bleiben müßten. Am besten wäre es, wenn die jetzige Regierung in den USA eine eindeutige Erklärung über die Beibehaltung der Truppenstärken in Westdeutschland und Berlin abgeben würde. Die Demokraten könnten dann einer solchen Erklärung voll zustimmen. Über die militärischen Fragen selbst, in denen er als ehemaliger Luftwaffensekretär große Erfahrung besitzt, erklärte er mir, nicht ganz klar zu sehen, ob Radford wirklich für die Idee der »Festung Amerika« sei oder ehrlich an die Möglichkeit glaube, den übermäßig aufgeblähten Militärapparat verkleinern zu können. Er selbst, Finletter, äußerte die Ansicht, daß der Apparat wirklich aufgebläht sei, denn das Verhältnis zwischen Kampftruppen und Versorgungstruppen stände 50 : 1. Er würde es daher begrüßen, wenn man bei der Verstärkung der Kampftruppen diesen zum Teil unnötigen Apparat verkleinern könnte.

Nach dieser Unterredung zeigte sich klar, daß ich den Versuch machen mußte, mit dem demokratischen Präsidentschaftskandidaten Stevenson selbst zu sprechen. Ob das in den aufgeregten Zeiten der Wahlkampagne möglich sein würde, erschien fraglich. Am Abend dieses Tages aß ich zusammen mit John McCloy und General Clay und wechselte damit in meiner Stoßrichtung in das Lager der regierenden Administration über. Die Unterredung fand im Hause McCloy statt. Es erübrigt sich, dieses Gespräch wiederzugeben, da die Bedenken des Bundeskanzlers ohne Einschränkung geteilt wurden. Die Herren erklärten sich bereit, in allernächster Zukunft bei passender Gelegenheit sowohl ihren Einfluß auf den Präsidenten als auch auf wichtige Persönlichkeiten des Pentagons auszuüben, damit in allen Planungen die Situation Europas voll berücksichtigt würde. McCloy war ferner bereit, die Idee Finletters, den Versuch zu machen, die ganze Diskussion des Problems aus dem Wahlkampf herauszuhalten, auf republikanischer Seite zu unterstützen.

Der nächste Tag war außerordentlich interessant. Ich fuhr im Auto nach Princetown, um mit George F. Kennan zu sprechen, der an der dortigen Universität ein großes Institut leitet, dessen Arbeit der Politik der Sowjetunion und des Weltkommunismus gewidmet ist. Seit seinen Botschafterjahren in Moskau galt Kennan als einer der besten Kenner der Sowjetunion, und große Teile der demokratischen Partei vertrauten seinem Urteil in allen Ost-West-Fragen ohne Einschränkung. Wir waren ganz allein in seinem Hause, und ich genoß die Atmosphäre im stillen Princetown sehr. Kennan selbst gibt einen geradezu idealen Gesprächspartner ab, auch wenn man unterschiedlicher Meinung ist. Er weiß zuzuhören und ist selbst ein glänzender Debatter. Wir sprachen annähernd drei Stunden miteinander über die Entwicklung in der Sowjetunion und den Satellitenstaaten. Die von George F. Kennan gegebene Analyse basierte auf seiner einmaligen Personal- und Sachkenntnis und war äußerst interessant.

Im zweiten Teil unserer Unterhaltung schilderte ich Kennan die möglichen Auswirkungen des Radfordplanes auf die Alliierten der USA, ganz besonders auf Europa und Deutschland. George F. Kennan, dessen Publikationen über Ost-West-Politik auch heute noch sehr beachtet werden, erklärte mir, daß die Besorgnis des Bundeskanzlers bei Verwirklichung der Radford-Strategie und der damit zusammenhängenden Politik voll gerechtfertigt sei. Er würde bei dieser Lage der Dinge jede Gelegenheit wahrnehmen, um seine Übereinstimmung mit der deutschen Auffassung klarzumachen. Er sei in der gegenwärtigen Situation gegen jede Umrüstung auf Kosten der konventionellen Waffen und halte einen hohen Stand der konventionellen Rüstungen der westlichen Welt für unbedingt erforderlich.

Ich fuhr in gehobener Stimmung von Princetown nach New York zurück, denn die Unterstützung von George F. Kennan bedeutete sehr viel. In New York hatte ich gegen Abend eine pfiffig ausgeklügelte Verabredung. Eigentlich wollte ich irgendwie erreichen, mit dem Expräsidenten Truman zu sprechen, dessen enormer Einfluß auf die Demokraten ungeschmälert war. Truman hielt sich aber in seinem Heimatstaat auf, und ein Besuch bei ihm hätte unweigerlich die Presse alarmiert. So wählte ich den Weg über seinen Schwiegersohn Clifton Daniels, der mit Trumans Tochter Margaret verheiratet ist. Clifton Daniels verfügte über großen Einfluß in der »New York Times«, als dessen Korrespondent ich ihn in Bonn sehr gut kennengelernt hatte. Später vertrat er dieses Weltorgan in Moskau. Seine Frau Margaret nahm an der Besprechung teil, und zwar nicht nur als stumme Zuhörerin. Trumans Tochter zeigte ein lebhaftes Interesse an den Fragen, die wir diskutierten. Sie war es, die auf einen sehr wichtigen Punkt im Verhältnis USA–Bundesrepublik hinwies. Gerade während der Radfordkrise kam es in der Bundesrepublik zu einigen sehr unerfreulichen Zusammenstößen zwischen den amerikanischen Soldaten und der deutschen Zivilbevölkerung. Solche Ereignisse könnten in gefährlicher Weise die Pläne Radfords unterstützen. Margaret hatte vollkommen recht; ich versprach ihr, nach meiner Rückkehr den ganzen Einfluß der Regierung und des

Presseamtes einzusetzen, um die Atmosphäre zu verbessern. Das gelang übrigens auch in sehr kurzer Zeit. Margaret Daniels hingegen versprach mir, ihren Vater ausführlich über unser Gespräch zu unterrichten. Schon am nächsten Tag teilte mir Clifton Daniels mit, daß er mit Truman telefoniert habe, sein Schwiegervater wolle ein eingehendes Memorandum von ihm. Er werde es sofort schreiben und Truman zustellen.

Der folgende Tag brachte die wohl wichtigste Besprechung dieser Reise. Ich aß mit Stevenson und Finletter in einem Klub. Trotz der enormen Beanspruchung durch die Wahlkampagne opferte mir Stevenson zwei Stunden Zeit, um sich bis in alle Einzelheiten über die militärische und politische Situation der NATO, der verschiedenen europäischen Staaten und besonders der Bundesrepublik zu informieren. Zu Beginn des Gesprächs hatte ich Gelegenheit, in zusammenhängender Form Stevenson ein genaues Bild der Ansichten des Bundeskanzlers über die Lage in Europa, über die Wirkung der strategischen Ideen des Radfordplanes, über die Stärke der NATO und über die besondere Situation der Bundesrepublik im Rahmen all dieser Probleme zu geben. Adlai Stevenson zeigte sich besonders beeindruckt durch die Ausführungen, die ich über die Gefahren machte, die eine weitere Schwächung der NATO sowohl militärisch wie politisch nach sich ziehen müßte. Er stellte mir im Anschluß an meine Ausführungen sehr präzise Fragen, um die Ansichten des Bundeskanzlers bis in alle Einzelheiten kennenzulernen. Dabei war es möglich, auch die Auffassung der Bundesregierung in der Frage der Wiedervereinigung ausführlich darzulegen.

Adlai Stevenson brachte dann zum Ausdruck, daß er mit allen ihm zu Gebote stehenden Mitteln für die Aufrechterhaltung der amerikanischen NATO-Politik in der denkbar stärksten Form eintreten werde. Er erklärte mir, daß er die Antwort des Präsidenten Eisenhower auf eine entsprechende Frage in der gestrigen Pressekonferenz für äußerst ungenügend halte. Er fürchte, daß in dieser sehr allgemein gehaltenen Antwort zu erkennen sei, daß der Präsident die Gefahren, die in einer Schwächung der NATO-Position liegen, nicht voll übersehe oder andere Überlegungen für ihn wichtiger seien. Er selbst, so sagte er mir, werde, wann auch immer das Thema während der Wahlkampagne erörtert werden sollte, die Politik des Bundeskanzlers auf das eindringlichste unterstützen. Er werde dafür eintreten, daß die militärische Kraft der NATO unter keinen Umständen geschwächt werde. Ferner müßte klargemacht werden, daß man im Rahmen einer Allianz nur im engsten Einvernehmen mit den Verbündeten vorgehen dürfe. Er halte es für unmöglich, Ideen wie den Radfordplan öffentlich zu diskutieren, ohne die Gedankengänge der Alliierten Amerikas zu diesem Thema genau zu kennen. Es sei ferner notwendig, der Bevölkerung Europas die Sicherheit zu geben, daß in der strategischen Planung alle Eventualitäten von Konflikten, die nur mit konventionellen Waffen ausgefochten werden könnten, berücksichtigt würden. Darüber hinaus müsse man auch der Bevölkerung der verbündeten Nationen die Hoffnung geben, in einem größeren Konflikt überleben zu können.

Finletter, der bei der ganzen Unterhaltung auf das nützlichste sekundierte, kam, nachdem er Stevenson hinausbegleitet hatte, noch einmal zu mir zurück, um mir zu sagen, daß Stevenson durch die Argumentation des Bundeskanzlers auf das tiefste beeindruckt sei und daß er mit den Gedankengängen Adenauers voll übereinstimme.

Nach diesem Gespräch glaubte ich, alles getan zu haben, was in meinen Kräften stand, um gegen den Radfordplan starke Kräfte zu mobilisieren. Tatsächlich gelang es, diesen Plan fast ganz aus der Wahlkampagne herauszuhalten. Das war im Moment das wichtigste, denn die Parole Eisenhowers, die »Boys« – sprich USA-Soldaten – nach Hause zurückzubringen und große Einsparungen am Militärhaushalt zu machen, mußte ungeheuer populär sein.

Der Radfordplan verschwand schließlich sang- und klanglos in einer Schublade des Pentagons. Botschafter Krekeler informierte mich noch über seine Unterredung mit John Foster Dulles, die recht stürmisch verlaufen sein mußte. Der Kanzler hatte sich wohl, trotz seiner Freundschaft zu Dulles, in seinem Brief an ihn ziemlich scharf geäußert. Doch auch Dulles lenkte ein. Wir hatten unterdessen auch unsere europäischen Verbündeten, besonders Frankreich, mobilisiert und bekamen von dort Schützenhilfe. Der ganze Vorgang aber zeigte, daß mit einer richtigen Verteilung der Rollen große politische Effekte zu erzielen sind.

Unmittelbar nach meiner Besprechung mit Stevenson flog ich nach Düsseldorf, fuhr von dort nach Bühlerhöhe und berichtete dem Kanzler ausführlich mündlich. Natürlich konnte ich seine Besorgnis nicht völlig zerstreuen, doch schöpfte er die Hoffnung, daß diese Gefahr vorübergehen würde. Einige Wochen später wurde das Thema »Radfordplan« nicht mehr erörtert. Ich selbst fuhr mit meiner Frau nach Kampen auf Sylt, denn die Julihitze in Washington und New York hatte mir doch etwas zugesetzt. Doch der Urlaub dauerte nur ganze neun Tage.

Suez und Ungarn

Sommer und Herbst des Jahres 1956 brachten schwere internationale Erschütterungen. Ende Juli brach durch die Enteignung und Verstaatlichung des Suezkanals durch Ägypten eine gefährliche Krise aus. In England und Frankreich, die als Eigentümer der Aktien der Kanalgesellschaft am schwersten betroffen wurden, gingen die Wogen der nationalen Erregung hoch. Die Engländer hatten ihre Truppen aus der Kanalzone abgezogen und fühlten sich jetzt durch Nasser betrogen. In Kampen erreichte mich die Aufforderung unseres Außenministers, ihn nach London zu begleiten. Die Engländer suchten durch eine Einladung an alle wichtigen Benutzerstaaten des Kanals zu einer Konferenz einen Ausweg aus der Krise.

Ich flog über Hamburg nach London und traf dort mit unserem Außenminister von Brentano und seiner Delegation zusammen. Die Konferenz der »Kanalbenutzer« gehörte zu den trübseligsten, die ich je mitgemacht habe. Es wurden endlose Reden gehalten, die niemals zu einer Einigung führen konnten. England, Frankreich und seine Verbündeten verfolgten den Plan einer Internationalisierung des Kanals. Sie wurden von einer großen Zahl der Konferenzteilnehmer unterstützt, aber die Russen und die Inder machten sich in erster Linie zum Anwalt der ägyptischen Sache.

Schepilow, der nach Molotows Sturz das sowjetische Außenministerium übernommen hatte, tat es mit wenig Geschick. Sein Auftreten auf der Kanalkonferenz zeigte einen Mann, der seiner Aufgabe in keiner Weise gewachsen war. Er beherrschte sein Metier nicht, seine Reden waren, sobald er frei sprach, konfus. Keiner, der ihn in London wirken sah, konnte glauben, daß er seinen Posten lange innehaben würde. Seine Ernennung muß wohl in erster Linie darauf zurückgeführt werden, daß Chruschtschow eine tiefe Abneigung gegen Berufsdiplomaten hegte. Doch es blieb ihm keine andere Möglichkeit, als Schepilow nach kurzer Amtsdauer abzulösen und den Berufsdiplomaten Gromyko an seine Stelle zu setzen.

Indien wurde durch den damaligen Chefdelegierten Krischna Menon vertreten. Ich kannte ihn ganz gut von den Vollversammlungen der UN in New York. Er ist ein blendend aussehender Mann von überdimensionaler Eitelkeit. Er pflegte sich auf einen Stock zu stützen, um seine Würde zu unterstreichen. Menon verfügt über eine staunenswerte Beredsamkeit, die aber im gleichen Maße ermüdend ist. In London sprach er Stunden ohne Punkt und Komma und trieb die Konferenzteilnehmer langsam zur Verzweiflung. Dabei war er in einer unerhörten Weise aggressiv, besonders natürlich gegen Großbritannien, dessen Außenminister Selwyn Lloyd alles mit stoischer Ruhe über sich ergehen ließ. John Foster Dulles versuchte als ehrlicher Makler zwischen den Parteien zu vermitteln, doch alle Mühe blieb vergebens. Krischna Menon ergriff das Wort, gab es nicht wieder her und zerstörte jede Möglichkeit einer Einigung. Eines Tages packte mich die Wut über diesen eitlen Schwätzer, und ich spielte ihm einen Streich. Da ohnehin klar war, daß die Konferenz zu nichts führen würde, war es schon erlaubt, ein bißchen Verwirrung zu stiften.

Der zweite Mann in der indischen Delegation, der Gesandte Lall, war mir seit New York freundschaftlich verbunden. Wir hatten dort oft lange und nützliche Gespräche geführt. Jetzt nahm ich ihn mir in eine Ecke und informierte ihn vertraulich darüber, daß alle Attacken seines Chefs ganz sinnlos seien, da die wichtigsten Benutzer des Kanals dabei seien, einen ganz anderen Ausweg aus der Krise zu suchen. Schließlich gäbe es keinen Zwang, den Kanal überhaupt zu benutzen. Man wolle sich von Ägypten nicht länger erpressen lassen. Es sei nur eine Kostenfrage, den viel weiteren Weg um das Kap zu nehmen, und um diese Kosten gerecht zu verteilen, sei man dabei, eine Ausgleichkasse zu gründen. Damit sei dann der Fall Suez erledigt. Lall stürzte zu seinem Chef Krischna Menon, und dieser wiederum eilte – seine Gehbeschwerden vergessend – mit dem Krückstock unter dem Arm von Delegation zu Delegation. Natürlich konnte diese Seifenblase nicht von Bestand sein. Doch 24 Stunden war Menon sehr beunruhigt. Das war meine Rache für ungezählte Redestunden. Erst viele Jahre später ereilte ihn sein politischer Sturz. Als die Chinesen Indien angriffen, zeigte sich, daß Krischna Menon, der damals Verteidigungsminister war, völlig versagte. Nehru, der ihn lange gehalten hatte, mußte ihm den Abschied geben.

Übrigens war mein dummer Scherz nicht der einzige deutsche Beitrag zur Kanalkonferenz. Brentano hielt eine sehr gute Rede und brachte auch vernünftige Vorschläge ein. Im Lichte der späteren Ereignisse zeigte sich, daß die Konferenz tatsächlich nur eine Farce war. Weder England noch Ägypten beabsichtigten, einen Kompromiß zu schließen. Auch die zweite Kanalkonferenz im Herbst war ein Fehlschlag.

Am 23. Oktober 1956 brach für alle unerwartet der Aufstand in Ungarn aus. Die darauffolgende Woche erscheint mir noch heute die erregendste der Nachkriegszeit. Sicher, beim Aufstand vom 17. Juni 1953 in der Zone ging es um unser eigenes Schicksal. Doch damals war die Aussichtslosigkeit der Aktion unschwer erkennbar, und alles war eigentlich nach 24 Stunden schon entschieden. Doch in Ungarn wurde Tag und Nacht gekämpft. Es fiel mir schwer, mein tägliches Arbeitspensum zu erledigen, denn ob im Büro oder zu Hause, es kostete Überwindung, sich vom Rundfunkgerät zu trennen. Jedermann in Deutschland bangte um das Schicksal Ungarns, wünschte, daß es diesem tapferen Volk gelingen möge, sich vom kommunistischen Joch zu befreien und damit die erste Bresche in den Satellitenbereich der Sowjetunion zu schlagen. Die Folgen eines siegreichen Befreiungskampfes der Ungarn waren für die große Auseinandersetzung zwischen Ost und West unabsehbar. Es konnte kein Zweifel darüber bestehen, daß auch Ulbrichts Tage dann gezählt waren.

Doch in die Begeisterung und die Zuversicht, die von den Siegesmeldungen der aufständischen Ungarn, der Meldung über die Räumung des Gebietes um Budapest durch die Rote Armee entfacht wurden, schlich sich Skepsis und Zweifel. War es denkbar, daß das kleine Volk der Ungarn sich gegen die Sowjetunion behaupten würde, ohne daß ihm von außen Hilfe gebracht wurde? Dabei ging es nicht um karitative, sondern um massive militärische Hilfe, die nur von den USA kommen konnte. Doch die Vereinigten Staaten hielten an ihrer Politik der Nichteinmischung strikt fest. Keine der Mächte wollte einen bewaffneten Konflikt mit der Sowjetunion riskieren. Allerdings war das Risiko auch sehr groß.

Die neue Regierung in Budapest wandte sich um Hilfe an die Vereinten Nationen. Was nun geschah, habe ich niemals ganz begriffen. Generalsekretär Hammarskjöld, dessen persönlichen Mut ich nur zu gut kannte und dessen Sympathie ohne Zweifel bei den ungarischen Freiheitskämpfern lag, wich vor der sowjetischen Drohung zurück und flog nicht nach Budapest. Das Risiko dieses Fluges war kalkulierbar. Die Sowjetunion hätte es sich dreimal überlegt, die unbewaffnete Maschine des Generalsekretärs der großen Welt- und Friedensorganisation abzuschießen. Ich habe keine Gelegenheit mehr gehabt, mit Hammarskjöld über seine Entscheidung zu sprechen. Sicher bleibt das eine: Wäre der Generalsekretär geflogen, um an Ort und Stelle in Budapest zu verhandeln und seinen Bericht für die UN abzufassen, den Russen wäre es sehr schwer gemacht worden, den Entschluß zu fassen, den Aufstand in Blut, Tränen und Trümmern durch ihre Panzer zu ersticken.

Doch es geschah noch viel Schlimmeres. Obwohl man Ungarn militärische Hilfe versagte, ging doch eine Welle schärfsten Antikommunismus durch die ganze freie Welt. Die moralische Einschätzung der Sowjetunion sank auf einen nie dagewesenen Tiefpunkt. Auch die jungen Nationen Afrikas und Südostasiens, die sich ihre Freiheit und Selbständigkeit errungen hatten, sahen mit Bestürzung und Verachtung auf die brutale Gewaltanwendung der Russen gegen das kleine Ungarn, das auch nicht mehr verlangte als Selbstbestimmung. In dieser Welle antikommunistischer Stimmung, die dem freien Westen große politische Chancen eröffnete, stießen England und Frankreich mit ihrer militärischen Aktion gegen den Suezkanal. Ich erinnere mich noch genau, wie ich an jenem 29. Oktober den Bundeskanzler auf der Rheinfähre in Königswinter traf. Der Kanzler begrüßte eigentlich die energische Aktion Englands, doch ich antwortete ihm nur: »Armes Ungarn!« Er sah mich etwas erstaunt an, doch als ich ihm meine Gedankengänge näher erklärte, wurde er sehr nachdenklich. Ich war fest davon überzeugt, daß sich nun das Interesse der Welt von Ungarn nach Ägypten verlagern würde. Damit war das Schicksal der Ungarn besiegelt und eine politische Auswertung des ungarischen Freiheitskampfes unwirksam. Die Russen konnten jetzt in Ungarn machen, was sie wollten, denn die Weltöffentlichkeit würde sich gegen die Gewaltanwendung am Suezkanal einstellen. Dabei spielte es gar keine Rolle, ob Nasser im Unrecht war oder nicht. Leider kam es so, wie ich befürchtet hatte. Über Ungarn senkte sich die Ruhe des Todes, der Kampf der Waffen und der Meinungen tobte an den Ufern des Suezkanals.

Es ist müßig, heute noch darüber zu streiten, ob die englische Aktion gegen Nassers Enteignung des Suezkanals berechtigt war oder nicht. Zunächst bewies die militärische Seite des Vorgangs einen bedenklichen Dilettantismus. Doch der politische erscheint mir noch größer. Man machte in London den gleichen Fehler wie 1914 in Wien. Hätten die Engländer sofort nach der Beschlagnahme des Kanals durch Nasser eingegriffen, hätten sie vielleicht Erfolg, zumindestens einige Sympathie auf der Welt für sich gehabt. Doch sie warteten drei Monate, entlarvten die Kanalkonferenz in London als Farce und brachten so alle Welt gegen sich auf. Schließlich mußten sie es noch erleben, daß bei der Behandlung des Suezkonflikts im Sicherheitsrat der UN die Vereinigten Staaten zusammen mit der Sowjetunion gegen sie standen. Edens politisches Schicksal war damit besiegelt. Noch etwas ist mir in dieser Affäre stets schleierhaft geblieben. Die israelische Armee benutzte die Gelegenheit der Krise zu einem Angriff auf die ägyptische Armee. Selten sind Soldaten so schnell nach Hause gelaufen wie die

Ägypter. Die Israelis hätten vielleicht noch eine Woche gebraucht, um Nassers Armee völlig zu zerschlagen. Damit wäre Nasser als politischer Faktor erledigt gewesen. Doch man stoppte den Vormarsch der Israelis, eine kleine UN-Streitmacht schob sich zwischen die Armeen. Damit war eine große Gelegenheit verpaßt, die Verhältnisse im östlichen Mittelmeer zu bereinigen. »Die Weltgeschichte besteht in der Hauptsache aus einer Kette verpaßter Gelegenheiten!«

Doch kehren wir zu meinen persönlichen Erlebnissen zurück. Die Pressekonferenz am 5. November eröffnete ich mit den Worten: »Meine Damen und Herren! Es ist Ihnen schon gestern durch die Agenturen mitgeteilt worden, daß der Herr Bundeskanzler auf Grund der internationalen Situation seinen Besuch in Paris, der ursprünglich als ein Staatsbesuch von drei Tagen vorgesehen war, zeitlich auf ein sehr geringes Maß reduzieren wird.« Am Abend fuhren wir im Sonderzug nach Paris. Wir aßen im Sonderwagen zu Abend und saßen noch mit dem Kanzler bis gegen Mitternacht beisammen. Dann wurde der Zug auf ein Abstellgleis rangiert, damit wir erst zu einer brauchbaren Stunde morgens in Paris ankommen sollten. Adenauer zog sich zurück, doch wir, d. h. Außenminister von Brentano und einige Herren des AA, blieben noch sitzen.

Plötzlich stürzte einer meiner Herren aus der Nachrichtenzentrale herein und brachte uns in Kurzfassung eine Note der Sowjetunion. Sie war an die Regierungen in London und Paris gerichtet und drohte mit Krieg durch Raketen, falls Großbritannien und Frankreich die Aktion am Suezkanal nicht abbrächen. Dabei schien es der Sowjetunion kein Widerspruch zu sein, daß sie selbst in diesen Tagen den ungarischen Freiheitswillen blutig ertränkte. Wir sahen uns entgeistert an. Diese militärische Erpressung konnte den »großen« Krieg, den atomaren Krieg, bedeuten. Der Text wurde dem Kanzler sofort in sein Abteil gebracht. Kurze Zeit darauf erschien er wieder, und wir berieten, was zu tun sei. Die Bundesregierung konnte praktisch gar nichts tun, obwohl diese Note auch eine furchtbare Bedrohung der Bundesrepublik darstellte. Das Gebiet am Suezkanal gehörte nicht zum Allianzgebiet der NATO. Ein Angriff auf England und Frankreich löste auch für uns den Bündnisfall aus, doch wir hatten noch keine Armee. Der Kanzler blieb ruhig wie immer und konzentrierte sich auf das Nächstliegende. Er gab Anweisung, mit Paris Fühlung aufzunehmen. Unser Botschafter, Herr von Maltzan, sollte bei der Regierung anfragen, ob es unter diesen Umständen nicht besser sei, wenn der Kanzler nach Bonn zurückkehre. Er könne sich gut vorstellen, daß die Herren in Paris jetzt andere Sorgen hätten, als den Bundeskanzler offiziell zu empfangen. Auch mit unserem Botschafter in London, Herrn von Herwarth, solle Fühlung aufgenommen werden. Mit diesen Anweisungen zog sich Adenauer wieder in sein Abteil zurück.

Der abgestellte Sonderzug hatte unterdessen Telefonverbindung bekommen, und das Telefon klingelte – es war lange nach Mitternacht geworden – auf unserer Botschaft in Paris. Schließlich meldete sich ein verschlafener Nachtportier; er konnte nach vielem Zureden dazu gebracht werden, das Gespräch zum Botschafter durchzustellen. Nun meldete sich erst einmal Frau von Maltzan und gab dann den Hörer an ihren Mann weiter. Der Botschafter bekam seine Anweisung, bei der Regierung anzufragen, ob der Besuch des Kanzlers nicht besser verschoben werden sollte. Dann riefen wir in London an. Dort wiederholte sich die gleiche Prozedur, denn wir bekamen erst einmal Frau von Herwarth an das Telefon. Herrn von Brentanos persönlicher Referent löste – wie schon so oft – die beinahe unerträgliche Spannung, indem er die aus dem Schlaf aufschreckenden Botschafter nachmachte. Mit einer bezeichnenden Daumenbewegung ließ er sie zu ihren Ehefrauen sagen: »Geh du doch mal ran!« Versonnen fügte er hinzu: »Botschafter sind auch nur Männer!« In verhältnismäßig kurzer Zeit bekamen wir Antwort aus Paris: Die französische Regierung lege gerade jetzt größten Wert auf den Besuch des Kanzlers!

Bald nach 8 Uhr morgens lief unser Zug in Paris ein. Adenauer wurde von einer großen Zahl von Kabinettsmitgliedern empfangen, die einen sehr übernächtigen Eindruck machten. Ministerpräsident Guy Mollet ließ um Verständnis dafür bitten, daß er sich noch für ein oder zwei Stunden niedergelegt hätte, da man bis 6 Uhr früh über die Lage beraten habe. Als der Kanzler mit den Mitgliedern der französischen Regierung aus dem Bahnhof trat, war der Platz voller Menschen, die Adenauer stürmisch begrüßten. Eine Kompanie der Garde Civile erwies die Ehrenbezeigungen. Das Deutschlandlied und die Marseillaise klangen auf. Der Kanzler nahm die Ehrungen wie ein Standbild unbeweglich entgegen. Ich dachte an die Szene auf dem Ehrenfriedhof in Arlington bei Washington. Auch an diesem Morgen mußte der Abgebrühteste die Bedeutung der Stunde und ihre Symbolkraft empfinden. In der erstesten Stunde, die Frankreich seit Ende des Krieges erlebte, standen die beiden Regierungen eng zusammen. Nichts konnte den großen Wandel in den deutsch-französischen Beziehungen deutlicher machen. Nichts würde die beiden Völker mehr trennen können.

Wir begaben uns in das schon so vertraute Hotel Bristol und begleiteten dann den Kanzler gegen 10 Uhr in das Palais Matignon, den Amtssitz des französischen Ministerpräsidenten. Ohne ein Wort war

Einigung darüber entstanden, auf alle bei Staatsbesuchen üblichen Zeremonien für diesen Tag zu verzichten. Auch das vereinbarte Gesprächsprogramm wurde wie selbstverständlich vom Tisch gefegt. Es gab wichtigere Dinge zu besprechen als etwa die noch offenstehenden wirtschaftlichen Fragen des Saarabkommens oder die Moselkanalisierung. Im Arbeitszimmer ging Ministerpräsident Guy Mollet mit einer direkten Frage auf den Kanzler los: »Was würden Sie uns raten, jetzt zu tun, Herr Bundeskanzler?« Wie so oft, fiel mir eine historische Parallele ein. Auch damals, zu Bismarcks Zeit, ging es um den Vorderen Orient, als die britische Regierung durch ihren Botschafter Bismarck fragen ließ, was er wohl tun würde, wenn er für die britische Politik verantwortlich wäre. Ein in der Geschichte der Diplomatie bis dahin einmaliger Vorgang. Jetzt erlebten wir seine Wiederholung.

Der Kanzler dachte eine Weile nach und sagte dann: »Haben Sie schon feststellen lassen, welche Haltung die amerikanische Regierung einnimmt?« Nein, das hatte man noch nicht getan. Doch der Gedankengang Adenauers war überzeugend. Von der Haltung Amerikas hing es ab, ob man der sowjetischen Drohung gegenüber fest bleiben konnte oder ob es Zeit war, einzulenken. Der französische Botschafter in Washington wurde sofort beauftragt, bei John Foster Dulles zu sondieren. Mein Kollege und Freund Hervé Alphand – er war gleichzeitig mit mir in New York bei der UN akkreditiert und jetzt Botschafter in Washington – mußte einen schweren Gang tun. Unterdessen nahmen die Gespräche über die große Krise im engsten Kreise im Palais Matignon ihren Fortgang. Während des Mittagessens kam die Antwort Alphands. Man zeigte sie dem Kanzler, der das Telegramm sorgfältig las und dann nur kurz sagte: »Blasen Sie die Aktion am Kanal ab!« Dulles' Antwort auf die Demarche des französischen Botschafters war ausweichend. Kein Zweifel konnte mehr darüber herrschen, daß die amerikanische Regierung das militärische Eingreifen Englands und Frankreichs am Suezkanal verurteilte und nicht gesonnen war, auf die Sowjetunion einen militärischen – sprich atomaren – Druck auszuüben. Die Suezfrage war damit erledigt. Nasser und die ihn stützende Sowjetunion blieben Sieger. Es konnte nur noch darum gehen, das ganze Abenteuer zu liquidieren.

Noch am Abend des gleichen Tages reisten wir nach Bonn zurück. Beim Abschied am Bahnhof richtete Ministerpräsident Guy Mollet bewegende Worte des Dankes an Adenauer, der als treuer Verbündeter diesen schweren Tag an der Seite des französischen Volkes in Paris miterlebt habe. Es waren wirklich ereignisreiche 24 Stunden. Sie waren bedrückend gewesen, zeigten die latenten Gefahren für den Weltfrieden auf und ließen die Rolle der Sowjetunion im Spiel der Kräfte, die unsere moderne Welt bewegen, klar erkennen. Nach Bonn zurückgekehrt, waren wir um eine bittere Erfahrung reicher geworden. Eine Zeit vorsichtigen Taktierens gegenüber der Sowjetunion brach an; sie sollte die Szenerie der nächsten Jahre beherrschen. Der Aufstand der Ungarn endete mit einem vollen Triumph der Sowjetunion, in der Suezfrage hatte sie ihre ganze Macht im weltpolitischen Rahmen gezeigt.

Mitten in diese weltbewegenden Ereignisse fielen in Bonn noch Staatsbesuche des griechischen Königspaares und des österreichischen Bundeskanzlers Raab. In Begleitung des griechischen Königs sahen wir Marschall Papagos zum letzten Mal. Sein Gesicht war schon vom Tode gezeichnet. Bald darauf starb er und mit ihm der starke Mann Griechenlands. Bundeskanzler Raab und die ihn begleitenden Minister brachten die Atmosphäre Wiener Gelassenheit mit nach Bonn. Es gab mit Raab wie immer interessante Gespräche, einige Fragen des gegenseitigen Verhältnisses wurden bereinigt. Wenn ich im Rahmen der großen Ereignisse des Jahres 1956 auch ein Wort über mich selbst sagen darf, so sei nur so viel bemerkt, daß es zu den anstrengendsten meines Lebens gehörte. Denn politische Ereignisse von solcher Bedeutung bringen für den Leiter des Presseamtes außergewöhnliche Belastungen mit sich. Unzählige Pressekonferenzen, Informationsgespräche mit in- und ausländischen Journalisten mußten geführt werden, der Kanzler verlangte mich oft mehrmals am Tage zu sprechen, und dazu ging das laufende Geschäft des Amtes weiter.

Doch das Jahr 1956 fand noch einen schönen und versöhnlichen Abschluß oder besser gesagt, 1957 fing mit einem freudigen Ereignis an.

Adenauers Triumph 1957

Der Abschluß des Vertrages über die Rückgliederung der Saar an die Bundesrepublik stellte einen großen Erfolg Adenauers dar. Der Erfolg mußte um so größere Wirkung haben, als Adenauers Saarverhandlungen mit Frankreich ihn jahrelang den schwersten Angriffen nicht nur von seiten der Opposition ausgesetzt hatten. Mit der ihm eigenen Zähigkeit hatte er zwar die Europäisierung der Saar angeboten, aber gleichzeitig darauf bestanden, daß die Bevölkerung an der Saar durch Volksabstimmung selbst das letzte Wort haben sollte. Von französischer Seite wurde mit unbeschreiblicher Hartnäckigkeit verhandelt, aber in puncto Zähigkeit ist Adenauer schwer zu übertreffen. Ich selbst befürchtete, daß mich zwei politische Fragen mein Leben lang begleiten würden: die »Saar« und die »Abrüstung«. Die allgemeine Abrüstung hat bis zur Stunde keine wirklichen Fortschritte gemacht; ich werde wohl mit dieser ungelösten, vielleicht überhaupt nicht lösbaren Frage in das Grab sinken. Doch die Saar kehrte politisch am 1. Januar 1957 zu Deutschland zurück. Am Neujahrsmorgen um 6 Uhr früh bestieg ich mit dem Kanzler seinen Sonderzug, um zu den Rückgliederungsfeiern nach Saarbrücken zu fahren. Während wohl viele Menschen eben ihre Silvesterfeier beendigten, machten wir uns zu dieser sinnig frühen Stunde auf den Weg.

Ehe ich ein Wort über diesen im besten Sinne nationalen Feiertag schreibe, sei mir noch erlaubt, eine rein persönliche Geschichte zu erzählen. Der Kanzler zog sich nach der Abfahrt von Königswinter in sein Abteil zurück. Ich selbst beschloß zu frühstücken. In Koblenz bestieg der Ministerpräsident von Rheinland-Pfalz, Dr. Altmeier, den Zug, und so frühstückten wir zu zweit. 1954 war ich mit Freunden, zu denen der Schauspieler Paul Kemp gehörte, mit dem ich während der Nazizeit manchen Film gedreht hatte, in das schöne Wiedbachtal gekommen. Wir versuchten, in der Wied mit wechselndem Erfolg Hechte zu fangen. Spaziergänge führten meine Frau und mich über die sanften Höhen, und eines Tages kaufte ich dort ein Terrain in besonders schöner Lage. Meine Bemühungen um eine Bauerlaubnis scheiterten am Schönheitssinn des Landschaftspflegers. Dann zogen wir nach New York, kehrten zurück; nun saß ich durch Zufall meinem Landesfürsten gegenüber und erzählte ihm unsere Situation. Der Ministerpräsident erklärte, die Angelegenheit sofort in Ordnung bringen zu wollen. Frech, wie ich nun einmal bin, riet ich ihm von diesen Bemühungen ab, da sie meiner Überzeugung nach die Machtfülle eines Ministerpräsidenten überstiegen. »Ein Landrat«, meinte ich, »ist natürlich in einem solchen Fall schon ernster zu nehmen.« Ob mein Widerspruch Altmeier nun reizte, mag dahingestellt bleiben, jedenfalls kam 14 Tage später die Baugenehmigung. Auf diese Weise bekam ich mit meiner Familie wieder ein Refugium, einen Mittelpunkt für die Familie, wie es einst unser Hof in Mecklenburg war. Als das Haus auf seinem schönen Platz stand, meinte selbst der Landschaftspfleger, es passe großartig in die Gegend und verschönere sie nur. Während ich diese Zeilen schreibe, sitze ich in meiner Bibliothek hoch über der Wied. Ohne die Baugenehmigung wäre das Haus nicht entstanden und dieses Buch vielleicht niemals geschrieben worden. Ob der Leser dadurch einen Verlust erlitten hätte, kann er nur selbst beurteilen.

In Saarbrücken erwartete uns ein großer Staatsakt. Die Rückkehr der Saar stellte nach langen Jahren auch eine echte Gelegenheit für eine schöne, freudige Feier dar. Das Bedeutungsvollste lag zweifellos in der wirklich vorbildlichen Haltung der Franzosen. Sie zeigten sich als gute Verlierer, und die große Befürchtung des Kanzlers, daß der Kampf um die Saar das deutsch-französische Verhältnis trüben würde, trat nicht ein. Es folgten zwar noch schier endlose Wirtschaftsverhandlungen, aber schließlich kam doch alles zu einem guten Ende. In das gleiche Jahr fiel auch noch der Abschluß eines belgisch-deutschen Vertrages über Grenzfragen. Durch die wichtigen Regelungen kam nicht nur eine Bereinigung des Verhältnisses zu unseren westlichen Nachbarn zustande, sondern das Barometer der Volksgunst stieg für die Bundesregierung ganz wesentlich. Im Presseamt versuchte ich, einen passenden Mittelweg zwischen öffentlich zur Schau getragener Befriedigung und Schonung des französischen Nationalgefühls zu steuern. Das freundschaftliche Verhältnis zu meinem französischen Kollegen Baraduc trug hierbei schöne Früchte.

Die Popularitätskurve der CDU/CSU hatte in der zweiten Hälfte des Jahres 1956 eine erfreuliche Entwicklung genommen. Die Straffung des Kabinetts tat ihre Wirkung, doch in weit größerem Maße wirkte sich der Erfolg in der Saarfrage und der Fortgang der europäischen Einigung aus. Zuerst holte die CDU/CSU die SPD ein, schließlich zeigten die Testzahlen die Regierungskoalition wieder in Führung. Diese Tendenz verstärkte sich noch im Frühjahr 1957. Schon im Januar verabschiedete der Bundestag mit 398 gegen 52 Stimmen bei zehn Enthaltungen das Gesetz über die Reform der Rentenversicherung der Arbeiter und Angestellten. In endlosen Kämpfen und Beratungen, die sich vorwiegend in den zuständigen Ausschüssen abspielten, entstand dieses Gesetz, das endlich auch die Rentner an den Segnungen des wirtschaftlichen Aufschwungs in der Bundesrepublik teilnehmen ließ. Das Prinzip der »dynamischen Rente« hatte sich gegen große Widerstände durchgesetzt. Zweifel an der Richtigkeit dieses Prinzips waren auch nicht von der Hand zu weisen. Danach sollten die Rentner automatisch am Anwachsen des Sozialprodukts beteiligt werden. Das ist schön und gut, solange das Sozialprodukt wächst. Wie aber würde die Situation in einer wirtschaftlichen Krise sein? Nach alter Erfahrung ist eine Verringerung der Sozialleistungen auch bei rückläufiger Wirtschaftsentwicklung praktisch nicht möglich. Einmal gewährte Rechte können nicht zurückgenommen werden. Die Entwicklung der letzten acht Jahre gab aber den Optimisten recht. Das Sozialprodukt stieg Jahr für Jahr, und die Renten konnten mehrfach erheblich erhöht werden. Sicher war die Rentenreform nicht nur ein notwendiges und gerechtes Gesetz, sondern auch ein einmaliger Wahlschlager für die Regierung. Millionen Rentner wurden davon in erfreulicher Weise betroffen, noch mehr Millionen nahmen als Familienangehörige der Rentner an dieser Entwicklung teil. Bei diesem Gesetz stimmte mit nur wenigen Ausnahmen auch die SPD mit der Regierung. Eine oppositionelle Einstellung konnte für sie bei diesem Gesetz auch nicht in Frage kommen.

In der Legislaturperiode 1953/57 machte sich der wirtschaftliche Aufschwung der Bundesrepublik besonders bemerkbar. Die größten Wirtschaftssorgen überwand der Fleiß der Arbeiter, die Initiative der Unternehmer und die sehr aktive Wirtschaftspolitik der Bundesregierung besonders in diesen vier Jahren. Die Menschen in der Bundesrepublik begannen wieder Freude am Leben zu gewinnen, die Millionen Flüchtlinge gliederten sich in weitem Maße wirtschaftlich und gesellschaftlich in ihre neue Heimat ein, und die D-Mark erwies sich als eine der stabilsten Währungen der Welt. Dazu brachte der mit allen Mitteln forcierte Wohnungsbau eine fühlbare Linderung auf diesem besonderes lebenswichtigen Gebiet. In meiner Bibliothek stehen ganze Regale voll von Büchern, die den wirtschaftlichen Wiederaufstieg des freien Teils Deutschlands schildern. Zahlen und Tabellen, Statistiken und Analysen füllen Tausende von Druckseiten. Professor Erhards Parole »Wohlstand für alle« war auf dem Weg zur Verwirklichung. Das soll nicht bedeuten, daß es nicht noch erhebliche Rückstände auf sozialem Gebiet gab, aber die Bevölkerung hatte doch die Zuversicht gewonnen, daß man Jahr für Jahr ein gutes Stück vorwärtskam und daß auch der verbleibende Rest noch zu schaffen sei. Optimismus war überall zu spüren. In einer solchen Stimmung blüht der Weizen der Regierung und der sie tragenden Parteien. Will man genau sein, so profitierte die CDU/CSU von dieser Situation in erster Linie. Ihrem kleineren Koalitionspartner ging es nicht so gut. Bei den Freien Demokraten (FDP) verhinderten innere Streitigkeiten eine kontinuierliche Entwicklung. Echte Liberale, wie es sie in Baden-Württemberg gab und sogar heute noch gibt, hatten mit den Liberalen in Nordrhein-Westfalen politisch kaum etwas gemein, schon gar nicht mit dem radikalen Flügel der »Jungtürken«, bei denen der Akzent ihres Denkens stärker auf dem Nationalismus als auf dem Liberalismus lag. Diese Gegensätze zerrissen die Partei 1956 in zwei Teile. Ein Teil der Mitglieder ging zur Deutschen Partei über, einige fanden den Weg zur CDU. Überhaupt zeichnete sich schon damals der allgemeine Trend der Wähler zu den großen Parteien ab. Auch die Deutsche Partei (DP) kümmerte dahin, der Sprung der in Niedersachsen beheimateten Partei in die große Politik des Bundes wollte nicht gelingen. Das Zentrum spielte praktisch überhaupt keine Rolle mehr, und in Bayern ging die Bayernpartei (BP) langsam, aber sicher ebenfalls ihrem Tode entgegen. Alle diese kleinen Parteien lebten zwar noch, gründeten sich häufig um oder schlossen sich zusammen, doch allen gemeinsam war der Mangel an innerer Kraft. Die Vertriebenenpartei (BHE) – anfangs eine mächtige Wählerpartei – konnte mit der fortschreitenden Eingliederung der Flüchtlinge ihren Bestand ebenfalls nicht halten. So ging es in dem großen Wahlkampf des Jahres 1957 in erster Linie um CDU/CSU und SPD.

Die politischen Propheten lagen mit ihren Voraussagen nach Gründung der Bundesrepublik im Jahre 1949 durchweg recht positiv für die Entwicklung der SPD. Schließlich wurde Konrad Adenauer damals nur mit einer Stimme Mehrheit zum Kanzler gewählt. Doch die Sozialdemokraten verscherzten sich eineinhalb Jahrzehnte ihre große Chance selbst. Obwohl sie eine starke Mitgliederpartei war, die auf eine hundertjährige Tradition zurückblicken konnte, verhinderten fundamentale Fehler den Aufstieg. Einmal wurde ihr diese große Tradition selbst zum Hemmschuh. Bis zum Jahre 1959, der Neuformulierung ihres Parteiprogramms in Godesberg, schleppte sie sich mit einem ideologischen marxistischen Ballast ab, der dem Denken der Majorität des Volkes nicht mehr entsprach. Vom »Klassenkampf« wollte man nichts mehr wissen. Das war Sache der Kommunisten in den Augen der sich stark nach amerikanischem Vorbild entwickelnden Arbeiterschaft. Ihr zweiter großer Fehler lag darin, daß sie unter Kurt Schumacher und Erich Ollenhauer als politisches Kampffeld mit den Christdemokraten die Außenpolitik wählten. Konrad Adenauers außenpolitische Konzeption war richtig, sogar eigentlich ohne Alternative, wollte man nicht die Sicherheit der Bundesrepublik aufs Spiel setzen. Hätte sich die Sozialdemokratie vorwiegend auf das Kampffeld der Sozialpolitik geworfen, so wären ihr sicher große Erfolge beschieden gewesen. Der Kampf gegen Adenauers Außenpolitik und Erhards soziale Marktwirtschaft war hoffnungslos, denn auf beiden Gebieten konnte niemand die Erfolge übersehen oder leugnen. »Nichts ist so erfolgreich wie der Erfolg«, sagen die Amerikaner.

Auf sozialpolitischem Gebiet dagegen gab es große Möglichkeiten für eine wirkungsvolle Opposition. Obwohl es wirtschaftspolitisch richtig war, zuerst an den Wiederaufbau der industriellen Wirtschaft zu gehen und ihn mit allen staatlichen Möglichkeiten zu unterstützen, mußte dabei die Sozialpolitik zwangsläufig lange Zeit im Hintergrund bleiben, weil man eben nach einem so furchtbaren Zusammenbruch nicht alles gleichzeitig in Ordnung bringen kann. Nur in wehrpolitischen Fragen stellten Politik und Propaganda der SPD zeitweilig eine wirkliche Gefahr für die CDU dar. Ihre außenpolitischen Angriffe blieben wirkungslos. Doch auch im Wahljahr 1957 versteifte sie sich darauf, den Kampf auf außenpolitischem Gebiet zu führen. Von 1957 bis zur Verkündung des Godesberger Programms stellte sie der Außenpolitik Adenauers unermüdlich große und kleine Pläne entgegen. Ihr mit viel Aufwand propagierter Deutschlandplan brachte schließlich den Kulminationspunkt dieser Politik, leitete aber auch ihren Zusammenbruch ein. 1959 schwor sie dieser ganzen Richtung ab, mit der sie weder die Position der Regierung erschüttern noch Anhang bei den Wählern finden konnte. Sie schwenkte in allen außen- und wehrpolitischen Fragen ein und bewegt sich seit dieser Zeit in weitem Maße in gleicher Richtung wie die CDU/CSU. Im Wahljahr 1957 hätte sie wohl gerne auch auf dem Gebiet der Sozialpolitik angegriffen. Doch sie kam zu spät. Die Verabschiedung der großen Rentenreform nahm ihr den Wind aus den Segeln.

Ich kann es mir ersparen, den Wahlkampf dieses Jahres im einzelnen zu schildern. Natürlich brachte er im Laufe der Monate eine immer größere Fülle von Arbeit. Je näher der Wahltermin kam, desto häufiger reiste Adenauer im Zug, Auto und Flugzeug durch die Bundesrepublik, unablässig für sein Regierungswerk werbend, die Opposition scharf attackierend. An den meisten dieser Kampftage mußte ich ihn begleiten, damit er auch fern von Bonn mit den Tagesereignissen in Verbindung blieb. Unablässig verlangte er Material für seine Reden, brauchte Zahlen und Statistiken oder Zitate dessen, was die Führer der Opposition gesagt hatten. Eine nicht unbeträchtliche Schwierigkeit bestand dabei für mein Amt und für mich darin, daß alle Unterlagen, die er bekam, stets in kürzester Zeit verschwanden. Ich weiß nicht, wo die Papiere blieben, jedenfalls waren sie immer dann verschwunden, wenn sie gebraucht wurden. Ich ging daher zu der Methode über, alle Unterlagen, die ich dem Kanzler zustellte, ein dutzendmal zu vervielfältigen, denn im Archiv des Presseamtes herrschte Revolutionsstimmung. Was aus dem Archiv herausgegeben wurde, war weg, spurlos verschwunden, und so kann ein Archiv natürlich nicht arbeiten. Ich glaube, der Kanzler warf, kaum mit den Notizen für eine Wahlrede fertig, einfach alles Material zum Fenster hinaus. Mit der ihm eigenen Zähigkeit absolvierte er an jedem Tag, der dem Wahlkampf gewidmet war, ein enormes Arbeitspensum. Er empfing Deputationen, sprach vor Verbänden und Organisationen, um dann am Abend irgendwo in einer großen Halle eine Massenkundgebung zu bestreiten, auf der er meist länger als eine Stunde sprach. Die seit dem Wahljahr 1953 vergangenen vier Jahre waren ihm nicht anzumerken. Topfit ging er mit seinem politischen Gespann in den Kampf. Schon im Laufe des Frühjahrs stand der Wahlsieg der CDU/CSU fest. Ein Zweifel daran, daß Konrad Adenauer auch der Regierungschef eines dritten Kabinetts werden würde, war kaum noch möglich.

Nach diesen Ausführungen könnte es so scheinen, als ob die Welt voll Sonnenschein gewesen wäre und Adenauer und seine Mannschaft freudig und siegessicher dem Wahltag entgegensegelten. Was das Wahlresultat selbst anlangte, war unsere Stimmung auch wirklich gut, obwohl der Kanzler diesmal alles tat, um übertriebene Siegeszuversicht zu dämpfen. Am Tag nach der Wahl sei es immer noch früh genug zu jubeln, meinte er. Dabei pflegte er dann nach dem Sieg auch nicht zu frohlocken. Doch diese seine Haltung war nicht nur psychologische Taktik. Er selbst und auch wir, seine engsten Mitarbeiter, hatten politische Sorgen in Fülle, und zwar außenpolitische. Sie ähnelten in keiner Weise den Sorgen, die die Opposition vorbrachte. Im Gegenteil. Die Entwicklung der Weltpolitik, genauer gesagt, die politischen Strömungen in den USA unter der Führung von Eisenhower bereiteten uns die größten Sorgen. Sie waren in der Veröffentlichung des Radfordplanes schon sichtbar geworden. Obwohl es gelang, den Plan abzuwürgen, blieben die ihm zugrunde liegenden Tendenzen weiter lebendig. Aus den Jahren 1957/59 besitze ich ganze Aktenordner voll von Memoranden und Briefentwürfen an die Regierungschefs unserer wichtigsten Verbündeten, Arbeiten, die mir der Kanzler in Auftrag gegeben hatte. Ich arbeitete dabei auf das engste mit Blankenhorn und Professor Grewe zusammen, soweit sie für mich erreichbar waren. Der Zeitpunkt ist noch nicht gekommen, aus diesen Dokumenten, die teils Schubladenarbeit blieben, teils an die befreundeten Regierungen weitergeleitet und damit Bestandteil der Politik wurden, im Wortlaut zu zitieren. Solche Veröffentlichungen wären eine unverzeihliche Indiskretion. Immerhin ist es erlaubt, davon zu sprechen, worum es ging.

Freunde und Feinde Konrad Adenauers taten bewußt, häufiger unbewußt alles, um seine Persönlichkeit und seine Politik als starr und unbeweglich darzustellen. Dieses Bild des Kanzlers ist völlig verzeichnet. Sein Geist beschäftigte sich unablässig mit neuen Ideen und Plänen, wie durch ein vertretbares Sicherheitssystem in Europa die Wiedervereinigungspolitik vorwärtsgetrieben werden könne. Schon im Januar 1957 beauftragte er mich mit der Ausarbeitung eines entsprechenden Memorandums. Es basierte natürlich auf vielen Gesprächen, die er mit mir geführt hat. Nun vertrat er das völlig richtige Arbeitsprinzip, daß nur durch den Versuch, aus den Diskussionen schriftlich ein Konzentrat herzustellen, ein Urteil darüber möglich sei, ob die Ideen praktisch brauchbar und auch durchführbar seien. In den meisten Fällen stellte sich bei solcher schriftlichen Fixierung dann heraus, daß die Risiken, die man eingehen mußte, um durch eine Vereinbarung mit der Sowjetunion ein europäisches Sicherheitssystem zu schaffen, zu groß waren. So erging es auch diesem Memorandum.

Leider trübte es vorübergehend mein Verhältnis zu Heinrich von Brentano. Da ich es mir seit seiner Ernennung zum Außenminister zum Prinzip gemacht hatte, nie irgend etwas, was sein Ressort betraf, hinter seinem Rücken zu tun, schickte ich zu gleicher Stunde wie an den Kanzler die Ausarbeitung auch an ihn. Er muß über die in dem Papier niedergelegten Ideen sehr erschrocken gewesen sein, denn obwohl es Sonntag war, fuhr er sofort zum Kanzler nach Rhöndorf, um gegen diese Politik zu opponieren. Dabei handelte es sich keineswegs um eine neue Politik, sondern um den Versuch, einmal darzustellen, wie die Politik aussehen würde, wenn man die europäische Sicherheit mit der Wiedervereinigung verknüpfte. Das Memorandum verschwand dann auch im Panzerschrank. Die Verstimmung zwischen Brentano und mir ließ sich bald darauf durch eine gründliche und freundschaftliche Aussprache bereinigen.

Doch die Arbeit blieb keineswegs sinnlos. Auch das Auswärtige Amt stellte in einer Denkschrift fest, daß alles darauf schließen ließe, die amerikanische Außenpolitik würde noch im Jahre 1957 einer gründlichen Überprüfung unterzogen. Die Aufgabe der deutschen Außenpolitik bestand demnach darin, sich an dieser Überprüfung zu beteiligen, denn sie nur zu bekämpfen, mußte aussichtslos sein. Dafür reichten unsere Macht und unser Einfluß nicht aus. Die größte Gefahr bestand für uns darin, daß eine neue amerikanische Außenpolitik konzipiert wurde, ohne daß die Bundesregierung dazu ihre eigenen Ideen beisteuerte. Falls wir zu unbeweglich blieben, gingen wir das Risiko ein, daß ein Ausgleich zwischen den USA und der Sowjetunion zustande kam ohne Berücksichtigung der deutschen Interessen. Eisenhower, der ständig an die Erhaltung seiner Popularität dachte, verfolgte eine Politik des Ausgleichs mit der Sowjetunion, in erster Linie auf dem Gebiet der Abrüstung, um das sehr angespannte Budget der Vereinigten Staaten zu entlasten. Diese Lasten waren auch wirklich ungeheuer groß; ihre Verminderung konnte die Popularität des Präsidenten erheblich steigern.

Dazu kam, daß die Ereignisse in Ungarn und die Krise um den Suezkanal das Bild der internationalen Politik stark verändert hatten. Vor mir liegt der Entwurf eines Briefes von Adenauer an Eisenhower, den ich im Auftrag des Kanzlers anfertigte und der sich sehr eingehend mit den Veränderungen im Ostblock beschäftigt, die durch den Aufstand in Ungarn und den schwerwiegenden Vorgängen in Polen hervorgerufen worden waren. Ich weiß nicht mehr, ob dieser Brief abgeschickt wurde. Wie dem auch sei, sein Inhalt gibt interessante Aufschlüsse darüber, welche Gedanken den Kanzler damals bewegten. Besonders interessant ist, wie klar Adenauer schon damals die Entwicklung im osteuropäischen Raum voraussah. Er spürte, daß die Nationen bestrebt waren, sich in weitem Maße selbständig zu machen, d. h. aus der völligen Abhängigkeit von der Sowjetunion zu lösen. Diese Entwicklung ist, wie wir heute alle wissen, tatsächlich eingetreten, wenn auch noch Jahre darüber vergingen. Schon zu diesem Zeitpunkt erwog der Kanzler, engere Verbindungen zu den Satellitenstaaten durch Errichtung von Handelsmissionen aufzunehmen. Heute, nach Jahren, bestehen solche Handelsmissionen. Damals erschien die Zeit noch nicht reif dafür, doch die Konzeption dieser Politik geht schon auf das Jahr 1957 zurück.

Die weitsichtigen Vorstellungen Adenauers ließen sich besonders darum nicht in die Tat umsetzen, weil die Politik der Sowjetunion gegenüber der Bundesrepublik absolut starr blieb, während sie sich gegenüber den USA auflockerte. Im Kreml herrschte die Tendenz vor, zwar im eigenen Satellitenbereich die Zügel zu lockern, sie in der SBZ aber desto fester anzuziehen. Die Gedankengänge, die dieser Politik zu Grunde lagen, sind vom sowjetischen Standpunkt aus ziemlich einleuchtend. Man befürchtete in Moskau, daß eine Lockerung des Regimes in der Zone oder sogar die Aufgabe der sowjetischen Position in Deutschland das ganze Gebäude des Satellitensystems zum Einsturz bringen würde. Wenn die Sowjetunion gezwungen war, den osteuropäischen Völkern Konzessionen zu machen, so glaubte sie das nur tun zu können, wenn das System Ulbricht fest und unerschütterlich aufrechterhalten wurde. Eine »weiche Welle« im Inneren ihres Machtbereichs bedingte eine um so härtere Position in den Außenbezirken, also in Deutschland. Letztlich sind alle Bemühungen, die Frage der deutschen Einheit vorwärts und schließlich zu einer Lösung zu bringen, an dieser Haltung der Russen gescheitert. Bis zum heutigen Tage hat sich darin nichts Wesentliches geändert. Es lag mir in erster Linie daran aufzuzeigen, daß Adenauers Gedanken unablässig um neue Möglichkeiten kreisten, die Frage anzupacken, ohne die in der Bundesrepublik erreichte Sicherheit und Stabilität zu gefährden. Nach außen hin erschien er fast starrsinnig an seinen Deutschlandthesen festzuhalten, im inneren Kreise seiner Umgebung aber gab er vieles, was ihn bewegte, zur Diskussion frei.

Der schon zur Tradition gehörenden jährlichen Reise des Kanzlers nach Amerika kam aus den skizzierten Gründen 1957 ganz besondere Bedeutung zu. Im Mai flogen wir wieder über den Ozean. Das deutsch-amerikanische Verhältnis hatte unter den Stößen, denen es ausgesetzt war, gelitten. Jetzt galt es, die alte Intimität wiederherzustellen. Unter dem Datum vom 22. Mai lag dem Kanzler eine Analyse der vorherrschenden politischen Situation vor, in der er einen Tag später nach den USA abreiste. Darin heißt es u. a.:

1. Nachdem es den Vereinigten Staaten bis zu einem gewissen Grade gelungen war, die Folgen der Suezkrise durch eine energischere Nahostpolitik zu beheben und vor allem das alte Vertrauensverhältnis zu Großbritannien auf der Bermudakonferenz wieder herzustellen, konzentrierte sich die amerikanische Europapolitik zunächst darauf, die Zusammenarbeit mit den anderen NATO-Mächten zu stärken. Die NATO-Tagung wie auch der anschließende Besuch von Dulles in Paris dienten in erster Linie diesem Ziel. Die Reise Macmillans nach Bonn wurde von amerikanischer Seite in diesem Zusammenhang sehr begrüßt.
2. Seit der Konferenz auf den Bermudas zeichnet sich eine weitgehende Übernahme britischer Positionen im Fernen und Mittleren Osten durch die Amerikaner ab, die Großbritannien in die Lage versetzt, sich zur dritten Atommacht zu entwickeln.
3. Auch in England legt die englische Umrüstung den Vereinigten

Staaten erhöhte Verpflichtungen auf. Der deutsche Verteidigungsbeitrag erhält daher in amerikanischen Augen eine noch größere Bedeutung.

4. Die NATO ist nach wie vor das Hauptinstrument und das Kernstück der amerikanischen Europapolitik.

5. Die amerikanische Regierung sieht keine Anzeichen einer wirklichen Verständigungsbereitschaft der Sowjetunion über osteuropäische Fragen oder die Wiedervereinigung Deutschlands.

6. Ein gewisser Wandel in der amerikanischen Haltung gegenüber der Sowjetunion ist jedoch nicht zu verkennen:

a) Seit Ende April scheint die amerikanische Regierung bemüht, die Chancen für eine Entspannung – vor allem auf dem Gebiet der Abrüstung – optimistischer zu beurteilen. Sie läßt sogar die Möglichkeit einer Viererkonferenz offen, ohne deren Zustandekommen wie bisher von einer Reihe von Bedingungen (darunter Fortschritte in der Frage der Wiedervereinigung) abhängig zu machen.

b) Obgleich die Vereinigten Staaten den Abschluß eines Teilabkommens nicht mehr von gleichzeitigen Fortschritten in der Lösung politischer Fragen abhängig machen, ist anzunehmen, daß sie in engstem Einvernehmen mit ihren Verbündeten vorgehen und kaum eine Preisgabe der westlichen Positionen in Europa riskieren werden. Eine Entmilitarisierung der Bundesrepublik scheint jedenfalls in diesem Zusammenhang nicht erwogen zu werden.

c) Die Gefahr, daß die amerikanische Regierung – ohne dies zunächst zu beabsichtigen – durch den Abschluß eines regionalen Inspektionsabkommens in Europa eine politische Regelung präjudiziert und praktisch einem Sicherheitsabkommen auf der Basis der Teilung Deutschlands zustimmt, ist jedoch nicht zu leugnen. Bei einem geschickten Vorgehen der Sowjets kann ihr der weitere Verlauf derartiger Verhandlungen rasch aus der Hand gleiten. Es muß der amerikanischen Regierung und Öffentlichkeit daher immer wieder mit Nachdruck vor Augen geführt werden, daß jedes Aufgeben des inneren Zusammenhangs zwischen Abrüstung und Wiedervereinigung zu einer Preisgabe Europas und damit zu einer tödlichen Bedrohung der Vereinigten Staaten führen muß.

7. Die letzten russischen Versuche (Chruschtschows Interview in der New York Times, Äußerungen Bulganins), diese Tendenz in den Vereinigten Staaten auszunutzen, sind zunächst von amerikanischer Seite durchaus kühl aufgenommen worden. Die amerikanische

Regierung scheint bestrebt zu sein, etwaige Abmachungen auf das reine Abrüstungsgebiet zu beschränken und eine neue Atmosphäre des »wishful thinking« zu vermeiden. Trotzdem ist eine gewisse Ähnlichkeit mit der Situation vor zwei Jahren, als die Konferenz der Regierungschefs anfing, Gestalt zu gewinnen, nicht zu verkennen. Unbeschadet aller aus der Genfer Konferenz später resultierenden Enttäuschungen dürfte die amerikanische Öffentlichkeit weiterhin von dem Wunsch nach allgemeiner Entspannung beherrscht sein, der durch die Furcht vor einem Atomkrieg noch intensiviert wird.

8. Die Kosten der Atomrüstung stellen eine erhebliche Belastung der bereits gewisse inflationistische Tendenzen aufweisenden amerikanischen Wirtschaft dar.

Ich habe die Aufzeichnungen so ausführlich wiedergegeben, weil sie meine eigene Auffassung über die Lage, die uns in den USA erwartete, präzise zusammenstellt.

Wie man erkennt, waren zum Zeitpunkt der Reise bereits einige wesentliche Gefahrenmomente überwunden. Doch blieb die Tatsache bestehen, daß die amerikanische Politik einen direkten Zusammenhang zwischen Fortschritten in der Abrüstungsfrage und Fortschritten in der Wiedervereinigungsfrage aufgegeben hatte. Lange Zeit sprach man sowohl in Washington wie in Bonn davon, daß die Probleme »pari passu« behandelt werden müßten. Es gelang auch in den folgenden Jahren nicht, diesen direkten Zusammenhang wiederherzustellen. Ebensowenig gelangen allerdings auch echte Fortschritte in der Abrüstungsfrage. Erst das Atomteststop-Abkommen unserer Tage könnte vielleicht als ein kleiner Fortschritt gewertet werden. Die Sowjets widersetzten sich dem Gedanken der gegenseitigen Inspektion und blockierten damit bis zum heutigen Tage jeden echten Fortschritt in der Abrüstung.

Der Kanzler verlebte nach seiner Ankunft in den USA erstmals ein Wochenende auf dem Landsitz seines alten Freundes Heinemann. Von Greenwich aus starteten wir zu einem der merkwürdigsten Besuche, die ich je mit dem Kanzler gemacht habe. Eisenhower hatte ihn auf seine Farm in Gettysbourg eingeladen. Auf einem Flugplatz ohne Piste starteten wir in etwas ungewohnter Weise. Es handelte sich um zwei Kuriermaschinen, in die man nur von unten durch den Rumpf zu den Sitzen gelangen konnte. In der einen Maschine, die zuerst startete, saßen mein Kollege Jim Hagerty und ich, womit sie auch voll besetzt war. Nach uns hoppelte dann der Kanzler mit Dolmetscher Weber über die

Grasfläche. Der Kanzler war damals 81 Jahre alt, kletterte aber mit erstaunlicher Gelenkigkeit auf seinen Platz.

Auf dem kurzen Flug nach Gettysbourg hätten wir beinahe unser Leben gelassen. Ich saß hinter den beiden Piloten, und wir schaukelten durch einen Himmel, den hin und wieder Wolken bedeckten. Da die Luft ziemlich unruhig war, schnallte ich mich an, denn direkt über meinem Kopf hing an Gummischnüren ein Radio-Empfangsgerät. Plötzlich stellte der Pilot die Maschine auf eine Flügelspitze und schoß etwa 100 m in die Tiefe. Gleich darauf bemerkte ich den Grund dieses Manövers. Aus einer Wolke heraus sauste eine Privatmaschine wenige Meter an uns vorbei. »Sorry, Sir«, sagte der Pilot zuerst ganz ruhig, aber dann brach aus ihm eine solche Kaskade von Schimpfwörtern hervor, daß mein Englisch versagte. Auf jeden Fall war er auf die ungeordnet durch die Luft segelnden Privatmaschinen schlecht zu sprechen.

Der Flug dauerte nicht lange. Wieder hoppelten wir über eine Grasfläche, und dann sah ich eine kleine Autokolonne. Auf dem Behelfsflugplatz wartete der Sohn des Präsidenten, Major Eisenhower. Gottlob erschien dann auch die Maschine des Kanzlers und landete glatt. Meine Laune war etwas gedämpft, denn ich fand das ganze Unternehmen für einen 81 Jahre alten Regierungschef einigermaßen ungewöhnlich. Doch wie dem auch sei, in rascher Fahrt ging es zu Eisenhowers Farm, die sinnigerweise direkt auf dem berühmten Schlachtfeld von Gettysbourg liegt. Niemals in meinem Leben habe ich auf engem Raum eine solche Unzahl von Kriegerdenkmälern gesehen. Es gibt dort ganze Alleen davon. Eisenhowers Farmhaus ist ein hübscher Bau im Kolonialstil, innen sehr behaglich eingerichtet. Außer dem Dolmetscher war von deutscher Seite nur ich zugelassen.

Da es ein schöner Tag war, spazierten wir ein bißchen über die Farm, und der Präsident zeigte mit Stolz seine modernen landwirtschaftlichen Maschinen, die er mit der Zeit alle von treuen Bürgern geschenkt bekommen hatte. Außer dem Präsidenten waren seine Frau, allgemein »Mammi« genannt, sein Sohn und sein Leibarzt anwesend. Dazu – wie schon gesagt – mein Freund und Kollege Jim Hagerty, der das »Mädchen für alles« spielte. Dauernd erscholl Eisenhowers Ruf »Jim«, wenn er irgend etwas wollte. Während des Essens versuchte der Kanzler, ein politisches Gespräch in Gang zu bringen, doch der Versuch mißlang. Eisenhower plauderte über die Farmwirtschaft, über Hühner, Gemüse usw. Beim Kaffee in der Veranda waren die Herren allein – außer mir –, und wieder setzte der Kanzler an, über einige ihn bewegende Probleme, z. B. den Zustand der NATO, zu sprechen. Doch alles war vergebens. Der Präsident war nicht gesonnen, ohne Dulles über Politik zu sprechen.

Ich merkte, daß Adenauer anfing, nervös zu werden. Doch dann schleppte uns »Jim« wieder ins Freie, und dort waren unterdessen die deutschen Journalisten, die den Kanzler auf der Reise begleiteten, und dazu zahllose Fotografen eingetroffen. Eisenhower ließ seine Paradebullen vorführen. Dem Kanzler mißfielen diese Tiere, die nicht etwa wie unsere Zuchtstiere einen imposanten Eindruck machen, sondern gemästete »Kotelett-Bullen« sind; so fett, daß sie sich kaum fortbewegen können. Tausende von Fotos wurden gemacht. Mir selbst war es gelungen, die beiden Staatsmänner allein heimlich beim Kaffee in der Veranda zu knipsen, obwohl das nicht gestattet war. Bald nach der »Bullen-Szene« traten wir den Flug nach Washington an.

Adenauer zeigte sich enttäuscht. Er hatte sich vorgenommen, mit Eisenhower ein ernsthaftes politisches Gespräch zu führen. Daraus war nichts geworden. Ich versuchte, dem Kanzler klarzumachen, daß eine Einladung auf die Farm Eisenhowers eine besondere Ehrung darstelle, die nur wenigen Politikern bisher zuteil geworden sei. Doch besserte sich seine Laune erst im Laufe des Abends, den wir gemütlich bei Botschafter Krekeler verlebten. Der Kanzler zog eine bunte Weste von mir an, die ihm viele Nummern zu klein war, und fand sich selbst darin sehr »elegant«. Übrigens erzählte mir Hagerty, daß der englische Feldmarschall Montgomery einmal zu Besuch in Gettysbourg gewesen sei. Die beiden Militärs seien sich bei einem Gespräch über die Strategie dieser wichtigen Schlacht des amerikanischen Bürgerkrieges derartig in die Haare geraten, daß eine langandauernde Verstimmung zurückgeblieben sei. Soweit der »historische« Besuch in Gettysbourg. Ich hatte große Mühe, den Journalisten klarzumachen, daß man kein Wort über Politik gesprochen hatte.

An den folgenden drei Tagen wurde das allerdings anders. Der Kanzler kam zu einer ganzen Reihe von Gesprächen mit Dulles, teils unter vier Augen, teils im kleinen Kreise, zusammen. Allgemein kann man sagen, daß es Adenauer in weitem Maße gelang, die alte Intimität des amerikanisch-deutschen Verhältnisses wiederherzustellen. Vom Radfordplan wurde nicht mehr gesprochen. Die Verhandlungen kann man in sechs Punkten zusammenfassen:

1. Abrüstung im Zusammenhang mit deutscher Wiedervereinigung und europäischer Sicherheit (»neutralisierte Zone«? – Inspektionszone?)
2. NATO, europäische Verteidigung und Auswirkungen der britischen Entscheidung.
3. Stand der deutschen Wiederbewaffnung.

4. Europäische Integration; Unterstützung der römischen Verträge durch die Vereinigten Staaten bei den GATT-(Zoll)Verhandlungen.
5. Sowjetunion und Satellitenstaaten; Aufnahme von diplomatischen Beziehungen zu den Satellitenstaaten.
6. Deutsches Auslandsvermögen (auch Verkaufsauflagen für die deutsche Industrie und den Stinnes-Komplex).

Wie man aus dieser Agenda ersieht, gab es »heiße Eisen« genug für die Diskussion mit Dulles. Der erste Punkt enthielt das ganze Problem der britischen Politik, die damals große Sympathie für die Idee einer »neutralisierten Zone« einschließlich entsprechender Inspektionen hegte. Diese Gedankengänge wurden durch die britische Presse stark popularisiert. Die Politik der britischen Regierung ging auf Beschränkung der Risiken in Mitteleuropa und vor allem auch auf eine Einschränkung im Budget und Verbesserungen der Zahlungsbilanz aus. Die Rheinarmee kostete harte D-Mark, und die von uns geleisteten Stationierungskosten reichten nicht zum Ausgleich. Mit Rüstungskäufen haperte es damals wie heute aus waffentechnischen Gründen. Aus dieser Situation heraus ließ sich eine gewisse Verschlechterung des deutsch-englischen Verhältnisses nicht vermeiden. In vielen Gesprächen habe ich Adenauer aber immer wieder daran erinnert, daß die anglo-amerikanische Solidarität eigentlich die einzige Konstante der westlichen Politik sei und der Weg zum Herzen der Amerikaner weitgehend über London führe. Durch diese Ansichten geriet ich oft für lange Zeit in den Geruch der »Anglophilie«. Das hat mir allerdings wenig ausgemacht. In seinen Gesprächen mit Dulles enthielt sich Adenauer aber während dieser Reise aller antibritischen Äußerungen. Punkt 3 dieser Agenda war für uns eine heikle Angelegenheit. Man zeigte in Washington Ungeduld über den langsamen Aufbau der Bundeswehr und wenig Verständnis dafür, daß es nicht leicht ist, aus dem Nichts eine Armee zu schaffen. Der neue Verteidigungsminister Strauß hatte aber das einzig Richtige getan, als er unseren Verbündeten endlich realistische Daten für den Aufbau der Armee übermittelte. In der Frage des deutschen Vermögens in den USA konnten keine Fortschritte erzielt werden.

Recht interessant ist auch ein Auszug aus der Pressekonferenz des Außenministers Dulles vom 29. Mai 1957 in Washington, also nach Beendigung unseres Besuches. Auch das Wesentliche der Pressekonferenz Adenauers ist aus diesem Frage- und Antwortspiel ersichtlich:

Frage: »Herr Außenminister, um zu einer Frage zu kommen, die Sie meines Wissens wohl als eine Grundsatzfrage der Politik ansprechen würden: Ihnen sind jetzt die Ansichten des Kanzlers Adenauer über die

Abrüstungsverhandlungen bekannt. Der Kanzler sagte gestern auf einer Pressekonferenz, daß er der Meinung sei, deutsches Territorium sollte bei einem Abrüstungsabkommen der ersten Phase nicht einbezogen werden. Ist es Ihre Ansicht, daß jegliches Abrüstungsabkommen der ersten Phase, welches wir bei den Londoner Gesprächen vorschlagen könnten, keine Anwendung auf deutsches Territorium finden würde?«

Antwort: »Sie würden keine Anwendung auf deutsches Territorium finden, ausgenommen in dem Umfang und in dem Grade, in welchem die Bundesrepublik wünschte, daß sie eine Anwendung auf deutsches Territorium finden sollten. Sie mögen sich erinnern, daß ich auf meiner letzten Pressekonferenz – ich glaube vor zwei Wochen – von der Tatsache gesprochen habe, daß die Ausdehnung der ersten Phase auf Europa meines Erachtens sehr große politische Schwierigkeiten mit sich bringen würde. Und ich glaube, daß das, was Kanzler Adenauer gesagt hat, den Gedanken bekräftigt, den ich damals ausgesprochen habe. Ich bin der Meinung, daß der wesentlichste Punkt bei diesem Abrüstungsproblem der ist, irgendwo und irgendwie so schnell wie möglich einen Anfang zu machen, und daß es, falls wir dies nicht fertigbringen, sehr schwierig sein wird, die Flutwelle der ständig steigenden militärischen Rüstungen aufzuhalten und dem Rüstungswettrennen Einhalt zu gebieten. Der wesentliche Punkt ist, in einer anderen Richtung in Gang zu kommen. Und ich persönlich glaube, daß der Umfang eines ersten Anfangs weniger wichtig ist als die Tatsache, überhaupt einen ersten Anfang zu machen, und daß wir deshalb versuchen sollten, dort zu beginnen, wo es am wenigsten politische Komplikationen gibt.

In dieser Hinsicht hat Stassen ein sehr beträchtliches Maß an Beweglichkeit erhalten, und ob der erste Schritt Westeuropa einschließt oder nicht, wird in der Hauptsache von den westeuropäischen Ländern selbst abhängen. Sie haben bereits die Ansichten des Bundeskanzlers hierzu gehört. Zweifellos werden andere westeuropäische Länder ihre eigene Meinung dazu haben. Es ist weder der Wunsch noch die Absicht der USA zu versuchen, ihre Ansichten den westeuropäischen Staaten aufzudrängen.«

Frage: »Herr Außenminister, war Ihr Eindruck von Ihren privaten Gesprächen mit dem Kanzler – vor dessen öffentlichen Bemerkungen gestern –, daß seine Ansicht über die Einbeziehung Deutschlands in ein erstes Stadium seines Luftinspektionsplanes genauso unbedingt negativ war, wie es gestern in seinen öffentlichen Bemerkungen den Anschein hatte? Sie sagten vorhin, daß Sie ein solches Abkommen nicht ausschlössen, obwohl es, wie Sie sagten, schwieriger wäre. *Er* schien es absolut von jedem ersten Schritt auszuschließen.«

Antwort: »Nun, ich möchte nicht versuchen, in irgendeiner Weise irgend etwas, was der Kanzler sagte, einzuschränken oder abzuschwächen. Er sprach klar und als Autorität, und was wir privat gesprochen haben, sollte, so denke ich, nicht herangezogen werden, um in irgendeiner Weise das zu schmälern, was er öffentlich zu diesem Thema gesagt hat.«

Nach unserer Rückkehr nach Bonn blieben gerade noch vier Monate bis zum Tag der Bundestagswahlen. Dazwischen lagen auch noch die Sommerferien, die aber für einige – z. B. mich – ganz, für andere Politiker zum Teil ausfielen. Die im März unterzeichneten Verträge über die Europäische Wirtschaftsgemeinschaft und Euratom mußten in mühseliger Arbeit durch zahlreiche Ausschüsse des Bundestages gebracht, gleichzeitig aber auch als der bedeutendste Fortschritt, den sie für die Einigung Europas darstellten, in das Bewußtsein der Wähler gehämmert werden. Die Opposition verurteilte diese Verträge als »kleineuropäisch«. Ich selbst hätte es ebenfalls sehr gern gesehen, wenn Großbritannien mit dabei gewesen wäre, doch – und das wird immer wieder bis heute vergessen – England hatte es abgelehnt, sich an den Verhandlungen zu beteiligen. Freunde in London hatten mir in schöner Offenheit die Gründe für diese Haltung mitgeteilt. Erstens fehle es immer noch an kontinentaleuropäischem Denken des Durchschnitts-Engländers, zweitens sei man überzeugt, daß diese Verträge ebenso wenig ratifiziert würden wie die gescheiterte Verteidigungsgemeinschaft. Doch diesmal täuschte man sich in London. Die Verträge wurden noch im Juli 1957 mit großer Mehrheit im Bundestag angenommen. Die anderen Staaten – und diesmal auch Frankreich – folgten.

So gab es für den Wahlkampf ausreichend »Munition«. Die Regierung hatte wirklich einiges vorzuweisen:

Das atlantische Bündnis schien wieder gestärkt.

Die Harmonie mit den USA konnte zurückgewonnen werden.

Die Saar gehörte wieder zu Deutschland.

Die Rentenreform half den bisher zu kurz Gekommenen.

Dieses waren die wichtigsten Punkte, mit denen der Wahlkampf bestritten werden, der Kanzler von Kundgebung zu Kundgebung eilen konnte. Meine eigene »Kampftruppe« bestand im wesentlichen aus den gleichen Mitarbeitern. Alles lief wie am Schnürchen. In den ersten Morgenstunden des 16. September 1957 konnte ich dem Kanzler melden: Die CDU/CSU hat – wenn auch knapp – die absolute Mehrheit in den Bundestagswahlen errungen!

Konrad Adenauer stand auf dem Gipfel seiner politischen Laufbahn!

Reisen und Begegnungen

Ich habe den Eindruck, den Leser in den letzten Kapiteln mit reichlich viel Politik beschäftigt zu haben. Darum ist es vielleicht angezeigt, ein Kapitel einzufügen, das mehr die bunten Seiten des politischen und gesellschaftlichen Lebens behandelt, an dem ich durch meine Stellung teilzunehmen hatte. Das soll nicht heißen, daß die zahlreichen Staatsbesuche des Bundespräsidenten Theodor Heuss und die noch größere Anzahl des Kanzlers Adenauer nicht auch politischen Zwecken dienten. Staatsbesuche umgeben aber solche politischen Zielsetzungen mit einem buntschillernden äußeren Geschehen, das sich zu betrachten wohl lohnt. Ich muß in diesen Kapiteln zeitlich sowohl rückwärts als auch vorwärts greifen, um später den Gang der politischen Ereignisse nicht durch Beschreibungen von Äußerlichkeiten allzu häufig zu unterbrechen. Von unserer großen Reise nach Griechenland und der Türkei und von mehreren Reisen in die Vereinigten Staaten habe ich schon berichtet, denn diese Reisen waren vorwiegend politisch bedingt.

Besuch beim Schah-in-Schah

Vom 25. bis 27. März 1957 fanden die Schlußkonferenz und die Unterzeichnung des Vertrages über die Europäische Wirtschaftsgemeinschaft (EWG) in Rom statt. Es waren zwei sehr anstrengende, doch politisch äußerst befriedigende Tage. Über das Zustandekommen dieses für die Einigung Europas so bedeutungsvollen Vertragswerkes könnte man einen gesonderten Band schreiben, wollte man auf die Einzelheiten, auf die Überwindung der zahllosen Schwierigkeiten näher eingehen. Rückblickend beginnt vom Datum der Unterzeichnung der Verträge, oder genauer gesagt: von der späteren Ratifizierung der Verträge durch die sechs beteiligten europäischen Staaten an, ein neues Kapitel der europäischen Wirtschaftsgeschichte.

Von Rom aus flogen wir direkt nach Teheran weiter. Der Bundeskanzler erwiderte mit dieser Reise einen Staatsbesuch des iranischen Kaiserpaares, der 1955 in Bonn stattgefunden hatte. Man kannte sich also schon. Damals beim Besuch in Bonn stellte eine besonders geartete

Pressekonferenz eine gute persönliche Verbindung zwischen dem Schah, der Kaiserin Soraya, meiner Frau und mir her.

Da es das Hofzeremoniell dem Schah nicht gestattet, zu den Journalisten zu gehen, um eine Pressekonferenz abzuhalten, mußten die Journalisten zu ihm kommen. Dieses Problem wurde so gelöst, daß der Schah und die Kaiserin eine Einladung von mir zum Pressetee im Hotel auf dem Petersberg annahmen, wo die Majestäten während ihres Staatsbesuches wohnten.

An vielen kleinen Tischen saßen die in- und ausländischen Korrespondenten. Meine Frau und ich holten das Kaiserpaar in seinen Gemächern ab, und dann nahmen wir an einem runden Tisch zu viert Platz. Zuerst wurden Tee und Kaffee serviert. Dabei ergab sich die Gelegenheit zu einem ausführlichen Gespräch zwischen dem Schah und mir, während meine Frau mit der Kaiserin Soraya Konversation machte.

Ich lernte in dem Herrscher Persiens einen Mann kennen, der über die Probleme der internationalen Politik vorzüglich informiert war. Mit großem Freimut erörterten wir den weitgespannten Komplex der West-Ost-Spannungen, deren Entwicklung für den Iran von lebenswichtiger Bedeutung war und auch heute noch ist. In den ersten Jahren nach dem Kriege konnte von den westlichen Mächten nur mit großer Mühe und unter Anwendung von erheblichem Druck erreicht werden, daß die Sowjetarmeen aus den Teilen Persiens, die sie während des Krieges aus strategischen Gründen und mit Zustimmung der Westmächte besetzt hatten, abzogen. Es liegt auf der Hand, daß die Sowjetunion diesen Schritt sehr ungern unternahm, denn sie mußte befürchten, daß sich der Iran, von dem Druck der bolschewistischen Armee befreit, sehr schnell dem westlichen Lager nähern würde. Und so geschah es auch.

Der Schah, dessen politische und wirtschaftliche Interessen nach Westen ausgerichtet waren, führte sein Land in kurzer Zeit in das Lager derjenigen Mächte, die für den Absatz des persischen Öls von lebenswichtiger Bedeutung sind.

Wir sprachen an diesem Nachmittag auf dem Petersberg über diese sehr komplizierten Aspekte der »Ölpolitik«, ein Thema, das die politischen Realisten nicht weniger beschäftigt als die Verfasser von romanhaft gefärbten Darstellungen dieser schwer durchschaubaren politischen und wirtschaftlichen Vorgänge. Der Schah äußerte seine Ansicht klar und präzise, unser Gespräch stockte keinen Augenblick. Meiner Frau dagegen oblag eine etwas schwierigere Aufgabe. Das Protokoll sah vor, daß auch die Kaiserin auf Fragen der Journalisten antworten sollte. Soraya zeigte sich sehr nervös und äußerst gehemmt. Meine Frau versuchte sie abzulenken, und ich höre sie noch in ihrem leicht hamburgischen Tonfall sagen: »Majestät, nun trinken Sie erst mal eine Tasse Kaffee. Es geht alles vorüber.« Es ging dann nicht nur alles vorüber, sondern es ging sogar recht gut, denn der Schah absolvierte die Pressekonferenz mit großer Sicherheit, und auch die Kaiserin kam über die Fragen der Journalisten leidlich hinweg, nicht zuletzt dadurch, daß ihr hoher Gemahl ihr einige Male sehr gut assistierte.

Am 28. März 1957 trafen wir also – leider ohne unsere Frauen – auf dem Flugplatz in Teheran ein. Die wesentlich schnelleren Düsenmaschinen gab es damals noch nicht, und so brauchten wir für die nicht einmal allzu weite Strecke eine ganze Nacht.

Der Ministerpräsident und eine große Zahl von Ministern und Hofbeamten schüttelten uns die Hände und machten freundliche Gesichter. Schließlich hatten sie die Nacht in ihrem Bett geschlafen. Nach dem üblichen Begrüßungszeremoniell mit Ehrenkompanie und Nationalhymnen ging es in die Stadt. Der Kanzler wohnte mit seiner Tochter Frau Werhan und seinem Sohn Konrad im Palais des Ministerpräsidenten, wir anderen im Hotel »Plaza«. Hier sei es erlaubt, eine Bemerkung einzufügen, die für alle Staatsbesuche gilt. Natürlich ist es das Bestreben des Gastgebers, seinen Gast besonders dadurch zu ehren, daß er ihn nicht in einem der üblichen Hotels, sondern in einem Schloß oder einem ähnlichen repräsentativen Gebäude unterbringt. Da dort aber beinahe niemals Platz für die begleitende Delegation vorhanden ist, werden der Chef und seine Mitarbeiter räumlich getrennt. So entsteht ein ständiges Hin- und Hergefahre. Wenn es sich dabei um einen politisch wichtigen Besuch handelt, d. h. wenn politische Verhandlungen auf dem Programm stehen, so gestaltet sich die Lage noch komplizierter, denn trotz zahlloser telefonischer Anrufe sind die einzelnen Delegationsmitglieder niemals dann zur Stelle, wenn der Chef sie braucht. Alle Versuche der Protokollchefs, diesen Zustand zu ändern oder abzumildern, sind bis heute gescheitert. Der Gast muß geehrt werden, alles andere hat sich dieser Absicht unterzuordnen. In Teheran wickelte sich das Programm allerdings ziemlich bequem ab, da die verschiedenen Palais und Hotels dicht beieinander liegen.

Am Abend des ersten Besuchstages speisten wir im kleinen Kreis bei dem Herrscherpaar im Privatpalais. Der Kreis der Geladenen bestand aus etwa 20 Personen. Das Essen verlief beinahe »gemütlich«, denn der Schah und der Kanzler zeigten sich in bester Laune, und das Menü machte den Köchen alle Ehre. Wer den Kaviar liebt, der reise nach Persien oder in die Türkei. Unbestreitbar ist die Sowjetunion eine Weltmacht, aber mit dem persischen und türkischen Kaviar kann der russische nicht konkurrieren. Zum Leidwesen der Volkswirtschaft dieser beiden Staaten dürfen sie auf Grund eines Vertrages mit der Sowjetunion Kaviar nicht exportieren. Das ist aber auch der Grund, warum er im Lande selbst so vorzüglich ist, denn er braucht nicht für den Export stark gesalzen zu werden. Großkörnig, grau und milde erfreut er den Liebhaber dieser Delikatesse.

Während des Essens dolmetschte Kaiserin Soraya häufig zwischen dem Kanzler und dem Schah, der sich der englischen Sprache bediente, und zwar über ziemlich komplizierte politische und wirtschaftliche Fragen. Die Kaiserin entledigte sich dieser nicht einfachen Aufgabe mit großem Geschick. Sie selbst wirkte in Teheran überhaupt viel gelöster und liebenswürdiger als in Bonn. Man hatte das Gefühl, daß das Herrscherpaar in sehr guter Ehe miteinander lebte, daß eine aufrichtige Liebe diese beiden jungen, gutaussehenden Menschen miteinander verband; von der Tragödie, die einige Jahre später die Ehe sprengte, war zu diesem Zeitpunkt noch nichts zu spüren. Niemand, der an dieser festlichen Tafel einen Platz hatte, konnte sich vorstellen, daß die schöne Soraya, blendend angezogen und unschätzbar wertvollen Schmuck tragend, verstoßen werden würde, weil sie dem Land keinen Thronerben schenken konnte. Niemand konnte den Gedanken fassen, daß diese junge Frau ruhelos durch die Hauptstädte der Welt getrieben werden würde, um schließlich beim Film zu landen.

Eine bestimmte Boulevardpresse bemächtigte sich dieses unseligen Schicksals und lebte Jahre hindurch von immer neuen Soraya-Stories, die auch vor den intimsten Familienvorgängen nicht haltmachten. Beim Anblick der Bilder und Sensationsfotos mußte ich natürlich später an diese Tage in Teheran denken. Mit einem Knaben von vielleicht nur sechs Pfund hätte Sorayas Lebensweg einen schönen und glanzvollen Fortgang nehmen können. Aber der Himmel versagte ihr dieses Geschenk und warf sie mitten in eine Gesellschaft harter Business-Leute der internationalen Filmindustrie. Diesen Menschen konnte sie nicht gewachsen sein. Doch an diesem Abend in Teheran saß sie an der Seite ihres sympathischen Gatten, jung und glücklich.

Das Sprichwort »Man soll den Tag nicht vor dem Abend loben« erwies sich eine Stunde nach dem Essen als richtig. Das Protokoll sah den »Austausch von Geschenken« vor. Und da passierte das Unglück. Der Schah präsentierte dem Kanzler – und auch uns – einige sehr schöne, wertvolle Geschenke: Teppiche, kostbare Einlegearbeiten aus Holz und Elfenbein und ähnliches mehr. Ich selbst bekam einen wirklich schönen, sehr fein geknüpften Teppich. Daraufhin wandte man sich den Geschenken zu, die der Kanzler mitgebracht hatte. Auf einem Tisch standen eine Schale und zwei zweiarmige Leuchter aus einer respektablen deutschen Porzellanmanufaktur. Man findet heute Stücke dieser Art in jedem besseren Haushaltsgeschäft.

Niemals werde ich das Gesicht des Kanzlers vergessen, als er diese bescheidenen Gaben betrachtete. Wegen der Romreise, den letzten Verhandlungen vor Abschluß der römischen Verträge, hatte es ihm an Zeit gefehlt, sich – wie sonst üblich – selbst um die Geschenke zu kümmern. Der Kanzler wurde bleich. Er sagte nichts, als er auf diese recht armseligen Dinge mit einer Handbewegung hinwies. Doch ein Unglück kommt selten allein. Eine Musiktruhe, die dem persischen Ministerpräsidenten zugedacht war, weigerte sich, auch nur den leisesten Ton von sich zu geben, obwohl alle Welt sich bemühte, sie durch Drücken auf die zahllosen Knöpfe zum Erklingen zu bringen. Es entstand eine peinliche Pause. Ich selbst fühlte, daß nun irgend etwas geschehen mußte, setzte das Gesicht eines Kenners auf, ging auf die Truhe zu und drückte energisch auf irgendeinen Knopf. Der Himmel hatte ein Einsehen. Nach einigem Brummen und Quieken erscholl wirklich Musik aus der ansehnlichen Truhe.

Gleich nach dieser Szene verabschiedete sich der Kanzler, und wir begleiteten ihn in sein Palais. Er ließ die Tür des großen Salons, in dem wir versammelt waren, schließen, und dann brach das Unwetter los. Ich habe Konrad Adenauer selten wütend gesehen. Er zeigt seine Erregung niemals dann, wenn es um wirklich ernsthafte Dinge geht. Meistens beruhigt er dann seine aufgeregte Umgebung und ordnet die kompliziertesten Tatbestände mit seiner einmaligen Gabe, das Wesentliche zu erfassen. Doch jetzt ging ein Donnerwetter auf das Protokoll des Auswärtigen Amtes und, da er gerade so schön im Zuge war, auf jeden einzelnen seiner Begleiter nieder. Schließlich verabschiedete er sich und erklärte, es sei nun Aufgabe jedes einzelnen, darüber nachzudenken, wie man diese peinliche Situation reparieren könne. Mich selbst ging das Ganze eigentlich gar nichts an, denn das Bundespresseamt ist für Staatsgeschenke nicht zuständig. Doch ich verlebte einige unruhige Nachtstunden, bis mir etwas einfiel.

Am nächsten Morgen suchte ich den Kanzler schon zum ersten Frühstück auf. Nach der Begrüßung, die äußerst gemessen ausfiel, erklärte ich ihm: »Mir ist etwas eingefallen, Herr Bundeskanzler.« Mißgelaunt brummte Adenauer: »Ein seltener Vorgang.« Doch ich ließ mich nicht beirren. Ich erzählte dem Kanzler, daß der Schah und die Kaiserin große Pferdeliebhaber seien und, wenn möglich, täglich gemeinsam ausritten. »Wie wäre es«, so meinte ich, »wenn Sie dem Kaiser heute sagen würden, es sei Ihnen leider nicht möglich gewesen, die hannoverschen Reitpferde, die ihm zugedacht seien, in der Reisemaschine gleich mitzubringen. Sie seien überzeugt, die Pferde, die durch ein geeignetes Transportmittel nach Teheran kämen, würden den Majestäten gefallen.« Die Laune des Kanzlers hob sich sichtbar. Er dachte eine Weile nach und meinte dann: »Die Idee ist gar nicht so dumm.«

Ich selbst ahnte damals nicht, welches Ungemach man sich selbst durch »gute Ideen« zuziehen kann. Adenauer beauftragte mich nämlich, sofort nach der Rückkehr zwei erstklassige Reitpferde zu beschaffen und für den Transport nach Teheran zu sorgen. Ich will das Ende der Geschichte vorwegnehmen; der Kauf der Pferde war verhältnismäßig einfach, denn das niedersächsische Landwirtschaftsministerium unterstützte den Ankauf einer Stute und eines Wallachs, die erstklassig zugeritten waren. Doch, wie transportiert man Pferde in eine Stadt, die weder über eine Eisenbahn- noch eine Schiffsverbindung verfügt? Nach endlosem Hin und Her gelang es schließlich, die amerikanische Armee so weit zu bringen, die kostbaren Tiere in einer Transportmaschine nach Teheran zu fliegen. Einer der besten Bereiter des Staatsgestüts Celle führte dem Kaiserpaar dann die Pferde in allen Gangarten vor, und der Zwischenfall schien aufs beste beigelegt. Doch später erfuhr ich, daß auch dieses Geschenk nur als ein zweifelhafter Erfolg anzusehen war, denn in Persien reitet der Mann, der auf sich hält, nur einen Hengst, niemals einen Wallach. Dieser Mangel ließ sich nun leider nicht beheben.

Doch zurück zu unserem Besuch. Es folgten interessante Tage, Besichtigungen über Besichtigungen, unter denen die des Kronschatzes in der persischen Staatsbank für materielle Gemüter am eindrucksvollsten war. Wir wurden in die Kellergewölbe der Bank geführt, in denen nicht nur die Krone des Kaisers und die edelsteinbesetzten Insignien seiner Macht in Vitrinen aufbewahrt sind, sondern Schalen, ja ganze Fässer voll von Edelsteinen zu sehen sind. Es gibt dort Gefäße, bis an den Rand gefüllt mit Rubinen oder Smaragden, Gefäße von einer Größe, daß man bis zu den Ellbogen in dieser Pracht hätte wühlen können, wenn nicht ein kugelsicheres Glas davon abgehalten hätte. Eine solche Überfülle von Kostbarkeiten hat auf mich selbst eher eine deprimierende als beglückende Wirkung. Ein Rubin, zehn Rubine, 20 Smaragde – gut. Dagegen ist nichts zu sagen. Aber was macht man mit Fässern voll Rubinen, Smaragden, Saphiren und Tonnen voller Perlen?

Nun, dieser sinnlos erscheinende Reichtum hat in Persien doch seinen Sinn. Der Kronschatz stellt die Basis der iranischen Währung dar, denn sein Wert wird auf etwa 200 Millionen Dollar geschätzt. Diese glänzende Pracht in den Bankgewölben sichert dem persischen Geld eine bemerkenswerte Stabilität.

Selbstverständlich sammelte der Bundeskanzler an der Universität von Teheran einen neuen Doktorhut ein und hielt eine für diese Zeremonie passende Rede.

Am Sonntag, 31. März, begaben wir uns auf eine kurze Reise nach Schiras und Isfahan. Wir besichtigten Persepolis, übernachteten dort und sahen dann die Moscheen und Schlösser der alten Königsstadt Isfahan.

Es ist nicht zu leugnen, daß die Stadt Teheran dem Besucher nicht allzuviel bietet; wer wirklich etwas von Persien sehen will, muß ins Innere des Landes, vor allem nach Isfahan. Die in ihrer Einfachheit eindrucksvollen Schlösser, die um einen weiten Schloßplatz gruppiert sind, geben einen Eindruck davon, was Persien in seiner jahrhundertealten Geschichte wirklich bedeutete. Es lebt dort auch ein ganz anderer Menschentyp. Nach der Bevölkerung von Teheran hat die Zivilisation in weitem Maße gegriffen; arm und reich leben hier getrennt voneinander, und wer Geld hat, besitzt eben auch Autos, Kühlschränke und deutsche Musiktruhen. Jedoch in Isfahan leben die Menschen noch heute nicht viel anders als vor Hunderten von Jahren.

Als der Kanzler auf einer großen Balustrade des Schlosses erschien, jubelten ihm mit viel Geschrei und lebhaften Gesten die Menschen zu, die sich dort versammelt hatten, um den alten Mann aus Deutschland zu sehen, von dem einige wohl schon da und dort etwas gehört hatten.

Am nächsten Tag kehrten wir nach Teheran zurück. Mit einem glanzvollen Staatsbankett im Marmorpalast fand der Besuch seinen offiziellen Abschluß. Einige hundert Gäste boten ein farbenprächtiges Bild, denn auch das ganze Diplomatische Korps war für diesen Abend geladen worden. Hier und auch bei anderer Gelegenheit während der Reise galt meine besondere Bewunderung den Fotografen. Um es ehrlich zu sagen: Die Fotoreporter, die überall dort auftauchten, wo es etwas zu sehen gibt, sind für die Politiker nicht immer eine reine Freude. Das gleiche gilt in verstärktem Maße für die Film- und Fernsehkameras, die mit ihren Apparaturen, Kabeln und Lampen auch das eleganteste gesellschaftliche Bild zu zerstören mühelos in der Lage sind. Doch in Persien mußte ich diese Männer bewundern, denn in allen kaiserlichen Palästen bestehen die Wände mehr oder weniger aus Spiegeln, manchmal sogar aus ganz kleinen Spiegelfacetten. Wie man nun mit Blitzlicht fotografieren oder mit Scheinwerfern Fernsehaufnahmen machen kann, wenn man von allen Seiten mit Spiegeln umgeben ist, bleibt mir ein Rätsel.

Wie die Filme zeigten, die wir nachher zu sehen bekamen, ist es technisch auch möglich, unter solchen Bedingungen erstklassige Aufnahmen zu machen. In der Zeit, als ich selbst noch Reportagen und dazu passende

Fotos machte, brauchte ich mit solchen Schwierigkeiten nicht zu kämpfen. Ich hätte sie bestimmt auch nie gemeistert.

Am Dienstag, 2. April, morgens um 9 Uhr 30, verließen wir in unserer Lufthansa-Maschine Teheran. Das Programm sah vor, daß wir zur Mittagsstunde in Istanbul landen, dort ein Mittagessen einnehmen und die Stadt besichtigen sollten, um dann nach Bonn zurückzufliegen. Bis Istanbul verlief auch alles planmäßig. Doch in der Stadt am Bosporus erreichte den Kanzler die Nachricht, daß ihn der italienische Ministerpräsident Segni sehr dringend zu sprechen wünsche. Segni schlug vor, daß der Kanzler auf dem Rückflug in Rom Station machen und von dort aus den Heimflug antreten sollte. Adenauer entschloß sich, dem Wunsch Segnis nachzukommen und das Programm in Istanbul entsprechend zu kürzen. Und so verließen wir die Türkei schon am Nachmittag und waren um sechs Uhr abends in Rom. Dort fand eine Besprechung zwischen Segni und Adenauer statt, die – wenn ich mich recht entsinne – einige Schwierigkeiten beseitigte, die mit der Ratifizierung der römischen Verträge zusammenhingen. Wir speisten in der Villa Madama zu Abend und flogen dann nach Bonn.

Es mag auf die junge Generation nicht mehr erstaunlich wirken, aber mich verwirrt es noch heute, wenn ich mir vorstelle, daß ich an einem einzigen Tage in Teheran frühstücke, in Istanbul zu Mittag esse, in Rom ein festliches Diner einnehme und trotzdem abends um 11 Uhr in meinem eigenen Bett in Honnef bei Bonn liege. Ich glaube nicht, daß eine solche Überfülle äußerer Eindrücke der Seele des Menschen wirklich bekömmlich ist.

In England

In den vorangegangenen Kapiteln habe ich schon einige Male von Besuchen in London gesprochen. Es würde mir viel Mühe machen, aus Akten und Aufzeichnungen zusammenzusuchen, wie oft ich während meiner Dienstzeit als Bundespressechef in England war. Einige Male begleitete ich den Bundeskanzler, ein- oder auch zweimal im Jahr reiste ich mit einigen Herren meines Amtes nach London, um mit meinen britischen Kollegen und deren Mitarbeitern über gemeinsame Fragen der westlichen Informationspolitik zu sprechen und einzelne Vereinbarungen zu schließen, und schließlich habe ich den verstorbenen Bundespräsidenten Professor Theodor Heuss auf seinem Staatsbesuch bei Königin Elisabeth von England begleitet.

Im allgemeinen möchte ich vorweg sagen, daß ich mich in London stets überaus wohl gefühlt habe. Das ausgeglichene Temperament der Engländer, die weder zu überschwenglicher Zuneigung noch zu gefühlsmäßig bedingter Abneigung tendieren, liegt mir sehr. Wir hatten mit den Engländern sowohl in ihrem eigenen Land wie auch in Bonn häufig recht harte politische Auseinandersetzungen, doch die englischen Politiker und ihre führenden Staatsmänner besitzen ein Gefühl für Fairneß und zudem die angenehme Eigenschaft, politische Gegensätzlichkeiten nicht auf die persönlichen Verbindungen zu übertragen.

Über die Persönlichkeit Sir Winston Churchills habe ich bereits anläßlich der Konferenz in London, bei der die Aufnahme der Bundesrepublik in die NATO beschlossen wurde, gesprochen und geschildert, wie sich der große alte Mann besonders dem Bundeskanzler gegenüber verhielt. Während ich diese Zeilen schreibe, werden die Vorbereitungen getroffen, um Winston Churchill ein Staatsbegräbnis zu bereiten. Nach seinem Rücktritt als Premierminister habe ich ihn nur noch einmal gesehen. Wie man heute weiß, veranlaßte ein Schlaganfall Winston Churchill, sein Amt abzugeben und in die Hände seines engsten Mitarbeiters, Anthony Eden, zu legen. Adenauer wollte trotz dieses Wechsels nicht versäumen, Sir Winston einen Besuch in seinem Privathaus Hyde Park Gate zu machen. Ich sehe noch heute Winston Churchill im Türrahmen seines Hauses stehen und den Bundeskanzler begrüßen. Er stützte sich auf einen Stock und erschien uns sehr gealtert. Seine Gestalt war gebeugt, die Schultern runder geworden, nur in seinen Augen lebte noch das alte Feuer. Niemand hätte gedacht, daß dieser große alte Mann noch fünf Jahre leben, daß sich nach einem schweren Gehirnschlag sein Herz zehn Tage und zehn Nächte lang gegen das Sterben sträuben würde. Er begrüßte Adenauer herzlich, begleitete ihn durch die Tür, und ich sah ihn nach einem Glas Brandy-Soda greifen, das hinter dem Türflügel auf einem Tisch stand. Mit einer herzlichen Gebärde hängte er sich beim Bundeskanzler ein, ergriff mit der linken Hand das Glas, und so marschierten die beiden Männer, die im Alter nur ein Jahr auseinander waren, ins Arbeitszimmer. Ich ließ die Herren allein, und ich weiß nicht, was sie bei diesem Zusammentreffen miteinander gesprochen haben. Es war nur ein kurzer Besuch, denn Sir Winston mußte geschont werden. Doch als sie das Arbeitszimmer verließen, zeigten sie die Mienen von zwei äußerst vergnügten alten Herren. Mit einiger Phantasie hätte man sich vorstellen können, daß sie im geheimen irgendeine kleine Teufelei ausgeheckt hätten.

Bei einem unserer früheren Besuche in London fand ein Gespräch statt, das in seiner Art wohl einmalig war. Winston Churchill war noch Premierminister, aber durch den Schlaganfall, von dem man erst viel später erfuhr, in seiner Arbeitskraft sehr eingeengt. Doch, wie es so geht, der große alte Mann wollte sich von seinem Amt nicht trennen.

Der Kanzler stand nach einem Essen mit Anthony Eden, Churchills Schwiegersohn, Verteidigungsminister Duncan Sandys, und mir beisammen. Da sagte Eden plötzlich: »Herr Bundeskanzler, vielleicht können Sie uns helfen. Könnten Sie nicht dem Premierminister sagen, daß es nun langsam für ihn Zeit wäre, von seinem Amt zurückzutreten und sich der wohlverdienten Muße hinzugeben?« Der Kanzler schaute Eden belustigt an und meinte nur: »Glauben Sie, Mister Eden, daß gerade ich dazu die geeignete Persönlichkeit bin?«

Dann mischte sich Duncan Sandys ein und meinte burschikos: »Das hat ja alles gar keinen Zweck; wie ich meinen Schwiegervater kenne, wird er noch an unserem Sarge stehen und seine Rede mit den Worten beginnen: ›Wie schade, daß ein so hoffnungsvoller junger Mann uns so früh verlassen mußte.‹«

Es hätte nicht viel gefehlt, und der Scherz des Verteidigungsministers wäre für Eden Wirklichkeit geworden, denn nicht lange darauf erkrankte Anthony Eden sehr schwer, und nur zwei Operationen konnten ihn am Leben erhalten. Anthony Eden hat als Außenminister und Regierungschef große Erfolge, aber auch große Rückschläge erlebt. Solange er der zweite Mann in der Regierung Winston Churchill war, stieg sein Ansehen von Tag zu Tag. Das Fundament dieser starken Position in der Öffentlichkeit hatte er sich früher gelegt, damals als er als Außenminister zurücktrat aus Protest gegen die britische Haltung bei dem Überfall Mussolinis auf Abessinien. Eden, ein Mann mit ausgeprägtem Gefühl für die Würde seines Vaterlandes, glaubte nicht, die Verantwortung dafür tragen zu können, daß Mussolini seine Truppen und seinen Nachschub über das Mittelmeer verschiffte, während die britische Flotte untätig zusah.

Jahrzehntelang verband ihn eine enge Freundschaft mit Churchill, vor dessen Genie er tiefen Respekt verspürte. So stieg er mit Churchill im Ansehen der Welt von Stufe zu Stufe aufwärts, und es erschien jedem als Selbstverständlichkeit, daß Churchill niemand anderem als Anthony Eden das Amt des Ministerpräsidenten überlassen würde. Doch als ersten Mann, als Regierungschef, verließ ihn das Glück. Sein Entschluß, gegen die Verstaatlichung des Suezkanals durch Abd el Nasser mit Waffengewalt vorzugehen, wurde ihm zum Verhängnis. In Westeuropa stand man beinahe fassungslos vor der Instinktlosigkeit, mit der Anthony Eden während des Ungarnaufstandes eine militärische Expedition startete, die beinahe nirgends in der Welt populär war. Ich habe über die beiden »Kanalkonferenzen« in London schon berichtet. Für Eden war die Haltung der Vereinigten Staaten der schwerste Schlag, denn bei der Beratung des Suezkonflikts stimmte Amerika gemeinsam mit der Sowjetunion gegen Großbritannien. Von diesem Schlag hat er sich dann nicht mehr erholt. Persönlich ist er ein überaus liebenswürdiger, anregender Herr mit dem charakteristischen englischen Humor. Lange Jahre bevor ich ihn kennenlernte, hatte ich immer das Gefühl, ein Mann kann nicht so gut aussehen und gleichzeitig auch noch klug sein. Eden aber konnte es, obwohl er, wie eben geschildert, so schwerwiegende politische Niederlagen einstecken mußte.

Anthony Eden ist ein typisches Beispiel dafür, daß ein hervorragender zweiter Mann nicht immer, an erster Stelle stehend, den gleichen Erfolg hat. Zum letzten Mal sprach ich mit ihm im November 1959. Der Kanzler weilte drei Tage zu Besuch in London, und Harold Macmillan hatte Eden als Premierminister abgelöst. Dem Besuch in London waren sehr unerfreuliche Monate vorausgegangen, die mit unnötiger Schärfe die Frontstellung zwischen den sechs Staaten, die den gemeinsamen Europäischen Markt bilden, und Großbritannien mit seinen Partnern in der Kleinen Freihandelszone herausgestellt hatten.

Obwohl die britische Presse kurz vor dem Besuch des Kanzlers einlenkte und einen freundlicheren Ton anschlug, stand dieser Besuch unter einem ungünstigen Stern. Adenauer war durch die harte Kontroverse verärgert, auf britischer Seite versuchte man, freundlich zu sein, doch die Atmosphäre war frostig. Um den Bundeskanzler zu ehren, fand am Vormittag des 19. November eine Besprechung auf dem traditionellen Landsitz der britischen Premierminister, in Schloß Chequers, statt. Ich selbst hatte am Vormittag zuerst eine intime Pressekonferenz mit den wichtigsten Londoner Chefredakteuren und fuhr erst etwas später als der Kanzler nach Chequers hinaus. Als ich die berühmte Bibliothek betrat, in der mehr als einmal Weltgeschichte gemacht worden war, war ein ausgewachsener Krach im Gange. Da ich den Anfang des Gesprächs versäumt hatte, weiß ich nicht, wie es zu dieser scharfen Auseinandersetzung zwischen Macmillan und Adenauer kommen konnte. Auf jeden Fall waren sie gerade damit beschäftigt, sich die größten »Liebenswürdigkeiten« zu sagen. Macmillan erklärte rundheraus, schließlich könne Großbritannien auch die Rheinarmee aus Deutschland abziehen, worauf der Bundeskanzler ihm antwortete, er hätte niemals den Eindruck gehabt, daß die Rheinarmee der schönen Augen der Deutschen wegen auf dem Kontinent stünde. »Wenn England nicht der Ansicht sei, daß es sich am Rhein selbst verteidige ...«, und so ging es munter fort. Die britischen und deutschen Herren, die dieser Unterredung beiwohnten, erstarrten mehr und mehr. Aber was das schlimmste war, schließlich verstummte das Gespräch zwischen den beiden Staatsmännern fast und schleppte sich nur mühsam dahin.

Für 13 Uhr war ein Lunch in Chequers angesetzt, und so machte ich gegen 12 Uhr 30 Adenauer darauf aufmerksam, daß man eine Erklärung für die Presse vorbereiten müsse, denn auf dem Programm stünde unmittelbar nach dem Lunch eine große internationale Pressekonferenz im Dorchester-Hotel. Der Kanzler meinte äußerst unwirsch: »Schreiben Sie doch, was Sie wollen«, und ließ mich mit dieser überaus präzisen Anweisung stehen. Ich ging darauf zusammen mit Ministerialdirektor Carstens (späterer Staatssekretär) in das Vorzimmer der Bibliothek, um mich an die Arbeit zu machen. Professor Carstens war noch nicht lange in seinem Amt und daher durch Zwischenfälle solcher Art noch leichter zu erschüttern als ich. Im Vorzimmer fand ich eine Sekretärin, der ich eine mehrere Maschinenseiten lange Erklärung des Bundeskanzlers diktierte, in der natürlich von der harten Auseinandersetzung in Chequers kein Wort vorkam. Auf der anderen Seite hütete ich mich aber, auch etwas zu sagen, was der Wahrheit entgegenlief. Als ich damit fertig war, begab man sich zum Lunch, und dabei sprach ich mit Anthony Eden, der mein Tischnachbar war. Seine Krankheit hatte ihn geschwächt, doch er sah besser aus, als ich vermutet hatte. Vor allen Dingen zeigte er noch immer die gleiche Liebenswürdigkeit, die gleiche Eleganz seiner Erscheinung wie auch seines Geistes.

Ich berichtete ihm von dem Wortgefecht in der Bibliothek, doch Eden nahm den Zwischenfall nicht allzu ernst. Schließlich hatte er in seinem Leben manchen Sturm mitgemacht. Ich zeigte ihm halb unter dem Tisch verborgen das Kommuniqué, das ich entworfen hatte, und er las es rasch durch. Dann meinte er, mir das Papier zurückgebend, lakonisch: »Kommuniqués können doch manchmal ganz nützlich sein, in diesem Fall, um von der Wahrheit nicht allzuviel preiszugeben.« Seit diesem Mittag habe ich Anthony Eden nicht wiedergesehen.

Die Geschichte des Kommuniqués sei hier zu Ende erzählt: Nach dem Essen bat ich Außenminister Selwyn Lloyd in den Salon und zeigte auch ihm meinen Entwurf für die Pressekonferenz des Bundeskanzlers. Selwyn Lloyd las sehr aufmerksam, bat an zwei oder drei Stellen um die Auswechslung einer Formulierung und gab es mir dann mit einem Augurenlächeln zurück: »Hauptsache ist, daß der Bundeskanzler diese Erklärung auch wirklich verliest.«

Nach dem Lunch fuhr ich mit dem Kanzler zusammen im Wagen nach London zurück. Adenauer war sichtlich mißgestimmt, und erst nach einer Weile gab ich meinem Herzen einen Stoß und zeigte ihm meinen Entwurf. Er las ihn durch, sagte kein Wort und steckte ihn in die Tasche. Im Dorchester-Hotel erwarteten uns etwa 200 in- und ausländische Journalisten, und ich war mehr als gespannt, was nun passieren würde. Doch als wir den Saal betraten, zeigte der Kanzler eine äußerst zufriedene Miene und las, ohne ein Wort zu ändern, das Kommuniqué vor und hielt sich dann bei der Beantwortung der Fragen genau an die Linie, die das Kommuniqué festgelegt hatte. Ich muß sagen, daß mir ein Stein vom Herzen fiel.

Das wortlose Einverständnis mit Außenminister Selwyn Lloyd über die von beiden Seiten genehmigte Erklärung sollte später während der endlos langen Außenministerkonferenz in Genf 1959 noch gute Früchte tragen.

Selwyn Lloyd ist ein Mann von beinahe unerschütterlich guter Laune. Bei dieser eben geschilderten schwierigen Situation, aber auch bei anderen Gelegenheiten habe ich stets an ihm bewundert, daß er, was auch immer vorging, eine strahlende Miene zur Schau trug. Dabei ist seine Vergnügtheit nicht gespielt. Ich habe den Eindruck, daß er das Leben amüsant und anregend findet und dadurch die schwere Last eines britischen Außenministers leichter trug als viele seiner Vorgänger. Ich habe ihn stets zu Späßen aufgelegt gefunden. Ich erinnere mich – ohne daß ich noch weiß, bei welcher Gelegenheit – daß er mir einmal bei einem offiziellen Dinner quer über den Tisch die Frage stellte: »Sagen Sie mal, Herr von Eckardt, geht es Ihnen eigentlich genauso wie mir? Meine Mitarbeiter halten mich für einen kompletten Idioten und versuchen nur, es mich nicht allzu sehr merken zu lassen.« Ich erwiderte ihm: »Ich glaube, das geht allen Menschen so, die ein wichtiges Amt zu verwalten haben. Das einzige Schutzmittel dagegen ist, sich selbst für sehr klug zu halten.« Bei einer anderen Gelegenheit – er hatte das Amt des Außenministers mit dem des Schatzkanzlers vertauscht – saß er neben mir. Als ich ihn fragte, wie ihm sein neues Amt gefalle, meinte er: »Wissen Sie, das amüsanteste an so einem Amtswechsel ist, daß man mit ihm auch seine Auffassung vollständig ändert. Als ich noch Außenminister war, predigte ich meinen Landsleuten, wir brauchten eine starke Armee am Rhein und es wäre nicht zu ändern, daß das sehr kostspielig sei. Jetzt, wo ich für die Finanzen Englands verantwortlich bin, erkläre ich ihnen, daß die Rheinarmee viel zu groß ist, daß man die Hälfte der Soldaten nach Hause bringen könne und daß das wichtigste schließlich ist, Geld zu sparen.«

Doch nun ist es Zeit, auf den interessantesten und gleichzeitig glanzvollsten Staatsbesuch zu sprechen zu kommen, den ich in meinem Leben mitgemacht habe. Bundespräsident Theodor Heuss hatte mich aufgefordert, ihn bei seinem Staatsbesuch in London zu begleiten. Ich bekam eine Einladung der Königin, zusammen mit dem Präsidenten und dessen

Staatssekretär Karl-Theodor Bleek im Buckingham-Palast zu wohnen. Am Montag, 20. Oktober 1958, landete der Bundespräsident, der von Außenminister Dr. von Brentano, Staatssekretär des Auswärtigen Amtes van Scherpenberg und einigen anderen Herren begleitet wurde, pünktlich um 10 Uhr 20 auf dem Flughafen Gatwick bei London. Heuss wurde am Flugzeug im Auftrage der Königin vom Herzog von Gloucester begrüßt. Auf dem Flugplatz war noch eine Anzahl hoher Hofbeamter und Militärs zur Begrüßung versammelt. Die deutsche Nationalhymne erklang, und dann begab man sich in das Empfangsgebäude des Flugplatzes, wo wiederum einige andere Offiziere und Kammerherren der Königin aufgestellt waren, um unseren Präsidenten zu empfangen. Eine halbe Stunde später saßen wir im königlichen Sonderzug und rollten London entgegen. Dieser Sonderzug ist eine Sehenswürdigkeit für sich. Ich glaube, er stammt noch aus der Zeit der Königin Victoria. Plüschsessel, kleine Tische, Bilder an den Wänden des Waggons, alles stammte aus der Zeit vor der Jahrhundertwende. Natürlich wurde ein Tee serviert. Die Fahrt im Sonderzug gab Gelegenheit, die britischen Herren und Würdenträger etwas kennenzulernen. Nach einer Fahrt von dreiviertel Stunden fuhren wir in Victoria-Station ein. Der Bahnhof war festlich geschmückt. Als der Bundespräsident und wir anderen im gebührenden Abstand den Zug verließen, sahen wir Ihre Majestät, Königin Elizabeth II. von England, neben ihr Prinz Philip, den Herzog von Edinburgh, dann Prinzessin Margret, die Prinzess Royal (Schwester König Georg VI.), weiter die Herzogin von Gloucester, die Herzogin von Kent und Prinzessin Alexandra von Kent. Es folgte eine etwas mühselige Zeremonie der gegenseitigen Vorstellungen, denn neben der Königin und den königlichen Hoheiten waren auch Premierminister Macmillan, Außenminister Selwyn Lloyd, der britische Botschafter in Bonn, Sir Christopher Steel, und viele andere erschienen. Wiederum schritt der Bundespräsident gemeinsam mit dem Herzog von Edinburgh die Front einer Ehrengarde ab, und dann verließ die ganze Gesellschaft den Bahnhof.

Das Bild vor Victoria-Station war wirklich prachtvoll: fünf Wagen, jeder vierspännig angeschirrt, mit Kutschern und Heiducken in Hoflivree und weißen Perücken, erwarteten uns. Die Menschenmenge begrüßte mit gemessener Freundlichkeit den Bundespräsidenten, die Königin mit etwas lebhafterem Jubel. Eine Kompanie der schottischen Garde mit Musikzug und prächtigen Regimentsfahnen hatte Aufstellung genommen, und wiederum erklangen die beiden Nationalhymnen. Dann fuhren die Wagen vor. Die Königin und der Bundespräsident, dazu der Herzog von Edinburgh nahmen im ersten Wagen Platz. Ich selbst war für den Wagen Nummer 3 eingeteilt. Auch er war eine riesige offene Kalesche im Stil des 18. Jahrhunderts. Wir nahmen darin zu viert Platz: The Countess of Leicester, die Hofdame der Königin, gab Staatssekretär van Scherpenberg, mir selbst und dem Oberstallmeister, Herzog von Beaufort, die Ehre ihrer Begleitung.

Ich muß ganz offen gestehen, daß ich mir in den grauen Zeiten des Nationalsozialismus, den schweren Jahren des Krieges und der ersten Nachkriegsjahre nicht hatte träumen lassen, daß ich einmal in meinem Leben mit Lady Leicester vierspännig unter Trompetenschall durch London fahren würde. Doch nun war es Wirklichkeit. Es ging in einer langen Fahrt durch die Prachtstraßen Londons. An allen größeren Plätzen waren Einheiten der königlichen Garde zu Pferde aufgestellt, und ich glaube mich zu erinnern, daß ich sechs verschiedene Musikkapellen gezählt habe. Es ist nicht zu leugnen, daß sich die Bevölkerung in London reserviert verhielt. Doch die Behauptung in den Presseberichten, die Stadt habe den Bundespräsidenten eiskalt empfangen, ist nicht richtig. Schon bei der ersten Fahrt durch London verhielten sich die Menschen, die die Straßen säumten, zwar nicht enthusiastisch, aber höflich und respektvoll. Jedermann zog den Hut, da und dort wurde Beifall geklatscht, aber da der Engländer von Natur aus nicht zu großen Gefühlsaufwallungen neigt, erschien den deutschen Korrespondenten, die uns begleiteten, der Empfang kühler, als er wirklich war.

Am selben Tage hatte ich noch ein Gespräch über den Empfang mit dem Bundespräsidenten. Wir waren uns darin ganz einig, daß man eigentlich unbescheiden wäre, wenn man von den Londonern mehr erwartet hätte. Man vergißt in Deutschland allzu oft, daß der 1. Weltkrieg Großbritannien aus der Rolle der ersten Großmacht unserer Welt verdrängte. In den zwanziger Jahren zerbröckelte das britische Imperium mehr und mehr, und der 2. Weltkrieg brachte Großbritannien in die zweite Reihe der weltbeherrschenden Mächte. Letztlich kann man nicht verlangen, daß bei einem ersten Staatsbesuch der Enthusiasmus für das deutsche Staatsoberhaupt hohe Wellen schlägt. Es ist damals sogar die Frage aufgeworfen worden, ob dieser Besuch überhaupt zweckmäßig und richtig gewesen sei. Ich vertrat in dem Gespräch mit dem Bundespräsidenten die Ansicht, daß sein Besuch für die deutsch-englischen Beziehungen von ausschlaggebender Bedeutung und daß es vielleicht gar nicht einmal so schlecht sei, wenn dieser Besuch optisch klarmachte, daß es zwischen England und Deutschland eine lange Rechnung zu begleichen gilt. Ich sei außerdem der Überzeugung, daß die nächsten Tage einen Umschwung in der Stimmung bringen würden, denn ich glaubte, die Engländer einigermaßen gut zu kennen. Und um es schon vorwegzunehmen, von Tag zu Tag zeigte sich die Bevölkerung Londons freundlicher, ja geradezu liebenswürdig. Überall, wo der Bundespräsident auftauchte, wurde er mit herzlichem Beifall begrüßt. Man konnte sich des Gefühls nicht erwehren, daß die Londoner am ersten Tage hatten zeigen wollen, daß es ihnen nicht ganz leicht fiele, dem deutschen Staatsoberhaupt herzliche Gefühle zu zeigen.

Wir fuhren im Innenhof des Buckingham-Palastes vor; ein äußerst prächtig anzusehender Adjutant des Herzogs von Edinburgh geleitete mich in meine »Gemächer«. Ich muß hier das Wort »Gemächer« verwenden, denn es waren ihrer fünf. Die meisten Menschen auf der Welt, zumeist soweit sie Fernsehen besitzen, kennen die Fassade des Buckingham-Palastes mit dem berühmten Mittelbalkon, auf dem die Königin von Zeit zu Zeit bei entsprechender Gelegenheit die jubelnde Menge begrüßt. Von diesem Balkon an bis zur linken Ecke des Schlosses gehörten alle Räume mir. Die Räume auf der anderen Seite bis zur rechten Ecke gehörten dem Staatssekretär im Bundespräsidialamt, Bleek. Wenn wir alle Türen der zehn Gemächer öffneten, konnten wir uns gerade noch ohne Fernglas erkennen. Ich hatte mich kaum umgesehen, als ein Butler mit zwei Dienern erschien und mir mitteilte, daß er und seine beiden Gehilfen zu meiner Bedienung zur Verfügung stünden. Es ist für einen gewöhnlichen Sterblichen nicht ganz einfach, sich vorzustellen, wie er ganz allein drei Diener beschäftigen soll. Doch löst sich dieses Problem ohne alle Umstände, denn diese Diener beschäftigen sich eben selbst. Auf dem Tisch meines Wohnzimmers Nummer 1 lag eine große Anzahl von Einladungen, Karten mit Sitzordnungen, Beschreibungen von Zeremonien, die uns bevorstanden, kurz, eine etwas verwirrende Ansammlung von Dokumenten. Der Butler half mir sofort aus der Verlegenheit, denn er reichte mir das Papier, das für den Augenblick von Bedeutung war. Auf dieser Einladung war verzeichnet, daß ich eine Viertelstunde Zeit hatte, mich zu erfrischen, daß ich mich dann in den kleinen Speisesaal des Schlosses zu begeben und dort bei einem intimen Lunch linker Hand neben der Königin Platz zu nehmen hätte. Ich muß offen bekennen, das war ein bißchen viel für den Anfang. Aber es blieb mir keine Wahl, als mich zu erfrischen. Der Butler begleitete mich bis zum Eingang des Speisesaals. Das war auch notwendig, denn der Buckingham-Palast hat 600 Zimmer. Es ist undenkbar, sich in den vielen Korridoren, Vorräumen und Salons ohne einen ständigen Begleiter zurechtzufinden.

So zeremoniell wie die Begrüßung des Bundespräsidenten bei seiner Ankunft gestaltet worden war, so behaglich wurde nun im kleinsten Kreise gespeist. Wir nahmen an mehreren runden Tischen Platz, die Königin zwischen dem Bundespräsidenten und mir.

Wenn ich auf diese Tage in London zurückblicke, so nicht zuletzt mit einem großen Respekt vor dieser jungen Königin, die ein überaus schweres, geistig und physisch anstrengendes Amt zu verwalten hat. Die Königin unterzieht sich allen diesen Pflichten mit Ernst, aber zugleich auch mit viel weiblichem Charme und großer Natürlichkeit. Nachdem sie sich eine Weile mit Hilfe eines Dolmetschers mit Theodor Heuss unterhalten hatte, wandte sie sich mir zu und fragte einfach und offen, was ich in Bonn für eine Arbeit habe. Ich erklärte der Königin meine Position. Sie warf Zwischenfragen ein, so daß eine recht lebhafte Unterhaltung zustande kam. Das Gespräch bekam trotz des Plaudertons sogar eine ernsthafte Wendung, denn die Königin wollte Genaues wissen über das Schicksal der Flüchtlinge aus dem deutschen Osten und aus der sowjetisch besetzten Zone. Sie fragte mich, wie man es möglich gemacht habe, diese Millionen Menschen in Westdeutschland unterzubringen, sie in den Wirtschaftsprozeß einzugliedern, ihnen Wohnungen zu beschaffen und vieles andere mehr. Ihre Fragen zeigten, daß sie die Schwierigkeiten des Flüchtlingsproblems für die Bundesrepublik erkannte, aber alle Fragen, mochten sie auch sachlich nüchtern sein, zeigten eine von Herzen kommende Anteilnahme an dem Schicksal so vieler schwer geschlagener Menschen.

Doch dann nahm das Gespräch eine persönliche Färbung an, da ich der Königin ein Kompliment machte, das sich auf die wirklich prachtvollen Pferde bezog, die ich auf der Fahrt durch London betrachten konnte. Als altem Pferdefreund war mir natürlich aufgefallen, daß in allen diesen berittenen Abteilungen nur Rappen verwendet wurden. Die Königin erzählte mir, daß sie wegen dieser Rappen große Sorge habe, denn sie seien nun einmal Tradition, doch es würde immer schwieriger, die genügende Anzahl von Rappen in England aufzutreiben. Ich sagte der Königin, mir sei an dem Pferdetyp aufgefallen, daß er etwa dem oldenburgischen Schlag entspreche; ich könnte mir vorstellen, daß man in Oldenburg und Friesland noch eine schöne Anzahl erstklassiger Rappen aufkaufen könne. Die Königin wandte sich sofort an den uns gegenübersitzenden Oberstallmeister, den Herzog von Beaufort, mit dem ich schon im gleichen Wagen gesessen hatte, und sagte ihm, er solle die »Rappenfrage« mit mir besprechen. Das haben wir im Laufe des Staatsbesuches auch getan: Eine Anzahl deutscher Rappen trat die Reise über den Kanal an und wurde in die Reihen der königlichen berittenen Garde eingeordnet.

Nach dem Frühstück fand in einem anderen Salon die Überreichung der Ordensauszeichnungen statt. Mir selbst kam das Großkreuz des Britischen Empire zu. Um dem Leser einen Eindruck davon zu geben, mit welch peinlicher Genauigkeit das Protokoll am Hof von St. James arbeitet, sei hier der weitere Verlauf des Tages bis zum Staatsbankett mit dem Bundespräsidenten wiedergegeben:

15.00 Uhr bis
16.00 Uhr Ruhepause

16.25 Uhr Abfahrt des Herrn Bundespräsidenten vom Buckingham-Palast zur Westminster Abbey.

Wagenfolge:
Königlicher Daimler
Der Herr Bundespräsident
The Earl of Eldon
Dolmetscher Weber
Wagen Nr. 1 bis 6

16.30 Uhr Der Herr Bundespräsident trifft an der Westminster Abbey ein, wo ihn der »Dean« und »The Chapter of Westminster« empfangen.

Der Dean geleitet den Herrn Bundespräsidenten zum Grabmal des Unbekannten Soldaten.

Zwei Amtsgehilfen der Deutschen Botschaft reichen dem Herrn Bundespräsidenten den Kranz mit Schleife.

Der Herr Bundespräsident legt den Kranz am Grabe nieder.
Der Dean spricht sodann ein kurzes Gebet.
Daran anschließend bittet der Dean den Herrn Bundespräsidenten, sich in das Besucherbuch einzutragen.

16.40 Uhr Der Herr Bundespräsident verläßt die Westminster Abbey und fährt zum Besuch der Königinmutter zum Clarence House.

Wagenfolge:
Königlicher Daimler
Der Herr Bundespräsident
Vice-Admiral Sir Stephen Carlill
Dolmetscher Weber
Wagen Nr. 1 bis 6

16.45 Uhr Eintreffen des Herrn Bundespräsidenten im Clarence House.

17.00 Uhr Abfahrt der Mitglieder der deutschen und englischen Begleitung vom Buckingham-Palast zum St. James-Palast.

17.15 Uhr Der Herr Bundespräsident begibt sich zu Fuß vom Clarence House in den St. James-Palast.
Der Herr Bundespräsident betritt den St. James-Palast durch die »Queen's Door« vom Garten kommend und wird in den Thronsaal geleitet.
Nach dem Herrn Bundespräsidenten, hinter dem die beiden Gefolge aufgestellt sind, betritt die Ratsdeputation der Grafschaft London den Thronsaal.

Sobald sie gegenüber dem Herrn Bundespräsidenten Aufstellung genommen hat, kündigt der Comptroller des Lord Chamberlain's Office folgendes an:

»Der Vorsitzende und die Mitglieder des Rates der Grafschaft London werden Herrn Bundespräsidenten eine Begrüßungsadresse überreichen.«

Die Delegation macht eine Verbeugung, bewegt sich fünf Schritte nach vorn und macht eine weitere Verbeugung.

Der Vorsitzende verliest sodann die Begrüßungsadresse und überreicht sie dem Herrn Bundespräsidenten.

Daran anschließend verliest der Herr Bundespräsident seine Antwort und überreicht diese dem Vorsitzenden.

Der Vorsitzende bittet, die Mitglieder der Deputation vorstellen zu dürfen. Er nennt die Namen der Mitglieder der Deputation in dem Augenblick, wo diese vor dem Herrn Bundespräsidenten stehen. Der Herr Bundespräsident gibt jedem die Hand, jedoch ohne mit den einzelnen zu sprechen.

Die Deputation verläßt den Thronsaal. Gleich darauf betritt die Deputation der City of Westminster den

Thronsaal. Die Zeremonie wickelt sich in genau der gleichen Weise ab.

Nachdem die Deputation der City of Westminster den Thronsaal verlassen hat, wird der Herr Bundespräsident in die Bildergalerie geleitet.

Der Provost von Coventry wird von einem hohen Beamten des Lord Chamberlain's Office in die Bildergalerie geleitet.

Beim Eintritt in die Bildergalerie verneigt sich der Provost und schreitet auf den Herrn Bundespräsidenten zu, der ihm die Hand zur Begrüßung reicht.

Hierauf richtet der Herr Bundespräsident einige Worte an den Provost und übergibt ihm die Schenkungsurkunde. Der Provost dankt mit kurzen Worten.

Sodann verabschiedet sich der Provost von dem Herrn Bundespräsidenten und verläßt die Bildergalerie.

Der Comptroller des Lord Chamberlain's Office geleitet den Herrn Bundespräsidenten wieder zur Queen's Door zur Rückfahrt zum Buckingham-Palast.

20.00 Uhr Staatsbankett im Buckingham-Palast.

Die Protokollbeamten der Königin erleichtern dem Besucher das Leben wirklich in jeder Weise. Nicht nur, daß ich täglich auf meinem Zimmer ein genaues Programm vorfand, so wie hier beispielsweise abgedruckt, nein, die Informationen gingen so weit, daß für jedes Essen bereits die Tischordnung auf dem Zimmer lag, wobei der eigene Platz durch eine kleine Hand in roter Farbe genau bezeichnet war. Dazu lieferte das Protokoll einen Lebenslauf des Tischnachbarn oder der Tischnachbarin links und rechts, einschließlich der besonderen Liebhabereien dieser Personen, so daß zumindest der Gesprächsbeginn dadurch außerordentlich erleichtert wurde. Man wußte, mit wem man es zu tun hatte. Es mag im ersten Augenblick etwas albern klingen, aber in der Praxis bedeuten diese Hilfeleistungen sehr viel für den Besucher. Als ich nach dem Abschluß des Nachmittagsprogramms meine »Gemächer« betrat, waren die Koffer natürlich ausgepackt, der Frack bereitgelegt, die richtigen Knöpfe im Frackhemd plaziert, und die Tischordnung für das große Staatsbankett mit dem Bundespräsidenten lag neben meiner weißen Krawatte. Was will der Mensch mehr? Mir blieb sogar noch die Zeit, eine Stunde zu Bett zu gehen. Dann erschien mein Butler mit seinen beiden Gehilfen fast lautlos, um mir eine Tasse Tee auf einem Wagen ans Bett zu schieben. Gleich darauf ließ er rauschend das Badewasser ein. Auf die Minute pünktlich holte mich dann dieser vorzügliche Mann ab, um mich im großen Festsaal abzuliefern.

Bei diesem Staatsbankett waren etwa 200 Personen anwesend. Es ist schwer, den Silberschmuck der Tafel, die großen Blumendekorationen zu schildern, die dem Saal ein wirklich festliches Gepräge gaben, als der Bundespräsident, die Königin am Arm führend, den Saal betrat, während wir hinter unseren Stühlen standen. Als das vielleicht Bemerkenswerteste an diesem Staatsbankett möchte ich die Art und Weise verzeichnen, mit der es Theodor Heuss gelang, selbst diesem prunkvollen Essen eine menschliche Note zu verleihen. Die Königin hielt eine Ansprache auf den Bundespräsidenten, die insofern politische Bedeutung hatte, als sie in längeren Passagen über die deutsche Herkunft des britischen Königshauses sprach. Während des 1. Weltkrieges taufte sich das britische Königshaus von Haus Coburg-Gotha in Haus Windsor um, um sich von der Verbindung zu Deutschland zu trennen. Jetzt, mehr als 40 Jahre später, betonte die Königin diese Herkunft der englischen Königsfamilie. Eine Tatsache, die am nächsten Tag die Presse Großbritanniens ausführlich beschäftigte.

Der Bundespräsident, der natürlich genau wie die Königin seine Festansprache verlas, unterbrach an einem bestimmten Punkt diese Verlesung, denn die starke Betonung der deutschen Abkunft der Königin hatte auch ihn überrascht. Er dankte in seiner liebenswürdigen Art für diese Nuance der königlichen Rede. Er fügte noch hinzu, daß das britische Königshaus auch noch mit dem schwäbischen Königshaus verwandt sei und daß es ihm eine große Ehre bedeuten würde, wenn er der Königin einmal das hübsche Stammschloß Teck in seiner schwäbischen Heimat zeigen könnte. Diese eingefügte Bemerkung des Bundespräsidenten quittierten die Gäste mit einem im Protokoll nicht vorgesehenen Zwischenbeifall.

Nach dem Staatsbankett verteilte man sich in den großen Empfangsräumen des Schlosses und plauderte zwanglos in Gruppen. Ich traf bei dieser Gelegenheit viele alte Bekannte, mehrere Regierungsmitglieder wie Premierminister Macmillan, Außenminister Selwyn Lloyd, aber auch den früheren berühmten Führer der Opposition, Clement Attlee, der genau wie der Herzog von Edinburgh eine schwarz-seidene Hose, Spangenschuhe und den besonderen Frack der Ritter des Hosenbandordens trug. Attlee, dieser hervorragende und gleichzeitig so sympathische Mann, war von der gleichen Gouvernante wie Churchill erzogen worden. Wir standen beisammen und plauderten, als sich der Herzog von Edinburgh zu uns gesellte und mich fragte, ob ich mit meiner Unterbringung zufrieden sei. Ich antwortete ihm: »Königliche Hoheit, ich bin seit meiner Babyzeit nicht mehr so sorgfältig behandelt worden wie hier in Ihrem Schloß. Der Gedanke geht mir nicht aus dem Kopf, daß zwar der Herr Bundespräsident protokollgemäß in drei Tagen wieder abreisen muß, ich selbst aber vielleicht noch ein paar Tage länger bleiben könnte.«

Wir kamen dann in ein recht interessantes Gespräch über die Vorfahren der Königin, unter anderem auch über die Tochter der Königin Victoria, die als Kaiserin Friedrich ein so schweres Los in Berlin zu tragen hatte. Der Herzog wußte über diese Dinge nicht sehr viel, und so erzählte ich ihm von dem Kampf der Liberalen gegen Bismarck, an dem sich die Kaiserin Friedrich lebhaft beteiligt hatte. Im ersten Teil dieser Lebenserinnerungen habe ich von meinem Großvater und seinen Beziehungen zu diesen Kreisen ausführlich berichtet.

An diesem Abend hatte ich auch eine Unterhaltung mit Premierminister Macmillan, der mich bei jeder Gelegenheit besonders freundschaftlich auszeichnete. Ich nehme an, daß der britische Botschafter in Bonn, mein Freund Sir Christopher Steel, ihm in seinen Berichten nach London mehr als einmal mitgeteilt hatte, wieviel Mühe ich darauf verwandte, die deutsch-britischen Beziehungen zu verbessern. Jetzt setzte er sich auf ein Sofa neben mich. Wir hatten zuerst eine Unterhaltung über die Tagesereignisse, die heute nicht mehr von aktuellem Interesse sind. Doch ich erinnere mich an einen Ausspruch Macmillans während dieses Gesprächs, der mir großen Eindruck machte. Er sagte: »Ich weiß nicht, wie lange ich noch das Amt des Premierministers ausüben kann; aber solange ich Premierminister bin, habe ich mir drei Aufgaben gestellt, die ich gern noch lösen möchte: Erstens gilt es, die Reste des britischen Imperiums mit Anstand zu liquidieren, die noch von der britischen Krone beherrschten Völker ohne Kampf und Wirren in ihre staatliche Selbständigkeit zu führen. Ferner möchte ich es erreichen, daß Großbritannien über eine zwar nicht sehr große, aber dafür schlagkräftige, schnell transportable Streitmacht verfügt, und als Letztes und Wichtigstes möchte ich es noch erleben, daß meine englischen Landsleute begreifen, daß sie Europäer sind.«

Den Höhepunkt des nächsten Tages bildete ein großes Festessen mittags in der Guildhall, das der Lordmajor von London dem Bundespräsidenten gab. An diesem Essen nahmen rund 500 Personen teil. Ich hatte einen Platz schräg gegenüber vom Lordmajor und dem Bundespräsidenten. Überall an den Wänden des Saales verteilt standen Garden in mittelalterlichen Rüstungen, zwischen ihnen Fanfarenbläser. Auch diese boten ein farbenprächtiges Bild, doch ich muß offen gestehen, daß sie für mich einen etwas störenden Einfluß auf das Mahl ausübten, denn einer dieser Bläser stand direkt hinter meinem Stuhl, und bei zahllosen Anlässen, wie dem Toast auf die Königin, bei der Ansprache des Lordmajors, der Rede des Bundespräsidenten usw. stieß dieser Mann gewaltig in sein Horn, das nur wenige Zentimeter von meinem rechten Ohr entfernt war. Aber sonst war es sehr schön.

Die nächsten Tage brachten Besuche in Oxford, einen Empfang für die Spitzen der deutschen Kolonie, einen großen Galaempfang der britischen Regierung im Lancasterhouse und schließlich ein Abendessen, das der Bundespräsident zu Ehren der Königin und des Herzogs von Edinburgh gab. Unser Botschafter von Herwarth und seine Gattin hatten das sehr schöne Botschaftsgebäude am Belgrave Square festlich geschmückt, und der Augenblick, in dem die Königin, der Herzog von Edinburgh, die Königinmutter und Prinzessin Margaret-Rose die Deutsche Botschaft betraten, wird mir immer im Gedächtnis bleiben, denn viele Jahrzehnte mieden, durch die Wirren zweier Weltkriege von Deutschland getrennt, die Mitglieder des königlichen Hauses die Deutsche Botschaft in London. Der Abend gestaltete sich nicht nur festlich, sondern beinahe heiter, denn wie ich schon erwähnte, zeigte sich das Publikum von London, man möchte sagen, von Stunde zu Stunde freundlicher gegenüber dem Bundespräsidenten, wo auch immer sein weißes Haupt auftauchte. Auch die Presse bezeugte nun ihre Sympathie nicht nur für das deutsche Staatsoberhaupt, sondern auch für den sehr sympathischen Professor Theodor Heuss.

Für Herrn und Frau von Herwarth bedeutete dieser Abend einen Höhepunkt des Besuchs, denn schließlich kommt nicht alle Tage die Königin von England zum Abendessen. Ich selbst konnte einige recht angeregte Gespräche führen, und zwar eines mit der Königinmutter. Ich war ihr bereits anläßlich eines Besuchs Adenauers vorgestellt worden. Wir fuhren damals nach Schloß Windsor hinaus, um bei der Königin zu speisen. Die Königinmutter nahm an diesem Essen auch teil, das sich durch eine besonders große Eleganz auszeichnete. Als sympathische Geste hatte die Königin an einer Seite des Speisesaals eine prachtvolle Sammlung deutschen Porzellans aus dem 18. Jahrhundert aufbauen lassen, und die ganze Tafel war ebenfalls mit deutschem Porzellan gedeckt worden. Die Königinmutter ist eine sehr lebhafte Dame, mit der es leicht ist, Konversation zu machen. Auch bei Tisch ging es damals in Schloß Windsor eigentlich recht munter zu, denn der Kanzler war entschlossen, an diesem Abend seinen ganzen Charme mit ins Spiel zu bringen, über den er verfügt, wenn ihm daran gelegen ist. Bei Tisch gab es Rheinwein. Die Königin wandte sich an den Bundeskanzler und fragte ihn, ob der Wein auch »wirklich gut« sei. Adenauer in seiner humorvollen Art antwortete: »Seien wir ehrlich, Majestät, er ist gut. Wenn Sie aber einen wirklich guten Rheinwein zu schätzen wissen, so wäre es mir eine Ehre, Ihnen eine Kiste übersenden zu dürfen.« Die Königinmutter rief quer über den Tisch: »Aber für mich auch eine Kiste, Herr Bundeskanzler!«

Als wir nach dem Essen das Schloß besichtigten, übrigens eine abendfüllende Beschäftigung, besonders wenn man die prachtvolle Gemäldesammlung von Windsor Castle wirklich genießen will, brachte es der Zufall mit sich, daß ich neben der Königinmutter durch die Räume ging. Schließlich kamen wir in ein Prunkschlafzimmer von großen Ausmaßen mit einem Staatsbett, das ein Baldachin krönte. Direkt dem Bett gegenüber an der Wand hing ein großer Rubens, der – wie bei diesem Maler häufig – eine ebensowenig bekleidete wie vollschlanke Dame darstellte. Ich streifte dieses Bild nur mit einem diskreten Blick, doch die Königinmutter meinte: »Ja, das ist unser großer Rubens. Wir haben uns lange darüber gestritten, in welchem Raum er aufgehängt werden sollte. Schließlich haben wir uns geeinigt, daß das Sujet für ein Staatsschlafzimmer äußerst geeignet ist.« Doch zurück zum Abendessen in der Deutschen Botschaft:

Prinzessin Margaret-Rose, deren Eheschließung später die Weltöffentlichkeit beschäftigen sollte, stand im Kreise jüngerer und älterer Herren und plauderte nicht weniger lebhaft, wobei sie ihre strahlenden Augen eindrucksvoll zu benutzen wußte. Kurz, es war ein gelungener Abend, und die Königin verließ erst gegen Mitternacht die Botschaft.

Wir, die wir mit dem Botschafterehepaar von Herwarth befreundet sind, blieben noch auf einen Whisky-Soda, um diesen denkwürdigen Abend abklingen zu lassen. Schließlich schaute ich auf die Uhr und stellte mit Entsetzen fest, daß es bereits sehr spät war. Mir schoß der Gedanke durch den Kopf, wie ich wohl morgens um halb zwei Uhr im Buckingham-Palast Einlaß, geschweige denn meine »Gemächer« finden würde. Vor der Tür der Botschaft erwartete mich ein riesiger Daimler, ein Automobil von solchen Ausmaßen, daß man sich darin ganz verloren vorkam. Als wir vor dem hohen Eisengitter des Palastes anlangten, sah ich, daß das Gitter geschlossen war. Doch der Chauffeur ließ einige Male die großen Scheinwerfer aufblitzen. Dann warteten wir. Schließlich erschienen zwei würdige Herren im Gleichschritt mit einem überdimensionalen Schlüssel in der Hand. Sie schlossen auf und öffneten dann, sich mit ihrem ganzen Körpergewicht gegen die mehrere Meter hohen Eisenflügel stemmend, das Portal. Wir fuhren in den Innenhof des Palastes. Zu meiner großen Erleichterung saß auf einer Bank einer meiner drei Bediensteten, um auf mich zu warten. Er geleitete mich sicher bis zur Tür meines Schlafgemachs.

Am 23. Oktober fand dann die Verabschiedung des Bundespräsidenten durch die Königin und den Herzog von Edinburgh statt, und wir verließen London in dem Gefühl, schöne und interessante Tage verlebt zu haben. Darüber hinaus aber bedeutete dieser Besuch des deutschen Staatsoberhauptes einen Durchbruch der offiziellen und menschlichen Beziehungen der beiden Völker, die sich in zwei Weltkriegen erbittert kämpfend gegenübergestanden hatten. Die Königin und ihr Gemahl haben im Frühjahr 1965 den Besuch erwidert. Das ganze deutsche Volk hat teils direkt, teils durchs Fernsehen die elftägige Reise der Königin miterlebt. Sie ist heute die populärste Frau in Deutschland.

Kassem

Im Januar 1960 flog ich mit meiner Frau und dem Nahost-Referenten des Presseamtes, Dr. Krause-Brewer, zu einem offiziellen Besuch in den Vorderen Orient. Den Anlaß zu dieser Reise bildete die ständig anwachsende Aktivität des Ostblocks in den arabischen Staaten. In Moskau, und nicht weniger in Pankow, bemühte man sich, die Spannungen, die durch das Wiedergutmachungsabkommen für Israel zwischen Bonn und der arabischen Welt entstanden waren, propagandistisch zu nützen. Es galt, diesen Einflüssen entgegenzuwirken. Mitte Januar trafen wir in Kairo ein, wohin ich im Einvernehmen mit dem Auswärtigen Amt unsere Pressereferenten aus Bagdad, Damaskus, Amman und Beirut zu einer Besprechung gebeten hatte. Zwei Tage lang diskutierten wir eingehend die Möglichkeiten, durch meinen Besuch in diesen Städten ein Informationsprogramm zu starten, das zu einem festen Bestandteil unserer politischen Arbeit in diesen Ländern ausgebaut werden sollte. Diese kleine Konferenz gestaltete sich sehr fruchtbar, denn unsere Pressereferenten waren durchweg sehr gute Kenner der Länder, in denen sie arbeiteten. Doch fehlte es ihnen bisher an einem wirkungsvollen Startpunkt für ihre Arbeit. Die deutsche Außenpolitik wurde in jenen Jahren so sehr durch die kritische Situation um Berlin und durch die Probleme in Europa beansprucht, daß die arabische Welt zweifellos etwas zu kurz gekommen war. Die Pressereferenten verhehlten mir nicht, daß ich einige Mühe aufwenden müßte, um die recht kühle Atmosphäre zwischen der Bundesrepublik und den arabischen Staaten etwas wärmer zu gestalten. Der Verlauf der Reise sollte ihnen nur allzusehr recht geben.

Nach diesen zwei Tagen unternahmen meine Frau und ich eine private Urlaubsreise auf dem Nil. Zehn Tage fuhren wir auf einem behaglichen, recht komfortablen Schiff den Strom aufwärts von Assiut bis Assuan. Das Wetter zeigte sich von der erfreulichsten Seite, sonnig und warm, aber nicht heiß. Ich bin ziemlich viel in der Welt herumgekommen und habe viele schöne und interessante Länder gesehen. Eine solche Reise auf dem Nil in den Monaten Januar bis März gehört aber zweifellos zu den größten Genüssen, die man sich selbst antun kann. Die Ufer des Nils ziehen in sattem Grün schön und beruhigend vorbei, Tag für Tag legt der Dampfer an und gibt dadurch Gelegenheit, historische Stätten einer jahrtausendealten Geschichte ohne Touristenhetze anzusehen und damit eine Vorstellung davon zu gewinnen, was Ägypten einmal für die Entwicklung des Mittelmeerraumes bedeutet hat. Höhepunkt eines solchen Ausflugs in die vorchristliche Geschichte bilden das »Tal der Könige« und die Tempel von Karnak, die in ihrer Großartigkeit alles in den Schatten stellten, was ich bisher an Architektur gesehen hatte. Eine Vollmondnacht unter den gewaltigen Säulen dieser Tempel wird mir ewig in Erinnerung bleiben. Die erholsamen und mit überwältigenden Eindrücken gefüllten Tage vergingen nur allzuschnell. Als wir in Kairo wieder eintrafen, begann erneut der politische Ernst des Lebens.

Von Kairo flogen wir erst einmal nach Beirut. Der Besuch im Libanon beschränkte sich auf 24 Stunden. In dieser kurzen Zeit waren ein Abendessen mit Mitgliedern der Regierung beim deutschen Botschafter, eine Audienz beim Staatspräsidenten, Besuche und Gespräche mit dem Außenminister, dem Informationsminister, eine Pressekonferenz und ein offizielles Essen der libanesischen Regierung zu absolvieren. Doch dieser eine Tag in Beirut bot keine besonderen politischen Schwierigkeiten. Der Libanon spielt im Vorderen Orient etwa die Rolle der Schweiz in Europa. Die Banken in Beirut sind vollgestopft mit Fluchtkapital. An der Küste und in den Bergen gibt es herrliche Besitzungen, überall stößt man auf Reichtum, Eleganz, und das »süße Leben« wird ziemlich groß geschrieben. Kein Wunder also, daß der kommunistische Einfluß auf die Politik des Libanons ziemlich gering ist.

Am nächsten Tag kamen wir in Bagdad an. Man kann sich keinen größeren Gegensatz der Atmosphäre ganz allgemein, aber besonders auch politisch, vorstellen. Wie gesagt, wir schrieben das Jahr 1960, und der Irak durchlebte eine krisenhafte Periode. Der Kern der Stadt ist von Slums umgeben, in denen eine für uns unvorstellbare Armut herrscht. Im Irak konzentriert sich in vieler Hinsicht der Kampf zwischen den demokratischen und den kommunistischen Kräften, an dem sich Pankow mit großer Intensität beteiligt. Obwohl die politische und die gesellschaftliche Vorbereitung unseres Besuches vom deutschen Botschafter Richter sehr sorgfältig erfolgt war, bedeutete Bagdad für mich ein wirkliches Problem. Das bezog sich nicht so sehr auf die Regierung als auf die hektische politische Atmosphäre, in der man eigentlich täglich eine neue, gewaltsame Entladung erwartete. Im Irak war schon viel Blut geflossen; man spürte, daß weiteres Blutvergießen bevorstand. Der gewaltsame Charakter der innenpolitischen Auseinandersetzungen wurde mir bei einem offiziellen Besuch beim Staatschef Kassem eindrücklich vor Augen geführt.

In seinem Kampf gegen einen kommunistischen Umsturz stützte er sich auf die Armee; er selbst arbeitete nicht nur, sondern wohnte auch im Kriegsministerium. Als ich ihn dort zusammen mit dem deutschen Botschafter aufsuchte, glich dieses Ministerium mehr einer Festung als einer Behörde. Wir wurden durch mehrere Kontrollen geschleust, immer begleitet von bewaffneten Soldaten. Schließlich gelangten Botschafter Richter und ich in einen ziemlich großen Konferenzraum mit einem langen Beratungstisch. Wir wurden gebeten, uns ein wenig zu gedulden. Ich benutzte die Zeit, um mich in dem Raum umzusehen. Der Saal, dessen Architektur und Möblierung keiner Stilepoche eindeutig zugeordnet werden konnte, sah einfach scheußlich aus. Die »Gemütlichkeit« erhöhte sich nicht gerade dadurch, daß in einer großen Glasvitrine das blutbefleckte Hemd General Abdel Karim Kassems zur Bewunderung einlud. Wie sagt Joachim Ringelnatz: »Nichts für ungut, es war einfach ekelhaft!« Das Attentat auf Kassem hatte erst wenige Monate vor meinem Besuch – im Oktober 1959 – stattgefunden. Obwohl sein Hemd in der Vitrine recht blutig aussah, sollen seine Verletzungen nicht schwer gewesen sein. Als er schließlich erschien, machte er gesundheitlich einen recht guten Eindruck. In seiner Begleitung postierten sich zwei Soldaten mit schußbereiten Maschinenpistolen an der Tür, wodurch die Atmosphäre nicht anheimelnder wurde.

Es ist hier nicht der Platz, um die Geschichte der irakischen Revolution, den Mord an König Feisal, an Ministerpräsident Nuri es Said zu erzählen. Es handelt sich letztlich um eine Auseinandersetzung des kommunistischen Ostblocks und der westlichen Großmächte um den entscheidenden Einfluß auf den Irak und gleichzeitig um heftige Auseinandersetzungen innerhalb der arabischen Liga und den Einfluß Ägyptens auf den Irak. Kassem neigte sich mehr und mehr der antikommunistischen Seite zu. Kommunistischen Einfluß hatte er in der unerfreulichsten Weise zu spüren bekommen. Alle diese Wirren – einschließlich des militärischen Eingreifens der Westmächte im Libanon und in Jordanien – hatten sich in der kurzen Zeit seit der Ermordung des Königs, also seit 1958, abgespielt.

General Kassem zeigte trotz äußerlich zur Schau getragener Gelassenheit eine gewisse Nervosität. Während des etwa einstündigen Gesprächs verlor er mehrmals den Faden und wechselte die Themen auch etwas sprunghaft. Er machte auf mich nicht den Eindruck eines bedeutenden Staatsmannes, eher den eines normal begabten arabischen Generals, der sich in politische Affären eingelassen hatte, die er nicht wirklich zu führen und zu beherrschen wußte. Dabei bemühte er sich, mich liebenswürdig zu behandeln. Der Besuch des Pankower Ministers Otto Grotewohl in Bagdad blieb von uns unerwähnt, ebenso sprach Kassem die israelische Frage nicht direkt an, ließ aber durchblicken, daß eine diplomatische Anerkennung Israels durch die Bundesrepublik eine ernste Lage hervorrufen könne. Ich konnte ihm darauf erwidern, daß diese Frage zur Zeit nicht aktuell sei. Einige fototechnische Geräte, die ich als Staatsgeschenke mitgebracht hatte, schienen ihm zu gefallen, und so trennten wir uns in recht liebenswürdiger Form. Ich muß offen bekennen, daß mir wohler war, als wir das Kriegsministerium verlassen konnten. Kassems Zerstreutheit erklärte sich mir wenige Minuten später. Der General verließ das Ministerium ebenfalls, aber nicht in einem Auto, sondern in einem Panzerspähwagen. Vielleicht lebte er – und wie sich zeigen sollte, mit Recht – unter der Vorahnung, daß er ein zweites Attentat nicht überleben würde. Und so kam es denn ja auch. Am 9. Februar 1963 brach eine neue Revolution aus: Kassem wurde ermordet.

König Hussein von Jordanien – König Saud

In Jordanien verlief mein Besuch wesentlich einfacher und angenehmer. Ministerpräsident Hazza el-Majali, der von sich aus die deutsche Wiedervereinigungsfrage ansprach, meinte, die Großmächte dürften sich keinesfalls auf Kosten Deutschlands einigen. Das wäre ein Präzedenzfall, unter dem zweifellos auch die arabische Welt zu leiden hätte. Nun, das waren andere Töne als in Bagdad. Auch mit Außenminister Zaha ed-Din el H'mud führte ich ein erfreuliches Gespräch über die Palästinafrage. Er sagte zu mir, die deutschen Wiedergutmachungsleistungen an Israel würden als vornehme und großzügige Geste eines Volkes anerkannt, das die Schuld abtragen wolle, die es in dunklen Tagen seiner Vergangenheit auf sich geladen habe. Hier begegnete mir zum ersten Mal ein arabischer Staatsmann, der wenigstens die Motive unseres Vertrages mit Israel objektiv betrachtete. Allerdings sprach er dann von betrüblichen Auswirkungen unserer Leistungen an Israel.

Am gleichen Tag empfing mich König Hussein. Der junge Monarch betrat sein Arbeitszimmer, in dem unser Botschafter von Schubert, Dr. Krause-Brewer und ich einige Minuten warten mußten, in einer Fliegerkombination. Er ist ein leidenschaftlicher Flieger. Zu seinem bevorzugten Erholungshobby gehört es, eine Stunde am Steuer seiner Sportmaschine zu verbringen. Dieser kleingewachsene, dafür aber sehr drahtig und sportlich wirkende König ist ein mutiger Mann. Ständig von einem Attentat bedroht, trug er keineswegs ein düsteres Wesen zur Schau, sondern gab sich ungezwungen und ein wenig lässig im englischen Stil. Auf meinen Hinweis, Jordanien und die Bundesrepublik hätten viele ähnlich gelagerte Probleme, erwiderte er wörtlich: »Die sowjetische Ideologie bedroht alles, woran wir glauben und wofür wir leben.« Mit sehr warmen Worten sprach er dann von seinem Besuch in der Bundesrepublik und drückte seine Hochachtung für die Wiederaufbauleistung aus. Besonders erfreulich war, daß der König das Problem Israel nur flüchtig streifte. Er wollte mir augenscheinlich Erklärungen über unsere Israelpolitik ersparen, deren Inhalt er sowieso kennen mußte. Er legte in dem Gespräch das Hauptgewicht auf wirtschaftliche Fragen und unterstrich dabei seine Bemühungen um eine Konsolidierung der Wirtschaft und um eine Erhöhung des Lebensstandards seiner Untertanen. Alles zusammengenommen machte der junge König einen modernen, klugen und tatkräftigen Eindruck, der zu den politisch erfreulichsten meiner Reise gehörte. Am Abend gaben unser Botschafter und Frau von Schubert für meine Frau und mich einen Empfang, zu dem fast das ganze Kabinett, der Generalstabschef und viele Parlamentsmitglieder erschienen. Es wurde nach meinem Eindruck ein politisch recht nützlicher Abend.

Bei einem Besuch im jordanischen Teil Jerusalems gab es eine Pressekonferenz, die nicht allzuviel Bemerkenswertes brachte. Doch gab es noch ein Nachspiel, das sehr charakteristisch dafür ist, was bei Pressegesprächen alles passieren kann. Natürlich wurde auch das Thema unserer Israelpolitik behandelt. Ich glaubte, es sei alles ganz gut gegangen, doch es kam anders. Ein sehr sympathischer englischer Journalist stellte ebenfalls Fragen und baute sein Hörgerät vor mir auf. Dieses Gerät muß defekt gewesen sein, denn was über meine Antworten nach London und damit in einen Teil der Weltpresse geriet, war schlechterdings unsinnig. Über viele Tage hinweg wurden Telegramme mit Bonn gewechselt, um die Mißverständnisse aufzuklären. Übrigens gelingt das nach meinen Erfahrungen niemals vollständig. Meldungen, die einmal gedruckt sind, wieder aus der Welt zu schaffen, ist nahezu unmöglich, auch wenn sie erkennbar nicht stimmen können. Etwas bleibt immer hängen. Durch diese Mißhelligkeiten fiel ein kleiner Schatten auf den so schönen und interessanten Besuch im alten Teil Jerusalems und der heiligen Stätten. Bei einem Essen, das uns der Gouverneur von Jerusalem gab, überreichte er mir eine Bibel in schönem perlmutterbesetztem Einband, aus der ich seit dieser Reise am Heiligen Abend meiner Familie die Weihnachtsgeschichte vorlese.

Den pittoreskesten Teil unserer Reise mußte ich leider ohne meine Frau machen, denn Ehefrauen rufen in Saudi-Arabien unlösbare protokollarische Schwierigkeiten hervor. So flogen Dr. Krause-Brewer und ich mit Zwischenstationen im Scheichtum Kuweit, in Bahrein und Dahran nach Riad. In Kuweit verzeichnete ich als äußerst erstaunlich die umfangreichen Universitätsbauten, große Krankenhäuser usw. Die imposanten Bauten standen aber größtenteils leer, denn auch der größte Geldaufwand des reichen Ölscheichs kann seine Untertanen nicht dazu bringen, sie hinreichend zu benutzen. Der großzügige Herrscher bezahlt sogar den Familien Entschädigungen dafür, wenn ein junger Mann sich bereit erklärt, zu studieren. Bis zu meinem Besuch erreichte er aber auch mit diesen Mitteln nicht viel. Vielleicht ist es unterdessen anders geworden. Den Herrscher selbst konnte ich leider nicht besuchen, da es ihm ein religiöser Feiertag nicht erlaubte. Die bedeutenden Ölplätze Bahrein und Dahran bieten den Augen keinen besonders erfreulichen Anblick. Man bohrt eben Öl, und damit gut.

Doch Riad gestaltete sich für mich äußerst interessant. Unser Geschäftsträger in Saudi-Arabien, Herr Steffen, begleitete mich auf diesem Teil der Reise und erwies sich durch seine Kenntnisse des Landes und seine Reiseführung als überaus nutzbringend. Er gilt als einer der besten Kenner des Vorderen Orients, in dem er den größten Teil seines Lebens verbracht hat. Wegen der üblichen Verspätungen im Flugverkehr ließ man mir nicht einmal Zeit, ins Hotel zu fahren, sondern brachte uns sofort zur Audienz mit dem Ministerpräsidenten Emir Feisal. In ihm lernte ich einen sehr bemerkenswerten arabischen Staatsmann kennen. Er gab mir einen umfassenden Einblick in die Gedankengänge der saudischen Regierung und besonders in seine Vorstellungen von einer engen Zusammenarbeit mit der Bundesregierung. Alle seine Ideen waren modern, wenn natürlich auch dem Entwicklungsstadium des Landes angepaßt. Emir Feisal, Bruder des Königs, hatte zu allen übrigen Schwierigkeiten mit der orientalischen Lethargie des Königs und vieler Mitglieder der Herrscherfamilie zu kämpfen. Trotz der enormen Öleinkünfte mußte er mit fortschrittlichen Methoden versuchen, Ordnung in die Finanzen des Landes zu bringen, genauer gesagt, in die der königlichen Familie. Der König verstreute das Geld nach allen Seiten, und seine zahlreichen Söhne folgten dem Beispiel des Vaters. War wieder einmal die Not groß, so mußte Feisal heran und Ordnung machen. Doch kaum waren die schlimmsten Schwierigkeiten überwunden, fing die ganze Misere von vorne an. Mein Besuch fiel gerade in eine Periode der beinahe unumschränkten Machtstellung des Emirs. Zur Zeit galt sein Wort alles, und so entwickelte er mir Pläne für die Erschließung des Landes. Sein stärkstes Anliegen schien zu sein, deutsches Kapital für Saudi-Arabien zu interessieren. Ich muß sagen, daß ich durch diese Aussprache mit dem Emir sehr befriedigt war. Ich glaube, in ihm einen wirklich bedeutenden Staatsmann der arabischen Welt kennengelernt zu haben. In den Auseinandersetzungen mit dem König blieb Feisal schließlich Sieger. Heute ist er König des Reiches.

Am Schluß unseres Gesprächs sagte er: »Seine Majestät würde sich freuen, wenn Sie ihn in seinem Jagdlager in der Wüste besuchen würden.« Ich nahm das als Ausdruck orientalischer Höflichkeit und erwiderte: »Ich möchte Seine Majestät keineswegs in seinem Jagdvergnügen stören.« Doch der Emir bestand darauf, daß die Einladung ernst gemeint sei.

So saßen wir denn am nächsten Morgen in einer Dakota, die einen etwas klapprigen Eindruck machte, und flogen 300 km über die Wüste nach Norden. Schon in der Maschine bestach die Farbenfreudigkeit der übrigen zum König eilenden Passagiere. Im Heck der Maschine thronten auf Holzstangen einige Jagdfalken; auf den Sitzplätzen hatten Herren in schönen Gewändern Platz genommen, und vorn neben dem Piloten saß ein würdiger Araber mit langem weißen Bart. Nach etwa anderthalb Stunden Flugzeit besuchte ich den Piloten – einen Amerikaner – im Cockpit. Der imposante Weißbart neben ihm spähte unablässig durch einen großen Feldstecher, um das Lager des Königs in der monotonen Wüste zu entdecken. Schließlich deutete er gelassen nach unten, und tatsächlich konnten wir die Jagdzelte, umgeben von Kamelen und nicht weniger zahlreichen Cadillacs, entdecken. Die Maschine hoppelte über den steinharten Wüstenboden, auf den der Amerikaner mit souveräner Ruhe aufgesetzt hatte. Ein junger Prinz empfing mich höflich und brachte mich in seinem Wagen in das Lager. Bald darauf wurde ich zur Audienz beim König von einem Zeremonienmeister geführt, der aus Höflichkeit mit einladenden Gesten vor mir hersprang.

König Saud empfing mich in einem komfortablen, mit Luftkühlung und Telefon ausgestatteten Wohnwagen. Er bot mir den Sessel neben sich an, während ein Professor der Sprachwissenschaften auf dem Boden zwischen uns kniend das Gespräch zu dolmetschen hatte, und zwar vom Arabischen ins Englische. Über Politik zu sprechen, schien der König nicht gesonnen, er beschränkte sich darauf, von seinem Besuch in Deutschland zu schwärmen. Er schätzte die deutschen Augenärzte, die sich bemühten, seine völlige Erblindung wenigstens im Tempo zu verlangsamen. Dann ließ der König seinen in der Bundesrepublik gekauften Jagdfalken bringen. Er erklärte mir, er hätte ihn auf den Namen »Berlin« getauft und es gehöre zu den ständigen Späßen, wenn dem prachtvollen Vogel kein Jagdglück beschieden sei, zu erklären, er käme wohl *doch* aus *Ost*-Berlin! Schließlich entließ mich der König mit dem Hinweis, daß alles für eine Falkenjagd zu meinen Ehren vorbereitet sei. Er selbst könne seiner Gesundheit wegen nicht teilnehmen.

Wir fuhren schließlich in einem amerikanischen Wagen los. Vorn neben dem Fahrer saß der Falkner des Königs, ein wirklich prächtig anzuschauender Mann. Seine Augen müssen so gut wie die eines Falken gewesen sein, denn ich konnte weit und breit kein Wild entdecken. Er jedoch riß plötzlich dem Falken die Lederkappe von den Augen und warf ihn mit einem Schrei in die Luft. Ich sah noch immer kein Wild, sondern nur den Falken dicht über dem Erdboden dahinfliegen. In blitzschnellen Wendungen versuchte er, einem Wüstenhasen zu folgen, kehrte aber schließlich erfolglos auf die Faust seines Meisters zurück. Das Spiel wiederholte sich einige Male. Ich fürchtete schon, mit einem Falken aus »Ost-Berlin« zurückzukehren. Doch beim vierten oder fünften Versuch schlug er seine Beute, ein Wüstenkaninchen. Zufrieden mit dieser nicht gerade imposanten Jagdbeute kehrten wir in das Lager zurück. Man führte mich in ein sehr schönes Zelt, das mit einem luxuriösen Wohn- und Waschwagen verbunden war. Jetzt erschien wieder der hüpfende Zeremonienmeister und berichtete, daß der König angeordnet habe, die Tafel solle erst beginnen, wenn das Kaninchen zubereitet sei.

Schließlich führte man mich vor ein Zelt, an dessen Eingang mich der König, umgeben von einigen seiner Söhne, erwartete. Rechts und links vom Eingang stand eine malerische Beduinenwache mit altmodischen, silberbeschlagenen Gewehren. Wie mich Herr Steffen informierte, pflegte der König seine Söhne »jahrgangsweise« ins Jagdlager einzuladen. An diesem Tage schien es etwa der Jahrgang 1940 zu sein. Das große Beduinenzelt, zu dem mich der König führte, war mit wundervollen Teppichen ausgelegt und bot für etwa 50 Personen Platz. Schließlich saßen wir alle mit gekreuzten Beinen auf dem Boden und speisten nach arabischer Sitte mit den Händen, die allerdings vorher reichlich mit Eau de Cologne übergossen wurden. An der Längsseite des Zeltes standen wieder die Männer der Beduinenwache. Außer den alten Gewehren konnte ich deutlich sehen, daß ihre Gewänder modernste Maschinenpistolen verbargen. Der König zeigte sich äußerst liebenswürdig. Mit seinen kranken Augen kontrollierte er jedes Stück Fleisch, das ich mir auf den Teller legte. Gefiel es ihm nicht, ergriff er es, warf es hinter sich und legte mir dann mit seiner Hand ein besseres Stück auf meinen Teller. Als Getränk gab es Kuh-, Stuten- und Kamelmilch. Ich bin kein Milchkenner!

Wir sprachen über das absolutistische Regime des Königs. Freundlich lächelnd erklärte er mir, daß seine Beduinen jeden Menschen im Zelt auf einen Wink seiner Hand erschießen würden, denn er sei der oberste Gerichtsherr. Ich fragte ihn: »Gilt das auch für mich, Majestät?« Er dachte einen Augenblick nach und erwiderte dann: »Schießen würden sie bestimmt, aber mir ist an engen Beziehungen mit der Bundesrepublik sehr gelegen!« Dann wollte er wissen, welches Programm für mich am Abend in Riad vorgesehen sei. Da ich von einem Programm nichts wußte, erteilte er sofort den Auftrag, daß sein zweiter Sohn mir ein Essen zu geben habe. Am Nachmittag traten wir, reich mit schönen Gewändern beschenkt, zu denen für mich noch ein königlicher Kopfschmuck kam, den Rückflug nach Riad an.

Am Abend führte man mich in den neuen Nasirijjah-Palast. Ich speiste neben dem Prinzen sitzend in einem Saal, der 500 Personen faßt. Das Essen war vorwiegend europäisch, ein Schweizer Maître d'hôtel kommandierte die servierenden Beduinen. Anwesend waren etwa 250 Offiziere und Beamte, die alle sehr viel aßen, was mich zu der Annahme brachte, daß solche Essen den Hauptteil ihrer Besoldung darstellten. Am nächsten Tag ging es weiter nach Djidda, wo mir Herr Steffen einen Empfang gab, zu dem die wichtigsten Beamten der Ministerien erschienen waren.

Präsident Nasser

Ich möchte nun den Leser nicht mit der Aufzählung aller Empfänge und Essen, die ich auf dieser Reise absolvieren mußte, beschäftigen, sondern nur soviel sagen, daß unsere Botschafter unseren Besuch weidlich ausschlachteten, genau wie es ihre Pflicht ist. Immerhin gelangten wir mehr tot als lebendig an unsere Endstation Kairo. Dort eilten wir wiederum von einem offiziellen Besuch zum nächsten, von einer politischen Aussprache zu einer mehr fachlichen Beratung in Informationsfragen. Den Höhepunkt des Besuches brachte natürlich meine Aussprache mit Präsident Nasser, der mich in Begleitung des deutschen Botschafters Dr. Weber in seinem Privathaus empfing. Botschafter Weber berichtete darüber in einem Telegramm nach Bonn:

Kairo, 5. 2. 1960

»Staatspräsident Nasser empfing gestern abend um 19.00 Uhr Bundespressechef von Eckardt in meiner Gegenwart. Der Audienz wohnte ferner der stellvertretende Staatsminister der Präsidialkanzlei, Abdel Khadr Hatem, bei, der für Presseangelegenheiten in der Präsidialkanzlei zuständig ist.

Die Unterredung vollzog sich in einer aufgeschlossenen und freundlichen Atmosphäre. Sie drehte sich zusätzlich um Fragen der Public-Relations-Arbeit, insbesondere durch Rundfunk und Fernsehen. Präsident Nasser äußerte sich eingehend zu diesen Fragen. Er sagte u. a., daß im Kabinett lange Zeit zwei Richtungen über den Wert des Fernsehens bestanden hätten. Er selbst habe sich stets für die Einrichtung eines Fernsehnetzes eingesetzt, und diese Pläne würden nunmehr ausgeführt. Er verspreche sich davon im Rahmen der Bestrebungen der Nationalen Union weitreichende Einwirkungs- und Erziehungsmöglichkeiten, da die Bevölkerung auf allen Gebieten noch sehr rückständig sei. Er begrüßte die Möglichkeit einer engen Zusammenarbeit mit der Bundesregierung auf diesem Gebiet und nehme dankbar die von Bundespressechef von Eckardt zugesagte technische Hilfe für die Ausbildung von Fernsehtechnikern usw. an.

Im weiteren Verlauf des Gesprächs wurde auch die Algerienfrage berührt. Bundespressechef von Eckardt wies, von mir sekundiert, auf die persönliche Verbundenheit des Bundeskanzlers mit General de Gaulle hin. Der Bundeskanzler habe in seinen persönlichen Unterredungen mit General de Gaulle immer wieder auf diesen eingewirkt, für das Algerienproblem eine friedliche und gerechte Lösung anzustreben. Der Bundeskanzler sei davon überzeugt, daß de Gaulle tatsächlich der einzige Politiker in Frankreich sei, der überhaupt eine gerechte Lösung der Algerienfrage durchzusetzen in der Lage wäre. Präsident Nasser antwortete, und das scheint mir sehr wesentlich für seine Haltung zu sein, daß auch er General de Gaulle, wie er wörtlich sagte, für einen sauberen Menschen und klaren Charakter halte, der eine gerechte und friedliche Lösung der Algerienfrage anstrebe. Er sei dem Herrn Bundeskanzler sehr zu Dank verpflichtet, daß er sich bei de Gaulle für eine derartige Lösung einsetze.

Politisch von Interesse sind die Äußerungen Präsident Nassers zur Israelfrage. Er betonte, daß er gegenüber Israel keine aggressiven Absichten hege. Aber die Ereignisse des Jahres 1956 zwängen ihn, gegen Angriffe von israelischer Seite gerüstet zu sein. Den Friedensbeteuerungen Ben Gurions könne er nach den Ereignissen von 1956 keinen Glauben schenken. Auch damals habe Ben Gurion kurz vor dem Angriff auf

Sinai in der Knesseth die Friedensliebe Israels beteuert, was ihn nicht gehindert habe, kurz darauf in Sinai einzufallen. Dieses Vorgehen Israels habe ihn leider – wie er ausdrücklich sagte – gezwungen, wegen der Bewaffnung der ägyptischen Streitkräfte Verpflichtungen gegenüber den Oststaaten einzugehen. Aber es sei ihm, wie wir verstehen würden, keine andere Wahl geblieben.

Es ist dies das erste Mal, daß Präsident Nasser in einer Unterredung unter vier Augen zugab, daß er die mit dem Osten eingegangenen Bindungen bezüglich der Bewaffnung der ägyptischen Armee als eine Belastung seiner politischen Linie der positiven Neutralität empfindet.

Herr Staatssekretär von Eckardt wird nach seiner Rückkehr über weitere Einzelheiten dieses sehr positiven und aufschlußreichen Gesprächs berichten.

gez. Weber«

Diesem Bericht ist von meinem Standpunkt noch einiges hinzuzufügen. Ich benutzte das Gespräch, um sehr nachdrücklich auf die Möglichkeiten hinzuweisen, die das Fernsehen böte, einer vorwiegend aus Analphabeten bestehenden Bevölkerung eine erste Grundlagenausbildung in technischen Dingen zu vermitteln. Der Bürgermeister von Kairo hatte mir berichtet, daß die in der Hauptstadt laufenden Verkehrsomnibusse nur eine sehr kurze Lebensdauer, oft nur von zwei Jahren, erreichten. Natürlich lag das an der fehlenden technischen Wartung der Fahrzeuge. Ich erklärte Nasser, daß keine deutsche Stadt es sich erlauben könne, alle paar Jahre den ganzen Fahrzeugpark zu erneuern. Hier könne man Abhilfe durch Lehrfilme schaffen. Ich bot dem Präsidenten an, die technischen Lehrgänge der anerkannt vorzüglichen deutschen Gewerbeschule auf Film aufnehmen zu lassen. Das gleiche gelte auch für landwirtschaftliche Lehrgänge. Nasser nahm das Angebot mit Dankbarkeit an, und tatsächlich wurde dann auch so verfahren.

Politisch am interessantesten erschien mir die Einstellung Nassers gegenüber der Sowjetunion zu diesem Zeitpunkt. Er beschwerte sich darüber, daß ihm die Russen weitreichende Versprechungen machten und sie dann nicht hielten. Als Beispiel nannte er ein Schwimmdock in Alexandria. Von deutscher Seite sei ein sehr attraktives Angebot dafür gemacht worden. Dann seien die Russen in das gleiche Angebot eingestiegen, aber obwohl nun schon vier Jahre vergangen seien, machten sie keinerlei Anstalten dazu, den Vertrag zu erfüllen. Er werde nun das Projekt neu ausschreiben. Ich glaube, das Schwimmdock lieferte dann schließlich doch eine deutsche Firma. Nicht weniger aufschlußreich unterstrich der Präsident, daß ihm in der Frage der Waffenkäufe keine andere

Wahl geblieben sei, als sowjetische Angebote anzunehmen, da der Westen keine Bereitschaft erkennen ließe, der ägyptischen Armee Waffen zu liefern. Die Folgen sind bekannt. In weitem Maße beruht noch heute der russische Einfluß in Ägypten auf den sowjetischen Waffen und den dazu gelieferten militärischen Instrukteuren. Um kein Mißverständnis aufkommen zu lassen: Ich glaube nicht, daß der Westen – von der Bundesrepublik ganz zu schweigen – anders hätte handeln sollen, aber es ist notwendig, die Zusammenhänge zu kennen. Bei der ganzen Behandlung dieses Themas konnte der Unterton des Bedauerns bei Nasser nicht überhört werden. Er schien sich der mit den russischen Waffenlieferungen verbundenen Abhängigkeit voll bewußt zu sein.

Ein Wort zur Person Nassers dürfte noch am Platze sein. Von den arabischen Persönlichkeiten, die ich im Laufe dieser Reise kennenlernte, machten zwei Männer einen wirklich nachhaltigen Eindruck: Emir Feisal, heute König von Saudi-Arabien, und Präsident Nasser. Feisal verkörpert den Typ des großen Herrn mit einem hohen Maß an Bildung und bedeutenden staatsmännischen Fähigkeiten. Nasser beeindruckte mich mehr durch seine Entwicklung vom revolutionären Propagandisten der ersten Jahre seiner Regentschaft zu einem Mann, der es gelernt hatte, hart zu arbeiten, um sein Volk allmählich auf eine höhere Entwicklungsstufe zu bringen. Besonders bewegte mich nach dieser Aussprache das Gefühl, daß Nasser im Grunde seines Herzens keine kriegerische Auseinandersetzung mit Israel anstrebt, daß er aber nur in einer scharfen antiisraelischen Haltung die Möglichkeit sah, die arabische Welt zusammenzuhalten. Noch heute ist diese Einstellung gegen Israel das einzige verbindende Element unter den arabischen Staaten, deren Interessen sonst auf keinen gemeinsamen Nenner zu bringen sind. Ich betone, daß Nasser natürlich nichts Derartiges sagte, sondern daß ich hier nur gefühlsmäßige Eindrücke wiedergebe.

Nach dieser Expreßreise durch den Vorderen Orient hieß es nun, eiligst wieder nach Bonn zurückzukehren, denn die von der Genfer Außenministerkonferenz ungelöst gebliebenen Probleme beherrschten die internationale politische Situation.

Neue Pläne

Nach dem großen Wahlsieg ließ sich Konrad Adenauer mit der Regierungsbildung viel Zeit. Die absolute, wenn auch knappe Majorität von CDU/CSU gab ihm hierzu die Möglichkeit. In der Zwischenzeit konstituierte sich der neue Bundestag, und das alte Kabinett führte die Geschäfte weiter. Endlich, am 24. Oktober 1957, präsentierte der Bundeskanzler seine neue Regierung, in der die CDU mit zwölf Ministern, die CSU mit vier und die Deutsche Partei mit zwei Ministern vertreten waren. Vier neue Männer zogen in das Kabinett ein, darunter Franz Etzel, der von Fritz Schäffer das Finanzministerium übernahm, Postminister wurde der Geschäftsführer der CSU, Richard Stücklen, und von der CDU kamen neu in die Regierung Hermann Lindrath in das Schatzministerium und Paul Lücke in das Wohnungsbauministerium. Finanzminister Schäffer zog sich auf die Justiz zurück, während der frühere Verteidigungsminister Theodor Blank zu meiner großen Freude das Ressort des Arbeitsministeriums übernahm. Die wichtigste Veränderung lag zweifellos in der Umbesetzung des Finanzministeriums. Letztlich war es wohl der berüchtigte »Juliusturm« und die spätere Verschleuderung dieser aufgespeicherten Milliarden, die eine Ablösung Fritz Schäffers nötig machten. Die Freien Demokraten blieben außerhalb der Regierung.

Ich selbst habe es nach Wahlen stets peinlich vermieden, bei dem langen Hin und Her über die Regierungsbildung irgendwie in Erscheinung zu treten oder mich an den langwierigen personellen Auseinandersetzungen auch nur mit einem Wort zu beteiligen. Es kann nicht die Aufgabe eines Pressechefs sein, sich in diese Angelegenheiten einzumischen, und wenn er es doch täte, käme er mit Sicherheit unter die Räder. So fuhren meine Frau und ich auf einen längeren Urlaub nach Italien und landeten schließlich auf Sizilien. Unseren Aufenthalt dort überschattete erst einmal ein persönliches unerfreuliches Erlebnis. In einem sehr berühmten Hotel in Taormina wurde meiner Frau, während wir vormittags einen Ausflug nach Catania machten, der gesamte Schmuck gestohlen. Es handelte sich nicht um außerordentliche Werte, dafür aber um einige schöne alte Familienstücke und manches Hübsche, das ich im Laufe der Jahre meiner Frau geschenkt hatte. Die Ortspolizei von Taormina beschäftigte sich »wortreich« mit der Angelegenheit, doch es gelang ihr nicht, den Täter oder den Schmuck herbeizuschaffen. 48 Stunden nach diesem Zwischenfall, der unsere Urlaubsstimmung erheblich minderte, erklärte mir meine Frau: »Die Sachen sind weg, es hat auch keinen Sinn, sich noch weiter damit zu beschäftigen und uns damit über den Verlust hinaus den ganzen Urlaub zu verderben. Wir wollen nicht mehr davon reden!« Ich muß sagen, daß ich meine Frau wegen dieser Haltung sehr bewundert habe.

Doch noch ein anderes Ereignis, das nicht nur von großer politischer, sondern geradezu historischer Bedeutung war, fiel in jene Urlaubstage. Am 5. Oktober startete die Sowjetunion ihren ersten künstlichen Erdsatelliten, den sogenannten »Sputnik«. Die Welt hielt in diesen Tagen buchstäblich den Atem an. Einmal war diese Leistung von großer wissenschaftlicher Bedeutung, aber darüber hinaus zeigte der Erdsatellit bei seinen Umkreisungen um unsere alte Erde, daß die Sowjetunion nun über Raketen von außerordentlicher Schubkraft verfügen mußte. Die Wirkung dieser großen technischen Leistung in den Vereinigten Staaten war ganz enorm. Der bekannte amerikanische Kolumnist Walter Lippmann schrieb in der New York Herald Tribune: »Herr Dulles kann keinen Zweifel hegen, daß eine Nation, die den Sputnik lancieren kann, sehr fortgeschritten in der Wissenschaft, in der technischen Produktion und in der industriellen Kapazität ist. Er kann auch nicht daran zweifeln, daß, wenn dieser Fortschritt andauert oder sich ausbreitet, eine radikale Änderung im Gleichgewicht der Welt eintreten wird...« In der Tat hat der erfolgreiche Start des sowjetischen Erdsatelliten unsere Welt verändert. Die Vereinigten Staaten wurden gezwungen, ein großes Weltraumprogramm zu entwickeln, um den nicht übersehbaren Vorsprung der Sowjetunion einzuholen. Denn abgesehen von den wissenschaftlichen Fortschritten, die der Sputnik für die Weltraumforschung bedeutete, lag es auf der Hand, daß auch das militärische Gleichgewicht der beiden Supermächte USA und Sowjetunion davon abhing, ob es den amerikanischen Wissenschaftlern und Technikern gelingen würde, die Russen einzuholen. Es war wie ein schreckliches Erwachen aus der liebgewordenen Vorstellung, die Vereinigten Staaten würden jetzt und für alle Zeit technisch an der Spitze der Menschheit spazieren. Davon konnte nun nicht mehr die Rede sein. Mir fehlt es an der nötigen Sachkenntnis, um darüber ein Urteil abzugeben, ob die Sowjetunion oder die Vereinigten Staaten in der Weltraumforschung und damit im Zusammenhang mit der Entwicklung interkontinentaler Raketen einen Vorsprung besitzen. Wie dem auch sei, sicherlich handelt es sich auch heute dabei nur um Nuancen. Wichtiger vielmehr ist, daß im Laufe dieser technischen Entwicklung das sogenannte »atomare Patt« entstand, also eine wechselseitig gleich starke Bedrohung der Sowjetunion und der Vereinigten Staaten durch atomare Kampfmittel. Die Jahre nach 1957 haben gezeigt, daß die Welt unter diesem »Dach des Schreckens« dahinlebt, daß die beiden größten Mächte der Welt sich durch ihre militärisch technischen Fortschritte in ihrer politischen Bewegungsfreiheit in weitem Maße selbst lahmgelegt haben. Für uns im Westen bedeutete die Entwicklung der sowjetischen Raketentechnik, daß wir zwangsläufig mit einer Umstellung in der amerikanischen Außenpolitik rechnen mußten, denn zum ersten Mal in der Geschichte der USA gab es für diesen großen und mächtigen Staat eine direkte und dazu fürchterliche militärische Bedrohung des eigenen Landes. Interessant ist vielleicht auch noch im Zusammenhang hiermit festzustellen, daß bei wirklich entscheidenden Vorgängen die militärischen und politischen Geheimdienste aller Staaten mehr oder weniger versagen. Wie wäre es sonst möglich, daß die Sowjetunion einen Erdsatelliten starten konnte, zu dessen Herstellung und Beförderung in den Weltraum riesige Anlagen gehören, ohne daß auch nur eine Andeutung davon vorher bekannt wurde.

In das Jahr 1957 fällt auch noch ein Vorgang, der mich in der Rückschau wieder außerordentlich beschäftigt. In den Jahren, in denen ich als Pressechef für die Bundesregierung arbeitete, fanden unzählige Gespräche teils zwischen Adenauer und mir allein, teils unter Hinzuziehung Herbert Blankenhorns über die deutsche Frage und ihre internationalen Zusammenhänge statt. Ich erwähnte auch bereits, daß Konrad Adenauer keineswegs so unbeweglich oder gar starrsinnig war, um nicht alle Pläne, die entweder von deutscher Seite, von politischen Persönlichkeiten innerhalb unserer Allianz oder auch sogar von den Führern des Ostblocks entwickelt wurden, auf das genaueste zu prüfen. Mehr als einmal forderte uns der Kanzler auf, solche Vorschläge zur Lösung der deutschen Frage durchzudenken und daraufhin zu prüfen, ob sich aus ihnen ein deutscher Vorschlag zur Lösung der Wiedervereinigungsfrage herausarbeiten ließe.

In diesem Jahre 1957 erarbeiteten wir als Denkschema einen Plan, der der Lösung der deutschen Frage, des Sicherheitsproblems in Mitteleuropa und der weiteren Einigung Europas dienen sollte. Dieser Entwurf wurde in die Form eines Briefes an Präsident Eisenhower gekleidet.

Ich weiß nicht, ob dieser Brief jemals abgeschickt wurde. Trotzdem ist es, so glaube ich, interessant, einige Gedanken aus dem umfangreichen Dokument wiederzugeben. Darin heißt es – den Präsidenten anredend –

»Ich weiß, wie sehr Ihnen, Herr Präsident, die Erhaltung des Weltfriedens und das Schicksal der freien Welt am Herzen liegen und mit welcher Energie und mit welchem Erfolg Sie sich in der Vergangenheit dafür eingesetzt haben. Ich glaube, wir stimmen in der Auffassung überein, daß im Gefüge des sowjetischen Reiches und vor allen Dingen im Satellitenraum mit den Ereignissen in Ungarn und Polen Veränderungen eingetreten sind, die in vieler Hinsicht ein neues Bild ergeben. Freiheitlich gesonnene Kräfte haben sich aus der Erstarrung gelöst, tief in den Völkern schlummernder Widerstand ist in Bewegung geraten, der, wie wir wohl annehmen können, in stetem Fortschreiten die inneren und äußeren Verhältnisse dieses gewaltigen Raumes zunehmend beeinflussen wird.

Bei aller Vorsicht, die der Westen in seiner Haltung gegenüber diesen Bewegungen wahren muß, erscheint es mir notwendig, daß wir diesen Drang der Völker des europäischen Ostens und nicht zuletzt auch der Deutschen in der Sowjetzone nach Verselbständigung und Freiheit durch eine großzügige Initiative unterstützen. Es gilt, neue Wege für ein Sicherheitssystem in Europa und zur Überwindung der Teilung Deutschlands zu finden. Es ist mir völlig klar, daß eine solche Initiative nur so gestaltet sein kann, daß sie einmal den Interessen der westlichen, der freien Welt Rechnung trägt, andererseits aber auch dem Sicherheitsverlangen der Sowjets und ihrem Prestigebedürfnis soweit wie möglich entgegenkommt...« Es wird dann auf die verschiedenen Erklärungen des Kremls über das Prinzip der Selbständigkeit und Souveränität der Satellitenstaaten eingegangen und festgestellt, daß sich die Situation der russischen Armee in Polen in vieler Hinsicht geändert hat, ferner, daß das gleiche für die Divisionen der Satellitenstaaten gilt. In dem Briefentwurf heißt es dann weiter:

»Der Westen hat deshalb ein großes Interesse, derartige Tendenzen zu einer Neuorientierung der sowjetischen Politik durch eine entsprechende außenpolitische Haltung zu fördern und zu erleichtern. Dies ist aber um so dringlicher, als die Anwesenheit russischer Kräfte besonders in Polen eine echte Gefahr für den Weltfrieden darstellt...« Der Briefentwurf skizziert dann die Möglichkeiten eines europäischen Sicherheitssystems. Dazu heißt es:

»In einer ersten Etappe, die die Jahre 1957 und 1958 umfaßt, würde in dem Raum zwischen Rhein und der Linie Weichsel–Narew ein Rüstungsgleichgewicht, das heißt ein Gleichgewicht an Mannschaftsstärken, Waffen und Flugzeugen hergestellt werden. Mir kommt es hierbei auf ein Gleichgewicht zwischen den in der Sowjetzone, Polen und Ungarn stehenden sowjetischen und den in Westeuropa stehenden angloamerikanischen Kräften an. Ein gegenseitig sich überlagerndes Radarwarnsystem an der Rhein-Ems- und Weichsel-Narew-Linie könnte zugleich dem Sicherheitsbedürfnis beider Mächtegruppen in diesem Teil der Welt Rechnung tragen. Herstellung und Einhaltung des Rüstungsgleichgewichts sowie des Radarwarnsystems sollten von der UNO überwacht werden. In einer zweiten Etappe, die die Jahre 1959 und 1960 umfaßt, würden sich die sowjetischen Truppen in die Sowjetunion und die anglo-amerikanischen Truppen an die Peripherie Westeuropas zurückziehen. Gleichzeitig würde das bekannte Luft- und Bodeninspektionssystem eingerichtet. Das von den anglo-amerikanischen und sowjetischen Truppen geräumte Gebiet müßte in seiner Gesamtheit durch eine entsprechende völkerrechtliche Garantie gegen Aggressionen gesichert werden. Gleichzeitig könnten die von anglo-amerikanischen und sowjetischen Truppen geräumten europäischen Staaten auf jede thermonukleare Kriegführung verzichten, wobei Großbritannien, die Vereinigten Staaten und Sowjetrußland unter den Auspizien der UNO-Charta eine Garantie übernehmen würden, um jede thermonukleare Aggression gegen diese Länder auszuschließen.

In diesen beiden Etappen würde sich der Aufbau der deutschen Bundeswehr weiter nach den bestehenden Plänen vollziehen, wobei durch die Wiedervereinigung keine Erhöhungen der deutschen militärischen Stärke erfolgen soll.« Zur Frage der Wiedervereinigung heißt es in diesem Briefentwurf an Präsident Eisenhower: »Da wir mit Sicherheit annehmen müssen, daß die Sowjetunion auf keinen Fall freie gesamtdeutsche Wahlen als erste Etappe zur Wiedervereinigung akzeptieren wird, weil ihre Vertreibung aus der Sowjetzone durch den Stimmzettel für ihr Prestige noch schwerer erträglich ist als selbst durch Waffengewalt, muß ein neuer Weg zur Wiedervereinigung gefunden werden.

In der Periode der Herstellung des Rüstungsgleichgewichts etwa 1958 würde von der Bevölkerung der Bundesrepublik und der Sowjetzone unter Viermächtekontrolle ein deutscher Nationalrat gewählt werden. Dieses Gremium sollte sehr klein gehalten werden (etwa ein Delegierter pro eine Million Einwohner). Der deutsche Nationalrat würde sich in Berlin konstituieren und die Aufgabe haben, alle mit allgemeinen freien Wahlen zusammenhängenden Fragen vorzubereiten. Er würde über keine Exekutive und keine gesetzgeberische Befugnis verfügen. Während der Nationalrat in Berlin arbeitet, würde eine UNO-Kommission die unbehinderte Arbeit des Rats sicherstellen. Die zur Schaffung des Nationalrats und seiner Wahl erforderlichen Verhandlungen würden am zweckmäßigsten vom Generalsekretär der UNO geführt werden. Der Rat würde im Zeitraum eines Jahres ein Statut ausarbeiten, unter dem die freien Wahlen vor sich gehen könnten. Dieses Statut müßte sowohl in der Bundesrepublik wie in der Sowjetzone einer Volksabstimmung unterworfen werden.

Ende 1960 würden allgemeine freie Wahlen für eine Nationalversammlung in ganz Deutschland stattfinden. Aus dieser Nationalversammlung würde die erste provisorische gesamtdeutsche Regierung hervorgehen. Die Nationalversammlung würde die Verfassung des neuen deutschen Bundes ausarbeiten und rechtsgültig beschließen.«

Der Briefentwurf kommt dann auf die europäischen Einigungsbestrebungen zu sprechen. Es heißt darin unter anderem: »Die bisherigen europäischen Einigungsbestrebungen sollten energisch und beschleunigt fortgesetzt werden. Die Vielzahl der europäischen Organisationen und die Tatsache, daß manche dieser Organisationen sich in ihren Funktionen überschneiden, haben in der europäischen Öffentlichkeit zu nicht geringer Verwirrung geführt und dem europäischen Gedanken geschadet. Eine Zusammenfassung der vielgestaltigen Einigungsbestrebungen ist erforderlich, um dem europäischen Gedanken neuen Auftrieb zu geben. Vielleicht sollten wir versuchen, einen Schritt weiterzugehen und einen Ständigen Europäischen Konsultativrat als ersten Ansatz zu einer europäischen Regierung zu schaffen. In diesem Konsultativrat könnten zunächst die sieben WEU-Staaten, dann aber auch andere westeuropäische Regierungen, soweit sie hierzu bereit sind, durch einen Kabinettsminister ständig vertreten sein. Aufgabe dieses europäischen Kabinetts wäre, die Einheitsbestrebungen zu aktivieren und eine gemeinsame Politik in allen Europa betreffenden politischen und wirtschaftlichen Fragen zu entwickeln.

Als Fernziel, das man aber auch schon im Zusammenhang mit den eben dargestellten Sicherheits- und Wiedervereinigungsplänen bekanntgeben könnte, schwebt mir eine gesamteuropäische Föderation vor, der alle europäischen Länder ungeachtet ihres Gesellschaftssystems angehören könnten. Ihr Hauptziel würde zunächst lediglich sein, für bestehende oder später auftretende europäische Streitfragen friedliche politische Lösungen zu suchen, die Einhaltung völkerrechtlicher Normen in den Beziehungen der europäischen Völker zu überwachen und zunächst theoretisch die Grundlagen für eine Ausdehnung der Montanunion, Euratom und des Gemeinsamen Marktes auf Gesamteuropa zu erarbeiten.

Da Deutschland infolge des in den vorgezeichneten Plänen dargestellten Sicherheits- und Garantiesystems nicht die gleichen Rüstungslasten zu tragen hat wie die Vereinigten Staaten und Großbritannien, da es aber auch zum Aufbau einer echten Friedensordnung vor allem in Osteuropa sehr erheblicher wirtschaftlicher Leistungen bedarf, würde zu prüfen sein, ob Deutschland nicht für den Aufbau der noch unzureichend entwickelten europäischen und nahöstlichen Gebiete wirtschaftliche Beiträge leisten sollte, deren Verwendung über internationale Organisationen geschehen könnte ...«

Heinrich von Brentano, unser Außenminister, nahm gegen die gesamte Konzeption des Planes aufs schärfste Stellung. Aus diesen Gegensätzlichkeiten ergab sich eine langwierige Debatte in engstem Kreise, und schließlich waren es die Sowjets, die durch ihre den Frieden gefährdenden Aktionen gegen Berlin den ganzen Plan zunichte machten. Immerhin ist es interessant, festzustellen, welche Gedankengänge der Bundeskanzler über die europäische Sicherheit, die Wiedervereinigung und auch über die Entwicklung der europäischen Einigungsbestrebungen ernsthaft diskutierte. Ob die in dem Plan vorgesehenen Etappen überhaupt zu verwirklichen gewesen wären, erscheint nach der Haltung der Russen mehr als zweifelhaft. Wahrscheinlich wäre selbst eine so weitgehende Offerte von deutscher und alliierter Seite von den Russen abgelehnt worden. Ihre Haltung in den darauffolgenden Jahren bis zum heutigen Tage weist in diese Richtung. Ebenso zweifelhaft schien es mir selbst, ob die deutschen Parteien bereit gewesen wären, einen solchen Weg zu gehen. Im Zusammenhang mit dieser Frage wies ich den Kanzler immer wieder darauf hin, daß nach meiner Überzeugung nur er allein über genügend Autorität in der Bundesrepublik verfüge, um Volk und Parteien die Notwendigkeit großer politischer und wirtschaftlicher Opfer klarzumachen. Ich bin auch heute noch der Überzeugung, daß es – wann immer es dahin kommen sollte – eines Regierungschefs von außergewöhnlicher Autorität bedürfen würde, um die deutsche Frage in einer Form zu lösen, die auch die Zustimmung Osteuropas und der Sowjetunion finden könnte.

Noch etwas anderes besprach ich mit dem Bundeskanzler. Bevor der Plan endgültig aufgegeben wurde, sagte ich ihm, daß im Falle ernsthafter Verhandlungen über dieses oder ein ähnliches Projekt nur ein Kabinett, in dem alle Parteien des Bundestages vertreten seien, überhaupt in der Lage sei, die Verantwortung dafür zu tragen. Eine opferreiche Lösung der deutschen Frage dürfe niemals in den Streit der Parteien geraten, wolle man nicht riskieren, in die selbstmörderischen Auseinandersetzungen der Weimarer Zeit – hie »Erfüllungspolitiker«, hie »Nationaldenkende« – zurückzufallen. Der Kanzler stimmte diesem Gedankengang voll zu, denn er stellte die Lösung der deutschen Frage völlig außerhalb des Parteienstreits.

Der Plan verschwand also in den tiefsten Tiefen des Panzerschrankes, und die angeschnittenen Probleme blieben unberührt auf dem Tisch.

Im übrigen brachte schon der Oktober 1957 eine gewisse Klarheit darüber, denn anläßlich der Generalversammlung der Vereinten Nationen empfing Außenminister Dulles den sowjetischen Außenminister Gromyko zu einer mehr als vierstündigen Unterredung. Wie wir aus Mitteilungen der amerikanischen Regierung erfuhren, lehnte es Gromyko ab, trotz großen Drängens der Amerikaner die deutsche Frage überhaupt zu diskutieren. Er nannte dieses Problem »kein geeignetes Thema«. Dagegen setzte die sowjetische Regierung ihre Bemühungen fort, unter Ausklammerung der deutschen Frage mit den Vereinigten Staaten ins Gespräch zu kommen. Chruschtschow gab der New York Times ein langes Interview, in dem er die »friedliche Koexistenz« in den Mittelpunkt der Diskussion rückte, aus der sie bis heute nicht verschwunden ist.

Der Herbst 1957 brachte noch ein überaus unerfreuliches und auch einschneidendes Ereignis. Jugoslawien nahm die diplomatischen Beziehungen zur Sowjetzone auf und stellte damit die »Hallsteindoktrin« auf eine erste Probe. Wie dem Leser vielleicht noch erinnerlich ist, erwähnte ich bei der Schilderung einer Botschafterkonferenz während meiner New Yorker Tätigkeit, daß Außenminister von Brentano während dieser Konferenz diese Doktrin formulierte und daß sie durch eine Indiskretion in die Presse kam. Es ist hier vielleicht der Platz, einige Worte über die Hallsteindoktrin selbst zu sagen. Noch heute stößt man häufig auf eine sachliche Unkenntnis dessen, was Hallstein formuliert hat. Im Grunde genommen ist die Hallsteindoktrin nicht mehr und nicht weniger als eine logische Konsequenz der Präambel unseres Grundgesetzes. Sie verpflichtet die Bundesrepublik zur Vertretung der Interessen des ganzen Deutschlands. Hieraus resultiert der noch heute vom Osten und besonders von den Zonenmachthabern so heftig attakkierte Alleinvertretungsanspruch der Bundesregierung für Deutschland in den Grenzen von 1937. Hallstein und seine juristischen Mitarbeiter formulierten daher völlig konsequent, daß jeder Staat, der die sowjetisch besetzte Zone diplomatisch anerkennt, sich mit diesen Bestimmungen des Grundgesetzes in Widerspruch setzt. Nicht richtig ist, daß die Hallsteindoktrin festlegt, welche Gegenmaßnahmen die Bundesregierung in einem solchen Falle treffen würde. Es heißt darin nur, daß sie die Aufnahme diplomatischer Beziehungen mit der Sowjetzone als einen »unfreundlichen Akt« der Bundesrepublik gegenüber ansehen müsse. Für die Reaktion der Bundesrepublik gibt es daher eine weite Skala von wirtschaftlichen Sanktionen bis zum Abbruch der diplomatischen Beziehungen mit dem betreffenden Staat.

In der schon zitierten Botschafterkonferenz hatte allerdings Brentano sehr scharfe Maßnahmen für einen solchen Fall angekündigt, der nun durch Jugoslawien ausgelöst wurde. Mir ist eine Unterhaltung, die ich mit dem Bundeskanzler unmittelbar nach dem Eintreffen der Meldung über Jugoslawiens Schritt führte, noch lebhaft in Erinnerung. Adenauer war außerordentlich betroffen. Das konnte nicht verwundern, denn im großen und ganzen waren unsere Beziehungen zu Jugoslawien nicht schlecht, da Titos oppositionelle Haltung gegenüber der Sowjetunion der deutschen Außen- und Wirtschaftspolitik vielerlei Spielraum in Jugoslawien gab. Darüber hinaus hatten wir Tito manche wirtschaftlichen Vorteile, Kredite und auch gewisse Wiedergutmachungszahlungen eingeräumt. Mir selbst ging es an dem Morgen nach dem Eintreffen der Nachricht nicht anders als dem Bundeskanzler. Unser Botschafter in Belgrad, Pfleiderer, entwickelte seit längerer Zeit große Aktivität, um gerade dort im Ostblock festen Fuß zu fassen. Der Kanzler fragte mich, ob ich eine andere Möglichkeit sähe, als den Schritt Titos mit Abbruch der diplomatischen Beziehungen zu beantworten. Widerstrebend konnte ich nur antworten, daß es nach der Erklärung Brentanos, die jedermann in Deutschland kenne, leider keine andere Möglichkeit gäbe, als diesen harten Schritt zu tun. Es läge auf der Hand, daß bei einer weichen Reaktion Bonns die Dämme brechen und eine große Anzahl von Anerkennungen bei den Machthabern in Pankow eintreffen würde. Damit müsse dann das gesamte Gebäude unseres Alleinvertretungsanspruchs einstürzen. Der Kanzler stimmte mir zu, aber es war ihm deutlich anzumerken, daß er diesen Weg nur mit großem Widerwillen beschritt. Das Kabinett beschloß noch am gleichen Tage den Abbruch der diplomatischen Beziehungen, setzte allerdings vertraglich vereinbarte Zahlungen an Jugoslawien fort und beließ ein Generalkonsulat im Lande.

Noch heute geht der Kampf der Meinungen um die Nützlichkeit der Hallsteindoktrin unablässig weiter. Dabei ist nicht zu bestreiten, daß sie in den vergangenen zehn Jahren der deutschen Politik außerordentlich großen Nutzen gebracht hat. Gerade der Abbruch der diplomatischen Beziehungen zu Jugoslawien hinderte die anderen Staaten, die nicht ungern offizielle Verbindung mit der Sowjetzone angeknüpft hätten, diesen Weg zu gehen. Wenn ein Sprung in unsere jetzige politische Situation erlaubt ist, so kann man nur feststellen, daß die Wirkung der Hallsteindoktrin nach wie vor außerordentlich groß ist. Man erkennt das bereits an dem hartnäckigen Kampf der Pankower Machthaber gegen den Alleinvertretungsanspruch der Bundesrepublik. Allgemein dürfte noch im Gedächtnis sein, daß Nasser 1965 eine Einladung an Ulbricht richtete, Kairo zu besuchen, und daß der ägyptische Regierungschef den meistgehaßten Mann Deutschlands mit großen Ehren in seiner Hauptstadt empfing. Aus dieser Tatsache erfolgten dann die Einstellung der deutschen Wirtschaftshilfe für Ägypten und diplomatische Beziehungen mit Israel.

Dabei muß eines festgehalten werden: bei dem großen Staatsbankett, das Nasser dem Machthaber aus Pankow gab, lobte er ihn zwar mit bewegten Worten, doch stellte er gleichzeitig fest, daß es ihm leider nicht möglich sei, die »DDR« anzuerkennen. Ich glaube, nur wenige haben sich das Groteske dieser Situation wirklich klargemacht: Ulbricht reiste mit großem Gefolge nach Kairo, wird dort geehrt wie ein Staatsoberhaupt, und gleichzeitig wird ihm gesagt, daß man ihn leider nicht anerkennen könne. Ich glaube, daß dieser Vorgang in der Geschichte der neueren Zeit einmalig ist, aber gleichzeitig auch zeigt, eine wie scharfe Waffe bis zum heutigen Tage die Hallsteindoktrin ist.

In den Herbst des Jahres 1957 fielen die Feiern zum 40. Jahrestag der russischen Oktoberrevolution, bei denen Chruschtschow in einer großen Rede unter anderem eine Konferenz zwischen Ost und West auf höchster Ebene anregte. Zu gleicher Zeit wiederholte er seine Kritik an den Fehlern Stalins, die er auf dem XX. Parteikongreß der Kommunistischen Partei der Sowjetunion in einer großen Rede gebrandmarkt hatte und die den Prozeß der Entstalinisierung der Kommunistischen Parteien auf der ganzen Welt einleitete, nur mit einer Ausnahme: Das Regime in der Sowjetzone unter Walter Ulbricht behielt seine stalinistischen Züge bei. Auf der Gipfelkonferenz, die schließlich aus dieser Aufforderung Chruschtschows hervorging, werde ich noch zurückkommen.

Wie jedes Jahr bildete den Abschluß der politischen Saison die Tagung des Ministerrats der NATO-Staaten in Paris. Diese Sitzungen, die stets um den 20. Dezember jeden Jahres stattfanden, erfreuten sich bei den Frauen der Delegationsmitglieder äußerst geringer Sympathien. Die letzten Tage vor dem Weihnachtsfest hat jede Ehefrau ihren Mann gern bei sich zu Hause, und sei es auch nur, um ihn für Einkäufe fortlaufend zu schröpfen. Über den Verlauf der zahlreichen NATO-Ratssitzungen, an denen ich teilgenommen habe, möchte ich in diesem Buch wenig oder nichts berichten, denn meine Teilnahme war eher passiver als aktiver und vor allen Dingen informatorischer Natur. Um ein Gesamtbild der politischen Lage zu haben, war es nötig, diesen Sitzungen beizuwohnen, denn ihr Einfluß auf die westliche Allianz war mehr als einmal von großer Bedeutung. Als Pressechef hatte ich auf diesen Konferenzen wenig zu sagen. Die NATO hat ein eigenes Pressereferat.

Der Jahresbeginn 1958 ließ sich verhältnismäßig geruhsam an. Die Spannungen zwischen Ost und West blieben zwar unverändert, doch eigentlich erwartete man für 1958 keine besonders einschneidenden Veränderungen. Es kam nur zu dem üblichen Rededuell zwischen Eisenhower, der freie Wahlen für ganz Deutschland verlangte, und Chruschtschow, der die These wiederholte, daß die Wiedervereinigung der beiden Teile Deutschlands eine Angelegenheit der Deutschen sei. Er präzisierte das allerdings in einer bis dahin nicht erfolgten scharfen Form. In den März desselben Jahres fiel eine sehr umfangreiche Debatte des Bundestages über die Bewaffnung der allmählich entstehenden Bundeswehr. Die Auseinandersetzung zwischen den Regierungsparteien und der Opposition endete mit dem Beschluß, die deutschen Streitkräfte mit Trägerwaffen, seien es Flugzeuge, seien es Raketen, auszurüsten, die in der Lage sind, atomare Köpfe ins vorgesehene Ziel zu tragen. Allerdings handelte es sich dabei nur um taktische Atomwaffen mit relativ geringer Reichweite. Die atomaren Sprengköpfe blieben in amerikanischem Gewahrsam. Sie sind noch heute allein zur Verfügung der amerikanischen Kommandostellen, die ihrerseits atomare Waffen nur auf Anordnung des Präsidenten der Vereinigten Staaten einsetzen dürfen. Natürlich entfesselten diese Beschlüsse des Bundestages und der Regierung der USA einen Sturm der Entrüstung in der Sowjetunion und in den Ostblockstaaten. Reden und Erklärungen folgten von beiden Seiten, hielten sich aber im Rahmen des üblichen Propagandakrieges.

Im April 1958 kam ein Besucher nach Bonn, der allerlei Aufregung hervorrief. Der erste stellvertretende Ministerpräsident der Sowjetunion, Anastas Mikojan, erschien mit einer Delegation von Experten, um ein deutsch-sowjetisches Handelsabkommen und die Vereinbarung über die Rückkehr deutscher Staatsangehöriger aus der Sowjetunion zu unterzeichnen. Am Abend des 25. April gab Außenminister von Brentano dem russischen Staatsmann ein großes Essen auf dem Petersberg. Ich selbst sah dieser Veranstaltung mit einiger Spannung entgegen, denn ich hatte am Nachmittag für Mikojan im großen Saal des Auswärtigen Amtes eine Pressekonferenz veranstaltet. Etwa 350 in- und ausländische Journalisten versammelten sich, um die Gelegenheit wahrzunehmen, eine so wichtige Persönlichkeit wie Mikojan in ein Kreuzfeuer von Fragen zu nehmen. Der kleingewachsene armenische Sowjetmensch zeigte sich einer solchen Veranstaltung durchaus gewachsen, aber gleichzeitig war nicht zu überhören, daß er besonders die Fragen, die Deutschland und Berlin betrafen, mit großer Schärfe beantwortete. Doch Mikojan ist auch ein Mann, dem es nicht an Humor fehlt, und so wurde die Spannung, die über der Pressekonferenz lag, immer wieder durch ein freundliches Gelächter unterbrochen.

Nun saßen wir in der großen Glasterrasse an langer Tafel hoch über dem Rhein, und Heinrich von Brentano entledigte sich der Pflicht, den sowjetischen Gast durch eine Rede, wenn auch nicht zu feiern, so doch zu begrüßen. Gemessen an der Einstellung Brentanos zur sowjetischen Politik erweckte die Rede einen verhältnismäßig freundlichen Eindruck, besonders als er den Abschluß und die Unterzeichnung der beiden Abkommen als einen Schritt vorwärts in den deutsch-sowjetischen Beziehungen herausstellte. Dann erhob sich Mikojan und hielt nach einigen einleitenden Höflichkeitsfloskeln eine Rede, die in ihrer Schärfe kaum zu überbieten war, wenn man in Betracht zieht, daß er sich schließlich in Bonn als Gast aufhielt. Das ganze Vokabularium des kalten Krieges gegen die Bundesrepublik wiederholte er beinahe lückenlos und steigerte sich zu heftigen Angriffen gegen die Politik der Regierung Adenauer, die er mit den üblichen Floskeln monopolistisch, kapitalistisch, aggressiv usw. bezeichnete. Seiner Rede folgte ein betretenes Schweigen. Erst nach geraumer Zeit kam das Gespräch an der Tafel mühselig wieder in Gang.

Am nächsten Vormittag versammelten sich die deutsche und die sowjetische Delegation im Palais Schaumburg, denn das Programm sah vor, daß zuerst Adenauer und Mikojan für höchstens eine Stunde unter vier Augen miteinander sprechen wollten und daß dann eine Sitzung der beiden Delegationen den Abschluß der Verhandlungen bilden sollte. Ich saß mit einigen deutschen Herren in den unteren Räumen des Palais Schaumburg, während Mikojan und der Kanzler nur mit ihren Dolmetschern im Arbeitszimmer im 1. Stock verhandelten. Für uns Delegationsmitglieder gestaltete sich die Wartezeit einigermaßen monoton, da die sowjetischen Herren außer Russisch nur sehr wenig Englisch oder Französisch sprachen. So schlief das Gespräch mehr und mehr ein. Wir warteten und warteten, denn die vorgesehene Stunde war längst verstrichen. Es wurde 11, es wurde 12 und schließlich 1 Uhr. Auf diese Zeit war ein Essen angesetzt, das der Bundeskanzler für Mikojan im großen Kabinettsaal des Palais Schaumburg zu geben hatte.

Um viertel nach 1 Uhr erschien der Maître d'hôtel des Königshofes, von dem wie immer das Essen angeliefert wurde, und zeigte sich tief besorgt. Er könne, so erklärte er, das fertige Essen nicht mehr lange genußfähig halten. Irgend etwas müsse geschehen, damit man endlich zur Tafel gehen könne. Wie meist in solchen Fällen wurde beschlossen, daß es wohl am richtigsten sei, wenn ich die wenig angenehme Aufgabe übernähme, die beiden Staatsmänner in ihrer Unterhaltung zu stören. Ich stieg also die Treppe hinauf, betrat das Arbeitszimmer des Kanzlers. Zu meiner großen Überraschung befanden sich die beiden Herren in aufgeräumter Stimmung. Jeder hatte vor sich das Manuskript seiner Tischrede liegen. Während ich höflich wartete, stellte ich fest, daß Adenauer und Mikojan damit beschäftigt waren, die Texte ihrer Reden zu vergleichen. Ich hörte Adenauer sagen: »Wenn Sie diesen Satz sagen, Herr Mikojan, dann werde ich Ihnen in einer Weise antworten, die Ihnen nicht angenehm sein kann. Was Sie sich gestern bei Brentanos Essen geleistet haben, lasse ich mir auf gar keinen Fall von Ihnen sagen!« Mikojan wiegte sein Haupt hin und her, nahm einen Schreibstift und strich den beanstandeten Satz. Um es kurz zu machen: Adenauer setzte seinen Willen durch. Zehn Minuten später gingen wir zu Tisch, und die Reden der beiden Herren hielten sich in höflichen Grenzen. Später erzählte mir Konrad Adenauer, daß er mit Mikojan nicht nur über Politik gesprochen habe, sondern daß ihre Unterhaltung auch sehr persönliche Dinge betroffen habe. Mikojan habe ihm berichtet, daß er eigentlich die Priesterlaufbahn hätte einschlagen wollen, doch während des theologischen Studiums seien ihm so große Glaubenszweifel gekommen, daß ihm sein Gewissen nicht erlaubt hätte, sich zum Priester weihen zu lassen. Kurze Zeit darauf sei ihm das Werk von Karl Marx »Das Kapital« in die Hände gefallen, und dort hätte er gefunden, was seiner Lebensauffassung entsprach. Der Bundeskanzler fuhr dann in seiner Erzählung fort und sagte, er habe ihn gefragt: »Herr Mikojan, haben Sie denn das Buch von Karl Marx auch verstanden? Ich habe es nämlich nicht verstanden.« Mikojan antwortete: »Herr Bundeskanzler, ich habe es zweimal gelesen!« So endete dieser Besuch dann doch noch in leidlicher Harmonie.

Die Augen der ganzen Welt waren zu jener Zeit aber weit mehr nach Frankreich als nach Deutschland gerichtet. Von Tag zu Tag erwartete man den Ausbruch eines Bürgerkrieges, der Frankreich in ein Chaos stürzen mußte. Der Kampf aller gegen alle in der französischen Nationalversammlung, die bedrohliche Stärke der kommunistischen Partei, die unlösbar erscheinende Entwicklung des Algerienkrieges, alles das formierte sich zu einer für Frankreich vielleicht tödlichen Krise, die aber auch auf die anderen europäischen Staaten nicht ohne Einfluß bleiben konnte. Ganz besonders in Bonn verfolgten wir die Entwicklung mit größter Besorgnis, denn das europäische Verständigungswerk stand oder fiel mit der deutsch-französischen Zusammenarbeit. In letzter Stunde rief Frankreich nach seinem großen Mann, nach Charles de Gaulle. In den letzten Maitagen übernahm der General die Regierungsbildung, die schließlich im Herbst desselben Jahres zur Gründung der »Fünften Republik« führte. Eine große Mehrheit der Franzosen hob de Gaulle auf den Schild und erwartete von ihm die Rettung Frankreichs aus allen Nöten. Die folgenden Jahre haben gezeigt, daß Charles de Gaulle das Vertrauen rechtfertigte. Er beendete, wenn auch auf äußerst merkwürdigen Wegen, den Algerienkrieg und gab diesem Teil des Mutterlandes die Autonomie. Er stabilisierte den Franc durch eine einschneidende Währungsreform und brachte die französische Wirtschaft zu einer Blüte, die bis zum heutigen Tage anhält.

In den gleichen Tagen bat mich Bundespräsident Heuss zu sich; er erklärte mir, daß er es für wünschenswert hielte, wenn ich ihn auf seiner Reise nach Kanada und in die Vereinigten Staaten begleiten würde. Selbstverständlich konnte ich Theodor Heuss eine solche Aufforderung nicht abschlagen, besonders da er mit Recht darauf hinwies, daß er und auch die Herren seines Amtes noch niemals in den Vereinigten Staaten gewesen seien und es ihm daher nützlich erschiene, wenn ich ihm während dieser Reise mit meinen Kenntnissen der Verhältnisse in den USA behilflich sein würde. Ich wußte von vornherein, daß Adenauer meine lange Abwesenheit von Bonn nicht schätzen würde, denn immerhin sollte der Staatsbesuch in Kanada und den USA drei Wochen in Anspruch nehmen. Schließlich kam es zu einem Kompromiß. Theodor Heuss, der mir gegenüber immer große Güte und Verständnis zeigte, gab sich damit zufrieden, wenn ich ihm für die drei offiziellen Tage in Kanada ebenso wie für seinen Besuch in Washington und New York zur Verfügung stände.

Von dieser Reise, deren Bedeutung mehr im atmosphärischen als im politischen Bereich lag, möchte ich nur einige Kuriosa berichten. Den ersten Abend in Kanada – dort begann die Reise – verbrachten wir inoffiziell an den Wasserfällen des Niagara. Dort gibt es eine große Zahl überdimensionaler Touristenhotels, sowohl auf der kanadischen wie auch auf der amerikanischen Seite. Der Bundespräsident und seine Begleitung wurden in einer dieser Touristen-Karawansereien untergebracht, dazu noch auf mehrere Stockwerke verteilt. Schließlich gelang es Brentano und mir, Theodor Heuss in einer Suite ausfindig zu machen, die einen schönen Blick auf die Wasserfälle gewährte. Nach längeren Bemühungen bekam der Bundespräsident auch etwas zu essen. Schließlich versank die Sonne hinter dem Horizont. Um das deutsche Staatsoberhaupt zu ehren, gab es eine bengalische Beleuchtung der gewaltigen Wasserfälle. Mal stürzten die Wassermassen grün, mal rot und dann wieder in Orangefarbe in die Tiefe. Dieses Farbenspiel inmitten der gewaltigen Natur erschien uns eher scheußlich als besonders eindrucksvoll. Da ich es nicht unterlassen kann, etwas sarkastische Bemerkungen zu machen, so meinte ich zu Theodor Heuss gewandt: »Es würde mich nicht wundern, wenn man Ihnen zu Ehren die ganzen Niagarafälle in die deutschen Bundesfarben tauchen würde.« Ich hatte den Satz noch nicht ausgesprochen, da veränderte sich die Szenerie. Tatsächlich: Schwarz-rot-gold quergestreift schäumten viele Millionen Liter Wasser in die Tiefe. Brentano und ich hatten den Eindruck, daß es nun Zeit sei, den Herrn Bundespräsidenten zu verlassen, und wenn ich mich recht erinnere, gelang es uns dann auch noch, so etwa um 11 Uhr herum, etwas zu essen und zu trinken zu bekommen.

Doch außer dieser pittoresken Szene verlief der Besuch in Kanada in jener herzlichen Atmosphäre, die die kanadische Regierung und der Vertreter Ihrer Majestät der Königin von Großbritannien zu verbreiten ein so großes Talent besitzen. Der Aufenthalt schloß mit einem großen Abendempfang in Frack und Orden. Direkt von dort ging es zur Bahn, um in einer Nachtreise Washington zu erreichen. Nur wer solche Reisen mitgemacht hat, weiß, was es bedeutet, in dem eben genannten Kostüm den Zug zu besteigen und am nächsten Morgen das Abteil im vorgeschriebenen Cutaway und Zylinder zu verlassen.

Die Tage in Washington waren von wirklich großer Herzlichkeit Präsident Eisenhowers und seiner Gattin und von zahllosen Ehrungen und Freundschaftsbezeigungen der amerikanischen Regierung für Theodor Heuss gekennzeichnet. Große politische Probleme gab es nicht zu erörtern, die Reise war ganz darauf abgestellt, die freundschaftlichen amerikanisch-deutschen Beziehungen der ganzen Welt vor Augen zu führen. Von früh bis spät gab es Empfänge, Verleihungen von Ehrendoktortiteln, überdimensionale Banketts usw. usw. Ein Abend im Weißen Haus ist mir besonders in Erinnerung geblieben. Eisenhower und seine Frau gaben für Theodor Heuss ein großes Staatsbankett, zu dem alles, was in Amerika Rang und Namen hat, erschienen war. In einem Vorraum vor dem Bankettsaal spielte eine Militärkapelle in roten Uniformröcken deutsche Weisen, wobei sie sich besonders auf Walzer von Johann Strauß spezialisierte. Für die Amerikaner gibt es da zwischen Deutschland und Österreich keinen Unterschied. Der große Bankettsaal des Weißen Hauses war in ein Meer von Blumen getaucht, wie ich es niemals wieder gesehen habe, und freundliche Reden verbreiteten eine angenehme Atmosphäre. Nach dem Essen wurden Heuss und wir alle in einen anderen großen Saal geführt, in dem Stuhlreihen aufgebaut waren, was darauf hinwies, daß es jetzt künstlerische Genüsse zu verarbeiten galt. Nun, es trat ein Sänger auf, eine Sängerin, ein Conferencier sprach verbindende Texte, und von Programm- zu Programmnummer wurde es lustiger und volkstümlicher. Schließlich traten drei Männer auf und sangen sogenannte »Barbershop-Songs«. Sie hatten quergestreifte Hemden an und steife Hüte auf dem Kopf. Ihre Chansons waren so amerikanisch, daß selbst einem sehr guten Kenner die besten Pointen entgingen, was wir Deutschen an dem Gelächter feststellen konnten, das gerade dann besonders anschwoll, wenn wir überhaupt nicht verstanden, worum es sich handelte. Den Abschluß dieser Darbietung stellte dann ein Lied dar, das der Conferencier eigens zu Ehren von »Mamie« Eisenhower gedichtet und komponiert hatte. Kurz, es war ein abwechslungsreicher und sehr amerikanischer Abend.

In New York mußte Theodor Heuss wiederum ein riesiges Programm von Festlichkeiten abwickeln. Doch alles verlief aufs beste. Ich konnte mich am 11. Juni von ihm verabschieden in der Gewißheit, daß auf der Reise des Präsidenten quer durch die Vereinigten Staaten nicht mehr viel passieren konnte. Brentano und ich flogen nach Bonn zurück.

Nach dem Wahlsieg der CDU im Herbst 1957 hatte ich wenigstens auf eine vorübergehende Milderung der Spannung zwischen den Regierungsparteien und der SPD gehofft. Doch ich sollte mich darin gründlich geirrt haben. Nachdem sich die deutschen Wähler gegen die Parolen der SPD, die besonders die allgemeine Wehrpflicht aufs Korn genommen hatte, für den deutschen Wehrbeitrag im Rahmen der NATO entschieden hatten, begann die SPD nun mit einer gewaltigen Propagandawelle unter dem Stichwort »Kampf dem Atomtod«. Am 14. April 1958 übersandte ich dem Bundeskanzler über die innenpolitische Situation und den erbitterten Propagandakampf, den die SPD gegen die Ausstattung der Bundeswehr mit atomaren Trägerwaffen führte, eine Denkschrift. Darin heißt es:

»Das Unterbewußtsein der deutschen Bevölkerung wurde bisher von *zwei Grundängsten* beherrscht:

Angst vor *Inflation*

Angst vor *Massenarbeitslosigkeit*.

Indem jedoch dank der Politik der Bundesregierung in den vergangenen Jahren gerade das Gegenteil dessen verwirklicht wurde, was die Bevölkerung nach dem Zusammenbruch befürchtet und ihr die Opposition als Schreckgespenst an die Wand gemalt hatte, nämlich cum grano salis *Vollbeschäftigung* und *Währungsstabilität*, waren zugleich auch alle Bemühungen der Opposition, in den Bundestagswahlen von 1953 und

1957 der von der CDU/CSU geführten Regierungskoalition die parlamentarische Mehrheit zu entreißen, zum Scheitern verurteilt.

Mochten die Wähler in einzelnen Fragen auch noch so viel an der Politik der Bundesregierung auszusetzen gehabt haben, in realistischer Erkenntnis dessen, was für diese Bundesrepublik Deutschland erreichbar ist und was nicht, schoben sie alle übrigen Bedenken als zweitrangig beiseite und hielten der Partei die Treue, deren führende Männer das verwirklicht hatten, was man das deutsche Wirtschaftswunder nennt.

Der Parole ›Keine Experimente‹ mußte zwangsläufig ein durchschlagender Erfolg beschieden sein, weil man das bisher Erreichte nicht gefährdet wissen möchte.

In dieser für die Opposition unbefriedigenden Situation kamen ihrem Propagandastab die Demoskopen zu Hilfe, die anhand der Ergebnisse verschiedener Teste die immer *größer werdende Atomangst* der Bevölkerung festgestellt hatten.

> *Damit aber war der Opposition, eigentlich zum ersten Mal in der Nachkriegszeit, die Möglichkeit gegeben, ihre gesamte Propaganda auf ein Leitmotiv auszurichten, das zumindest die Chance in sich birgt, die öffentliche Meinung aufzuwühlen, weil die Angst vor der Vernichtung durch atomare Einwirkung sehr wohl derartige Ausmaße annehmen könnte, daß vor ihr alle anderen Ängste, die bisher beherrschend gewesen sind, in den Hintergrund zurücktreten.*

Noch ist es nicht soweit. Aber diejenigen, die geneigt sind, die heutige *Atomangstpropaganda* der Opposition in Parallele zu früheren Propagandaaktionen (Propagierung des ›Ohne-mich-Gedankens‹, der Neutralitätsidee, der These von der ›Dritten Kraft‹ und Antiwehrpflichtkampagne) zu setzen, übersehen dabei, daß alle diese Versuche nur die Bedeutung von politischen Thesen besaßen, mit denen keineswegs die unwägbaren emotionellen Triebkräfte im Menschen angesprochen werden könnten.

Somit ist festzustellen:

1. Die Opposition hat für ihre Propaganda heute ein Leitmotiv gefunden, mit dem sehr wohl ein Einbruch in die öffentliche Meinungsfront erzielt werden kann, wobei insbesondere an die fluktuierenden Wählerschichten zu denken ist.
2. Seit der Wahlniederlage vom 15. 9. 57 hat die SPD eine Reorganisation ihres Propagandaapparates durchgeführt und insbesondere durch eine bessere Auswertung der ihr von der Demoskopie zur Verfügung gestellten Testergebnisse moderne Erkenntnisse über die Möglichkeiten der Massenbeeinflussung gewonnen.

3. Der fanatische Anhang der ehemaligen Gesamtdeutschen Volkspartei Heinemanns, der heute in der SPD aktiv mitarbeitet, wirkt sich als belebendes Element innerhalb der einzelnen SPD-Ortsgruppen aus.
4. Auf Grund der in verschiedenen Bundesländern, aber auch in Bonn festzustellenden engen Zusammenarbeit zwischen SPD und FDP hat die oppositionelle Propaganda an Skrupellosigkeit, aber zugleich auch an Durchschlagskraft durch Verbreitung primitiver Parolen gewonnen.
5. Sie hat darüber hinaus von seiten der Wissenschaft und einzelner kirchlicher Kreise Schützenhilfe erhalten und stärkste Unterstützung bei der Illustrierten-Presse (einschließlich der sog. ›Grünen Wochenzeitschriften‹), aber auch bei den Rundfunkanstalten und beim Deutschen Fernsehen gefunden.

Es kann im übrigen kaum in Zweifel gezogen werden, daß die von Dr. Mende geführte FDP-Bundestagsfraktion gemeinsam mit dem DGB in der *Aktion gegen die atomare Bewaffnung* aufmarschieren wird wie auch diejenigen FDP-Landesverbände, die mit der SPD liiert sind, an der von der SPD in den Bundesländern propagierten *Volksbefragung* teilnehmen dürften.

Die Düsseldorfer sind zusätzlich auf den Gedanken gekommen, die Volksbefragung in NRW gleichzeitig mit den Landtagswahlen durchführen zu lassen!

Schlußfolgerungen

Auf Grund dieser Situation erscheint es dringend notwendig, unverzüglich mit einer *allgemeinen Aufklärungsaktion* zu beginnen, da sonst die Gefahr besteht, daß das in diesen Wochen verlorene Terrain bis zu den im Juni stattfindenden Landtagswahlen in NRW nicht mehr aufgeholt werden kann.

Dabei ist folgendes zu überlegen:

Ziel der Opposition ist es, der Öffentlichkeit einzuhämmern, diese Bundesregierung führe bewußt oder unbewußt durch die atomare Bewaffnung der deutschen Bundeswehr den Atomkrieg und damit den Untergang des deutschen Volkes herbei.

Also ganz vereinfacht die Parole der Opposition:

Rettung vor dem Atomtod durch Sturz der Bundesregierung!

Diese Verleumdung kann nicht aus der Defensive heraus etwa in der Art bekämpft werden, daß der Nachweis der unrichtigen Argumentation der Opposition erbracht wird.

Notwendig ist vielmehr die Übernahme des Kampfes gegen die

Atomgefahr sozusagen in eigene Regie durch Propagierung der positiven Parole:

Kampf dem Atomtod in allen Ländern! Durch kontrollierte Abrüstung!

Den zweiten Teil der Denkschrift füllte dann eine Anzahl von Vorschlägen, wie der Kampagne »Kampf dem Atomtod« im einzelnen zu begegnen sei. Das wichtigste aber war, daß es mir gelang, Adenauer in einem langen Gespräch davon zu überzeugen, daß ein so hektischer politischer Feldzug, wie ihn die SPD führte, erst seinen Kulminationspunkt erreichen müsse, ehe die Regierung zum Gegenangriff vorzugehen habe. Es war nicht ganz leicht, die Zustimmung des Kanzlers zu dieser Taktik zu bekommen, denn es standen, wie schon ausgeführt, die Landtagswahlen in Nordrhein-Westfalen bevor. Trotzdem ließ er mir schließlich freie Hand. Die SPD war nicht in der Lage, die Kampagne über einen allzu weiten Zeitraum durchzuhalten, und so ebbte sie ab, verschwand schließlich bis zur Bedeutungslosigkeit, und das Wahlresultat in Nordrhein-Westfalen mit 104 CDU- gegen 81 SPD- und 15 FDP-Mandaten konnte als durchaus befriedigend bezeichnet werden. Die SPD hat mehrfach in ihren Wahlfeldzügen die Bearbeitung der öffentlichen Meinung in einem zu frühen Zeitpunkt begonnen. Sie erzielte vorübergehend Erfolge, aber niemals hielt die Intensität ihres Feldzuges wirklich bis zum Tage der Schlacht durch. Neben vielen anderen Gründen war diese falsche Taktik der Sozialdemokraten ebenfalls ein Grund dafür, daß sie im Bundesgebiet seit der Gründung unseres neuen Staates niemals zur stärksten Partei anwachsen konnte.

Der Herbst des Jahres 1958 brachte noch ein Ereignis, dessen Bedeutung erst in den darauffolgenden Jahren voll erkennbar wurde. Am 9. Oktober starb Papst Pius XII. Über die persönliche Begegnung an der Seite des Kanzlers mit diesem bedeutenden Oberhaupt der katholischen Christenheit habe ich schon berichtet. Als neuer Papst bestieg der Patriarch von Venedig unter dem Namen Johannes XXIII. den Apostolischen Stuhl. Johannes XXIII. hatte nicht wie sein Vorgänger sein Leben in weitem Maße der Politik gewidmet. Pius XII. beherrschte durch seine langjährige Tätigkeit als Apostolischer Nuntius und schließlich als Kardinalstaatssekretär (Außenminister) die internationale Politik bis in alle Einzelheiten. Johannes XXIII. war in viel weiterem Maße ein Mann der Kirche. So konnte es nicht verwunderlich sein, daß er nicht lange nach seiner Krönung ein Konzil nach Rom einberief, dessen Aufgabe es sein sollte, die katholische Kirche den Veränderungen des religiösen Denkens in unserer Zeit anzupassen. Im Oktober 1962 eröffnete

Papst Johannes XXIII. das Vatikanische Konzil. Acht Monate später, am 3. Juni 1963, starb dieser verehrungwürdige Mann, Kardinal Montini wurde als Papst Paul VI. sein Nachfolger. Unter ihm ging das Zweite Vatikanische Konzil zu Ende. Es ist heute noch zu früh, um sich über die einschneidenden Veränderungen zu äußern, die dieser schnelle Wechsel auf dem Stuhle Petri bewirkt hat. Als ich als junger Journalist den damaligen Kardinalstaatssekretär Pacelli (späteren Papst Pius XII.) im Vatikan besuchte und er mir die Räume seines Amtes zeigte, fragte ich ihn, wie es möglich sei, die Außenpolitik des Vatikans, der in unzähligen Ländern der Welt diplomatische Vertretungen unterhält, zu leiten. Er antwortete: »Wir sind hier nicht in der Wilhelmstraße, wo man oft Entscheidungen in wenigen Stunden treffen muß. Wir haben Zeit zu überlegen. Manchmal überlegen wir hundert Jahre, ehe wir handeln.« Die Reaktionen des Vatikans sind unterdessen auch schneller geworden, der Papst selbst hat sich mehrfach auf Reisen begeben, und das Verhältnis der katholischen Kirche zum Kommunismus ist in einem raschen Wandel begriffen. Welche Auswirkungen das alles noch einmal auf die Gestaltung der Verhältnisse auf dieser Erde haben wird, läßt sich heute noch nicht sagen. Die Wirkungen werden auf alle Fälle von außerordentlicher Bedeutung sein. Das gleiche gilt von den Beschlüssen des Konzils, die sich mit Glaubensfragen, der Organisation der Kirche selbst und dem Verhältnis der katholischen Kirche zur nichtkatholischen Umwelt befaßten. Erst in den kommenden Jahrzehnten wird man übersehen können, ob die Beschlüsse des Konzils der christlichen Welt zum Segen gereichen werden.

Chruschtschows Ultimatum 1958

Der Gang der Ereignisse bringt es mit sich, daß der letzte Teil dieses Buches in noch weiterem Maße der deutschen Frage und Berlin gewidmet ist, denn von Herbst 1958 an trat nicht nur für Deutschland, sondern darüber hinaus für Europa und die USA dieses Problem in den Mittelpunkt des politischen Geschehens.

Im Moskauer Sportpalast hielt Chruschtschow am 10. November eine Rede, die ziemlich alarmierend wirkte. Ich sage »ziemlich«, weil der sowjetische Ministerpräsident häufig Reden hielt, die sehr bedrohlich klangen, denen aber keineswegs immer die angedrohten Maßnahmen folgten. Doch diesmal sollte es anders kommen. Am 27. November richtete die Sowjetunion eine Note an die drei Westmächte, die schlicht ein Ultimatum darstellte. Sie war wie alle Noten des Kremls endlos lang. Über fast zehn Druckseiten schilderte sie die Entwicklung Deutschlands nach dem Kriege aus kommunistischer Sicht. Auf den letzten Seiten des Dokuments wurde es dann ernst. Chruschtschow forderte die Beseitigung des Besatzungsregimes und Aufhebung des Viermächtestatus in Berlin. Er kündigte die Übertragung aller sowjetischen Funktionen in Berlin an die »DDR« an, forderte die Bildung einer »Freien Stadt West-Berlins« und den Abzug aller Truppen aus Berlin. Falls nicht innerhalb von sechs Monaten Verhandlungen auf dieser Basis aufgenommen würden, werde die Sowjetunion ihre Kontrollfunktionen auf den Verkehrswegen nach Berlin den Behörden der »DDR« übergeben.

Obwohl Chruschtschow schon in seiner Rede in Moskau Ähnliches gesagt hatte, schlug diese Note doch wie eine Bombe ein. Die zweite Berlinkrise war da und schien kaum weniger bedrohlich als die erste, die Blockade West-Berlins. Es mußte sich nun erweisen, ob die Verpflichtungen der Westmächte für Berlin und damit auch für die Bundesrepublik auch im Falle ernster Konflikte mit der Sowjetunion wirklich erfüllt werden würden. Verhandlungen auf der Basis der sowjetischen Vorschläge mußten zwangsläufig zur Preisgabe West-Berlins führen. Der freie Teil der Stadt konnte nur durch die massive Bundeshilfe am Leben gehalten werden, eine »Freie Stadt West-Berlin« hätte sich, um überhaupt existieren zu können, dem wirtschaftlichen System des Ostblocks anpassen müssen. Die politische Gleichschaltung konnte dann nicht ausbleiben. Die Übernahme aller Kontrollfunktionen auf den Zufahrtswegen nach Berlin bedeutete schließlich die völlige Abhängigkeit der Stadt vom Willen der Sowjetzone.

Mitte Dezember lehnten die drei Westmächte die sowjetischen Vorschläge ab und beantworteten das Ultimatum mit der Forderung, die Viermächte-Abmachungen über Berlin einzuhalten. Gleichzeitig boten sie aber Verhandlungen über Berlin an, falls der Kreml bereit sei, die Frage Berlin mit dem Problem der Wiedervereinigung als ein Ganzes zu verknüpfen. Der erste drohende Ansturm der Sowjets wurde also eindeutig zurückgewiesen, doch die bange Frage blieb offen, ob der Westen in den kommenden sechs Monaten standhaft bleiben und was man im Falle der Verwirklichung des Ultimatums tun würde. Es konnte keinen Zweifel darüber geben, daß der Kreml den Zeitpunkt für seine Erpressung nicht schlecht zu wählen wußte. Der Abschuß des »Sputnik« in den Weltraum hatte die freie Welt und nicht zuletzt die USA in Schrecken versetzt. Die Überlegenheit der Russen in der Raketentechnik konnte nicht übersehen werden, Atomgeschosse der Russen bedrohten die Zusammenballungen von Millionen Menschen in den amerikanischen Großstädten. Dazu sind sechs Monate eine lange Zeit, wenn es darum geht, die Nerven zu behalten.

Vielleicht noch gefährlicher als die kommunistischen Drohungen schien indessen Chruschtschows Taktik, nicht nur zu drohen, sondern gleichzeitig Verhandlungen auf anderen Gebieten, besonders der Abrüstung, auf den Tisch zu legen. So bot die UdSSR auf der Genfer Experten-Konferenz Kontrollen gegen Überraschungsangriffe sowie Einstellung der Atomwaffenversuche an. Ein sorgfältiges Studium dieser Offerten zeigte allerdings, daß sie zu dieser Zeit für die USA nicht viel Verlockendes boten, doch genügten sie, viel Verwirrung zu stiften und eine breite Diskussion in der Öffentlichkeit der westlichen Länder auszulösen.

Da Deutschland das Objekt aller dieser Diskussionen bildete, hatten das Presseamt und natürlich ich selbst eine hektische Zeit zu überstehen, um der Flut mehr oder weniger unrealistischer Spekulationen in der Presse entgegenzutreten und die deutsche und internationale Publizistik zu ruhiger Überlegung der Situation und zu einer standfesten Haltung zu bringen. Diese Arbeit wurde außerordentlich erschwert durch kurze Agenturmeldungen über eine Pressekonferenz, die J. F. Dulles unmittelbar nach Eingang der sowjetischen Note abhielt. Noch am gleichen Tage mußte ich mich selbst in Bonn der Presse stellen. Ausgeschriebene Stenogramme meiner einführenden Erklärung und des Frage-und-Antwort-

Spiels umfassen 20 Maschinenseiten. Dabei war ich am Abend vorher spät aus Bad Kreuznach nach Bonn zurückgekehrt. In Kreuznach fand ein Gegenbesuch de Gaulles auf Adenauers ersten Besuch auf dem Landsitz des Generals statt. Diese Konferenz verlief recht befriedigend. Über die deutsche Frage hieß es im Kommuniqué: »Unter den politischen Fragen ... stand die Situation in Berlin an erster Stelle. Die beiden Regierungschefs haben bestätigt, welche Bedeutung sie diesem Problem zumessen, d. h. der Aufrechterhaltung des Status von Berlin, so wie er durch die in Kraft befindlichen internationalen Vereinbarungen bestimmt wird ...« Dieser Passus im Kommuniqué bezog sich noch auf die drohende Rede Chruschtschows in Moskau. In der Nacht, während unserer Rückfahrt von Kreuznach, trafen die ersten Meldungen über das sowjetische Ultimatum in Bonn ein, und um die Mittagszeit des 27. Novembers auch schon der Text der Dulles-Pressekonferenz, in der er eine Auffassung entwickelt hatte, die den Fachausdruck »Agententheorie« erhielt.

Hier der Anfang meiner Pressekonferenz, die etwa eineinhalb Stunden dauerte:

Vors. Dietrich: Die Pressekonferenz ist eröffnet. Ich begrüße Herrn von Eckardt und die Damen und Herren der Bundesregierung.

von Eckardt: Meine Damen und Herren! Sie werden sicher von mir heute einige Worte zur Situation in Berlin und um Berlin erwarten. Wie Ihnen durch die Agentur- und Korrespondentenmeldungen aus Moskau bekannt ist, hat die sowjetische Regierung heute früh den drei westlichen Botschaftern und anschließend auch dem Geschäftsträger der Bundesrepublik eine Note überreicht. Von dieser Note sind zuerst ganz kurze, später etwas ausführlichere Auszüge aus Moskau übermittelt worden. Die Note selbst, die sehr umfangreich ist – man spricht von 24 Maschinenseiten –, liegt noch nicht vor, oder vielleicht liegt sie im Augenblick im AA vor; sie erfordert eine amtliche und sorgfältige Übersetzung, und sie erfordert eine noch sorgfältigere Prüfung. Es ist daher nicht der Moment da, zu einzelnen Teilen dieser Note bereits Stellung zu nehmen. Ich möchte mich daher auf folgende Feststellungen, was diese Note anbelangt, im Augenblick beschränken:

Die Sowjetunion scheint nach diesen Auszügen eine Verhandlung mit den drei westlichen Besatzungsmächten über das Statut von Berlin vorzuschlagen. Dies wäre an sich der normale, juristisch nicht zu beanstandende Weg für einen Vertragspartner, der mit anderen Vertragspartnern ein Übereinkommen besitzt und Änderungen in diesem Übereinkommen herbeizuführen wünscht.

Dieser juristisch einwandfreie Charakter – das muß ich leider sagen – wird einmal durch den Umstand, daß die Sowjetunion verlangt, daß auf Grund ihrer Vorschläge diese Verhandlungen geführt werden, daß also ihre Vorschläge die Basis für Verhandlungen mit den drei Mächten abgeben, erheblich eingeschränkt.

Zweitens wird dieser juristisch sonst einwandfreie Weg eingeschränkt durch eine zeitliche Begrenzung. Die Sowjetunion verlangt, daß diese Verhandlungen innerhalb von sechs Monaten zu einem Erfolg führen, und drittens kündigt sie bereits im Falle des Scheiterns dieser Verhandlungen einseitige Maßnahmen der Sowjetunion im Rahmen dieses Abkommens über Berlin an.

Ich muß daher sagen, daß zwar unleugbar durch die Verschiebung der Termine oder durch das Angebot einer vorweggehenden Verhandlung mit den drei Westmächten eine gewisse Erleichterung festzustellen ist, daß aber die Lage auf Grund der Forderungen, die die Note anscheinend erhebt, nach wie vor außerordentlich ernst ist. Denn damit, daß man eine Forderung um sechs Monate verschiebt, wird diese Forderung doch noch nicht weniger einschneidend und schwerwiegend.

In den Hauptstädten – in Washington, in London, in Paris und in Bonn – wird die Note jetzt eingehend untersucht werden. Wie ich schon sagte, ist sie sehr umfangreich. Es wird also wohl notwendig sein, aus diesem sehr umfangreichen Dokument die entscheidenden Punkte, den Kernpunkt des Ganzen, herauszuarbeiten, zu untersuchen und zu bewerten. Es kann auch kein Zweifel darüber bestehen, daß, wenn dieser Vorgang abgeschlossen ist, die drei westlichen Mächte und die Bundesrepublik sich untereinander über die weitere Behandlung dieser Note verständigen und aussprechen werden.

Erlauben Sie mir, daß ich im Zusammenhang mit diesen kurzen Bemerkungen über diese Note auch noch einige Worte über eine gestern eingetroffene Kurzmeldung über die Pressekonferenz des amerikanischen Außenministers John Foster Dulles hier aufgreife. Diese Meldung, die noch vor der Abreise aus Kreuznach zu mir auf den Tisch kam, war wenige Zeilen lang, und erst die Übermittlung des gesamten Textes dieser Pressekonferenz, soweit er das Berlinproblem betrifft, gibt ein Bild von dem, was der Außenminister Dulles wirklich gesagt hat.

Ich möchte Ihnen auch kurz, aber doch etwas ausführlicher als in dieser Meldung, wiedergeben, was Herr Dulles wirklich gesagt hat.

Außenminister Dulles hat keineswegs erklärt, daß der Westen einen Übergang der Kontrollfunktionen der Sowjetunion an Funktionäre der Zonenregierung annehmen würde. Er hat vielmehr wörtlich erklärt – ich zitiere: ›Wir akzeptieren in dieser Situation keine Ersatzverantwortlichkeit an Stelle der Verantwortlichkeit der Sowjetunion‹. Ich glaube, daß dieser Satz sehr klar formuliert ist.

Er hat ferner wörtlich gesagt: ›Wir werden bestimmt nicht mit ihnen‹ – das heißt in diesem Falle den Zonenfunktionären – ›in irgendeiner Form verhandeln, die unsere Annahme des ostdeutschen Regimes als eines Ersatzes für die Sowjetunion bei der Erfüllung der Verpflichtungen und der Verantwortlichkeiten der Sowjetunion bedeuten würde.‹ Dieser Satz unterstreicht also noch einmal die Vorstellung des ersten von mir wörtlich zitierten Satzes. Wiederum wörtlich heißt es später auf eine Frage: ›Es kommt auf die Einzelheiten an, wie sie – die Zonenfunktionäre – handeln und wie sie ihre Funktionen erfüllen. Wenn der Charakter ihrer Tätigkeit anzeigt, daß man einen ersatzweisen Eintritt der Zone in die gegenwärtigen Verpflichtungen und Verantwortungen der Sowjetunion akzeptiert, wenn man diese Tätigkeit hinnimmt, dann würden wir dies, wie ich glaube, nicht tun.‹ – Nochmals eine Bekräftigung, daß ein Ersatz der Verpflichtungen der Sowjetunion durch die Zonenbehörden nicht akzeptabel ist.

Weiter heißt es wiederum wörtlich: ›Meiner Auffassung nach ist die gemeinsame Auffassung aller vier von uns, d. h. der drei Westmächte und der Bundesregierung, daß nichts getan werden sollte, was den Anschein erwecken würde, daß man der Zone eine Autorität und Verantwortlichkeit zuerkennt, Angelegenheiten zu behandeln, in denen die Sowjetunion ausdrücklich die Verpflichtung und Verantwortlichkeit uns gegenüber angenommen hat.‹ Soweit die Zitate.

Diese Ausführungen lassen klar erkennen, daß man Zonenfunktionäre als Kontrollorgane an den Zugängen nach Berlin höchstens in dem Falle dulden würde, in dem sie noch als Beauftragte und Hilfsorgane der sowjetischen Besatzungsmacht angesehen werden könnten. Dies ist auch bislang geschehen, wenn etwa Volkspolizisten auf der Autobahn nach Berlin den Verkehr regelten oder andere polizeiliche Funktionen ausübten. Sollte die Sowjetunion ihre Funktionen als Besatzungsmacht vollständig aufgeben, so dürfte es kaum möglich sein, die Zonenfunktionäre weiterhin als ihre Hilfsorgane zu behandeln.

Die Ausführungen von Dulles lassen auch nicht den Schluß zu, daß der Westen dies unter solchen Umständen beabsichtigt. Ich glaube, ich kann mich, was diese Angelegenheit anbelangt, auf diese Ausführungen beschränken. Vielleicht ist es angezeigt, wenn wir jetzt Fragen beantworten, soweit welche vorliegen.

Frage Ahlers: War es nicht bisher die Meinung der Bundesregierung, daß man auf keinen Fall sowjetzonale Funktionäre in Zukunft mehr als Beauftragte der Sowjets anerkennen sollte?

von Eckardt: Ich glaube, daß Herr Dulles den Unterschied, den Kern der Sache, wirklich genau herausgearbeitet hat, obwohl er freisprechend auf Fragen in einer Pressekonferenz geantwortet hat. Es ist ja heute so, was den Verkehr von Deutschen mit Berlin anbelangt, daß an den Kontrollpunkten auch schon heute und schon seit langer Zeit Funktionäre der sowjetzonalen Behörden gewisse Funktionen ausüben im Namen der Besatzungsmacht. Das Entscheidende ist nicht die Frage, ob dieser oder jener irgend etwas stempelt, sondern ob im Ersatz für die Sowjetunion die sowjetisch besetzten Zonenbehörden an dem Regime etwas ändern können oder Träger dieser Vereinbarung selbst werden. Das ist der entscheidende Punkt, und ich glaube, daß Herr Dulles den durchaus klar und einwandfrei herausgearbeitet hat.

Frager: Meine Frage war, wie die Haltung der Bundesregierung zur Zeit dazu ist.

von Eckardt: Ich kann Ihnen dazu nur folgendes sagen: daß es ein Irrtum ist, wenn man annimmt oder wenn gemeldet wird, daß über diese Fragen mit Außenminister Dulles bereits ein Übereinkommen oder eine Absprache getroffen worden ist. Es haben natürlich Fühlungnahmen des deutschen Botschafters und der deutschen Botschaft als Ganzes mit dem State Department oder mit Minister Dulles in dieser Frage stattgefunden, und man hat seine Ansichten ausgetauscht. Ein Übereinkommen in irgendeiner Form ist bis heute nicht hergestellt worden, denn das ist ja auch keine amerikanische oder bundesrepublikanische Angelegenheit, sondern das ist eine Angelegenheit der drei Mächte einerseits in ihrem Verhältnis zur Sowjetunion, andererseits in ihrem Verhältnis zur Bundesrepublik. Die Bundesregierung hat zu dieser Frage bis heute noch keine Stellung genommen. Im übrigen darf ich bemerken, daß es den Anschein hat – ich darf das immer wieder betonen, weil offizielle, klare und vollständige Übersetzungen des Textes aus Moskau bis zur Stunde nicht vorliegen –, daß diese Frage bereits überholt ist und rein hypothetischen Charakter hat.

Frage Schwarzkopf: Außenminister Dulles hat in seiner Pressekonferenz darauf hingewiesen, daß bereits technische Kontakte mit den sowjetzonalen Behörden bestehen, und zwar daß sowohl die Westmächte als auch die Bundesregierung derartige technische Kontakte unterhalten. Besteht aber nicht ein fundamentaler Unterschied zwischen den Kontakten, die die Westmächte unterhalten, und beispielsweise den Zonenhandelsvereinbarungen, die die BRD betrifft? Bei den Kontakten, die die Bundesregierung unterhält, geht es doch nicht um Viermächteverpflichtungen, sondern um technische Kontakte.

von Eckardt: Ich möchte hier doch einmal etwas klarstellen. Wir müssen zwei Unterscheidungen treffen, die man historisch rückblickend begründen muß. Es gab Besatzungszonen in Deutschland. Nach dem Zusammenbruch wurden drei westliche Besatzungszonen und eine östliche Besatzungszone konstruiert und gebildet. In diesen Zonen herrschte Besatzungsrecht bzw. Besatzungsrecht der einzelnen Besatzungsmacht im Rahmen ihres Besatzungsterritoriums. Für Berlin gab es das niemals, sondern in Berlin gab es einen Viermächtestatus, also eine Viermächteregelung gemeinsam für Berlin. Wenn also gewisse wirtschaftliche und technische Kontakte zwischen der BRD und der sowjetischen Besatzungszone ausgeübt werden, im Interzonenhandel und in anderen Fragen, die Sie ja alle ganz genau kennen, so hat das mit der Frage des Viermächtestatus von Berlin überhaupt nichts zu tun, das liegt auf einer völlig anderen Rechtsebene.

Frage Hopen: Worauf beruht Ihre Interpretation, auf dem Protokoll der Pressekonferenz des Herrn Dulles oder auf den Erläuterungen, die das Außenministerium unserem Geschäftsträger gegeben hat?

von Eckardt: Wir haben ein Stenogramm hier; Sie sehen, wie lang es ist; es sind fünf Druckseiten, die nur den Teil der Pressekonferenz von Herrn Dulles betreffen, der sich mit West-Berlin beschäftigt. Sie können also daraus entnehmen, wie wenig korrekt und aufschlußreich eine Zehnzeilen-Meldung, wie sie gestern vorlag, über diese Pressekonferenz, soweit sie Berlin anbelangt, sein kann; es ist nicht möglich, fünf Maschinenseiten eines sehr intensiven Frage-und-Antwort-Spiels auf zehn Zeilen zu komprimieren. Was ich hier ausgeführt habe, beruht auf diesem wörtlichen Stenogramm, das wörtlich ist, soweit es alle Fragen anlangt, die man an Herrn Dulles in bezug auf Berlin gestellt hat.

Zusatzfrage: Woher stammt dieses Stenogramm? Hat das unsere Botschaft in Washington geholt, oder stammt es von der Botschaft hier, oder wo ist das angefordert worden?

von Eckardt: Ich habe mich hier eben informiert. Ich habe gestern noch in der letzten Kreuznacher Sekunde vor der Abfahrt gebeten, daß man den genauen Text der Dulles-Pressekonferenz aus Washington beschafft, da ich ja wußte, daß ich heute nachmittag mit Ihnen über diese Frage sprechen muß. Das Telegramm aus Washington ist dann gekommen, es ist der offizielle englische Text von Frage und Antwort. Über diese Pressekonferenzen von Herrn Dulles wird ja ein Stenogramm angefertigt, das für jedermann, der zu der Pressekonferenz gehört oder dort akkreditiert ist, zugänglich ist. Wir haben aus diesem englischen Text eine präzise Übersetzung herstellen lassen.

(*Frager:* Also auf Anfordern?)

Auf Anfordern, das ist immer der Weg, wenn Herr Dulles eine Pressekonferenz abhält oder wenn in London eine Pressekonferenz ist, über die Meldungen verbreitet werden, die ja immer nur kurz und komprimiert sein können. Wenn wir Wert darauf legen, dann fordern wir die Texte an, und zwar über unsere Botschaft, und wir fertigen hier eine Übersetzung ins Deutsche an.

Jaenicke: Ich höre aus Ihrer Frage, daß Sie sozusagen unterstellen, daß wir das extra anfordern mußten und sonst nicht gekriegt hätten. Das ist nicht der Fall. Wir bekommen immer die Stenogramme, aber nicht rechtzeitig für eine am anderen Tag angesetzte Pressekonferenz.

Frage: Kann man aus Ihren Erklärungen dessen, was Dulles gesagt hat, aus Ihrer nuancierten und präzisierten Form schließen, daß Sie mit den Auffassungen des amerikanischen Außenministers einverstanden sind und daß diese Art der nuancierten Kontrolltätigkeit sowjetzonaler Organe eventuell auch auf neue Lösungen erstreckt werden könnte?

von Eckardt: Sie greifen den Ereignissen wieder sehr vor. Ich sagte Ihnen schon, daß die Note der Sowjetunion Wort für Wort geprüft werden muß. Es scheint ja so zu sein, daß die Sowjetunion die zukünftige Basis, auf der sie über den Status von Berlin mit den drei Westmächten zu verhandeln wünscht, sehr ausführlich dargelegt hat. Solange man diesen Text nicht hat, kann man nicht mit irgendeiner Auffassung von irgendeiner Seite im Augenblick übereinstimmen, sondern man muß diese Texte einfach kennen. Sie dürfen ja nicht übersehen, daß der amerikanische Außenminister gestern eine Pressekonferenz ohne Kenntnis dieses Textes gehalten hat. Es war also eine konditionale Pressekonferenz mit konditionalen Fragen und konditionalen Antworten. Über dieses Problem haben wir uns vorige Woche schon ein paar Mal unterhalten, und ich glaube, daß wir jetzt aus dem Stadium konditioneller Fragen und konditioneller Antworten in den nächsten Tagen herausgehen sollten; denn wir werden ja nun in Kürze einen authentischen Text der Note vorliegen haben, und mit diesem allein sich zu beschäftigen, glaube ich, lohnt sich noch.

Frage Mr. L.: Stimmt es nicht, daß die westlichen Alliierten bisher auf irgendeine Kontrolle der Volkspolizei an der ostdeutschen Grenze immer verzichtet haben? Wenn ja, sehen Sie nicht eine Änderung der amerikanischen Lage und Stellung mindestens in dem, was der amerikanische Staatssekretär gestern gesagt hat?

von Eckardt: Ich darf noch einmal folgendes sagen: Wenn ich über die Praxis an den Zonengrenzen richtig informiert bin – ich gebe allerdings zu, daß ich in den letzten Monaten und Jahren im allgemeinen nach Berlin geflogen bin und nicht an der Zonenübergangsstelle gestanden habe, um mal nachzusehen, wie das eigentlich gehandhabt wird –, muß ich mich also darauf beschränken, das wiederzugeben, was man mir davon berichtet hat. Dann sieht es so aus: Bei deutschen Transporten ist die Situation, glaube ich, völlig klar. Diese Situation brauchen wir nicht mehr zu erörtern. Bei den alliierten Transporten, also bei amerikanischen, britischen und französischen Transporten auf dem Landweg bzw. auf dem Luftweg und auf dem Seeweg – den ich allerdings weniger genau kenne –, sind die Dinge so gehandhabt worden, daß die Transporte mit Begleitpapieren versehen waren. Das entsprach dem Übereinkommen mit der Sowjetunion, daß diese Begleitpapiere vorgezeigt wurden und daß neben dem Funktionär der sowjetzonalen deutschen Behörde ein sowjetischer Soldat gestanden hat. Ich weiß nicht, ob das korrekt ist. Auf jeden Fall hat, soviel ich weiß, keine Untersuchung dieser Transporte stattgefunden. Ich würde aber sehr gern Herrn von Hammerstein dazu das Wort geben, denn er ist über die Gepflogenheiten an diesen Kontrollpunkten besser unterrichtet als ich.

von Hammerstein: Die Kontrolle der alliierten Transporte auf dem Landwege wurde so gehandhabt, daß sie lediglich durch die sowjetische Besatzungsmacht eintrat. Es besteht ein Befehl bei den Westmächten in Berlin, falls ein Volkspolizist diese Aufgabe wahrnehmen will, daß sie ihn nicht zulassen dürfen, sondern sofort zurückzufahren haben. Es ist verschiedentlich in der Vergangenheit ein solcher Fall eingetreten, und man hat dann die Kontrolle der deutschen Behörde klar verweigert. Das ist bisher immer einwandfrei durchgehalten worden.

Frage Gerst (ADN): Was entnehmen Sie den Antworten von Mister Dulles? Unter welchen Umständen und für welche Dauer will er die Volkspolizisten als Abstempler dieser Begleitpapiere anerkennen und wann nicht?

von Eckardt: Herr Gerst, ich darf Ihnen dazu folgendes antworten: Ich weiß nicht, ob Ihnen der Wortlaut der sowjetischen Note schon bekannt ist, mir ist er noch nicht bekannt. Im Augenblick ist die Situation doch so – und ich würde Sie sehr darum bitten im allgemeinen Interesse, das diese außerordentlich schwerwiegende und ernste Frage erfordert, sich an die Realitäten zu halten – im Augenblick scheint nach dem kurzen Auszug aus der Note die Situation so zu sein, daß für die nächsten sechs Monate irgendeine Änderung im Verkehr mit Berlin nicht vorgesehen ist und auch von der Sowjetunion nicht vorgesehen wird. Es ist also keine Frage von irgendeiner Aktualität, was im Augenblick an der Zonengrenze passiert, denn die Sowjetunion scheint in ihrer Note klar zu erklären, in den nächsten sechs Monaten, in denen sie zu verhandeln vorgeschlagen hat – allerdings auf der Basis ihrer Vorschläge usw. usw., wie ich das eben ausgeführt habe –, keinerlei Änderungen vorzunehmen. Alles andere ist also im Augenblick Theorie, wenigstens zeitlich gesehen Theorie ...

Am folgenden Tage empfing ich etwa 20 deutsche Journalisten zu einem Informationsgespräch, das nicht zur Veröffentlichung bestimmt war. In diesem Kreise drückte ich meine eigene Ansicht über den Dulles-Vorschlag wesentlich präziser aus. In den hektischen Stunden nach dem Eintreffen der sowjetischen Note gab es für mich keine Gelegenheit, ausführlich mit dem Kanzler zu sprechen. Das Kabinett hatte noch keine Beschlüsse gefaßt, und so äußerte ich mich auf eigene Faust. Aus dem Stenogramm des Informationsgespräches geht deutlich hervor, daß ich persönlich den Vorschlag des US-Außenministers für recht geschickt hielt. Falls die Sowjetunion auf die Agenten-Theorie von Dulles einschwenkte, würde die »DDR« zum Erfüllungsgehilfen der Sowjetunion degradiert. Damit hätte sie nicht den geringsten Schritt vorwärts zu ihrer Souveränität erreicht, eher das Gegenteil. Darüber hinaus setzte ich den Journalisten auseinander, in einer wie schwierigen Lage sich Dulles befand. Hätte er von vornherein die Frage der Abstempelung von Transitpapieren durch die Zone zu einer Prestigefrage gemacht, ja in letzter Konsequenz zu einer Frage, ob es darüber zu einem militärischen Konflikt mit der Sowjetunion kommen sollte, so mußte er damit rechnen, daß sich die öffentliche Meinung der USA mit Heftigkeit gegen ihn gewandt hätte. Schließlich soll man erst einmal einem Volk klarmachen, welche Bedeutung in dieser Frage wirklich steckt und daß es im Notfall für den eigenen Standpunkt kämpfen muß. Mir war völlig klar, daß das praktisch unmöglich gewesen wäre. Die amerikanische Bevölkerung wollte keinen militärischen Konflikt, schon gar nicht wegen der Veränderung in der Abstempelung von Papieren auf dem Wege von und nach Berlin. Man muß sich vor Augen halten, daß es einmal des Angriffs der Japaner auf die USA-Flotte in Pearl Harbor bedurft hatte, um die amerikanische Bevölkerung für ein Eingreifen in den 2. Weltkrieg zu gewinnen.

Meine Stellungnahme zum Dulles-Vorschlag brachte mir allerlei Schwierigkeiten ein, besonders bei den Mitgliedern des Kabinetts. Man sah in der Haltung des amerikanischen Außenministers ein Zurückweichen der USA vor der sowjetischen Drohung. Ein Teil unserer öffentlichen Meinung folgte den Ministern in dieser Auffassung, der Kanzler schwankte zwischen meiner Beurteilung und seinem Mißtrauen in die absolute Standfestigkeit der Vereinigten Staaten. Schließlich erledigte sich der Fall, denn die Sowjetunion lehnte den Vorschlag von Dulles ab.

Doch die Lage blieb kritisch und in vieler Hinsicht schwer durchschaubar. Die Uhr des sowjetischen Ultimatums lief weiter, und niemand konnte ein sicheres Urteil darüber abgeben, ob die Sowjetunion wirklich zum Letzten entschlossen war. Die diplomatische Arbeit zwischen den beteiligten Nationen lief auf Hochtouren. Mikojan reiste bereits im Januar 1959 in die USA. Wir erfuhren nicht viel darüber, was in Washington gesprochen wurde. Im Februar machte sich Harold Macmillan auf den Weg nach Moskau, um zu verhandeln und zu vermitteln. Adenauer erfüllte tiefstes Mißtrauen gegenüber der britischen Politik. Er hielt den englischen Premierminister für fähig, vor den Sowjets umzufallen und damit schließlich Berlin seinem Schicksal zu überlassen. Ich selbst habe diese Auffassung niemals geteilt. Vor massiven Erpressungen pflegt Großbritannien nicht zurückzuweichen – und wenn, dann nur für kurze Zeit. Englands Machtposition mußte allerdings als sehr schwach angesehen werden, und die Vorstellung von einem neuen Krieg schien für das Inselvolk geradezu absurd. Trotzdem glaubte ich nicht an einen »Umfall« der britischen Regierung, eher an ein Hinauszögern der Entscheidung. Der weitere Verlauf der Krise sollte beweisen, daß ich mit dieser Einschätzung recht behielt. Tatsächlich schien die einzig richtige Taktik zu sein, auf Zeitgewinn gegenüber dem sowjetischen Ultimatum zu spielen. Die Reise Macmillans nach Moskau brachte übrigens keine handfesten Resultate, war vielmehr im ganzen genommen ein Fehlschlag.

Anfang März ging der Kanzler zum ersten Mal in den langen Jahren meiner Amtszeit zu einem heftigen Angriff gegen mich und das Presseamt vor; und zwar geschah das in einer Kabinettsitzung. Aus dem nachfolgend wiedergegebenen Brief, den ich sofort an Adenauer schrieb, geht klar hervor, worum es sich handelte und wohin seine Angriffe zielten:

9. März 1959

Herrn
Bundeskanzler Dr. Konrad Adenauer
Bonn

Sehr verehrter Herr Bundeskanzler!

In der letzten Kabinettsitzung übten Sie Kritik an der politischen Haltung und der Arbeit des Bundespresseamtes. Ich glaube, daß es angesichts der so überaus ernsten Situation notwendig ist, jede Differenz in der Beurteilung und in der Behandlung der politischen Lage auszuräumen, da sonst die Gefahr besteht, daß großer, vielleicht nicht wiedergutzumachender Schaden entstehen kann.

Ich darf Sie daher um Verständnis bitten, wenn ich, von großer Sorge über die Zukunft erfüllt, in dieser Form zu Ihren Ausführungen Stellung nehme.

Was die Reise Premierminister Macmillans nach Moskau anlangt, so kenne ich Ihre kritische Einstellung und teile sie auch völlig. Das letzte Mal, daß ich eine Äußerung von Ihnen, Herr Bundeskanzler, über die Behandlung dieser Macmillan-Reise in der Öffentlichkeit erfuhr, war anläßlich der Besprechungen mit Staatssekretär Dulles. Die Besprechungen über dieses Thema endeten in der Feststellung, daß die Reise zwar sehr unerfreulich sei, aber nichts anderes übrigbliebe, als ›gute Miene zum bösen Spiel‹ zu machen. Diese Einstellung gegenüber der Moskau-Reise wurde von mir und meinem Amt beibehalten, und das Auswärtige Amt informierte mich bzw. die Herren meines Amtes, die direkten Verkehr mit der Presse pflegen, auch in diesem Sinne. Noch während der letzten Kabinettsitzung wurde der Chef vom Dienst vom Bundespresseamt dahingehend informiert, daß das Auswärtige Amt nach wie vor – also nach Veröffentlichung des britisch-sowjetischen Kommuniqués – äußerste Zurückhaltung in offiziellen Stellungnahmen empfehle.

Ich verhehle nicht, Herr Bundeskanzler, daß ich mit der Auffassung des Auswärtigen Amtes übereinstimme. Ich selbst halte nichts für gefährlicher als eine Politik des Disengagements, der ›verdünnten Zonen‹ oder gar des Rapackiplanes. Die Freiheit Westberlins mit unverantwortbaren Risiken in bezug auf die Sicherheit Westeuropas zu erkaufen, halte ich für den verhängnisvollsten Fehler, den die westliche Politik machen könnte. Ich habe der Presse gegenüber diese Einstellung in Gesprächen auch stets vertreten, allerdings glaube ich in Übereinstimmung mit dem Auswärtigen Amt, daß eine offizielle oder offiziöse Stellungnahme gegen Herrn Macmillan nicht vorteilhaft sein kann, da es die Sowjets nur noch mehr ermutigen würde, ihre Bemühungen, die westlichen Mächte untereinander zu spalten, mit größter Intensität fortzusetzen. Ich war der Überzeugung, daß Sie selbst, Herr Bundeskanzler, die Absicht haben, Herrn Macmillan Ihre Auffassung unter vier Augen klar zum Ausdruck zu bringen, aber nach außen hin die Differenzen nicht allzu scharf erkennbar werden zu lassen.

Ich darf in diesem Zusammenhang bemerken, daß die deutsche Presse – mit Ausnahme der SPD-Organe – die Macmillan-Reise von sich aus meist recht kritisch beurteilt hat. Zeitweise hat sie den Premierminister sogar spöttisch, fast höhnisch behandelt. Ich habe gegen diese Haltung der deutschen Presse nichts unternommen, um sie abzumildern, allerdings auch nichts, um sie zu verschärfen. *Die Presse der* USA *hat in etwa die gleiche Haltung eingenommen. Mir ist aus den Ausführungen von Herrn Dulles bekannt, wie er selbst die englische Haltung beurteilt. Von seiten der Sprecher des State Department oder des Präsidenten aber wurde die gleiche Haltung wie bei uns eingenommen, da ohne Zweifel die Aufrechterhaltung der angelsächsischen Solidarität selbst in Zeiten größter Verstimmung letztlich stets die Grundlage der Politik der* USA *ist und wohl auch bleiben wird ...*

Was nun die Verwendung der neun Millionen für die Berlinaktion anlangt, so darf ich darauf hinweisen, daß es sich dabei um einen offenen Titel handelt, der ausdrücklich nur für Auslandspropaganda verwendet werden darf. Davon aber ganz abgesehen bin ich seit langem der Überzeugung, falls sich die Berlinkrise zu einem Konflikt steigern sollte, daß das ganze Problem zwangsläufig bei den Vereinten Nationen in New York landen wird. Sollte das der Fall sein, so kommt alles darauf an, daß die Berlinfrage in der richtigen Weise vor der UN präsentiert wird. Tritt sie dort in Gestalt eines reinen Streites um die Souveränität der DDR bzw. eines Streites um die Berechtigung der Kontrolle von Papieren und Transporten etc. auf, so ist mit Sicherheit eine für den Westen katastrophale Resolution der Vollversammlung zu erwarten. Nur bei einer sehr sorgfältigen politischen Aufklärung über den Fall Berlin besteht eine Chance, eine brauchbare Resolution zu erreichen. Ich habe schon vor meiner USA-Reise diese Auffassung vertreten und dafür Ihre Zustimmung, Herr Bundeskanzler, gefunden. In konsequenter Beurteilung der Situation in den Vereinten Nationen habe ich gemeinsam mit den Herren meines Amtes alles getan, um bei den Nationen, die durch ihre Stimme in der Vollversammlung den Ausschlag geben werden – und das sind die 38 Stimmen der unterentwickelten Länder –, echtes Verständnis für das Problem der Freiheit Berlins zu wekken. Ein großer Teil der Arbeit und der aufgewandten Mittel werden aber trotzdem zur Bearbeitung der öffentlichen Meinung in den NATO-Ländern eingesetzt. Ich glaube nach wie vor, daß diese Arbeit allergrößte Bedeutung gewinnen kann, da ich für die nächsten Wochen und Monate eigentlich nur zwei Möglichkeiten in der Entwicklung der Berlinkrise sehe: Entweder der Westen läßt sich auf äußerst gefährliche Konzessionen hinsichtlich der politischen Ordnung und der militärischen Sicherheit in Europa ein und erkauft damit – wenn auch nur vorübergehend – ein Entgegenkommen der Sowjetunion in Berlin, oder es kommt zu einer Zuspitzung der Krise, die dann mit allen Risiken durchgehalten werden muß. Auf diese beiden Möglichkeiten habe ich die Arbeit des Bundespresseamtes, des Berlin-Sekretariates und die Verwendung der extra bewilligten Mittel eingestellt.

Obwohl ich Sie wegen der Länge dieser Ausführungen um Entschuldigung bitte, wäre ich doch sehr dankbar, wenn ich in Kürze Gelegenheit auch zu einer mündlichen Besprechung dieser Fragen haben dürfte.

Ich bleibe mit dem Ausdruck meiner Ergebenheit
stets Ihr
gez. von Eckardt

Meine eigene Auffassung über die Lage geht aus dem Brief an den Kanzler klar hervor. Die erwähnte Reise in die USA hatte ich in den ersten Januartagen angetreten. Ich flog über London, um mich dort kurz zu informieren, nach Washington und New York. Es war wieder einmal eine jener »Fallschirmspringer-Aktionen« des Kanzlers, die ich selbst wenig liebte, denn sie verursachten stets erhebliches Aufsehen sowohl zu Hause als auch in der Weltöffentlichkeit, die jede Art von »Sonderaktionen« sensationell aufzumachen pflegt. Diese Reise sollte allerdings nicht geheim bleiben, was sowieso niemals gelingt, sondern war eher auf eine breite Publizität angelegt. Ich stellte mich daher auch, wo immer es angezeigt war, der Presse, einfach, um einer möglichst breiten Öffentlichkeit das Berlinproblem und seine Bedeutung für die Welt klarzumachen. Bis zu meinem Rückflug am 19. Januar sprach ich fast täglich vor Journalisten über unsere Sorgen und über die unabsehbaren Folgen, die eine nachgiebige Haltung der USA gegenüber der Sowjetunion nach sich ziehen würde. Die Arbeit war nicht ohne Erfolg; das Verständnis dafür, daß es in der Berlinfrage mehr als um eine bürokratische Angelegenheit ging, fand in der amerikanischen Presse ziemlich breiten Widerhall. Natürlich sprach ich auch täglich mit wichtigen politischen Persönlichkeiten, und zwar nicht nur im Außenministerium, sondern auch mit führenden Männern im Senat und Repräsentantenhaus. Zu meinen Gesprächspartnern gehörten u. a. McCloy, Harriman, Symington, L. B. Johnson, G. F. Kennan, Nelson Rockefeller und zum ersten Mal auch John F. Kennedy. Meine Verabredungen wurden, wie auch früher, von meinem Freund Sh. Stone, dem Europa-Direktor der Ford Foundation, arrangiert.

Alles zusammengenommen kehrte ich mit günstigeren Eindrücken aus Amerika zurück, als ich erwartet hatte. Die Haltung gegen die Sowjetunion hatte sich mit der wachsenden Erkenntnis ihrer Absichten versteift, sie war härter und entschlossener geworden. Andererseits war nicht zu übersehen, daß weniger die Drohungen der Sowjetunion als die gleichzeitig von ihr betriebene »Koexistenz-Politik« in Amerika und England erheblich an Boden gewonnen hatte. Hier lagen die größten Gefahren einer Aufweichung der Politik unserer Alliierten, denn der Westen ist immer nur zu leicht bereit, in friedliches Wunschdenken zu verfallen. Man war nicht bereit, vor den Drohungen der Russen gegen Berlin zurückzuweichen, aber es waren Bestrebungen spürbar, sich mit dem Kreml in anderen Fragen zu arrangieren, und aus dieser Stimmung heraus – es waren tatsächlich mehr Stimmungen als realistische Überlegungen – konnte der Westen unmerklich in eine unbestimmte, verwaschene Politik verfallen, die im Laufe der Zeit zu unkontrollierbaren Konsequenzen führen mußte.

Was die erwähnten neun Millionen anbelangt, so handelte es sich um eine Sonderbewilligung von Kabinett und Haushaltsausschuß für einen gezielten Aufklärungsfeldzug in der Berlinfrage. Das Presseamt stampfte eine Organisation aus dem Boden, die diese spezielle Kampagne vor allem im Ausland organisierte und sehr viel zur Aufklärung der öffentlichen Meinung beitrug. Diese Organisation, für die ich sofort nach dem sowjetischen Ultimatum die notwendigen Mittel beantragte und einstimmig bewilligt erhielt, entwickelte sich zu einer festen Stütze unserer Berlinpolitik. Später, nach dem Bau der Mauer, steigerte sich ihre Wirksamkeit noch erheblich. Besonders der Besucherdienst für Berlin brachte viele, viele tausend wichtige Politiker und Journalisten nach Berlin, die sich mit eigenen Augen davon überzeugen konnten, was in dieser Stadt wirklich vor sich ging.

Am letzten Novembertag bekam ich von unserem Botschafter in Washington eine kurze und präzise Analyse darüber, was die sowjetische Note wirklich bedeutete. Darin hieß es unter anderem:

»Wie würde Deutschland aussehen, wenn die sowjetischen Vorschläge wenigstens in ihren Grundlinien angenommen würden?

1. An dem tatsächlichen Nebeneinander von Bundesrepublik und kommunistischem Zonenregime würde sich zunächst nichts ändern.
2. Dieser rein tatsächliche und provisorische Zustand würde sich in einen langfristigen und völkerrechtlich allgemein anerkannten Normalzustand verwandeln. Denn das von den Sowjets vorgeschlagene Berlinabkommen erfordert ›die aktive Mitwirkung der DDR‹. Es würde also der Zone die langersehnte völkerrechtliche Anerkennung als souveräner Staat und Grotewohl und Genossen die Anerkennung als Regierung einbringen. Die förmliche Konstituierung Westberlins als Freistadt würde in der Welt allgemein als Zeichen dafür bewertet werden, daß mit einer Wiedervereinigung Deutschlands nicht mehr zu rechnen ist.
3. Es würde nicht nur eine Zweiteilung, sondern eine Dreiteilung

Deutschlands stattfinden. Die Freistadt Westberlin würde als drittes Staatsgebilde neben die Bundesrepublik und die ›DDR‹ treten.

4. Berlin würde die letzten bescheidenen Reste seiner städtischen Einheit und Zusammengehörigkeit verlieren, die bisher noch darin bestanden, daß der Viermächtestatus ein gewisses Mindestmaß an freier Zirkulation der Bevölkerung im gesamten Stadtgebiet garantierte. Ostberlin würde Teil der Zone (ihre ›Hauptstadt‹), an die Stelle der relativ durchlässigen Sektorengrenze würde mitten im Stadtgebiet die *chinesische Mauer* der Zonengrenze treten.
5. Westberlin würde jedes effektiven Schutzes beraubt werden. Während die Garnisonen der Westmächte abziehen sollen und Westberlin entmilitarisiert werden soll, bleiben in Ostberlin beliebig starke Einheiten der Volkspolizei und der bewaffneten Kampfgruppen, und nichts hindert die Verlegung starker Einheiten der sogenannten Volksarmee nach Ostberlin. Die bisher in Ostberlin stationierte sowjetische Wachtruppe soll abziehen, aber das Stadtgebiet bleibt auf allen Seiten umschlossen von jenem Zonengebiet, in dem 22 sowjetische Divisionen stehen.
6. Westberlin wäre der Gefahr ständiger Interventionen von seiten der Sowjetunion und der Zone ausgesetzt. Denn es soll sich verpflichten, ›Spionage‹, ›Diversionen‹ und ›verleumderische Propaganda‹ gegen die Zone und andere ›sozialistische‹ Länder zu unterbinden. Wer ›Spion‹ und ›Diversant‹ ist, bestimmt natürlich Moskau. Befriedigt werden kann diese Forderung nur, *wenn man auch in Westberlin die Freiheit der Meinungsäußerung abschafft und zu einem System des Polizeistaates übergeht.* Und selbst dann wäre man nicht gegen den Vorwurf verleumderischer Propaganda geschützt, man kennt diese Methoden.
7. Der Zonenbevölkerung würde der letzte Fluchtweg nach Westen abgeschnitten. Durch die Verlegung der Zonengrenze in die Stadtmitte und die Kontrolle aller Land-, Wasser- und Luftverbindungen nach Westdeutschland wäre es Pankow endlich ermöglicht, den Flüchtlingsstrom gewaltsam abzudrosseln.
8. Die Kontrolle der Verkehrsverbindungen nach dem Westen würde es der Zone gleichzeitig erlauben, die Westberliner Wirtschaft, ja sogar die lebenswichtige Versorgung Westberlins nach freiem Belieben zu strangulieren.
9. Und die Garanten des neuen Status von Westberlin? Am nächsten dran sitzen die ›hochsinnigen Patrioten‹ in Pankow. Dann kommen die 22 Divisionen der Roten Armee. Fern im Westen stehen die Streitkräfte der Westmächte und unsere bescheidene Bundeswehr.

Und ganz fern in New York steht das Haus der Vereinten Nationen, deren offiziellen Vertretern noch niemals in politischer Mission der Zutritt zu einem ›sozialistischen‹ Lande gestattet wurde.«

Eine der größten Behinderungen für die Arbeit eines Pressechefs in Bonn stellt der fast völlige Mangel an Diskretion sowohl im Kreise der Regierung als auch im Parlament dar. Es wurde und wird noch heute viel darüber geklagt, daß die Regierung viel zu viele Dinge unter dem Stempel »geheim« oder »streng geheim« laufen läßt. Aber selbst die Geheimhaltungsvorschriften geben kaum eine Garantie dafür, daß die Behandlung delikater Probleme auch nur für eine kürzere Frist vertraulich bleibt. Wie oft habe ich es erlebt, daß ich, aus der Kabinettsitzung in mein Arbeitszimmer zurückkehrend, schon Agenturmeldungen über den Verlauf der Sitzung des Kabinetts auf meinem Schreibtisch vorfand. Nun sind alle Kabinettsitzungen vertraulich, und es liegt in der Hand des Sprechers, so viel über die verhandelten Themen zu sagen, wie er für vertretbar hält. Die Journalisten kennen aber natürlich die schon vorher veröffentlichten Meldungen und richten ihre Fragen darauf ein.

So waren auch Nachrichten darüber in die Öffentlichkeit gedrungen, daß es zwischen dem Bundeskanzler und mir Meinungsverschiedenheiten gäbe. Überall tauchten Schlagzeilen auf wie »Krise um den Pressechef« oder »Differenzen zwischen Adenauer und Eckardt« usw. Selbst die Karikaturisten bemächtigten sich dieses Themas. Dabei konnte von ernsten Meinungsverschiedenheiten nicht die Rede sein. Vor allem waren sie längst beigelegt, ehe sich die Öffentlichkeit mit ihnen beschäftigte. Wie wäre es auch sonst dazu gekommen, daß mich der Kanzler mit besonderen Aufträgen nach Amerika schickte? Sie waren zwischen uns auch dadurch gegenstandslos geworden, weil sich meine Auffassung, daß man auf alle Fälle gegenüber dem Sowjet-Ultimatum Zeit gewinnen müsse, international durchgesetzt hatte. Dabei bestand zwischen dem Kanzler und mir nicht die geringste Meinungsverschiedenheit darüber, daß eine solche Politik – also die Vorbereitung einer Viererkonferenz – erhebliche Gefahren in sich barg.

Der Verlauf solcher Konferenzen ist niemals mit Sicherheit vorauszusagen. Doch blieb meine eigene Einstellung davon bestimmt, daß alles getan werden müsse, um die vom Kreml gesetzte Frist von sechs Monaten vom Tisch zu bekommen. Das Ultimatum mußte erst einmal weg, alles andere war für mich eine spätere Sorge. Ganz deutlich aber wurde im Laufe des Notenkrieges zwischen den westlichen Alliierten und der Sowjetunion, daß die Entwicklung mit vielen »Wenn« und

»Aber« letztlich auf die Abhaltung einer Viererkonferenz hinauslaufen würde.

Tatsächlich gelang es der westlichen Verhandlungstaktik, die Frist des Ultimatums verstreichen zu lassen, ohne daß die Sowjets ihre Drohungen wahrmachten. Ich darf hinzufügen, daß heute, acht Jahre später, West-Berlin noch immer keine »Freie Stadt West-Berlin« ist, sondern ein Bestandteil der Bundesrepublik blieb. Es kann hier nicht das ganze, sehr komplizierte Spiel der diplomatischen Verhandlungen mit dem Kreml nachgezeichnet werden. Entscheidend für eine nachgiebigere Haltung Moskaus war zweifellos schon die Haltung, die die Konferenz der Außenminister der Westmächte und die der NATO im Dezember 1958 in Paris einnahm. Noch im Dezember 1958, vor der Pariser Tagung, beauftragte mich der Kanzler, ihm Briefentwürfe an Dulles, de Gaulle und Macmillan vorzulegen. Wegen einer schweren Erkältung konnte der Kanzler nicht, wie vereinbart, nach London reisen; er mußte daher versuchen, durch Botschaften an alle drei Westmächte auf eine klare Haltung während der Pariser Zusammenkunft zu drängen. Die Briefe weichen nur in einzelnen Passagen voneinander ab. Hier der Text des Briefes an J. F. Dulles:

Bundesrepublik Deutschland
Der Bundeskanzler

Bonn, den 11. Dezember 1958

Seiner Exzellenz
dem Minister des Auswärtigen der
Vereinigten Staaten von Amerika
Herrn John Foster Dulles
Department of State
Washington D. C.

Sehr verehrter Herr Dulles, lieber Freund,

ich freue mich, soeben zu hören, daß Sie Ihre Erkrankung schnell überwunden haben und daß es Ihnen möglich sein wird, an der Außenministerkonferenz und den Beratungen der NATO teilzunehmen. Ihre Anwesenheit bei diesen Besprechungen ist mir eine große Beruhigung.

Da ich der Überzeugung bin, daß die Besprechungen der Außenminister in Paris für Europa und für die Zukunft des atlantischen Bündnisses von entscheidender Bedeutung sein werden, halte ich es für gut, Sie mit den Gedanken vertraut zu machen, die mich in dieser ernsten Phase unserer Politik bewegen. Wie Sie wissen, habe ich kürzlich einige Tage in Berlin verbracht. Es war ermutigend für mich, festzustellen, daß weder die Bevölkerung Berlins noch der Senat der Stadt irgendwelche Anzeichen von Nervosität oder Schwäche zeigen und daß zwischen Berlin und der Bundesrepublik in allen Fragen der Außenpolitik Einigkeit besteht. Unterdessen hat die Bevölkerung Berlins gewählt. Das Resultat der Wahlen ist ein klarer Beweis für diese feste Haltung gegenüber den Machthabern der ›DDR‹ und der Sowjetunion. Die kommunistische SED hat im Vergleich zu den Wahlen 1954 beinahe die Hälfte ihrer Stimmen verloren. Sie erreichte nur 1,9 Prozent der Stimmen. Daraus geht hervor, daß die Bevölkerung Berlins entschlossen ist, jeder Bedrohung durch die Sowjetunion standzuhalten. Ich bin der sicheren Überzeugung, daß sich auch bei einer Verschärfung der Krise an dieser Haltung der Berliner Bevölkerung nichts ändern wird, solange die Westmächte ohne Einschränkung an ihrer Garantie für die Freiheit des westlichen Teiles der Stadt festhalten und die Bundesrepublik und die Vereinigten Staaten weiter Berlin wirtschaftlich unterstützen. Ebenso sicher aber bin ich, daß ein Zaudern oder ein Schwanken der drei Garantiemächte eine tiefe Beunruhigung – wenn nicht eine Panik – in Berlin auslösen muß. Die Situation von Westberlin hat sich seit der Blockade 1948 grundlegend geändert. Die Wirtschaft der Stadt ist durch die Hilfe der Vereinigten Staaten und die laufende Unterstützung durch die Bundesrepublik zu beachtlicher Blüte gewachsen, und während 1948 die Berliner Bürger mehr oder weniger alle gleich arm waren, gibt es heute in Berlin breite Bevölkerungsschichten, die wieder etwas zu verlieren haben und die um diesen mühsam erworbenen Besitzstand und um ihre persönliche Freiheit bangen müssen. Zudem ist die Berliner Bevölkerung in ihrer Wachsamkeit sehr geschärft, und es ist jedem Denkenden doch klar, daß eine Luftbrücke den Lebensstandard Westberlins auch nicht annähernd aufrechtzuerhalten in der Lage wäre. Endlich konnte zur Zeit der Blockade niemand Berlin verlassen, jetzt kann das jeder tun. Ich glaube, es ist von entscheidender Bedeutung für die Entwicklung Westberlins und der Bundesrepublik, auf die sich Unruhe und Panik Berlins übertragen müßten, sowie Europas und der freien Welt, daß nicht der geringste Zweifel daran aufkommt, daß die Berliner Garantiemächte und darüber hinaus die NATO auch im ernstesten Falle zu ihren Verpflichtungen stehen werden.

Nach den getroffenen Dispositionen werden die Besprechungen der Außenminister über Berlin verhältnismäßig kurz sein. Es kommt daher sehr viel darauf an, daß das Kommuniqué von großer Klarheit und Eindeutigkeit ist, denn auf den Wortlaut des Kommuniqués wird sich das Interesse der Weltöffentlichkeit konzentrieren. Welche Wirkungen durch nicht ganz klare und eindeutige Formulierungen für Berlin entstehen würden, habe ich eben ausgeführt. Darüber hinaus glaube ich, daß, wenn die Sowjets in dem Kommuniqué auch nur geringe Anzeichen dafür finden würden, daß wir über eine Einschränkung der Rechte der drei Westmächte in Berlin mit uns reden lassen wollen, aus diesem Irrtum eine echte Gefahr für den Weltfrieden entstehen könnte.

Ich teile, wie Sie wissen, Ihre oft geäußerte und bestätigte Auffassung, daß jedes Zurückweichen vor Gewaltmaßnahmen und Rechtsbrüchen der Sowjetunion für die Zukunft des freien Westens unabsehbare Folgen haben würde. Dazu glaube ich, daß unter allen Versuchen des Kremls, die Einigkeit des Westens zu erschüttern, der Fall Berlin der gefährlichste ist. Selbst ein Teilerfolg der Russen müßte das mühsam errichtete Gebäude der westlichen Geschlossenheit gegen den Kommunismus ins Wanken bringen, weil die notwendige Basis dieser Geschlossenheit, das Vertrauen in vertragliche Abmachungen und gegebene Zusagen, schwer erschüttert werden würde.

In den letzten Tagen ist in der Öffentlichkeit fast aller Länder der Gedanke erörtert worden, man solle den sowjetischen Angriff auf die Freiheit Berlins durch ein Angebot an die Sowjetregierung beantworten, das deutsche Problem in seiner Gesamtheit zu diskutieren. Daß eine solche Diskussion zur rechten Zeit und nach gründlicher Vorbereitung notwendig ist, steht außer Zweifel. Ich glaube aber nicht, daß man unter dem zeitlichen und materiellen Druck einer ultimativen Forderung der Russen solche Verhandlungen führen kann und darf. Es ist undenkbar, in einer Frist von sechs Monaten auch nur die Grundlinien einer Einigung mit den Russen zu finden, schon weil die von den Russen geschaffene Ausgangsposition für solche Verhandlungen für den Westen die denkbar schlechteste wäre. Die von den Russen gestellte Frist von sechs Monaten würde wie ein Damoklesschwert über allen Verhandlungen schweben. Ich bin daher der Auffassung, daß die Frage Berlin und das größere Problem, nämlich die Wiederherstellung der deutschen Einheit, getrennt behandelt werden müssen. Ein Junktim in der Behandlung beider Fragen würde entweder die Freiheit Berlins in Frage stellen oder die Lösung des gesamtdeutschen Problems auf einen Weg führen, der nur zu einer mehr oder weniger verschleierten Kapitulation vor den sowjetischen Forderungen führen müßte. Darüber hinaus würde ein Abweichen von den immer wieder ausgesprochenen Garantien der Westmächte für Berlin – erlauben Sie mir, das noch einmal zu wiederholen – alle vom Westen ausgesprochenen Garantien unglaubwürdig machen. Gerade Ihnen, Mister Dulles, der in den vergangenen Jahren so unermeßlich viel, dank Ihrer klaren Konzeption und der Festigkeit Ihrer Überzeugung und Ihres Willens, für den Zusammenhalt des freien

Westens gegenüber der ständigen kommunistischen Bedrohung getan hat, brauche ich nicht auszuführen, welche Konsequenzen eine auch nur mißdeutbare Haltung der Westmächte in der ganzen heute noch freien Welt haben würde. Ich bin darüber hinaus der Auffassung, daß die Sowjetunion bei einer unmißverständlichen festen Haltung der Westmächte keine Gewaltmaßnahmen gegen Berlin ergreifen wird.

Diese Ausführungen sollen nicht bedeuten, daß nach einer eindeutigen Zurückweisung des russischen Vorstoßes gegen Berlin nicht vielleicht der Zeitpunkt gekommen oder sogar günstig sein könnte, andere Fragen, die der Lösung einer allgemeinen Entspannung dienlich sein würden – vergleiche die Genfer Verhandlungen –, und die deutsche Frage in ihrer Gesamtheit mit den Sowjets zu behandeln. Auch nach Aufhebung der Blockade sind Verhandlungen in Gang gekommen, die allerdings damals zu keinem Ergebnis führten. Es könnte ratsam sein, diese Bereitschaft zu Verhandlungen anzudeuten, allerdings nur dann, wenn man dem Kreml klargemacht hat, daß bestehende oder in Verhandlung befindliche Vereinbarungen mit der Sowjetunion jeden Wert verlieren, wenn er an der Methode einseitiger Aufkündigung bestehender Vereinbarungen festhält.

Ich übermittle Ihnen diese meine Gedankengänge, da keine Möglichkeit besteht, diese ernsten Fragen mit Ihnen mündlich zu besprechen. Ich glaube, wie ich schon eingangs ausführte, daß Ton und Inhalt des Pariser Kommuniqués bereits entscheidend für den weiteren Verlauf der Ereignisse sein werden, denn die westliche Welt war wohl niemals in der Nachkriegszeit stärker auf die Unterstüzung der öffentlichen Meinung aller freien Völker angewiesen als heute. Es wird daher einer besonderen propagandistischen Anstrengung bedürfen, um auch die neutralistisch eingestellten Völker über den wahren Charakter der sowjetischen Offensive aufzuklären.

Ich habe Premierminister Macmillan und Ministerpräsident de Gaulle heute in gleichem Sinne geschrieben.

Indem ich Ihnen meine herzlichsten Wünsche für völlige Genesung übermittle, bleibe ich in der Hoffnung auf ein baldiges Wiedersehen wie immer

Ihr

gez. Adenauer

Alle 15 NATO-Staaten stellten sich schließlich hinter die Position, die unsere westlichen Verbündeten in der Berlinfrage einnahmen. Der russische Plan, durch Drohungen die Allianz aufzuspalten, mußte als gescheitert angesehen werden. Allerdings gab es dafür einen Preis: Die Viererkonferenz! Man einigte sich schließlich darauf, daß die Außenminister der vier Mächte in Genf eine Konferenz abhalten sollten, die der Vorbereitung einer Gipfelkonferenz zu dienen hatte. Der Westen und besonders die Bundesrepublik mußten noch ein weiteres Zugeständnis machen. Sie erklärten sich schließlich einverstanden, daß beide Teile Deutschlands durch Beobachterdelegationen im Verhandlungssaal vertreten sein sollten. Das bedeutete für die »DDR« zweifellos eine erhebliche politische Aufwertung, zumal beide Delegationen das Recht erhielten, bei den Verhandlungen auch selbst das Wort zu ergreifen.

Doch ich greife in meinem Bericht den Ereignissen schon voraus. Die politische Vorbereitung der Außenministerkonferenz löste eine ganze Welle von Vorbesprechungen der drei Westmächte untereinander und mit der Bundesrepublik aus. Für die ersten Monate des Jahres 1959 verzeichnet mein Terminkalender Reisen nach Paris, nach London, schließlich eine zweite Reise nach den USA. Ich begleitete Außenminister von Brentano auf diesen Konferenzen, die alle der Erarbeitung eines einheitlichen Planes für die Konferenz in Genf dienten. Die ausgeschriebenen Stenogramme meiner Pressekonferenzen und Informationsgespräche füllen zwei Bände, die umfangreicher als Bände des »Großen Brockhaus« sind. Hunderte von Einzelgesprächen mit wichtigen deutschen und internationalen Journalisten kamen hinzu.

Dabei reiste natürlich nicht nur der deutsche Außenminister. Im Februar besuchte John Foster Dulles Bonn. Es war das letzte Treffen mit Adenauer vor seinem Tode. Im März kam Harold Macmillan. Die Gespräche mit dem britischen Premierminister, den Außenminister Selwyn Lloyd begleitete, verliefen recht frostig. Mein Freund, der britische Botschafter Steel, und ich bemühten uns nach Kräften, die Differenzen zwischen Adenauer und Macmillan nicht offenkundig werden zu lassen. Ich erinnere mich an ein ziemlich heftiges Gespräch mit dem Bundeskanzler, in dem ich ihn beschwor, wenigstens zum Abschluß des Zusammentreffens in einer Tischrede einen versöhnlichen Ton anzuschlagen, damit die westliche Seite auf der kommenden Konferenz als einigermaßen geschlossene Front der Sowjetunion gegenübertreten konnte. Adenauer gab meinem eindringlichen Appell nach und hielt eine sehr schöne Rede, die vieles wieder einrenkte. Dabei hatte der Kanzler einigen Grund zum Mißtrauen gegen die Haltung Großbritanniens, das zwar in der Berlinfrage den gemeinsamen Standpunkt vertrat, aber eine öffentliche Diskussion über Pläne eines »Disengagements« in Mitteleuropa entfesselte und damit dem polnischen Außenminister Rapacki in die Hände spielte. Natürlich ging Rapacki in seinen Vorschlägen viel weiter als London, doch gab es zahlreiche Berührungspunkte in den Ansichten, die London und Warschau vertraten.

Doch damit nicht genug. Die Sowjetunion bekam nun auch noch von deutscher Seite Schützenhilfe. Am 19. März veröffentlichte die SPD ihren »Deutschlandplan«. Es kann kein Zweifel für mich darüber bestehen, daß das Präsidium der Partei die ernste Sorge hegte, Chruschtschows Berlinultimatum könne zu militärischen Verwicklungen zwischen Ost und West führen, und daß diese Sorge die SPD veranlaßte, nach Kompromissen mit dem Kreml zu suchen, um eine Katastrophe zu verhindern. Sie tat das allerdings zu einem Zeitpunkt, in dem zwar nicht beweisbar, aber doch schon deutlich spürbar wurde, daß auch die Sowjetunion es nicht zum äußersten kommen lassen würde. Die Frist ihres Ultimatums lief zwar noch zwei Monate, doch daß sie es verwirklichen würde, erschien schon im März sehr unwahrscheinlich. Die Gefahr, daß sie ohne militärischen Druck zum mindesten Teile ihrer Ziele auf dem Verhandlungswege erreichen würde, war ungleich größer. Rapackiplan, britische Disengagementpläne und nun auch der Deutschlandplan der SPD ließen solche Erfolge des Kremls in greifbare Nähe rücken. Zu all diesen Sorgen, die sich manchmal so hoch auftürmten, daß auch der standhafteste Politiker verzweifeln konnte, ereilte mich auch noch persönliches Pech. Meine anfangs harmlose Bronchitis wuchs sich zu einer Lungenentzündung aus, und mit ein paar Penicillinspritzen im Leibe schaffte man mich nach Glotterbad zu Frau Prof. Ansorge, die mich durch eine Roßkur in drei Wochen wieder auf die Beine brachte. Per Telefon hielt ich so gut wie möglich Verbindung mit Bonn, um die Fäden nicht ganz aus der Hand zu verlieren. So konnte ich nach meiner Wiederherstellung sofort wieder mitten in meine Arbeit springen. Doch in diese hektischen Monate spielte auch noch ein anderer Vorgang hinein, der die gesamte deutsche Politik aufs heftigste erschütterte.

1959 mußte nach der Verfassung ein neuer Bundespräsident gewählt werden. Theodor Heuss hatte es abgelehnt, durch eine »Lex Heuss« eine dritte Amtsperiode zu ermöglichen. Wer sollte Präsident werden? Mein Stellvertreter Werner Krueger eröffnete die Pressekonferenz vom 8. April mit der Feststellung, daß zu den Themen Washingtoner Außenministerkonferenz, NATO-Konferenz, Berlin- und Deutschlandfrage, Haltung der Alliierten dazu, Stellung der Bundesregierung zu Verhandlungen mit den Sowjets, deutsch-englische Beziehungen nun auch noch eine Rundfunkansprache des Bundeskanzlers gekommen sei. Krueger hatte mich vor dieser Pressekonferenz in Glotterbad angerufen: »Liegen oder sitzen Sie gut, Herr von Eckardt«, begann er das Gespräch, um mir dann mitzuteilen, daß der Kanzler am Abend in einer Rundfunk- und Fernsehansprache außer einer ausführlichen Darstellung der internationalen Situation seinen Entschluß bekanntgeben würde, für das Amt des Bundespräsidenten zu kandidieren. Seine Wahl stand außer jedem Zweifel. Ich fiel zwar nicht aus dem Bett vor Schreck, blieb aber eine Weile sprachlos. Was hatte sich in Bonn abgespielt? Der Kanzler stand im Alter von 83 Jahren. Einige CDU-Politiker bewogen ihn unter Hinweis auf die verfassungsrechtlichen Möglichkeiten des Bundespräsidenten, diese Gelegenheit wahrzunehmen, um sich auf das Altenteil zurückzuziehen, ohne aus der aktiven Politik auszuscheiden. Da ich nach meiner Genesung nur die Möglichkeit hatte, den Verlauf der Dinge ungefähr zu rekonstruieren, möchte ich mich auf einige wenige Feststellungen beschränken. Ich glaube, daß man den Kanzler ein bißchen überfahren hatte mit der Vorspiegelung – oder auch ehrlichen Überzeugung –, daß die Nachfolgefrage so gelöst werden könne, wie er es sich vorstellte. Seine eigene Vorstellung ging dahin, daß Finanzminister Franz Etzel Bundeskanzler werden könnte. Mit dieser Lösung konnte er sich einverstanden erklären, denn die beiden waren politisch und menschlich eng verbunden. Wenn ich diese Episode kurz darstelle, so greife ich zeitlich ein wenig voraus. Als ich aus Glotterbad zurückkehrte, ließ mich der Kanzler sofort nach Rhöndorf kommen. Er empfing mich mit den Worten: »Na, Herr von Eckardt, was haben Sie in Ihrem Bett denn so gedacht, als Sie hörten, daß ich Bundespräsident werden will?« Ich antwortete ihm darauf: »Ganz ehrlich gesprochen, Herr Bundeskanzler, ich dachte mir, daß Sie für diese Stellung eigentlich nicht sehr geeignet wären!« – »Was soll denn das heißen?« – »Nun, ich kann Sie mir einfach nicht als einen über den Parteien schwebenden allgütigen Landesvater vorstellen! Sie sind doch nun einmal ein Kämpfer!« Der Kanzler sah mich einen Moment versonnen an und meinte dann: »Sie kennen mich leider schon viel zu gut!« Um es kurz zu machen, die Sache verlief anders, als Adenauer es sich vorgestellt hatte. Für Etzel fand sich keine Majorität in der Fraktion, da die CSU nicht mitmachte. Dagegen stellte sich heraus, daß Ludwig Erhard eine Majorität bekommen würde, und das wollte Adenauer wiederum nicht. Seine persönlichen Beziehungen zu Erhard waren gut, aber er hielt ihn nicht für einen geeigneten Nachfolger im Palais Schaumburg. Das recht unerfreuliche Hin und Her zog sich etwa zwei Monate hin. Dann eröffnete mir der Kanzler in Rhöndorf seinen Entschluß, nicht als Bundespräsident zu kandidieren, sondern Kanzler zu bleiben. Als ich ihn fragte, wie ich diesen Sinneswandel nun wieder der Öffentlichkeit klarmachen könnte, meinte er lakonisch: »Da müssen Sie sich eben was einfallen lassen.«

Mit irgendeinem Einfall war die doch recht peinliche Angelegenheit nun aber nicht zu reparieren. Man mußte das innerpolitische Gewitter vorbeiziehen lassen, und die außenpolitische Lage gab darüber hinaus genügend Stoff zum Reden und Schreiben. Man einigte sich schließlich auf den Landwirtschaftsminister Dr. Heinrich Lübke und wählte ihn am 3. Juli auf der Bundesversammlung in Berlin zum Bundespräsidenten.

Doch zurück zur Genfer Konferenz, deren Beginn nach langem Feilschen auf den 1. Mai festgelegt wurde. Vorher reisten Professor Carlo Schmid und Fritz Erler in die Sowjetunion und wurden am 16. März von Chruschtschow empfangen, dem sie den »Deutschlandplan« der SPD erläuterten. Obwohl der sowjetische Ministerpräsident alle Vorschläge, die auf eine stufenweise Wiedervereinigung hinausliefen, schroff ablehnte und nur für militärische Entspannungsvorschläge der SPD einiges Interesse zeigte, veröffentlichte die SPD ihren Plan trotzdem und komplizierte damit die Situation innerhalb der Bundesrepublik erheblich. Über den Plan entspann sich eine endlose Debatte. Dabei war er durch Chruschtschows Stellungnahme schon tot, ehe er überhaupt veröffentlicht wurde. Die Bundesregierung lehnte in einer kurzen Stellungnahme die SPD-Vorschläge ab, die ihr viel zu gefährlich erschienen:

1. Es fehlt in diesem Plan jede Koppelung der militärischen Entspannungspläne mit dem politischen Stufenplan. Dabei würde diese Form der »Entspannungszone« eine einseitige, die Verteidigungskraft des Westens schwächende Vorleistung darstellen und zum Rückzug der amerikanischen Truppen aus Europa führen.
2. Der politisch-wirtschaftliche Stufenplan enthält ebenfalls keinerlei Bedingungen oder kontrollierbare Verpflichtungen dafür, daß der einen Stufe wirklich die nächste folgt. Die Wiedervereinigung, ihre Form, ihr Ausmaß und ihr Tempo, ist damit völlig in das Belieben Pankows gestellt.
3. Die Durchführung des Planes bedeutet die gleichberechtigte Anerkennung der Pankower Regierung und widerspricht damit den zahlreichen einstimmigen Beschlüssen des deutschen Bundestages.
4. Wirklich freie gesamtdeutsche kontrollierte Wahlen sind erst nach der Fertigstellung der Verfassung vorgesehen, d. h. zu einem Zeitpunkt, an dem keine Entscheidungen mehr getroffen werden können. Bis dahin sollen paritätisch besetzte Gremien beraten bzw. entscheiden. Hierin liegt nach Ansicht der Bundesregierung eine entscheidende Gefährdung der demokratischen Entwicklung eines zukünftigen Gesamtdeutschlands. Denn wir wissen alle aus den leidvollen Erfahrungen der letzten Jahre, daß politische, wirtschaftliche und weltanschauliche Begriffe – von Demokratie über Freiheit bis zu Menschenrechten – im Westen und Osten völlig verschiedene Bedeutung haben. Daran müßte auch ein paritätisch besetzter Gerichtshof scheitern.

Die Genfer Außenministerkonferenz 1959

Wie schon erwähnt, hatten sich die vier Mächte darauf geeinigt, daß die Bundesrepublik und die »DDR« durch Beobachterdelegationen mit Sprach-, aber nicht mit Stimmrecht an den Beratungen teilnehmen sollten. Die beiden Rangältesten unserer Delegation waren Professor Grewe und ich. Die Arbeitsteilung lag auf der Hand. Grewe hatte, wenn nötig, im Konferenzsaal zu sprechen, ich selbst der Öffentlichkeit gegenüber unseren Standpunkt zu vertreten. Dazu gehörten der Delegation eine größere Anzahl von Sachverständigen an. Die »DDR« ließ sich durch ihren Außenminister Bolz und Herrn Kegel vertreten, der im allgemeinen auch die Pressekonferenzen der Zone leitete. Ein Vorkommando meines Amtes hatte sich zeitgerecht nach Genf begeben, um Quartier zu machen und vor allem, um Arbeitsmöglichkeiten für die deutschen Journalisten zu schaffen. Das Auswärtige Amt und meine Behörde mieteten wieder ein kleines Flugzeug mit sechs Passagierplätzen, das die ständige Kurierverbindung mit Bonn aufrechterhielt. Den in Bonn zurückbleibenden Journalisten versprach ich, nach Möglichkeit einmal wöchentlich auch in Bonn eine Pressekonferenz abzuhalten. Es gelang mir, dieses Versprechen einigermaßen einzuhalten.

Als ich in Genf eintraf und in das mir bezeichnete Hotel fahren wollte, schmunzelten meine Herren geheimnisvoll. Sie führten mich in die Genfer Altstadt, wo sie für mich eine reizende möblierte Wohnung gemietet hatten. Das Haus mochte aus dem 17. Jahrhundert stammen, hatte dicke Mauern und blieb trotz der großen Hitze – das Thermometer sank in den folgenden Wochen kaum je unter 30 Grad – immer angenehm kühl. In der gleichen Wohnung fanden auch meine Sekretärin, Frau Helle, und mein Fahrer Emanuel Nürnberg Platz. Es gab ein holzgetäfeltes Eßzimmer und zwei Salons außer den Schlafzimmern. Wie glänzend meine Herren vorgearbeitet hatten, bewies auch die Tatsache, daß sie irgendeinem Mitglied der Familie Rothschild für die Dauer der Konferenz eine hervorragende französische Köchin ausgespannt hatten. Ich muß offen bekennen, daß mich die Fürsorge meiner Mitarbeiter sehr rührte. Dazu bot die Wohnung ungleich bessere Möglichkeiten für meine Arbeit, denn in den überfüllten Hotels gab es kaum eine diskrete Ecke, in der man ein vertrauliches politisches Gespräch führen konnte. Schließlich war in Genf Hochsaison. Zahlreiche Delegationen – außer den vier Mächten – suchten Unterkunft, und mehr als tausend Journalisten strömten aus aller Welt nach Genf. Als Arbeitsraum mieteten meine Herren das oberste Stockwerk des Geschäftshauses »Providentia«, stellten dort Schreibmaschinen auf, ließen Telefone installieren usw. Es gab sogar Getränke und Kleinigkeiten zu essen. Wenn man solche Mitarbeiter hat, kann man selbst auch arbeiten – und Arbeit gab es genug.

Herr von Brentano lehnte es ab, im gleichen Saal wie der »sogenannte Herr Bolz« zu den Verhandlungen zu erscheinen, blieb aber den größten Teil der Konferenz in einer gemieteten Villa in Genf und stand in täglichem Kontakt mit seinen amerikanischen, englischen und französischen Kollegen. Eine Verbindung zu den Russen kam erst später zustande. Natürlich beruhigte mich Brentanos Anwesenheit außerordentlich, gab sie doch die Möglichkeit, täglich mit ihm zu sprechen und alle Fragen der öffentlichen Vertretung unserer Interessen mit ihm abzustimmen. Dazu darf ich sagen, daß ich mit Brentano wirklich befreundet war. Er kannte weder Geheimnistuerei noch irgendwelche Eifersucht im Verhältnis zum Kanzler mir gegenüber. In seinem Hause traf ich auch regelmäßig mit den Außenministern unserer Alliierten zusammen, die mich dann wiederum zu sich in ihre Residenzen einluden. Auf diese Weise konnte ich damit rechnen, wirklich gut informiert zu sein.

Zum ersten Mal seit Jahren fehlte das vertraute Gesicht von J. F. Dulles. Seine tödliche Erkrankung hatte ihn zum Rücktritt gezwungen. An seiner Stelle erschien Christian Herter. Herter ist ein sehr kluger und kultivierter Mann mit großer politischer Erfahrung. Sein liebenswürdiges, ja herzliches Wesen gewann ihm überall Sympathien. Doch ihm fehlte die Härte eines Mannes wie Dulles. Besonders die Kombination Eisenhower-Herter flößte mir Besorgnisse ein. Gar nicht selten sind große, siegreiche Feldherren in der Politik eher ängstlich als standhaft. So vermied es Eisenhower, wann immer es möglich war, Entscheidungen ohne Dulles zu treffen. Auf der anderen, der sowjetischen Seite standen aber äußerst harte Gegner. Chruschtschow befand sich zweifellos in einer Erfolgsserie. Außenminister Gromyko ist dazu ein Mann, der den Anweisungen seines Chefs bedingungslos folgt und dazu über eine Sturheit verfügt, die jeden Verhandlungspartner zur Verzweiflung treiben kann. Unter Kompromissen versteht er ausschließlich Nachgiebigkeit des Gegners. Von der britischen Position habe ich schon gesprochen. Sie blieb in Berlin fest, in der Neuordnung Mitteleuropas schwankend.

Der Kanzler setzte seine Hoffnungen auf Frankreich, auf Charles de Gaulle, und sollte damit recht behalten. Vom ersten Tage seines neuerlichen Regierungsantritts bis auf den heutigen Tag hat de Gaulle ohne Schwanken den Standpunkt vertreten, daß Europa nicht zu Ruhe und Frieden kommen kann, ohne daß Deutschland wieder ein Ganzes wird. Die Meinungsverschiedenheiten mit Frankreich liegen auf anderen Gebieten, die für das Thema der Genfer Konferenz ohne wesentliche Bedeutung waren. Zu diesem Zeitpunkt traten sie auch noch gar nicht in Erscheinung. Allerdings mit einer Ausnahme: de Gaulle versuchte bald nach seinem Regierungsantritt, die Leitung der NATO einem Dreiergremium zu unterstellen, in dem nur die USA, Frankreich und Großbritannien praktisch über alle wichtigen Fragen zu entscheiden haben sollten. Für uns war dieser Plan unannehmbar, und es gelang auch, die beiden anderen Großmächte auf unsere Seite zu bringen. Das Scheitern des De-Gaulle-Planes mag der Beginn seiner innerlichen Trennung von der Struktur der NATO gewesen sein, die ihn schließlich – 1966 – veranlaßte, nicht das Bündnis selbst, aber die integrierte Organisation des Paktes zu verlassen. Doch diese Differenz zwischen Frankreich und uns spielte auf der Genfer Konferenz schon der Thematik nach keine Rolle.

Die Dokumentenbände über die beiden Phasen der Genfer Konferenz, die nur die wichtigsten Reden der Delegationschefs enthalten, umfassen rund 700 Seiten. Ihr Studium ist auch heute noch für den Politiker und für die Historiker von großem Interesse. In diesem Buch darauf näher einzugehen, scheint mir aber jeden Rahmen zu sprengen. Dazu kommt, daß die Konferenz schließlich mit einem Mißerfolg endete.

Keiner der in den langen Konferenzwochen gemachten Vorschläge des Westens und der Sowjetunion fand die Zustimmung der Teilnehmer. Weitaus bedeutungsvoller dagegen bleibt für unsere heutige Politik die Tatsache, daß von westlicher Seite Vorschläge gemacht wurden, die bis an die Grenze des Vertretbaren gingen, im zweiten Teil der Konferenz meiner Überzeugung nach sogar die Grenzen überschritten. Das bezieht sich besonders auf Vorschläge, die Berlin betrafen. Daß ich selbst für eine politische Lösung des Deutschlandproblems und der Frage der europäischen Sicherheit einen sehr hohen Preis zu zahlen befürwortete, geht aus einem Memorandum hervor, das ich dem Bundeskanzler schon im März, also im Vorbereitungsstadium der Konferenz, vorlegte. Hier ein Auszug aus dieser Aufzeichnung, die zeigt, wie ich selbst die westliche Ausgangsposition für die bevorstehende Konferenz beurteilte:

»Nachdem es in Paris gelungen ist, unsere Verbündeten auf die Verteidigung der Freiheiten Westberlins festzulegen, treten wir in die zweite, wahrscheinlich schwierigere Phase der Beratungen ein. Denn wenn nicht alle Anzeichen trügen, werden die Westmächte gegebenenfalls bereit sein, der Sowjetunion gewisse Konzessionen für den Verzicht auf Westberlin zu machen. Dabei besteht die Gefahr, daß die westlichen Konzessionen permanenter Art sind, der sowjetische Verzicht dagegen nur temporärer Natur.

Zweifellos hat Moskau, als es zum diplomatischen Angriff auf Berlin ansetzte, nicht nur ein Maximalprogramm im Auge gehabt, sondern auch etwas weniger weitgehende Ziele, falls es nicht gelingen sollte, die Amerikaner aus Westberlin herauszumanövrieren. Ein solches Ziel könnte z. B. die De-jure- oder die De-facto-Anerkennung der ›DDR‹ durch die Westmächte sein.

Sollte Chruschtschow seine massiven Drohungen noch monatelang fortsetzen, so ist die Gefahr, daß die Westmächte hinsichtlich der Anerkennung der ›DDR‹ weich werden, nicht ganz von der Hand zu weisen. Ein westliches Nachgeben an diesem Punkt auf Grund einer Erpressung käme einer Niederlage gleich, und zwar aus zweierlei Gründen:

Die Westmächte würden damit, wie bereits betont, eine dauernde Konzession für die Aufrechterhaltung eines juristisch unanfechtbaren, faktisch aber höchst labilen Status quo in Westberlin machen.

Die auch nur faktische Anerkennung der ›DDR‹ durch unsere Verbündeten wäre angesichts der Politik, auf die sich die Bundesregierung und das Parlament immer wieder festgelegt haben, eine schwere diplomatische Niederlage für uns und würde unser z. Z. sehr hohes Prestige in der ganzen Welt rapide sinken lassen.

Da bei *jedem* west-östlichen Gespräch über *Deutschland* diese Gefahr des Hochspielens der ›DDR‹ gegeben ist, fragt es sich, ob die Formel, der Westen sei nach einer Regelung der Berlinfrage bereit, auch über Deutschland zu verhandeln, glücklich ist. Wäre es nicht besser, sie durch die Bereitschaft, über Gesamt-*Europa* zu verhandeln, zu ersetzen?

Damit käme natürlich der Rapackiplan oder das Disengagement auf den Verhandlungstisch. Die Frage, ob dies ein größeres Risiko darstellen würde als Verhandlungen über Deutschland, bedarf eines genauen Abwägens, das hier nicht vorgenommen werden kann.

Gegen den Rapackiplan bestehen meines Erachtens zwei gewichtige Einwände:

I. Es ist nicht zu erwarten, daß die Vereinigten Staaten irgendwelche Truppen in Deutschland belassen, wenn diese nicht mit Atomwaffen ausgerüstet sein dürfen. Der Rapackiplan könnte also die Gefahr eines einseitigen Rückzuges der Amerikaner heraufbeschwören.

II. Der Rapackiplan hat meines Erachtens wie alle anderen Vorschläge über atomfreie oder verdünnte Zonen den Nachteil, daß er *militärischen* Fragen zuviel Gewicht beimißt und die Lösung der *politischen* Probleme höchstens indirekt vorantreibt.

Das echte ›Disengagement‹ mag demgegenüber, jedenfalls in seinem Anfangsstadium, größere Risiken in sich bergen, hat aber den Vorzug, eine definitive politische Bereinigung ins Auge zu fassen.

Es fragt sich also, welches die Haltung der Bundesregierung in der zweiten, eingangs erwähnten Phase der Beratungen innerhalb des westlichen Bündnisses sein sollte. Sicher wäre es nicht angebracht, mit Forderungen hervorzutreten; vielleicht sollten wir es sogar noch unterlassen, präzise Vorschläge zu machen, sondern uns lieber aufs Fragen verlegen.

Man könnte z. B. den Westmächten eine Art Fragebogen vorlegen, dessen Text mit einem Dank für ihre feste Haltung in Berlin zu beginnen hätte. Wenn wir, so müßte es weiter heißen, die Meinung der westlichen Staatsmänner richtig verstanden haben, so denken sie daran, nach Bereinigung des Berlinkomplexes mit Moskau in Verhandlungen über weitergesteckte Themen einzutreten. Da die Zeit drängt, würde es die Bundesregierung interessieren, schon jetzt in *ganz unverbindlicher Form* die Auffassung der Verbündeten zu allen Fragen, die bei derartigen Verhandlungen auftauchen könnten, kennenzulernen.

Um gegen jede Überraschung bei den Verhandlungen mit Moskau gewappnet zu sein, halten wir es für erforderlich, die Themenwahl bei den Gesprächen zwischen den Verbündeten in keiner Weise zu beschränken und diese Gespräche mit äußerstem Freimut zu führen. Um ihren absolut vertraulichen Charakter zu wahren, könnte man sie als akademische Erörterungen einer untergeordneten Arbeitsgruppe hinstellen.

Die Themen, zu denen die Bundesregierung in unverbindlicher Form die Auffassung ihrer Verbündeten kennenlernen möchte, sind etwa folgende:

A. Verhandlungen über Deutschland

1. Behandlung der ostzonalen Funktionäre als »Erfüllungsgehilfen« der Sowjetunion
2. De-facto-Anerkennung der ›DDR‹
3. De-jure-Anerkennung der ›DDR‹
4. Friedensvertrag

B. Verhandlungen über Europa

1. Verdünnte oder atomfreie Zonen und insbesondere Rapackiplan
2. Etappenweise Räumung d. h. Disengagement.

Die Bundesregierung wird nicht verfehlen, auch ihrerseits den Verbündeten ihre Auffassung zu diesen Themen mitzuteilen.«

Im großen und ganzen wurden diese Fragen den Westmächten im Laufe der vorbereitenden Verhandlungen vorgelegt und in einer uns befriedigenden Form, allerdings ohne letzte Präzision, beantwortet.

Die üblichen einleitenden Geplänkel bei den Eröffnungsreden in Genf gingen verhältnismäßig rasch vorüber, besonders da Gromyko seine Forderung, Polen und die Tschechoslowakei am Konferenztisch zuzulassen, schnell aufgab. Am 14. Mai begann die eigentliche Auseinandersetzung mit einer großen Rede des amerikanischen Außenministers Herter, in der er den Friedensplan der Westmächte – unter dem Namen Herterplan in die Geschichte eingegangen – auf den Konferenztisch legte. Einleitend knüpfte er an die Direktive der Gipfelkonferenz vom Juli 1955 an, in der es hieß: »In Anerkennung ihrer gemeinsamen Verantwortung für die Regelung der deutschen Frage und die Wiedervereinigung Deutschlands haben sich die Regierungschefs darüber geeinigt, daß die Regelung der Deutschlandfrage und die Wiedervereinigung im *Wege freier Wahlen* im Einklang mit den nationalen Interessen des deutschen Volkes und den Interessen der europäischen Sicherheit erfolgen muß.«

Ich habe schon darüber berichtet, daß Chruschtschow unmittelbar nach Ende des Gipfeltreffens in Ostberlin eine Rede hielt, in der er die Unterschrift der Sowjetunion verleugnete. Seitdem blieb diese Direktive nur ein Stück Papier. Niemand im Kreml dachte daran, sie in die Tat umzusetzen. In parallel laufenden Pressekonferenzen in Bonn und in Genf erläuterten das Auswärtige Amt und ich selbst die wesentlichen Elemente des Herterplanes:

»Die für die Wiedervereinigung Deutschlands verantwortlichen drei Westmächte haben in den vergangenen Monaten in sorgfältiger und mühevoller Arbeit den Versuch gemacht, einen Gesamtfriedensvorschlag für Europa zu entwerfen, der der Sowjetunion heute in Genf unterbreitet wurde. Dieser Friedensplan ist die Fortsetzung der bekannten langjährigen Bemühungen des Westens, die aus dem Zusammenbruch Deutschlands hervorgegangene weltpolitische Spannung zu mindern oder, wenn es geht, ihrem allmählichen Ende näherzubringen.

Das Friedenspaket – es ist eine ganze Anzahl von Vorschlägen – das der Westen nunmehr vorlegt, führt die Verhandlungen des Jahres 1955 folgerichtig fort, bei denen sich die Großmächte verpflichteten, die Wiedervereinigung Deutschlands herbeizuführen. Die drei Westmächte stehen nach wie vor zur Genfer Direktive vom 23. Juli 1955, in der sie gemeinsam mit der Sowjetunion diese Verpflichtung zur Herbeiführung der Wiedervereinigung Deutschlands anerkannt haben. Sie tun es ungeachtet der sowjetischen Weigerung, dieser Verpflichtung nachzukommen, in der klaren Erkenntnis, daß wesentliche Fortschritte in der Auflösung der Spannungsmomente zumindest in Europa so lange nicht zu erzielen sein werden, als der unerträgliche Zustand der Trennung Deutschlands andauert. Bei diesem Entwurf ihres Friedensplanes haben sich die Westmächte bemüht, gewisse sachliche Einwände der Sowjetunion gegen ältere Pläne in Rechnung zu stellen, im Vergleich beispielsweise zu den Vorschlägen von Genf von 1955, die aus dem revidierten Edenplan und dem sogenannten Zusicherungsvertrag für die europäische Sicherheit bestehen. Hier zieht der neue Vorschlag insbesondere Folgerungen aus der Erkenntnis, daß die Wiedervereinigung Deutschlands nach Lage der Dinge eine Angelegenheit ist, die sich wahrscheinlich nur in einem *abgestuften Zeitplan, d. h. mit gewissen Übergangsstadien*, verwirklichen läßt. Daher ist nunmehr vorgesehen, daß die freien Wahlen nicht am Anfang dieses Prozesses stehen sollen, sondern erst in einem Zeitraum durchgeführt werden sollen, in dem eine beschränkte innerdeutsche Zusammenarbeit in Gestalt einer gemischten deutschen Kommission vorangehen soll. Die Befugnisse dieser Kommission sollen sich nicht nur auf die Ausarbeitung eines Wahlgesetzes, sondern auch auf bestimmte Vorstellungen erstrecken, die der Annäherung beider Teile Deutschlands dienen sollen.

Während die Genfer Vorschläge von 1955 den Anschein erwecken konnten, daß für das wiedervereinigte Deutschland allein die Mitgliedschaft in der NATO in Betracht kommen konnte, wird in dem neuen Vorschlag eindeutig klargestellt, daß die gesamtdeutsche Regierung die volle Entscheidungsbefugnis für die Wahl ihres Bündnisses oder der Bündnisfreiheit haben soll, ob sie NATO oder Warschauer Pakt oder neutral bleiben oder ein anderes Bündnissystem annehmen will.

Der westliche Gesamtvorschlag macht schließlich den fairen Vorschlag, dem angeblichen Sicherheitsbedürfnis der Sowjetunion in angemessener Weise Rechnung zu tragen. Das ergibt sich insbesondere aus den Vorschlägen für die Einrichtung eines Inspektions- und Kontrollsystems in noch näher zu vereinbarenden Gebieten, in denen eine Begrenzung der Höchststärken der Streitkräfte nationaler oder nichtnationaler Art vorgenommen werden soll.

Eine weitere bemerkenswerte Neuerung besteht darin, daß die nichtnationalen Streitkräfte über die jetzige Demarkationslinie nicht hinausrücken dürfen. Neu ist an dem Vorschlag insbesondere, daß man aus der Erkenntnis der inneren Zusammenhänge zwischen der weltpolitischen Spannung und dem Stande der Rüstung und umgekehrt nunmehr die Konsequenzen gezogen hat und auch die allgemein kontrollierte Abrüstung im Zusammenhang mit der Lösung der politischen Fragen in den Plan hineingenommen hat.

In dem Friedensvorschlag finden sich dann Vorschläge für eine Begrenzung und spätere Reduzierung der Streitkräfte der Großmächte sowie der Schaffung eines Systems zum Schutz vor der Gefahr von Überraschungsangriffen. Es ist vorgesehen, daß man verhandeln will über ein Abkommen zur Verhinderung von Überraschungsangriffen, das sich auf die ganze Welt erstrecken soll. Im einzelnen sollen dann noch Vereinbarungen folgen, aber in einer Form, daß der Friede in Europa gewahrt bleibt.

Wichtig ist ferner, daß die westlichen Vorschläge das Prinzip der Entscheidungsfreiheit Gesamtdeutschlands im vollen Umfange anerkennen. Daraus ergibt sich die logische Konsequenz, daß die abzuschließende Friedensregelung nur von einer freigewählten gesamtdeutschen Regierung ausgehandelt und unterschrieben werden kann. Daraus ergibt sich ferner, daß diese abschließende Regelung, nämlich die Friedensregelung, der Friedensvertrag, erst in der letzten Stufe des Phasenplanes nach Wiederherstellung der deutschen Einheit erfolgen kann und daß dem sowjetischen Wunsch, schon jetzt über den Friedensvertrag zu verhandeln, der Westen nicht zu folgen geneigt ist.

Am interessantesten an dem Plan dürfte sein, daß er erstmalig eine zeitliche Synchronisierung der eigentlichen Maßnahmen zur Wiedervereinigung und der militärpolitischen Vorgänge vorsieht.

Dieser Gesamtfriedensplan enthält einen Plan von vier Stufen. In jeder Stufe dieses Planes ist vorgesehen einmal ein Stück, ein Beginn und eine Fortführung der Wiedervereinigung und gleichzeitig zeitliche Synchronisierung mit gewissen Vorschlägen auf dem Gebiet der Sicherheit und der Abrüstung.«

Im Anschluß an Herters Rede und Plan sprachen zum ersten Mal im Kreise der vier Mächte die Vertreter der Bundesrepublik und der SBZ. Es handelte sich aber nur um allgemeine, nicht in Einzelheiten gehende Erklärungen. Im Konferenzsaal blieben alle Teilnehmer höflich, im Ton beinahe zuvorkommend. In interessantem und für den weiteren Verlauf der Verhandlungen wichtigem Gegensatz dazu standen die Veröffentlichungen in Presse und Rundfunk der Zone. In einer Pressekonferenz im Providentia-Haus, wo ich täglich die deutsche Presse traf, wies ich sie auf diese Zweigleisigkeit der östlichen Politik hin. Sie versprach für den Verlauf in Genf nichts Gutes. Natürlich konnten im Konferenzsaal die Herren Gromyko und Bolz nicht mit unqualifizierbaren Beschimpfungen ihr internationales Ansehen aufs Spiel setzen, doch was die Presse der SBZ produzierte, überstieg alles bisher Dagewesene und gab eigentlich eine viel klarere Prognose für den weiteren Verlauf der Konferenz und ihre Resultate. Ich konnte den Journalisten Beispiele bringen wie etwa: »Der Tatort des Verbrechens ist Genf. Der Bandenchef und Hauptangeklagte heißt Heinrich von Brentano ...« oder: »Deutsche speien auf Bonn«. Brentano wurde als »bankrotter Hohlkopf« und »exotisches Reptil« tituliert. Diese ungeheuerliche Pressekampagne wurde in Genf, wenn auch nicht mit Verbalinjurien, fortgesetzt. Die Delegation der SBZ hielt natürlich genauso wie ich selbst täglich Pressekonferenzen ab und konnte in den ersten Tagen Erfolge dadurch erzielen, daß ihnen ein gewisser Seltenheitswert für die westliche Presse zukam. SBZ-Pressekonferenzen kannte man bis dahin kaum. So entspann sich ein harter Kampf um den Vorrang in der Publicity zwischen mir und meinen Herren auf der einen, dem Mitglied der SBZ-Delegation Kegel auf der anderen Seite. Um es vorwegzunehmen: Der Kampf endete in einem absoluten Mißerfolg der SBZ-Delegation. Die Herren waren an westliche Formen auf Pressekonferenzen nicht gewöhnt und schnitten alle unangenehmen Fragen mit dem Hinweis, sie seien »provokatorisch«, kurzerhand ab. So konnten sie nur für wenige Tage das Interesse der Journalisten auf sich ziehen. Schließlich nahm an ihren Konferenzen selten mehr als ein Dutzend Publizisten teil.

Der publizistische Kampf mit der SBZ-Delegation setzte sich bis zum Ende der Verhandlungen fort, doch der Saal des Herrn Kegel blieb leer. Von meinen Pressekonferenzen konnte man das nicht behaupten, denn die gesamte ostdeutsche und osteuropäische journalistische Prominenz erschien in schöner Regelmäßigkeit, um mich und Herrn von Hase vom Auswärtigen Amt durch Fragen in Verlegenheit zu bringen. Doch zu jenem Zeitpunkt zumindest verstanden nicht einmal Leute wie Herr von Schnitzler Fragen zu stellen, die schwierig zu beantworten gewesen wären.

Vielleicht erscheint es erlaubt, auch einen Zeitungsbericht über eine solche Konferenz wiederzugeben. Damit soll es dann genug sein, denn auch nur auszugsweise näher auf diese Dinge einzugehen, würde mehrere Bände füllen. Die »Schwäbische Landeszeitung« veröffentlichte am 19. Mai 1959 folgenden Bericht:

»Ostblock-Journalisten attackieren von Eckardt

Polnische und tschechoslowakische Korrespondenten greifen Frage der deutschen Grenzen auf – Gezielte Aktion in Genf

Von unserem Redaktionsmitglied Thilo Schneider

Genf, 16. Mai

Journalisten aus der Tschechoslowakei, Polen und der Sowjetzone haben am Freitagabend den Versuch unternommen, die Pressekonferenz der westdeutschen Delegation durch gezieltes Punktfeuer ›aufzurollen‹. Mit einem wahren Hagel von Fragen beschuldigten die im Raum verteilten kommunistischen Korrespondenten die Bundesregierung expansionistischer Absichten. Bundespressechef von Eckardt und Legationsrat von Hase, die deutschen Sprecher, wehrten den auf sie geführten Zangengriff aber mit klaren völkerrechtlichen und politischen Feststellungen ab. ›Die Bundesregierung stellt keine territorialen Forderungen‹, sagte von Eckardt, ›sie wird auf jede Gewaltanwendung zur Änderung der deutschen Grenzen verzichten und verlangt, daß in einem Friedensvertrag die endgültige völkerrechtliche Festlegung der Grenzen so geregelt wird, daß vor allem Polen und Deutschland gerecht behandelt werden.‹

Als erster meldete sich ein polnischer Journalist zu Wort, der vor Erregung mit beiden Händen zitterte und abwechselnd französisch und gebrochen deutsch sprach. Er verwies auf die am gleichen Tage vom britischen Außenminister Selwyn Lloyd in der Konferenz abgegebene Erklärung, daß die Bundesrepublik keine territorialen Forderungen erhebe. ›Stimmen Sie mit dieser Absicht überein‹, fragte er den Bundespressechef. Darauf von Eckardt: ›Diese Erklärung ist korrekt.‹ Der Pole bohrte weiter: ›Die Bundesregierung stellt aber doch territoriale Ansprüche?‹ Von Eckardt: ›Das ist – wie ich schon sagte – nicht der Fall, denn territoriale Forderungen sind solche, die über die völkerrechtlich bestehenden Grenzen hinaus Ansprüche bedeuten.‹ Auf die Frage, welche Grenzen Bonn als völkerrechtlich ansehe, sagte Legationsrat von Hase: ›Die völkerrechtlichen Grenzen sind durch die vier Großmächte am 15. Juli 1945 festgelegt worden. Es sind die Grenzen vom 31. Dezember 1937. Auch die Sowjetunion hat ihre Unterschrift hierzu gegeben.‹ Bei der Oder-Neiße-Grenze handle es sich um eine reine Verwaltungsgrenze. Völkerrechtlich könne im Zusammenhang damit keinesfalls von territorialen Forderungen gesprochen werden. Eine Änderung dieser Verwaltungsgrenze durch Gewalt komme aber nicht in Frage.

Das hat Seebohm gesagt …

In aggressivem Ton wollte anschließend ein tschechoslowakischer Pressevertreter wissen, wie die Bundesregierung zu den Grenzen der Tschechoslowakei stehe. Daraufhin Eckardt: ›Es gibt auch keine territorialen Ansprüche gegenüber der CSR.‹ Sodann behauptete der Prager Korrespondent, Bundesverkehrsminister Seebohm habe derartige Forderungen erhoben. Legationsrat von Hase sagte dazu: ›Mir ist das nicht bekannt. Falls solche Forderungen gestellt wurden, entsprechen sie nicht der Ansicht der Bundesregierung.‹ Als Bundespressechef von Eckardt gerade gute Beziehungen zu Polen als eines der Ziele der Grenzregelung durch einen Friedensvertrag bezeichnete, verlangte der tschechoslowakische Korrespondent die Auskunft, warum die Bundesregierung das Schreiben des Prager Ministerpräsidenten Siroky nicht beantwortet habe. Er gab sich jedoch geschlagen, als von Eckardt feststellte, der ungemein polemische Ton dieses Schreibens habe allem anderen, nur nicht der Förderung guter Beziehungen gedient. Der Vertreter des sowjetzonalen Nachrichtendienstes ADN stellte dann die Frage, ob die KPD in der Bundesrepublik wieder zugelassen werde, wenn Maßnahmen zur Wiederherstellung der Einheit Deutschlands getroffen würden. Von Eckardt meinte, es sei dann auch mit der Zulassung der SPD in der Sowjetzone zu rechnen, wenn man sich bei der Verwirklichung des Friedensvertrages auf dem Wege zu freien Wahlen befinde. Das Verbot der KPD durch das Bundesverfassungsgericht könne auf Antrag der Bundesregierung in Karlsruhe wieder aufgehoben werden, wenn der Wiedervereinigungsprozeß beginne.

Deutsch aus der Simultan-Anlage

Als der Staatssekretär noch mitteilte, daß am Freitag zum erstenmal während der Konferenz – ›als ich zufällig an der Skala drehte‹ – über die Simultan-Anlage aus dem Russischen, Englischen und Französischen ins Deutsche übersetzt worden sei, bat ein »DDR«-Journalist, dazu etwas mitteilen zu dürfen. Nachdem ihm das Wort erteilt worden war, sagte er mit sächsischer Zunge und stolzgeschwellt: ›Die Übersetzung ist von Hilfskräften der Delegation der Deutschen Demokratischen Republik vorgenommen worden‹, was von Eckardt zwar eine Sekunde verblüffte, aber dennoch nicht in Verlegenheit brachte. ›Das ist ja ganz hervorragend‹, konterte er unter Gelächter.

Inzwischen wurde bekannt, wen die Pankower Delegation in die Übersetzerkabine geschickt hat: Michael Benjamin, Sohn der als ›rote Hilde‹ bekannten Justizministerin der Sowjetzone. Der junge Benjamin ist Journalist und Mitarbeiter im Ostberliner Außenministerium.

Angriff souverän abgeschlagen

Westliche Korrespondenten äußerten nach der Pressekonferenz die Überzeugung, daß die Ostblock-Journalisten jetzt offenbar zielbewußt die westdeutsche Pressekonferenz stören wollten, nachdem der Pankower

Sprecher Gerhard Kegel ein Zimmer weiter im ›Maison de la Presse‹ kaum noch über ein Auditorium verfüge. Der erste konzentrische Angriff ist jedenfalls souverän abgeschlagen worden. Die Genugtuung, auch bei den Oppositions-Journalisten, war hierüber im westdeutschen Lager allgemein.«

An dieser Stelle möchte ich dem Sprecher des Auswärtigen Amtes, Karl-Günther von Hase, für seine Unterstützung während der ganzen Konferenz danken. Wir teilten uns die Arbeit so ein, daß Hase stets den Bericht über die Plenarkonferenzen gab, während ich vorwiegend die sich anschließenden Fragen beantwortete. Besonders seit diesen Genfer Wochen verband uns eine Freundschaft, und so war es für mich selbstverständlich, daß ich ihn später als meinen Nachfolger empfahl. Professor Grewe unterstützte mich durch Sonderkonferenzen. Von Zeit zu Zeit empfing auch Brentano die Presse. Zwischendurch flog ich jede Woche einmal nach Bonn, um dem Kanzler zu berichten und auch dort die Fragen der Journalisten zu beantworten. Rückschauend erscheint mir die Genfer Konferenz als der Höhepunkt meiner Tätigkeit als Bundespressechef. Tag für Tag empfing ich bereits zum ersten Frühstück etwa sechs internationale Presseleute. Am Mittag etwa die gleiche Zahl zum Lunch. Alles was in diesem Beruf Rang und Namen hat, erschien ein- oder mehrmals in meiner hübschen Wohnung, und so fehlte es nie an Gelegenheiten, die deutschen Interessen zu vertreten. Im großen und ganzen lohnte sich diese Mühe sehr, denn auch im Ausland blieb unsere Stimme in keiner Phase der Konferenz ungehört.

Am Abend nach der allgemeinen Pressekonferenz gab es ziemlich regelmäßig Einladungen der westlichen Delegationen, aber auch Essen in der Villa, die Brentano gemietet hatte. Dazwischen speisten wir auch einmal mit den Russen bei Gromyko und als Gegeneinladung bei Brentano. Beide Male hatte ich wieder Semjonow zum Tischnachbarn. Die Veranstaltungen verliefen ziemlich steif und nichtssagend. Brentano, der so außerordentlich liebenswürdig sein konnte, fehlte jede Verbindung zur russischen Mentalität. Er konnte mit den »Sowjetmenschen« einfach nichts anfangen. Erinnern kann ich mich nur an einen Zwischenfall. Nach dem Essen wurde Gromyko plötzlich ziemlich ausfallend und erging sich in heftigen Angriffen gegen die Bundesregierung, weil sie Soldaten und Offiziere zur Ausbildung an modernen Waffen in die USA schickte. Brentano antwortete auf diese Angriffe überhaupt nicht. Doch mir wurde es zu bunt, und so wandte ich mich an Gromyko und sagte: »Ja, wir schicken Leute nach Amerika. Ich erinnere mich aber noch an Zeiten – in den zwanziger Jahren –, da schickten wir sie zur Ausbildung in die Sowjetunion! Nun, die Zeiten haben sich eben geändert!« Nach dieser Kontroverse, die Gromyko mit bösem Gesicht hinnahm, verabschiedeten sich die Russen beinahe sofort.

Die Arbeitsbelastung der an der Konferenz Beteiligten war außerordentlich verschieden. Die Hauptbeteiligten verfügten so gut wie über keine freie Zeit. Andere hingegen, Experten, aber auch Journalisten, brauchten nur sporadisch zu arbeiten, genossen das herrliche, allerdings sehr heiße Sommerwetter in vollen Zügen. Die Badestrände am Genfer See waren überfüllt, braungebrannte Journalisten bevölkerten gegen Abend die Pressekonferenzen der Delegationen. Ich selbst kam in den langen Wochen nur zweimal dazu, im »Lac Leman« Kühlung zu suchen. Zwei- oder dreimal machten wir am Sonntag einen hübschen Ausflug mit Brentano in das benachbarte Französisch-Savoyen. An den sitzungsfreien Tagen mußte ich meistens nach Bonn fliegen. Die Sondermaschine der SBZ, die friedlich neben der meinigen auf dem Flugplatz stand, war übrigens mindestens dreimal so groß.

Doch zurück zum Konferenzverlauf. Der »Herterplan« fand ein großes Echo in der westlichen Welt, und zwar vorwiegend ein zustimmendes. Ich selbst war vom taktischen Standpunkt aus nicht so sehr begeistert. Wie bei allen Konferenzen mit den Russen kam der Westen gleich zu Beginn mit konstruktiven Vorschlägen heraus, die weittragende Konzessionen enthielten. Der Herterplan zeigte im Vergleich mit den Beschlüssen der Genfer Gipfelkonferenz von 1955 bereits durch seine »Stufenfolge« großes Entgegenkommen an den sowjetischen Standpunkt. Die Russen verfuhren dagegen, wie immer, ganz anders. Sie begannen mit ihren Maximal-Forderungen und gaben im Laufe der Konferenz nur in unwesentlichen Teilen nach. Da der Westen gleich wichtige Konzessionen einräumte, war er gezwungen, später noch weitere zu machen, um die Konferenz vor dem Scheitern zu retten. Die SU legte also den Text eines Friedensvertrages auf den Tisch. In seiner erläuternden Rede beschwor Gromyko die Anti-Hitler-Koalition des 2. Weltkrieges und schaffte damit eine gegen die Bundesrepublik gerichtete Atmosphäre. Er lehnte gesamtdeutsche Wahlen vor Abschluß des Friedensvertrages ab, blieb bei der alten These der beiden deutschen Staaten, die getrennt den Vertrag unterzeichnen könnten, verlangte eine Konföderation von Bundesrepublik und »DDR«, ferner die bekannten militärischen Beschränkungen usw. Kurz, den schon aus dem Januar des Jahres stammenden Friedensvertragsentwurf erhob Gromyko jetzt zu einem Konferenzdokument, ohne dem Westen auch nur einen Zentimeter entgegenzukommen. Von russischer Seite gab es also nichts Neues. Zwei deutsche Staaten sollten anerkannt werden und dann sehen, wie sie sich im Rahmen einer Konföderation unter sich einigten. Dabei wußten und wissen die Sowjets genau, daß eine solche Einigung zwischen unserer und der kommunistischen Staats- und Wirtschaftsform nicht möglich ist. Sie vertreten ihren Standpunkt noch heute unverändert in der Gewißheit, daß eine Annahme ihrer Thesen die Spaltung auf ewig erhalten würde.

Will man darauf verzichten, nun auf alle die Reden und Erklärungen der nächsten Wochen einzugehen, so kann man pauschal feststellen, daß sich die Positionen der gegnerischen Seiten im Kern wenig veränderten, in wesentlichen Punkten überhaupt nicht. Brentano äußerte sich in einer seiner ersten Pressekonferenzen noch verhältnismäßig optimistisch und bezeichnete die sich gegenüberstehenden unzuvereinbarenden Vorschläge als Ausgangspositionen. Ich konnte seinen Optimismus nicht teilen. Ich befürchtete, daß die SU bei ihrer Ausgangsposition verharren würde, während der Westen sich gezwungen sehen würde, weitere Konzessionen zu machen. Dazu kam für die westlichen Delegationen die Schwierigkeit, den Herterplan als Ganzes, also als ein »Paket«, zu erhalten, während die Russen ihre Anstrengungen darauf konzentrierten, dieses »Paket« aufzuschnüren und über jeden Punkt einzeln zu verhandeln. Auf diese Weise versuchten sie ihre Lösung des Berlinproblems – analog des Ultimatums vom November 1958 – durchzusetzen. In welche Gefahren uns dieser Kampf noch bringen sollte, zeigte dann der zweite Teil der Genfer Außenministerkonferenz. Am 20. Juni wurde sie unterbrochen, ohne daß auch nur der geringste Fortschritt erzielt worden war. Man vertagte sich auf den 13. Juli 1959.

Die Außenminister eilten nach Hause, um die in Wochen aufgestaute Arbeit zu erledigen, an Ferien konnte niemand denken. Die westliche Position in Genf wies deutliche Schwächemomente auf, besonders da es den Sowjets gelungen war, den Herterplan, der als ein Ganzes behandelt werden sollte, in seine einzelnen Teile zu zerlegen. Schließlich hatte man in den letzten Tagen über eine »Interimslösung« über Berlin gesprochen, also ohne festen Zusammenhang mit der Deutschlandfrage. Das bedeutete zweifellos, einen äußerst gefährlichen Weg zu beschreiten. Das gleiche galt für den russischen Friedensvertragsvorschlag. Bei der »Interimslösung« für Berlin ging es um den sowjetischen Vorschlag, in den folgenden eineinhalb Jahren über eine Lösung dieses Problems zu verhandeln. Eine gefährliche Verlockung bedeutete dieser Vorschlag insofern, als damit das Ultimatum des Kremls vom November 1958 in die Länge gezogen wurde, denn schon in der ersten Phase der Genfer Konferenz war die Frist von sechs Monaten abgelaufen, und bei Annahme des neuen Vorschlags verlängerte sich diese Frist um weitere 18 Monate. Doch durfte nicht übersehen werden, daß dies schließlich nur eine Hinauszögerung der Krise bedeuten würde und keine Lösung. Der Westen nahm daher diesen Vorschlag auch nicht an. Gefährlicher als die Haltung unserer Alliierten erwies sich aber der wachsende Druck eines Teiles der öffentlichen Meinung, die in dieser Verzögerung schon einen Wert an sich sah, ohne zu bedenken, daß jede Zustimmung zum Interimsplan den Sowjets nach Ablauf der Frist eine Legitimation geben würde, auf eigene Faust in Berlin zu handeln. Von dem eigentlichen Problem – der deutschen Wiedervereinigung – sprach man nur noch sehr vage und in keinem inneren Zusammenhang mit Berlin, so wie es der Herterplan vorgesehen hatte.

Ich kehrte also recht sorgenvoll nach Bonn zurück, denn niemand konnte mir sagen, wie es nach der Pause von drei Wochen nun eigentlich weitergehen sollte. Natürlich gingen während dieser Pause die Gespräche innerhalb des westlichen Lagers weiter, ohne daß es allerdings zu einer Besprechung oder Konferenz des Westens unter sich gekommen wäre. Noch vor Abschluß des ersten Teils der Konferenz übersandte ich dem Bundeskanzler ein kurzes Memorandum, denn Abbruch oder Vertagung der Verhandlungen in Genf konnte mit Sicherheit vorausgesagt werden. Es ging also bereits darum, in leidlich guter Position vom Konferenztisch wegzukommen. Hier der Wortlaut meines Memorandums:

Vorbemerkung:

»Diese Aufzeichnung ist aus dem Gefühl heraus entstanden, daß von westlicher und von deutscher Seite noch etwas geschehen muß, gerade dann, wenn man beabsichtigt, die Konferenz abzubrechen oder zu vertagen. Der augenblickliche Stand der Konferenz ist kein günstiger Aktschluß des ersten Aktes Genfer Konferenz. Außerdem müßte bei einer Vertagung ein leidlich plausibler Grund gefunden werden, warum man einerseits abbricht und andererseits zu einem bestimmten Zeitpunkt die Konferenz fortsetzen will. Ob man als Schluß- und Überleitungsinitiative von westlicher Seite noch einen Plan vorlegen soll, der das gesamte Problem Deutschland deckt oder nur einen Ausschnitt davon, vermag ich nicht zu beurteilen. Vielleicht aber sind einige Elemente der folgenden Aufzeichnung für die Taktik der nächsten Tage verwendbar.

Skizze eines westlichen oder deutschen Vorschlages

1. Der jetzige Status von Berlin wird für fünf Jahre unverändert aufrechterhalten. Es würde notfalls genügen, daß die westlichen Mächte eine Erklärung dieser Art abgeben, die von sowjetischer Seite unwidersprochen bleibt.
2. Einsetzung eines Viermächte-Komitees zur weiteren Behandlung der

Berlinfrage (einschließlich Zugang) und der Deutschlandfrage innerhalb der nächsten fünf Jahre.

3. Das Viermächte-Komitee (es könnte aus Außenminister-Stellvertretern bestehen) beauftragt eine gemischte Kommission der Deutschen, die ebenfalls innerhalb der Fünfjahresfrist Vorschläge auszuarbeiten hat
   a) für die Wiedervereinigung der beiden Teile Deutschlands und für ein Wahlgesetz der gesamtdeutschen Wahlen und
   b) für einen Friedensvertrag mit Deutschland.
4. Während der Fünfjahresfrist enthalten sich die vier Mächte jeder einseitigen Maßnahme zur Änderung des augenblicklichen Status von Berlin (einschließlich Zufahrt), es sei denn, sie einigten sich innerhalb dieses Zeitraumes auf Verbesserungen für den Status von Berlin. Die gemischte Kommission der Deutschen berichtet den vier Mächten von Zeit zu Zeit über den Fortgang ihrer eigenen Arbeiten auf dem Gebiet der Wiedervereinigung.
5. Über Zusammensetzung und Abstimmungsmodus der gemischten Kommission der Deutschen werden entweder noch zum Abschluß der jetzigen Konferenz Vereinbarungen getroffen oder, falls dieses nicht möglich ist, wird das Datum für eine neue Außenministerkonferenz festgelegt, deren Aufgabe es ist, über diese Frage ein Einvernehmen herzustellen.

Was kann geschehen, wenn innerhalb von fünf Jahren keine Einigung erzielt wird?

1. Falls innerhalb von fünf Jahren keine Einigung über Wiedervereinigung, Friedensvertrag und Status von Berlin erzielt werden kann, unterbreiten die Viermächte-Kommissionen und die gemischte Kommission der Deutschen die Resultate ihrer Arbeit einem Ausschuß der Vereinten Nationen. Dieser Ausschuß könnte zusammengesetzt sein aus den Vertretern der vier Mächte, zwei Mitgliedern des NATO-Paktes, des Warschauer Paktes und sechs UN-Mitgliedern aus dem Kreis der nicht direkt interessierten Staaten. Diese letzteren sechs Ausschußmitglieder müßten vom Sicherheitsrat benannt werden. – Einstimmigkeit erforderlich –
   Nunmehr könnte nach Verstreichen der Fünfjahresfrist auf dieser Ebene ein Versuch der Einigung gemacht werden, wobei klar herauszustellen ist, daß auch in diesem Stadium der Beratungen die Viermächte-Verantwortung für Deutschland und für Berlin nicht angetastet wird. Diese Feststellung könnte in einer Resolution der Vereinten Nationen, die die genannte Kommission einsetzt, ausdrücklich gemacht werden.

2. Einigt sich die Kommission der Vereinten Nationen auf einen Vorschlag zur Lösung der deutschen Frage, so wird dieser Vorschlag sowohl der Bundesregierung als auch den Autoritäten der DDR zur Beschlußfassung vorgelegt. Falls es keinen einmütigen Entscheid über diesen Vorschlag der Vereinten Nationen gibt, wird der Vorschlag selbst in beiden Teilen Deutschlands einer Volksabstimmung unterworfen, wobei ein Modus gefunden werden muß, der die freie Entscheidung der Bevölkerung in beiden Teilen Deutschlands sicherstellt. Das Resultat dieser Volksabstimmung wäre dann verbindlich für beide Teile Deutschlands und müßte zur Wiedervereinigung und damit zur Erledigung des Berlinproblems führen.
3. Während des Zeitraumes der fünf Jahre und des Zeitraumes, den die Kommission der Vereinten Nationen für ihre Arbeiten benötigt, werden die Streitkräfte der Westmächte in Berlin auf ihrer jetzigen Stärke eingefroren. Die vier Mächte verpflichten sich, für den gleichen Zeitraum weder in Ost- noch Westberlin Atomwaffen zu lagern und Raketenbasen bzw. andere Abschußmöglichkeiten für Raketen einzurichten.
4. Die vier Mächte verpflichten sich, während des gesamten Zeitraumes im Rahmen der verfassungsmäßigen Möglichkeiten darauf hinzuwirken, daß die Arbeiten der verschiedenen Gremien nicht durch eine diffamierende Propaganda in ihren Bestrebungen gehindert werden.
5. Unter der Voraussetzung, daß eine Einigung über die vorgeschlagene Prozedur erzielt wird, sind die Mitglieder der NATO und die Mitgliedsstaaten des Warschauer Paktes bereit, einen Nichtangriffspakt abzuschließen. Dieser Nichtangriffspakt könnte entweder direkt ausgehandelt werden oder auf einem Vorschlag des Generalsekretariates der Vereinten Nationen beruhen. Die Ratifizierungsurkunden des Paktes würden von den einzelnen Unterzeichnerstaaten direkt beim Sekretariat der Vereinten Nationen hinterlegt.

Abschlußbemerkung

Wie deutlich erkennbar ist, zielt dieser Vorschlag darauf hin, einen möglichst großen Zeitraum zu gewinnen bei gleichzeitiger Vermeidung von gefährlichen Veränderungen im Stande der Frage Deutschland und Berlin. Vielleicht ist es auch möglich, nur das eine oder andere Element dieser Vorschläge herauszugreifen, um einerseits einen vor der Weltöffentlichkeit vertretbaren Abgang vom Konferenztisch zu schaffen und andererseits die Einberufung einer neuen Außenministerkonferenz zu einem festzusetzenden Datum zu rechtfertigen.«

Aus dieser Aufzeichnung geht klar hervor, worauf ich hinaus wollte: einmal lange Fristen für Berlin zu erreichen und ferner während dieses Zeitraums keine Position in Berlin aufzugeben. Leider mußte ich in den folgenden Wochen feststellen, daß die westliche Seite in ihren Gedanken über den Fortgang der Konferenz nicht sehr produktiv war. Natürlich gab es eine große Betriebsamkeit, doch förderte sie kaum etwas zutage, was in Genf mit Nutzen hätte verwendet werden können. Es war daher nicht verwunderlich, daß man am 13. Juli etwa an dem gleichen Punkt erneut zu verhandeln begann, an dem man am 20. Juni aufgehört hatte.

So reiste ich also mit meinem Stab erneut nach Genf, bezog wieder die gleiche Wohnung und hielt Tag für Tag Besprechungen mit den deutschen Journalisten im Providentia-Haus und mit der Weltpresse im Maison de la Presse ab. Bei der Lektüre der vielen hundert Seiten ausgeschriebener Stenogramme der Presseerklärungen und des Frage-und-Antwort-Spiels befällt einen noch heute eine tiefe Depression. Die Konferenz drehte sich unablässig im Kreise, die Chefs der Delegationen trugen fast Tag für Tag die gleichen Argumente vor, ohne daß irgendeine Lösungsidee auftauchte, die Aussicht auf Annahme durch die Konferenz bot. Die Tendenz der Sowjetunion, über die Genfer Verhandlungen der SBZ zur Anerkennung zu verhelfen, schälte sich immer klarer heraus. Das gleiche galt und gilt auch noch heute für die Tendenz, zwei souveräne deutsche Staaten zu schaffen, die für jetzt und alle Ewigkeit durch verschiedene politische, ideologische und wirtschaftliche Systeme getrennt bleiben sollen. Die Russen blieben bei ihrer These »Deutsche an einen Tisch« in der absoluten Gewißheit, daß sich eine gesamtdeutsche Kommission, die dazu paritätisch zusammengesetzt sein sollte, niemals über irgend etwas einigen würde. Dazu sollten die Besatzungstruppen in Berlin auf eine »symbolische« Stärke reduziert werden. Es mußte jedem klar sein, daß man nach Scheitern aller Verhandlungen unter den Deutschen allein die alten Positionen niemals wieder zurückgewinnen konnte. In einer Pressekonferenz, in der mich die ostdeutschen Journalisten – Herr von Schnitzler, Herr Carlebach und der Sohn der »roten Hilde« Benjamin – mit Fragen bestürmten, erläuterte ich den sowjetischen Vorschlag in etwas salopper Weise. Ich sagte, der Vorschlag »Deutsche an einen Tisch« käme mir so vor, als ob man einen Papagei und ein Pferd in einem Stall zusammensperre und dann behauptet, man habe doch alles getan, damit die beiden nun ein gesundes Kind zeugen könnten.

In den Pressekonferenzen selbst leistete mein Freund Herr von Hase Außerordentliches in der immer wieder nuancierten Darstellung dessen, was im Konferenzsaal gesagt worden war. Gesagt wurde mehr oder weniger immer das gleiche, manchmal geriet die Diskussion über die »gesamtdeutschen Kommissionen« und die Berlinfrage aber auch derartig durcheinander, daß alle Beteiligten von etwas anderem sprachen und niemand mehr recht wußte, worüber die Außenminister eigentlich debattierten. Dabei war die Kontroverse sehr einfach und klar. Der Westen verlangte eine gesamtdeutsche Kommission in der Zusammensetzung von 25:10, wobei Entscheidungen nur mit Zweidrittel Mehrheit gefaßt werden sollten. Dazu wollte man die Viermächteverantwortung uneingeschränkt beibehalten. Die Russen verlangten einen gesamtdeutschen Ausschuß in der Zusammensetzung 1:1, ohne daß die Alliierten eine eigene Befugnis für Entscheidungen behalten würden. Dazu forderten sie den Abschluß eines Friedensvertrages mit *zwei* deutschen Staaten und sprachen von freien Wahlen überhaupt nicht.

Das tägliche Hin und Her der Diskussionen soll dem Leser erspart bleiben, besonders da sie zu nichts führten. Natürlich gab es täglich Nuancen in der Pressekonferenz zu diskutieren, denn neben der Konferenz hielt Chruschtschow auch noch bedrohliche Reden, die zu der relativ gepflegten Atmosphäre im großen Konferenzraum des Palais des Nations wenig paßten, aber die Zweigleisigkeit der russischen Politik erneut demonstrierten.

Daß mich wirklich ernste Besorgnisse über die Haltung des Westens beim Fortgang der Verhandlungen in Genf beschlichen, geht aus einem Brief hervor, den ich am 18. Juli an den Kanzler schickte und in dem Vorschläge enthalten waren, die das Schlimmste verhüten sollten:

Genf, 18. Juli 1959

Herrn
Bundeskanzler
Dr. Konrad Adenauer
Bonn

Streng vertraulich

Sehr verehrter Herr Bundeskanzler!

Ihrem Wunsche entsprechend erlaube ich mir, nachstehend den Gedankengang etwas näher zu erläutern, den ich Ihnen am vergangenen Donnerstag kurz vortragen konnte. Ich möchte dabei ausdrücklich bemerken, daß bis zur Stunde keinerlei Anzeichen dafür vorhanden sind, daß die vier Mächte in der Berlinfrage den Rückzug antreten. Trotzdem glaube ich, daß man sich in der Politik immer auch auf die schlechteste Möglichkeit einrichten sollte. Ich kann nicht verhehlen, daß mir das Wort ›Interims‹-Lösung für Berlin stets größtes Unbehagen bereitet. Herr Gromyko will für diese Interimslösung einen Preis haben, der einmal in einer Reduzierung der westlichen Truppen auf symbolische Stärke, ferner auf eine Unterdrückung von propagandistischer und subversiver Tätigkeit und schließlich in einem Abkommen über die Nichtstationierung von Atomwaffen und Raketen besteht. Der letzte Punkt ist wahrscheinlich im Augenblick nicht interessant, da wohl keine Atombomben in Berlin lagern werden. Sollten die Westmächte sich aber in den beiden ersten Punkten auf einen Kompromiß einlassen, so müßten zwangsläufig große Gefahren entstehen. Eine Reduzierung der Truppen bei einer Interimslösung, die vielleicht 18, 24 oder 30 Monate dauern soll, könnte logischerweise nach Ablauf dieser Frist eine neue Verhandlung bringen, die schließlich mit einer weiteren Reduzierung der westlichen Truppen enden würde. Man würde also auf einen Weg geraten, bei dem die Freiheit Berlins in bestimmten Zeitabständen immer wieder neu bezahlt werden muß, und zwar auf Kosten der Sicherheit Berlins selbst.

Die zweite Forderung – Einstellung von Propaganda und subversiver Tätigkeit – gibt mir ebenfalls zu großen Bedenken Anlaß, denn irgendwie müßten diese Tätigkeiten ja überprüft werden, und wer soll entscheiden, was noch freie Meinungsäußerung oder schon Hetzpropaganda ist. Man kommt auf diesem Gebiet leicht in Gefahr, die Grundfreiheiten der Westberliner Bevölkerung langsam zu verkaufen...

... Wenn die Alliierten bei Ausbruch einer Krise nach Scheitern der Viermächte-Verhandlungen nicht bereit sind, bis an den Rand des letzten Risikos zu gehen, glaube ich, wäre es immer noch möglich, mit der Sowjetunion für Westberlin als freie Stadt einen Status auszuhandeln, dessen Garantie m. E. in weitem Maße auf die Vereinten Nationen gegründet werden müßte. Nach Abschluß eines Vertrages solcher Art wäre es immerhin für die Sowjetunion sehr schwierig, gegen einen Beschluß von über 80 Nationen den freien Status von Berlin und den freien Zugang nach Berlin, den sie unter die gleiche Garantie zu stellen bereit sind, zu brechen. Ich glaube wenigstens, daß ein solcher Status mit den angeführten Garantien 10 oder 15 Jahre aufrecht erhaltbar wäre.

Sie kennen, sehr verehrter Herr Bundeskanzler, meine Einstellung und wissen, daß ich selbst seit Dezember vorigen Jahres für eine sehr harte Haltung des Westens in der Berlinfrage eingetreten bin und daß ich die Genfer Konferenzen – zumindesten soweit sie sich mit Berlin beschäftigen – im Grunde genommen für ein Unglück halte.

Nach wie vor glaube ich, daß eine Krise um Berlin unvermeidlich ist, wenn man fest bleibt, und daß diese Krise durchgestanden werden muß.

Das Vorstehende gilt also nur als eine Betrachtung für den Fall, daß unsere Verbündeten oder auch die öffentliche Meinung in der Bundesrepublik selbst nicht über so starke Nerven verfügen, um eine solch bedrohliche Krise unerschüttert durchzustehen.

Ich bleibe, sehr verehrter Herr Bundeskanzler, mit den ergebensten Grüßen

stets Ihr

gez. von Eckardt

So ging es Tage um Tage hin, bis mich eine Nachricht alarmierte. Ein geheimes Konferenzpapier – neben den Plenarsitzungen fanden auch noch laufend Geheimsitzungen statt – zeigte mir, daß unsere Verbündeten bereit waren, den Russen in der Frage der »Wühltätigkeit« und »feindseligen« Propaganda in Berlin entgegenzukommen. Meine Befürchtung sollte sich also doch bestätigen! Ich eilte sofort in eine gerade tagende Versammlung der westlichen Außenminister und versuchte den Herren klarzumachen, was eine solche Konzession für Berlin bedeuten würde. Ich ließ ihnen auch einen schriftlichen Vermerk zurück, den ich hier wiedergebe:

Vermerk für die Herren Außenminister

Falls auf die sowjetische Forderung eingegangen wird, Maßnahmen zu ergreifen gegen die Einmischung in die inneren Verhältnisse der ›DDR‹ oder der Ostblockstaaten, insbesondere gegen die ›Wühltätigkeit‹ und ›feindselige‹ Propaganda, dann muß damit gerechnet werden, daß als Maßstab für die Beurteilung von ›Wühltätigkeit‹ und ›feindseliger‹ Propaganda von sowjetischer Seite die Bestimmungen des sowjetzonalen Strafrechtergänzungsgesetzes vom 11. 12. 1957 herangezogen werden. Die wesentlichen Bestimmungen dieses Gesetzes lauten:

§ 19 Staatsgefährdende Propaganda und Hetze

Wer den Faschismus oder Militarismus verherrlicht oder propagiert, wer gegen die Arbeiter-und-Bauern-Macht hetzt, gegen ihre Organe, gegen gesellschaftliche Organisationen oder gegen einen Bürger wegen seiner staatlichen oder gesellschaftlichen Tätigkeit oder Zugehörigkeit zu einer staatlichen oder gesellschaftlichen Einrichtung hetzt, wird mit Gefängnis nicht unter drei Monaten bestraft.

§ 20 Staatsverleumdung

Wer Maßnahmen oder Tätigkeit staatlicher Einrichtungen oder gesellschaftlicher Organisationen öffentlich verleumdet oder entstellt, wer einen Bürger wegen seiner staatlichen oder gesellschaftlichen Tätigkeit verleumdet oder verächtlich macht, wird mit Gefängnis bis zu zwei Jahren bestraft.

Es besteht kein Zweifel, daß Presse, Rundfunk und Fernsehen in Westberlin nach Auffassung der sowjetischen Regierung und der sowjetzonalen Regierung ständig gegen diese Bestimmungen des sowjetzonalen Gesetzes verstoßen, indem sie sachlich über die Ereignisse in der Bundesrepublik berichten und nicht wie die Presse, Rundfunk und Fernsehen der Zone ständig behaupten, die Bundesrepublik werde von Faschisten und Militaristen beherrscht. (Nach dem Beispiel des sowjetischen Ministerpräsidenten Chruschtschow, der in Dnjepropetrowsk am 28. 7. 1959 erklärte: ›Wir fürchten nicht die deutschen Militaristen und Revanchisten, ein starker Mann fürchtet ja nicht einen tollen Hund, aber er will nicht von ihm gebissen werden. So steht es auch mit den deutschen Militaristen, die mit Herrn Adenauer an der Spitze jetzt in Westdeutschland über die Stränge schlagen. Wir haben keine Angst vor den kriegswütigen Erklärungen Herrn Adenauers, der sich zwar für einen Christen ansieht, aber in den Händen nicht ein Kreuz hält, sondern die Fackel des Krieges schwenkt.‹)

Es besteht ferner kein Zweifel, daß die Berichterstattung der Presse Westberlins über die Ereignisse in der ›DDR‹ als Hetze, Verleumdung und Entstellung im Sinne des sowjetzonalen Strafrechtsergänzungsgesetzes gewertet wird, insbesondere, da Westberlin nach Auffassung der sowjetischen Regierung auf dem Territorium der ›DDR‹ liegt.

Erhalten bleiben müssen daher die im Grundgesetz und in der Verfassung von Berlin garantierten demokratischen Grundrechte für die Bürger Westberlins. Das gilt insbesondere auch für die Tätigkeit der politischen Parteien, der Gewerkschaften, der kirchlichen und der Jugendorganisationen in dieser Stadt.

Erhalten bleiben müssen der RIAS, der SFB einschließlich Fernsehen und die Soldatensender (AFN und BFN).

Erhalten bleiben muß die ungehinderte Arbeit der Berliner Vertretungen der Nachrichtenagenturen und der in Westberlin ansässigen Korrespondenten westdeutscher sowie ausländischer Zeitungen.

Erhalten bleiben muß die ungehinderte Arbeit der in Westberlin erscheinenden Zeitungen und Zeitschriften sowie die ungehinderte Ein- und Ausfuhr westdeutscher und ausländischer Zeitungen und Zeitschriften in diese Stadt.

Erhalten bleiben muß Westberlin als Zufluchtsort für Flüchtlinge aus der sowjetisch besetzten Zone und als ein Symbol westlicher Freiheit für die Menschen in diesem Gebiet.

Erhalten bleiben müssen die ungehinderte Tätigkeit und Meinungsäußerung der Mitglieder des Abgeordnetenhauses von Berlin, da dieses Parlament den Anspruch darauf erhebt, für die Zone mitzusprechen; das gleiche gilt für die Berliner Abgeordneten im Deutschen Bundestag...

Doch ich kam mit meinen Einwendungen zu spät. Man erklärte mir, daß die Russen bereits über die vom Westen geplanten Konzessionen in dieser Frage schriftlich informiert worden seien. Tief deprimiert verließ ich das Beratungszimmer. Meiner Überzeugung nach war hier ein Rückzug angetreten worden, der für Berlin den Anfang vom Ende bedeuten würde. Wenn die Meinungsfreiheit in Westberlin verlorenging, wußte ich nicht, was man in Berlin eigentlich noch verteidigen sollte. In großer Spannung über das, was die Sowjets nun tun würden, verbrachte ich den Tag, bis ich die Antwort der Russen in Händen hatte, die ablehnend war. Mir fiel ein Stein vom Herzen! Doch das Spiel ging noch weiter. Beide Papiere waren geheim, doch die Presse bekam Wind von der Angelegenheit und bestürmte mich einzeln und in Gruppen in meiner Wohnung mit Fragen. Dabei ließ sich klar erkennen, daß die sowjetische Delegation wieder auf zwei Gleisen operierte. Den westlichen Delegationen schickten sie eine negative Stellungnahme, unter den Journalisten verbreitete sie, der westliche Vorschlag sei durchaus erwägenswert. Damit erzeugten sie eine hoffnungsvolle Stimmung hinsichtlich des weiteren Verlaufs der Konferenz. Was sollte ich in dieser für uns lebensgefährlichen Situation tun? Schließlich lud ich die Chefs der wichtigsten internationalen Presseagenturen – also UP, AP, Reuter, AFP und DPA – zu mir zum Essen ein. Ich durfte über das »geheime« Papier der Russen nicht sprechen. Nach dem Essen beim Kaffee bat ich meine Gäste um Entschuldigung, daß ich sie für zehn Minuten verlassen müßte, da ich mit Bonn zu telefonieren hätte. Ehe ich das Zimmer verließ, legte ich die ablehnende Antwort der sowjetischen Delegation auf den Tisch. Als ich in das Zimmer zurückkehrte, brachen die Journalisten sofort auf. Natürlich hatten sie das Dokument gelesen und eilten nun an ihre Telefone. Nur dieses eine Mal habe ich zu einem solchen unkorrekten Mittel gegriffen, aber ich wußte mir keinen anderen Rat, die gefährliche Taktik der Sowjets zu stören. Der Trick hatte seine volle Wirkung, die ganze Angelegenheit kam in ein anderes Fahrwasser. Für mich blieb aber die Besorgnis darüber, auf welche gefährliche Bahn die Konferenz abzurutschen drohte.

Am 5. August 1959 wurde die Konferenz mit einem kurzen nichtssagenden Kommuniqué beendet. Daß sie resultatlos zu Ende gehen würde, überraschte niemand, der dem Verlauf aufmerksam gefolgt war. Doch etwas anderes kann als überraschend, eigentlich mehr als befremdlich bezeichnet werden. Während der letzten zehn Tage fanden Besprechungen zwischen den USA und der Sowjetunion statt, über die wir – aber ich nehme an, auch unsere Verbündeten – nicht informiert wurden. Nachträglich mußte man feststellen, daß die Sitzungen der Konferenz nur noch als Fassade dafür dienten, die direkten Verhandlungen zwischen Amerika und Rußland zu tarnen. Es ging um die Einladung an Chruschtschow, die USA zu besuchen. Chruschtschow nahm die Einladung an, es kam zu den Gesprächen im Camp David. Doch ehe es soweit war, begab sich Eisenhower auf eine Europareise, besuchte London, Paris und Bonn. Dieser Besuch des amerikanischen Präsidenten Ende August veranlaßte mich, dem Bundeskanzler, der zur Erholung in Cadenabbia weilte, einen Brief zu schreiben. Hier der Wortlaut:

17. August 1959

Sehr verehrter Herr Bundeskanzler!

Lange Zeit habe ich gezögert, Ihnen zu schreiben, weil ich weiß, daß auch Briefe eine unerfreuliche Störung in der Erholung bedeuten. Nun steht aber der Besuch Präsident Eisenhowers in Bonn, London und Paris bevor, und ich lebe in großer Sorge um die außenpolitische Entwicklung der nächsten Zeit. Obwohl von dem Besuchsaustausch Eisenhower–Chruschtschow vielleicht keine unmittelbar einschneidenden Wirkungen zu erwarten sind, so wird er doch auf längere Sicht gesehen eine starke Veränderung der weltpolitischen Lage mit sich bringen können.

Meine Sorge bezieht sich nun auf die Stellung der Bundesrepublik im Rahmen solcher möglichen Veränderungen und Verschiebungen im politischen Kräfteverhältnis. Es ist nicht mehr zu übersehen, daß sich die Stellung der Bundesrepublik, ihr Ansehen und gleichzeitig ihre politische Wirksamkeit im Ausland erheblich abgeschwächt hat. Die Ursachen sind vielfältiger Natur. Die gesamte Position der NATO hat sich besonders durch die Haltung General de Gaulles sehr verschlechtert. Sein Widerstand gegen alle europäischen Integrationsbestrebungen schwächt die europäische Position im Rahmen der NATO von Monat zu Monat. Damit muß die Tendenz, die Ost-West-Spannung zwischen den zwei Hauptmächten der Welt, der USA und der Sowjetunion, direkt zu behandeln und wenn möglich zu regeln, immer stärker werden. Ihren spürbaren Ausdruck fand diese Tendenz in der Tatsache, daß Eisenhower den Besuchsaustausch mit Chruschtschow ohne jede Konsultation mit den westlichen Verbündeten aushandelte, ja, die Westmächte in Genf mindestens zehn Tage sinnlos verhandeln ließ, während Herter und Gromyko alleine wußten, daß die Genfer Konferenz nur eine Fassade darstellte, hinter der über die Besuche direkt zwischen den beiden Großmächten verhandelt wurde. Ich glaube, daß nicht allein die Besuche, sondern auch gerade dieser Vorgang ein Alarmzeichen ist.

Es ist ferner nicht zu übersehen, daß unsere Beobachterdelegation in Genf eine schwache Stellung hatte. Der einstimmige Beschluß des Bundestages (Auswärtige Ausschuß), durch den die Delegation der DDR in den Verhandlungssaal gebracht wurde, war sicher ein Fehler. Die Zusammensetzung unserer Delegation, soweit sie im Verhandlungssaal anwesend war, nahm ihr in den Vollsitzungen jede Stoßkraft und damit auch fast jede propagandistische Wirkung auf die Weltöffentlichkeit, ein Mangel, der durch hartes Auftreten in den Pressekonferenzen nicht ausgeglichen werden konnte. Nur die ungeschickte Taktik der DDR-Delegation auf dem ihr unbekannten Parkett milderte diese ungünstige Position der Bundesrepublik ab. Es bleibt aber die Tatsache, daß trotz der sehr loyalen Haltung unserer Verbündeten die Stellung der Bundesrepublik durch die Konferenz in Genf eher eine Abschwächung als eine Stärkung erfahren hat...

Der Werbung für eine starke Stellung der Bundesrepublik stehen viele negative Elemente entgegen: Die europäische Integration ist ins Stocken geraten und wird zumeist sogar als rückläufig angesehen; mit dem Absinken der Stellung der NATO verliert auch die Bundesrepublik an Bedeutung in der westlichen Welt; der deutsche Drang nach Wiedervereinigung, der an sich viel Sympathien im Ausland genießt, wirkt sich durch unsere Haltung gegenüber der Frage der Anerkennung der Ostblockstaaten negativ aus, wobei sich das Gefühl, daß die Deutschen durch den Hitlerkrieg schließlich die Ursache für die gefährlichen Spannungen in Europa sind, immer mehr verstärkt. Schließlich und endlich – ich gebe zu, daß es schwierig ist, in einem demokratischen Staat viel dagegen zu tun – erheben heute in der Bundesrepublik gewisse Leute wieder vernehmbar ihre Stimme und veranstalten laut tönende Veranstaltungen und Kongresse, Leute, von denen das Ausland gehofft hatte, sie seien politisch endgültig zum Schweigen gebracht. Diese Leute verursachen einen Schaden, der in keinem Verhältnis zu ihrer wirklichen politischen Bedeutung steht. Doch das ist für Ausländer schwer erkennbar.

Ich könnte diese Aufzählung negativer Einflüsse noch erheblich erweitern, aber ich möchte nicht zu lang werden. Den negativen Einflüssen im Ausland stehen eigentlich nur zwei Positiva gegenüber: Ihr eigenes großes Ansehen in der Welt, Herr Bundeskanzler, und die Kraft und Bedeutung der westdeutschen Wirtschaft. Allerdings hat auch das sogenannte ›Wirtschaftswunder‹ einige politisch negative Aspekte, doch die positiven überwiegen bei weitem.

Sie werden nun, sehr verehrter Herr Bundeskanzler, falls Sie mit dieser Darstellung übereinstimmen, fragen, ob und was gegen diese Entwicklung zu tun sei. Mit aller Offenheit, die Sie mir immer gestattet haben, darf ich auf diese Frage noch kurz eingehen. Ich bin der Ansicht, daß sich die Bundesrepublik an den amerikanischen Bemühungen, eine Entspannung zwischen West und Ost herbeizuführen, so aktiv wie möglich beteiligen muß, wenn sie ihren Einfluß in der Welt behalten und sogar wieder stärken will. Das amerikanisch-sowjetische Gespräch, das sich vielleicht über einen langen Zeitraum erstrecken wird, kann für uns positive Auswirkungen haben, wenn wir dem Präsidenten der USA so viel Vertrauen bekunden, wie es nur irgend möglich ist. Die Tendenz General de Gaulles, sich von diesen amerikanischen Bemühungen zu distanzieren, um dem Präsidenten der USA unter keinen Umständen eine Art von Verhandlungsmandat zu geben, empfinde ich als einen schweren Fehler. Die amerikanische Politik wird ihren Weg gehen – in diese oder in jene Richtung – ganz gleich, welche Haltung de Gaulle einnimmt. Das gleiche gilt für die Bundesrepublik. Die Vereinigten Staaten werden versuchen, den kalten Krieg abzubauen oder bei einem Scheitern der Entspannungsversuche fortsetzen, ebenfalls unabhängig von der Haltung der Bundesrepublik. Es gibt daher meines Erachtens keine andere Politik als diejenige der vollen Unterstützung des amerikanischen Präsidenten. Es kommt, so glaube ich, alles darauf an, in engster Fühlung mit der Außenpolitik der Vereinigten Staaten zu bleiben, denn nur so ist es möglich, in den Deutschland betreffenden Fragen einen wirksamen Einfluß für die Bundesregierung zu sichern.

Was nun im Augenblick geschehen kann, konzentriert sich meines Erachtens nur auf einen Punkt. Alle anderen Fragen bedürften Ihrer grundsätzlichen Entscheidung über den zukünftigen außenpolitischen Weg der Bundesrepublik. Der eine aktuelle Punkt betrifft Polen als den Repräsentanten des Ostblocks Deutschland gegenüber. Ich glaube, daß man dem mit Sicherheit zu erwartenden amerikanischen Druck in dieser Frage zuvorkommen sollte. Dieses könnte in vorsichtiger Weise aus Anlaß des 20. Jahrestages des Kriegsbeginns und des deutschen Einmarsches in Polen am 1. September geschehen. Ich bin der Ansicht, daß dieser Gedenktag Anlaß genug wäre, daß Sie, Herr Bundeskanzler, über den Rundfunk zum deutschen Volk und zur Weltöffentlichkeit sprechen. Es könnte eine Bandaufnahme während Ihrer Anwesenheit anläßlich des Eisenhower-Besuchs in Bonn gemacht werden. Sie würde nicht mehr als eine halbe Stunde Zeit erfordern, da eine Fernsehaufnahme, die im Ausland sowieso nicht gesendet werden kann, nicht notwendig ist. Aus Anlaß dieses 20. Jahrestages des Kriegsbeginns, der mit dem Einmarsch in Polen zusammenfällt, wäre eine Gelegenheit gegeben, im Rahmen Ihrer Ansprache einige Worte an die Adresse Polens zu richten, die in der ganzen Welt ein positives Echo finden würden. An diese Ansprache anknüpfend gäbe es dann in der Folgezeit die Möglichkeit, die Verbindungen zu Polen zu verstärken, falls der Verlauf der politischen Entwicklung zwischen West und Ost dies in nächster Zeit angezeigt erscheinen läßt. In enger Fühlungnahme mit den Vereinigten Staaten könnten diese Verbindungen mit Polen ausgebaut oder auch wieder abgebaut werden, je nachdem, wie sich die Entspannungstendenzen zwischen West und Ost in nächster Zeit gestalten.

Falls dieser Vorschlag Ihre Zustimmung findet, Herr Bundeskanzler, hielte ich es allerdings für gut, Ihre Absicht, zum 1. September zu sprechen, schon vor dem Besuch Eisenhowers anzukündigen, damit es nicht den Anschein hat, als habe Präsident Eisenhower einen Druck ausgeübt oder die Anregung dazu gegeben. Es ist nicht erforderlich, bei der Ankündigung Ihrer Rundfunkansprache Polen besonders zu erwähnen, denn der 20. Jahrestag des Kriegsausbruchs wäre Begründung genug. Ich wäre Ihnen sehr dankbar, wenn Sie mir durch ein Fernschreiben mitteilen würden, ob Sie diese Anregung aufgreifen wollen. Den Entwurf zu einer Rundfunkansprache würde ich Ihnen dann so schnell wie möglich zugehen lassen.

Indem ich Ihnen noch recht erholsame Tage in Cadenabbia wünsche und hoffe, Sie durch diesen langen Brief nicht allzu sehr gestört zu haben, bleibe ich, sehr verehrter Herr Bundeskanzler,

Ihr Ihnen stets sehr ergebener

gez. von Eckardt

Der Kanzler antwortete mir durch ein Fernschreiben, in dem er mit Einschränkungen meinen Ausführungen zustimmte. Er akzeptierte auch meinen Vorschlag für eine Rundfunkansprache. Sie fand in der Welt ein gutes Echo, nur leider in Polen nicht, wo man dem Kanzler auf seine versöhnliche Geste sehr frostig antwortete. Nach Rückkehr des Kanzlers führten wir mehrere Gespräche, in denen ich, meinem Brief entsprechend, darauf hinwirkte, daß Bonn dem USA-Präsidenten einen glänzenden Empfang bereiten sollte, ohne irgendwelche Verstimmung zu zeigen. Es konnte kein Zweifel darüber herrschen, daß die Bevölkerung von Bonn und Bad Godesberg Eisenhower einen glänzenden Empfang bereiten würde. Mein Amt stellte der Besuch vor große organisatorische Probleme, denn es waren Hunderte von Journalisten zu erwarten. Da Bonn nun einmal keine Hauptstadt ist, hieß es, die notwendigen Arbeitsbedingungen für Presse, Rundfunk und Fernsehen zu schaffen. Das ganze Erdgeschoß des Presseamtes wurde in ein Hauptquartier für die Presseleute umgewandelt, der große Saal bildete den Arbeitsraum, im Entree baute die Post eine große Zahl von Telefonzellen mit eigener Zentrale auf.

Mit welchen politischen Erwartungen sahen wir nun aber dem Präsidentenbesuch entgegen? Eisenhower, der sich von seiner schweren Erkrankung glänzend erholt hatte, schaltete dem vereinbarten Besuch Chruschtschows in den USA diese Blitzreise nach Europa vor. Zweifellos mühte er sich, damit den Eindruck zu verwischen, er wolle sich ohne Rücksicht auf die europäischen Verbündeten mit der Sowjetunion einigen. So erklärte er vor seiner Reise, er wolle in Amerika mit Chruschtschow nicht verhandeln, sondern die Aussprache solle lediglich einer Verbesserung der Atmosphäre dienen und keinesfalls einen Ersatz für eine Gipfelkonferenz bilden. Daß Eisenhower bei seiner Reise zuerst nach Bonn kam, erschien uns als günstiges Zeichen, besonders dafür, daß auch in seinen Augen die Deutschlandfrage das Problem Nummer 1 darstellte. Die Sowjetunion konzentrierte während und nach der Genfer Konferenz die volle Wucht ihrer weltweiten Propaganda gegen die Bundesrepublik. »Ikes« Besuch in Bonn sollte der Welt zweifellos zeigen, daß der Präsident dadurch in seiner Haltung nicht beeinflußt würde. Es war vorauszusehen, daß die Gespräche mit Eisenhower in Bonn ebenfalls nicht den Charakter von Verhandlungen annehmen würden. Eine »Tour d'horizon«, das allein konnte erwartet werden.

Unmittelbar vor Eintreffen Eisenhowers beschäftigten mich noch einige äußere Probleme. Der Weg vom Flugplatz Köln-Wahn nach Godesberg zur Residenz des amerikanischen Botschafters, in der der Präsident wohnen wollte, führt durch ein teilweise nur schwach besiedeltes Gebiet. Wie macht man da eine »Triumphstraße« zurecht? Schließlich setzte ich mich mit der Verkehrspolizei in Verbindung und veranlaßte sie, alle Zufahrtswege zur Straße Wahn–Bonn mindestens eine halbe Stunde vor Eintreffen des Gastes zu sperren. Der Trick erwies sich als sehr wirkungsvoll. Die Autos stauten sich, die Menschen stiegen aus, um den berühmten Gast zu sehen, und so besetzte eine in viele Tausend gehende Menschenmenge den Straßenrand, und Eisenhower und Adenauer nahmen während der ganzen Fahrt, im Wagen stehend, die enthusiastischen Hochrufe der Menge entgegen.

Als ich am 26. August morgens durch Godesberg zu meinem Büro fuhr, benutzte ich die gleiche Strecke, die Eisenhower am Nachmittag fahren würde. Zu meinem Erstaunen überspannten Transparente die

Straße. Zuerst las ich »Pommern«, dann »Mecklenburg«, schließlich »Schlesien« usw. So weit, so gut. Ich überlegte mir, ob dieser Willkommensgruß besonders nützlich sein würde, dachte dann aber, daß es sich schließlich um Gebiete handelte, die zum Deutschen Reich in den Grenzen von 1937 gehörten. Diese Transparente erschienen mir zum mindesten politisch nicht schädlich. Doch dann sah ich das Spruchband: »Sudetenland«. Meiner Überzeugung nach konnte es an diesem Tage nicht nützlich sein, den Präsidenten auf dieses Problem hinzuweisen. Unsere ganzen Bemühungen gingen darauf aus, ihn in der Deutschlandfrage fest an unserer Seite zu halten. Das Sudetenland gehörte nicht zu den Reichsgebieten von 1937, und so konnte dieses Spruchband den Präsidenten leicht auf die Idee bringen, daß nach der Wiedervereinigung vom gesamten Deutschland Ansprüche gestellt werden würden, die er keinesfalls unterstützen wollte. Zudem erklärten die Sudetendeutschen selbst unablässig, keine territorialen Ansprüche gegen die Tschechoslowakei geltend machen zu wollen. Also, das Transparent mußte weg. Minister Seebohm erklärte sich am Telefon für nicht zuständig, andere Führer der Sudetendeutschen blieben unerreichbar. Schließlich rief ich den Chef der Polizei in Bad Godesberg an und verlangte die Entfernung dieses einen Transparents. Zu meinem Erstaunen kam er meinem Wunsch nach, obwohl ich ihm nicht die kleinsten Anweisungen zu geben hatte. Der Vorgang blieb aber nicht geheim, und ich bekam recht unfreundliche drohende Briefe, obwohl ich glaubte, gerade im Interesse der Sudetendeutschen gehandelt zu haben.

Vor der Residenz des USA-Botschafters empfing Eisenhower eine nach Tausenden zählende begeisterte Menge. Es dauerte wohl eine halbe Stunde, ehe er endlich das Haus betreten konnte. Im Presseamt bewährten sich nun die technischen Vorbereitungen. Mein Freund und Kollege Jim Hagerty, der Pressechef des Weißen Hauses, zeigte sich doch sehr beeindruckt, daß kein Journalist länger als drei Minuten auf eine Verbindung, zu welchem Ort der Erde auch immer, warten mußte.

Am nächsten Vormittag fanden die zweiseitigen Besprechungen in einer sehr angenehmen Atmosphäre statt. Anschließend gab der Kanzler ein Frühstück für den hohen Gast im Palais Schaumburg. Vorher, pünktlich um 12 Uhr, empfing ich Eisenhower zu einer Pressekonferenz im großen Konferenzsaal des Auswärtigen Amtes. Der Saal war natürlich bis zum letzten Platz gefüllt. Hier ein Bericht über die für Bonner Verhältnisse einmalige Pressekonferenz:

Staatssekretär von Eckardt: Herr Präsident, meine Damen und Herren! Herr Präsident Eisenhower steht nur eine halbe Stunde für diese

Pressekonferenz zur Verfügung. Ich möchte darum nur sehr wenige Worte machen. Ich möchte meiner Dankbarkeit dafür Ausdruck geben, daß der Herr Präsident hier in Bonn eine Pressekonferenz gewährt. Ich möchte nur ein Wort sagen: Wir danken Ihnen, Herr Präsident!

Der Präsident begann mit einigen einleitenden Worten, die wie folgt lauteten:

Meine Damen und Herren, bevor wir in die eigentliche Pressekonferenz eintreten, möchte ich über Sie dem deutschen Volke sagen, wie dankbar ich den sehr warmen Empfang gestern abend empfunden habe. Es ist nicht zuviel gesagt, wenn ich hier sage, daß ich geradezu überwältigt war, sowohl von der Intensität als auch von dem Umfang dieses Empfanges. Ich bin mir völlig darüber im klaren, daß es sich nicht darum gehandelt hat, daß ein Volk eine Einzelperson, gleichgültig, wie bedeutend ihre Stellung auch sein mag, empfing, sondern es war der Versuch des deutschen Volkes, über mich zum amerikanischen Volk zu sprechen und dem amerikanischen Volk zu sagen: Wir sind, wenn es sich um den Begriff der Freiheit handelt, mit euch absolut einer Meinung, und wir beide müssen den Gedanken der Freiheit mit unserer ganzen Kraft unterstützen.

Frage: Hat der Präsident in der ersten Runde seiner Gespräche mit dem Bundeskanzler irgendwelche neuen Berlin-Vorschläge diskutiert?

Antwort: Nein. Von neuen Berlin-Vorschlägen kann keine Rede sein. Wir hatten in diesen zwei oder drei Stunden, die wir bislang für unsere Gespräche nur Zeit hatten, auch über so viele Probleme zu sprechen, und wegen der besonderen Bedeutung der Gespräche, die wir hier führen, versuche ich auch, meinen Abflug bis zur letzten Minute hinauszuschieben, um tatsächlich die ganze Zeit für Gespräche mit dem Herrn Bundeskanzler zur Verfügung zu stehen.

Frage: Glauben Sie, Herr Präsident, daß Herr Chruschtschow aus dem enthusiastischen Empfang, der Ihnen gestern hier in Bonn bereitet wurde, eine Lektion ziehen wird?

Antwort: Ich weiß nicht, ob Herr Chruschtschow daraus eine Lehre ziehen wird; aber jedenfalls kann er an der Bedeutung dieses Empfangs nicht achtlos vorbeigehen, und er kann nicht achtlos daran vorbeigehen, daß ein Volk versuchte, einem anderen zu sagen: Wir sind mit euch von ganzem Herzen, wenn es sich um die Freiheit handelt.

Frage: Welche Themen wurden in Ihren Gesprächen mit dem Herrn Bundeskanzler berührt?

Antwort: Was die einzelnen Themen anbelangt, so möchte ich Sie lieber auf das Schlußkommuniqué verweisen, das heute nachmittag herauskommen wird; denn ich habe mir eine halbe Stunde von diesen sehr wichtigen Besprechungen mit dem Herrn Bundeskanzler nun weggestohlen, um zu Ihnen sprechen zu können, und möchte nicht einseitig auf die Themen eingehen, die wir tatsächlich besprochen haben.

Frage: Aus welchen Gründen der Präsident glaube, daß die Einigkeit unter den Verbündeten seit der Bekanntgabe des Chruschtschow-Besuches sich etwas geschwächt habe, und was getan werden könne, um diese Einigkeit wieder stärker herzustellen.

Antwort: Ich habe die europäische Presse bis jetzt nicht gelesen; ich habe allerdings in der amerikanischen Presse einige Kommentare und Spekulationen in dieser Richtung gefunden. Ich darf sagen, daß ich keinerlei Beweise oder Andeutungen einer tatsächlichen Schwächung der Einigkeit der Allianz feststellen konnte. Mit besonderer Sicherheit kann ich sagen, daß in dem Gespräch mit dem Herrn Bundeskanzler genau das Gegenteil herausgekommen ist. Ich habe heute früh in meinen Gesprächen kein einziges abweichendes Wort gehört, daß die freien Völker in allen diesen Fragen fest zu bleiben bereit sind.

Frage: Man hat den Eindruck, daß der Herr Bundeskanzler glaubt, daß Abrüstungsgespräche mit Chruschtschow die größten Aussichten böten. Was meinen Sie dazu?

Antwort: Ich habe nicht gehört, daß der Herr Bundeskanzler das so gesagt hat. Es kann allerdings kein Zweifel daran bestehen, daß Gespräche über die Abrüstung notwendig sind, und zwar nicht nur von unserer Seite aus, sondern auch seitens unserer Alliierten, um eine Verringerung der Spannungen zu ermöglichen; denn es ist ja nur über die Abrüstung zu einer Stärkung einer Vertrauensatmosphäre zu kommen. Ich darf mich auf diese eine Bemerkung beschränken.

Frage: Haben Sie in Ihren Gesprächen mit dem Herrn Bundeskanzler festgestellt, daß er etwa Ihre Hoffnung teilt, daß durch den Austausch von Besuchen, wie Sie es nennen, etwas von dem Eis des kalten Krieges geschmolzen werden kann?

Antwort: Ja, ich habe sicher diesen Eindruck gewonnen. – (Auf die Bemerkung des Präsidenten, daß nur von amerikanischen Korrespondenten Fragen gestellt würden und die deutschen gar nicht zu Wort kämen, reagiert die Pressekonferenz mit großer Heiterkeit.)

Frage: Haben Sie mit dem Bundeskanzler auch französische Probleme diskutiert?

Antwort: Wenn ich jetzt anfange, Einzelfragen zu beantworten, dann werde ich davon überhaupt nicht mehr loskommen. Es ist selbstverständlich notwendig, daß man über Frankreich spricht, denn man spricht ja über die NATO, und Frankreich ist in der NATO ein sehr wesentlicher Faktor.

Frage: Haben Sie mit dem Herrn Bundeskanzler über die Aufnahme Spaniens in die NATO gesprochen?

Antwort: Nein, diese Frage ist nicht angeschnitten und nicht angedeutet worden. Ich darf aber wiederum darum bitten, nicht in Einzelfragen eingehen zu brauchen, weil die Gespräche ja noch nicht abgeschlossen sind, und außerdem ist das eine Frage, die der Herr Bundeskanzler selbst beantworten kann. Ich möchte hier nicht allein Fragen beantworten, die wir gemeinsam besprochen haben, wenn der Herr Bundeskanzler selbst nicht da ist.

Frage: Glauben Sie, daß die Wiederaufnahme der Abrüstungsgespräche mit den Russen das Ergebnis Ihrer Besuche in Europa sein könnte?

Antwort: Diese Ansicht geht in die falsche Richtung. Sie wissen andererseits, daß wir im State Department einen Sonderausschuß eingesetzt haben, der sich bemüht, einmal festzustellen, in welcher Weise auf dem Abrüstungssektor Fortschritte erzielt werden können, und auch kritisch zu beleuchten, was in den vergangenen Jahren etwa an Unterlassungssünden begangen worden ist oder was dort in der einen oder anderen Weise falsch gemacht wurde.

Frage: Sie bezogen sich auf die Hilfe an die unterentwickelten Länder und wie Deutschland daran mitwirken könne.

Antwort: Wir haben über diese Frage heute noch nicht gesprochen. Ich bin aber überzeugt, daß wir es noch tun werden. Im übrigen glaube ich, daß der Herr Bundeskanzler die Notwendigkeit einer Hilfe an die unterentwickelten Länder ebenso wichtig beurteilt wie ich selbst.

Frage: Halten Sie es für erforderlich, eine Änderung der Politik gegenüber den osteuropäischen Staaten zu beginnen, insbesondere gegenüber Polen?

Antwort: Diese Frage wirft ein sehr umfangreiches Problem auf, und ich nehme an, daß die Frage so gemeint war, ob Westdeutschland Beziehungen besonderer Art mit Polen oder dem einen oder anderen osteuropäischen Land aufnehmen sollte. Ich darf dazu bemerken, daß es dabei um eine besondere deutsche Aufgabe geht und daß hier ein Tätigkeitsfeld der deutschen Politik liegt, über die etwas zu sagen ich nicht berechtigt wäre.

Frage: Gestern seien bei der Durchfahrt des Präsidenten Zeichen und Transparente gezeigt worden, die die persönliche Unterstützung des Präsidenten für die Wiedergewinnung der Gebiete hinter der Oder-Neiße-Linie forderten. Was meint der Präsident dazu?

Antwort: Ich glaube, wir sollten jetzt alle versuchen, nicht nur in unseren Gesprächen unter Alliierten, sondern auch in unseren kommenden Gesprächen mit Chruschtschow das Eis zum Schmelzen zu bringen, soweit uns das gelingt. Wir dürfen dabei die ganze Angelegenheit nicht noch komplizierter machen, indem wir diese Frage oder irgendwelche besonderen Fragen ansprechen, wie die Frage der Oder-Neiße-Linie, die uns nur abgleiten ließen in die Detailfragen, wobei man dann über die allgemeinen Fragen gar nicht mehr sprechen könnte, sondern der Versuch soll ja dahin gehen, die Atmosphäre zu verbessern.

Frage: Betrachtet der Präsident seine Reise nach Europa als eine Informations- oder Koordinationsreise?

Antwort: Es kann nicht meine Aufgabe sein, die westliche Politik zu koordinieren. Alle NATO-Staaten sind gleichberechtigte Partner und haben ihr gleiches Wort mitzureden bei der moralischen Unterstützung der Prinzipien, für die wir geradestehen. Andererseits gibt es gewisse Länder, Frankreich, Großbritannien, Amerika und Deutschland – das in diesen Dingen in einer ganz besonderen Weise angesprochen ist –, die ganz besonders mit betroffen und einbezogen sind in die ganzen Probleme, die sich aus dem 2. Weltkrieg ergaben. Hier können nur ins einzelne gehende ganz persönliche, ganz freimütige und freundschaftliche Gespräche sicherstellen, daß wir auch tatsächlich der Summe der Leitgedanken der ganzen Allianz gerecht werden. Mehr wolle er zu diesen Fragen nicht sagen.

Frage: Haben Sie den Eindruck gehabt, daß auch der Bundeskanzler Ihre Hoffnung teilt, daß durch den Besuch Chruschtschows und durch diese Gespräche das Eis sich schmelzen lasse, und haben Sie den Eindruck, daß der Bundeskanzler keinerlei Bedenken wegen dieser Besuche habe?

Antwort: Wenn Sie glauben oder sagen wollen, daß ich bei den Besuchen irgend etwas tun könnte, was die Position Deutschlands oder unsere gemeinsame Entschlossenheit, die Sache der Freiheit zu verteidigen, schwächen würde, dann sind Sie völlig auf dem Holzwege. Ich habe auch nicht gesagt, daß ich von dem Besuch ein Schmelzen des Eises erwarte. Erwarten ist etwas anderes als hoffen. Hoffnungen haben wir alle, und das ist auch gut, daß wir Hoffnungen haben können.

Frage: Würden Sie, Herr Präsident, es für gut halten, wenn zwischen Deutschland und Polen diplomatische Beziehungen aufgenommen würden, und zwar im Zusammenhang mit den Entspannungsversuchen, die Sie mit Herrn Chruschtschow unternehmen?

Antwort: Es handelt sich hierbei um ein deutsches Problem; ich würde es nicht für richtig halten, zu diesem Problem Stellung zu nehmen.

Frage: Wurde die politische Integration Europas heute besprochen?

Antwort: Die Integration Europas ist ein Thema, das der Herr Bundeskanzler und ich seit langen Jahren und in den letzten Jahren sehr oft diskutiert haben. Wir haben es noch nicht für nötig befunden, weil wir uns schon darüber abgesprochen haben, heute früh dieses Thema nochmals aufzugreifen. Denn wir sind beide der Ansicht, daß eine engere Verbindung Westeuropas und ein enger Zusammenschluß Westeuropas tatsächlich das Heil der Welt bedeuten kann. Über die politische Integration ist nicht gesprochen worden. Jedenfalls aber unterstützt Amerika die wirtschaftliche und sonstige Integration, die in den letzten Jahren sich im europäischen Raum entwickelt hat.

Frage: Wurde heute früh über das beschlagnahmte deutsche Vermögen in Amerika gesprochen?

Antwort: Diese Frage ist nicht besprochen worden. Ich nehme an, Sie sprechen von den im Kriege beschlagnahmten deutschen Vermögenswerten. Diese Frage ist auch weiterhin in Amerika lebendig, und wir tun unser Bestes, um eine Lösung herbeizuführen. Eine Lösung ist noch nicht endgültig gefunden worden, und es ist auch nicht leicht, sie zu finden. Jedenfalls aber sind wir weiter dabei, nach einer Lösung zu suchen.

Frage: Herr Präsident, Sie haben gestern auf dem Flugplatz gesagt, daß die Amerikaner auf seiten Deutschlands stehen und darüber wachen, daß das freie Volk Westberlins auch frei bleibt. Glauben Sie, Herr Präsident, daß aus der sogenannten Berlinkrise sich irgendwelche Feindseligkeiten ergeben könnten?

Antwort: Ich glaube, daß es heute auf der Welt niemand gibt, der einen allgemeinen Krieg will. Das Berlinproblem ist ein echtes Problem, weil Berlin 110 Meilen von Westdeutschland getrennt ist und weil es die Kommunisten natürlich sehr stört. Aber ich möchte mich nicht in irgendwelche Spekulationen begeben, ob nun dieses oder jenes spezifische Problem zu einem allgemeinen Krieg führen wird, sondern ich möchte lediglich sagen, ich glaube es nicht. Ich glaube auch nicht, daß irgend jemand so dumm sein kann, einen Weltkrieg zu wollen.

Frage: Herr Präsident, Sie reisen jetzt nach London und werden dort Herrn Macmillan treffen, der bekanntlich auf ein Gipfeltreffen sehr großen Wert legt, während General de Gaulle und der Herr Bundeskanzler einem Gipfeltreffen abgeneigt sind. Haben Sie etwa über die Möglichkeit eines Gipfeltreffens gesprochen, nachdem der Besuchsaustausch oder der Besuch Chruschtschows in Amerika stattgefunden hat?

Antwort: So weit sind wir noch nicht gekommen, aber meine Überzeugung ist immer noch dieselbe, sie ist Ihnen bekannt. Ich glaube, daß jegliche Gipfelkonferenz ein sehr schwerer Fehler wäre, wenn wir nicht alle schon, bevor sie stattfindet, das Vertrauen darauf haben können, daß ein echter Fortschritt auf einer solchen Gipfelkonferenz möglich ist, und es muß dann mindestens etwas da sein, was einen solchen Fortschritt verspricht. Das kann entweder geschehen in weiteren Gesprächen der Außenminister oder durch eine andere Aktion, daß dem ganzen Westen das Vertrauen gegeben wird, daß auf einer Gipfelkonferenz tatsächlich Fortschritte erzielt werden, und daß es sich nicht bei einer Gipfelkonferenz nur um eine Mühle dreht, aus der lediglich neues Propagandamaterial herauskommt.

Frage: Ich habe sagen wollen: – falls die Sowjets eine gewisse Bereitschaft zeigen würden?

Antwort: Ja, ich glaube, daß wir wohl sicher sein können, daß ein solcher Schritt der Sowjetunion öffentlich gemacht würde, so daß jeder tatsächlich verstehe, worum es sich handelt.

Frage: Herr Präsident, wie beurteilen Sie gegenwärtig die Aussichten für ein Abkommen über einen Verzicht auf Kernwaffenversuche?

Antwort: Ich habe mir sagen lassen, daß gestern abend oder heute früh ein Bericht über die bisherigen Verhandlungen in Genf gemacht und, soweit ich unterrichtet bin, auch veröffentlicht wurde. Im Augenblick sieht es so aus, als ob sehr viel Fortschritte nicht erzielt worden seien. Es ist ja bekannt, daß alle Länder erklärt haben, daß sie sich freiwillig der Atomversuche enthalten wollen. Es gibt nun verschiedene Arten von Versuchen, und es gibt auch Leute, die glauben, wenn die Versuche in einer bestimmten Höhe durchgeführt würden, daß kein radioaktiver Niederschlag erfolgt und daß es dann keine Schwierigkeit sei, solche Versuche trotzdem weiterzuführen. Die Frage ist jedenfalls so kompliziert und so sehr technisch, daß ich Näheres darüber im Augenblick nicht sagen kann. Ich sehe jedenfalls keinen Grund, warum ein Fortschritt auf diesem Gebiet nicht stattfinden sollte, denn dieses Problem ist außerordentlich wichtig.

Frage: Werden diese Atomgespräche weitergeführt?

Antwort: Soweit mir bekannt ist, wird heute im Laufe des Tages in Washington eine diesbezügliche Erklärung herausgegeben. Ich möchte deswegen dieser Erklärung nicht vorgreifen.

Frage: Herr Präsident, Sie haben vor Ihrem Abflug aus Washington gefordert, daß in der Deutschlandfrage erst ein echter neuer Anfang gemacht werden müsse. Erwarten Sie, daß sich in bezug auf die deutsche Wiedervereinigung in dem Gespräch mit Chruschtschow neue Aspekte ergeben könnten?

Antwort: Ich erinnere mich nicht, gesagt zu haben, daß ein neuer Anfang gemacht werden sollte. Ich habe lediglich gesagt, daß ich hoffe, daß eine neue Haltung sich einstelle. Wenn tatsächlich ein neuer Vorschlag von Herrn Chruschtschow gemacht würde, der auch bei den Verbündeten der Vereinigten Staaten Anklang findet, würden selbstverständlich die Verbündeten der Vereinigten Staaten sofort davon in Kenntnis gesetzt. Ich möchte mit ganzem Nachdruck betonen, daß ich keinerlei Verhandlungen für irgend jemanden führe. Ich will lediglich ein Gespräch mit Herrn Chruschtschow führen, um einmal festzustellen, ob irgendwelche Anregungen und Vorschläge auf der anderen Seite vorhanden seien, Anregungen und Vorschläge, die Chruschtschow machen könne und womit er tatsächlich zu einer ganz großen Persönlichkeit würde, die den Frieden der Welt gewährleistet, denn das wäre eine der größten Leistungen.

Frage: Herr Präsident, Sie haben in Ihrer Washingtoner Pressekonferenz eine Unterscheidung getroffen zwischen allgemeiner Abrüstung und besonderer Spezialabrüstung?

Antwort: Vielleicht habe ich das Wort »special« – besondere Abrüstung – in diesem Zusammenhang nicht sehr genau und sinngetreu gebraucht, aber sehr oft wird ja gesprochen von der Trennung der allgemeinen Abrüstung und der nuklearen Abrüstung. Ich habe in Washington sagen wollen: gleichgültig, welche Vorschläge gemacht werden, solange sie vernünftig sind, seien die Vereinigten Staaten bereit, jederzeit diese Vorschläge zu diskutieren. – Ich danke Ihnen.

Eisenhower setzte seine Gespräche mit Adenauer am Nachmittag fort und flog dann nach London weiter. Trotz der vorzüglichen Atmosphäre während des Besuchs konnte ich mich für die Zukunft nicht beruhigt fühlen. Der Besuch Chruschtschows in den USA stand bevor, die Engländer verfolgten nach wie vor Pläne, die mehr oder weniger auf ein mitteleuropäisches »Disengagement« hinausliefen. Auch die Möglichkeit einer Gipfelkonferenz bereitete mir Sorgen. Wie würden unsere Anliegen dabei behandelt werden? Nur für Berlin blieb ich optimistisch, denn Chruschtschow bestätigte noch im gleichen Monat, daß die Berlin-Verhandlungen ohne Fristsetzung fortgesetzt werden sollten. Es war also gelungen, das gefährliche Ultimatum vom Tisch zu bekommen. Ich sah darin einen großen Erfolg der westlichen Diplomatie. Bis heute gibt es weder einen sowjetischen Friedensvertrag mit der SBZ noch ein neues Ultimatum. Wieder einmal zeigte sich, daß Festigkeit der eigenen Haltung die Russen sehr vorsichtig werden läßt.

Über Adenauers Besuch in London im November des gleichen Jahres und über die harten Auseinandersetzungen mit Macmillan in Schloß Chequers habe ich schon berichtet. Adenauer blieb über die britische

Haltung gegenüber Moskau und über die Disengagementideen verstimmt und besorgt. Heute kann man feststellen, daß sie schließlich weniger schädlich waren als befürchtet, da sie die Sowjetunion in keiner Hinsicht veranlassen konnten, in der Deutschlandfrage Entgegenkommen zu zeigen. Mit den Gesprächen in Camp David begann hingegen eine Entwicklung, die für uns recht gefährlich werden konnte. Sachlich brachten die Verhandlungen Eisenhower–Chruschtschow nichts wesentlich Neues. Doch stand nach Camp David fest, daß es zu einer Gipfelkonferenz der »Großen Vier« kommen würde, obwohl die westliche Voraussetzung – Fortschritte in den Sachfragen – nicht erfüllt war. Oder hatte man in Camp David doch irgend etwas vereinbart, was wir nicht wußten? Bis heute konnte ich diese Frage nicht klären.

Im März 1960 begleitete ich den Kanzler auf einer dreiwöchigen Reise nach den USA und Japan. Da ich schon eine ganze Reihe von Reisen des Kanzlers nach den USA geschildert habe, will ich hier nicht in Einzelheiten gehen, denn die Programmabläufe waren stets ziemlich gleichbleibend. Für mich selbst bekam diese Reise eine ganz besondere politische Bedeutung. Während wir über den Atlantik flogen, setzte sich Brentano zu mir, und wir plauderten über dieses und jenes. Dabei erzählte ich ihm, daß ich schon bei meiner Rückkehr aus den USA und meinem Wiederantritt als Bundespressechef mit dem Kanzler vereinbart hätte, daß ich dieses Amt höchstens im ganzen zehn Jahre ausfüllen wolle. Nun, diese Amtszeit nähere sich so langsam ihrem Ende, und in letzter Zeit sei man von verschiedenen Seiten an mich herangetreten, ob ich nicht ein Bundestagsmandat übernehmen wolle. Brentano fand die Idee nicht so schlecht. Bald darauf ließ mich der Kanzler rufen, und wir besprachen das gleiche Thema. Er fragte mich, warum ich denn nun wirklich als Pressechef zurücktreten wolle. Ich erwiderte ihm, daß es für mich zwei Gründe gäbe: »Ich glaube, Herr Bundeskanzler, zehn Jahre sind genug. Einmal bringt das Amt eine physische Belastung mit sich, die man kaum länger tragen kann. Dazu kommt aber, daß die Presse auch einmal einen neuen Mann braucht, ein neues Gesicht und einen anderen Stil. Alles nutzt sich einmal ab.« – »Sie machen aber doch noch einen ganz gesunden Eindruck«. – »Nun, Herr Bundeskanzler, ich habe auch noch einen Grund. Ich glaube, man soll einen Posten aufgeben, solange es noch ein paar Leute gibt, die diesen Schritt bedauern. Wenn erst alle einig sind, daß man zurücktreten soll, ist es zu spät!« Der Kanzler dachte einen Augenblick nach und meinte: »Also gut! Sehen Sie mal zu, was man Ihnen als Parlamentarier zu bieten hat!«

In Amerika führte ich zwei Unterhaltungen, die nur am Rande etwas mit Politik zu tun hatten. Wernher von Braun machte sich die Mühe, mir ausführlich von seinem Arbeitsgebiet zu erzählen. Ich fand seine Ideen, von denen die heutige Raumfahrt schon vieles verwirklicht hat, faszinierend. Besonders interessierte mich seine Behauptung, die Milliardenkosten für die Raumfahrtexperimente würden zehn- oder zwanzigfach wieder hereinkommen. Die private Industrie profitiere von den Erkenntnissen und Entwicklungen in der Metallurgie, der Hitzetechnik, der Elektronik in einer unvorstellbaren Weise. Alles sei durch die Raumfahrttechnik im Umbruch. Nur die Industriestaaten, die mit dieser Entwicklung Schritt halten könnten, würden in den nächsten Jahrzehnten mithalten können. Unterdessen wissen wir, daß diese Voraussagen richtig waren. Auf ähnlichem Gebiet lag ein Gespräch, das ich mit Professor Teller, dem Schöpfer der Wasserstoffbombe, an der Pazifischen Küste führte. Neben militärischen Fragen, die er mir erläuterte, sprach er von der zukünftigen Entwicklung der Energiewirtschaft, die für einen Laien geradezu phantastische Ausblicke eröffnete. Vieles, von dem er sprach, ist uns heute schon geläufig. Beide Männer der Wissenschaft hinterließen bei mir einen tiefen Eindruck. Seit diesen Tagen verfolge ich mit größtem Interesse alle Entwicklungen auf den Gebieten der Atom- und Raketentechnik.

Das Abschlußkommuniqué dieses Kanzlerbesuchs in Washington brachte ziemlich lahme, wenn auch korrekte Formulierungen hinsichtlich der Deutschlandfrage und Berlins. Von keiner Seite konnte wohl etwas Neues an Ideen, wie man die Lösung dieses Problems vorwärtstreiben konnte, produziert werden. Unverkennbar spürten wir aber die Tendenz bei Eisenhower und bei Herter, nach Wegen zu suchen, die Ost-West-Spannung abzumildern, und ich glaube, daß der Kanzler recht besorgt war, daß mit dem Tode von John F. Dulles die Periode einer festen und klaren Politik in den USA zu Ende ging. Der U2-Zwischenfall hatte sich noch nicht ereignet, der Chruschtschow-Besuch lebte noch in der Erinnerung fort, und eine vage Hoffnung, bei den Abrüstungsverhandlungen in Genf mit den Russen vorwärts zu kommen, spielte eine gewisse Rolle.

Wie sehr im Vordergrund aller unserer Sorgen die Berlinfrage stand, über der als Damoklesschwert nach wie vor das Chruschtschow-Ultimatum vom November 1958 hing, geht daraus hervor, daß mich der Kanzler beauftragte, ihm ein Memorandum für Präsident Eisenhower über Berlin zu entwerfen. Mein erster Entwurf wurde vom Kanzler noch verschärft – das Original mit seinen Randbemerkungen ist noch in meinem Besitz –, die zweite Vorlage genehmigte er. Außenminister von Brentano wurde gebeten, das Memorandum Unterstaatssekretär Dillon zu übergeben. Hier der Text des Memorandums:

»Bei den Vorbesprechungen über die kommende Gipfelkonferenz mit der Sowjetunion zeigt sich, daß die Behandlung der Berliner Frage in erster Linie davon abhängig ist, ob die Westmächte einer Veränderung des Status von Berlin zustimmen können, ob es zu verantworten ist, die jetzige Rechtslage, aufgrund derer sich die drei Westmächte in Berlin befinden, zugunsten eines neuen Vertrages abzulösen.

Die Vereinigten Staaten, Großbritannien und Frankreich halten sich in Westberlin aufgrund originären Rechts des Siegers auf. Durch das ›Protokoll über die Besatzungszonen in Deutschland und die Verwaltung Großberlins‹, das am 12. September 1944 von der Sowjetunion, den Vereinigten Staaten und Großbritannien unterzeichnet wurde, ist dieses Recht festgelegt worden. (Das Protokoll wurde am 26. Juli 1945 ergänzt durch den Zutritt Frankreichs als dritter westlicher Besatzungsmacht, und durch das gleiche Protokoll wurden die Besatzungssektoren in Westberlin abgegrenzt.) Am 4. Mai 1949 wurde ein (drittes) Abkommen abgeschlossen, das nach der Blockade die von den Sowjets verletzten Rechte der westlichen Besatzungsmächte in Berlin wiederherstellt.

Zusätzlich zu diesem originären Recht des Siegers, sich in Berlin aufzuhalten, bezahlten die Westmächte ihr Aufenthaltsrecht in Berlin durch die Räumung Thüringens zugunsten der sowjetisch besetzten Zone. Sie haben also über die genannten Abkommen hinaus noch eine besondere Leistung erbracht für das Recht, einen Teil Berlins zu besetzen.

Wenn seit einiger Zeit, besonders seit der Note der Sowjetunion vom 27. November 1958, die sowjetische Regierung mit aller Kraft danach strebt, dieses originäre Recht der Westmächte in Berlin durch ein neues Abkommen abzulösen, so muß man sich mit allem Ernst die Frage stellen, warum die Sowjetunion das tut. Der Grund dafür kann nur sein, daß die sowjetische Regierung glaubt, bei Ersetzung des originären Rechts durch ein neues Vertragsinstrument eine günstigere Ausgangsposition für die allmähliche völlige Verdrängung der westlichen Truppen aus Berlin zu gewinnen. Dies ist zumindest auf längere Sicht gesehen die Absicht der Sowjetunion. Das originäre Recht, das die Westmächte augenblicklich besitzen, ist ihnen nur durch Gewaltanwendung zu nehmen. Vor einer solchen Gewaltanwendung schreckt die Sowjetunion zurück, da sie als Folge mit einem weltweiten militärischen Konflikt rechnen muß. Würden sich hingegen die Westmächte bereit erklären, ein neues Vertragsinstrument mit der Sowjetunion auszuhandeln, das einschließlich der Fragen des Zugangs zu Berlin sicherlich sehr umfangreich und sehr kompliziert sein würde, so glaubt die sowjetische Regierung damit eine Möglichkeit zu gewinnen, durch unterschiedliche Auslegung der Vertragsbestimmungen, durch die Behauptung von Nichteinhaltung der einen oder anderen Bestimmung die Rechte der westlichen Alliierten in Berlin immer wieder in Frage zu stellen und sie im Laufe der kommenden Jahre in neue Verhandlungen über den Status Berlins zu verwickeln.

Die Sowjetregierung hat zur Vorbereitung dieser Taktik bereits Behauptungen aufgestellt, die nirgends eine Rechtsgrundlage haben. Die wichtigste unter diesen Behauptungen ist diejenige Chruschtschows (Pressekonferenz 5. 8. 1959), daß Berlin auf dem Territorium der sogenannten DDR liege. Diese Behauptung trifft rechtlich nicht einmal auf den Ostsektor Berlins, schon gar nicht auf die westlichen Sektoren der Stadt zu. Diese durch nichts gerechtfertigte Behauptung zeigt aber in voller Klarheit, worauf die Sowjetunion abzielt. Sie will es erreichen, daß die Westmächte diese Behauptung – wenn auch nicht de jure, doch de facto – anerkennen, so daß sich aufgrund nicht originären Rechts, sondern vertraglich ausgehandelten Rechts die Truppen der Westmächte in Berlin auf dem Territorium der sogenannten DDR befänden. Die Rechte der Westmächte würden durch ein solches Abkommen entscheidend ausgehöhlt.

Bei der Beurteilung der Frage, ob es zu verantworten ist, einen solchen Schritt zu tun, ist entscheidend, ob der Westen die Sowjetunion als einen vertrauenswürdigen Vertragspartner ansieht. Ein Rückblick auf die letzten zehn Jahre gibt keinerlei Anhalt dafür, daß der Sowjetregierung eine solche Vertrauenswürdigkeit zugebilligt werden kann. Beim Abschluß der Genfer Konferenz unterzeichneten die vier Mächte am 23. Juli 1955 eine Direktive, in der es u. a. heißt, ›daß die Lösung der deutschen Frage und die Wiedervereinigung Deutschlands mittels freier Wahlen im Einklang mit den nationalen Interessen des deutschen Volkes und den Interessen der europäischen Sicherheit herbeigeführt werden sollen‹. Schon wenige Tage später höhlte Chruschtschow durch seine Rede in Ostberlin diese Vereinbarung aus und lehnte von diesem Zeitpunkt an in immer schärferer Form die Abhaltung freier Wahlen in Gesamtdeutschland ab. Im März 1959 erklärte er in Leipzig bereits: ›Wir sind nicht für irgendeine Wiedervereinigung. Und Sie stimmen – wie ich denke – dem zu, daß man an die Frage der Wiedervereinigung vom Klassenstandpunkt herangehen muß.‹ In der gleichen Rede erklärte er: ›Wir sind für die Wiedervereinigung Deutschlands, und das deutsche Volk wird wiedervereinigt werden. Dies ist nur eine Frage der Zeit. Dabei ist es natürlich sehr wichtig, auf welcher Grundlage es vereinigt werden wird. Deshalb überhastet euch nicht, euch weht der Wind nicht ins Gesicht, durchdenkt alles gründlich. Faßt euch in Geduld und macht eigene Anstrengungen, um euren Enkeln erzählen zu können, daß die

Arbeiterklasse Deutschlands tatkräftig gekämpft hat, daß sie ihre Klasseninteressen und nationalen Interessen verfochten hat... Ich entsinne mich, daß die kapitalistischen führenden Männer wiederholt erklärt haben, sie hielten es für unzulässig, daß Otto Grotewohl an der Spitze der Regierung des ganzen deutschen Staates stehe. Ich hingegen bin der Auffassung, daß dies nicht schlecht wäre, daß dies sogar sehr gut wäre. Wenn aber das Volk in Westdeutschland dazu jetzt noch nicht bereit ist, so braucht man nicht zu hasten. In Westdeutschland beginnt sich immer mehr die kapitalistische Paralyse, die Krisenerscheinung, zu entwickeln.‹

Alle Erklärungen Chruschtschows über Berlin und die Wiedervereinigung Deutschlands zeigen in geradezu erschreckender Weise das Ziel der sowjetischen Regierung, über die Aushöhlung der Position der Alliierten in West-Berlin zu einer allmählichen Bolschewisierung ganz Deutschlands zu kommen. Von dem Wortbruch gegenüber Polen noch vor Ende des Krieges, über die Einverleibung der Tschechoslowakei in das kommunistische System bis zum blutigen Niederwerfen der ungarischen Freiheitsbewegung geht der Weg der sowjetischen Politik von Wortbruch zu Wortbruch.

Gelänge es den Sowjets, ganz Deutschland zu bolschewisieren, so würde dies nicht nur das Ende des Gleichgewichts für Europa, sondern für die ganze Welt, vor allem auch für die Vereinigten Staaten bedeuten. Wenn das westdeutsche Industriepotential den Sowjets in die Hände fiele, hätten sie ein nicht mehr einzuholendes Übergewicht. Es wäre auch nur noch die Frage einer kurzen Zeitspanne, wann dann die übrigen Staaten des europäischen Kontinents der Bolschewisierung anheimfallen. Ein bolschewisiertes Europa bedeutet jedoch auch automatisch ein bolschewisiertes Afrika.

Wo es in die Linie der sowjetischen Politik paßt, betont Chruschtschow immer wieder das Selbstbestimmungsrecht der Völker. So erklärte er am 5. März d. J. nach seiner Rückkehr aus Kabul in einer Rede in Moskau: ›Millionen Puschtunen kamen in den Bereich des pakistanischen Staates. Afghanistan erkennt diesen Zustand nach wie vor nicht als gerecht an. Es fordert, daß Puschtunistan das Selbstbestimmungsrecht gewährt werde. Wie stehen wir zu dieser Frage? Unser Standpunkt entspringt der Leninschen Nationalitätenpolitik, daß jedes Volk ein Recht auf Selbstbestimmung hat. Wir halten die Forderungen Afghanistans für richtig, dem puschtunischen Volk die Möglichkeit zu geben, daß es seinen Willen durch Befragung, durch Volksentscheid in freiheitlichen Verhältnissen bekunde und sich entscheide, ob es in den Grenzen des pakistanischen Staates verbleiben, einen selbständigen neuen Staat gründen oder sich mit Afghanistan wiedervereinigen will. Diese Forderung ist durchaus berechtigt, sie entspricht den Prinzipien der Charta der Vereinten Nationen.‹

Deutschland verlangt nicht mehr und nicht weniger, als was Chruschtschow den Puschtunen zubilligt. Doch was Deutschland anbelangt, so leugnet Chruschtschow dieses Recht der Selbstbestimmung und erklärte am 8. Februar 1960 anläßlich des Besuches des italienischen Staatspräsidenten wörtlich: Der Kanzler Adenauer ist mit dem Abschluß des deutschen Friedensvertrages nicht einverstanden. Man darf jedoch nicht vergessen, daß er ein besiegtes Land repräsentiert ... Es ist natürlich, daß uns Bedingungen nicht diejenigen diktieren werden, die bei Stalingrad oder Moskau waren.

Als bei gleicher Gelegenheit der italienische Außenminister Pella Chruschtschow vorhielt, daß man sich bei der Lösung der Berliner Frage und des deutschen Problems nicht über den Willen der Bevölkerung hinwegsetzen könne, erwiderte Chruschtschow, das Selbstbestimmungsrecht sei nur annehmbar, wenn es um Fragen der inneren Ordnung gehe, nicht aber bei Problemen internationalen Charakters.

Radio Moskau erklärte am 18. 2. 1960: ›Die Sowjetunion hat die Aufmerksamkeit auf die Notwendigkeit des Abschlusses eines Friedensvertrages gelenkt als auf das wichtigste Mittel, um dem deutschen Volk sein Recht auf Selbstbestimmung uneingeschänkt sicherzustellen. Vor der Unterzeichnung eines solchen Vertrages wird die Handlungsfreiheit des Landes, welches im Kriege eine Niederlage davontrug, mehr oder weniger von den Rechten der Siegerstaaten begrenzt. Darum kann man die wirkliche Einstellung einer Siegermacht zum Grundsatz der Selbstbestimmung daran erkennen, wie sie sich zum Abschluß eines Friedensvertrages verhält.‹

Gromyko ging in seiner Rede vor dem Obersten Sowjet am 14. Januar 1960 sogar noch weiter. Er erklärte: ›Kanzler Adenauer spricht sich dafür aus, allen Deutschen das Recht auf Selbstbestimmung zu gewähren ... Die Deutschen haben schon lange selbstbestimmt: Sie haben sich in zwei Staaten geteilt.‹

Aus diesen Zitaten, die beliebig vermehrt werden könnten, geht die Zielsetzung der sowjetischen Politik eindeutig hervor, ebenso wie die Tatsache, daß den Versicherungen Chruschtschows kein Glauben geschenkt werden darf. Die Bundesregierung glaubt daher nicht, daß sich die Sowjetregierung auf längere Sicht an ein noch so sorgfältig ausgehandeltes neues Abkommen über den Status Westberlins halten würde, und sie muß daher davor warnen, diesen Weg zu beschreiten. Nach allen Erfahrungen wird die Sowjetunion niemals ihre eigentlichen

Ziele aufgeben. Sie wird immer wieder versuchen, vertragliche Vereinbarungen auszuhöhlen und schließlich zum Einsturz zu bringen. Die Äußerungen Chruschtschows gegenüber dem österreichischen Außenminister Kreisky zeigen aber auch eindeutig, daß selbst eine Neutralisierung Deutschlands die Sowjetunion nicht dazu bringen würde, dem deutschen Volk das Recht auf Selbstbestimmung zu gewähren. Chruschtschow hat Kreisky gegenüber klar zum Ausdruck gebracht, daß die Tatsache des Bestehens zweier deutscher Staaten durch die Ausübung des Selbstbestimmungsrechts nicht angetastet werden darf. Diese Äußerungen zeigen mit aller Deutlichkeit, daß selbst die Neutralisierung Deutschlands, die für Europa und die ganze Welt schwerste Gefahren mit sich bringen würde, dem deutschen Volke die Wiedervereinigung in Frieden und Freiheit nicht bringen würde.

Würde der Westen den sowjetischen Wünschen bezüglich Berlins entgegen dem Selbstbestimmungsrecht nachgeben, so würden die Vereinigten Staaten und die übrigen Westmächte in der ganzen Welt ihr Gesicht verlieren, in Europa ebenso wie in Asien und Afrika. Die drei westlichen Großmächte haben eine Garantie für die Aufrechterhaltung des Status in Berlin gegeben. Die NATO hat diese Garantie übernommen. Die Nichteinhaltung dieser Garantie müßte für die Politik der Vereinigten Staaten und aller freien Völker katastrophale Folgen haben. Der verstorbene Staatssekretär Dulles hat auf diesen Zusammenhang in einer Rede am 27. September 1958 vor der Atlantikpaktgesellschaft in Boston hingewiesen. Nach dem Abschluß der Fernostkrise sagte er damals: ›Die Republik China hat nur verhältnismäßig geringes Gebiet unter ihrer Herrschaft. Quemoy und Matsu haben für die Republik China eine große Bedeutung, die ich in etwa mit der Bedeutung Berlins für den Westen vergleichen möchte.‹

Wenn der Westen auch nur an einer einzigen Stelle den Sowjets die Möglichkeit zu einem Einbruch in die freie Welt geben würde, wäre der Prozeß der Bolschewisierung unaufhaltsam geworden.

Die hier kurz skizzierten Zielsetzungen der sowjetischen Politik werden durch eine sich von Monat zu Monat steigernde Propaganda gegen die Bundesrepublik gestützt. Zweck dieser Propaganda ist es, die Bundesrepublik in den Augen ihrer Allianzpartner so weit zu diskreditieren, daß die öffentliche Meinung in der freien westlichen Welt zu der Überzeugung kommt, daß die Bundesrepublik es nicht wert sei, sich ihretwegen in Schwierigkeiten oder gar in einen Konflikt verwickeln zu lassen.

Chruschtschow unterstützt diese Propaganda durch massive Einschüchterungsmanöver, indem er immer wieder betont, daß die Sowjetunion stark genug sei, um das Territorium aller seiner Gegner zu verwüsten.

Betrachtet man diese hier nur ganz kurz skizzierten Tendenzen der sowjetischen Politik, ihrer Taktik und ihrer Propagandamethoden, so wird die Gefahr offensichtlich, die durch ein Nachgeben in der Berlinfrage heraufbeschworen wird. Die Erfahrungen der letzten Jahre haben immer wieder gezeigt, daß die Sowjetregierung bei einer festen Haltung ihrer Verhandlungspartner ihre Ziele zwar nicht aufgibt, aber sie doch so lange zurückstellt, bis sie ein Zeichen von Schwäche im westlichen Lager entdecken kann. Sie wird im Fall Berlin genauso verfahren.«

Ich habe dieses Memorandum zitiert, denn es gibt eine Übersicht über das Berlinproblem, wie es in den Hauptzügen noch heute existiert.

Das entscheidende Ereignis während der USA-Reise fand in New York statt. Zu gleicher Zeit wie Adenauer hielt sich Israels Ministerpräsident Ben Gurion in New York auf, und es kam zu einer Zusammenkunft der beiden Staatsmänner im Waldorf-Astoria-Hotel. Niemals zuvor habe ich eine solche Schlacht der Fotografen erlebt wie an diesem Tage. Bevor das Gespräch begann, ließ ich die Männer der Optik in Adenauers Salon. Ein wüstes Stoßen und Drängen rund um die beiden alten Herren verwandelte die Szenerie in Kürze zu einem geradezu gefährlichen Gefechtsfeld. Noch Tage später schmerzten mir Knie und Schienbeine von den Stößen der Blitzlicht-Batterien. Schließlich entdeckte ich, durch Brachialgewalt in aussichtslose Position gedrängt, einen alten Bekannten, den hervorragenden Fotografen Rosenthal. Er war diesem körperlichen Einsatz seiner jüngeren Kollegen einfach nicht gewachsen. Als ich die temperamentvollen Fotojournalisten mit Hilfe der Sicherheitsbeamten endlich aus dem Zimmer gebracht hatte, ließ ich ihn in aller Ruhe noch ein Bild machen. Daß diese Zusammenkunft eine Sensation sein würde, wußte ich natürlich vorher, aber die »Schlacht« übertraf doch meine Erwartungen. Als ich dann später am Tage mit einem der Fotografen sprach, meinte er: »Es ist das Bild des Jahres. Vielleicht gäbe es noch ein sensationelleres Foto, aber das müßten dann schon Chruschtschow und Prinzessin Margaret-Rose vor dem Traualtar sein!«

Die beiden alten Herren führten ein überaus lebhaftes Gespräch. Beinahe sofort stellte sich gegenseitige Sympathie ein. Ben Gurions lebhaftes Temperament und Adenauers natürliches Selbstbewußtsein überbrückten jede mögliche Befangenheit. Über dieses Gespräch entstanden Gerüchte und Behauptungen, die noch bis in die heutigen Tage weiterwirken. Von israelischer Seite wurde behauptet, Adenauer habe Israel nach Ablauf des Wiedergutmachungsabkommens Kredithilfe in Höhe von 500 Millionen Dollar versprochen. Von deutscher Seite wurde diese

Behauptung zurückgewiesen. Was war nun wirklich gesprochen worden? Diese Kontroverse erscheint mir typisch für solche Vorgänge, die gar nicht so selten sind. Eigentlich hatten beide Seiten von ihrem Standpunkt aus recht.

Natürlich bildete die Frage, wie es nach Erfüllung des Abkommens weitergehen sollte, einen Hauptpunkt des Gesprächs. Schließlich meinte Ben Gurion, er hoffe, daß Israel auf Kredithilfe der Bundesrepublik rechnen könne. Er stelle sich dabei eine Größenordnung von etwa 500 Millionen Dollar (zwei Milliarden D-Mark) im Laufe von zehn Jahren vor. Ich sehe es noch vor mir, wie Adenauer eine Hand auf den Arm Ben Gurions legte, und sagte: »Seien Sie sicher, wir werden Israel nicht im Stich lassen!« Das bedeutete natürlich nur eine Zusage allgemeiner Art, konnte von israelischer Seite aber wiederum auch als eine Bestätigung der genannten Summe ausgelegt werden.

Vor einiger Zeit besuchte ich Israel ganz privat. Die Journalisten ließen mir aber doch keine Ruhe, da sie wußten, daß ich 1960 im Waldorf-Astoria-Hotel dabei war. Ich habe ihnen die Szene wahrheitsgemäß geschildert. Als ich dann Ben Gurion im Negev besuchte, kam er mit keinem Wort auf die Angelegenheit zurück. Doch, wie gesagt, diese Zusammenkunft in New York bildete eine Weltsensation und wirkte sich auf das deutsch-israelische Verhältnis günstig aus. Mich selbst beeindruckte Israels großer alter Mann wie wenig andere Persönlichkeiten, denen ich im Laufe meines Lebens begegnet bin.

Auf dem Wege nach Japan wurde ein Ruhetag in Honolulu eingelegt. Ausnahmsweise regnete es dort ziemlich ausgiebig. Auch das Hotel gefiel mir – übrigens dem Kanzler ebenso – in keiner Weise. In der überfüllten Touristen-Karawanserei herrschte ein hektischer Betrieb mit viel Lärm und ständig plärrender Jazzmusik. Doch ein Gespräch blieb mir aus diesen Tagen in Erinnerung. Bei einem Essen zu Ehren des Kanzlers saß ich neben dem Oberkommandierenden aller Luft-, Land- und Seestreitkräfte im Pazifik, dem USA-Admiral Felt. Wir führten ein eingehendes Gespräch über die politische und militärische Position Amerikas im Pazifik, bei dem ich sehr viel Neues lernte. Plötzlich fragte mich der Admiral: »Kennen Sie meinen Freund Admiral Ruge?« Als ich bejahte, fuhr er fort: »Grüßen Sie ihn von mir und sagen Sie ihm, daß wir die Dinge hier fest in der Hand haben. Aber ich habe eine große Sorge, und zwar die Stärke der Sowjetunion in der Ostsee. Dort liegt ein schwacher Punkt unserer Allianz, der einmal sehr gefährlich werden kann!«

Der Aufenthalt in Japan gestaltete sich zu einer ziemlich großen Hetzerei, da das Programm viel zu umfangreich gestaltet worden war.

Von früh bis spät jagten sich Empfänge, Essen, Pressekonferenzen und Besichtigungen. Die Aufnahme des Kanzlers und seiner Begleitung steigerte sich im Laufe der Tage von großer Höflichkeit zu echter Herzlichkeit. Der ganze Besuch lag allerdings im Schatten einer nicht zu vermeidenden innerpolitischen Regierungskrise. Vielleicht war es nicht sehr klug von mir, dem Kanzler während des Fluges über den Pazifik zu sagen, daß sein Gastgeber, Ministerpräsident Kishi, kaum die nächsten zwei oder drei Wochen in seinem Amt überstehen würde. Das dämpfte seine Laune, obwohl er mir nicht glauben wollte. Leider sollte ich aber recht behalten. Natürlich sahen wir in Japan viel Interessantes, doch der Genuß erlitt durch das beständige Fotografiertwerden einige Einschränkungen. Nicht nur die Berufsfotografen ließen uns keinen Augenblick in Ruhe, nein, die Japaner selbst sind ein Volk von Fotografen. Zu Tausenden streifen sie mit gezückten Kameras herum und knipsen unablässig. Es scheint ein Volkssport zu sein. Der Kaiser und die Kaiserin gaben dem Kanzler und seiner Begleitung ein Frühstück. Alles verlief sehr würdig, doch leider gab es kein japanisches Essen, sondern ein europäisches Menü im Schweizer Grand-Hotel-Stil. Ich selbst hatte die Ehre, zwischen zwei würdigen Hofdamen bei Tisch zu sitzen, die aber nur japanisch sprachen. So verlief das Essen für mich etwas einsilbig. Sehr rührend wirkten die vielen Männer und Frauen, die im kaiserlichen Garten arbeiteten. Sie tun das freiwillig und ohne Bezahlung, um ihrer Treue zum ältesten Herrscherhaus der Welt Ausdruck zu geben.

Der Rückflug gestaltete sich recht zeitraubend. Aus Sparsamkeitsgründen benutzte der Kanzler keine Düsen-, sondern eine Propellermaschine, die uns mit Zwischenlandungen über den Pazifik, Alaska, Island nach Bonn zurückbrachte. Ein Flug von etwa 30 Stunden. In Alaska sollten wir uns ein paar Stunden erfrischen, so stand es im Programm. Doch am Flugplatz empfingen den Kanzler viele hohe Offiziere mit ihren Damen, und wir mußten einen Lunch im Kasino einnehmen. Augenscheinlich bildete die Zwischenlandung des Kanzlers eine willkommene Abwechslung in dem eintönigen Dienst der Militärs, die dort eine schwere Aufgabe im fast ununterbrochenen Winter zu leisten hatten. Schließlich fuhr der Kanzler zum Militärflugplatz. Den Kommandanten forderte er mit den Worten heraus: »Man hat mir erzählt, daß im Alarmfall Ihre Maschinen in fünf Minuten in der Luft sind. Ich glaube das aber nicht!« Wortlos zog der hohe Offizier eine Art Trillerpfeife aus der Tasche. Ein Pfiff ertönte, und sofort belebte sich der Flugplatz. Der Kanzler kontrollierte seine Armbanduhr, und richtig, nach drei Minuten raste der erste Jäger über die Startbahn. Ein zweiter und dritter folgten. »Lassen Sie es gut sein«, sagte Adenauer befriedigt, »jetzt glaube ich es!«

In Island sollten wir uns wiederum nur erfrischen, doch das gesamte Kabinett hatte sich zum Empfang am Flugplatz versammelt. Doch wie immer in Island entschädigte uns die große Herzlichkeit des Empfangs über die ausfallende Ruhepause. Am Abend landeten wir in Bonn, wo uns ein ganzer Berg von Sorgen erwartete. In sechs Wochen sollte die Gipfelkonferenz in Paris stattfinden. Als die Außenminister in Genf konferierten, herrschte über einen Punkt Klarheit: Eine Gipfelkonferenz sollte nur dann stattfinden, wenn die Außenminister einen Weg zur Einigung gefunden und die Konferenz der Staats- oder Regierungschefs »auf dem Gipfel« mit großer Wahrscheinlichkeit einen Erfolg bringen würde. In Genf scheiterten alle Versuche des Westens, mit der Sowjetunion irgendeine Übereinstimmung zu erzielen. Die USA traten die Flucht nach vorn an, Eisenhower lud Chruschtschow nach Amerika ein und versprach den Besuch in Moskau zu erwidern. Die Besprechungen im Camp David blieben ebenfalls resultatlos, und so flüchtete man sich in Ermangelung von realen Übereinkünften in den »Geist« von Camp David. Ich muß offen gestehen, daß mich die Formulierung »Der Geist von ...« stets sehr pessimistisch stimmt.

Aus meinen Jahren als junger Journalist kannte ich eine ganze Anzahl solcher »Geister«. Ich erlebte den »Geist von Thoiry«, schließlich mehrfach den »Geist von Genf«. Immer aber erwies sich der »Geist von ...« als kein Ersatz für reale Absprachen. Jetzt also lebten wir mit dem »Geist von Camp David«.

Was aus der für Mai festgesetzten Gipfelkonferenz werden sollte, wußte eigentlich kein Mensch. Nur die Abrüstungsfrage schien gewisse Ansätze für Verhandlungen zu bieten. Dennoch versuchten verschiedene Gruppen in den nationalen Außenministerien und dann anschließend im Rahmen der drei Westmächte Grundlagenpapiere zu erarbeiten. Sie brachten auch umfangreiche Schriftstücke hervor, aber keines dieser Papiere konnte mich so recht überzeugen. Ich meine das vor allem hinsichtlich der Deutschlandfrage. Um die Reaktion des Verhandlungsgegners richtig abzuschätzen, muß man sich in seine eigene Lage versetzen. Was konnte man den Russen Besseres anbieten, als was sie schon hatten? Praktisch nichts, wenn man nicht die eigene Position einfach räumen wollte. Dazu konnte sich aber glücklicherweise keine der Westmächte entschließen. So verging der April 1960 mit solchen theoretischen Vorarbeiten, und in den ersten Maitagen platzte die U2-Affäre mitten in diese Anstrengungen hinein, wenigstens ein besseres Klima zu schaffen.

Der »Geist von Camp David« erwies sich nun als sehr kurzlebig. Am 1. Mai 1960 kam es zu einem schweren Zwischenfall zwischen den USA und der Sowjetunion.

Die sowjetische Luftabwehr-Raketenwaffe zwang ein amerikanisches Aufklärungsflugzeug vom Typ U2 zur Landung. Der Pilot geriet in Gefangenschaft. Als diese »Blitzmeldung« über alle Nachrichtenagenturen lief, mußte ich an die Luftaufnahmen denken, die mir Adenauer einige Zeit vorher unter strengster Geheimhaltung gezeigt hatte. Die U2-Maschinen, die in Höhen von über 20 000 m operierten, fotografierten mit unwahrscheinlicher Genauigkeit militärische Objekte in der Sowjetunion. Raketenstellungen konnte auch der Laie ohne Schwierigkeiten auf den Bildern erkennen. Ich hatte den Eindruck, ohne Näheres zu wissen, daß die US-Luftwaffe über eine ziemlich lückenlose Kenntnis der Stationierung von Interkontinental-Raketen auf russischem Boden verfügte. Nun war also eine Panne passiert, und die Aufregung schlug nicht nur in der Sowjetunion, sondern in weiten Teilen der Welt hohe Wellen. Ohne Zweifel bedeutete die Überfliegung sowjetischen Gebietes mit Militärflugzeugen der USA eine wirklich ernste Sache. Chruschtschow tobte, und der »Geist von Camp David« verschwand spurlos von der politischen Bühne.

In Washington zeigte man sich ziemlich ratlos. Sich widersprechende Erklärungen verwirrten die Lage noch mehr, und dabei war es doch notwendig, daß irgend jemand in Amerika für die ganze Angelegenheit die Verantwortung übernahm. Schließlich wählte man die für die internationale Lage unzweckmäßigste Lösung. Anstatt pro forma irgendeinen Luftwaffengeneral in die Wüste zu schicken, übernahm Präsident Eisenhower selbst alle Verantwortung für diesen Völkerrechtsbruch. Diese Entscheidung machte seinem Charakter zweifellos alle Ehre, obwohl es nicht einmal sehr wahrscheinlich erschien, daß Eisenhower über die verschiedenen Einsätze der U2-Maschinen wirklich informiert war. Mit seiner Entscheidung verschärfte sich die Lage von Tag zu Tag.

Am 12. Mai flog ich nach Paris, der Kanzler folgte kurz darauf, und es fanden zwischen Eisenhower, Macmillan, de Gaulle und Adenauer Vorbesprechungen statt, ehe Chruschtschow in Paris eintraf. Der Kanzler blieb in diesen Tagen recht einsilbig, doch wer ihn kannte, wußte, daß schwere Sorgen auf ihm lasteten. Die Kombination Eisenhower – Herter wies im Gegensatz zu der Zeit, als Dulles das Regiment in der Außenpolitik führte, große Schwächen auf, die sich schon ein Jahr zuvor in Genf bemerkbar gemacht hatten. Die Russen trauten dem friedfertigen Präsidenten der USA und seinem Außenminister wenig Standfestigkeit zu, und die Engländer spielten nach wie vor mit Disengagementgedanken. Nicht, daß Macmillan bereit gewesen wäre, Deutschland oder Berlin zu verraten und sich dadurch Ruhe in Europa zu erkaufen. Doch er liebte es, allerlei gefährliche Pläne zu entwickeln, ohne daß man wußte, wie weit er eigentlich zu gehen bereit war. Zwischen Adenauer und de Gaulle bestand dagegen Einigkeit, daß diese ganze Konferenz »auf dem Gipfel« eine höchst unglückliche Sache sei. Entweder mußte man der Sowjetunion unverantwortbare Konzessionen machen, oder die Konferenz war zum Scheitern verurteilt und damit die Gesamtsituation schlechter als ohne Konferenz. Der General wollte den Russen auf jeden Fall weder in der Deutschland- noch in der Berlinfrage entgegenkommen und Adenauer ebensowenig, nur daß der deutsche Bundeskanzler nicht zu den »Großen Vier« am Konferenztisch gehörte. Doch dann kam es wieder einmal ganz anders als erwartet. Chruschtschow verlangte von Eisenhower eine förmliche und erniedrigende Entschuldigung wegen der U2-Flüge. Seine Bedingungen, die er vor Beginn der Konferenz stellte, konnte der Präsident der Vereinigten Staaten nicht erfüllen; und so erschien Chruschtschow zum festgesetzten Konferenzbeginn überhaupt nicht. Er fuhr in der Umgebung von Paris spazieren und ließ die Regierungschefs oder Staatsoberhäupter des Westens vergeblich warten. Damit gab es keine Möglichkeit mehr, die Konferenz überhaupt stattfinden zu lassen.

An dem entscheidenen Tage wartete ich auf den Kanzler in der Wohnung des deutschen Botschafters. Als er schließlich erschien, nahm er mich beim Arm, führte mich in eine stille Ecke und sagte: »Entschuldigen Sie, Herr von Eckardt, wenn ich jetzt kölnischen Dialekt spreche. Wir haben nochmals fies Jlück jehabt!« Ernst werdend fügte er dann hinzu, daß diese Konferenz, wenn sie stattgefunden hätte, sicher für uns sehr schlecht ausgegangen wäre. Ich selbst glaube, daß Chruschtschow einen schweren Fehler beging, als er die westlichen Staatsmänner in dieser niemals dagewesenen Weise provozierte. Eisenhower hatte wegen der U2-Flüge ein schlechtes Gewissen und war ohne Zweifel bereit, dem russischen Diktator weit entgegenzukommen. Darin lag eine beträchtliche Chance für die Russen, denn die Engländer wären Eisenhower nicht in den Arm gefallen. Wie weit dann de Gaulle alleine Widerstand leisten konnte, das steht dahin. So reisten wir sang- und klanglos zurück nach Bonn. Doch der Monat Mai brachte wenigstens den Lichtblick, daß Chruschtschow erklärte, er wolle vorläufig am Status von Berlin nichts ändern.

Im Juni fuhr ich mit meiner Frau nach San Angelo auf Ischia, und von dort schrieb ich dem Kanzler einen Brief, den ich hier im Wortlaut wiedergeben möchte:

21. Juni 1960

Herrn Bundeskanzler
Dr. Konrad Adenauer

Bonn
Bundeskanzleramt

Sehr verehrter Herr Bundeskanzler!

Die Ferientage auf Ischia haben mir Gelegenheit gegeben, über die Gedanken, die Sie mit Herrn von Brentano, Herrn Dr. Globke und mir besprochen haben, etwas eingehender nachzudenken.

Geht man von der Voraussetzung aus, daß nach menschlichem Ermessen in absehbarer Zukunft keine Aussicht besteht, daß die Sowjetunion einer Wiedervereinigung im ›klassischen‹ Sinne zustimmt, und wenn man ferner sich darüber klar wird, welche von Jahr zu Jahr wachsende Belastung die Wiedervereinigungsfrage für unsere westlichen Verbündeten darstellt, so müssen wir uns fragen, auf welche Weise wir die Deutschen in der Ostzone von dem Terror der kommunistischen Machthaber befreien und unseren Landsleuten eine menschenwürdige Existenz zurückgeben können. Meines Erachtens bleibt kaum eine andere Möglichkeit, als die Lösung dieser Aufgabe mit Hilfe der Umwandlung der SBZ in ein neutrales Gebiet mit Berlin als Hauptstadt zu suchen. Völkerrechtlich gesehen würde dieses Gebiet bis zur Wiedervereinigung befristet Merkmale eines selbständigen Staates tragen.

Die Verwirklichung dieses Gedankens würde natürlich einen großen nationalen Verzicht bedeuten, aber vielleicht ist dieser Verzicht eben der ›Preis‹, nach dem die Welt so oft fragt, wenn die deutsche Frage diskutiert wird. Man darf bei aller Schwere des Verzichts aber auch nicht übersehen, daß durch die Bildung freier deutscher Staaten, von denen der östliche ein neutraler Staat wäre, ein beinahe ideales Gleichgewicht der politischen und militärischen Kräfte in Mitteleuropa hergestellt würde. Es wäre ein Gleichgewicht, das in diesem Teil der Welt den Frieden vielleicht für Jahrzehnte garantieren könnte.

Die deutsche Frage von dieser Seite aus anzufassen, würde gleichzeitig auch bedeuten, die deutsche Politik von dem Verdacht aller nationalistischen Motive zu befreien und damit nicht nur östliche, sondern auch westliche Besorgnisse über die Zukunft Deutschlands auszuschalten. Wenn es gelingen könnte, auf dieser Basis mit der Sowjetunion zu einer Einigung zu kommen, würde ein Streifen kleinerer und mittlerer Staaten vom baltischen Meer bis zur Adria den West- und den Ostblock trennen und damit Europa vielleicht zur Ruhe kommen lassen.

Das Entscheidende aber ist, daß die Bewohner der sowjetischen Zone (inklusive Ostberlin rund 20 Millionen Menschen) zwar nicht zur administrativen Wiedervereinigung mit der Bundesrepublik kämen, aber ihre persönliche und politische Freiheit wiedergewännen und damit dem westlichen Geist, seiner Kultur, der christlichen Kirche und der westeuropäischen Entwicklung erhalten bleiben würden.

Obwohl sich die Bevölkerung der Zone und Ostberlins tapfer der Bolschewisierung widersetzt, müßte ein Fortbestehen des jetzigen Zustandes auf Jahrzehnte hinaus doch eine geistige, politische und ökonomische Entwicklung mit sich bringen, die eine Wiedervereinigung mit der Bundesrepublik zu einem späten Zeitpunkt außerordentlich erschweren, vielleicht sogar verhindern würde.

Nach reiflicher Überlegung glaube ich daher, daß die Umbildung der sogenannten DDR in einen freien neutralen ›Staat‹ mit Berlin als Hauptstadt für lange Zeit die einzige Möglichkeit darstellt, die Menschen in der Zone dem Westen zu erhalten, Mitteleuropa eine ruhige Entwicklung zu gewährleisten und gleichzeitig eine große Zahl für die ganze Welt sehr gefährlicher Probleme wenigstens für eine Generation zu lösen.

Wenn ich nur einige dieser Probleme aufzählen darf:

1. Die Wiedervereinigungsfrage verschwindet als Belastung für einen längeren Zeitraum aus der Weltdiskussion.
2. Die Frage Berlin löst sich automatisch ohne Krise und ohne schwere Verwicklungen, die sonst mit Sicherheit in naher Zukunft zu erwarten sind.
3. Das Verhältnis der Bundesrepublik und des zweiten neutralen deutschen Staates zur Sowjetunion und den östlichen Satellitenstaaten kann normalisiert werden.
4. Das schwierige und oft peinliche Problem des Ost-West-Handels und noch mehr des Interzonenhandels könnte in ein System normaler Handelsverträge einmünden.
5. Die Belastung des Verhältnisses zwischen der Bundesrepublik und ihren westlichen Alliierten durch die unlösbar erscheinende Frage der Wiedervereinigung verschwindet und macht den Weg für eine bei weitem echtere und natürlichere Allianz frei.
6. Die Nichtanerkennung der sogenannten DDR als Staat wird gegenstandslos.
7. Die Frage der Oder-Neiße-Grenze könnte für die Dauer des Abkommens zurückgestellt werden, auf jeden Fall aber durch einen neutralen mitteldeutschen Staat viel eher ohne nationalistische Akzente behandelt werden.

8. Die Position der Bundesrepublik gegenüber den neutralistischen Staaten und den Entwicklungsländern würde außerordentlich an Bedeutung gewinnen.

Über die notwendige Prozedur, um zu den gesteckten Zielen zu gelangen, darf ich noch einige Punkte hervorheben, die sicherlich im einzelnen reiflichster Überlegung bedürfen:

1. Volksabstimmung in beiden Teilen Deutschlands über den Gesamtvorschlag. Die Abhaltung der Volksabstimmung bedarf der Zustimmung der vier Mächte, da nur so bis zur Endlösung der deutschen Frage die Viermächte-Verantwortung für Deutschland und Berlin aufrecht erhalten bleibt.
2. Festlegung des Zeitraums, für den die Regelung gelten soll.
3. Nach Annahme des Vorschlages durch die Mehrheit der Bevölkerung Bildung einer verfassungsgebenden Versammlung in der sogenannten DDR, die an die Grundregeln von Freiheit und Neutralität gebunden sein muß.
4. Freie Wahlen in der sogenannten DDR.
5. Annahme der Verfassung und des Prinzips der Neutralität.
6. Bildung einer vom Parlament frei gewählten Regierung.
7. Garantie der Großmächte und aller anderen Staaten, die dazu bereit sind, für die Freiheit und Neutralität des neuen Staates.

Für die Volksabstimmung sowohl als auch für die Wahlen wäre eine Zulassung aller Parteien in beiden Teilen Deutschlands und eine Überwachung durch die UNO notwendig.

Viele Fragen bleiben natürlich offen: Soll der Vorschlag von der Bundesrepublik ausgehen? Außenpolitisch wäre das sicher am besten und eindrucksvollsten; doch stehen erhebliche innerpolitische Bedenken dagegen. Ich selbst bin allerdings der Ansicht, daß eine solche Lösung der deutschen Frage sehr populär wäre, denn die Masse der Bevölkerung glaubt schon lange nicht mehr an eine Wiedervereinigung im ›klassischen‹ Sinne und würde den Vorschlag als realistisch, vor allem aber als menschlich empfinden. Sollte nun aber einer unserer Alliierten den Vorschlag machen, so ist die Frage: Wer? Die Beantwortung hängt eng mit der Beurteilung der aktuellen politischen Lage zusammen. Sicher wäre es wünschenswert, wenn man den Vorschlag auf die Zeit nach den amerikanischen Präsidentenwahlen verschieben, besser noch auf die Zeit nach den Bundestagswahlen 1961 zurückstellen könnte. *Ich kann aber nicht glauben, daß die Sowjetunion mit einem neuen gefährlichen Vorstoß gegen Berlin bis zum Herbst 1961 warten wird. Dafür besteht kaum eine Aussicht. Ist der Vorstoß aber erst erfolgt, wird eine ernste Krise ausgelöst, würde der ins Auge gefaßte Vorschlag bestimmt als Schwäche und als Rückzug der Westmächte aus Berlin empfunden und damit stark entwertet werden.*

Es bleiben daher wohl nur zwei Möglichkeiten, nämlich eine eigene deutsche Initiative nach der Wahl des USA-Präsidenten oder der Vorschlag durch General de Gaulle. Ich darf dabei bemerken, daß für ein erstes Gespräch nur bei General de Gaulle die absolut notwendige Vertraulichkeit gesichert wäre. Überhaupt ist die Frage der vertraulichen Behandlung mit unseren Alliierten ganz besonders schwierig. Dafür den richtigen Weg zu finden, scheint mir von entscheidender Bedeutung.

Möglicherweise könnte der Eröffnungszug von westlicher Seite in Form des Wunsches nach Besprechungen mit der Sowjetunion über deren Pläne hinsichtlich des Friedensvertrages erfolgen.

Als Urlaubslektüre habe ich mir ein Exemplar des österreichischen Staatsvertrages mitgenommen, der vielerlei Anregungen enthält. Das wichtigste Problem ist sicher, welcher Natur die Neutralität des zweiten deutschen Staates sein soll. Soll es eine Neutralität auf Grund einer freien eigenen Neutralitätserklärung sein oder soll dieser Staat neutral sein mit einer Garantieerklärung der vier Großmächte? Ich glaube, daß für die Situation eines neutralen mitteldeutschen Staates eine Garantie der Großmächte notwendig ist, da sonst die Sicherheit der dort lebenden 20 Millionen Menschen auf zu schwankendem Boden steht. Für unsere westlichen Verbündeten muß eine Verpflichtung bestehen, die Freiheit und Neutralität dieses Staates zu schützen, damit das ganze System Bestand hat. Auch die Russen würden meiner Ansicht nach eine solche Garantieerklärung verlangen müssen.

Die wirtschaftlichen Vereinbarungen mit der Sowjetunion würden im Falle, daß es zu ernsten Verhandlungen über das Projekt kommen sollte, sicher einen breiten Raum einnehmen. Hier gibt der österreichische Staatsvertrag interessante Hinweise. Dort ging es um die Öllieferungen aus Österreich an die Sowjetunion; im Falle Deutschland ist sicher das mitteldeutsche Uran von ausschlaggebender Bedeutung. Hier, auf dem wirtschaftlichen Gebiet, eröffnet sich ein weites Verhandlungsfeld, denn die Sowjets würden zweifellos eine Garantie dafür verlangen, daß sie mit der fortdauernden Lieferung aus der ›DDR‹ für einen längeren Zeitraum rechnen können. Dabei ergibt sich natürlich auch die Frage, inwieweit sich die Bundesrepublik an den daraus entstehenden Lasten beteiligen soll und ob man der Sowjetunion den ganzen Vorschlag noch durch andere wirtschaftliche Konzessionen schmackhafter machen kann. Hier liegt ein breiter Spielraum für Verhandlungen. Das gleiche gilt für die Zeitdauer des Abkommens, wobei ich glaube, daß man mit einem Angebot auf zehn Jahre beginnen könnte mit der Möglichkeit einer Verlängerung. Den Abschluß des Abkommens müßte dann eine Volksabstimmung über die Wiedervereinigung beider deutscher Staaten bilden.

Dieses sind natürlich nur einige Gedanken zu dem ganzen Problem, so wie sie mir während des Urlaubs durch den Kopf gegangen sind. Ich hatte dabei keine exakten Unterlagen zur Verfügung.

Ich wollte aber nicht versäumen, diese Gedanken einmal zu Papier zu bringen und sie Ihnen zu unterbreiten.

Ich bleibe, sehr verehrter Herr Bundeskanzler,

Ihr Ihnen stets sehr ergebener

gez. von Eckardt

Die in diesem Brief skizzierten Vorschläge beschäftigten mich bereits seit langem. Die Vorgänge in Paris bewiesen mir aufs neue, daß von den ausgetretenen Wegen unserer Deutschlandpolitik bestimmt keiner zur Lösung führte. Daß die Russen auf diese Vorschläge eingehen würden, schien mir auch mehr als zweifelhaft, doch glaubte ich, daß einmal neue Ideen auf den Tisch gelegt werden müßten, wenn man überhaupt in ein Gespräch mit den Russen kommen wollte. Der Brief ging auf ein Gespräch mit dem Kanzler zurück, in dem er mich direkt gefragt hatte, ob ich nicht irgendwelche Vorschläge zu machen wüßte. Ich antwortete ihm darauf: »Es kann nur einen Weg geben, nämlich die Freiheit der Deutschen in der Zone vor die administrative Wiedervereinigung zu stellen. Also eine neue Rangfolge: Erst Freiheit, dann Wiedervereinigung!« – »Schreiben Sie mir das mal auf!« gab Adenauer zur Antwort. Als wir uns nach meinem Urlaub wiedersahen, meinte er zu dem Brief: »Sie haben vollkommen recht, Herr von Eckardt, aber ich habe den Brief fest im Panzerschrank verschlossen.« Im August des gleichen Jahres machte übrigens der Philosoph Karl Jaspers in einem Fernseh-Interview im Prinzip den gleichen Vorschlag. Zwischen uns gab es keinerlei Verbindungen. Völlig unabhängig voneinander gelangten wir zu den gleichen Vorstellungen. Alle Parteien in Deutschland lehnten die Vorschläge von Jaspers ab. Damals und noch heute stelle ich mir die Frage, ob wir nicht zu wenig getan hatten, um dem deutschen Volk die wahre Situation in der Deutschlandfrage schonungslos darzustellen. Heute scheint der Gedanke, daß Freiheit für alle Deutschen vor der Wiedervereinigung rangieren muß, Allgemeingut zu sein. Nur ist es heute mit Sicherheit zu spät, den Russen gegenüber mit solchen Gedankengängen zu operieren. Vielleicht werden sie zu einem späteren Zeitpunkt und aufgrund entscheidender Machtverschiebungen in der Weltpolitik einmal diese Verhandlungsebene betreten.

Dieses Zwischenspiel in der Deutschlandpolitik habe ich aber auch darum ausführlicher behandelt, weil es ein Beispiel dafür ist, daß Konrad Adenauer bereit war, alle Aspekte des Problems, wenn auch nicht in der Öffentlichkeit, zu diskutieren. Das Märchen von seiner Starrheit ist eben nicht mehr als ein Märchen. Wenn man aber schon von Unbeweglichkeit sprechen will, so muß man feststellen, daß auch die Sozialdemokratie nur ein wenig am Rande des Problems operierte und im Hinblick auf die Wähler und besonders die Vertriebenen nicht wagte, grundlegend andere Vorschläge zur Deutschlandpolitik zu machen, besonders nach der Verabschiedung des Godesberger Programms 1959.

Während ich mich mit dem letzten Kapitel dieses Buches beschäftige, wird in Bonn die neue Regierung Kiesinger gebildet, und zwar zum ersten Mal seit Bestehen der Bundesrepublik Deutschland auf der Basis der »Großen Koalition« von CDU/CSU und SPD. Bei den Koalitionsverhandlungen spielte neben wichtigsten innenpolitischen Fragen auch die Außenpolitik eine bedeutsame Rolle. Zu den Koalitionsforderungen der SPD gehört die These, das Verhältnis zu Washington und Paris müsse wieder in Ordnung gebracht werden. Das schreibt sich nun allerdings leicht nieder. Wie schwierig diese Forderung zu erfüllen sein wird, geht u. a. aus der Entwicklung des deutsch-französischen Verhältnisses gerade zu Beginn der sechziger Jahre hervor. Vom ersten Besuch Adenauers auf dem Landsitz de Gaulles war schon die Rede, ebenso von dem Gegenbesuch des Generals in Bad Kreuznach am Vorabend des Chruschtschow-Ultimatums gegen Berlin. Die Entwicklung des deutsch-französischen Verhältnisses ließ sich zuerst weit besser an, als irgend jemand erwarten konnte. Doch in einem Brief an Adenauer, der hier schon wiedergegeben wurde, glaubte ich, vor übertriebenen Hoffnungen warnen zu sollen. Meine Befürchtungen bezogen sich auf die Haltung de Gaulles hinsichtlich der Integrationspolitik in der NATO und in den Europäischen Gemeinschaften. Bei den Besuchen des Kanzlers auf Schloß Rambouillet und in Paris 1961 traten die Konfliktmöglichkeiten schon deutlich zutage, ohne daß sie in irgendwelchen Beschlüssen erkennbar wurden. Es konnte aber nicht übersehen werden, daß der General mehr und mehr darauf drängte, der Integrationspolitik sein »Europa der Vaterländer« entgegenzusetzen. Viele, auch der Kanzler, glaubten zweifellos, daß es eine Möglichkeit gäbe, aus diesen verschiedenen Vorstellungen für die europäische Zukunft eine Synthese zu finden. Doch wer das glaubte, unterschätzte die Prinzipienfestigkeit de Gaulles, der zeit seines Lebens auf seinen politischen Vorstellungen zu beharren pflegte.

Bei der Zusammenkunft auf Schloß Rambouillet Ende Juli 1960 wurde kein Kommuniqué ausgegeben, und das hatte seinen guten Grund. Die Zeitung »Le Monde« ließ aber die Katze aus dem Sack, als sie feststellte, daß die Bonner Regierung zumindest vorläufig auf alle Lösungen der europäischen Fragen durch supranationale Institutionen verzichtet habe und daß keine Chance bestehe, General de Gaulle zu einer Politik der Integration zu bewegen. Der Weg zu einer politischen Union, so wie man ihn sich jahrelang vorgestellt hatte, schien mir seit dieser Zusammenkunft bereits versperrt.

Mitte Februar 1961 waren wir wieder für drei Tage in Paris. Die entscheidenden Gespräche zwischen de Gaulle und Adenauer fanden unter vier Augen statt. Doch für jeden Delegationsteilnehmer wurde so viel klar, daß sich die beiden Staatsmänner darauf geeinigt hatten, den anderen EWG-Partnern nicht mehr als regelmäßige Konferenzen der Regierungschefs vorzuschlagen. Kein Zweifel konnte nunmehr bestehen, daß sich der General mit seiner Politik der »Vaterländer« durchgesetzt hatte und daß die Idee eines gemeinsamen Sekretariats der EWG-Staaten als Anfangsstufe einer politischen Behörde tot sei.

Schließlich im Juli des gleichen Jahres trafen sich die Staats- bzw. Regierungschefs zu einer Konferenz, die in der Redoute in Bad Godesberg stattfand. Ich muß sagen, daß ich diese Konferenz mit großer Spannung erwartete. Denn jetzt mußte eigentlich de Gaulle das entscheidende Wort gegen eine politische Integration klar aussprechen und versuchen, seine Konzeption der losen Zusammenarbeit auf nationaler Basis durchzusetzen. Doch es kam anders.

Es war der holländische Außenminister Luns, der praktisch jeden Fortschritt auf dieser Konferenz torpedierte, indem er hartnäckig den Standpunkt vertrat, daß keine politische Zusammenarbeit in Europa ohne England institutionalisiert werden könne und man daher nicht im Rahmen der EWG, sondern der Westeuropäischen Union, in der neben den sechs EWG-Ländern auch Großbritannien Mitglied war, weiter verhandeln solle. Damit war de Gaulle aus dem Schneider, verhielt sich im allgemeinen väterlich-milde und überließ es Adenauer, sich mit Luns auseinanderzusetzen. Die beiden Herren gerieten mehrfach hart aneinander, und nur mit Mühe konnte die »freundliche Atmosphäre« aufrechterhalten werden. Es gab ein endloses Kommuniqué, das um die entscheidenden Fragen herumging, und noch endlosere Kommentare in der Presse, an denen ich mich auf den anschließenden Pressekonferenzen ebenfalls beteiligen mußte mit dem Versuch, mich so gut wie eben möglich durchzuschlängeln.

Will man die Geschichte in wenigen Sätzen zu Ende erzählen, so darf der große Besuch de Gaulles in der Bundesrepublik im September 1962 nicht unerwähnt bleiben, denn die Bevölkerung bereitete dem berühmten Staatsmann einen triumphalen Empfang. Die Begeisterung der Menge mußte in de Gaulle den Eindruck erwecken, daß seine Politik der zweiseitigen Verständigung mit Bonn sehr populär sei und er sich also auf dem richtigen Wege befand. Ich selbst war damals schon nicht mehr Pressechef, sondern in Berlin. Aber der Kanzler lud mich zu dem Besuch de Gaulles zu einem Essen auf dem Petersberg ein. Nach der Tafel bat mich der General zu sich. In seiner gemessenen Art zeigte er strahlende Laune, beschränkte aber unser Gesprächsthema auf einige Fragen über die Situation und die Stimmung in Berlin. Er selbst besuchte Berlin nicht. Seit diesem Abend habe ich de Gaulle nicht wiedergesehen.

Der später abgeschlossene deutsch-französische Freundschaftsvertrag wurde mit viel Pomp gefeiert, stellte sich aber politisch als ein Fehlschlag heraus. Der Bundestag zeigte sich nur dann bereit, den Vertrag zu ratifizieren, wenn in einer Präambel festgelegt werde, daß er unser Verhältnis zu Amerika nicht lockern dürfe. Aus dieser Präambel resultierte dann die schwere Enttäuschung des Generals, der seine Politik der Gemeinsamkeit mit der Bundesrepublik gegen die amerikanische Stellung in Europa als gescheitert betrachten mußte. Alles andere ergab sich dann von selbst. Charles de Gaulle ging seinen Weg ohne die Bundesrepublik. Er blieb Mitglied der Nordatlantischen Allianz, verließ aber die Organisation der NATO, vertrieb die Amerikaner aus Frankreich und löste sich damit militärisch und politisch aus der europäischen Integration. Das Ende des Algerienkrieges ermöglichte ihm die wirtschaftliche Wiedererstarkung Frankreichs, und so konnte er seine europäischen Ziele und besonders die Wiederherstellung einer unabhängigen französischen Macht ansteuern. Wir befinden uns noch heute mitten in dieser Entwicklung, die folgerichtig auch zu dem Besuch de Gaulles in Rußland führte.

Noch einmal in den USA

Doch zurück in das Jahr 1960, das in erheblichem Maße durch den Wahlkampf in Amerika geprägt wurde. Präsident Eisenhower konnte nach der Verfassung nicht ein drittes Mal kandidieren, der in zwei Wahlkämpfen unterlegene demokratische Kandidat Adlai Stevenson wollte nicht mehr in die Arena steigen. So stand ein harter und völlig offener Kampf um die Präsidentschaft bevor. Die Wahl Vizepräsident Nixons als Kandidat und Nachfolger Eisenhowers bei den Republikanern stand fest, John F. Kennedy gelang es, gegen sehr einflußreiche Gegner (z. B. Humphrey) als Kandidat der Demokraten aufgestellt zu werden. An einem heißen Tage Mitte Juli 1960 ließ mich der Kanzler in das Palais Schaumburg kommen. Er saß mit Brentano und Globke auf dem Balkon und empfing mich mit den Worten: »Herr von Eckardt, Sie müssen sofort nach Amerika fahren!« Worum ging es? Die Meinungsumfragen aus den USA zeigten, daß Kennedy eine echte Chance besaß, Präsident zu werden. Zu dem Gegenkandidaten Nixon verfügte der Kanzler selbst über beste Beziehungen. Doch wie stand es mit den Demokraten? Wer kannte eigentlich Senator Kennedy? Nun wußte der Kanzler von meinen guten Beziehungen zu den Demokraten und wußte auch, daß ich Kennedy schon einmal im Senat besucht hatte. Ihn bedrückte die Tatsache, daß er ziemlich eindeutig zu erkennen gegeben hatte, ihm würde die Wahl Nixons mehr als erfreulich sein. Natürlich kannte man diese Äußerungen in Amerika. Dem Kanzler erschien es nun wichtig, diesen Eindruck etwas zu verwischen. So lautete mein Auftrag also, mich um die Demokraten und um Kennedy zu kümmern. 48 Stunden später flog ich wieder einmal über den Atlantik.

Obwohl sich die Vereinigten Staaten schon im Trubel des Wahlkampfes befanden, war es für mich nicht allzu schwer, die demokratischen Politiker, auf die es für uns ankam, zu sprechen. Ich hatte ausführliche Unterhaltungen vor allem mit Adlai Stevenson, der früher einmal mein Gast in Bonn gewesen war, dazu mit Senator Humphrey, vor allem aber mit den engsten Beratern Kennedys, mit Arthur Schlesinger, Ted Sorensen, Galbraith, Cox und Rostow. Die letzteren bildeten eine Art Professoren-Team und kamen vorwiegend von der Harvarduniversität. Sie alle waren mir schon von früheren Besuchen mehr oder weniger bekannt. Daß ich unsere alten Freunde John McCloy, Harriman, Professor Conant und George F. Kennan besuchte, versteht sich von selbst. Unser dringendes Interesse ging dahin, die Europapolitik und mehr noch die amerikanische Politik in der Deutschland- und Berlinfrage so weit wie möglich aus dem Wahlkampf herauszuhalten. Die Formulierung einer neuen Außenpolitik, die von der bisherigen Linie der Republikaner erkennbar abweichen würde, mußte die Bundesregierung in große Schwierigkeiten bringen. Meine eigenen Besorgnisse in dieser Hinsicht waren nicht so groß wie die des Bundeskanzlers. Wie schon an anderer Stelle erwähnt, erwies sich die republikanische Kombination Eisenhower/Herter als recht unsicher, während ich im Gegensatz zu Adenauer die Spitzen der demokratischen Partei keineswegs für »weich« hielt, was die amerikanisch-sowjetische Politik anbelangte. Meine Gespräche bestätigten mich in dieser Auffassung. Besonders bestärkte mich eine Unterhaltung mit Dean Acheson, der als Repräsentant der Dulles-Politik galt und meine Auffassung hinsichtlich der Demokraten teilte. So konnte ich dem Kanzler beruhigende Telegramme schicken, ohne daß ich irgendwie in eine unfundierte Schönmalerei zu verfallen brauchte.

Das schwierigste Problem bestand darin, mit John F. Kennedy zu einem Gespräch zusammenzutreffen. Kennedy flitzte in seiner Privatmaschine kreuz und quer durch die Staaten, und die Festsetzung eines Termins schien fast unmöglich. Nun erwies sich mein Freund, der USA-Botschafter in Bonn, David Bruce, Freund und Berater Kennedys in außenpolitischen Fragen, als besonders hilfreich. Wir telefonierten mehrfach miteinander, und er erwog einen Besuch von mir auf dem Landsitz Kennedys in Hiannys Port. Der Plan wurde dann wieder fallengelassen, da zahllose Reporter das Haus des Präsidentschaftskandidaten belagerten und mein Besuch eine unerwünschte Publicity hervorrufen würde. Schließlich kam es zu einer Verabredung im Privat-Apartment Kennedys in New York. Meine Befürchtung, Kennedy würde sich vielleicht nur für eine Viertelstunde gehetzt und müde frei machen, erwies sich als unbegründet.

Eine volle Stunde konzentrierte sich der spätere Präsident auf die Probleme, die ich ihm vortrug. Kennedy schien mir seit meinem letzten Besuch politisch und menschlich gereift durch die schweren Kämpfe, die er bis zu seiner Nominierung hatte durchstehen müssen. Er wirkte auch nicht so jugendlich-jungenhaft wie auf den bekannten Fotos. Uneingeschränkt bewunderte ich, wie sich Kennedy im Trubel des Wahlkampfes auf unser Gespräch einstellte. Keinen Augenblick schien er mit anderen Gedanken beschäftigt, als wir über Sicherheitsfragen Europas, über

Deutschland und Berlin sprachen. Für mich konnte nach dieser Begegnung überhaupt kein Zweifel darüber bestehen, daß Kennedy, falls er gewählt würde, nie einen Schritt in Berlin vor den Russen zurückweichen würde. Mit Klarheit übersah er die Konsequenzen, die für die gesamte amerikanische Außenpolitik und ihre Glaubwürdigkeit entstünde, falls er den Sowjets nicht überall dort entgegentreten würde, wo sie versuchen sollten, die Amerikaner aus ihren Positionen zu verdrängen. Ebensowenig ließ sich allerdings übersehen, daß er diese feste, eindeutige Politik mit Schritten zur allmählichen Entspannung zwischen Ost und West zu verbinden gedachte. Er hoffte dabei besonders auf dem Gebiet der Abrüstung Fortschritte erzielen zu können. Zum Schluß unseres Gespräches mußte ich noch ein delikates Thema anschneiden. In den USA gibt es Gebiete, in denen das polnische Einwanderer-Element über erheblichen politischen Einfluß verfügt. Ohne viele Umschweife bat ich Kennedy, die Frage der Oder-Neiße-Grenze in seinen Wahlreden in diesen Bezirken nicht anzuschneiden. Eine Bestätigung dieser Grenze durch den Präsidentschaftskandidaten müßte, so erklärte ich ihm, tiefgreifende Wirkungen in der Bundesrepublik hervorrufen. Kennedy dachte eine ganze Weile nach, ehe er mir erklärte: »Ich werde die Grenzfrage nicht erwähnen!« Er hat, wie ich dann feststellen konnte, sein Wort gehalten. Die Grüße des Bundeskanzlers, die ich ihm übermittelte, nahm er eher kühl auf, woraus sich schließen ließ, daß er über Adenauers Vorliebe für seinen Gegner Nixon informiert war. Als ich ihn verließ, brachte er mich bis auf die Straße, wo schon Journalisten und Fotografen warteten. Ein Foto von uns versah er später mit einer freundlichen Widmung.

Die Persönlichkeit Kennedys hinterließ bei mir einen starken Eindruck. Dieser noch sehr junge Staatsmann, der sich um die mächtigste Position in der freien Welt bewarb, wußte, was er wollte. Dazu umgab ihn ein Beraterstab von ungewöhnlicher produktiver Intelligenz.

Ich telegrafierte damals Adenauer, daß seine Sorge, Kennedy könne es an den notwendigen erfahrenen Beratern fehlen, unbegründet sei. Im Gegenteil, sollte er Präsident werden, so verfüge er eher über zuviel als zu wenig Berater. Noch eine andere Besorgnis Adenauers konnte ich ausräumen. Ich prophezeite, daß Adlai Stevenson in einem Kabinett Kennedy nicht Außenminister werden würde. Der Kanzler hielt Stevensen zu Unrecht für einen »Beruhigungspolitiker« gegenüber der Sowjetunion. Zu welcher Härte Stevenson fähig war, zeigte er dann später während der Kubakrise als Vertreter der USA im Sicherheitsrat. Schließlich wurde Dean Rusk Außenminister Kennedys. An ihn dachte in jenen Tagen allerdings niemand, auch Kennedy nicht.

Von der Reise sind noch zwei bemerkenswerte Vorgänge in meinem

Gedächtnis haften geblieben. Nicht nur weil die Journalisten mir auf den Fersen waren, besuchte ich auch Freunde unter den Republikanern. Einige habe ich schon erwähnt. Ich ging aber auch zu Nelson Rockefeller, mit dem zu sprechen stets politischen Gewinn bringt. Im Laufe unserer Unterhaltung kamen wir auch auf das Rassenproblem zu sprechen. Er zeigte sich als Gouverneur von New York recht besorgt und sagte zu mir: »Die wirkliche Gefahr liegt nicht in den Südstaaten, dort werden wir mit den Problemen fertig. Erst wenn es in den Negerslums von New York, Chikago oder Detroit unruhig wird, kommen große Gefahren auf uns zu. Dann wird Blut fließen!« Wie richtig er die Gefahren einschätzte, haben die letzten Jahre gezeigt.

Das zweite Erlebnis betraf mehr meine eigene Person. Um das Interesse der Bundesregierung am Wahlkampf schön gleichmäßig auf beide Parteien zu verteilen, besuchte ich den Kongreß der Republikaner in Chikago. Public-Relations-Chef General Julius Klein schleppte mich durch das riesige Chikagoer Schlachthaus, in dem die republikanischen Wahldelegationen ein für den Nichtkenner unvorstellbares Treiben mit beachtlicher Lärmentwicklung veranstalteten, obwohl die Wahl Nixons feststand. Schließlich brachte mich Julius Klein durch seine Aktivität völlig zur Strecke. Ich wollte weg und zurück nach New York. General Klein schlug mir aber vor, nicht die endlose Autofahrt zum Flugplatz zu machen, sondern einen Spezial-Hubschrauber zu benutzen, der mich zum Flugplatz bringen würde. Es gelang mir aber doch, mich frei zu machen, und so fuhr ich mit dem mich begleitenden Herrn der deutschen Botschaft im Auto zum Flugplatz. Als wir uns dem Platz näherten, sah ich zuerst eine Kirche, dann einen großen Friedhof und direkt anschließend die Lichter des Flugplatzes. Ich gebe zu, daß meine Bemerkung: »Das nenne ich wirklich einen Service! Kirche-Friedhof-Flugplatz!« äußerst deplaciert zu nennen ist. *Wie* unpassend diese Bemerkung sein sollte, erfuhren wir wenige Minuten später auf dem Flugplatz. Der »Spezial-Hubschrauber« war abgestürzt und alle Passagiere tot. Als ich in New York landete, fühlte ich mich bedeutend wohler. Dies sollte meine letzte »Mission« in den USA sein. Als wir nach der Wahl mit Adenauer nach Washington kamen und der Kanzler dem neuen Präsidenten Kennedy die deutsche Delegation vorstellte, sagte Kennedy mit unüberhörbarer Betonung zu mir: »Wir kennen uns. *Sie* waren schon vor meiner Wahl bei mir!« Übrigens blieb das Verhältnis Adenauer–Kennedy bis zur Ermordung des Präsidenten etwas kühl und distanziert.

Doch nun zurück in unser Wahljahr 1961. Der Wahlkreis Cuxhaven–Wesermarsch–Land Hadeln stellte mich als Kandidaten der CDU für die Bundestagswahl auf. Mit großer Energie stürzte ich mich in den

Kampf und hielt etwa 100 Wahlversammlungen ab. Um es gleich vorweg zu sagen: Ich unterlag gegen meinen Gegner Hermsdorf von der SPD mit zirka einem Prozent. Eigentlich hatte ich mit einem solchen Ausgang auch gerechnet, denn das nichtsozialistische Lager ging mit drei Parteien – CDU, FDP und DP – in die Abstimmung, und ich konnte die Führer der DP nicht dazu überreden, die eigene Kandidatur aufzugeben, die keinerlei Gewinnchancen hatte. So nahm mir die DP am Wahltag 16 Prozent der bürgerlichen Stimmen weg, ohne daß die Partei in den Bundestag einziehen konnte. Sie scheiterte, wie vorauszusehen, an der Fünfprozentklausel.

Einen Tag unterbrach ich den Wahlkampf. Am 13. August bauten die Russen – oder wenn man so will die SED – die Mauer in Berlin. Trotz mehrerer Telefonanrufe in Bonn gelang es mir nicht, den Kanzler zu einem sofortigen Besuch in Berlin zu bewegen. Irgendwelche Gegeneinflüsse verhinderten die Reise, und dieses Versäumnis kostete die CDU/CSU dann die absolute Majorität im Bundestag. Doch als Vizepräsident Lyndon B. Johnson von Präsident Kennedy nach Berlin geschickt wurde, flog ich in aller Frühe von Hamburg nach Berlin. Dieser Tag wird mir unvergessen bleiben. Vom Flugplatz aus fuhr ich sofort in die Villa des USA-Botschafters Dowling – wegen seines roten Haares allgemein »Red« gerufen – und traf dort Johnson, General Clay und die anderen amerikanischen Herren am Frühstückstisch. »Red« Dowling machte ein etwas verdutztes Gesicht, als ich plötzlich auftauchte, doch Johnson begrüßte mich freundlich.

Der Jubel der Berliner war unbeschreiblich, als die 1500 amerikanischen Soldaten, die Kennedy demonstrativ von Westdeutschland nach Berlin befohlen hatte, unbehelligt über die Autobahn fahrend, in der Hauptstadt eintrafen. Am Abend hielt ich eine Wahlversammlung in Cuxhaven ab und konnte von dem großen Tag in Berlin berichten. Der Bau der Mauer in Berlin brachte den amerikanisch-russischen Gegensatz zu einem neuen Höhepunkt. In all den Jahren seit dem Chruschtschow-Ultimatum vom November 1958 bis zum Mauerbau und schließlich der Kubakrise ging es in der europäischen Ost-West-Auseinandersetzung nicht etwa um die deutsche Wiedervereinigung. Chruschtschows aggressive Politik in Berlin war darauf ausgerichtet, die Position der Sowjets in Mitteleuropa mit allen Mitteln zu stabilisieren und zwar auch mit allen möglichen Risiken. Bis zur Kubakrise, die den Höhepunkt und das Ende dieser Auseinandersetzung brachte, bewegte sich die amerikanische Politik unablässig am Rande eines großen thermonuklearen Weltkrieges. Nicht um die Wiedervereinigung ging es in diesen Jahren, wie viele in Deutschland annahmen, sondern um die

Erhaltung des Status quo in Mitteleuropa gegen den massiven Druck der Sowjets. Amerika hat diesen Kampf gewonnen.

Nach der Wahl führte Adenauer mit mir ein sehr persönliches Gespräch. Da mein Versuch, in den Bundestag einzuziehen, mißlungen war, bestand nun das Problem meiner weiteren Verwendung. Der Kanzler machte keinen Versuch, mich länger auf meinem Posten als Bundespressechef zu halten. Es bestand auch Übereinstimmung zwischen uns, daß Karl-Günther von Hase mein Nachfolger werden sollte. Damit wußte ich mein bisheriges Amt in den allerbesten Händen. »Ich glaube, es wäre das beste, wenn Sie eine schöne Botschaft übernehmen würden«, meinte der Kanzler. Ich erwiderte ihm, daß es dagegen nichts einzuwenden gäbe, doch glaubte ich nicht, daß ein passender Posten bald frei würde. Adenauer erklärte mir, auch Brentano wolle mich wieder für den auswärtigen Dienst haben, doch über einen bestimmten Posten hätten sie noch nicht gesprochen. Direkt im Anschluß an dieses Gespräch suchte ich Dr. Globke auf. Wir gingen die denkbaren Posten gemeinsam durch. Dabei stießen wir auf die Tatsache, daß die Stellung des Bundesbevollmächtigten in Berlin frei würde, da Dr. Vockel die äußerste Altersgrenze von 70 Jahren bald erreichen würde. Ich entschloß mich sofort für Berlin. Über meine Zeit in Berlin, über Kennedys triumphalen Besuch, über die Kubakrise, den Tag der Ermordung Kennedys in Texas, aber mehr noch über den Kanzlerwechsel von Konrad Adenauer zu Ludwig Erhard, schließlich über das Kabinett Erhard und den Wechsel zur Großen Koalition unter Kurt Georg Kiesinger ließe sich noch viel Wissenswertes berichten. Doch meine Kenntnis der Vorgänge sagt mir, daß es heute noch zu früh ist, über diese zum Teil sehr schmerzlichen Dinge zu sprechen, wenigstens über das hinaus, was der Öffentlichkeit bekannt ist. Den letzten Kanzlerwechsel erlebte ich bereits als Bundestagsabgeordneter, denn 1965 gelang es mir, den Wahlkreis Wilhelmshaven-Ostfriesland, der 1961 an die SPD gefallen war, für die CDU zurückzuerobern. Wie gesagt, es widerstrebt mir, über die internen Vorgänge, besonders über die Kanzlerschaft Ludwig Erhards, heute zu schreiben. Tiefe Wunden sind noch nicht verheilt, und erst ein gewisser zeitlicher Abstand zu den Dingen – auch den menschlichen, allzu menschlichen – wird es ermöglichen, über persönliche Erlebnisse und Mitbeteiligung zu berichten. Falls eine erfreuliche Zahl von Lesern an diesem Buch Interesse zeigen sollte, so wird es an einem entsprechenden Nachtrag nicht fehlen. Vorerst einmal wirft die neue, die Große Koalition zwischen CDU/CSU und SPD genug sachliche und menschliche Probleme auf, mit denen es fertig zu werden gilt. Wir stehen jetzt an einem neuen Abschnitt der deutschen Nachkriegsgeschichte.

Personenregister

Inhaltsverzeichnis